LATEX 바이블

학술문서 작성 프로그램

LATEX

심송용 · 최효근 지음

교우사

머리말

LATEX이나 TEX은 현재 영어뿐 아니라 원하는 언어의 폰트와 부속 매크로, 패키지만 있으면 다른 언어도 사용 가능하여 로마자뿐 아니라 일본어, 漢字까지 있다. LATEX은 학자들 사이에 논문제작용으로 많이 사용되며 일부 학술지의 경우에는 LATEX 파일로만 논문을 접수받거나 일부 대학의 경우 그 학교의 학위논문의 형식에 맞게 출력시켜 주는 LATEX 양식(패키지)이 만들어져 있다.

최근의 TEX 및 LATEX은 Donald Knuth가 최초로 만들었을 때에 비해 엄청나게 발전하였다. LATEX으로 어느 정도의 편집이 가능한지는 이 책이 그 기능의 일부를 보여주고 있다. 이 책도 LATEX으로 작성하였는데 이 책에서 보여줄 수 없는 애니메이션, 동영상이나 음성 파일 임베딩(embedding), 슬라이드 쇼 등도 LATEX으로 가능하다.

이 책에는 LATEX을 한 번도 사용해보지 않은 사람을 위해 '무작정 따라하기'를 제1장에 포함하고, 특정한 틀이 필요한 사람들을 위해 부록 B에는 몇 가지 자주 사용하는 형식의 입력과 출력 파일을 함께 포함하였다. 이 파일들은 출판사 홈페이지에서 내려 받을 수 있다.

LATEX은 무료이며 MiKTEX, TEXLive 등 여러 가지 무료 배포판이 있다. 이 책의 내용은 배포판에 상관없이 적용된다. 다만 근래의 한글 LATEX 문서 작성에는 TEXLive를 가장 많이 사용하기 때문에 TEXLive에 대해서는 설치(제20장) 및 관련 프로그램에 대한 소개를 적절한 위치에 포함하였다.

이 책은 구성은 다음과 같다. 제2장에서 소스 파일의 작성, 제3장에서는 페이지 디자인, 제4장에서는 LATEX의 박스(box) 등을 포함하여 전체적인 LATEX 소스 파일의 작성과 그에 따른 조정을 다루었다. 제5장에서는 수학식에 대한 내용을, 제6장에서는 목록 만들기를, 제7장에서는 단원 나누기 및 번호기에 대해 설명하였다. LATEX에서 인용은 제8장에서 다루고, 새 명령의 정의는 제9장에서 소개하였다.

제10장에서는 그림과 표 등의 유동체를 소개하고 다른 프로그램이나 카메라 등으로 만들어진 (Encapsulated) PostScript, PDF, JPG, PNG, BMP, PCX, GIF 형식 등의 그림을 LATEX 문서에 포함하거나, Gnuplot, GeoGebra 등을 사용한 그림 삽입 등은 제11장에서 설명하였다.

제12장에서는 논문이나 책의 참고문헌 데이터 베이스를 만드는 BIBTEX을 소개하

고 제13장에서는 LaTeX Beamer를 사용한 프리젠테이션, 멀티미디어 활용 및 `slides`나 `seminar` 클래스를 이용한 슬라이드 만들기를 설명하였다.

제14장에서는 LaTeX에서 색인 만들기를 알아보고 LaTeX의 `picture` 환경, PGF/TikZ를 사용한 그림그리기는 각각 제15장, 제16장에서 설명하였다. 또한 `graphics`나 `color` 또는 `graphicx`나 `xcolor` 및 `colordvi` 패키지에 의한 그림 변형 및 색깔 설정은 제17장에 소개하였다.

제18장에서는 확장된 LaTeX 기능을 사용하기 위한 패키지 설치와 알아두면 좋은 여러 가지 유용한 패키지의 사용법 및 결과를 소개하였고, 제19장에는 LaTeX의 한글화/개인화에 대해서 설명하고 제20장에는 ko.TeXLive의 설치, 한글 인코딩 문제, 시스템 글꼴의 설치 및 LaTeX 엔진에 대해서 알아보았다.

부록에는 LaTeX의 부호, 예제 파일 및 LaTeX 컴파일 중에 자주 만나는 에러 메시지에 대해 해결방법에 대해서 알아보았다. 예제 파일은 사용자가 간단하게 소스와 출력을 비교하는 것이 목적이기도 하지만 이 책의 형식과 양립할 수 없는 클래스나 패키지를 보여주기 위한 목적도 있다.

끝으로 이 책은 한글 LaTeX, ko.TeXLive 2015로 테스트하고 최종출력은 DVI ⟶ PostScript ⟶ PDF로 만들어졌음을 밝힌다. 내부 버전은 TeX 3.14159265-2.6-1.40.16 (TeXLive 2015/W32TeX)이다.

심송용 · 최효근

차례

페이지

그림 차례 **xxi**

표 차례 **xxiv**

제1장 무작정 따라하기 **1**

1.1. 첫 문서 1
1.2. 첫 에러 메시지 3
1.3. 조금 더 추가 5
1.4. 인용하기 8

제2장 입력 파일 준비하기 **13**

2.1. LaTeX 소스 파일 만들기 14
2.2. 문장과 문단 14
2.2.1 문단 15
2.2.2 줄 바꾸기 16
2.2.3 페이지 바꾸기 17
2.3. 따옴표 18
2.4. 대시 또는 하이픈 19
2.5. `\hyphenation` 19
2.6. 마침표 21
2.7. 특수문자 21
2.8. `\LaTeX`, `\TeX`, `\today` 23
2.9. 강조와 방점 23
2.10. 무시되는 입력 – 주석처리 하기 24
2.11. 영어 이외의 문자 25
2.12. 각주 달기 25
2.13. LaTeX명령의 두 타입 26

2.14. LaTeX의 몇 가지 용어 27
2.15. LaTeX에서 사용되는 확장자 28

제3장 디자인하기 **31**
3.1. 출력 양식 지정 31
3.2. LaTeX의 패키지 34
3.3. 타이틀 페이지 – 제목과 요약 35
3.3.1 제목 면 35
3.3.2 요약문 만들기 36
3.4. 페이지 스타일 37
3.5. 글꼴 및 크기 38
3.5.1 LaTeX에서의 영문 글꼴 39
3.5.2 한글 글꼴 40
3.5.3 글자 크기 41
3.5.4 시스템 글꼴 사용 44
3.5.5 영문 글꼴 패키지 44
3.6. 기본 글자체 설정 46
3.7. \lowercase와 \uppercase 명령 46
3.8. 입력한 그대로를 출력하기 46
3.8.1 verbatim 환경 46
3.8.2 alltt 환경 48
3.9. 인용 48
3.10. 문단의 정렬 49
3.11. 편지 50
3.12. \typein과 \typeout 명령 51

제4장 길이, 공간 및 박스 **55**
4.1. 길이 55
4.1.1 길이의 변경 56
4.1.2 줄 간격 조정 58
4.2. 공간 59
4.3. \null 명령 63
4.4. 박스 63
4.4.1 LR 박스 64
4.4.2 사각형 테두리의 높이 65

4.4.3 \parbox . . . 66
4.4.4 minipage 환경 . . . 67
4.4.5 \marginpar 명령 . . . 68
4.4.6 \rule 명령 . . . 69
4.4.7 박스의 위치 변경 . . . 69
4.4.8 사용자 정의 박스 . . . 70

제5장 LaTeX의 수학 모드 71

5.1. 기초적인 수식 . . . 71
5.2. 자판에 없는 수식 부호 . . . 72
5.3. 수학 모드에서의 공간 조절 . . . 79
5.4. 두 가지 수학 스타일 . . . 80
5.5. 세로로 늘어나는 부호 . . . 82
5.6. 강조 . . . 83
5.7. 행렬과 array 환경 . . . 84
5.8. 식의 아래와 위에 줄 등을 넣기 . . . 85
5.9. equation 환경 . . . 86
5.10. 여러 줄에 걸친 식–eqnarray 환경 . . . 87
5.11. 수학 모드에서의 글꼴 . . . 89
5.12. 두 부호를 아래위로 포개기 : \stackrel 명령 . . . 90
5.13. 수학 모드에서의 글자 크기 . . . 91
5.14. 수학 모드에서의 한글 . . . 92
5.15. plainTeX의 수학 . . . 92
5.16. subeqnarray 패키지 . . . 98
5.17. dotseqn 패키지 . . . 99
5.18. amsfonts 패키지 . . . 100
5.19. amssymb 패키지 . . . 100
5.20. amsmath 패키지 . . . 101
5.20.1 여러 줄의 식 . . . 103
5.20.2 행렬 등 . . . 112
5.20.3 부호 . . . 113
5.20.4 amscd 패키지 . . . 119
5.21. 수학 글꼴 패키지 . . . 120
5.21.1 mathpazo 패키지를 사용한 글꼴 . . . 120

5.21.2 fixmath 패키지 121

제6장 리스트 만들기 **123**
6.1. itemize 환경 123
6.2. description 환경 125
6.3. enumerate 환경 126
6.4. list 환경 128

제7장 단원 나누기 및 번호 붙이기 **131**
7.1. 잘못된 예 131
7.2. 절이나 장의 번호를 붙이지 않으려면 133
7.3. LaTeX파일의 전체 구조 133
7.4. 번호기의 조정 134
7.4.1 번호기의 값 바꾸기 134
7.4.2 번호기의 형식 바꾸기 135
7.5. 사용자 정의 번호기 136
7.6. 번호기를 이용한 단기 및 시간 만들기 137
7.7. \appendix 명령 139

제8장 인용, 차례, 입력 나누기 **141**
8.1. 이름 주기 : \label 및 \ref, \pageref 141
8.1.1 "~" 의 사용 143
8.1.2 \label 명령의 위치 143
8.2. 참고문헌의 인용: \cite, \bibitem 144
8.3. 인용시의 조사 처리 146
8.4. 인용이 잘못된 경우의 에러 메시지 147
8.5. 차례 만들기 148
8.5.1 차례에 항목 더해 넣기 149
8.5.2 그림 차례, 표 차례 150
8.5.3 차례 항목 중의 인용 151
8.5.4 toc/lof/lot의 수록 범위 151
8.5.5 긴 제목을 가진 표나 그림의 설명 또는 절의 이름 152
8.6. 입력 나누기; \input, \include, \includeonly 152
8.7. latexmk 명령 154
8.8. 파일의 확인 155

제9장 사용자 정의 명령, 환경 및 정리 **159**
9.1. \newcommand 명령 159
9.1.1 옵션인 매개변수가 있을 때 161
9.1.2 \ensuremath 명령 162
9.1.3 한글 이용 163
9.1.4 사용자 정의로 정의 163
9.2. Theorem 등 164
9.3. \newenvironment 명령의 이용 166
9.4. 이미 있는 환경이나 명령의 재정의 169

제10장 그림, 표 등의 유동체 **171**
10.1. table과 figure 환경 171
10.2. 그림과 표의 번호, 제목, 인용 172
10.3. 유동체의 미세 조정 173
10.4. tabular와 array 환경 174
10.5. 미세 조정 179
10.6. tabbing 환경 180
10.7. 두 개 이상의 행을 하나로 만들기 182
10.8. longtable 패키지 183
10.9. colortbl 패키지 189
10.9.1 표의 내부의 색깔 설정 189
10.9.2 줄의 색깔 설정 191
10.9.3 xcolor 패키지와 행의 색깔 192
10.10. sidecap 패키지 194

제11장 그림 파일을 LaTeX에 포함하기 **197**
11.1. \includegraphics 명령 198
11.1.1 그림 전부 불러오기–확대 또는 축소 201
11.1.2 그림의 폭과 높이를 바꾸는 설정 201
11.1.3 그림의 일부만 불러오기 202
11.1.4 그림의 회전 203
11.1.5 *가 있는 경우와 그렇지 않은 경우 205
11.1.6 여러 면의 그림 206
11.2. 그림의 경로와 \graphicspath 명령 207
11.3. 그림과 그림 또는 글을 옆으로 놓기 208

11.3.1 minipage 환경의 이용 208
11.3.2 subfigure 패키지의 이용 211
11.4. 작은 그림이나 표와 연속되는 텍스트 213
11.4.1 floatflt 패키지 213
11.4.2 wrapfig 패키지 215
11.5. rotating 패키지 218
11.6. 그림 형식의 변환 221
11.6.1 GraphicsMagick 221
11.6.2 (E)PS에서 PDF로 변환 222
11.7. psfrag 패키지와 PostScript 223
11.8. 그림의 출력을 LaTeX으로 만들어 주는 프로그램 226
11.8.1 Gnuplot의 이용 226
11.8.2 GeoGebra 그림과 LaTeX 출력 232
11.9. 그림의 제목 처리 237

제12장 참고문헌 데이터 베이스 만들기; BIBTEX 239
12.1. .bib 파일 만들기 239
12.2. 참고문헌 정보에서 사용되는 용어 243
12.3. natbib 패키지 245
12.3.1 natbib 패키지의 옵션 246
12.4. BiBTEX의 트릭 247

제13장 프리젠테이션 249
13.1. beamer 클래스 249
13.1.1 beamer 클래스의 사용법 250
13.1.2 제목 면과 frame 만들기 250
13.1.3 beamer 클래스에 기본으로 포함되는 패키지 252
13.1.4 beamer에서의 verbatim 환경 252
13.1.5 Handout에만 보이기 252
13.2. 슬라이드 겹치기 253
13.2.1 \pause 명령 253
13.2.2 \onslide 명령 254
13.2.3 \only 명령 256
13.2.4 \visible 명령 256
13.2.5 \uncover 명령 257

13.2.6 \invisible 명령 257
13.2.7 \alt 명령 257
13.2.8 \temporal 명령 258
13.2.9 목록 만들기 259
13.3. theorem 등 환경 262
13.4. block 환경 263
13.5. 프리젠테이션 설정 266
13.6. \alert 명령 268
13.7. 여러 가지 테마 268
13.7.1 \usetheme 명령 268
13.7.2 \usecolortheme 명령 278
13.7.3 \usefonttheme 명령 279
13.7.4 \useinnertheme 명령 279
13.7.5 \useoutertheme 명령 280
13.8. 그림 바꾸기 280
13.9. 다단 편집 282
13.10. 표의 행과 열 283
13.11. 그림 넣기 284
13.12. 다이내믹 그래프 그리기 285
13.13. Hyperlink 만들기 288
13.13.1 외부 웹사이트 연결 288
13.13.2 프리젠테이션 파일 내부로 이동 289
13.14. 멀티미디어 – multimedia 패키지 293
13.14.1 사운드 293
13.14.2 동영상 298
13.15. 색깔 조정 303
13.16. slides 클래스 304
13.16.1 소개 304
13.16.2 slide와 overlay 환경 304
13.16.3 note 환경 307
13.16.4 일부만 인쇄하기 308
13.17. seminar 클래스 308

제14장 LaTeX에서 색인 만들기 **311**
14.1. 색인 만들기의 순서 311
14.2. \index 명령과 특수문자 313
14.3. \see 명령 315
14.4. 보기 316
14.5. showidx 패키지 317
14.6. makeidx 패키지 318

제15장 LaTeX의 picture 환경 **319**
15.1. picture 환경의 명령 319

제16장 PGF/TikZ 패키지 **329**
16.1. 패키지의 사용과 그림의 시작 방법 329
16.1.1 라이브러리 330
16.1.2 옵션의 설정 330
16.1.3 scope 환경 335
16.2. 그리기 명령들 337
16.2.1 \draw 명령 337
16.2.2 \node 명령 341
16.2.3 \fill 명령 347
16.2.4 \filldraw 명령 348
16.2.5 \shade 명령 349
16.2.6 \shadedraw 명령 351
16.2.7 \pattern 명령 352
16.2.8 \clip 명령 355
16.2.9 \path 명령 358
16.2.10 그림 영역의 크기 고정과 \useasbouningbox 363
16.3. tikz 패키지의 경로 364
16.3.1 직선, 곡선과 화살표를 위한 경로 364
16.3.2 Bézier 곡선 경로 368
16.3.3 원, 원호, 타원 및 타원의 호 370
16.3.4 사각형 경로 372
16.3.5 함수와 plot 경로 372
16.3.6 산점도, 외부 파일자료와 plot 경로 373
16.3.7 격자 경로 375

16.3.8 포물선 경로 376
16.3.9 수형도 경로 378
16.4. 몇 가지 모양 및 변환 383
16.4.1 회전과 affine transformation 384
16.4.2 말풍선 만들기 386
16.4.3 그림자 만들기 387
16.4.4 행렬 관련 390
16.4.5 모양에 대한 몇 가지 라이브러리 394
16.5. \foreach 명령 400
16.6. 좌표 체계 및 이름 주기 402
16.6.1 2차원 유클리드 좌표 – canvas 402
16.6.2 2차원 극좌표 – canvas polar 404
16.6.3 좌표의 상대적 위치 표시 405
16.6.4 좌표에 대한 표시 및 불러오기 405
16.6.5 일반적인 좌표 체계 408
16.6.6 node 좌표 체계 409
16.7. 좌표의 연산 409
16.7.1 배수와 이동 410
16.7.2 기준 벡터에 대한 크기/각도 변경 410
16.7.3 기준 벡터에 대한 수선 및 특정 각도의 벡터 411
16.8. 스타일의 설정 412
16.8.1 \tikzset 명령 및 tikzpicture 환경의 옵션으로 설정 413
16.8.2 매개변수의 전달 414
16.9. 그림 파일 그리기 414
16.9.1 그림 파일 위에 tikz로 그리기 414
16.9.2 그림 파일을 node에 포함하기 417
16.10. Gnuplot/GeoGebra 출력을 tikz로 받기 420

제17장 graphics, graphicx와 color, xcolor 패키지 421
17.0.1 글자 및 바탕색 설정 421
17.1. color 패키지의 색깔 421
17.1.1 색의 정의 421
17.1.2 글자색 및 색깔 상자 만들기 424
17.1.3 글자와 배경색 설정 425

17.1.4 확대, 축소, 회전 426
17.2. xcolor 패키지의 색 설정 426
17.2.1 색의 이름과 !과 -를 사용한 색깔 설정 426
17.2.2 wave와 HTML 색깔 모델 427
17.3. graphics와 graphicx 패키지 428
17.3.1 축소 확대 및 회전 428
17.3.2 외부 그림 파일 431
17.4. colordvi 패키지를 이용한 색깔 만들기 432

제18장 몇 가지 유용한 패키지와 설치 435

18.1. 패키지의 관리 및 설치 435
18.2. 패키지의 수동 설치 435
18.3. 특수문자 @의 사용 437
18.4. docstrip 기능 438
18.5. 패키지의 수동 업데이트 439
18.6. draftwatermark 패키지 440
18.7. newfloat와 tocloft 패키지 442
18.8. fancyhdr 패키지 444
18.8.1 줄의 조정 445
18.8.2 fancyplain 페이지 스타일 445
18.9. 인쇄 용지 설정 – geometry 패키지 446
18.10. tcolorbox 패키지 448
18.10.1 새 상자 정의 451
18.10.2 itemize, enumerate 환경의 변경 452
18.11. ulem 패키지 453
18.12. misc 패키지 454
18.13. syshan 패키지 456
18.13.1 서론 456
18.13.2 옵션 456
18.13.3 Utilities 456
18.14. showframe 패키지 458
18.15. fancybox 패키지 459
18.16. comment 패키지 461
18.17. diagbox 패키지 462

18.18. ifthen 패키지 463
18.19. hyperref 패키지 464
18.19.1 기본 LaTeX 명령에 의해 자동으로 지원되는 기능 466
18.19.2 hyperref 패키지의 명령 등 468
18.19.3 \autoref와 \pageautoref 명령 471
18.20. animate 패키지 473
18.20.1 그림이 하나의 프레임이 되는 방법 474
18.20.2 LaTeX 명령으로 프레임을 구성 475
18.20.3 timeline의 설정 479
18.20.4 tikz 패키지의 그림을 사용할 때 481
18.21. fancyvrb 패키지 482
18.22. 멀티미디어–media9 패키지 488
18.23. R-언어에서 LaTeX 출력 만들기 493

제19장 LaTeX의 한글화 495
19.1. 서론 495
19.2. 색인 498
19.3. 장의 이름을 바꾸어 보자 498
19.4. 날짜 500
19.5. \renewcommand 이용 501

제20장 TeXLive 설치, 인코딩, TeX 엔진, 시스템 글꼴 503
20.1. TeXLive 설치 503
20.1.1 인터넷 설치 503
20.1.2 ISO 설치 방법 508
20.2. 컴파일 엔진 선택 508
20.3. 한글 입력 및 인코딩 510
20.3.1 TeXWorks 편집기 내에서 변환 510
20.3.2 iconv 프로그램 511
20.3.3 vi, vim 및 gvim 사용자 513
20.3.4 메모장(notepad) 사용자 514
20.3.5 일괄 변환 514
20.4. 글꼴과 fontspec 패키지 515
20.4.1 문화체육부 개발 글꼴 517
20.4.2 나눔 글꼴 518

부록 A 에러 메시지 **522**
A.1. LaTeX 에러 522
A.2. LaTeX 에러 메시지 리스트 524
A.3. 패키지 정보 525

부록 B LaTeX 예제들 **528**
B.1. 첫 번째 출력–temp1.tex 528
B.2. report 클래스–temp2.tex 531
B.3. graphicx와 xcolor 패키지 이용–temp3.tex 537
B.4. 네 번째 보기–temp4.tex 540
B.5. colordvi 패키지의 사용 예–temp5.tex 542
B.6. 여섯 번째 출력–temp6a.tex 546
B.7. 일곱 번째 출력–temp7a.tex 551
B.8. 여덟 번째 출력–temp8a.tex 554
B.9. 아홉 번째 출력–temp9b.tex 558

부록 C LaTeX의 글자체 **561**

참고문헌 **569**

찾아보기 **571**

그림 차례

1.1 나의 첫 LaTeX 결과 2
1.2 나의 첫 LaTeX 에러 메시지 4
1.3 두 번째 보기 7
1.4 세 번째 보기 11

3.1 임의의 글자 크기 43
3.2 기본 Computer Modern 글꼴 44
3.3 Times Roman 글꼴 44
3.4 Bookman 글꼴 45
3.5 New Century Schoolbook 글꼴 45
3.6 편지의 예 52

4.1 LaTeX에서 사용하는 길이 57
4.2 기준선(baseline), 글자 높이 및 \baselineskip 58

5.1 mathpazo 패키지에서의 글꼴 121

6.1 list 환경의 미세 조정 변수 129

10.1 tabbing 환경의 예 181
10.2 SCfigure 환경의 그림 195

11.1 \includegraphics 명령으로 부른 그림(축소/확대) 201
11.2 \includegraphics 명령의 그림 크기 조절 202
11.3 \includegraphics로 그림 일부만 잘라오기 202
11.4 \includegraphics* 명령의 잘라오기 및 그림 크기 변경 203
11.5 그림의 회전 204

11.6 * 있는 \includegraphics* 명령 205
11.7 * 없는 \includegraphics 명령 206
11.8 원 그래프와 막대 그래프 208
11.9 subfigure 패키지를 이용한 그림 211
11.10 subfigure를 이용한 그림–한글 번호 212
11.11 floatingfigure 환경의 예 2 213
11.12 wrapfigure 환경으로 만든 pdf.ps 217
11.13 R-언어로 만든 정규분포 그림 224
11.14 R-언어로 만든 정규분포 그림 225
11.15 Gnuplot의 LaTeX 그림을 부른 그림 229
11.16 Gnuplot의 LaTeX 그림에 한글을 넣은 그림 230
11.17 hidden3d가 설정된 삼차원 표면 그림 231
11.18 GeoGebra의 출력 내보내기 233
11.19 GeoGebra의 출력을 PNG, PDF, EPS 형식으로 내보내기 233
11.20 GeoGebra의 출력을 PSTricks 형식으로 내보내기 234
11.21 TeXWorks 에서 GeoGebra의 출력을 PSTricks 형식으로 235
11.22 GeoGebra의 출력을 PGF/TikZ 형식으로 내보내기 236

12.1 TeXWorks 편집기에서 bibtex 실행 243
12.2 LaTeX의 참고문헌 데이터 베이스의 출력결과 244

13.1 \titlepage명령에 의한 첫 페이지 251
13.2 \pause 명령에 의한 슬라이드 253
13.3 \onslide 명령의 결과 255
13.4 \alt 명령의 결과 257
13.5 \temporal 명령의 결과 258
13.6 itemize 보기 260
13.7 enumerate 보기 261
13.8 description의 보기 261
13.9 theorem 등의 환경 263
13.10 block 환경 264
13.11 블록 환경 265
13.12 \opaqueness와 \setbeamercovered 267
13.13 만들어진 그림으로 애니메이션 효과 만들기 281
13.14 열을 하나씩 추가하는 프리젠테이션 283

13.15 행을 하나씩 추가하는 표 285
13.16 열을 하나씩 추가하는 표 286
13.17 tikz 패키지로 그린 그림으로 다이내믹 그래프 연출 287
13.18 beamer 클래스에서 만들어진 버튼들과 하이퍼 링크 291
13.19 사운드 파일 정보 295
13.20 beamer 클래스에서의 사운드 플레이 297
13.21 포함된 영상이나 음악에 대한 신뢰도 검정창 298
13.22 외부 플레이어에 대한 설정 299
13.23 beamer 클래스에서의 동영상 플레이 1 300
13.24 beamer 클래스에서의 동영상 플레이 2 301

14.1 TEXWorks 편집기에서 makeindex 실행 313
14.2 showidx 패키지에 의한 결과 317

16.1 \draw 명령으로 그린 화살표와 원 338
16.2 \draw 명령으로 대체한 결과 339
16.3 둥근 모서리와 보조선 그리기 340
16.4 pos 값의 설정에 따른 위치. 숫자는 pos의 값임. 342
16.5 node에서 위치 설정 343
16.6 여러 줄의 입력에 대한 정렬 344
16.7 \node에서 도형 두르기 1 345
16.8 \node에서 도형 두르기 2 346
16.9 \node 명령에서 도형과 문자열의 관계 347
16.10 \fill 명령과 투명도 설정 348
16.11 테두리와 내부의 색을 그린 세 가지 방법 349
16.12 \shade에 따른 모양의 변화 350
16.13 shadings 라이브러리의 추가 shading 351
16.14 색을 설정할 수 있는 패턴 353
16.15 색이 정해진 패턴 354
16.16 fill과 pattern의 순서에 따른 효과 355
16.17 \clip 명령의 결과 1 356
16.18 \clip 명령의 결과 2 358
16.19 경로 이름 설정과 그 활용 1 359
16.20 경로 이름 설정과 그 활용 2 362
16.21 직선/화살표 그리기 366

16.22 to의 옵션에 따른 곡선 366
16.23 snakes 라이브러리를 사용할 때 적용되는 선의 형태 368
16.24 Bézier 곡선 369
16.25 tikz 패키지의 원, 타원 및 각각의 호 371
16.26 tikz에서 함수 그리기 373
16.27 산점도와 외부 파일의 자료 374
16.28 grid로 만든 격자 376
16.29 parabola 경로로 만든 함수 377
16.30 수형도의 모양 1 380
16.31 수형도의 모양 2 382
16.32 수형도의 모양 3 383
16.33 회전의 결과 385
16.34 callouts 라이브러리에 의한 모양 386
16.35 shadows 라이브러리를 사용한 그림자 만들기 388
16.36 문자열에 그림자 만들기 389
16.37 shapes.geometric 라이브러리에서 제공하는 경로 모양 397
16.38 shapes.symbols 라이브러리에서 제공하는 부호 398
16.39 shapes.arrows 라이브러리에서 제공하는 부호 399
16.40 중첩 반복의 사용 결과 401
16.41 기준 벡터에 따른 좌표 403
[turn]을 사용한 다각형 그리기 404
16.42 tikz의 상대적 좌표 체계 405
16.43 좌표의 이름 주기와 이를 호출하기 406
16.44 좌표의 이름 주기와 내장된 위치 407
16.45 벡터의 이동, 회전 및 크기 변경의 예 410
16.46 calc 라이브러리에 의한 수선 구하기 412
16.47 이미지 파일 위에 그리기 1 415
16.48 이미지 파일 위에 그리기 2 416
16.49 이미지 파일 위에 그리기 3 417
16.50 이미지 파일을 경로 안에 불러오기 418
16.51 이미지 파일을 경로 안에 불러오기 2 419

17.1 RGB와 CMYK의 색깔 및 혼합 422
17.2 wave 색깔 모델에서 파장의 값에 따른 색 428

18.1 TEXLive Manager의 실행화면 436
18.2 CTAN에서 패키지 검색하기 439
18.3 CTAN에서 패키지 검색결과 440
18.4 draftwatermark 패키지의 결과 441
18.5 차례의 모양 466
18.6 이미지 파일을 사용한 애니메이션 476
18.7 animateinline 명령에 의한 애니메이션 478
18.8 tikz 패키를 사용한 보기 482
18.9 비디오 파일을 임베드한 결과 491
18.10 오디오 파일을 임베드한 결과 492

20.1 TEXLive 설치 페이지 504
20.2 TEXLive installation GUI 506
20.3 ISO 파일을 사용한 TEXLive 설치 509
20.4 TEXWorks 편집기에서 bibtex 실행 509
20.5 koTEX 편집창에서 코딩 변경 1 511
20.6 koTEX 편집창에서 코딩 변경 2 511
20.7 윈도우에서 경로 설정 513
20.8 윈도우의 메모장에서 코딩 변경 514
20.9 글꼴의 설치 517

표 차례

2.1 강세를 만드는 명령어 25
2.2 영어 이외의 문자 25

3.1 종이 크기 32
3.2 LaTeX의 글꼴 40
3.3 한글 글꼴 41
3.4 글자 크기 41
3.5 각 pt 선택에 따른 글자 크기 42

5.1 그리스 문자 73
5.2 수학 모드에서의 연산자 76
5.3 수학 모드에서의 관계연산자 77
5.4 수학 모드의 화살표 기호 78
5.5 기타 수학 모드에서 쓸 수 있는 부호 79
5.6 Log 등의 함수 79
5.7 수학 모드에서 공간 조정 80
5.8 텍스트와 디스플레이 스타일에서 크기가 달라지는 부호 82
5.9 세로로 늘어나는 부호 83
5.10 수학에서 사용되는 강조 84
5.11 수학 모드 안의 글꼴 89
5.12 수학 모드에서의 글자 크기 91
5.13 amssymb 패키지의 Greek 문자 100
5.14 amssymb 패키지의 Delimiters 100
5.15 amssymb 패키지의 화살표 101
5.16 amssymb 패키지의 관계연산자 102
5.17 amssymb 패키지의 부정된 관계연산자 103

5.18 amssymb 패키지의 연산자 104
5.19 amssymb 패키지의 기타 부호 104
5.20 amsmath에서 제공하는 이탤릭체 그리스 문자 118
5.21 수학 모드에서의 공간 조정 118

6.1 kotex 패키지에서 제공되는 번호기 형식 127

7.1 단원을 나누는 환경 132
7.2 번호를 붙여 주는 환경의 번호기 132
7.3 몇 가지 counter 형식 135
7.4 \fnsymbol의 값 135

8.1 조사의 입력과 출력 146

10.1 tabular 환경의 이용 보기 177
10.2 tabular 환경으로 만든 보기-2 178
10.3 longtable 환경을 이용한 표 184
10.4 xcolor 패키지로 만들어진 표 193

11.1 floatingtable 환경의 옵션 214
11.2 wrapfig의 *loc* 옵션 216
11.3 rotating 패키지에서 제공하는 환경 219
11.4 turn과 rotate 환경의 차이 220

12.1 참고문헌 형식 및 키워드 241
12.2 natbib 패키지의 인용결과 246

16.1 tikz 패키지의 화살표 및 선 331
16.2 tikz 패키지의 선의 굵기 336
16.3 tikz 패키지의 선의 종류 336
16.4 그림 영역 설정에 따른 위치 변화 363
16.5 tikz에서 제공하는 함수: \x가 x일 때 계산 결과 373

17.1 color 패키지에서 지원되는 색의 이름과 색 422
17.2 xcolor 패키지에서 지원되는 색의 이름과 색 427
17.3 colordvi에서 사용할 수 있는 색상표 433

18.1 ulem에서 사용 가능한 명령 453
18.2 한글 글꼴에서 지원되는 특수 문자 458
18.3 \autoref와 \pageautoref에서 사용하는 명령 472
18.4 미디어의 컨트롤을 위한 명령 491

20.1 문체부 글꼴의 이름과 모양 518
20.2 네이버의 나눔 글꼴의 이름과 모양 518

C.1 cmsy10(\mathcal) 글자체의 symbol 561
C.2 cmr10 (\mdseries\upshape\rmfamily; 보통 \textnormal) 562
C.3 cmtt10(\upshape\mdseries\ttfamily; 보통 \texttt) 562
C.4 cmti10 (\mdseries\itshape\rmfamily; 보통 \textit) 563
C.5 cmcsc10 (\mdseries\scshape\rmfamily; 보통 \textsc) 563
C.6 cmmi10 (\mathit) 글자체의 symbol 564
C.7 cmtex10 글자체의 symbol 564
C.8 manfnt 글자체의 symbol 565
C.9 cmex10 글자체의 symbol 566
C.10 pifont 패키지를 사용할 때 얻을 수 있는 특수문자 567

제1장

무작정 따라하기

LaTeX을 처음 사용하는 경우 많은 어려움이 있다. 그 중의 하나가 어디서부터 시작할지 모르겠다는 것이다. 이 장에서는 처음부터 따라 해보면서 감을 잡는 것을 시작하기로 한다. 이 장에서는 TeXLive가 설치되었음을 가정하며 설치되지 않은 경우 제20.1절의 설명을 따라 설치할 수 있다.

'무작정 따라하기'이기 때문에 이 장에서 나오는 명령에 대한 자세한 설명은 이 장에서는 다루지 않는다. 이 책의 마지막 부분에는 방대한 찾아보기(색인)가 있으므로 관련 명령에 대한 자세한 것은 해당 절에서 자세하게 알아보기로 한다.

1.1. 첫 문서

다음의 내용을

그림 1.1

```
\documentclass[11pt]{article}
\usepackage{kotex} % 각종 기본설정하는 부분[preamble]
\begin{document}
나의 첫 \LaTeX\ 문서를 작성하였습니다. 첫
수식이 $y=f(x)=ax^2 - bx- c$입니다.

두 번째 수식은 전개된(display math) 입니다.
\begin{equation}
f(x) = \frac{1}{2\pi} \exp{-\frac{(x-\mu)^2}{2\sigma^2}},
\ \ \ -\infty < x < \infty
\end{equation}
% 문서의 내용
문서의 내용을  추가  입력합니다.
```

```
13 \end{document}
```

파일 이름 follow1.tex으로 저장하자. 여기서 소개하는 파일은 출판사 홈페이지에서 내려받을 수 있다. 탐색기에서 이 파일을 더블 클릭하면 그림 1.1의 왼쪽에 보이는 편집창이 열리면서 파일의 내용을 보여준다. 이 창에서 왼쪽 위의 초록색 플레이 버튼 을 클릭하면 오른쪽 창이 만들어지면서 출력이 보인다. 오른쪽 창은 출력결과인 follow1.pdf 파일을 보여주는 창으로 제한적인 PDF viewer의 기능을 가지고 있다. 이 출력 파일은 Adobe PDF viewer 등 고급 기능을 제공하는 viewer를 사용해야 할 때도 있다. 위의 소스에서

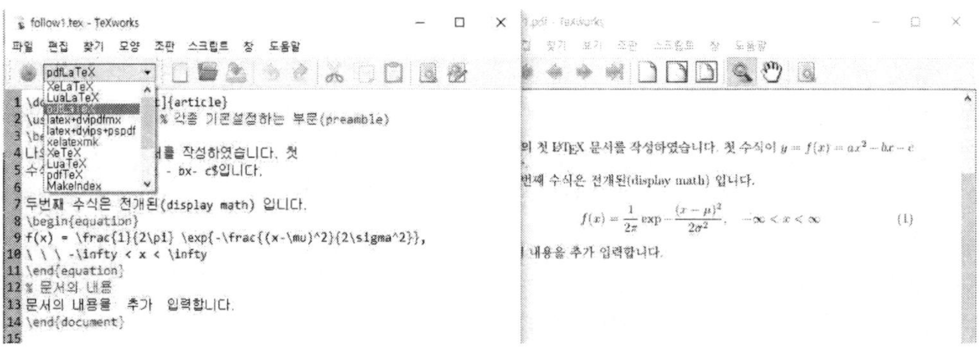

그림 1.1: 나의 첫 LaTeX 결과

① \로 시작하는 것은 LaTeX 명령어이다. 가끔 자판에서 \가 어디 있는지 찾는 경우가 있는데 한글 자판의 경우 ₩이 \이며 이 키는 편집기에 따라서 \로도 ₩으로도 보인다. 1–3번 줄, 7, 10번 줄 등에서 보이는 \로 시작하는 것들이 LaTeX 명령이다. LaTeX 명령어는 숫자로 시작하지도, 중간에 포함되지도 않으며 끝나지도 않는다.[1] 이유는 plainTeX에서는 \vskip3cm와 같이 매개변수에 대해서 {}를 사용하지 않는 명령이 많기 때문이다. LaTeX 명령은 대문자와 소문자를 구별한다.

② LaTeX 명령어는 매개변수를 전달할 수도 있으며 이 경우 필수인 매개변수는 {}에, 옵션인 매개변수는 []에 넣는다. 1번 줄의 \documentclass 명령은 필수인 매개변수에 article을 설정하였고(이는 논문 등 양이 많지 않은 문서), 옵션인 11pt는 기본 글자 크기를 설정한 것이다.

[1]많은 컴퓨터 언어가 (실제 LaTeX의 기반인 TeX은 컴퓨어 언어이며 LaTeX과 구분하기 위해 plainTeX이라고도 한다.) 변수 이름의 앞에는 숫자가 허용되지 않지만 끝에는 허용되는 것과 차이가 있으니 유의하기 바람.

③ LaTeX에서 문서의 내용은 `\begin{document}`와 `\end{document}` 사이에 들어가고 문서의 설정 등은 대개 `\begin{document}` 전에 입력된다. `\documentclass`와 `\begin{document}` 사이를 전처리부(*preamble*)라고 한다.

④ 이 문서에서는 2번 줄의 `\usepackage` 명령이 전처리부에 입력된 유일한 명령이며 이 명령은 LaTeX 기본 기능 외에 추가 기능을 사용하고자 할 때 해당 기능을 가진 프로그램을 필요할 때 따로 불러오는 명령이다.[2] 지금 사용한 `kotex`은 한글을 사용할 때 필요한 패키지이다.

⑤ LaTeX에서 하나 이상의 빈칸과 줄바꾸기는 하나의 빈칸으로 인식한다. 4–5번 줄 사이의 줄바꿈과 13번 줄의 여러 개의 빈칸이 출력에서는 하나의 빈칸으로 출력됨을 확인할 수 있다.

⑥ 강제로 빈칸을 만들 때는 `\␣`를 사용한다(4, 9번 줄). 여기서 ␣는 빈칸 표시이다.

⑦ 하나 이상의 비어 있는 줄은 문단이 바뀜을 의미한다(5–6번 사이).

⑧ 3–13번과 7–11번 줄에서 보는 것과 같이 `\begin{`*env*`}`는 `\end{`*env*`}`로 끝내야 한다.[3]

⑨ 수식은 5번 줄처럼 `$` 사이에 넣거나 7–11번 줄처럼 특정한 환경 사이에 넣는다.[4] 5번 줄의 `^`는 제곱을 만드는 표시이다. 참고로 $\times$는 `\times`로 $\div$는 `\div`로 출력한다.[5]

⑩ 11번 줄의 `%`는 주석을 표시하는 특수문자로, 이 문자 이후의 같은 줄에 있는 모든 입력은 출력을 만들지 않는다. %를 표시하려면 `\%`를 쓴다.

⑪ 8–9번 줄은 수식의 내용으로, 얼핏 보면 복잡해 보인다. `\frac{`*num*`}{`*den*`}`은 분수를 만드는 것이며 앞의 *num*이 분자이다. `\pi`는 π를 만들고 `\infty`는 ∞를, `\mu`는 μ를, `\sigma`는 σ를, `\exp`는 exp를 만든다.

1.2. 첫 에러 메시지

문서를 작성하다가 보면 에러 메시지가 생기는 상황을 피할 수가 없으며, 특히 처음에는 에러의 원인을 찾기가 무척 힘든 경우가 많다. 그림 1.2는 앞의 프로그램에서 9번 줄에

---

[2] 이를 패키지(package)라고 한다.

[3] *env*를 LaTeX에서는 환경(environment)라고 하며 특정한 작업을 하는 기능을 한다. *env*에는 `equation`, `document`, `figure` 등 많은 종류가 있다.

[4] 이 경우 `equation`은 수식에 사용하는 환경이다.

[5] 이들은 모두 수학 모드 안에서 사용해야 한다.

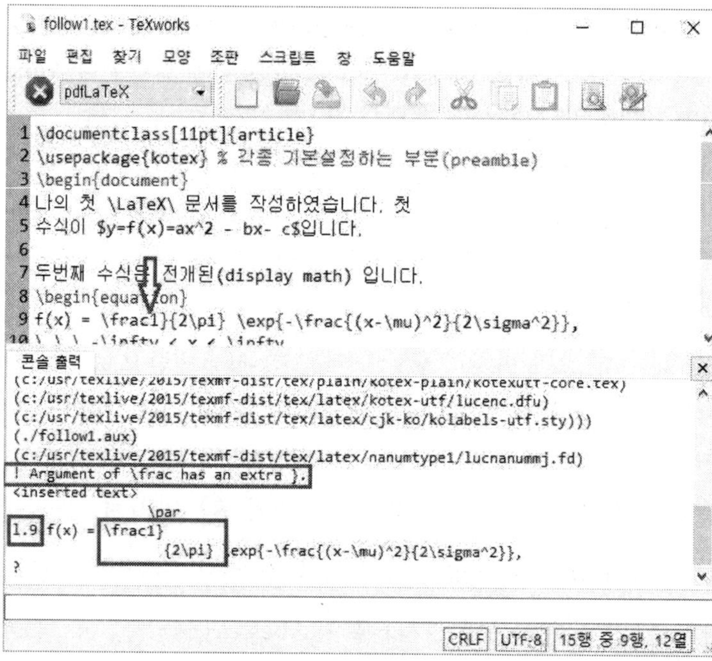

그림 1.2: 나의 첫 LaTeX 에러 메시지

있는 { 하나를 고의로 지운 후 버튼을 클릭하여 컴파일할 때 나타나는 화면이다. 이 화면에서

① 왼쪽의 `l.9`는 9번째 줄에서 에러의 원인이 있다는 뜻이다. 조금 복잡한 문서의 경우 75번 줄에서 잘못한 것이 150번째 줄에서 에러 메시지를 내기도 하기 때문에 반드시 9번 줄이 원인이 아닌 경우도 있으므로 주의하여야 한다.

② 중간에 줄이 바뀐 근처에 에러의 원인이 있다는 뜻이며 그 위에 보면 `! Argument of \frac has an extra }.` 라고 `\frac` 명령의 매개변수가 `}`가 한 개 더 있다고 알려주고 있다. 이 경우 분자분모가 한 문자만 있는 경우 `\frac12` ($=\frac{1}{2}$)와 같이 `{}`를 생략할 수도 있기 때문에[6] LaTeX이 보기엔 1 다음에 `}`가 추가로 하나 더 있는 것으로 본 것이다.

③ 이제 9번 줄의 1 앞에 `{`를 추가하여 잘못된 에러를 교정한 후 그림 1.2의 왼쪽 위에 있는 를 클릭하여 이 부분을 로 만든 후 를 클릭하면 1.1절과 같이

[6]이와 같이 생략할 수도 있지만 별로 권하진 않는다. 수식을 나중에 바꿀 수도 있고 습관이 되면 두 문자인 경우에도 생략하여 오타를 만들 수 있기 때문이다.

출력이 만들어진다.

종종 만나는 에러 메시지는 부록 A에 싣고 에러의 원인에 대해서 설명하였다.

1.3. 조금 더 추가

이제 앞에서 본 보기에서 내용을 조금 추가해보자. 추가한 부분은 빨간색으로 표시하였다. 다음 명령의 결과는 그림 1.3이다.

```
\documentclass[11pt]{article} 그림 1.3
\usepackage[hangul]{kotex} % 각종 기본설정하는 부분 [preamble]
\usepackage{graphicx}
\title{나의 첫 문서}
\author{심송용\thanks{한림대학교}}

\begin{document}
\maketitle
\tableofcontents
\section{첫 문서}
나의 첫 \LaTeX\ 문서를 작성하였습니다. 첫
수식이 $y=f(x)=ax^2 - bx- c$입니다.

두 번째 수식은 전개된(display math) 입니다.
\begin{equation}
f(x) = \frac{1}{2\pi} \exp{-\frac{(x-\mu)^2}{2\sigma^2}},
\ \ \ -\infty < x < \infty
\end{equation}
% 문서의 내용
문서의 내용을  추가  입력합니다.
% 추가합니다.
위의 식에서 $\mu$는 모평균, $\sigma^2$은 모분산이며 이 함수는
정규분포 $N(\mu, \sigma^2)$의 확률밀도함수입니다. 만일 $\mu=1$,
$\sigma=1$이면 표준정규분포라 하고 함수는
\begin{equation}
f(x) = \frac{1}{2\pi} \exp{-\frac{x^2}{2}},
\ \ \ -\infty < x < \infty
\end{equation}
가 됩니다. 그림은
\begin{center}
\includegraphics[width=3em]{../images/play.png}
```

```
30 \end{center}
31 로 삽입합니다.
32 \section{기능 추가}
33 \LaTeX 에서는 사용자가 입력의 위치를 잡기보다는 \LaTeX 의
34 기능을 사용하는 것이 좋습니다.
35 \begin{enumerate}
36 \item 이와 같이 \texttt{enumerate} 환경을 사용하거나,
37 \item \verb|\section| 명령을 사용하거나
38 \item \verb|\tableofcontents| 명령을 사용하는 등
39 \end{enumerate}
40 의 기능입니다.
41 \end{document}
```

이 소스에서는 2–3번 줄의 전처리부에서 `kotex` 패키지에 옵션 `hangul`이 추가되었고 사용한 패키지가 `graphicx`가 추가되었다. 이 둘은 각각

✓ 영어의 Contents, Part, Chapter 등을 차례, 부, 장 등으로 한글화를 하고[7]

✓ 이미지 파일을 불러들이는 특별한 기능을 추가[8]

하기 위함이다. 또는 표지 부분을 만들기 위해 4–5번 줄에 제목과 저자를 추가하였다. 이 명령만으로는 표지 부분이 만들어지지는 않는다. 실제 문서는 7번 이후에 만들어지며

① 8번 줄의 `\makeindex` 명령에 의해서 표지 부분이 만들어진다. 이 명령에 사용할 값은 전처리부의 `\title` 및 `\author`에서 주었다.

② 9번 줄의 `\tableofcontents` 명령에 의해 차례가 만들어진다. 이 명령만 있으면 차례가 만들어지나 차례의 내용은 아래의 본문에 의해 결정된다. LaTeX이 차례를 만드는 방법은 한 번 컴파일하여 장, 절 등의 정보를 확장자 `.aux`인 파일에 기록하고 두 번째 컴파일에서 해당 정보를 가져오기 때문에 이 경우 반드시 두 번 이상 버튼을 클릭하여 컴파일하여야 한다.

③ 10번 줄에는 앞에서 없던 `\section`이란 명령이 나왔다. 이 명령에 의해 절이 만들어지며, 절번호는 자동으로 붙인다. 사용자가 절번호 붙이지 않으며 글자 크기 등을 바꿀 필요가 없다.

④ 18번 줄까지는 앞과 같으며 19번 줄부터 추가되었다. 24–27번 사이에 식이 하나 추가되었는데 식번호는 자동으로 (2)번이 붙어 있음을 알 수 있다(Wow!).

[7]이 옵션을 삭제하고 컴파일할 수 있다. 이 옵션이 있을 때와 없을 때의 차이를 살펴보아라.
[8]이 패키지가 없으면 에러가 발생한다.

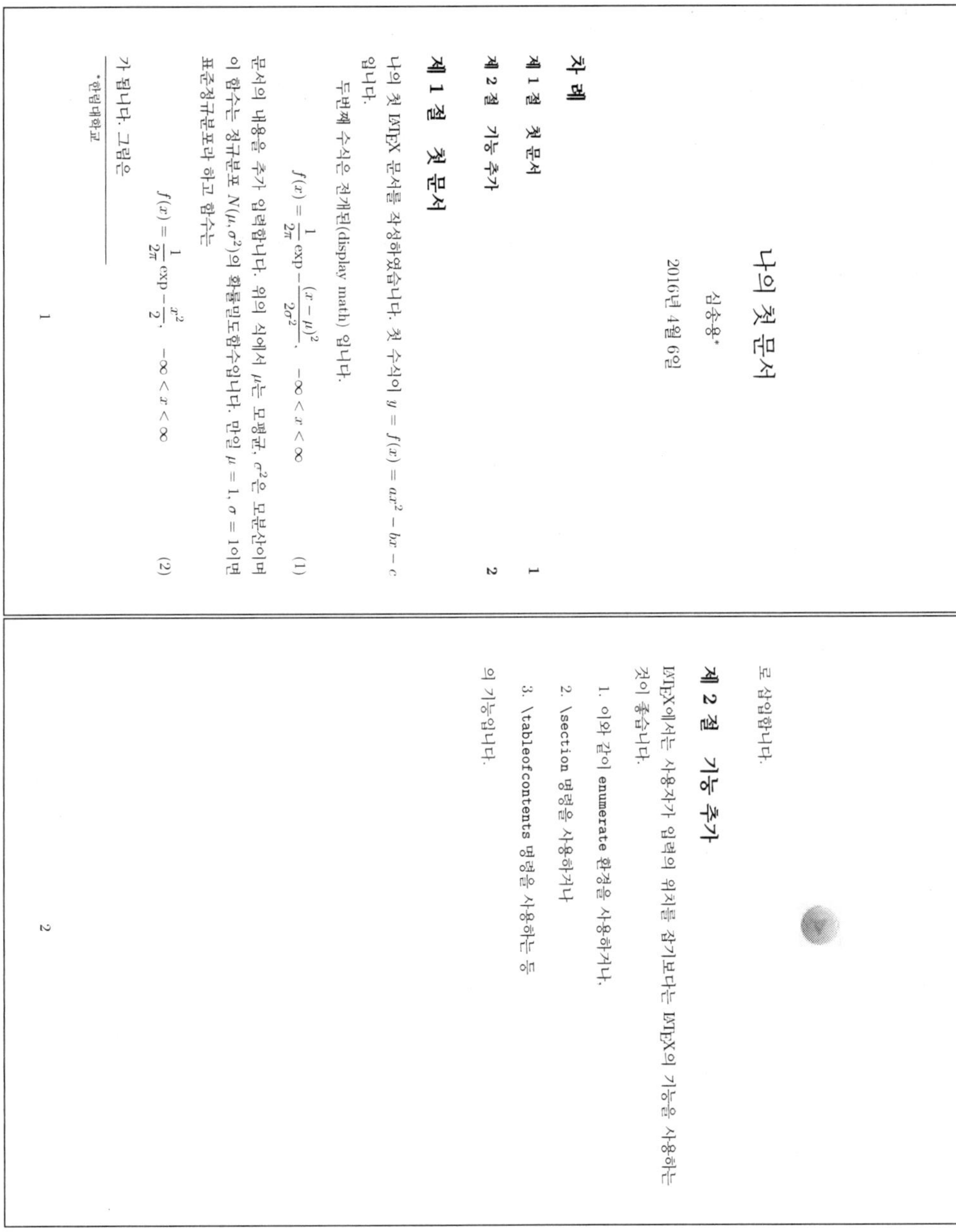

나의 첫 문서

심송용*

2016년 4월 6일

차례

제 1 절 첫 문서 1

제 2 절 기능 추가 2

제 1 절 첫 문서

나의 첫 LaTeX 문서를 작성하였습니다. 첫 수식이 $y = f(x) = ax^2 - bx - c$ 입니다.

두번째 수식은 전개된(display math) 입니다.

$$f(x) = \frac{1}{2\pi} \exp - \frac{(x-\mu)^2}{2\sigma^2}, \quad -\infty < x < \infty \tag{1}$$

문서의 내용을 추가 입력합니다. 위의 식에서 μ는 모평균, σ^2은 모분산이며 이 함수는 정규분포 $N(\mu, \sigma^2)$의 확률밀도함수입니다. 만일 $\mu = 1$, $\sigma = 1$이면 표준정규분포라 하고 함수는

$$f(x) = \frac{1}{2\pi} \exp - \frac{x^2}{2}, \quad -\infty < x < \infty \tag{2}$$

가 됩니다. 그림은

*한림대학교

1

로 삽입합니다.

제 2 절 기능 추가

LaTeX에서는 사용자가 입력의 위치를 잡기보다는 LaTeX의 기능을 사용하는 것이 좋습니다.

1. 이와 같이 enumerate 환경을 사용하거나,
2. \section 명령을 사용하거나
3. \tableofcontents 명령을 사용하는 등

의 기능입니다.

2

그림 1.3: 두 번째 보기

⑤ 29–31번 줄 사이에는 중앙으로 정렬하겠다는 뜻이며 30번 줄의 명령은 그림 파일 `play.png`를 문서에 포함한다는 뜻이다. 이 명령을 사용하기 위해서는 전처리부

의 graphicx 패키지가 필요하다.

⑥ 33번 줄에는 \section 명령이 하나 더 있는데 이 명령에 의해 2번 절이 만들어진다. 사용자가 절번호나 글자 크기를 조절할 필요가 없다. 36–40번 줄 사이에는 리스트를 만들었는데 들여쓰기 등을 조정할 필요 없이 리스트를 만들어준다.

소스 파일의 LaTeX 명령이 출력에 어떻게 영향을 주었는지 확인하였다면 이제 기존의 절 하나를 통째로 복사하든지 아니면 다음의 방법으로 절을 추가해 보자.

① 전처리부에

```
\usepackage{lipsum}
```

를 추가한다.

② \begin{document} 이후 적절한 곳에

```
\section{lipsum}
\lipsum
```

을 추가한다(여러 번 추가도 가능).

이제 절을 추가하였으면 다시 컴파일해 보자. 이때 에러가 난다면 위의 두 명령을 \begin과 \end 사이나 $ 사이 등에 잘못 넣었거나 하는 등의 이유이다. 가장 좋은 곳은 이미 있는 \section 명령 직전에 새 절을 만드는 것이다. 위에서 사용한 lipsum 패키지는 의미 없는 문자열을 약 한 페이지 반 정도 넣어주는 기능을 하며 주로 패키지 개발자들이 테스트 목적으로 사용한다.

다시 컴파일해 보면 결과가 어떤가? 추가된 절에 대해서 번호가 자동으로 바뀌는 것이 확인되는가? 만일 수식을 복사했다면 수식번호가 자동으로 바뀌는 것이 확인되는가? 또 차례는 그에 따라 바뀌는가?

1.4. 인용하기

LaTeX을 사용하는 가장 큰 이유 중의 하나가 인용 기능이다. 이 기능을 알아보기 위해 앞의 파일에서 몇 군데를 변경하기로 한다. 변경된 곳은 몇 군데 없지만 줄번호가 바뀌므로 전체 파일을 보기로 한다. 빨간색으로 표시된 부분이 바뀌거나 추가된 부분이다.

```
\documentclass[11pt]{article}  그림 1.4
\usepackage[hangul]{kotex} % 각종 기본설정하는 부분[preamble]
```

```
\usepackage{graphicx}
\usepackage{lipsum}
\title{나의 첫 문서}
\author{심송용\thanks{한림대학교}}

\begin{document}
\maketitle
\tableofcontents
%\section{lipsum}
%\lipsum
\section{첫 문서\label{ss:normal}}
나의 첫 \LaTeX\ 문서를 작성하였습니다. 첫
수식이 $y=f(x)=ax^2 - bx- c$입니다.

두 번째 수식은 전개된(display math) 입니다.
\begin{equation} \label{eq:eq1}
f(x) = \frac{1}{2\pi} \exp{-\frac{(x-\mu)^2}{2\sigma^2}},
\ \ \ -\infty < x < \infty
\end{equation}
% 문서의 내용
문서의 내용을  추가  입력합니다.
% 추가합니다.
위의 식에서 $\mu$는 모평균, $\sigma^2$은 모분산이며 이 함수는
정규분포 $N(\mu, \sigma^2)$의 확률밀도함수입니다. 만일 $\mu=0$,
$\sigma=1$이면 표준정규분포라 하고 함수는
\begin{equation} \label{eq:eq2}
f(x) = \frac{1}{2\pi} \exp{-\frac{x^2}{2}},
\ \ \ -\infty < x < \infty
\end{equation}
가 됩니다.그림은
\begin{figure}
\begin{center}
\includegraphics[width=3em]{../images/play.png}
\end{center}
\caption{그림 제목 들어가요.\label{fig:play}}
\end{figure}
로 삽입합니다.
\section{기능 추가\label{ss:add}}
\LaTeX 에서는 사용자가 입력의 위치를 잡기보다는 \LaTeX 의
기능을 사용하는 것이 좋습니다.
```

```
41 \begin{enumerate}
42 \item 이와 같이 \texttt{enumerate} 환경을 사용하거나,
43 \item \verb|\section| 명령을 사용하거나
44 \item \verb|\tableofcontents| 명령을 사용하는 등
45 \end{enumerate}
46 의 기능입니다.

47 \section{인용해 보기}
48 제 \ref{ss:normal}절의 식 (\ref{eq:eq1})\은 정규분포일 때의
49 확률밀도함수이며 그림 \ref{fig:play}\와는 아무 관계가 없다.
50 \pageref{eq:eq1}면의 식 (\ref{eq:eq1})의 특수한 경우로 $\mu=0$,
51 $\sigma=1$이면 식 (\ref{eq:eq2})가 된다.  제\ref{ss:add}절은
52 \pageref{ss:add}면에 나온다.
53 \end{document}
```

변경내용은 다음과 같다.

① 먼저 앞에서 말한 `lipsum` 패키지가 4번 줄에 추가되었다.

② 10–11번 줄에 앞에서 말한 `\section`과 `\lipsum`이 추가되었으나 주석처리 되어 있다.

③ 12번 줄에 `\label{ss:normal}`이 추가되었다.

④ 16번 줄에 `\label{eq:eq1}`를 추가, 26번 줄에 `\label{eq:eq2}`를 추가하였다.

⑤ 31번 줄에서 `figure` 환경을 시작하고 36번 줄에서 끝냈다. 그림의 제목을 넣기 위해서 35번 줄에 `\caption` 명령을 사용하였으며 `\caption` 명령의 인자 속에 `\label{fig:play}`가 들어 있다. 47번 줄에 절이 하나 추가되었는데 안에 `\ref`나 `\pageref` 같은 명령이 포함되었다.

이 명령의 결과로 얻어지는 출력은 그림의 제목과 번호가 붙은 것을 제외하면 앞의 두 절까지는 변경이 없으며 3절의 경우 그림 1.4와 같다.[9] 이 그림에서 3절은 입력과 달리 실제 절번호, 수식번호, 페이지가 들어가 있다. LaTeX은 서로 교차해서 인용할 수 있는 기능을 강력하게 지원하며 이 보기에서는 간단한 인용만 본 것이다. 인용의 방법은

① `\label` 명령으로 위치를 표시한다. 그래서 앞의 파일에서 필요한 곳에 이 명령을 추가하였다. `\label` 명령에 이름은 특수문자를 제외한 숫자, 문자 등이 사용될 수 있다. 수식일 때 `eq:`을 사용하고 절일 때 `ss:` 사용하는 규칙은 따로 없으며 필자가 편의상 이와 같이 표시하는 습관이 있어 사용한 것이다.

[9] `\label` 명령은 아무 출력도 만들지 않는다.

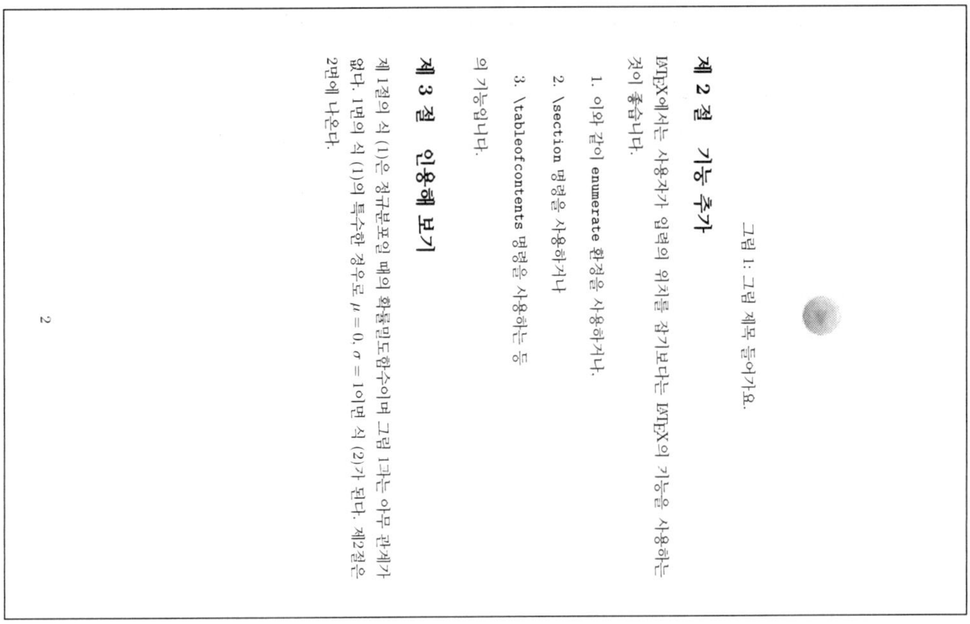
그림 1: 그림 제목 들어가요.

제 2 절 기능 추가

LaTeX에서는 사용자가 입력의 위치를 잡기보다는 LaTeX의 기능을 사용하는 것이 좋습니다.

1. 이와 같이 enumerate 환경을 사용하거나,
2. \section 명령을 사용하거나
3. \tableofcontents 명령을 사용하는 등

의 기능입니다.

제 3 절 인용해 보기

제 1절의 식 (1)은 정규분포인 때의 확률밀도함수이며 그림 1과는 아무 관계가 없다. 1면의 식 (1)의 특수한 경우로 $\mu = 0$, $\sigma = 1$이면 식 (2)가 된다. 제2절은 2면에 나온다.

2

그림 1.4: 세 번째 보기

② 인용하고자 하는 위치에서 \ref 또는 \pageref(페이지 수)를 사용하면 해당 이름의 절, 식, 그림 등의 번호 내지는 페이지 수가 출력된다.

주석처리 된 10–11번 줄을 %를 지우고 두 번 컴파일했을 때 3절(절이 앞에서 하나 추가되었으므로 이젠 4절)의 절번호나 페이지 수가 새로 바뀐 값으로 변경되는지 확인하여라. 이 두 줄은 여러 번 추가해도 되니 여러 번 추가하고 그 결과를 확인해보자.

또한 수식을 복사하여 여기저기 붙여 넣고 다시 두 번 이상 컴파일해보자. 바뀐 수식 번호가 제대로 반영되는가?[10]

LaTeX이 이런 교차 인용을 하는 방식도 차례를 만드는 것과 마찬가지로 한 번 컴파일하면 \label 명령에 의한 위치를 .aux 파일에 저장하고, 두 번째 컴파일에서 그 값을 가져오는 방식을 사용한다. 따라서 이런 교차 인용이 옳게 되기 위해서는 반드시 두 번 이상의 컴파일이 필요하다.

인용에서 주의할 점은

✓ \label 되지 않은 곳이 \ref되거나 한 번밖에 LaTeX 컴파일을 하지 않아 .aux

[10]수식이나 절 등을 복사할 때는 \label에 준 값도 복사되어 같은 이름이 중복될 수 있으므로 주의하여야 한다. \label 값은 중복되지 않아야 하므로 복사한 식의 \label은 삭제하거나 값을 바꾸어야 한다.

파일에 \ref할 정보가 없으면 그 자리엔 '??'가 출력된다.

✓ 기존에 컴파일한 .aux 파일이 존재하는 상황에서 .tex 파일을 수정하게 되면 인용할 번호가 바뀌어야 하는 경우가 있다. 이런 경우 LaTeX Warning 메시지가 화면에 출력되며 이때는 LaTeX 컴파일을 다시 하지 않으면 수정하기 전의 번호들이 인용된다. 따라서 경고 메시지가 없어질 때까지 다시 컴파일하여야 한다.

제2장

입력 파일 준비하기

LaTeX을 사용하여 문서를 만들기 위해서는 일반적으로 다음과 같은 순서를 따른다.

1. LaTeX 소스 파일을 만든다. 이 파일을 test.tex이라고 하자. TeXLive가 설치된 경우 TeXWorks 편집기가 연결 프로그램으로 설정된다. 오래 전부터 LaTeX을 사용한 사람이나 Unix 계열 운영체계에서는 커맨드 창에서 본인에게 편한 편집기(예: vi)를 사용하는 것에 익숙한 경우는 원하는 텍스트 편집기를 사용하여 만들면 된다.

2. % latex test.tex 명령으로 컴파일하거나[1] 그림 1.1에서 LaTeX 또는 pdfLaTeX을 선택하여 컴파일 한다. 소스 파일의 확장자가 .tex인 경우 LaTeX 컴파일 명령에서 확장자를 생략할 수 있다. 컴파일 중간에 에러가 발생되면 1번으로 가서 소스 파일을 수정하여 다시 컴파일한다. 컴파일 결과로는 확장자가 .dvi인 test.dvi라는 파일이 만들어진다.[2]

3. 사용하는 LaTeX의 종류에 따라 DVI 구동자를 부른다. DVI 구동자란 latex 명령으로 만들어진 출력을 처리하는 프로그램을 말한다. TeXLive 사용자의 경우 % dviout test라고 명령하여 출력을 확인할 수 있다.

위의 과정은 LaTeX의 가장 기본적인 사용 순서를 표현한 것으로 경우에 따라서는 중간 과정에 dvips나 GSview 및 Ghostscript, Adobe PDFviewer 등이 필요할 수도 있다. dvips는 koTeXLive 전체 설치 시 자동 설치되며 GSView나 Ghostscript는

---

[1] 여기서 %는 윈도우의 커맨드 창이나 Unix 계열의 콘솔에서 프롬프트(prompt)를 의미하며 이는 입력하지 않는다. 이 책에서는 프롬프트를 표현하고자 할 때 % 또는 >를 사용하기로 한다.

[2] 최근에는 LaTeX 기반으로 목적에 따라 여러 가지의 컴파일 방법이 있어서 latex 명령어 대신 pdflatex, xelatex 등을 사용하면 바로 PDF 파일로 결과가 얻어지며 latexmk명령은 컴파일 시 필요한 LaTeX 명령을 함께 수행해 주기도 한다.

```
http://pages.cs.wisc.edu/~ghost/gsview/
```

에서 무료로 내려받을 수 있다.

최근에는 LaTeX 소스 파일에서 .dvi 파일을 거치지 않고 PDF(Portable Document Format) 형식의 출력을 바로 얻기도 하는데 이런 경우 소스 파일에서

```
% pdflatex test
```

를 명령하면 바로 test.pdf로 출력을 얻을 수 있다.[3]

2.1. LaTeX 소스 파일 만들기

LaTeX을 사용하기 위해서는 먼저 인쇄할 내용을 컴퓨터에 입력하여 파일로 만들어야 한다. 이 내용을 입력한 파일의 확장자는 LaTeX 파일인 경우에는 확장자가 tex이라고 한다.

입력할 내용이 정해졌다면 편집기를 이용하여 그 내용을 파일로 저장한다. 이때 사용할 수 있는 편집기는 텍스트 편집기라면 어느 것이나 가능하다. 예를 들어 윈도우에서 사용하는 notepad(시작 ⟶ 프로그램 ⟶ 보조프로그램 ⟶ 메모장)도 사용할 수 있으며 UNIX 계열의 경우 emacs, vi[4] VMS에서의 ED(IT) 등도 사용 가능하다. GVIM과 EmacsW32는 윈도우 환경에서 사용할 수 있는 프로그램으로 UNIX 계열에서 기원한 vi와 emacs 에뮬레이션 프로그램이다.

또한 편집기로는 한글과 컴퓨터사의 ᄒᆞᆫ글[5]이나 MSWord도 사용 가능한 편집기인데 저장할 때 아스키 파일로 저장하여야 한다.

그 외 텍스트 편집 프로그램으로 많이 사용하는 것으로는 PowerEdit, WinEdit 등이 있다. 이들은 상용 프로그램이다.

LaTeX의 입력 파일은 자판에 있는 모든 키를 사용할 수 있으나

```
# $ % & ~ ^ _ \ { }
```

는 LaTeX에서 사용하는 특수문자이므로 입력용으로는 사용할 수 없다.

2.2. 문장과 문단

LaTeX을 써보지 않은 독자는 먼저 부록 A를 참고하길 바란다.

---

[3] pdflatex 뿐 아니라 xelatex, lualatex 등의 엔진도 PDF로 출력을 얻는 것을 기본으로 한다.

[4] 윈도우용 emacs와 vi 에뮬레이터 중에는 공개 프로그램으로 나와 있는 것들이 많다. 예를 들면 무료 프로그램인 GVIM이나 EmacsW32, Notepad++ 등이 있다.

[5] 70면에 ᄒᆞᆫ글을 만드는 방법이 설명되어 있다.

한 문장은 LaTeX파일에서 문장으로 입력한다. LaTeX은 문장 안에서 하나 이상의 공간을 한 개의 공간으로 취급한다. 즉, 두 개의 공간을 실수로 입력하여도 LaTeX은 자동으로 한 칸만 띄어쓰기를 한다.

> This space that space .... `This space that    space`

문장이 연결되는 중에 편집기에서 줄을 바꾸어 쓰면 (Enter 키) LaTeX은 한 칸 띄어 쓰는 것으로 가정한다.

2.2.1 문단

LaTeX의 문단은 한 줄 이상의 빈 줄을 주는 것으로 만들어진다. 두 줄(또는 그 이상)을 비워도 출력에는 한 줄을 비운 것과 같은 결과를 얻는다. 면은 사용자가 새 면에서 시작하라고 특별히 명령하지 않는다면 한 면이 다 찼을 때 자동으로 다음 면으로 넘어간다.

LaTeX은 사용자가 특별히 정해주지 않으면 문단이 바뀔 때마다 자동으로 들여쓰기(indent)를 하고 면이 바뀌는 것에 맞추어 자동으로 면수를 해당 면의 밑의 중앙에 인쇄하여 준다. 다음의 입출력을 보자.

출력	입력

LaTeX은 문장 안에서 하나 이상의 공간은 한 개의 공간으로 취급한다.
 	
LaTeX의 문단은 한 줄 이상의 빈 줄을 주는 것으로 만들어진다. 또한 `\par` 명령을 사용하여도 같은 결과를 얻는다.
	`\LaTeX       은 문장 안에서`
	`하나       이상의 공간은`
	`한 개의 공간으로 취급한다.`
	
	`\LaTeX 의       문단은 한 줄`
	`이상의 빈 줄을 주는`
	`것으로 만들어진다.`

위의 예에서 보는 것처럼 '하나'와 '이상' 사이의 여러 공간은 한 칸을 띄어쓰기 하였고 두 번째 LaTeX은 자동으로 들여쓰기를 하였다.[6]

문단의 들여쓰기의 양은 `\parindent` 길이로 조정한다. 이 길이는

> `\parindent=`*length* 나 `\setlength{\parindent}{`*length*`}`

로 바꾸어 준다. 예를 들어 `\parindent=5cm` 라고 하면 들여쓰기 할 때마다 5cm씩 들여쓴다. 이 들여쓰기를 하지 않으려면 `\parindent` 값을 0으로 주면 된다. `\parindent`

---

[6] `\LaTeX` 다음의 빈칸은 무시한다. LaTeX 다음에 빈칸을 주고 싶으면 '`\LaTeX\␣`'를 사용한다.

값은 바꾸고 나면 그 효과가 계속 남아 있기 때문에 한두 번의 경우에만 들여쓰기를 하지 않을 경우에는 문단의 시작부분에 `\noindent`라고 하면 들여쓰기를 하지 않는다.

두 개의 문단 사이의 높이는 `\parskip`으로 조정할 수 있으며 들여쓰기의 `\parindent`와 같이 `=`이나 `\setlength` 명령으로 바꾸어 줄 수 있다. 두 줄 이상의 빈 줄이나 두 번 이상의 `\par` 명령을 하여도 한 번의 빈 줄 또는 한 번의 `\par` 명령과 같은 결과를 얻는다.

2.2.2 줄 바꾸기

LaTeX은 필요한 곳에서 적절하게 줄을 바꾸기 때문에 대개의 경우에는 일부러 줄을 바꿀 필요는 없다. 하지만 때로는 문장의 중간이나 특정한 위치에서 줄을 바꾸고자 할 필요가 있는데 이때는 `\\`나 `\\*`, `\newline` 또는 `\linebreak` 명령을 사용한다. 여기에서 `\newline`은 여러 번 사용하여도 한 번만 줄을 바꾸므로 여러 줄을 비우기 위해서는 적절하지 않다. 반면 `\\`는 사용한 횟수만큼 줄을 바꾸므로 여러 줄을 비우려면 `\\` 명령을 사용하는 것이 좋다.

여기에
한 줄
Here go

two empty lines

```
여기에 \newline\newline 한 줄\\
Here go\newline \null
\newline two empty lines
```

`\newline` 명령으로 중간에 빈 줄을 만들고자 하려면 `\newline` 명령 사이에 `\null`이나 `\mbox{␣}`[7], `\phantom` 등의 명령을 사용하여 보이지 않는 출력을 만든 후 `\newline` 명령을 사용하면 빈 줄을 만들 수 있다.

여기에
한 줄
Here go

two empty lines

```
여기에 \newline 한 줄 \\
Here go \\ \\
two empty lines
```

`\\` 명령에는 옵션으로 다음 줄과의 간격을 설정할 수 있다. 사용법은

```
\\[length]
```

이며 *length*에는 다음 줄과의 간격을 길이로 준다. 길이의 종류 및 설정 방법은 4.1절을

[7] ␣는 빈칸을 의미한다.

참고하기로 한다. 다음의 예를 보자.

여기에 한 줄

Here go
an empty lines

```
여기에 한 줄 \\[2cm]
Here go  \\ an empty lines
```

두 번째 줄은 2cm를 띄운 것을 볼 수 있다.

\\ 명령과 사용법이 같고 거의 같은 결과를 얻을 수 있는 명령으로 * 명령이 있다. 이 명령은

```
\\*[length]
```

로 사용하며 *가 붙은 명령과 그렇지 않은 명령의 결과는 줄을 바꾸는 중간에 페이지가 바뀌는 경우를 제외하면 같다. * 명령의 경우 줄을 바꾸는 중에 페이지가 바뀌어야 하더라도 페이지를 넘기지 않고 다음 줄을 같은 페이지에 포함시킨다.

\\와 * 명령은 줄 바꾸기를 하면서 줄을 채우지 않고 바꾼다. 때로는 단어 사이에 공간을 주어 줄을 채우고자 할 때가 있는데 이 경우 \linebreak 명령을 사용한다.

또,　　　따른　　　한　　　줄을
중간에서 바꾸는 방법

```
또, 따른 한 줄을\linebreak
중간에서 바꾸는 방법
```

에서 보는 것과 같이 빈칸을 추가하여 줄을 채우면서 바꾼다.

2.2.3 페이지 바꾸기

LaTeX은 자동적으로 면을 바꾸어 주는데 강제로 면을 바꾸고자 할 때는 그 위치에 \newpage를 입력하면 그 자리에서 면이 바뀐다. 이때 \newline에서와 마찬가지로 \newpage를 두 번 사용하여도 두 면이 바뀌지는 않는데 빈 면을 만들고자 할 때는 \newline에서와 마찬가지로 \null, \mbox 등을 사용하면 빈 면을 만들 수 있다.

LaTeX이 자동으로 면을 바꾸기 때문에 때로는 면을 바꾸고 싶지 않은 경우가 생기게 된다. 이는 수식이나 문단의 시작이나 끝, 한 절의 시작이 한 면의 끝 부근에 위치할 때 LaTeX이 그 문단이나 식 또는 절을 현재 면이 다 채워지지 않은 상태에서 다음 면에서 문단, 식 등으로 시작하려는 경향이 있기 때문이다. 이럴 때는 \samepage{*contents*} 명령을 사용하면 *contents*는 같은 페이지에 나오게 된다. 이 명령은 \newpage나 \breakpage

명령을 함께 사용하는 것이 일반적이다.

\clearpage 명령은 \newpage 명령과 마찬가지로 새 페이지를 시작하게 하지만 현재 페이지까지 출력하지 못한 table이나 figure 환경에 의해 만든 유동체(floating body)를 모두 출력하고 새 페이지로 넘어간다. 유동체에 대해서는 제10장에서 다룬다.

LaTeX의 출력에서 의도하지 않은 곳에서 페이지가 바뀌는 경우가 있는데 이 경우는 대부분 다음의 출력 내용이 하나의 박스이고 그 박스가 현재 페이지에 모두 포함되지 않아서 발생한다. 이런 경우 한 페이지의 크기를 확대할 수 있으며

\enlargethispage{*size*} 또는 \enlargethispage*{*size*}

를 사용하여 한 페이지의 높이(\textheight)를 *size*만큼 추가로 키워준다.[8] 예를 들어

```
\enlargethispage{\baselineskip}
```

이라고 하면 한 페이지에 한 줄이 더 들어갈 수 있다. *가 붙은 버전은 페이지에 최대한 집어넣을 수 있도록 한다. 이 두 명령은 일반적으로 \newpage나 \pagebreak 명령과 함께 사용하여야 하며, 그렇게 할 경우에 \newpage 또는 \pagebreak 명령 이전의 내용이 최대한 한 페이지에 들어갈 내용이라는 것을 알려주게 된다.

2.3. 따옴표

LaTeX에서는 여는 따옴표와 닫는 따옴표는 다른 키를 사용한다. 작은따옴표 '와 '는 ` 와[9] '로 만들어지고 큰따옴표 "와 "는 ``와 ''로 `와 '를 두 번씩 주면 만들어진다. 주의할 점은 큰따옴표가 자판의 큰따옴표 "가 아니라는 것이다.

'작은따옴표'와 "큰따옴표"는 만들기 쉽다.	'작은따옴표'와 ``큰따옴표''는 만들기 쉽다.

만일 따옴표의 좌우에 같은 '를 사용하면 "인용"에서처럼 자연스럽지 못하다.

따옴표 안의 따옴표는 ```나 '''를 세 번 주면 모호하기 때문에 \,를 사용하여 ``\,` 또는 `\,`` 등으로 어느 것이 큰따옴표이고 어느 것이 작은따옴표인지 구분하여야 한다.

"'큰' 따옴표는 '크다'." .... ``\,`큰' 따옴표는 `크다'.\,''

[8]\textheight 명령은 4.1절 및 그림 4.1 참조.

[9]` 키는 자판에서 ~ 키와 공유하고 있다. TeXWorks 편집기를 사용하면 '를 사용하여도 여는 따옴표인 경우 자동으로 `로 바뀐다.

여기서 사용한 `\,`는 사실 띄어쓰기의 양을 조절한 것으로 띄어쓰기 양의 조정은 표 5.7을 참고하기로 한다.

2.4. 대시 또는 하이픈

LaTeX에는 세 가지 크기의 대시(dash)가 있다. 이들은 각각 `-`, `--`, `---` 로 만들어지는데 (`-`는 자판의 마이너스 키) 그 크기는 아래에 보는 것과 같다.

-, –, — .... -, --, ---

위에서 보는 것처럼 `-`를 여러 번 입력하더라도 LaTeX의 출력은 하나의 대시로 만들어진다.

이 세 가지 가운데 `-`는 단어 사이에, 즉 co-operate에서처럼 사용하고, `--`는 참고문헌 등에서 면수를 나타낼 때 사용한다(예 pp. 12–27). 마지막으로 `---`는 설명이나 동치일 때 사용하기 알맞다(예 A punctuation dash—like this).

2.5. `\hyphenation`

LaTeX에는 영문을 쓸 때 필요한 경우 자동적으로 하이픈을 만들어주는 기능이 있다. 이때 사용자가 특별히 해야 할 일은 없다. 다만 화면에 다음과 같은 메시지가 나타난다.

```
Overfull \hbox (30.68121pt too wide) in paragraph at lines
45--47 [] []\mjAtwl ^^Y*^^N$^^a5 \twlrm Ghostscript \mjAtwl
^^c1^^c6^^e7 \twlrm Ghost-Script \mjAtwl im !"^^Y$^^d3^^da^^e
7^^Y$ \mjBtwl ^^Y$^^c8\mjAtwl 2L !"UW \mjBtw l ^^W$^^ce\mjAtwl
^^cf^^da^^e7 \twlrm Ghostscript
```

이 메시지는 하이픈을 주어서 단어 사이를 끊지 않으면 출력의 범위가 `\textwidth`보다 30.68121pt 커진다는 뜻이며 그 해당 단어는 Ghostscript인데 Ghost-와 Script로 하이픈을 주었다는 의미이다. `Overfull \hbox`로 시작하는 경고 메시지는 출력의 내용이 주어진 면의 가로 범위를 넘었다는 뜻이다.[10]

그러나 LaTeX이 모든 영어 단어에 대해 하이픈을 붙여 주지는 않는다. 예를 들어 Ghostscript라는 단어는 LaTeX의 하이픈 목록에 없기 때문에 이 단어가 문장 끝에 나올 때 하이픈을 붙이지 못한다. 이럴 경우에는 사용자가 Ghostscript가 어떻게 하이픈이 되는지 정해줄 수 있는데 이때는 `\-`를 사용한다. 만일 Ghostscript가 Ghost-Script 또는

[10] hbox는 horizontal box이다.

Gho-stScript로 하이픈이 붙을 수 있다면 입력을

```
Gho\-st\-Script
```

로 한다. 즉, \-를 입력하여 하이픈이 만들어질 수 있는 자리를 지정할 수 있다.

출력	입력
텍스트로 그림을 저장한 Post-Script 파일을 화면으로 볼 수 있게 하는 프로그램으로 Gho-stScript가 있다.	텍스트로 그림을 저장한 Po\-st\-Script 파일을 화면으로 볼 수 있게 하는 프로그램으로 Gho\-st\-Script가 있다.

다음은 \-를 사용하지 않은 경우의 출력 및 입력이다.

출력	입력
텍스트로 그림을 저장한 PostScript 파일을 화면으로 볼 수 있게 하는 프로그램으로 Ghostscript가 있다.	텍스트로 그림을 저장한 PostScript 파일을 화면으로 볼 수 있게 하는 프로그램으로 Ghostscript가 있다.

위와 같이 \-를 이용하는 경우는 그 단어가 한두 번 나올 경우에는 쓸 만하지만 계속하여 그 단어를 사용할 경우에는 불편할 것이다. 이때 사용할 수 있는 명령이 **\hyphenation** 명령이다. 예를 들어

```
\hyphenation{Ghost-Script}
```

라고 선언하면 LaTeX은 Ghost와 Script 사이에서 줄 바꾸기가 될 때 하이픈을 준다. 다음의 **\hyphenation** 명령 전후의 출력을 비교하여 보자.

> 여기의 Ghostscript는 Ghost-Script로 하이픈을 무지하게 하고 싶은 Ghostscript 이다. 이 출력은 **\hyphenation** 선언이 있기 전의 출력이다.
>
> 여기의 Ghostscript는 Ghost-Script로 하이픈을 무지하게 하고 싶은 Ghost-script 이다. 이 출력은 **\hyphenation** 선언이 위와 같이 주어진 경우의 출력이다.

특정한 단어의 하이픈이 어떻게 정의되어 있는지 보려면 **\showhyphens** 명령을 이용한다.

```
\showhyphens{word}
```

라고 하면 주어진 단어의 하이픈을 보여준다. 예를 들어

```
\showhyphens{difficult}
```

이라고 명령하면 화면에 다음과 같이 보여 주고

```
[] \OT1/cmr/m/n/10.95 dif-fi-cult
```

`.log` 파일에도 같은 내용을 저장한다.

2.6. 마침표

일반적으로 한 문장이 끝나면 그 문장과 다음 문장 사이에는 단어 사이의 공간보다 조금 더 많은 공간을 준다. 일반적으로 마침표가 나오면 문장의 끝일 것이다. 그러나 마침표는 영어 약자 뒤에도 사용하기 때문에(etc. 등) LaTeX이 마침표를 처리할 때 그 마침표가 영문 약자에서 나온 것인지 문장의 끝인지 알 수 없다. 이때 LaTeX은 마침표 직전이 영문 대문자가 아니면 문장의 끝이라고 가정한다. 문장의 끝이 아니면서 마침표가 있을 때에는 `\␣`를 주면 LaTeX은 문장의 끝이 아닌 것으로 처리한다. 여기서 ␣는 한 칸의 빈 공간을 의미한다. 다음 두 가지 예를 보자.

We have I + I = II. Right?	`We have I + I = II. Right?`
We have I + I = II. Right?	`We have I + I = II\@. Right?`

위에서 al.과 A 사이의 공간의 양이 `\␣`의 유무에 따라 다름을 볼 수 있다.

위와는 반대로 문장의 끝인데 그 직전 문자가 대문자인 경우에는 LaTeX에 문장의 끝임을 알리기 위해 `\@`를 사용한다. 다음 두 문장에서 마침표 뒤의 공간을 비교해 보라.

Johnson et al. ABC	`Johnson et al. ABC`
Johnson et al. ABC	`Johnson et al.\ ABC`

위의 두 가지 마침표와 관련된 공간 조정은 현재 `kotex`의 한글을 사용하는 경우에는 지원되지 않으며 이 패키지 없이 영문만 작성할 경우에 적용된다.[11]

2.7. 특수문자

앞에서 본 것처럼 다음에 보는 `\` 나 `\@` 등은 직접 `\` 나 `\@`를 출력하는 것이 아니고 출력을 조절하는 특수한 의미로 쓰인다. 이러한 용도로 쓰이는 문자가 몇 가지 있는데 특수 용도로 사용하기 때문에 이 문자들을 입력하여 같은 내용을 출력시킬 수 없다.

```
#   $   %   &   _   {   }   ^
```

[11] 위의 보기도 실제로 영문만으로 컴파일한 결과의 화면을 캡처한 것이다.

그러나 이 문자 앞에 \를 주면 해당 문자를 만들 수 있다.

$ % & _ { } .... `\#` `\$` `\%` `\&` `\_` `\{` `\}`

이외의 세 개는 (~, ^ 및 \) 입력 파일의 내용 그대로 출력하게 하거나(`\verb` 명령이나 `verbatim` 환경 참조) `\symbol` 명령을 사용할 수 있다. `\symbol` 명령은 주어진 숫자에 해당되는 문자를 출력하는데 `\symbol{64}`는 로마자 글꼴에서는 "@"를 만든다. `\symbol`의 결과는 글꼴에 따라 다르므로 부록 B의 표 C.1에서 표 C.8을 참고할 수 있다.

> 참고 : 색인을 만들 때의 `\index` 명령에서는 `|`와 `!`도 특별한 의미를 갖는 특수문자이다.

이러한 특수문자들은 또 글꼴에서 바로 불러올 수도 있다. TEX명령인 `\font` 명령은 글자를 정의해 주는 역할을 하는데

```
\font\myfont=manfnt scaled 1095
```

라고 선언하면 `\myfont` 선언은 `\rm` 등과 마찬가지로 글꼴을 바꾸는 명령이 된다. `manfnt`는 128개의 자소로 이루어져 있는데 표 C.8에 각 번호에 해당하는 `manfnt`의 자소를 실었다.

METAFONT METAFONT

는 아래 명령의 결과이다.

```
{\myfont \symbol{40}\symbol{41}\symbol{42}\symbol{43}%
\symbol{44}\symbol{45}\symbol{46}\symbol{42}} \space \space
{\myfont \symbol{47}\symbol{48}\symbol{49}\symbol{50}%
\symbol{51}\symbol{52}\symbol{53}\symbol{49}}
```

`\symbol` 대신에 `\char` 명령을 사용할 수도 있다.[12] 다음의 METAFONT는

```
{\myfont\char66}{\myfont\char67}{\myfont\char68}%
{\myfont\char71}{\myfont\char72}{\myfont\char73}%
{\myfont\char74}{\myfont\char68}
```

[12] \char은 plainTEX 명령으로 매개변수인 번호에 {}를 사용하지 않는다.

의 결과이다. 자주 사용하는 글꼴과 그 모양은 부록의 표 C.1부터 표 C.9까지에 정리하였다. 표 C.10에는 pifont 패키지를 사용할 때 얻을 수 있는 특수문자를 정리하였다.

참고로 \symbol이나 \char 명령에서 십진수가 아닌 8진수나 16진수를 사용할 수 있는데 이들은 숫자 앞에 '와 "를 각각 붙인다.

2.8. \LaTeX, \TeX, \today

\LaTeX을 입력하면 LaTeX이 만들어지고 \TeX을 입력하면 TeX이 만들어진다. 컴퓨터 상의 오늘 날짜는 \today 명령으로[13] 만든다.

오늘은 2016년 11월 30일이다.	오늘은 \today 이다.

LaTeX의 옛날 버전인 LaTeX2.09 버전과 구별할 때 사용하는 버전인 LaTeX 2_ε은 \LaTeXe로 만든다.

TeX→ LaTeX→ LaTeX 2_ε	\TeX $\rightarrow$ \LaTeX $\rightarrow$ \LaTeXe

2.9. 강조와 방점

강조하고자 할 때는 일반적으로 밑줄을 치거나 글꼴을 바꾸거나 방점을 찍는다. 밑줄은 \underline을 사용하면 만들어진다.

여기에 밑줄 짝	여기에 \underline{밑줄} 짝

\underline 명령을 사용하면 중간에 줄을 바꾸지 않기 때문에 내용이 길어지면 한 줄을 넘기게 된다.[14]

밑줄이 길면 한 줄을 넘어가며 줄 바꾸기가	\underline{밑줄이 길면 한 줄을 넘어가며 줄 바꾸기가 안됩니다.}

단순 밑줄 치는 것 외에 very important와 같이 여러 가지의 줄과 관련된 것은 18.11

[13]단기 연호를 사용할 수 있는 방법이 7.6절에 설명되어 있으니 참고하자.

[14]이 책은 LaTeX으로 쓴 것이라 출력의 결과를 만들어지는 대로 보이기 위해 이처럼 엉뚱한 출력이나 페이지의 모양을 바꾸는 등의 일이 중간중간에 있음을 밝혀둔다.

절의 `ulem` 패키지를 참고하기로 한다.

강조하는 또 다른 방법으로 `\emph{ }` 또는 `{\em }`[15] 안에 강조할 부분을 넣으면 그 부분이 이탤릭체로 만들어진다.[16]

이 부분 *중요*합니다	`이 부분 \emph{중요}합니다.`
This is *emphasized* text.	`This is \emph{emphasized} text.`

위의 예를 자세히 보면 *emphasized*와 text 사이에는 공간이 좁음을 알 수 있다. 이는 *d*가 기울어져 있기 때문인데 다음 글자가 붙어 있는 경우 *did*not에서는 그 정도가 심하다. 이를 방지하기 위해 사용하는 명령이 `\/` 이다.

*did*not, *did*not	`\emph{did}not, \emph{did\/}not`

앞의 `\symbol`이나 여기의 `\emph`에서 이미 본 것처럼 LaTeX의 명령들은 `\`로 시작하고 (그래서 `\`는 특수문자이다.) `{`와 `}`는 짝이 맞아야 한다. 즉, 한 번 `{`를 사용하였으면 반드시 대응하는 `}`가 있어야 한다.[17]

koTeX의 패키지 `kotex`은 강조한 문구와 같은 방점을[18] 찍을 수 있는 기능을 제공한다. 이 방점을 찍는 명령은 `\dotemph`이며 사용 방법은

드러냄표로 강조하기	`\dotemph{드러냄표}로 강조하기`

이다.

2.10. 무시되는 입력 – 주석처리 하기

LaTeX은 `%` 이후의 입력은 무시한다. 단, `%`가 있는 시점으로부터 그 줄의 끝까지만 무시한다.

LaTeX에서는 % 이후 입력은 무시한다.	`\LaTeX 에서는 \% 이후 % 여기서` `입력은 무시한다. % 아무거나 $ &`

한 줄씩 주석처리 하지 않고 한꺼번에 일정 분량을 주석처리 하고자 할 때는 18.16절의 `comment` 환경을 사용할 수 있다.

[15] 영어 emphasize가 어원임.

[16] `{\em }` 형태로 글꼴을 바꾸는 것은 권장하지 않는다. 이는 옛날 LaTeX2.09 버전의 방식으로 LaTeX 파일의 소스를 보는 경우를 위해 설명에 추가한 것이다.

[17] `\{`와 `\}`는 짝이 맞지 않아도 상관 없다.

[18] 이 문장 부호의 정확한 명칭은 '드러냄표'이다.

표 2.1: 강세를 만드는 명령어

ò	`\'{o}`	ó	`\'{o}`	ô	`\^{o}`
ö	`\"{o}`	õ	`\~{o}`	ō	`\={o}`
ȯ	`\.{o}`	ŏ	`\u{o}`	ǒ	`\v{o}`
ő	`\H{o}`	o͡o	`\t{oo}`	o̧	`\c{o}`
o̲	`\b{o}`	ọ	`\d{o}`	o̊	`\r{o}`

표 2.2: 영어 이외의 문자

œ	`\oe`	Œ	`\OE`	æ	`\ae`	Æ	`\AE`
å	`\aa`	Å	`\AA`	ø	`\o`	Ø	`\O`
ł	`\l`	Ł	`\L`	ß	`\ss`	¿	`?'`
¡	`!'`						

2.11. 영어 이외의 문자

표 2.1에는 강세를 나타내는 예가 주어져 있다. 영어 이외의 문자는 표 2.2에 있다. 표 2.1과 표 2.2에 있는 강세나 특수문자는 수학 모드에서는 사용할 수 없다. 이때는 `\mbox`를 이용하면 된다. 수학 모드에서 사용하는 강세는 제5장을 참고하기로 하자.

Ł$(x) =$ Æ $+$ î ....`$\mbox{\L}(x) = \mbox{\AE} + \mbox{\^\i}$`

또 i와 j처럼 이미 점이 있는 경우 표 2.1의 강세는 i와 j의 점과 겹치므로 `\i`와 `\j`로 점이 없는 ı와 ȷ를 사용한다(수학 모드에서의 $\imath$ (`\imath`), $\jmath$ (`\jmath`) 참조).

2.12. 각주 달기

각주는 `\footnote` 명령으로 만들어진다. 이 명령은

`\footnote[`*num*`]{`*text*`}`

로 사용하는데 *num*은 각주의 번호이고, *text*는 각주의 내용을 기입한다. `[`*num*`]`을 생략하면 자동으로 1번부터 시작하여 `\footnote`가 나올 때마다 1씩 증가한다.[19] `book` 클래스나 `report` 클래스에서는 장(chapter)마다 번호가 1부터 다시 시작하며 `article`

[19] LaTeX에서 `[` 와 `]` 사이에 들어가는 내용은 옵션이므로 항상 생략할 수 있다.

클래스에서는 1번부터 시작하여 계속 증가한다.[20]

각주를 사용할 때 두 개 이상의 항목이 같은 번호를 가질 때가 있는데 이럴 경우에는

```
\footnotemark[num]
```

를 이용하여 한 개를 제외한 나머지는 각주 번호만 표시하고 마지막에만 \footnote 명령을 사용할 수 있다. 그러나 \footnotemark는 한 번 사용할 때마다 각주의 번호가 증가하므로 \setcounter[21]나 \addtocounter[21]명령을 이용하여 그 번호를 조정하여야 한다. 이 면 바로 윗줄의 \setcounter와 \addtocounter의 각주를 만들기 위해 사용된 명령은

```
각 주의 번호가 증가하므로 \\
\verb+\setcounter+\footnotemark 나 \\
\verb+\addtocounter+\addtocounter{footnote}
{-1}\footnote{\ref{ss:cntnum}절 참조}
명령을 이용하여...
```

이다.

2.13. LaTeX명령의 두 타입

LaTeX의 명령들은 입력한 그 자리에만 사용되는 것이 아니고 다른 장소에서도 사용한다. 예를 들어 \section{*name*}의 *name*은 차례에 나타날 것이고 \caption에 주어진 제목은 표 차례 또는 그림 차례에 나타나고 \footnote의 정보도 다른 자리에 출력하기 때문에 움직인다. 또 색인을 만들기 위해 \index에 주어진 내용도 색인에 나타나기 위해서는 움직여야 한다. 뿐만 아니라 인용하는 페이지 수, 절의 번호, 참고문헌 번호 등도 정보의 내용이 변하거나 움직이게 된다.

LaTeX에서 이렇게 내부의 정보가 움직이게 될 때 이 정보가 다른 명령의 매개변수로 가게 되면 그 정보가 깨질 수가 있는데 이러한 명령을 *fragile*한 명령이라 하고 움직여도 깨지지 않는 명령은 *robust* 명령이라고 한다.

*fragile*한 명령이 다른 명령의 매개변수로 가게 되는 경우에는 그 명령 앞의 명령에는 \protect를 주면 된다. 예를 들어 *fragile* 명령인 \(, \)를 \section에 사용할 경우

```
\section{ \( a+b \)}
```

---

[20] article 클래스에는 원래부터 chapter가 정의되어 있지 않기 때문에 사용할 수가 없다.

[21] 7.4.1절 참조.

대신에

```
\section{ \protect\( a+b \protect\)}
```

을 사용하면 된다.[22]

그러나 \footnote 안에서 \verb (\verb는 *fragile* 이다)를 사용할 때 제대로 \protect 하는 것 같지 않다(원래 \verb 명령은 다른 명령의 변수가 될 수 없다). 따라서 아래의 각주[22]는 다음 명령으로 만들었다.[23]

```
\footnote{이 경우 \texttt{\$}는 \emph{robust}이기 때문에
굳이 \texttt{\symbol{92}protect}를 사용할 필요가 없다.}
```

\protect 명령의 사용 예는 8.5.3절을 참고하기로 한다.

2.14. LATEX의 몇 가지 용어

이 절에서는 LATEX에서 사용하는 몇 가지 용어에 대해 알아보자.

선언 LATEX에서 선언이라고 하는 것은 출력을 만들지는 않지만 출력의 형식을 바꾸어 주는 명령어를 말한다. 이 선언의 효과는 } 나 \end 가 올 때까지이다. 글꼴을 바꾸거나 크기를 변화시키는 LATEX명령어 등이 이에 속한다.

명령 실제로 LATEX의 출력을 만들어 주는 명령어이다. \today 등이 이에 속한다. 많은 명령어는 \footnote 명령처럼 변수를 취하는데 그 변수는 { 와 } 사이 또는 [와] 사이에 입력한다. { 와 } 사이에 입력하는 변수는 반드시 있어야 하는 변수이며 [와] 사이에 들어가는 변수는 옵션이라서 생략할 수 있다.

환경 제1장에서 본 equation 처럼

```
\begin{name}
    name 의 내용들
\end{name}
```

사이에 입력하는 명령어가 있는데 이러한 방식으로 사용하는 명령어를 환경(environment)이라고 한다. *name*은 환경의 이름이다.

---

[22] 이 경우 $는 *robust*이기 때문에 굳이 \protect를 사용할 필요가 없다.

[23] 각주 안에서 '입력한 대로 출력'하는 방법 중의 하나는 fancyvrb 패키지를 사용하는 것이다. 18.21절 참고.

preamble LaTeX 파일의 문서 내용은 전체적으로 볼 때 `document` 환경으로 되어 있는데 `\begin{document}` 이전 부분을 *preamble* 또는 전처리부이라고 한다. 어떤 명령이 *preamble*에서만 사용할 수 있다고 하면 그 명령은 `\begin{document}` 명령어보다 먼저 나와야 한다.

패키지 기본적인 LaTeX에는 포함되어 있지 않으나 필요에 의해 사용할 수 있는 프로그램이다. 일반적으로 확장자가 `.sty`이며 *preamble* 에서만 사용 가능한 명령인 `\usepackage` 명령으로 패키지를 불러들인다.

클래스 LaTeX에서 출력 형식 및 그에 관계되는 여러 가지를 미리 정해 둔 프로그램으로 형식이 책인지 또는 보고서인지에 따라 다른 것을 사용한다. 3.1절 참조.

2.15. LaTeX에서 사용되는 확장자

이 절에는 LaTeX에서 사용되는 파일의 확장자를 알아보자.

`.tex` 사용자가 만든 LaTeX 소스 파일의 확장자다. LaTeX은

```
> latex filename
```

명령을 운영체계(DOS, UNIX, VMS 등)에서 수행할 때 파일의 확장자를 입력하지 않으면 그 확장자가 `.tex` 라고 생각한다.

`.sty` `.sty`는 LaTeX 2.09에서는 스타일 파일이라 하고 LaTeX 2_ε부터는 패키지라 한다. LaTeX 2.09에서는 사용자가 정한 `article` 등의 출력 형식을 정해주는 파일이다. LaTeX 2_ε에서 `.sty`는 특별한 용도로 사용하는 외부의 패키지 파일의 확장자이다. LaTeX 2_ε에서는 이런 확장자를 갖는 파일을 불러들이는 명령이 `\usepackage`인데 *preamble* (`\begin{document}` 전)에 사용한다.

`.cls` 클래스(class) 파일이라 부르며 `\documentclass` 명령의 값으로 주어진다. 기본 클래스로는 `article`, `report` 등이 있는데 LaTeX에서는 각각 `article.cls`, `report.cls` 등을 부른다.

`.ins` CTAN을 포함 등에서 공개 패키지를 다운로드하면 이 확장자 및 다음에 나오는 `.dtx` 확장자를 가진 파일이 있다. 이 두 파일은 항상 같이 있는데 `.ins` 파일로 `latex`으로 컴파일하면 `.sty` 파일(등)이 생긴다. 이 파일은 TeXLive에서는 특정한 폴더에 두어야 한다. 이 파일들과 관련한 패키지 설치는 18.2절, 18.4절, 18.5절을 참고하기로 한다.

.dtx .ins 파일과 같이 있는 파일로 LATEX의 DocStrip 기능을 이용하여 .ins 파일로 latex 명령을 수행하면 그 입력으로 .dtx 파일을 사용하고, 또 .dtx 형식의 파일로 latex 명령으로 컴파일하면 보통 그 패키지에 대한 설명문이 .dvi 파일로 만들어진다.

.dvi .dvi 파일을 포함하여 이후의 모든 파일은 LATEX의 수행 결과 만들어지는 파일들이다. .dvi 파일은 LATEX의 출력을 담고 있다. 예를 들어 LATEX이 temp1.tex를 성공적으로 수행하였다면

```
Output written on temp1.dvi (2 pages, 4304 bytes).
```

가 화면에 출력되고 그렇지 못할 경우에

```
No pages of output
```

이 화면에 나타난다. 이 파일이 있어야 화면으로 보거나 프린터로 출력할 수 있다.

.log LATEX을 컴파일할 때 컴퓨터 화면에 나온 모든 내용과 추가 정보를 담아 둔 파일이다.

.aux 참고문헌, 수식 등의 인용에 필요한 정보를 담고 있다. 여러 개의 .tex 파일이 사용된 경우[24] 각 파일마다 하나씩 생긴다. 제일 처음 LATEX을 수행시키거나 LATEX이 만들어 놓은 .aux 파일을 지우고 LATEX을 수행할 경우

```
No file temp1.aux
```

라는 메시지가 화면에 나타난다.

.toc 차례에 대한 정보를 담고 있는 파일. 이 파일은 \tableofcontents 명령으로 만들어진다. 이 파일은 사용자가 차례를 고치고자 할 때 편집할 수 있는데 이때는 \nofiles 명령을 *preamble*에 주어 .toc 파일을 덮어쓰지 않게 하여야 한다.

.lot 이 파일은 \listoftables 명령으로 만들어진다. .toc 파일과 성격이 같은데 표 차례의 정보를 담고 있다.

.lof 이 파일은 \listoffigures 명령으로 만들어진다. .lot 파일과 성격이 같은데 그림 차례의 정보를 담고 있다.

---

[24] 8.6절의 \input 및 \include 명령 참조.

.idx .idx 파일은 색인(찾아보기)에 관한 정보를 담고 있다. 이 파일은 *preamble*의 \makeindex 명령으로 만들어진다.

.ilg makeindex.exe 명령으로 색인을 만들 때 생성되는 로그 파일로 색인 만들기에서의 에러 메세지 등을 확인할 수 있다.

.ind .ind 파일은 .idx 파일의 색인 정보를 입력으로 하여 커맨드 창이나 Unix 콘솔에서 사용하는 색인 만들기 프로그램 makeindex[.exe]의 출력으로 만들어지는 파일이다. 이 파일을 입력으로 하여 LaTeX이 색인을 만들기 때문에 이 파일을 \input, \include, \printindex하면 색인을 추가할 수 있다.

.glo 어휘에 대한 정보를 담고 있는 파일. \makeglossary 명령으로 만들어진다.

.bbl \bibliography 명령으로 만들어진 파일로 참고문헌 데이터베이스에 관한 정보를 담고 있다.

.bib 참고문헌 데이터베이스의 참고문헌을 담고 있는 파일인데 사용자가 만든다.

.out hyperref 패키지를 사용하면서 pdflatex으로 컴파일하면 만들어지는 책갈피 (bookmark) 파일이다. 만일 책갈피가 만들어지지 않는 상황이면 hyperref 패키지를 사용하고 pdflatex으로 컴파일하더라도 .out 파일이 만들어지지 않는다.

.ltx 가끔 LaTeX 소스 파일의 확장자로 .tex 대신에 사용하기도 한다.

제3장

디자인하기

3.1. 출력 양식 지정

LaTeX에서는 입력 파일의 시작 부분에서 어떤 형식의 출력을 원하는지 정하여 준다. 이때의 명령이 \documentclass이며 사용법은 다음과 같다.

```
\documentclass[options]{class}
```

여기서 *class*에 사용될 수 있는 기본적인 클래스는 다음과 같다.

book 책을 만들 때 유용하게 사용되는 클래스이다. 이 클래스를 사용하면 짝수면과 홀수면의 가장자리의 크기가 달라지며[1] \part \chapter 명령을 사용하면 그 면은 반드시 홀수면에서 시작하게 된다.

report 이 클래스를 사용하면 book 스타일과 달리 홀수면과 짝수면을 구별하지 않고 \chapter 등이 아무 면에서나 시작할 수 있다.

article 보통 너무 길지 않은 글의 형식으로 이용하고 따라서 \part 나 \chapter 명령을 지원하지 않는다. 표지나 차례 등도 새 면에서 시작하지 않는다.

slides LaTeX가전 버전인 LaTeX2.09에서는 slitex이라는 컴파일 명령어가 있었으나 LaTeX 2_ε에서 이를 클래스의 하나로 포함한다. 이 클래스는 슬라이드를 만드는데 사용하여 글꼴이나 크기가 일반의 경우와 다른 것을 사용한다. 요즘은 거의 사용하지 않으나 때에 따라 필요할 경우도 있고 하위 호환성을 위해 제13장에 간단한 사용법을 소개하였다.

---

[1] \documentclass 의 옵션인 twosides 참조.

표 3.1: 종이 크기

letterpaper	8.5in × 11in	216mm × 280mm
legalpaper	8.5in × 14in	216mm × 356mm
executivepaper	7.25in × 10.5in	184mm × 267mm
a4paper	8.25in × 11.75in	210mm × 297mm
a5paper	$5\frac{7}{8}$in × 8.25in	148mm × 210mm
b5paper	7in × $9\frac{7}{8}$in	176mm × 250mm

`letter` 편지쓸 때 유용한 클래스로 몇 가지 명령어로 편지 양식으로 출력한다. 3.11절 참조.

위의 기본 클래스 외에도 추가로 사용할 수 있는 클래스가 많으며, 예를 들면 AMSLaTeX의 `amsart` 와 `amsbook` 이 잘 알려져 있는데 이들은 각각 LaTeX의 `article`과 `book`에 대응되며 주로 미국수학회(American Mathematical Society; AMS)에 제출할 글에서 이용된다. 또한 `beamer` 클래스(제13장) 등을 프리젠테이션용으로 사용할 수 있다.

*options*에서 사용할 수 있는 옵션들로는 다음과 같은 옵션이 있다.

`10pt|11pt|12pt` 이 옵션은 글자의 기본크기를 정해 주는 옵션인데 `12pt`가 큰 글씨이고 `10pt`가 작은 글씨이다. 이 옵션은 따로 설정하지 않으면 `10pt`를 사용하며 `slides` 클래스에서는 아무 효과가 없다. 표 3.5에 이들 옵션에 따른 글자 크기를 정리하였다. 기본 글자 크기가 이 세 값 중의 하나가 아닌 경우 3.5.3절의 `fix-cm` 패키지를 참고한다.

`letterpaper|legalpaper|executivepaper|a4paper|a5paper|b5paper` 이 옵션은 출력할 종이의 크기를 정해 주는 옵션이다. 북미에서는 `letterpaper`가, `kotex`에서는 `a4paper`가 기본값이다. 이들 외 다른 규격의 인쇄는 18.9절의 `geometry` 패키지를 참고하고 임의 종이규격은 그림 4.1의 길이를 조정한다. 표 3.1에 각 옵션별 종이 사이즈를 수록하였는데 그림 4.1과 함께 면의 디자인에 사용할 수 있을 것이다.

`landscape` 출력을 가로로 할 것임을 말해 준다. 이 옵션을 쓰면 각 크기의 가로와 세로의 크기가 반대로 된다. 이 책의 출력은 이 옵션을 사용하지 않은 것이다.

`final|draft` LaTeX출력이 `draft` 로 정해지면 LaTeX출력이 오른쪽 가장자리를 벗어나게 될 때(`Overfull hbox`) 그 줄은 검은 박스로 표시한다. 정하여 주지 않으면 `final`을 가정한다.

oneside|twoside LaTeX으로 인쇄한 것을 양면으로 만들 것인지 단면으로 만들 것인지 말하여 준다. 양면으로(이는 홀수면만 먼저 인쇄하여 다시 뒤집어서 짝수면을 인쇄한다고 가정하면 된다) 인쇄할 경우 제본할 것으로 가정하여 짝수면과 홀수면의 가장자리를 달리 준다. 사용자가 정하여 주지 않으면 book 클래스에서는 twoside로 나머지는 oneside로 정해준다.

openright|openany 새 장이 시작하는 것은 책으로 치면 반드시 오른쪽 면이 되고 그 면은 홀수로 시작한다. openright는 이러한 기능을 선택한다는 뜻이다. book 클래스에서는 따로 정하지 않으면 openright이고 그 외의 경우는 openany이다.

onecolumn|twocolumn 한 면을 두 줄로 나누어서 인쇄할 것인지(twocolumn) 한 줄로 인쇄할 것인지(onecolumn) 정한다. 지금 읽고 있는 이 책의 형태는 onecolumn이다. 사용자가 따로 정하지 않으면 onecolumn이 기본적으로 적용된다. \onecolumn과 \twocolumn 명령으로 two column에서 one column으로 또는 그 반대로 바꿀 수 있다.

openbib 참고문헌을 open style로 할 것인지 말해 준다. letter나 slides 클래스에서는 사용할 수 없다.

leqno 따로 정하지 않으면 수식 번호는 오른쪽에 오게 되는데 이를 왼쪽에 나오게 하고 싶을 때 선택한다.

fleqn LaTeX에서는 따로 정하지 않으면 디스플레이 스타일인 수학식은 중앙에 나오는데 이를 왼쪽으로 정렬할 것인지 정해준다.

위에서 본 클래스 옵션을 선택하였을 때 사용자가 따로 정해줄 수 있는 값으로 다음과 같은 것이 있다(이때 이 값은 미리 정해져 있으므로 특별히 사용자가 정하고 싶지 않으면 정하지 않아도 된다).

\bibindent openbib 옵션에서 참고문헌 항목에서의 들여쓰기할 때의 양을 정해준다.

\colsep twocolumn 옵션에서 한 면을 두 줄로 나누어 쓸 때 그 둘의 간격을 정해준다.

\colseprule twocolumn 옵션에서 한 면을 두 줄로 나누어 쓸 때 그 줄 사이에 선을 그을 수가 있는데 이 선의 굵기를 정해준다. 이 선은 따로 정하지 않으면 굵기가 0이기 때문에 보이지 않는다.

\mathindent fleqn 옵션을 이용하여 수식을 왼쪽으로 정렬할 때 왼쪽 가장자리로부터 얼마나 들여쓸 것인지 정한다.

참고: 오래된 LaTeX 문서(LaTeX 2.09 버전)의 경우 \documentclass에 대응되는 명령은

```
\documentstyle[options]{style}
```

이었다. 사용법은 \documentclass 명령과 같으며 사용할 수 있는 *options*는 \documentclass의 옵션과 같으며 *style*에는[2] class를 설정한다.

3.2. LaTeX의 패키지

LaTeX에서 패키지를 사용하고자 할 때는 먼저 \usepackage 명령을 이용하여 원하는 패키지를 불러들인다. 이 명령은

```
\usepackage[option]{package}
```

으로 사용한다. 여기서 *option*에는 각 패키지에서 사용할 수 있는 옵션을 정해주는 것이며 *package*는 패키지 이름을 입력한다. LaTeX의 표준 패키지에는 다음과 같은 것이 있는데 이 밖에도 수없이 많은 패키지가 있다. 요즘에는 LaTeX 배포판이 기본 패키지 외에도 많은 패키지를 포함하여 배포되므로 특별히 기본 패키지인지 아닌지 구별할 필요도 많이 없어졌다.

이 책에서는 각 장에서 다루는 내용과 직접 연관이 있는 패키지는 해당 장에서 해당 패키지를 설명한다. 특히 제17장 및 제18장은 이러한 패키지만을 중점적으로 다루었다. 찾아보기의 패키지 항목에 이 책에서 설명한 모든 패키지가 열거되어 있으므로 참고하기로 하자.

`alltt` alltt 환경을 정의한다. 3.8절 참조.

`amsmath` AMSLaTeX에서 사용하는 여러 수학 기호 환경을 사용할 수 있게 한다. amstex 패키지는 amsmath 패키지로 통합되었다. 5.18절과 5.19절, 5.20절 참조.

`babel` 영어가 아닌 외국어로 문서를 작성할 때 사용하는 패키지이다.

`xcolor` LaTeX에서 색을 사용할 수 있게 하는 패키지로 DVI 구동기가 색을 인쇄할 수 있어야 한다. 17.2절 참조.

`graphics, graphicx` 외부 파일로 만들어진 그림 등을 LaTeX의 출력에 사용하고자 할 때 사용한다. 그림의 회전, 축소 등의 기능이 있다. 17.3절 참조.

---

[2] 이전에는 클래스를 스타일이라고 불렀음.

`tikz` 다양한 그림을 직접 그리는 여러 가지 명령을 제공한다. 제16장 참조.

`ifthen` LaTeX 내에서 간단한 프로그램 랭귀지 구조를 정의할 수 있게 한다. 18.18절 참조.

`latexsym` LaTeX에서 특별한 문자를 사용 가능하게 한다. LaTeX 2.09 사용에서 그냥 사용하던 일부 문자는 `latexsym` 패키지를 사용하여야 한다. 제5장 참조.

`makeidx` 색인을 만들 때 사용하는 것으로 몇 가지 명령을 추가로 사용할 수 있게 한다.

`pict2e` `picture` 환경(제15장 참조)에서 사용할 수 있는 직선의 기울기나 원의 지름에 대한 제약을 없앤다.

`animate` 애니메이션을 구현한다.18.20절 참고.

`kotex` 한글을 사용하고 한글 환경에 맞게 LaTeX을 사용할 수 있도록 설계한 패키지이다.

3.3. 타이틀 페이지 – 제목과 요약

타이틀 페이지(titlepage)란 제목, 저자, abstract, keywords 등을 포함하는 면을 말하며 보통은 논문의 가장 앞 면의 형태라고 보면 된다. 여기서는 타이틀 페이지를 만드는 방법을 알아보기로 한다.

3.3.1 제목 면

타이틀 페이지는 LaTeX의 출력의 제목, 저자, 날짜 등을 포함하는 면을 말한다. 이 페이지에는 면수 등은 나타나지 않는다. 제목은 `\title`에 주고 저자는 `\author`에 주는데 두 명 이상의 저자는`\and`로 저자 사이를 구분한다. `\date`에는 날짜를 준다. `\date{}`를 주면 날짜를 인쇄하지 않으며 `\date` 명령이 없으면 컴퓨터상의 오늘 날짜인 `\today`가 인쇄된다. 현재까지의 설정은 해당 명령에 대한 설정만 되는 것이며 제목 면의 인쇄는 `\maketitle`이 위치한 곳에서 실행된다. 부록 B.8에는 `tikz` 패키지를 사용하여 다른 형태의 표지를 만드는 예가 있으니 참고하기로 한다.

`\maketitle` 명령으로 제목 면을 만들면 `article` 클래스일 때는 새 면에서 시작하지 않으나 `report`나 `book` 클래스에서는 타이틀 페이지를 인쇄한 후 본문의 내용은 새 페이지에서 시작한다.

이 제목

Johnson, R. A. 심 송용*

May 7, 1995

* Supported by a grant.

```
\title{이 제목}
\author{Johnson, R. A. \and
심송용 \thanks{Supported
 by a grant.}}
\date{May 7, 1995}
  ...
\maketitle
```

\thanks는 저자별로 각주를 만들어 주기 때문에 주소나 감사표시 등을 각주로 만들 수 있다. 실제로 제목 면을 만들어 주는 것은 \maketitle 명령이 나타날 때이다. \maketitle 명령은 \begin{document} 다음이면 어디에나 올 수 있다.

제목 면을 만들 때 LaTeX이 만드는 제목이 마음에 들지 않을 수가 있는데 이때는 titlepage 환경을 이용할 수 있다. 이 환경을 사용하면 그 면은 empty 페이지 스타일이 되고 새 면을 시작하게 된다. 이때는 제목 면을 사용자가 모두 정의하여야 한다. 사용법은 다음

```
\begin{titlepage}
   원하는 제목의 내용
         ⋮
\end{titlepage}
```

과 같다.

3.3.2 요약문 만들기

LaTeX은 요약문을 만드는 환경을 제공한다. '요약문'은 요약문의 내용을 \begin{abstract}와 \end{abstract} 사이에 입력하면 만들어진다. 요약문에서는 **Abstract**를 만들고 그 내용을 보통의 글자 크기보다 조금 작게 출력시킨다. 다음 예를 보자.

Abstract

This is a test of the abstract environment in LaTeX.

```
\begin{abstract}
This is a test of the
abstract environment
in \LaTeX.
\end{abstract}
```

참고로 report나 book 클래스에서는 abstract 환경으로 요약문을 만들면 그 면의

스타일은 `empty`가 되고 `abstract` 환경 이후의 입력은 새 면에서 출력된다. **Abstract** 대신에 다른 이름을 쓰고자 할 경우 `\renewcommand`를 이용하여 `\abstractname`을 바꾸어 줄 수 있다.[3] 제19장 참조.

3.4. 페이지 스타일

이 페이지를 포함한 몇 페이지는 설명 목적상 페이지 스타일이 다른 페이지와 다릅니다.

LATEX의 출력은 각 면마다 머리글(*header*), 본문(*body*), 주석 (*footer*)으로 이루어진다 (그림 4.1 참조). 이 면의 텍스트 부분이 *body*이고 페이지 수와 장 또는 절의 번호와 이름이 주어진 부분이 *header*이며 기본 LATEX출력(제1장의 출력 등 참고)의 페이지 수가 들어가는 부분이 *footer*이다.[4] 이 절에서는 이러한 *header* 및 *footer*의 네 가지 기본형에 대해 알아 보기로 하자.

`plain` 기본형으로 아무것도 주어지지 않았을 때의 면의 출력 형식이다. 여기서 *header* 부분은 비게 되고 *footer*의 중앙에 면수가 나타난다. 이 책의 매 장의 시작 면의 출력 형식이다.

`empty` *header*와 *footer* 부분이 모두 빈다. 따라서 이 형식을 사용하면 페이지 수도 출력되지 않는다. 지금 보는 이면의 출력 형식이다.

`headings` `\documentclass` (또는 `\documentstyle`)에서 선택한 클래스(스타일)에 따라 달라지는데 면수와 장 또는 절이 *header* 부분에 출력되고 *footer*는 빈다.

`myheadings` `headings`와 같으나 *header* 부분에 들어갈 정보를 사용자가 주어야 한다.

위의 네 가지 기본형은

```
\pagestyle{style}
```

에 주어진다. 이때 *style*이 `myheadings`이면

```
\markright{right head}
```

또는

[3] 제9장 참조.
[4] 그림 4.1 참조.

```
\markboth{left header}{right header}
```

에 오른쪽 또는 양쪽 면에 들어갈 *header*를 주어야 한다. 이 두 명령은 각각 `oneside`와 `twoside` 옵션에서 사용한다. 이 면의 페이지 스타일은 다음 명령의 결과이다.

```
\markright{This header}
\thispagestyle{myheadings}
```

경우에 따라서는 한 면의 스타일만 바꾸고자 할 수 있는데 이때는

```
\thispagestyle{style}
```

를 사용한다. LaTeX에서 기본적으로 제공하지 않는 패키지 중에 *header* 와 *footer* 를 디자인 해주는 공개 패키지가 있는데 이는 18.8절에 소개하였다.

면수는 특별히 정해주지 않으면 아라비아 숫자로 나타나는데 이는 다른 형식으로 바꾸어 줄 수 있다. 이때의 명령은

```
\pagenumbering{number_style}
```

이다. 즉, `\pagenumbering{Roman}`이라고 선언하면 로마숫자 대문자가 면수가 된다. 이외의 사용 가능한 *number_style*은 다음과 같다.

`arabic` 아라비아 숫자. 따로 정하지 않으면 이것을 사용한다.

`roman` 소문자 로마 숫자. iii, iv 등.

`Roman` 대문자 로마 숫자. III, IV 등.

`alph` 소문자 알파벳. c, d 등. `alph`는 27 이상은 될 수 없다.

`Alph` 대문자 알파벳. C, D 등. `Alph`는 27 이상은 될 수 없다.

`\pagenumbering` 명령을 이용하여 면수의 형식을 바꾸는 경우에는 이 책의 경우처럼 적당한 위치에서 면수를 다시 1부터 시작하는 경우가 많다. 이러한 경우 면수를 1로 다시 바꿀 수가 있는데 그 방법은 7.4.2절을 참고하자.

3.5. 글꼴 및 크기

LaTeX에서 기본적으로 지원되는 영문과 한글 글꼴이 있으며 이들의 크기, 굵기, 기울임여부 및 방법 등을 사용자가 설정할 수 있다.

3.5.1 LaTeX에서의 영문 글꼴

LaTeX에서는 이전의 `\rm` 등이 그대로 사용될 수 있게 하였으나 새로운 명령 및 선언을 추가하였다. 글꼴에는 LaTeX에서 세 개의 패밀리, 네 개의 모양 그리고 두 개의 시리즈로 글자 모양을 나누고 이들의 조합으로 글자의 모양을 만드는 방식으로 바꾸었다. 이들은 다음과 같다.

패밀리 세 개의 글꼴 스타일을 정해주는데 로마체 (Roman), 산세리프체 (Sans serif) 및 타이프라이터체 (`typewriter`)가 있다.

- ✓ `\rmfamily` 로마자로 글꼴을 바꾼다. (ABCD abcd)
- ✓ `\ttfamily` 타이프라이터 꼴로 글꼴을 바꾼다. (`ABCD abcd`)
- ✓ `\sffamily` 산세리프로 글꼴을 바꾼다. (ABCD abcd)

모양 글꼴이 기울어진 정도에 따라

- ✓ `\upshape`(Up Shape; 위로)
- ✓ `\itshape`(*Italic Shape; 이탤릭*)
- ✓ `\slshape`(*Slanted Shape; 기울어진*)[5] 및
- ✓ `\scshape`(SMALL CAPS SHAPE; 한글은 해당 없음)

의 네 가지로 나누었다.

시리즈 굵기에 따라 두 가지 시리즈

- ✓ `\mdseries`(Medium Series; 보통 굵기)와
- ✓ `\bfseries`(**Bold Faced Seris; 굵게**)

로 나누었다.[6]

이와 같이 LaTeX에서 글자체를 새로운 방법으로 정의함으로써 기본적으로 가능한 글자체의 조합은 (3가지 family) × (4가지 shape) × (2가지 series) 로서 24가지가 된다.

LaTeX방식의 글자체 정의의 사용 예는 다음과 같다.

Abcd .... `{\bfseries\rmfamily\itshape Abcd}`

---

[5] 이탤릭과 기울임의 차이는 기울인 것은 같으나 각각의 글자의 모양이 다름에 유의하자. 이 둘의 차이는 단어 Shape에서도 볼 수 있다.

[6] 일부 글꼴에서는 '가늘게'를 의미하는 `\lfseries` 명령을 지원하기도 한다.

표 3.2: LaTeX의 글꼴

패밀리	\textrm{*text*}	\texttt{*text*}	\textsf{*text*}
모양	\textup{*text*} \textsc{*text*}	\textit{*text*}	\textsl{*text*}
시리즈	\textmd{*text*}	\textbf{*text*}	
강조	\emph{*text*}		
선언 없음	\textnormal{*text*}		

`Abcd` .... `{\bfseries\ttfamily\upshape Abcd}`
Abcd .... `{\bfseries\rmfamily\slshape Abcd}`
Abcd .... `{\mdseries\rmfamily\itshape Abcd}`
Abcd .... `{\mdseries\ttfamily\itshape Abcd}`
ABCD .... `{\mdseries\sffamily\scshape Abcd}`
Abcd .... `{\mdseries\sffamily\slshape Abcd}`

위에서 본 선언들 대신에 문장의 일부 글꼴만 바꿀 경우에는 표 3.2에 수록된 명령이 사용하기 편리하다. 위와 같이 LaTeX에서는 여러 가지 글꼴 모양과 기울어짐 등을 조합함으로써 글자체를 얻을 수 있게 되었다. 예를 들어 굵은 이탤릭체 ***Bold italic***는 `\textbf{Bold \textit{italic}}`로 만들 수 있다. 다음은 몇 가지 가능한 조합과 그 출력을 뽑아본 것이다.

It's a **test** output .... `\textup{It's a \textbf{test} \textrm{output}}`
*It's a **test** output* .... `\textit{It's a \textbf{test} \texttt{output}}`
IT'S A **test** OUTPUT `\textsc{It's a \textbf{test} \textsf{output}}`
*It's a **test** output* `\textsl{It's a \textbf{test} \texttt{output}}`

3.5.2 한글 글꼴

koTeXLive에서 기본으로 지원하는 한글 글꼴은 명조, 고딕 및 타자기체의 세 가지가 있으며 이들은 각각 영문의 `\rmfamily`, `\sffamily` 및 `\ttfamily`에 대응된다. 이들 글꼴의 모양은 표 3.3에서 확인할 수 있으며, 이 표에서 보듯이 세 가지 글꼴 중 koTeXLive 2015 기준으로 타자기체는 `latex`으로 컴파일하고 `dvips`로 볼 때 지원이 안되며 굵은 글꼴도 지원되지 않으며 TeXWorks 내의 `pdflatex` 컴파일 때 지원된다. 또한 타자기체는 굵은 글자체도 지원되지 않는다. 이와 같이 LaTeX에서 많은 글자체가 지원되지 않는

표 3.3: 한글 글꼴

명령	보기
`\normalfont`	한글 English
`\mdseries\rmfamily\upshape`	한글 English
`\mdseries\ttfamily\upshape`	한글 English
`\mdseries\sffamily\upshape`	한글 English
`\mdseries\rmfamily\itshape`	*한글 English*
`\mdseries\ttfamily\itshape`	*한글 English*
`\mdseries\sffamily\itshape`	*한글 English*
`\bfseries\rmfamily\upshape`	**한글 English**
`\bfseries\ttfamily\upshape`	**한글 English**
`\bfseries\sffamily\upshape`	**한글 English**
`\bfseries\rmfamily\itshape`	***한글 English***
`\bfseries\ttfamily\itshape`	***한글 English***
`\bfseries\sffamily\itshape`	***한글 English***

표 3.4: 글자 크기

명령	보기
`\tiny`	tiny 가장 작게
`\scriptsize`	scriptsize 아주 작게
`\footnotesize`	footnotesize 조금 작게
`\small`	small 작게
`\normalsize`	normalsize 정상
`\large`	large 크게
`\Large`	Large 약간 크게
`\LARGE`	LARGE 좀더 크게
`\huge`	huge 더욱 크게
`\Huge`	Huge 가장 크게

이유는 많은 글꼴이 저작권에 의해 보호되고 있는 반면 LaTeX은 무료인 것이 하나의 이유이다. 운영체계에 설치된 글꼴을 직접 사용하는 방법은 20.4절을 참고하기로 한다.

3.5.3 글자 크기

LaTeX에서는 글자 크기를 설정하는 명령은 `\tiny`부터 `\Huge`까지 설정할 수 있다. 이들 명령에 따른 글자 크기는 표 3.4에 정리하였다.

표 3.5: 각 pt 선택에 따른 글자 크기

크기	10pt	11pt	12pt
\tiny	5pt	6pt	6pt
\scriptsize	7pt	8pt	8pt
\footnotesize	9pt	9pt	10pt
\small	9pt	10pt	11pt
\normalsize	10pt	11pt	12pt
\large	12pt	12pt	14pt
\Large	14pt	14pt	17pt
\LARGE	17pt	17pt	20pt
\huge	20pt	20pt	25pt
\Huge	25pt	25pt	25pt

표 3.5는 LaTeX의 클래스 옵션 안 글자 크기 선택에 따른 글자의 크기를 정리하였다. 이 표를 보면 \documentclass에서 12pt 옵션을 선택하면 \huge에의 크기와 \Huge에 의한 글의 크기가 같음을 알 수 있다. 글자 크기는 가장 작은 \tiny부터 가장 큰 \Huge까지 10단계로 나누어진다. 각 크기에서의 글자 크기는 표 3.4에 주어져 있다. 정상 크기는 \normalsize로 만들어진다. 한 가지 주의할 점은 이러한 글자 크기 변경은 수학 모드에서는 사용할 수 없는데 수학 모드에서의 글자 크기 변경은 제5장을 참고하기로 하자.

✓ 이전 LaTeX 버전(LaTeX 2.09)에서는 글꼴의 이름, 기울기, 굵기 변경 등을 \rm (=\rmfamily), \sf (=\sffamily), \sc (=\scfamily), \tt (=\ttfamily), \it (=\itshape), \bf (=\bfseries)와 같이 사용하였으나 이 명령들은 지원되지 않는 경우가 많다.

✓ 이들 명령은 한 번 선언되면 다시 바꾸기 전까지 계속 유효하므로 특정한 범위만 글자체를 바꾸려면 {\itshape words}과 같이 중괄호에 포함시킨다.

✓ LaTeX 2.09 형식으로 글자 크기와 굵기를 동시에 바꿀 때는 반드시 글자 크기 변경을 먼저 한다. LaTeX에서는 순서에 관계 없다. LaTeX 2.09를 사용할 때 다음 두 출력의 ABC를 비교해 보자.

ABC .... {\Large\bf ABC}
ABC .... {\bf\Large ABC}

HUUGE
더 크게

그림 3.1: 임의의 글자 크기

위의 두 번째는 \bf 선언은 무시되고 \Large 선언만 효과가 있음을 볼 수 있다.

LaTeX에서 사용자 정의 글자 크기를 얻으려면

```
\fontsize{size}{skip}
```

명령을 사용하여 글자의 크기를 선택할 수 있다. 이 명령에서 *size*에는 글자의 크기(정확하게는 가장 큰 자소의 높이)를 설정하고 *skip*에는 글자 높이와 줄 사이 간격의 합인 \baselineskip(그림 4.2 참고)의 값을 설정한다. 예를 들어

```
{\fontsize{2.5pt}{5pt}\selectfont This is smaller
                             than tiny!, 한글은? 잘되네요.} \\
{\tiny This is equal to tiny!, 한글은? 잘되네요.}
```

으로

This is smaller than tiny!, 한글은? 잘되네요.
This is equal to tiny!, 한글은? 잘되네요.

를 얻는다. 여기서 사용한 \selectfont 명령은 앞선 글꼴 정의가 효과를 내기 위한 명령이다.

한편 LaTeX은 \Huge를 사용하더라도 글자 크기를 최대 25pt($\approx 0.88mm$) 이상 얻을 수 없다. 위의 \fontsize 명령으로 25pt 이상의 *size*를 설정해도 25pt까지만 만들어진다.[7] 대부분의 일반 문서에서는 문제가 되지 않지만 가끔 아주 큰 글자체가 필요한

[7] kotex을 통한 한글 글꼴은 이 제약이 없다.

`\normalfont`	A Quick view to Com Mo. font.
`\itshape`	*A Quick view to Com Mo. font.*
`\scshape`	A QUICK VIEW TO COM MO. FONT.
`\bfseries`	**A Quick view to Com Mo. font.**
`\texttt`	`A Quick view to Com Mo. font.`
숫자	0 1 2 3 4 5 6 7 8 9
Ligatures	fi, ffi, fl, ffl, ff

그림 3.2: 기본 Computer Modern 글꼴

`\normalfont`	A Quick view to Times Rm font.
`\itshape`	*A Quick view to Times Rm font.*
`\scshape`	A QUICK VIEW TO TIMES RM FONT.
`\bfseries`	**A Quick view to Times Rm font.**
`\texttt`	`A Quick view to Times Rm font.`
숫자	0 1 2 3 4 5 6 7 8 9
Ligatures	fi, ffi, fl, ffl, ff

그림 3.3: Times Roman 글꼴

경우 제약이 될 수 있다. 이를 해결하려면 `fix-cm` 등의 패키지를 사용하는 것이 방법 중의 하나이다.

이 패키지를 사용하면 다음의 명령

```
{\fontsize{3.3cm}{3.8cm}\selectfont HUUGE \\ 더 크게}
```
그림 3.1

과 같이 사용하여 그림 3.1로 원하는 크기를 얻을 수 있다.

3.5.4 시스템 글꼴 사용

운영체계(윈도우 사용자는 윈도우, Unix 사용자면 Unix) 내에 설치된 글꼴을 LaTeX에서 불러와서 사용할 수 있는 LaTeX 엔진들도 있으며 이에 대해서는 20.4절에서 따로 다루기로 한다.

3.5.5 영문 글꼴 패키지

LaTeX의 영문 기본 글꼴로 그림 3.2와 같은 `cm`(Computer Modern)을 사용하고 있으나 이전부터 Times Roman 등의 글꼴을 사용하는 경우가 많았다. 영문 글꼴을 간단하게 사용할 수 있는 패키지의 일부는 다음과 같다.

`\normalfont`	A Quick view to Bookman font.
`\itshape`	*A Quick view to Bookman font.*
`\scshape`	A QUICK VIEW TO BOOKMAN FONT.
`\bfseries`	**A Quick view to Bookman font.**
`\texttt`	`A Quick view to Bookman font.`
숫자	0 1 2 3 4 5 6 7 8 9
Ligatures	fi, ffi, fl, ffl, ff

그림 3.4: Bookman 글꼴

`\normalfont`	A Quick view to New Cen. font.
`\itshape`	*A Quick view to New Cen. font.*
`\scshape`	A QUICK VIEW TO NEW CEN. FONT.
`\bfseries`	**A Quick view to New Cen. font.**
`\texttt`	`A Quick view to New Cen. font.`
숫자	0 1 2 3 4 5 6 7 8 9
Ligatures	fi, ffi, fl, ffl, ff

그림 3.5: New Century Schoolbook 글꼴

- ✓ Times Roman 글꼴은 `times`라는 패키지로 오랫동안 사용하였는데 이 패키지는 더 이상 사용하지 않으며(obsolete) `mathptmx`라는 패키지로 발전되어 사용된다. Times Roman 글꼴은 영문의 자소가 Computer Modern 보다 조금 더 '타이트' 하게 식자되는 느낌을 갖는다. 그림 3.3 참고.
- ✓ `bookman` 패키지는 Bookman 글꼴을 사용할 수 있도록 한다. Computer Modern 이나 Times Roman과는 조금 큰 차이가 있어 보이며 그림 3.4와 같다.
- ✓ `newcent` 패키지는 New Century Schoolbook 글꼴을 사용할 수 있게 한다. 모양은 그림 3.5와 같다.
- ✓ `helvet` 패키지는 Helvetica 글꼴의 사용을 지원하며
- ✓ `mathpazo` 패키지는 Adobe Palatino 글꼴의 사용을 지원하며 이는 수학 부호용 글꼴이다. 수학 부호용 글꼴 패키지는 이외에도 `amsfonts`, `mathfix` 등의 패키지가 있으며 이들은 5.18절, 5.21.1절, 5.21.2절을 참고하기로 한다.

이들 패키지는 `\usepackage`만 하면 되며 자세한 것은 CTAN에서 매뉴얼을 참고하기로 한다. 참고로 위의 그림 3.2부터 그림 3.5는 같은 크기의 그림 영역을 가져온 것이다.

3.6. 기본 글자체 설정

LaTeX에서 글자체를 바꾼 후에 원래의 글자체로 돌아가려면

```
\normalfont 또는 \textnormal
```

명령을 사용한다. 일반적으로 이 명령은

\mdfseries\rmfamily\upshape

를 선언한 것과 같은 효력을 가진다.

3.7. \lowercase와 \uppercase 명령

LaTeX의 스타일에서 *header*는 영문인 경우 대문자로 출력되는데 이를 소문자로 하고 싶을 경우[8] 등에서 이용할 수 있는 명령으로 \lowercase가 있다. 이 명령의 결과는 모든 영문자가 소문자로 바뀌는 것이다. 대문자로 바꾸려면 \uppercase 명령을 이용한다.

abcde .... \lowercase{AbCdE}
ABCDE.. \uppercase{AbCdE}

\lowercase와 \uppercase는 plainTeX명령이므로 모든 종류의 TeX에서 사용할 수 있다.

3.8. 입력한 그대로를 출력하기

문서를 작성하다 보면 @ \ ^ & 등과 같은 문자를 입력하고 싶은 때도 있지만 입력 그대로를 출력하고자 할 때도 있다. 프로그램의 소스나 LaTeX 명령어 등을 포함하고자 하는 경우도 마찬가지이다.

3.8.1 verbatim 환경

입력한 내용을 그대로 출력하고자 할 때는 \verb 명령이나 \verb* 명령 또는 verbatim 환경이나 verbatim* 환경을 사용한다. \verb나 \verb* 명령은 그 다음 문자와 같은 문자가 나올 때까지의 입력은 모두 있는 그대로 출력시킨다. 이때는 특수문자도 있는 그대로 출력한다.

[8]이럴 경우 스타일 파일을 수정할 수도 있다.

\verb 또는 \verb* 명령이나 verbatim 환경을 사용하면 기본 글자체가 \upshape, \ttfamily, \mdseries (\texttt)로 바뀌며 한글은 verbatim 내의 글꼴 정의에 따라 다를 수 있으나 kotex의 경우 고딕체가 기본설정이다.[9] verbatim 환경 내에서는 줄을 바꿀 수 있지만 \verb 명령 내에서는 줄을 바꿀 수 없다.

```
special characters @ $ % ........\verb|special characters @ $ %|
가 .......................................................\verb|가|
```

에서처럼 \verb 다음의 처음 문자인 |로부터 다음 |가 나올 때까지는 입력된 그대로 출력된다. 이때 글꼴은 타자기체(\texttt)이다. verbatim 환경은 입력 그대로 출력하고자 하는 양이 많을 때 사용하는데 \begin{verbatim}과 \end{verbatim} 사이의 모든 내용은 있는 그대로 출력한다.

```
To make an output ``as
is'', including special
characters, # % &, use
verbatim environment.
```

```
\begin{verbatim}
To make an output ``as
is'', including special
characters, # % &, use
verbatim environment.
\end{verbatim}
```

\verb*와 verbatim* 환경은 \verb와 verbatim 환경과 같은데 한 가지 차이는 * 붙은 것을 사용하면 공간이 ␣ 로 표시된다는 것이다.

```
special␣characters␣@␣$␣% ...............\verb*|special characters @ $ %|
```

\verb, \verb* 명령이나 verbatim verbatim* 환경을 사용할 때 주의할 점이 몇 가지 있는데 다음과 같다.

- ✓ \verb는 LaTeX의 환경에서는[10] 사용 가능하나 (예 minipage, quote) 다른 명령의 변수로는 사용할 수 없다 (예 \footnote,\index \section).
- ✓ \verb 바로 다음 문자는 ␣ (빈칸)이어서는 안 된다. \verb가 바로 다음 문자와 같은 문자가 나올 때까지 있는 그대로 출력하기 때문에 빈칸은 그 문자로서 사용할 수 없다는 뜻이다.
- ✓ \end{verbatim}에서 \end와 {verbatim} 사이에는 빈칸이 있으면 안 된다.

[9] koTeXLive 2012 이전 버전은 타자기체가 기본 글꼴이다.
[10] LaTeX에서 환경이란 \begin{뭐}와 \end{뭐}로 정의되는 것을 말한다.

✓ verbatim 환경에서는 탭은 사용하지 않는 것이 좋다. 탭을 사용하면 \verb 에서 공간이 생각한 것과 다르게 나올 수 있기 때문이다.

위의 네 가지는 *가 있는 경우에도 그대로 적용된다.

fancyvbr 패키지는 verbatim 환경을 다양한 형태로 바꾸어 줄 수 있는 기능을 제공하므로 verbatim 환경의 변형된 형태를 사용하려면 18.21절을 참고하자.

3.8.2 alltt 환경

LaTeX에서 제공하는 alltt 환경은 verbatim 환경과 유사하나 세 개의 문자는 특별히 사용할 수 있다. 이 세 문자는 \, {, } 이다. 따라서 alltt 환경에서는 명령어를 사용할 수 있다. 예를 들어

```
\begin{alltt}
 \input test
\end{alltt}
```

을 사용하면 \input 명령은 그 효력을 발생한다.

3.9. 인용

LaTeX에는 두 가지 인용 환경이 있는데

✓ quote 환경은 한두 문장으로 된 길지 않은 내용을 인용할 때 쓰이고

✓ quotation 환경은 몇 개의 문단으로 이루어진 비교적 많은 내용을 인용할 때 쓰인다.

따라서 quote 환경은 문단을 나누더라도 들여쓰기를 하지 않는다. 다음의 두 예는 quote 환경과 quotation 환경이 문단을 어떻게 출력하는지 그 차이를 잘 보여준다.

The following

> Government of the people by
>
> the people for the people

is famous

```
The following
\begin{quote}
Government of the people by

the people for the people
\end{quote}
is famous
```

위에서 보는 바와 같이 quote 환경 내에서는 문단을 나누지 않는다. 같은 내용의 quotation 환경을 살펴보면 아래처럼 문단을 나눠 주어 들여쓴 것을 알 수 있다.

The following Government of the people by the people for the people is famous	```The following \begin{quotation} Government of the people by the people for the people \end{quotation} is famous```

3.10. 문단의 정렬

문서를 작성하다 보면 일정 분량의 문서를 오른쪽이나 중앙 또는 왼쪽으로 정렬하고 싶을 때가 있다.[11]

`center` 환경은 `\begin{center}`와 `\end{center}` 사이의 모든 것을 중앙에 정렬한다. 줄을 바꾸어 주지 않으면 한 줄을 다 채우기 때문에 `\\`를 사용하여 줄을 바꾸어 주면 `center` 환경의 효과를 볼 수 있다.

여기에 세 줄
의
중앙에 정렬된 문장
	`\begin{center}`
	`여기에 세 줄 \\ 의\\`
	`중앙에 정렬된 문장`
	`\end{center}`

`\centerline{`*one_line*`}` 명령도 주어진 내용 *one_line*을 중앙에 정렬하는 것이 가능하다. 하지만 `\centerline` 명령은 한 줄을 중앙에 정렬하는 것이므로 중간에 줄 바꾸기는 하지 않는다. 즉,

여기에 두 줄의중앙에 정렬된 문장	`\centerline{ 여기에 두` `줄의\\ 중앙에 정렬된 문장}`

에서 보는 것처럼 한 줄 이상의 중앙 정렬이 필요한 경우에는 사용하기 곤란하다.

`flushleft` 환경과 `flushright` 환경도 `center` 환경과 사용법은 같은데 정렬 기준이 각각 왼쪽 또는 오른쪽이 된다. `flushleft` 환경은 `\\`을 이용하여 줄을 바꾸면 자동적으로 왼쪽으로 정렬되기 때문에 별로 쓰일 일이 없으나 `flushleft` 환경을 사용하면 LaTeX은 줄의 오른쪽 끝을 맞추지 않는다.

[11] 왼쪽 정렬은 기본이지만 LaTeX에서는 왼쪽 정렬을 하기 위한 환경도 제공한다.

flushright 환경은 center 환경과 마찬가지로 \\을 같이 이용하는 경우가 많다. 다음은 flushleft 환경의 사용 예인데 각 줄의 오른쪽 끝을 맞추지 않았음을 볼 수 있다.

We can see how **flushleft** works by checking this **minipage** output. **flushleft** makes lines uneven without stretching.

```
\begin{flushleft}
We can see how \texttt{
flushleft} works by
checking this \texttt{
minipage} output. \texttt{
flushleft} makes lines
uneven without stretching.
\end{flushleft}
```

다음의 보기는 flushright 환경의 출력 결과이다.

여기에 세 줄
의
오른쪽에 정렬된 문장

```
\begin{flushright}
여기에 세 줄 \\ 의\\
오른쪽에 정렬된 문장
\end{flushright}
```

plainTEX의 세 가지와 대응되는 선언 \centering, \raggederight 및 \raggedleft 은 각각 center, flushleft, flushright와 효과가 같은 선언이다.

3.11. 편지

LaTeX은 편지 형식의 문서 작성방법을 제공한다. 편지 형식은 면수 등을 입력하지 않고 편지 형식에 맞게 편지를 만든다. 편지의 출력 예인 그림 3.6을 보면서 편지를 어떻게 만드는지 알아보기로 하자. 그림 3.6은 다음의 입력으로 만들어진 것이다.

```
\documentclass[11pt,a4paper]{letter} 그림 3.6
\topmargin -60pt
\signature{Cheol Soo Lee}
\begin{document}
\address{Cheol Soo Lee \\
         9-15 Sinlim Dong\\
         Kwan Ak Gu\\
         Seoul, Korea}

\begin{letter}
{Office of Graduate Admission\\
```

```
University of Wisonsin-Madison\\
Madison, WI 53706}

\opening{To whom it may concern;}
Enclosed are two copies of my application for
admisson to the Department of Statistics.  As
required, I have sent a copy to the Department.
Were any thing missing, please let me know.

Thank you.
\closing{Sincerely}
\encl{Application for Admission}
\cc{The Statistics Department, UWM}
\end{letter}
\end{document}
```

먼저 \documentclass에 클래스를 letter로 지정하고 \begin{letter}와 \end{letter} 사이에 편지에 필요한 명령을 입력하면 된다. 먼저 \signature에 주어진 이름은 편지의 끝에 서명란을 만들고 \signature에 주어진 이름을 출력하게 한다. \address는 보내는 사람의 주소가 들어가는데 줄을 바꾸고자 하는 자리에는 \\를 주면 된다. 주소는 주지하는 바와 같이 오른쪽 위에 만들어진다.

\begin{letter} 뒤에는 수신인의 주소를 넣고, \opening에는 편지의 시작인 "누구에게"가 입력되면 된다. \opening 뒤에는 편지의 내용을 입력하고 \closing에는 끝맺음말(Sincerely)을 준다. \encl에는 편지에 동봉된 서류 등의 목록을 쓰며 \cc (Carbon Copy)에는 같은 편지를 받을 수신인을 적는다. 편지의 끝은 \end{letter} 이다.

여기서 \topmargin은 출력 전체를 위로 또는 아래로 이동할 때 사용하는 명령어로 음수의 길이가 주어지면 위로, 양수이면 아래로 이동한다. 편지인 경우 회사 등의 로고가 윗부분에 들어가는 편지지를 사용하는 경우에 대비하여 이 길이를 길게 하였으며 로고가 없는 일반 편지지에 인쇄를 하면 윗부분에 많은 공간이 생기므로 이를 조절할 필요가 생긴다. 그림 4.1 참조.

3.12. \typein과 \typeout 명령

\typein과 \typeout 명령은 LaTeX의 수행 중에 사용자와 LaTeX 간의 정보 교환에 사용된다.

```
\typeout{Input the recipient's name}
```

Cheol Soo Lee
9-15 Sinlim Dong
Kwan Ak Gu
Seoul, Korea

March 9, 2016

Office of Graduate Admission
University of Wisonsin-Madison
Madison, WI 53706

To whom it may concern;

Enclosed are two copies of my application for admisson to the Department of Statistics. As required, I have sent a copy to the Department. Were any thing missing, please let me know.

Thank you.

Sincerely

Cheol Soo Lee

encl: Application for Admission

cc: The Statistics Department, UWM

그림 3.6: 편지의 예

이 LaTeX파일 안에 입력되어 있다면 그 줄에서 컴퓨터 화면으로

```
Input the recipient's name
```

가 나타난다.

`\typein`은 사용자가 컴퓨터 화면에서 자판을 이용하여 입력한 내용을 LaTeX의 입력으로 사용하게 하는 기능이다. 예를 들어 같은 내용의 편지를 여러 사람에게 보낼

경우

```
\opening{Dear \typein{Name:};}
```

라고 하면 같은 내용의 편지를 다른 이름의 수신자에게 보낼 수 있다. 이때 위의 명령 전에

```
\typeout{Give the name}
```

을 주면 LaTeX 컴파일 중에 컴퓨터 화면에 다음과 같이 나타나는데

```
Give the name
Name:

\@typein=
```

여기서 \@typein=에 이름을 주면 된다. 예를 들어 "Sim, S."를 다음과 같이 입력하면

```
\@typein=Sim, S.
```

편지의 첫 부분이 다음과 같이

Dear Sim, S.;

이 나타난다. 이제 이 편지를 인쇄하고 다시 한번 더 LaTeX을 수행하면 위의 내용이 반복되므로 다른 사람의 이름을 입력하면 다른 사람에게 보낼 편지가 만들어진다. 이는 같은 내용을 여러 번 만들지 않게 하므로 아주 편리한 기능이라 하겠다.

제4장

길이, 공간 및 박스

4.1. 길이

LaTeX에서 사용하는 길이의 단위는 mm(밀리미터), cm(센티미터), in(인치) 등의 일반 메트릭 단위와 1/72.27인치인 pt(point), 12pt가 한 단위인 pc(pica)가 있다.

또 다른 단위로는 em과 ex가 있는데 em은 "M"의 폭만큼이고 ex는 x의 높이만큼의 길이이다. 이러한 단위는 앞에 숫자를 붙여서 2배, 1.5배 및 음수로 반대 방향을 지정할 수도 있다(예 `2em, 1.5ex, -2ex` 등). 특히 1em과 2em은 TeX에서 `\quad` 및 `\qquad`로도 사용한다.

em과 ex는 길이가 현재 사용하는 글자체의 크기에 비례하는 상대적 크기이기 때문에 사용하는 글자체의 크기에 따라 상대적으로 비례해야 하는 길이의 설정에 사용하는 것이 권장되며 cm, pt 등과 같은 길이는 절대적인 값을 가지므로 글자 크기에 상관없이 사용할 길이의 선언에서 사용한다.

LaTeX에서 사용하는 길이는 두 종류가 있는데 하나는 `\parindent`나 `2em`처럼 변할 수 없는 길이인 리지드 길이(rigid length)이고 다른 하나는 상황에 따라 길이가 고무줄처럼 늘어나거나 줄어들 수 있는 고무줄 길이(rubber length)이다. 고무줄 길이의 예는 단어 사이의 간격인데 이 간격은 어색하지 않는 범위 내에서 LaTeX이 늘이거나 줄임으로써 각 줄의 오른쪽 끝을 맞춘다. 대표적인 고무줄 길이로는 `\fill`이 있는데 `\fill`의 원래 길이의 크기는 0이지만 끝없이 늘어날 수 있다. 사용 예는 4.2절의 `\hspace` 명령에서 보기로 하자. 이외에 LaTeX에서 길이를 나타낼 수 있는 것은 다음과 같다.

✓ `\parindent` 각 문단의 시작에서 들여쓰기하는 만큼의 길이.

✓ `\parskip` 문단 사이에 추가로 띄어주는 공간의 크기.

✓ `\textwidth` 한 면에서의 본문의 폭의 값이다. 그림 4.1 참고.

- ✓ \textheight 주석(footer)과 머릿글(header)을 제외한 본문의 높이이다. 그림 4.1 참고.

이외에도 사용자가 바꿔줄 수 있는 길이들이 있는데 그림 4.1에 설명되어 있다. 이 중 \oddsidemargin과 \evensidemargin은 twoside 옵션을 사용할 때나 book 클라스를 사용할 때 외에는 같은 값을 갖는다. 또 \paperwidth와 \paperheight는 페이지 전체의 크기를 나타내는 길이이다.

4.1.1 길이의 변경

LaTeX에는 길이의 크기를 변화시키거나 새로운 길이를 정해줄 수 있다.

- ✓ \newlength{*length*} 새로운 길이 *length*를 정의하는 명령이다.
  \newlength{\myparsep}는 길이가 0인 길이 \myparsep를 만들어 준다. 여기서 \myparsep 는 사용자가 임의로 준 이름이다.

- ✓ \setlength{*length*}{*amount*}: 길이 *length*의 크기를 *amount*로 정해 준다.
  \setlength{\myparsep}{2cm}은 \myparsep가 2cm임을 말한다.

- ✓ \addtolength{*length*}{*amount*}: 길이 *length*에 *amount*만큼의 크기를 더해준다. 이때 음수도 가능한데
  \addtolength{\myparsep}{-.1\myparsep}
  명령의 결과 \myparsep는 1.8cm($= 2 - (0.1) \times 2$)가 된다.

- ✓ \settowidth{*length*}{*text*}: 길이 *length*를 *text*에 준 텍스트의 폭만큼의 길이로 정한다.
  \settowidth{\myparsep}{\texttt{AbCd}}로 \myparsep는 AbCd만큼의 넓이로 정의된다.

참고: 우리가 문서를 작성할 때 대부분의 경우에 LaTeX에 포함된 종이 크기 a4 또는 letter를 사용한다. 이 경우 상하좌우의 여백이 상당히 많은 것을 볼 수 있는데 이 여백을 줄이려면 geometry 패키지를 사용하거나 다음과 같이

```
\addtolength{\textwidth}{2cm}
\addtolength{\textheight}{2cm}
```

을 사용하여 텍스트의 폭과 높이를 2cm씩 늘려 주면 된다. 이때 폭과 높이만 늘어나서 실제 출력을 하면 오른쪽 아래로 밀려난 것을 볼 수 있는데 이를 조정하기 위해

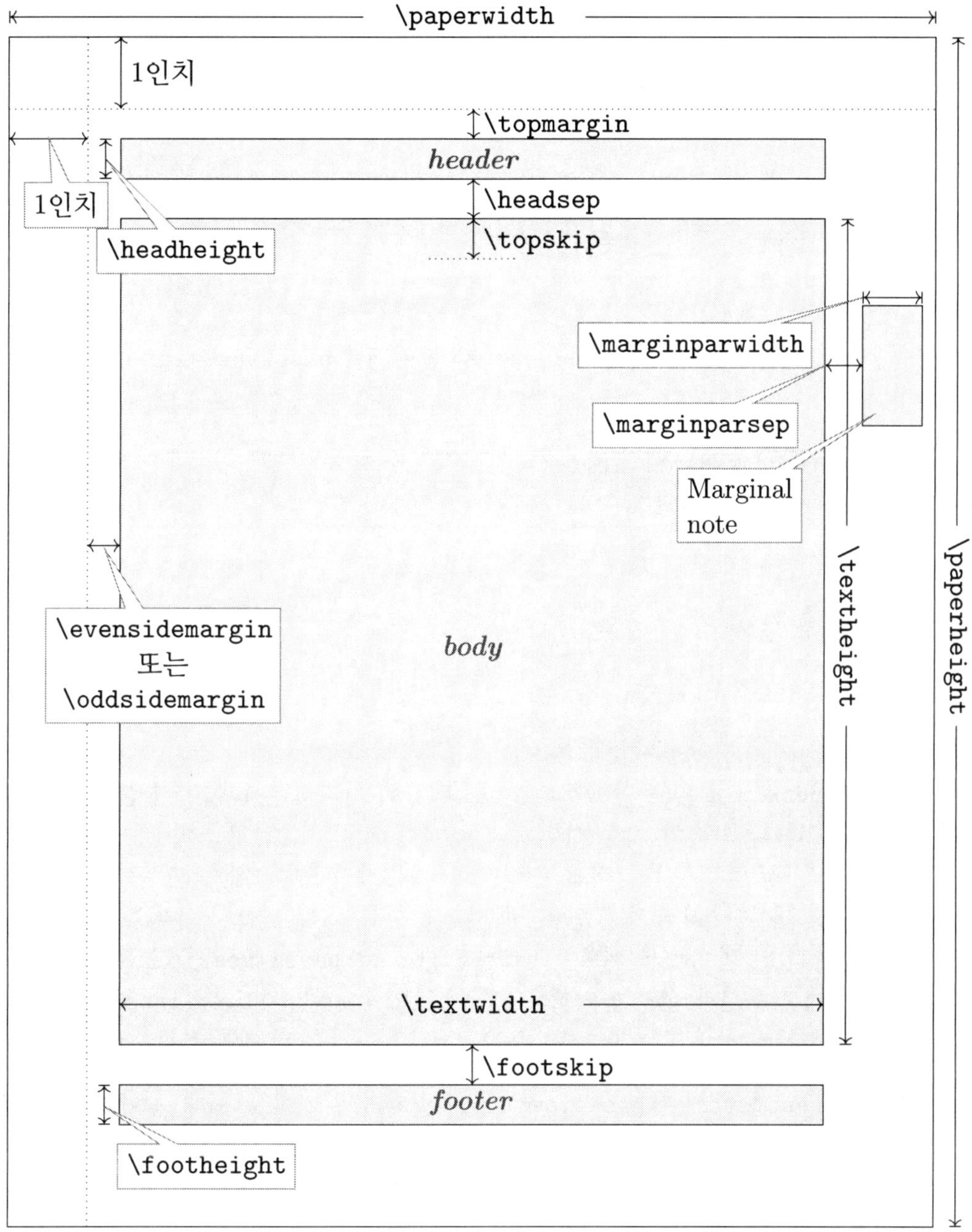

그림 4.1: LaTeX에서 사용하는 길이: `\topskip`은 *body*의 시작점에서 첫 줄의 baseline 까지의 길이이다. baseline은 4.2 참고.

```
\addtolength{\evensidemargin}{-1cm}
```

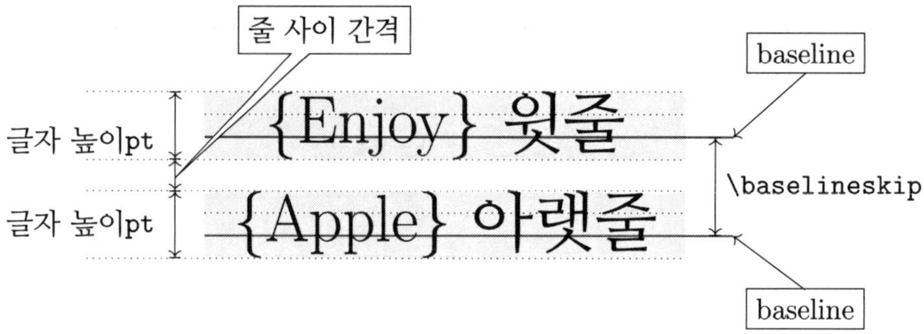

그림 4.2: 기준선(baseline), 글자 높이 및 \baselineskip

```
\addtolength{\oddsidemargin}{-1cm}
\addtolength{\topsidemargin}{-1cm}
```

으로 왼쪽 및 위쪽로 1cm씩 이동하면 된다.

4.1.2 줄 간격 조정

본문의 줄 간격을 조정할 수 있는 길이도 있는데 이 길이는 \baselineskip이며 이와 관련된 값으로 \baselinestretch가 있다.[1] 이들은

✓ \baselineskip: 같은 문단에서의 한 줄의 글이 차지하는 높이이며 한 줄의 기준(baseline)과 다음 줄의 기준 사이의 길이이다(그림 4.2 참고). 이 길이는 글자가 차지하는 가장 높은 길이(대개 중괄호 { }가 가장 길다)에 줄과 줄 사이의 간격을 합한 값이다. 따라서 문단이 바뀌거나 수식 등이 포함된 높이가 다른 줄이 있지 않다면 한 면의 줄의 수는 \textheight ÷ \baselineskip으로 구해진다. 그림 4.2에 기준선과 글자 높이를[2] 그림으로 표시하였다. \baselineskip의 값은 \begin{document} 또는 \small 등으로 글자 크기를 바꾸면 자동으로 바뀐다.[3]

✓ \baselinestretch는 \baselineskip이 글자가 차지하는 최대 높이의 몇 배인지 계산한 값을 갖는다. 예를 들어 10pt인 글자 높이에서 줄과 줄 사이의 간격이 2pt이면 \baselineskip은 12pt이며 \baselinestretch는 1.2(12pt÷10pt)가 된다. 따라서 \baselinestretch는 길이가 아니며 숫자(배수, factor)이다.

[1] \baselinestretch는 길이가 아닌 숫자(배수, factor)임에 유의하자.
[2] point는 글자 크기로 표현을 많이 하지만 실제로는 글자 높이이다. 높이가 높으면 비례해서 글자 크기가 커지므로 틀린 표현은 아니다.
[3] 41면의 표 3.4 참조.

거꾸로 \baselineskip은 최대 글자 크기에 \baselinestretch값을 곱해서 얻은 값이기도 하다. 즉, 최대 글자 높이 10pt에서 \baselinestretch가 1.2이면 \baselineskip은 12pt이다. \baselinestretch 값은 \begin{document} 전에

```
\renewcommand{\baselinestretch}{1.6}
```

과 같이 \renewcommand를 사용하여 바꿀 수 있으며 대략 1.6 정도이면 더블 스페이스에 가깝다.[4] \begin{document} 이후 *body*에서 사용한 \renewcommand는 효력이 생기지 않는다.

따라서 위의 두 명령을 사용하여 줄 간격을 조정할 수 있으며 첫 번째 방법은 한 줄의 최대 글자 높이와 줄과 줄 사이의 공간을 합한 값인 \baselineskip의 값을 4.1.1절의 \setlength, \addtolength 등의 명령으로 값을 바꾸는 것이고, 두 번째 방법은 \baselinestretch의 값을 \renewcommand하는 것이다. 문서의 중간에서는 \baselineskip의 크기만 조절할 수 있으며

```
\addtolength{\baselineskip}{4pt}
```

과 같이 중간에 명령하면 이후부터는 줄 사이의 간격이 더 벌어지게 된다.

참고로 \linespread를 \linespread{*factor*}로 사용하여 \baselinestretch를 \renewcommand한 것과 같은 효과를 얻을 수 있다. 이 명령은 plainTEX 명령이다.

4.2. 공간

LATEX에서 세로 공간(vertical space)은 \vspace 명령으로 만들어지고 가로 공간(horizontal space)은 \hspace 명령으로 만들어진다. 사용법은

```
\hspace{length} 또는 \vspace{length}
```

또는

```
\hspace*{length} 또는 \vspace*{length}
```

인데 *length*에는 앞 절에서 주어진 길이들이 모두 사용될 수 있다. 물론 사용자가 정의한 길이도 가능하다.

[4]원래 글자 높이가 몇 포인트인지에 따라 약간씩 달라지나 주로 사용하는 10pt–12pt인 경우는 1.6 전후 정도이면 더블 스페이스, 1.3 전후 정도이면 반 더블 스페이스에 가깝다.

> 여기에 공 ⏟(1in) 간. .... 여기에 공`\hspace{1in}`간.

음수값을 주면 음의 공간이 만들어져 글자 등이 겹치게 할 수도 있다.

> 여기에 공간이 있다. .... 여기에 공`\hspace{-3em}`간이 있다.

앞 절의 길이 단위 중 `\parindent`를 이용한 다음 경우를 보면 "공"과 "간" 사이에 문단 들여쓰기 네 배의 공간이 생겼다.

> 여기에 공 ⏟ 간이 있다. ....
> .... 여기에 공`\hspace{.1\textwidth}`간이 있다. `\hspace`가 한 줄의 맨 처음이나 맨 끝에 있으면 이때의 공간

명령은 무시된다.

> "`\hspace{.5\textwidth}` 이 앞에 공간이 있다."의 결과는
> 이 앞에 공간이 있다.

가 되어 한 줄의 시작에 있는 가로 공간은 무시됨을 볼 수 있다.

`\hspace*`는 `\hspace`와 같으나 문장의 시작이나 끝에 `\hspace*`가 있는 경우에도 주어진 길이만큼의 가로 공간을 준다는 것이 `\hspace`와 다른 점이다.

> "`\hspace*{.5\textwidth}` 여기에 공간이 있다."
> 의 결과는 다음과 같다.
> ⏟(.5\textwidth) 여기에 공간이 있다.

`\vspace`는 수직의 공간을 만들어 준다. 하지만 문단의 한 줄이 끝나지 않은 상태에서의 `\vspace`는 예상과 다른 결과를 나타내기 때문에 주의해야 한다.

```
여기에 세로 공\vspace{1cm}간을 만들려고 하면 문장의 중간이기
때문에 예상 외의 결과를 얻는다. 즉, 한 줄을 완성한 후에 공간을
만든다.  여기에 세로 공\\ \vspace{1cm}간을 만들려고 하면
문장의 중간이라도 행이 바뀐 뒤이기 때문에 가능하다.
```

의 결과로

> 여기에 세로 공간을 만들려고 하면 문장의 중간이기 때문에 예상 외의 결과를
>
> 얻는다. 즉, 한 줄을 완성한 후에 공간을 만든다. 여기에 세로 공
> 간을 만들려고 하면 문장의 중간이라도 행이 바뀐 뒤이기 때문에 가능하다.

가 출력된다.

\hspace가 한 줄의 처음이나 끝에서는 무시된 것처럼 세로 공간에서도 한 줄의 시작과 끝의 \vspace는 무시한다. 또한 한 면의 시작과 끝에 있는 \vspace도 무시된다. \vspace로 만들어지는 공간은 한 줄의 중간에서 만들어지지 않고 그 줄을 완성한 후 만들어진다. 위의 예는 1cm의 공간이 왜 문장이 완전히 끝난 다음에 나온 것인지 보여주는 예이다. 이때 강제로 공간을 줄 필요가 있으면 \vspace*를 사용한다. 위의 "공간"에서 "공"과 "간" 사이를 1cm 띄어쓰려면 *[1cm]를 사용하면 된다. 즉,

> ``여기에 세로 공*[1cm]간을 만들려고 하면 ...'' 의 결과는
> "여기에 세로 공
>
> 간을 만들려고 하면 ..." 이다.

\vspace 대신 plainTEX 명령인 \vskip 명령을 사용하면 그 자리에서 vertical 모드로 바뀌기 때문에 줄이 바뀌면서 주어진 길이만큼의 세로 공간이 만들어진다. \vskip 명령은 plainTEX 명령이므로 매개변수에 {}를 사용하지 않고 \vskip1em과 같은 방법으로 사용한다.

> 여기에서 바로 줄
>
> 바꾸기가 됩니다.

위의 결과는

```
여기에서 바로 줄\vskip1.em 바꾸기가 됩니다.
```

으로 만들었다.

\vspace나 \hspace는 고무줄 길이를 변수로 가질 수 있다. 4.1절에서 본 것처럼 \fill은 고무줄 길이이고 따라서 늘어나거나 줄어들 수 있다.

이 문장은 양쪽 끝에 있다.
이 문장은 세 부분 으로 이루어진다.

는 아래의 결과이다.

```
이 문장은 \hspace{\fill} 양쪽 끝에 있다.\\
이 문장은 \hspace{\fill} 세 부분 \hspace{\fill}으로 이루어진다.
```

\hspace{\fill}과 \vspace{\fill}의 생략형으로 \hfill과 \vfill이 있다. \vfill이나 \vspace{\fill}은 \hfill 또는 \hspace{\fill}과 마찬가지로 세로로 면을 채운다. 4.2 참고.

\vspace의 값을 사전에 설정된 값을 사용하는 명령으로

```
\bigskip
\medskip
\smallskip
```

이 있는데 이는 각각

```
\vspace{\bigskipamount}
\vspace{\medskipamount}
\vspace{\smallskipamount}
```

의 생략형이다. \bigskipamount, \medskipamount 및 \smallskipamount의 크기는 그때의 사용 스타일에 따라 정해진다. 항상 기억할 것은 \vfill이나 \hfill은 한 면이나 줄의 시작과 끝에서는 그 효력이 없다는 것이다.

이 자리에서 앞의 \vfill 명령의 보기로 \vfill이라고 명령하면 이 면은 중간이

\vfill의 예로 만든 공간으로 설명 목적상 페이지의 중간에 공간이 있습니다.

지금 보는 것과 같이 빌 것이다.

\hfill의 역할과 비슷한 것으로 \dotfill과 \hrulefill이 있다.

> \dotfill의 ....효과

는 \verb+\dotfill+의 \dotfill 효과 명령의 결과이고

> \hrulefill 의 ____________________효과 ____________________데모

는 \verb+\hrulefill+ 의 \hrulefill 효과 \hrulefill 데모 의 결과이다.

4.3. \null 명령

PlainTEX의 명령어 중에 \null이 있는데 이를 이용하면 다음과 같이 어떤 문장을 맨 끝으로 보낼 수도 있다. 어떤 문서에서 날짜를 오른쪽 끝으로 보내려고 다음 명령을 주면 \hfill \today \\ 그 결과는

> 2016년 11월 30일

이다. 당연히 문장의 시작이기 때문에 \hfill의 효력이 없기 때문이다. 이때 \null 을 사용하여[5] \null \hfill \today \\를 명령하면 결과는

> 2016년 11월 30일

으로 원하는 바를 얻는다. \null은 아무 출력이 없으면서 어떤 입력이 있는 것이기 때문에[6] 위의 \hfill은 문장의 시작이 아니었음을 이해하면 이 출력의 결과를 이해할 수 있다. 참고로 \today는 오늘 날짜를 출력하라는 명령이다.

4.4. 박스

TEX에서는 모든 것이 박스이다. 각 문자도 박스이고 이 박스를 옆으로 쌓아서 한 줄의 박스를 만든 다음 이러한 줄을 세로로 쌓아서 한 면을 만든다(LATEX에서는 때로 한 면이 다 차지 않았는데 다음 면으로 넘어가는 경우가 있다. 이는 다음 면의 첫 부분이 너무 큰 박스라서 현재 면의 크기를 넘어가기 때문이다). 다음은 Tonight fine을 LATEX이 어떻게 박스를 쌓는지 보여준다.

---

[5] flushright 참조.
[6] 실제로는 폭이 0인 박스이다.

Tonight fine

여기서 보는 것처럼 f 와 i 는 fi로 하나의 박스(ligature)[7]이며 글자에 따라 박스가 좁아지기도(처음 i) 하고 아래로 내려가기도 한다(g의 경우). 그림 4.2에는 기준선(baseline)과 한글의 위치, 영어 알파벳의 길이를 비교할 수 있다. 한글은 하나 하나의 음절이 모두 같은 크기의 박스이다.

array, **tabular** 또는 **picture** 환경 등과 같은 큰 박스도 있다. **tabular** 환경을 이용하여 표를 만들면 그 표가 그 직전 문장의 끝 부분에 만들어지는 것도 이 때문이다. 이 절에서는 LaTeX에서 사용되는 특수한 박스인 `\makebox`, `\mbox`, `\framebox`, `\fbox`, `\parbox`와 `\marginpar` 명령 및 `minipage` 환경에 대해 알아보기로 한다.

4.4.1 LR 박스

LR 박스는 Left Right에서 따온 말로 LaTeX이 만드는 박스이다. 이 박스는 왼쪽에서 오른쪽으로 만들어 가는 박스이다. 이들 박스는 사용자의 필요에 의해 만들 수 있다. 먼저

`\makebox` 명령은 주어진 길이만큼의 박스를 만들어 주어진 글을 그 박스 안에 넣는다. 사용법은

```
\makebox[length][loc]{contents}
```

인데 *length*는 만들어질 박스의 길이이고 *loc*는 박스 안에 들어갈 내용의 위치이다. 위치는 `r` 또는 `l`인데 각각 오른쪽과 왼쪽을 의미한다. *contents*는 박스 안에 들어갈 내용이다.

여기에 2cm 의 박스 ....여기에 `\makebox[2cm]{2cm}`의 박스
여기에 2cm 의 박스.........여기에 `\makebox[2cm][l]{2cm}`의 박스
여기에 2cm의 박스.........여기에 `\makebox[2cm][r]{2cm}`의 박스

`\mbox`는 `\makebox`와 같은데 `\makebox`의 옵션인 두 변수, 즉 길이와 위치를 줄 수 없는 박스이다.

여기에 3 cm 의 박스.........................여기에 `\mbox{3 cm}` 의 박스

`\mbox`의 용도 중의 하나는 수학식에서 한글 사용할 때 유용하게 이용할 수 있다는 것이다.(5.14절 참조.)

[7] fi, ffi, fl 등과 같이 두 개 이상의 알파벳을 붙여쓰는 것을 ligature라고 한다.

\framebox는 다음과 같이 사용하며

```
\framebox[length][loc]{contents}
```

loc, length 등의 사용법은 \makebox와 같으며 *contents*에 실선의 사각형을 만들어주는 것만 차이가 있다. 다음의 보기를 보자. 박스의 둘레에 실선의 사각형을 만들어 준다.

> 여기에 [사각형]이 있다. ....
> .... 여기에 \framebox[1in]{사각형}이 있다.

\framebox 에서도 \makebox 에서처럼 l, r, c 로 위치를 정해줄 수 있다.

> 여기에 [사각형]이 있다. ....
> .... 여기에 \framebox[1in][l]{사각형}이 있다.

\framebox나 \makebox는 박스의 위치를 먼저 잡고 그 안에 주어진 텍스트를 입력한다. 따라서 박스의 크기가 박스 안의 내용보다 작으면 출력이 겹치기도 한다. 즉,

> O OThis is a boxO O ....
> .... O O O \framebox[1cm]{This is a box} O O O
> O OThis is a boxO O ....
> .... O O O \makebox[1cm]{This is a box} O O O

\fbox는 \framebox와 결과는 같으나 테두리의 길이와 위치가 주어진 입력의 양에 의해 LaTeX이 결정한다. 즉, \framebox에서 길이와 위치를 생략한 명령이라고 보면 된다.

> [김철수] .... \fbox{김철수}
> [[김철수]] .... \fbox{\fbox{김철수}}

4.4.2 사각형 테두리의 높이

\fbox 명령 등으로 사각형의 테두리를 만들 때 글자의 높이에 따라 사각형의 높이가 달라지는 문제가 발생한다. 예를 들어 [go] [enter] [joy] 와 같이 \fbox 안에 들어간 문자의 최대 높이에 따라서 사각형의 높이가 달라진다. 이를 해결할 수 있는 방법으

로 `\strut` 명령을 사용할 수 있다. 이 명령은 높이가 최대 글자 높이이며 폭은 0인 사각형을 만든다.[8] 이 명령를 추가로 사용하면 go enter joy 로 바뀐다.

go enter joy .... `\fbox{go} ,\fbox{enter} ,\fbox{joy}`
go enter joy .... `\fbox{\strut go} ,\fbox{\strut enter} ,\fbox{\strut joy}`

한글만 있을 경우 모든 글자의 높이가 같아서 이 문제는 발생하지 않으며 수학모드에서 쓸 수 있는 `\mathstrut` 명령은 5.2절을 참고하자.

4.4.3 \parbox

`\parbox`는 어떤 문장, 문단 등을 큰 박스로 만든다. `\parbox`에는 반드시 길이를 주어야 한다. 그 이유는 일반적으로 `\parbox`의 내용은 한 줄 이상인데 LaTeX은 사용자가 어느 정도 크기의 박스를 원하는지 미리 알 수 없기 때문이다. `\parbox`의 사용법은

`\parbox[`*loc*`]{`*length*`}{`*contents*`}`

이다. 여기서 *loc*은 `\parbox`의 위치를 정하는데 그 값은 `t`(top), `b`(bottom) 또는 `c`(center) 이고 사용자가 지정해 주지 않으면 `c`를 사용한다. *length*에는 박스의 길이를, *contents* 에는 박스에 들어갈 내용을 준다.

A box of 2 cm length is here and a second box will be next	BETWEEN	This box has 3cm length

위는 다음 명령의 결과이다(윤곽선 제외).

```
\parbox{2in}{A box of 2 cm length is here
and a second box  will be next} \ \hfill BETWEEN \ \hfill
\parbox{3cm}{This box has 3cm length} \\
```

앞서 말한 바와 같이 모든 글자도 박스이기 때문에 줄을 바꾸어 주지 않으면 박스는 그옆에 생긴다. 즉,

```
여기에 \hfill \fbox{\parbox{3in}{여기에 박스를 넣으면
박스 앞뒤로 다른 문장이 이어져 나온다. 그 이유는 줄을
바꾸지 않았기 때문이다.}}\hfill 박스가 있다.
```

[8]폭이 0이라 아무 출력이 없다.

의 결과는

여기에 | 여기에 박스를 넣으면 박스 앞뒤로 다른 문장이 이어져 나온다. 그 이유는 줄을 바꾸지 않았기 때문이다. | 박스가 있다.

이다. 위에서 보는 것처럼 `\fbox`를 이용하면 특정한 텍스트에 사각형을 둘러줄 수 있다. 참고로 `\parbox` 안의 문장은 들여쓰기를 하지 않는다(`quote` 환경 참조).

4.4.4 minipage 환경

`\parbox` 명령은 일반적으로 작은 양의 문장, 문단에 사용하고 좀 더 많은 양은 `minipage` 환경을 이용한다. `minipage` 환경은 `\parbox`와 같이 옵션인 위치와 필수적인 넓이를 주어 만들어진다. `minipage` 환경에서는 그 환경 안에서 따로 `\footnote`를 만들 수 있다. `minipage`에서 사용하는 `\footnote`의 번호는 1, 2 등의 숫자가 아니다.[9] 사용법은

```
\begin{minipage}[loc]{length}
페이지 내용
⋮
\end{minipage}
```

인데 *loc*는 `t`, `b`, `c`를 사용하며 각각 위, 아래 중앙으로 정렬하게 한다. *loc*는 옵션인데 사용자가 정해 주지 않으면 `c`를 사용한다. *width* 는 `minipage` 가 만들어질 폭을 주는데 길이의 단위도 함께 주어야 한다.

minipage는 parbox와 비슷하다. 반드시 폭을 주어야 한다.	**그러나**	위치는 줄 수도 있고 주지 않을 수도 있다. 지정해 주지 않으면 c[a] 를 가정한다. [a]중앙(center)을 의미.

는 다음 명령의 결과이다.

```
\begin{minipage}[t]{2in}
  \texttt{minipage}는 \texttt{parbox}와 비슷하다.
 반드시 폭을 주어야 한다.
\end{minipage} \textbf{그러나} \
\begin{minipage}[b]{2in}
  위치는 줄 수도 있고 주지 않을 수도 있다. 지정해 주지
```

[9]표 7.4 참조.

```
  않으면 \texttt{c}\footnote{중앙(center)을
  의미}를 가정한다.
\end{minipage}
```

여기서 주의할 점은 minipage 환경도 \parbox 명령과 마찬가지로 박스가 만들어지기 때문에 minipage를 시작하기 전에 \newline이나 \\를 사용하여 줄을 바꿔주지 않으면 앞 문장의 끝에 붙여서 minipage가 만들어진다는 것이다.

4.4.5 \marginpar 명령

\marginpar는 본문의 왼쪽이나 오른쪽에 박스를 만들어준다. 사용법은

```
\marginpar[left margin]{ right margin}
```

이고 *left margin*에는 본문의 왼쪽 가장자리 *right margin*은 본문의 오른쪽 가장자리에 문단을 만들어 준다. 이러한 \maginpar는 특별히 정해 주지 않으면 twoside 스타일에서는 짝수면의 왼쪽과 홀수면의 오른쪽에 나타나고 oneside 스타일에서는 각 면의 오른쪽에 나타난다. 이를 바꿀 수 있는 명령은 아래 두 가지가 있다.

✓ \reversemarginpar 선언은 이러한 가장자리 문단의 위치를 바꿔 주게 하고

✓ \normalmarginpar 선언은 위에서 말한 대로 위치를 정하게 한다.

지금 만들어진 오른쪽 가장자리 문단은 다음 명령의 결과이다.[10]

```
\marginpar{\footnotesize 오른쪽에 만들어진 가장자리 문단}
```

오른쪽에 만들어진 가장자리 문단

\marginpar 명령의 미세 조정을 위한 선언에는 다음 세 가지가 있다.

✓ \marginparwidth는 가장자리 문단의 폭을 정해 준다.

✓ \marginparsep는 본문과 가장자리 문단의 (가로)간격을 정해 준다.

✓ \marginparpush는 가장자리 문단끼리의 (세로)간격을 정한다.

왼쪽의 가장자리 문단은 다음의 미세조정 중의 하나인 길이를 조정하고 위의 위치 조정명령을 이용한 가장자리 문단이다. 밑의 두 줄은 이러한 변화를 원래대로 해 두기 위해 추가로 준 명령이다. 여기서 한 가지 주의할 것은 가장자리 문단의 위치, 크기 등은 \marginpar 명령이 선언된 문단에서의 선언에 따라 달라진다는 것이다. 아래의 보기에서 빈 줄을 하나 준 것은 그 때문이다.

왼쪽에 만들어진 가장자리 문단

[10]색의 사용에 대한 명령은 제17장을 참고하기로 하며 여기서는 색깔 사용에 대한 명령은 생략하였다.

```
\addtolength{\marginparwidth}{-1cm}
\reversemarginpar
\marginpar{왼쪽에 만들어진 가장자리 문단}

\normalmarginpar
\addtolength{\marginparwidth}{1cm}
```

4.4.6 \rule 명령

\rule는 내부를 검게 한 사각형을 만들어 준다. 사용법은

```
\rule[raise]{width}{height}
```

이다. 여기서 *raise*는 사각형의 위치를 얼마나 올리는지 정해 주고 (음수이면 내리는지) *width*와 *height*는 사각형의 폭과 높이를 정해 준다.
가로 세로 3 mm인 이 사각형 ■는 \rule{3mm}{3mm}로 만들어진다. 2 mm 높아진 박스 ■는 \rule[2mm]{3mm}{3mm}로 만든다. 이따금 높이나 폭이 0인 경우가 필요한데 일반적으로 눈에 보이지 않는 공간을 만드는 데 사용된다. 가로 세로가 1cm 인 정사각형을 만든 다음 예를 보자.

. . . . \fbox{\rule{1cm}{0cm}\rule{0cm}{1cm}}

가로 또는 세로의 길이가 0인 위의 두 개의 \rule 명령은 가로 세로 각 1cm가 되는 보이지 않는 사각형을 만들고 이 사각형에 \fbox 명령으로 실선을 침으로써 가로 세로가 각 1cm인 정사각형을 만들 수 있다.

4.4.7 박스의 위치 변경

박스의 위치 변경은 가로 위치를 바꾸어 주는 \kern과 세로위치(높이)를 바꾸어 주는 \raisebox와 \lower 명령이 있다. 이 명령을 이해하기 위해 ᄒᆞᆫ글을 만든 경우를 살펴보자. 다음의 과정은 편집기가 고어를 지원하면 불필요하지만 박스의 위치변경 과정을 살피는 예로 설명한다.

```
\newcommand{\hangl}{\lower-0.2em\hbox{{ㅎ\kern-.53em\lower%
.33em\hbox{$\cdot$}\kern -.7em\lower 1ex\hbox{ㄴ}}%
\lower0.2em\hbox{글}}}
```

는 아래아 한글의 “ᄒᆞᆫ글”을 만들기 위한 명령이다. 이는 “ㅎ”을 먼저 만든 다음에 \kern .53em은 왼쪽으로 .53em 움직이라는 명령이며 따라서 “ㅎ” 다음에 겹쳐서 “·” 을 찍는다. 이때 먼저 쓴 “ㅎ”과 겹치지 않게 .33em만큼 내려서 (\lower) “·” 를 인쇄한다. 그런 후에 1ex만큼 반대로 옮겨서 “ㄴ”을 인쇄한다. 이때 글자 크기가 약간 달라지므로 “글”을 .1em 만큼 내려서 균형을 맞추었다.

\raisebox 명령은 LaTeX에서 박스의 위치를 올리거나 내릴 때 사용한다. 사용법은

> \raisebox{*length*}{*contents*}

*length*에는 올릴 길이를 준다. 길이가 음수이면 박스가 내려간다. *contents*에는 올리거나 내릴 박스의 내용을 준다. 전형적인 \raisebox의 사용 예는

> LaTeX은 문장의 일부를 올리거나 또는 내릴 수 있다.

인데 이는

```
\LaTeX 은 문장의 일부를 \raisebox{.6ex}{올리거나}
 또는  \raisebox{-.6ex}{내릴} 수 있다.
```

로 만들어진다. 끝으로 \TeX은 다음의 명령으로 정의되어 있으며

```
\def\TeX{T\kern-.1667em\lower.5ex\hbox{E}\kern-.125emX}
```

AMSLaTeX의 AMS는 다음과 같이 정의되어 있다.

```
\def\AmS{{\protect\usefont{OMS}{cmsy}{m}{n}%
  A\kern-.1667em\lower.5ex\hbox{M}\kern-.125emS}}
```

\def는 \newcommand와 같은 의미이지만 기존에 있던 명령은 덮어쓴다.

4.4.8 사용자 정의 박스

LaTeX에는 사용자자 새 박스를 정의할 수 있으며 이 박스를 저장해 두었다가 필요할 때 불러와 사용할 수 있다. 이 명령은 각각

> \newsavebox{*box*},
> \savebox{*box*}{*box_definition*} 및
> \usebox{*box*}

이다. 이들 명령은 LaTeX이 새로운 박스 이름 *box*를 설정하고 새로운 박스 box의 내용을 *box_definition*을 정의하고, 필요할 때 그 박스의 내용 *box*를 불러 쓸 수 있게 한다. 사용보기 및 자세한 내용은 322면을 참고하기로 한다.

제5장

LaTeX의 수학 모드

5.1. 기초적인 수식

LaTeX의 수학은 LaTeX에게 수학 모드라는 것을 알려 준 다음에 우리가 원하는 수식을 입력하면 된다. 수학 모드의 시작과 끝을 알리는 방법은 수학식의 시작과 끝에 `$`를 붙이거나, `\begin{math}`와 `\end{math}` 또는 `\(` 와 `\)` 사이에 수식을 넣으면 된다. 즉, $y = 2x-1$을 얻으려면 `$y=2x-1$` `\(y=2x-1\)` 또는 `\begin{math}y=2x-1\end{math}`를 입력한다. 이 세 가지의 결과는 모두 같다.

여기서 보는 것처럼 수학 모드에서 LaTeX은 다른 글꼴을 사용할 뿐 아니라 "−" 부호와 같은 연산자의 앞뒤에 공간도 넣어 준다. 주의할 점은 LaTeX의 수학 모드 내에서는 사용자가 준 공간은 완전히 무시된다는 점이다. 즉, `$y = 2 x - 1$` 의 결과도 역시 $y = 2x - 1$이다.

수식을 입력하기 위해서는 지금 보는 `$`, `\begin{math}`와 `\end{math}` 사이 또는 `\(`와 `\)` 외에도 `$$` 사이, `\begin{displaymath}`와 `\end{displaymath}` 사이 또는 `\[`와 `\]` 사이에 수식을 넣어도 된다. 이런 방식은 위의 세 가지와 다소 다른 결과를 얻는다. 즉, `$x^2-1$`로 얻는 $x^2 - 1$ 와 `$$x^2-1$$`로 얻는

$$x^2 - 1$$

와는 다른 방식임을 알 수 있다. 앞에서 본 것은 *inline math mode*로 문장 내에 수식을 만들고 뒤에 본 것은 *display math mode*로 수식만 새 문단으로 만든다. 이제 수학 모드에서 사용할 수 있는 여러 가지 명령과 환경에 대해서 알아보기로 한다.

5.2. 자판에 없는 수식 부호

앞에서 본 바와 같이 `^`는 지수를 만들었다. 이제 $\sqrt[3]{2}$이나 α처럼 자판에 없는 수학 기호를 어떻게 입력할 것인지 보자.

첨자

지수(혹은 위 첨자)는 `^`로 아래 첨자는 `_`로 만든다.

$x^{2y}, x^{{2y}^x}, X_{n_1}^{2y^z}$ .... `$x^{2y}, x^{{2y}^x}, X_{n_1}^{2y^z}$`

`^`나 `_` 다음에 `{ }`가 없으면 그 바로 다음 문자만 첨자가 된다. 예로 X_{3m}^{2n}을 만들 때 `$X^{2n}_{3m}$` 대신 `$X^2n_3m$`을 입력하면 X^2n_3m를 얻게 된다. 위 첨자와 아래 첨자의 순서는 상관없다. `$X^2_n$`과 `$X_n^2$`은 같은 결과인 X_n^2을 얻게 된다.

$$2^{2^{2^{2^{2^{2^{2^{2}}}}}}} \tag{5.1}$$

수식 (5.1)은 다음 명령의 결과이다.

```
2^{2^{2^{2^{2^{2^{2^{2}}}}}}}
```

미분 표시 ′

주로 미분 표시로 사용하는 프라임(′)은 `'` 로 만들어진다. 즉 인용 부호를 수학 모드 안에서 사용하면 ′ 가 만들어진다. 둘 이상의 동시 사용도 가능하다.

$f'(x) \quad f'''(x)\|_{x=0}$ .... `$f'(x) \quad f'''(x)\|_{x=0}$`

그리스 문자

그리스 문자는 표 5.1에 정리되어 있다. 그리스 문자 이름 앞에 `\` 만 붙이면 되므로 사용은 아주 편하다. 일부 변종 문자들은 이름 앞에 `var`을 붙이고 대문자 그리스 문자는 첫 글자만 대문자로 쓴다.

$\pi, \Phi, \Sigma, \mu, \alpha$ .... `$\pi, \Phi, \Sigma, \mu, \alpha$`

다만 이들은 모두 수학 모드에서만 사용 가능하다. omicron은 `o`를 입력한다.

표 5.1: 그리스 문자

소문자					
α	\alpha	β	\beta	γ	\gamma
δ	\delta	ϵ	\epsilon	ε	\varepsilon
ζ	\zeta	η	\eta	θ	\theta
ϑ	\vartheta	ι	\iota	κ	\kappa
λ	\lambda	μ	\mu	ν	\nu
ξ	\xi	π	\pi	ϖ	\varpi
ρ	\rho	ϱ	\varrho	σ	\sigma
ς	\varsigma	τ	\tau	υ	\upsilon
ϕ	\phi	φ	\varphi	χ	\chi
ψ	\psi	ω	\omega		
대문자					
Γ	\Gamma	Λ	\Lambda	Σ	\Sigma
Ψ	\Psi	Δ	\Delta	Θ	\Theta
Ξ	\Xi	Π	\Pi	Υ	\Upsilon
Φ	\Phi	Ω	\Omega		

그리스 문자는 수학 모드에서도 roman 글꼴을 이용하는데 이탤릭체로 바꾸고자 할 때는 `\mit`(이전 버전인 LaTeX 2.09 형식이므로 권장하지 않음)나 `\mathit`를 이용한다 (math italic).

$\mathit{\Gamma\Pi\Phi}$는 $\Gamma\Pi\Phi$와 다르다. ....
.............`${\mit \Gamma \Pi \Phi}$는 $\Gamma \Pi \Phi$와 다르다.`

또는

$\mathit{\Psi\Theta\Omega}$는 $\Psi\Theta\Omega$와 다르다..
... `$\mathit{\Psi \Theta \Omega}$는 $\Psi \Theta \Omega$와 다르다.`

와 같이 사용한다.

근호

`\sqrt[n]{`*math_formula*`}`
는 *math_formula*의 n승 근을 표시한다. 만일 2제곱근인 경우 2를 생략하려면 옵션인 `[n]`을 쓰지 않으면 된다.

$\sqrt[n]{x}$, $\sqrt[3]{ax+b}$, $\sqrt[2]{5}$, $\sqrt{2}$, $\sqrt[x]{2}$ .... `\sqrt[n]{x},\sqrt[3]{ax+b},\sqrt[2]{5},\sqrt{2},\sqrt[x]{2}`

`\sqrt` 는 여러 번을 겹쳐 쓸 수 있다.

$$\sqrt{1+\sqrt{1+\sqrt{1+\sqrt{1+\sqrt{1+\sqrt{1+x}}}}}} \tag{5.2}$$

위의 식 (5.2)는 다음의 명령으로 만든 것이다.

```
\begin{equation} \label{eq:sqrt}
  \sqrt{1+\sqrt{1+\sqrt{1+\sqrt{1+\sqrt{1+\sqrt{1+x}}}}}}
\end{equation}
```

$\sqrt{\ }$ 는 그 안의 내용에 따라 $\sqrt{\ }$ 의 크기가 바뀐다. 즉, $\sqrt{a}$ $\sqrt{d}$ $\sqrt{g}$ 의 $\sqrt{\ }$ 의 크기가 같지 않은데 이들의 크기를 같게 하려면 `\mathstrut` 명령을 사용하여 $\sqrt{\ }$ 의 크기를 최대로 하는 방법이 있다.

```
$$\sqrt{\mathstrut a} \sqrt{\mathstrut d}\sqrt{\mathstrut g}$$
```

의 결과는 크기가 같은 근호가 만들어진다.

$$\sqrt{\mathstrut a}\sqrt{\mathstrut d}\sqrt{\mathstrut g}$$

수학 모드가 아니면 4.4.2절의 `\strut` 명령을 사용할 수 있다.

점 부호; `\cdots`, `\dots`, `\ddots`, `\vdots`

점부호는 다음 경우에 많이 필요하다.

$(x_1+\cdots+x_n)$ .... `$(x_1+\cdots+x_n)$`
$(a_1,\ldots,a_m)$ .... `$(a_1,\ldots,a_m)$`

위에서 보는 것처럼 `\cdots`는 중앙으로 `\ldots`는 아래로 세 개의 점을 넣는다. `\ldots`는 수학 모드가 아닌 경우에도 쓸 수 있다. `$\vdots$` ($\vdots$)와 `$\ddots$` ($\ddots$)는 각각 수직 방향과 대각선 방향으로 세 점을 만들고 `\cdot`은 중앙점 ($\cdot$)을 만든다. `ldots` 대신에 자판의 점(마침표)을 세 번 입력하고 싶을 수 있으나 아래에서 보는 것처럼 점들 사이의 간격이 좁아서 권할 만한 방법은 아니다.

`$\ldots$`(. . .) `$...$` (...) `...` (...)

`\ldots`가 가장 적절하며 수학 모드든 아니든 점 세 개의 간격은 좁다.

분수

분수는 /를 사용하여 $a/(b+c)$로 쓸 수도 있는데 `\frac{a}{b+c}`를 사용하면 $\frac{a}{b+c}$를 얻는다. `\frac` 의 사용법은 `\frac{분자}{분모}`이며 계속하여 반복할 수도 있다.

$\dfrac{x^2+1}{y_1^2-1}$ .... `$\displaystyle \frac{x^2+1}{y_1^2 -1}$`

아래의 분수는 반복하여 쓴 것이다.[1]

$$1+\frac{1}{1+\frac{1}{1+\frac{1}{1+\frac{1}{1+\frac{1}{1+x}}}}} \tag{5.3}$$

식 (5.3)은 아래 명령의 결과인데

```
1+\frac{1}{1+\frac{1}{1+\frac{1}{1+\frac{1}{1+\frac{1}{1+x}}}}}
```

여기서 보는 것처럼 반복하여 `\frac`을 사용할 경우 글자의 크기가 일정하지 않다. 분수에서의 글자 크기 조절은 5.13절을 참조하기로 한다. 분자와 분모가 한 자씩일 때는 `{` 와 `}`를 생략할 수 있다.

`$\frac12$ $\frac x2$` .... $\frac{1}{2}$ $\frac{x}{2}$

이때 분자가 문자일 경우 한 칸 이상 띄어 써야 한다.

칼리그래픽 문자

칼리그래픽 문자는 대문자 26가지 $\mathcal{A}$, $\mathcal{B}$, $\cdots$, $\mathcal{Z}$가 사용 가능하다. 한 가지 주의할 점은 칼리그래픽 문자는 반드시 수학 모드 안에서만 사용 가능하다는 것이다. 사용법은 `{\cal A}`, `{\cal B}`, `{\cal Z}`[2] 또는 `\mathcal{A}`, `\mathcal{B}`, `\mathcal{Z}` 이다(`\bigm` 명령은 5.15절 참조). 5.21.1절의 수학 글자체 패키지를 사용할 경우 이 글꼴의 모양이 지금 보는 것과 약간 차이가 나는 글꼴을 사용할 수 있다.

---

[1] `amsmath` 패키지의 `\cfrac` 명령 참조.

[2] 이전의 LaTeX 버전에서의 사용 방법이다. 지금도 사용 가능하나 `\cal` 방식의 사용은 권장하지 않는다.

표 5.2: 수학 모드에서의 연산자

$\pm$	\pm	$\mp$	\mp	$\times$	\times
$\div$	\div	$\ast$	\ast	$\star$	\star
$\circ$	\circ	$\bullet$	\bullet	$\cdot$	\cdot
$\cap$	\cap	$\cup$	\cup	$\uplus$	\uplus
$\sqcap$	\sqcap	$\sqcup$	\sqcup	$\vee$	\vee
$\wedge$	\wedge	$\setminus$	\setminus	$\wr$	\wr
$\diamond$	\diamond	$\bigtriangleup$	\bigtriangleup	$\bigtriangledown$	\bigtriangledown
$\triangleleft$	\triangleleft	$\triangleright$	\triangleright	$\lhd$	\lhd
$\rhd$	\rhd	$\unlhd$	\unlhd	$\unrhd$	\unrhd
$\oplus$	\oplus	$\otimes$	\otimes	$\oslash$	\oslash
$\odot$	\odot	$\bigcirc$	\bigcirc	$\dagger$	\dagger
$\ddagger$	\ddagger	$\amalg$	\amalg		

$\mathcal{S}$를 $\mathcal{S}=\{A \bigm| A \ni \mathcal{T}\}$ 라 하자. ....
.......`${\cal S}$를 ${\cal S}=\{A \bigm| A \ni{\cal T}\}$라 하자.`

연산자

LATEX에서 사용할 수 있는 연산자들은 표 5.2에 정리되어 있다. 여기서 ▒▒ 표시가 있는 것은 `latexsym` 패키지를 이용하여야 한다. 물론 +, −처럼 자판에 있는 연산자는 자판대로 입력한다.

연산자는 $+2$, -3, $\pm x$와 $1+2=3$, $x = 1 \pm \sqrt[3]{5}$ 등에서 보는 것처럼 +, −, ± 등이 어떤 위치에 있는지에 따라서 그 연산자의 앞뒤 간격이 달라진다. −3에서 − 와 3 사이의 간격이 $5-3=2$에서의 간격만큼 넓다면 아주 어색할 것이다.

관계연산자

관계연산자는 수학에서 둘을 비교할 때 사용하는 연산자를 말하는데 자판에 있는 < 등을 제외한 나머지는 표 5.3에 정리되어 있다. 여기서 ▒▒ 표시가 있는 것은 `latexsym` 패키를 이용하여야 한다.

관계연산자의 부정은 `\not`을 사용하면 된다. `\not`은 수학의 관계연산자에 "/"를 만들어 준다.

표 5.3: 수학 모드에서의 관계연산자

$\leq$	`\leq`	$\prec$	`\prec`	$\preceq$	`\preceq`
$\ll$	`\ll`	$\subset$	`\subset`	$\subseteq$	`\subseteq`
$\sqsubset$	`\sqsubset`	$\sqsubseteq$	`\sqsubseteq`	$\in$	`\in`
$\vdash$	`\vdash`	$\geq$	`\geq`	$\succ$	`\succ`
$\succeq$	`\succeq`	$\gg$	`\gg`	$\supset$	`\supset`
$\sqsupset$	`\sqsupset`	$\supseteq$	`\supseteq`	$\sqsupseteq$	`\sqsupseteq`
$\ni$	`\ni`	$\dashv$	`\dashv`	$\equiv$	`\equiv`
$\sim$	`\sim`	$\simeq$	`\simeq`	$\asymp$	`\asymp`
$\approx$	`\approx`	$\cong$	`\cong`	$\neq$	`\neq`
$\doteq$	`\doteq`	$\propto$	`\propto`	$\models$	`\models`
$\perp$	`\perp`	$\smile$	`\smile`	$\parallel$	`\parallel` 또는 `|`
$\bowtie$	`\bowtie`	$\Join$	`\Join`	$\mid$	`\mid` 또는 `|`
$\frown$	`\frown`				

$\not0, \emptyset$ .... `$\not0, \emptyset$`
$\not\ni, \not\subset, \not<$ .... `$\not\ni, \not\subset, \not<$`

$\mathcal{AMS}$TEX에서 사용하는 연산자는 `amssymb` 패키지를 이용하면 사용할 수 있는데 이는 5.19절의 표 5.13부터 표 5.19에 정리하였다.

log 등의 함수 표시

수학 모드 안에서의 글꼴은 math italic인데 $log(x)$라고 하였을 때 log의 모양은 log에 비하여 자연스럽지 못하다. 또한 $logx$(`log␣x`)에서 보는 것처럼 log와 x 사이의 간격을 무시함으로써 생기는 불편함이 있다. 이러한 점을 해소하기 위해 LaTeX에는 `\log` 등의 함수 표시 명령이 정리되어 있다. 삼각함수를 포함하는 이러한 명령은 표 5.6에 정리되어 있다.

$\lim_{n\to\infty}$ (`$\lim_{n\to\infty}$`)에서 보는 것처럼 표 5.6에 있는 일부 함수는 인덱스를 줄 수 있다. 이 경우 디스플레이 스타일인지 텍스트 스타일인지에[3] 따라 모양이 다르다. 즉, $\displaystyle\lim_{n\to\infty}$ 는 디스플레이 스타일에서의 모양이고 $\lim_{n\to\infty}$는 텍스트 스타일에서의 모양이다. 다음 함수는 `\lim`처럼 첨자를 가질 수 있다.

`\det \gcd \inf \lim \liminf \limsup \max \min \Pr \sup`

[3] 5.4절 참조.

표 5.4: 수학 모드의 화살표 기호

$\leftarrow$	\leftarrow \gets	$\Leftarrow$	\Leftarrow
$\rightarrow$	\rightarrow \to	$\Rightarrow$	\Rightarrow
$\longleftarrow$	\longleftarrow	$\Longleftarrow$	\Longleftarrow
$\longrightarrow$	\longrightarrow	$\Longrightarrow$	\Longrightarrow
$\leftrightarrow$	\leftrightarrow	$\Leftrightarrow$	\Leftrightarrow
$\longleftrightarrow$	\longleftrightarrow	$\Longleftrightarrow$	\Longleftrightarrow
$\mapsto$	\mapsto	$\longmapsto$	\longmapsto
$\hookleftarrow$	\hookleftarrow	$\hookrightarrow$	\hookrightarrow
$\leftharpoonup$	\leftharpoonup	$\leftharpoondown$	\leftharpoondown
$\rightharpoonup$	\rightharpoonup	$\rightharpoondown$	\rightharpoondown
$\rightleftharpoons$	\rightleftharpoons	$\leadsto$	\leadsto
$\uparrow$	\uparrow	$\Uparrow$	\Uparrow
$\downarrow$	\downarrow	$\Downarrow$	\Downarrow
$\updownarrow$	\updownarrow	$\Updownarrow$	\Updownarrow
$\nearrow$	\nearrow	$\searrow$	\searrow
$\nwarrow$	\nwarrow	$\swarrow$	\swarrow

(`$\liminf_{n\go \infty}$`)로 만든 $\liminf_{n\longrightarrow\infty}$[4]와 (`$liminf_{n\go \infty}$`)로 만든 $liminf_{n\longrightarrow\infty}$ 의 차이를 통해 \log 등을 사용하여야 하는 이유가 앞서 말한 글꼴 차이만이 아니라는 것을 보여준다(주: 위의 두 출력은 모두 디스플레이 스타일에서의 모양임).

마지막으로 mod를 만들어 주는 함수가 \bmod 와 \pmod 두 가지가 있는데 \bmod는 괄호를 만들지 않고 \pmod는 괄호를 만든다. \pmod는 괄호 안에 들어갈 변수를 입력해야 한다. 5.20절에는 AMSTeX에서 사용할 수 있는 \mod 등이 소개되어 있다.

$a \bmod b \qquad y \pmod{a+b}$ ....
.... `$a \bmod b \qquad y \pmod{a+b} $`

여기서 \qquad는 "M" 두 개만큼의 공간을 주라는 plainTeX명령이다. 참고로 \quad는 한 개의 "M"만큼의 공간을 주는 plainTeX명령이다. 수학 모드 안에서 적절한 공간을 만들고자 할 때 사용한다.

[4] \go 는 \longrightarrow를 저자가 새로 정의한 것임. 9.1절 참조.

표 5.5: 기타 수학 모드에서 쓸 수 있는 부호

$\aleph$	\aleph	$\hbar$	\hbar	$\imath$	\imath
$\jmath$	\jmath	ℓ	\ell	$\wp$	\wp
$\Re$	\Re	$\Im$	\Im	$\mho$	\mho
$\prime$	\prime	$\emptyset$	\emptyset	∇	\nabla
$\surd$	\surd	$\top$	\top	$\bot$	\bot
$\|$	\\|	$\angle$	\angle	$\forall$	\forall
$\exists$	\exists	$\neg$	\neg	$\flat$	\flat
$\natural$	\natural	$\sharp$	\sharp	$\backslash$	\backslash
∂	\partial	∞	\infty	$\Box$	\Box
$\Diamond$	\Diamond	$\triangle$	\triangle	$\clubsuit$	\clubsuit
$\diamondsuit$	\diamondsuit	$\heartsuit$	\heartsuit	$\heartsuit$	\heartsuit
$\spadesuit$	\spadesuit	¶	\P	§	\S
›	rhook	Pr	\Pr	$\land$	\land
‹	lhook	›	rhook	$\rceil$	\rceil
$\lceil$	\lceil	$\rfloor$	\rfloor	$\lfloor$	\lfloor
$\langle$	\langle	$\rangle$	\rangle		
다음은 수학 모드 외에서도 사용가능					
ß	\ss	ł	\l	Ł	\L

표 5.6: Log 등의 함수

\arcos	\arsin	\artan	\arg	\cos
\cosh	\cot	\coth	\csc	\deg
\det	\dim	\exp	\gcd	\hom
\inf	\ker	\lg	\lim	\liminf
\limsup	\ln	\log	\max	\min
\Pr	\sec	\sin	\sinh	\sup
\tan	\tanh			

5.3. 수학 모드에서의 공간 조절

수학 모드에서의 공간 조절은 수식을 좀 더 자연스럽게 하고자 할 때 사용한다. 이때 사용할 수 있는 명령은 다섯 개가 있는데 표 5.7에 각 명령과 그에 따른 공간의 변화가 수록되어 있다. 다음의 예는 표 5.7의 공간 조정이 필요한 예이다.

표 5.7: 수학 모드에서 공간 조정

$\|\!\|$	(|\\!|)	조금의 추가 공간 없애기
$\|\|$	(||)	따로 공간을 주지 않을 때
$\|\,\|$	(|\\,|)	조금의 추가 공간
$\|\:\|$	((|\\:|)	중간 정도의 공간
$\|\;\|$	(|\\;|)	약간 많은 공간
$\|\ \|$	(|\\␣|)	단어 사이의 공간만큼의 추가 공간

$\int\int\cdots\int f dP \neq \int\!\!\int\cdots\int f dP$ .... `\int\!\!\int \cdots \int f dP`
$1/\log n \neq 1/\!\log n$ .... `1/ \! \log n`
$\sqrt{4}n \neq \sqrt{4}\,n$ .... `\sqrt{4} \, n`

5.20절에는 `amsmath` 패키지에서 사용하는 `\iint` 등 여러 개의 적분 부호 등에서 불필요한 공간을 없앤 명령들이 소개되어 있다. 때로는 공간을 조절하는 것보다 5.20절의 명령을 사용하는 것이 더 좋은 결과를 얻는다.

5.4. 두 가지 수학 스타일

수학 모드는 텍스트 스타일과 디스플레이 스타일이 있는데 텍스트 스타일은 수학식 등이 문장의 일부로 포함되게 하는 방법이고 디스플레이 스타일은 수식을 새 줄에 전개한다. 여태까지 본 것들은 모두 텍스트 스타일의 수학 모드이고 디스플레이 스타일의 수학은 시작과 끝을 각각 `$$`와 `$$`, `\[`와 `\]` 또는 `\begin{displaymath}`와 `\end{displaymath}`로 표시한다. 다음의 결과는 이 세 경우의 결과이다(`\Bigl` 명령은 5.15절 참조).

$$f(x;\mu,\sigma) = \frac{1}{\sqrt{2\pi}\sigma} \exp\Bigl\{ -\frac{(x-\mu)^2}{2\sigma^2} \Bigr\}$$

```
\[
   f(x;\mu,\sigma) = \frac{1}{\sqrt{2\pi}\sigma}
      \exp\Bigl\{ -\frac{(x-\mu)^2}{2\sigma^2} \Bigr\}
\]
```

같은 수식을 텍스트 스타일로 써 보면

$f(x;\mu,\sigma) = \frac{1}{\sqrt{2\pi}\sigma} \exp\Bigl\{ -\frac{(x-\mu)^2}{2\sigma^2} \Bigr\}$

이다. 이 식은 `$` 사이 또는 `\(`와 `\)` 사이에 같은 명령을 사용한 결과이다.

`equation` 환경과 `eqnarray` 환경으로 만들어지는 수식은 디스플레이 스타일이다. 위의 `$$`나 `\[`, `\]` 등과는 달리 `equation` 환경이나(5.9절 참조) `eqnarray` 환경은(5.10절 참조) 수식 번호를 붙여 준다. `article` 클래스에서는 그 번호가 (1), (2) 등으로 붙여지고 `report`나 `book` 클래스에서는 (1.1), (1.2)처럼 장(chapter)을 포함한 번호를 붙이며 장이 바뀔 때마다 수식 번호는 1부터 다시 시작한다.[5] 제2장의 첫 번째 수식의 번호는 2.1이 된다.

수식 번호는 오른쪽 끝에 붙는 것이 기본인데 `leqno` 패키지를 사용하면 수식 번호가 왼쪽에 붙는다. 디스플레이 수학에서의 수식은 정중앙에 놓이는 것이 기본인데 `fleqn` 패키지을 사용하면 수식은 왼쪽으로 정렬된다.[6]

`eqnarray`나 `equation` 환경에 의하여 만들어진 수식은 수식의 번호를 LaTeX에서 자동적으로 부여하기 때문에 인용할 때 편리한 점이 많다. 수식을 만드는 것은 5.9절 및 5.10절의 `eqnarray`나 `equation` 환경을 참고하고 수식의 인용은 제8장을 참고하기로 한다.

크기가 달라지는 부호

표 5.8에서 보는 것처럼 $\sum$이나 $\int$ 등은 디스플레이와 텍스트 수학 모드에서의 크기가 다르다. 또한 첨자의 위치도 달라진다.

디스플레이 스타일:

$$\sum_{i=1}^n x_i = \int_0^1 f$$

텍스트 스타일:
$\sum_{i=1}^n x_i = \int_0^1 f$

```
디스플레이 스타일:
\[ \sum_{i=1}^n x_i = \int_0^1 f \]
텍스트 스타일:
$\sum_{i=1}^n x_i = \int_0^1 f$
```

위에서 보는 것과 같이 적분과 합의 표현에서 디스플레이 스타일과 인라인 스타일의 모양은 차이가 많이 나므로 어느 스타일을 사용할 것인지 사용자의 판단이 필요하며 때로는 둘 다 시도해 보고 둘 중 나은 것을 선택하는 방법도 필요하다.

텍스트 내에 분수 등이 들어가야 할 경우에 $\frac{a-b}{c+d}$ 에서 보는 것처럼 글자의 크기가 상대적으로 작아서 디스플레이 스타일 크기의 $\displaystyle\frac{a+b}{c-d}$ 로 만들고 싶은 경우가 있는데 이럴 때 사용할 수 있는 명령어가 `\displaystyle`이다.

---

[5]이 번호의 형식은 사용자가 바꿀 수 있다. 7.4.2절 참고.

[6]이런 옵션들은 3.1절 참조.

표 5.8: 텍스트와 디스플레이 스타일에서 크기가 달라지는 부호

$\textstyle\sum$	$\displaystyle\sum$	`\sum`	$\textstyle\int$	$\displaystyle\int$	`\int`	$\textstyle\prod$	$\displaystyle\prod$	`\prod`
$\textstyle\oint$	$\displaystyle\oint$	`\oint`	$\textstyle\bigcup$	$\displaystyle\bigcup$	`\bigcup`	$\textstyle\bigcap$	$\displaystyle\bigcap$	`\bigcap`
$\textstyle\bigsqcup$	$\displaystyle\bigsqcup$	`\bigsqcup`	$\textstyle\bigvee$	$\displaystyle\bigvee$	`\bigvee`	$\textstyle\bigwedge$	$\displaystyle\bigwedge$	`\bigwedge`
$\textstyle\bigodot$	$\displaystyle\bigodot$	`\bigodot`	$\textstyle\bigotimes$	$\displaystyle\bigotimes$	`\bigotimes`	$\textstyle\bigoplus$	$\displaystyle\bigoplus$	`\bigoplus`
$\textstyle\biguplus$	$\displaystyle\biguplus$	`\biguplus`	$\textstyle\smallint$	$\displaystyle\smallint$	`\smallint`			

다음은 `\displaystyle`을 두 가지 방법으로 사용하였을 때의 결과이다. 분자 분모와 — 사이의 간격이 두 방법에 따라 달라짐을 볼 수 있다.

$\displaystyle{\frac{a-b}{c+d}}$ .... `$\displaystyle{\frac{a-b}{c+d}}$`

$\frac{\displaystyle a-b}{\displaystyle c+d}$ .... `$\frac{\displaystyle a-b}{\displaystyle c+d}$`

크기가 변하지는 않지만 첨자의 위치가 달라지는 `\lim` 등은 77면을 참조하기 바란다.

5.5. 세로로 늘어나는 부호

행렬의 표시를 만드는 '('나 '['는 행렬의 크기에 따라 그 부호의 크기도 달라져야 한다. LaTeX은 이러한 경우에 사용할 수 있는 세로로 늘어나는 부호가 있다. 세로로 늘어나는 부호는 얼마만큼 늘어날지 LaTeX에서 정해 주는데 반드시 `\left`와 `\right` 명령을 함께 사용한다. 다음과 같은 식을 먼저 보자.

$$\vec{x}+\vec{y}=\left\{\begin{array}{l} a \\ b \end{array}\right. \tag{5.4}$$

식 (5.4)는 아래의 명령 결과인데

```
\vec{x} + \vec{y} = \left\{
     \begin{array}{l} a \\ b \end{array}
\right.
```

위의 식에서 `\left`의 바로 다음에 준 중괄호 (`\{`)는 `array`로 만들어진 $\begin{array}{l} a \\ b \end{array}$ 의 높이만큼 세로로 늘어났다.[7] `\left` 명령은 반드시 `\right`와 짝을 이루어야 하는데 왼쪽 또는

[7] `array` 환경은 5.7절에서 다룬다.

표 5.9: 세로로 늘어나는 부호

$($	`(`	$)$	`)`	$\uparrow$	`\uparrow`
$[$	`[`	$]$	`]`	$\Uparrow$	`\Uparrow`
$\{$	`\{`	$\}$	`\}`	$\downarrow$	`\downarrow`
$/$	`/`	$\vert$	`|`	$\Downarrow$	`\Downarrow`
$\rceil$	`\rceil`	$\lceil$	`\lceil`	$\updownarrow$	`\updownarrow`
$\rfloor$	`\rfloor`	$\lfloor$	`\lfloor`	$\langle$	`\langle`
$\rangle$	`\rangle`	$\Updownarrow$	`\Updownarrow`	$\Vert$	`\\|`
$\backslash$	`\backslash`				

오른쪽 중 어느 한 쪽에는 아무 부호를 만들고 싶지 않을 때에는 위에서처럼 "."을 사용하여 `\left.` 또는 `\right.`를 사용한다. 자주 사용하는 행렬은 어떻게 만들 수 있는지 보자.

$$\boldsymbol{A} = \left(\begin{array}{ccc} a_{11} & a_{12} & a_{13} \\ a_{22} & a_{22} & a_{23} \\ a_{31} & a_{32} & a_{33} \end{array} \right) \qquad (5.5)$$

```
\bm{A} = \left(
\begin{array}{ccc}
a_{11}& a_{12}& a_{13}\\
a_{22}& a_{22}& a_{23}\\
a_{31}& a_{32}& a_{33}
\end{array} \right)
```

위의 보기는 행렬의 원소는 `array` 환경으로 만들고 `array`가 시작하기 전에 `\left(`로 끝난 후에 `\right)`로 양쪽에 괄호를 붙였다.

이와 같이 세로로 늘어나는 괄호 등은 표 5.9에 정리하였다.

5.6. 강조

수학 모드에서 표 5.10에서 보는 악센트들이 사용된다. 다른 문자와 달리 i와 j는 이미 점이 있어서 `\imath`와 `\jmath`를 이용한 $\imath$와 $\jmath$를 사용한다(텍스트 모드의 ı(`\i`), ȷ(`\j`) 참조).

`\tilde`와 `\hat`보다 폭이 넓은 `\widetilde`와 `\widehat`을 사용하면 몇 개의 문자에 걸치는 hat과 tilde를 만들 수 있다.

$\widehat{a-1} = \widetilde{x-y} + \widehat{\mbox{Cov}}$ ....

...........`\widehat{a-1} = \widetilde{x-y} + \widehat{\mbox{Cov}}`

표 5.10: 수학에서 사용되는 강조

$\check{a}$	`\check{a}`	$\breve{a}$	`\breve{a}`	$\acute{a}$	`\acute{a}`	$\grave{a}$	`\grave{a}`
$\tilde{a}$	`\tilde{a}`	$\bar{a}$	`\bar{a}`	$\vec{a}$	`\vec{a}`	$\dot{a}$	`\dot{a}`
$\ddot{a}$	`\ddot{a}`	$\hat{a}$	`\hat{a}`				

5.7. 행렬과 array 환경

array 환경은 tabular 환경과 사용법이 같은데 수학 모드에서만 사용된다는 것이 다르다. 사용법은

```
\begin{array}{alignment}
    &   &   &   \\
  행렬의 행의 내용
          ⋮
\end{array}
```

인데 \begin{array}와 \end{array} 전후에는 반드시 수학 모드 선언이 있어야 한다.

array 환경은 표 또는 행렬 모양의 수식을 만드는 데, \\는 행을 바꾸는 데 사용하며, &는 각 행에서 열의 분리에 사용된다.

*alignment*에는 l, r, c 등의 값이 들어가는데 각각 해당 열이 왼쪽, 오른쪽, 중앙으로 정렬되도록 한다. 다음의 예는 r, l, c의 값에 따라 각 열이 어떻게 정렬되는지 잘 보여준다.

$$\begin{array}{lrc}
a & b & c \\
a-b & b-c & c-a \\
x^2+2x+1 & x^2+2x+1 & x^2+2x+1
\end{array}$$

```
$\begin{array}{lrc}
  a & b & c \\
  a-b & b-c & c-a \\
x^2+2x +1 & x^2+2x+1
& x^2+2x+1
\end{array}$
```

여기서 l이 주어진 첫째 열은 왼쪽, r이 주어진 둘째 열은 오른쪽, c가 주어진 셋째 열은 중앙으로 정열되어 있음을 볼 수 있다. 이외에도

✓ @{*chr*}는 *chr*을 각 열에 반복시켜 출력하며,

✓ `*{n}{align}`은 *align*에서 주어진 정렬을 n번 반복한다.

등이 있다. 다음의 예를 보자.

$$\begin{array}{*{3}{c@{+}}c@{=}c}
a_{11}x_1 & a_{12}x_2 & \cdots & a_{1n}x_n & b_1 \\
a_{11}x_1 & a_{12}x_2 & \cdots & a_{1n}x_n & b_1 \\
\multicolumn{5}{c}{\vdots} \\
a_{11}x_1 & a_{12}x_2 & \cdots & a_{1n}x_n & b_1
\end{array} \tag{5.6}$$

는 다음의 입력으로 만들어진 것인데

```
\begin{equation}
\begin{array}{*{3}{c@{+}}c@{=}c}
a_{11}x_1 & a_{12}x_2 & \cdots & a_{1n}x_n & b_1 \\
a_{11}x_1 & a_{12}x_2 & \cdots & a_{1n}x_n & b_1 \\
\multicolumn{5}{c}{\vdots} \\
a_{11}x_1 & a_{12}x_2 & \cdots & a_{1n}x_n & b_1
\end{array}
\end{equation}
```

위에서 `\begin{array}{*{3}{c@{+}}c@{=}c}`의 정렬 설정에 사용한 `*{3}{c@{+}}`는 `c@{+}c@{+}c@{+}`와 같으므로 첫째, 둘째, 셋째 열 모두 중앙에 정렬시키고 각 열의 끝에 +를 붙이게 되었다. 네 번째의 정렬 인자도 c이므로 중앙에 정렬하고 다음 인자인 =를 붙여 주었다. 마지막 열도 그 해당 인자가 c이므로 중앙에 정렬하였다. `array` 환경에서 열의 정렬 방법에 대한 자세한 설정은 10.4절의 `tabular` 환경을 참고하기로 한다.

`array` 환경 안에서 `array`를 선언할 수도 있다.

$$\left(\begin{array}{c} \left| \begin{array}{cc} a & b \\ c & d \end{array} \right| \\ e \\ f \end{array} \right)$$

```
$\left( \begin{array}{c}
\left| \begin{array}{cc}
a & b \\ c& d \end{array}
\right| \\ e \\ f \end{array}
\right) $
```

위의 보기는 3×1 배열의 (1,1) 원소가 2×2 행렬인 경우이다.

5.8. 식의 아래와 위에 줄 등을 넣기

수식에서 밑줄이나 중괄호 등을 식의 아래나 위에 만들고자 할 경우에 사용할 수 있는 LaTeX명령어로 `\overline`, `\underline`, `\overbrace` 그리고 `\underbrace`가 있다. 다음 예를 보자.

$$x^n = \overbrace{x \times x \times \cdots \times x}$$

```
$$ x^n = \overbrace{x\times x
\times \cdots \times x}$$
```

\overline 등은 다른 것과 중복하여 사용할 수 있다.

$$\overbrace{a+\underbrace{b+\overline{c+d}}+e}$$

```
$$\overbrace{a+\underbrace{b+
\overline{c+d}}+e}$$
```

\underbrace 또는 \overbrace의 중괄호에 첨자나 지수를 쓸 수도 있다.

$$\overbrace{a+\underbrace{b+c}_{123}+e}^{ab}$$

```
$$\overbrace{a+\underbrace{b+
c}_{123}+e}^{ab}$$
```

5.9. equation 환경

디스플레이 스타일 수학에서 수식을 전개할 때는 $$의 쌍이나 \[와 \] 사이에 수식을 넣는다는 것을 보았다. 그런데 그럴 경우 수식 번호를 사용자가 직접 입력하고 또 그 식을 인용할 때는 그 식의 번호를 찾아서 입력하여야 한다. 이럴 경우 이미 만들어 놓은 LATEX파일을 수정하여 수식을 한두 개 추가 또는 삭제하였을 때 수식의 번호가 바뀌게 되어 그 수식을 인용한 부분은 모두 고쳐야 한다. LATEX의 equation 환경과 다음에 소개될 eqnarray 환경은 이러한 번거로움을 없애준다. equation 환경은 $$ 자리에 \begin{equation}과 \end{equation}을 주면 된다. 다음 식 (5.7)

$$\frac{p(x_i|\boldsymbol{x}_{-i})}{1-p(x_i|\boldsymbol{x}_{-i})} = \theta_1 \sum_{i=1}^m x_i + \beta_1 \sum_{\mbox{nbr}} x_i x_{i'} \tag{5.7}$$

은 다음의 명령으로 만들었다. $\sum_{\mbox{nbr}}$는 \sumnbr로 만들어진 것인데 이는

```
\newcommand{\sumnbr}{\sum_{\mbox{nbr}}}
```

로 만들어진 것이다. (제9장 참조.)

```
\begin{equation} \label{eq:logodds}
\frac{p(x_i|\bm{x}_{-i})}{1-p(x_i|\bm{x}_{-i})} =
  \theta_1 \sum_{i=1}^m x_i +\beta_1 \sumnbr x_ix_{i'}
\end{equation}
```

여기서 수식은 이미 어떻게 만드는지 안다고 하고 \label{eq:logodds}에 대해 설명하기로 하자. \label에 주어진 logodds는 사용자가 정해 주는 이 식의 이름이다. 이제 이 식을 인용하여 (\ref{eq:logodds})라고 하면 식 번호 (5.7)이 출력된다. 지금 보는 것처럼 \ref에 사용자가 \label에서 정해 준 이름을 주면 그 번호가 자동으로 만들어진다. 사용자는 식 번호가 맞는지, 또는 중간에 빠뜨리거나 겹친 번호는 없는지 걱정할 필요가 없다. 따라서 나중에 인용할 가능성이 있는 식은 미리 equation 환경으로 만드는 것도 좋은 방법이다. \label은 그 식을 처음으로 인용할 때 주는 것이 \label의 이름을 잊어버릴 가능성을 줄여 주기 때문에 더 나은 방법이라고 생각한다.

equation* 환경은 equation 환경과 같으나 번호를 붙이지 않으며 따라서 인용할 수도 없다.

5.10. 여러 줄에 걸친 식–eqnarray 환경

eqnarray 환경을 이용하면 여러 줄에 걸친 식도 쉽게 정렬할 수 있다. array 환경을 사용할 수도 있으나 eqnarray 환경을 사용하면 각 부분마다 수식의 번호를 붙일 수 있고 디스플레이 스타일로 출력시킬 수 있는 장점이 있다. eqnarray는 array에서 세 개의 정렬 인자를 갖는 것처럼 행동하는데 그 순서는 rcl로 정해져 있기 때문에 사용자가 입력하지 않는다. 사용법은

```
\begin{eqnarray}
right_align & centered & left_align [\nonumber] \\
right_align & centered & left_align [\nonumber] \\
                    ⋮
\end{eqnarray}
```

로 사용하며 *right_align*에는 왼쪽으로 정렬될 수식을, *centered*에는 중앙에 정렬될 식을, *left_align*에는 왼쪽으로 정렬될 식을 준다. \\가 나올 때마다 식의 줄이 바뀌며 줄이 바뀌면 각각의 줄의 식에 새로운 식의 번호가 부여된다. 해당 줄의 식에 번호를 붙이지 않으려면 \nonumber를 명령한다.

다음의 예를 보자.

$$(x+y)^2 = x^2+xy+yx+y^2 \quad (5.8)$$

$$= x^2+xy+xy+y^2$$

$$= x^2+2xy+y^2 \quad (5.9)$$

```
\begin{eqnarray}
```

```
(x+y)^2 & = & x^2 +xy + yx + y^2 \label{eqnarray1}\\
        & = & x^2 +xy + xy + y^2 \nonumber\\
        & = & x^2 + 2xy +y^2 \label{eqnarray2}
\end{eqnarray}
```

위에서 보는 것처럼 `eqnarray` 환경은 수식의 각 줄마다 번호를 붙이는데 이럴 경우 각 식의 인용은 `\ref` 명령으로 한다. 두 번째 식은 `\nonumber` 명령에 의해 식의 번호가 붙지 않았다. 위의 수식 번호 (5.8)과 (5.9)를 만들려면 `(ref{\eqnarray1})`과 `(\ref{eqnarray2})`을 입력한다. 여기서 `eqnarray1` 및 `eqnarray2`와 같은 `\label` 속의 이름은 사용자가 정의하여 준다. 이렇게 자동으로 번호를 붙여 주면 중간중간에 식을 새로 삽입하거나 삭제하였을 때 식의 번호가 틀리는 경우가 없다. 8.1절에는 수식 및 면수(page number), 참고문헌 등의 인용 방법이 설명되어 있다. `\nonumber`를 사용하면 그 줄에는 번호를 붙이지 않는다.

$$
\begin{aligned}
(x+y)^2 &= x^2+xy+yx+y^2 \qquad (5.10)\\
&= x^2+2xy+y^2
\end{aligned}
$$

```
\begin{eqnarray}
(x+y)^2 & = & x^2 +xy + yx + y^2 \\
        & = & x^2 + 2xy +y^2 \nonumber
\end{eqnarray}
```

`eqnarray`의 모든 식의 번호를 없애려면 각 줄에 `\nonumber`를 붙여도 되지만 `eqnarray*` 환경을 사용하면 편리하다. `eqnarray*` 환경은 `eqnarray` 환경과 같으나 수식 번호는 붙이지 않는다.

여러 줄에 수식이 걸치면서 한 줄이 지나치게 긴 경우에 `\lefteqn` 명령을 사용하면 편리하다. LATEX은 `\lefteqn` 명령으로 만들어진 식은 그 길이가 0이라고 생각하기 때문에 다음 줄이 왼쪽 끝까지 붙여서 출력되게 만든다.

$$
\begin{aligned}
&a+b+c+d+e+f+g+h+i+j+k+l=\\
&\quad x+y+z+a+b+c+d+e+f+g+o+s+t+\\
&\quad u+v+w
\end{aligned}
$$

```
\begin{eqnarray*}
\lefteqn{a+b+c+d+e+f+g+h+i+j+k+l=} \\
& & x+y+z+a+b+c+d+e+f+g+o+s+t+ \\
& & u+v+w
\end{eqnarray*}
```

5.11. 수학 모드에서의 글꼴

이미 기술한 바와 같이 수학 모드에서는 수학 이탤릭(math italic) 글꼴이 사용되고 또 글과 문자 사이의 공간은 무시된다. 수학 이탤릭은 강조체(em)와 같다고 생각하기 쉬우나 같지가 않으므로 강조체를 사용할 자리에 편법으로 수학 모드를 사용하지 않는 것이 좋다.

Math italic $different$ is from *different* ....
..................Math italic $different$ is from \emph{different}

이제 수학에서의 텍스트에는 어떤 성질이 있나 살펴보자.

$$f(x) = \left\{ \begin{array}{rl} x & if x > 2 or if x < -2 \\ x & {\rm if} x > 2 {\rm or if} x < -2 \\ x & \mbox{if } x > 2 \mbox{ or if } x < -2 \end{array} \right. \tag{5.11}$$

는 다음의 명령으로 만들어진 식이다.

```
\begin{equation}
f(x) = \left\{ \begin{array}{rl}
   x & if  x > 2 or if x  < -2\\
   x & {\rm if }  x > 2 {\rm  or if } x  < -2\\
   x & \mbox{if }  x > 2 \mbox{ or if } x  < -2
  \end{array} \right.
\end{equation}
```

위의 세 가지 $f(x)$의 가능한 경우를 보면 첫 번째는 글꼴도 수학 이탤릭이고 공간도 무시하였다. \rm을 사용한 경우에 글꼴은 바로 되었으나 공간이 무시되어 or와 if가 붙어 있다. 이러한 경우에 \mbox를 사용하면 글꼴과 공간 문제를 동시에 해결할 수 있다.

수학 모드 안의 글꼴은 다음 명령으로 바꾸어 줄 수 있다. 여기서 \mathcal은 영문

표 5.11: 수학 모드 안의 글꼴

\mathrm	$\mathrm{Form\ e^{pdf}+\Phi(x)}$	\mathrm{Form\ e^{pdf}+\Phi(x)}
\mathit	$\mathit{Form\ e^{pdf}+\Phi(x)}$	\mathit{Form\ e^{pdf}+\Phi(x)}
\mathtt	$\mathtt{Form\ e^{pdf}+\Phi(x)}$	\mathtt{Form\ e^{pdf}+\Phi(x)}
\mathbf	$\mathbf{Form\ e^{pdf}+\Phi(x)}$	\mathbf{Form\ e^{pdf}+\Phi(x)}
\mathsf	$\mathsf{Form\ e^{pdf}+\Phi(x)}$	\mathsf{Form\ e^{pdf}+\Phi(x)}
\mathcal	$\mathcal{ABC}$	\mathcal{ABC}

대문자만 사용할 수 있다. 참고로 이전 버전 LaTeX에서는 `\cal`이란 명령을 사용하였다.

수학에서 굵은 글자를 만들려면 `\mathbf`나 `\boldmath`를 사용할 수 있으나 위에서 보는 것처럼 `\mathbf`를 사용하면 식의 내용 전부가 굵게 된다. 이때 `\boldmath` 명령을 사용할 수 있다.

$\mathbf{a} = (a_1, a_2, \ldots, a_n)^T$ .... `${\bf a} = (a_1,a_2,\ldots,a_n)^T$`
$\boldsymbol{a = (a_1, a_2, \ldots, a_n)^T}$ .... `\boldmath{$a =(a_1,a_2,\ldots,a_n)^T$}\unboldmath`

위에서 보는 것처럼 `\bf` 사용 결과는 글자가 필기체 "a"가 아니라 인쇄체 "a"가 되었고 두 번째의 경우는 굵은 글씨가 끝까지 계속되는 단점이 있다. 두 번째 경우는 `\unboldmath`를 사용하여

$\boldsymbol{a}= (a_1, a_2, \ldots, a_n)^T$ .... `\boldmath{$a \mbox{\unboldmath$=(a_1,a_2,\ldots,a_n)^T$} $} \unboldmath`

`\boldmath`의 효과를 없앨 수 있다. 이처럼 복잡하지 않게 하려면 83면의 식 5.5에서 보는 것처럼 `\bm`을 사용하여 굵게 할 부분만 굵게 하면 된다. 다음 식을 비교하여 보자.

$\boldsymbol{a} = (a_1, a_2, \ldots, a_n)^T$ .... `$\bm{a} =(a_1,a_2,\ldots,a_n)^T$`

그런데 `\bm`은 표준 LaTeX 명령이 아니고 저자가 정의한 것으로 다음과 같이 정의되었다. `\newcommand` 등의 사용법은 9.1절을 참고하기 바란다.

```
\newcommand{\bm}[1]{\mbox{\boldmath{$#1$}}}
```

이 밖에 `amsfonts` 패키지를 이용하면 AMSTeX에서 사용하는 글꼴 사용할 수 있는데 5.18절에 정리하였다. 또 `amsmath` 패키지나 `amsbsy` 패키지를 이용할 경우 `\pmb`와 `\boldsymbol` 명령을 이용하여 수학에서 특정한 문자를 굵게 할 수 있다.

$\pmb{aX + \beta + \gamma}$ .... `$\pmb{aX + \beta + \gamma}$`
$\boldsymbol{aX + \beta + \gamma}$ .... `$\boldsymbol{aX + \beta + \gamma}$`

또한 `fixmath` 패키지를 사용하면 `\mathbold`라는 명령을 사용할 수 있으나 이 패키지를 사용할 경우 그리스 문자가 이탤릭체로 바뀐다. 5.21.2절 참고.

5.12. 두 부호를 아래위로 포개기 : `\stackrel` 명령

두 부호나 문자 등을 포개어 쓰기 위한 명령으로 `\stackrel`이 있다. 사용법은

표 5.12: 수학 모드에서의 글자 크기

`\displaystyle`	$\displaystyle A$	디스플레이 수학의 글자 크기
`\textstyle`	$\textstyle A$	텍스트 수학에서의 글자 크기
`\scriptstyle`	$\scriptstyle A$	첨자 크기
`\scriptscriptstyle`	$\scriptscriptstyle A$	첨자의 첨자 크기

`\stackrel{`*upper_symbol*`}{`*lower_symbol*`}`

이다. 다음 예를 보자.

$A\stackrel{f}{\to}B\stackrel{g}{\to}C$ .... `$A\stackrel{f}{\to}B\stackrel{g}{\to}C$`

이 보기에서 보는 것처럼 *upper_symbol*과 *lower_symbol*을 아래위로 포개어(stack) 연산자를 만들었다.

5.13. 수학 모드에서의 글자 크기

텍스트 스타일에서는 글자 크기가 normalsize, small, large 등이 있다. 그러나 이런 텍스트 모드에서의 글자 크기 조절은 수학 모드에서는 작용하지 않는다. 다음을 보자.

A A A A A .... `$A \small{A} \LARGE{A} \Huge{A} \footnotesize{A}$`

위와 같이 수학 모드에서 글자 크기를 변경하고자 할 때는 다음과 같은 LaTeX Warning 에러가 나온다.

```
LaTeX Font Warning: \small in math mode. on input line 751.
LaTeX Font Warning: \LARGE in math mode. on input line 751.
LaTeX Font Warning: \huge in math mode. on input line 751.
LaTeX Font Warning: \footnotesize in math mode. ...
```

수학에서 사용되는 글자 크기 네 가지와 그 크기는 표 5.12에 정리하였다. 자주 이용되는 `\textstyle`과 `\displaystyle` 명령을 비교하여 보자.

$\displaystyle\frac{a+b}{c-d}$ .... `${\displaystyle\frac{a+b}{c-d}}$`

$\frac{\textstyle a+b}{\textstyle c-d}$ .... `$\frac{\textstyle a+b}{\textstyle c-d}$`

이제 텍스트 안에서 분수를 쓸 일이 있다면 $\dfrac{a+b}{c-d}$ 와 $\frac{a+b}{c-d}$ 그리고 $\tfrac{a+b}{c-d}$ 중의 어떤 것을 사용할지는 사용자의 기호와 선택에 달려 있다. 세 번째의 분수는 `$\frac{a+b}{c-d}$` 의 결과이다.

이제 `\displaystyle` 명령을 이용하여 75면의 식 (5.3)을 다음과 같이 바꾸어 보자.

$$1+\frac{1}{1+\displaystyle\frac{1}{1+\displaystyle\frac{1}{1+\displaystyle\frac{1}{1+\displaystyle\frac{1}{1+x}}}}} \tag{5.12}$$

위의 식 (5.12)는 `\displaystyle`을 다음과 같이 사용한 결과이다.

```
1+\frac{1}{1+\displaystyle\frac{1}{1+\displaystyle\frac{1}{1
+\displaystyle\frac{1}{1+\displaystyle\frac{1}{1+x}}}}}
```

참고로 `amsmath` 패키지를 이용하면 `\displaystyle` 명령을 쓰지 않고 위와 같은 결과를 얻을 수 있다. 5.20절의 `\cfrac` 명령 참조.

5.14. 수학 모드에서의 한글

수학 모드 내에서는 앞에서 말한 바와 같이 수학 이탤릭체를 사용하기 때문에 한글을 바로 사용할 수는 없으나 `\mbox`를 이용하여 이 문제를 해결할 수 있다. 다음의 예는 한글이 필요한 부분에 `\mbox`를 주어 만든 것이다.

$$\mbox{표준편차} = \sqrt{\mbox{분산}} = \sqrt{\frac{\mbox{편차}^2 \mbox{의 합}}{\mbox{표본의 개수} - 1}} \tag{5.13}$$

```
\begin{equation}
\mbox{표준편차} = \sqrt{\mbox{분산}} = \sqrt{
\frac{\mbox{편차}^2 \mbox{의 합}}{\mbox{표본의 개수} - 1}}\\
\end{equation}
```

5.15. plainTEX의 수학

이 절에서는 LATEX 책에서는 잘 설명되지 않는 몇 가지 편리한 plain TEX의 수학 명령에 대하여 알아보기로 하자.

`\limits`와 `\nolimits` : $\int$, lim 등에서 위 첨자와 아래 첨자의 위치는 그때의 수학 스타일에 따라서 $\int_0^1$ (텍스트 스타일인 경우)과 $\displaystyle\int_0^1$ (디스플레이 스타일인 경우)처럼 달라지는데 `\nolimits`를 사용하면 첨자들은 항상 텍스트 스타일에서 보는 것처럼 텍스트 스타일의 첨자 위치에 가고 `\limits`를 사용하면 그 연산자의 아래와 위로 간다. 아래에 몇 가지 예를 보면 그 차이가 잘 드러난다.

$\int_0^\infty f(x)dx$ .... `$\int_0^\infty f(x) dx$`
$\int\limits_0^\infty f(x)dx$ .... `$\int\limits_0^\infty f(x) dx$`
$\displaystyle\int\limits_0^\infty f(x)dx$ ..... `${\displaystyle \int\limits_0^\infty f(x) dx}$`
$\int\nolimits_0^\infty f(x)dx$ .... `$\int\nolimits_0^\infty f(x) dx$`
$\displaystyle\int_0^\infty f(x)dx$ .... `${\displaystyle \int_0^\infty f(x) dx}$`

`\mathop`는 새 연산자를 정의하여 준다. 이 명령이 필요한 경우는 새로 정의될 연산자가 lim ,$\int$ 혹은 $\sum$처럼 연산자의 아래나 위에 그 연산자의 변수 등을 갖는 경우이다. 아래와 같이

```
\newcommand{\infsup}{\mathop{\rm inf\,sup}}
```

로 `\infsup`를 정의한 후에[8] 다음의 텍스트 스타일와 디스플레이 스타일의 결과를 보자.

$\mathop{\rm inf\,sup}_{n\rightarrow\infty} f_n(x)$ .... `$\infsup_{n\rightarrow \infty} f_n(x)$`
디스플레이 모드에서 .... $\displaystyle\mathop{\rm inf\,sup}_{n\rightarrow\infty} f_n(x)$

이제 `\infsup`는 수학 연산자이므로 위에서 본 `\limits` 명령을 이용할 수도 있다. `\limits`와 `\nolimits` 명령의 사용 결과는 아래에 있다. 위 첨자 woops는 위 첨자가 어떻게 나오는지 보기 위해 일부러 넣어 본 것이다.

[8]`\newcommand`는 9.1절 참조.

$\inf\sup\limits_{n\rightarrow \infty}^{\rm woops} f_n(x)$ .... `$\infsup`
`\limits_{n\rightarrow \infty}^{\rm woops} f_n(x)$`

$\inf\sup\nolimits_{n\rightarrow\infty}^{\rm woops} f_n(x)$ .... `$\infsup`
`\nolimits_{n\rightarrow\infty}^{\rm woops} f_n(x)$`

`\atop` 의 이용. `\atop`은 수학 모드에서 두 개의 부호 등을 겹쳐 준다. LaTeX의 `\frac`에서 "—"가 없다고 생각하면 된다.

$\sum_{i,j=1,n \atop i\ne j}$ .... `$\sum_{i,j=1,n \atop i\ne j}$`

참고로 `${\displaystyle \sum_{i,j=1,n \cr i\ne j}}$`의 `\cr` 은 에러를 유발하고 `\atop` 자리에 `\\`를 쓴 경우 다음 결과를 얻는다.

$\sum_{i,j=1,ni\ne j}$ .... `${\displaystyle \sum_{i,j=1,n \\ i\ne j}}$`

세 줄 이상의 첨자를 겹쳐 쓰고자 할 경우 AMSTeX의 `\substack` 명령을 이용한다. 5.20.1절 참조.

조합 기호 조합 기호를 만드는 `\choose`도 plain TeX의 명령이다.

$2n \choose n$, ${}_{2n}\rm C_n$ .... `$2n \choose n$, ${}_{2n}\rm C_n$`

참고로 조합 기호는 LaTeX의 `array` 환경을 이용하거나 또 첨자를 이용하여 편법으로 만들 수도 있다.

$\left(\begin{array}{c} 2n\\n\end{array}\right)$ ..... `$\left(\begin{array}{c} 2n\\n\end{array}\right)$`
$(_{\ n\,}^{2n})$ .... `$(_{\ n\,}^{2n})$`

하지만 공간문제나 정렬문제 등으로 자연스럽지 못한 경우가 많다.

위의 \choose 와 비슷한 명령으로 "()" 대신에 "[]"나 "{}"를 붙여 주는 \brack 과 \brace가 있다.

$\left[{x \atop 2y}\right]$ .... `$x \brack 2y$`

$\left\{{a-c \atop b}\right\}$ .... `$a-c \brace b$`

위에서 보는 바와 같이 \choose, \brace, \brack의 열은 중앙으로 정렬한다. 조합 기호와 마찬가지로 array 환경을 사용하거나 첨자와 지수를 만드는 방법을 사용하여 비슷하게 만들 수는 있으나 공간이나 정렬 문제로 자연스럽지 못한 경우가 많다.

\phantom: 은 주어진 변수만큼의 공간을 만들어 준다. 예를 들어 abc가 차지하는 폭만큼 빈공간을 만들고자 하면 를 입력한다. 이 명령은 다음과 같은 화학기호에서 보는 것처럼 첨자가 앞으로 나오는 경우에 편리하다.

${}_{73}^{231}{\rm U}$ .... `${}_{ 73}^{231}{\rm U}$`

${}_{73}^{231}{\rm U}$ .... `${}_{\phantom{0}73}^{231}{\rm U}$`

또한 이 명령의 새 줄의 첫 부분 등 공간이 잘 만들어지지 않는 곳에 빈 공간을 만들 경우에 사용하면 원하는 결과를 얻을 수 있다.

\atopwithdelims: 는 앞에서 본 \atop과 같이 두 개의 변수를 열로 만들고 정해준 부호를 앞뒤로 붙여 준다.

$x+\left\langle{a+b \atop c}\right\rangle$ .... `x+{ a+b \atopwithdelims<> c}`

$x+\left\uparrow{a+b \atop c}\right\downarrow$ ..... `x+{ a+b \atopwithdelims\uparrow\downarrow c}`

\pmatrix: plain TEX에서 편리한 기능 중의 하나가 행렬을 만드는 기능이다. 명령어는 \pmatrix인데[9] 그 사용법은 LATEX의 array 환경과 비슷하나 행렬의 세로는

[9] amsmath 패키지의 사용 시는 pmatrix 환경을 사용하여야 함. 5.20.2절 참조.

항상 중앙으로 정렬되고, array 환경에서 \\가 하는 기능인 가로줄 바꾸는 명령은 plain TeX명령인 \cr로 대신한다. \pmatrix와 비슷한 결과를 얻는 LaTeX 명령으로 두 결과를 비교하였다.

$A = \begin{pmatrix} \lambda & l \\ a & \alpha \end{pmatrix}$ .... `$A=\pmatrix{\lambda & l \cr a & \alpha \cr}$`

$B = \left(\begin{array}{cc} \lambda & 1 \\ a & \alpha \end{array} \right)$ .... `$B=\left(\begin{array}{cc} \lambda & 1 \\ a & \alpha \end{array} \right)$`

\bordermatrix: 는 행렬의 열과 행의 이름을 주는 기능이 있다.

```
$$A=\bordermatrix{ & n_1     & n_2     & n_3 \cr
                m_1 & A_{11} & A_{12} & A_{13}\cr
                m_2 & A_{21} & A_{22} & A_{23} \cr}$$
```

의 결과로 다음이 만들어진다.

$$A = \bordermatrix{ & n_1 & n_2 & n_3 \cr m_1 & A_{11} & A_{12} & A_{13} \cr m_2 & A_{21} & A_{22} & A_{23} \cr}$$

위의 내용과 비슷한 결과를 얻기 위한 array를 이용한 LaTeX 명령은 좀 더 복잡한데, 이때 각 열의 둘째, 셋째 행을 각각 하나의 array로 잡아 주었기 때문이다.

```
\[ A = \begin{array}{cccc} & n_1 & n_2 & n_3 \\
\begin{array}{c} m_1 \\ m_2 \end{array} &
 \left(
  \begin{array}{c} A_{11}\\ A_{21} \end{array}\right.&
  \begin{array}{c} A_{12} \\ A_{22} \end{array} &
 \left.
  \begin{array}{c} A_{13}\\ A_{23}\end{array}\right)
\end{array} \]
```

의 결과는

$$A = \begin{array}{cccc} & n_1 & n_2 & n_3 \\ \begin{array}{c} m_1 \\ m_2 \end{array} & \left(\begin{array}{c} A_{11}\\ A_{21} \end{array}\right. & \begin{array}{c} A_{12} \\ A_{22} \end{array} & \left. \begin{array}{c} A_{13}\\ A_{23}\end{array}\right) \end{array}$$

로 위의 두 결과는 같지 않은데, 특히 "="의 위치가 bordermatrix에서는 괄호 안의 행렬에 정렬되어 있고 array를 사용한 경우는 전체의 중앙 위치에 정렬된다.

\cases: 위의 \pmatrix와 마찬가지로 LaTeX을 사용하는 것보다 plain TEX이 편리한 경우인데 이 역시 LaTeX의 array와 \left, \right를 이용하여 비슷한 결과를 만든다.[10]

```
$f(x)=\cases{x & for $x>0$ \cr -x & for $-1< x \leq 0$ \cr
x^2  & otherwise \cr}$
```

$$f(x) = \begin{cases} x & \text{for } x > 0 \\ -x & \text{for } -1 < x \leq 0 \\ x^2 & \text{otherwise} \end{cases}$$

\cases의 첫 번째 세로줄은 수학 모드이며 두 번째 세로줄은 텍스트 모드이다. 둘 다 왼쪽으로 정렬된다. 비슷한 출력을 얻기 위한 LaTeX 명령은 array 이다. 다음은 LaTeX의 출력이다.

```
$f(x)=\left\{\begin{array}{ll} x & \mbox{for } x > 0 \\
  -x  & \mbox{for }-1< x \leq 0 \\ x^2  &\mbox{otherwise}
  \end{array}\right.$$
```

$$f(x)=\left\{\begin{array}{ll} x & \mbox{for } x > 0 \\ -x & \mbox{for }-1< x \leq 0 \\ x^2 &\mbox{otherwise} \end{array}\right.$$

array 환경을 사용할 때의 장점은 쉽게 정렬을 바꿀 수 있다는 것이다. 지금의 경우에는 x, $-x$, x^2을 오른쪽으로 정렬하는 편이 더 나을 수 있을 것이므로 array의 ll 대신에 rl을 사용하면

```
$f(x)=\left\{\begin{array}{rl} x & \mbox{for } x > 0 \\
  -x  & \mbox{for }-1< x \leq 0 \\  x^2  & \mbox{otherwise}
  \end{array}\right.$$
```

$$f(x)=\left\{\begin{array}{rl} x & \mbox{for } x > 0 \\ -x & \mbox{for }-1< x \leq 0 \\ x^2 & \mbox{otherwise} \end{array}\right.$$

\over: \over는 LaTeX의 \frac과 같이 분수를 만드는 결과는 같다.

${a+b \over c+d}$ $\frac{a+b}{c+d}$	`${a+b \over c+d}$ $\frac{a+b}{c+d}$`

[10]amsmath 패키지와 같이 사용할 경우에는 cases 환경을 사용하여야 함. 5.20.1절 참조.

위에서 보는 것처럼 \over 명령은 영어에서 분수를 읽은 방법 그대로 읽히는 명령으로 { 분자 \over 분모 }로 사용한다.

\big,\bigg, \Big, \Bigg 는 괄호 등 세로로 늘어나는 부호를 보통보다 크게 만들어 준다. $\frac{a-b}{c+d}/\frac{A-B}{C+D}$ 와 $\frac{a-b}{c+d}\Big/\frac{A-B}{C+D}$ 의 "/"는 정상 크기와 \Big 크기의 "/"를 사용한 것이다. \big, \Big, \bigg, \Bigg에 l, m, r을 붙이면 부호 사이에 적당한 공간을 만들어 준다. 다음 경우의 "|"를 비교해 보라.

$\{ x \Big| x\in X\}$ ....$\{ x \Big| x\in X\}$

$\{ x \Bigm| x\in X\}$ ....$\{ x \Bigm| x\in X\}$

$\{ x \Bigl| x\in X\}$ ....$\{ x \Bigl| x\in X\}$

$\{ x \Bigr| x\in X\}$ ....$\{ x \Bigr| x\in X\}$

다음에 보는 괄호는 그 크기를 쉽게 비교할 수 있게 한다.

$\Biggl\{ \biggl\{ \Bigl\{ \bigl\{ \{ \} \bigr\} \Bigr\} \biggr\} \Biggr\}$........................$\Biggl\{ \biggl\{ \Bigl\{

............\bigl\{ \{ \} \bigr\} \Bigr\} \biggr\} \Biggr\}$

또 다른 사용 예는 다음의 절댓값 부호를 비교함으로써 찾을 수 있다.

$|b-|x+y||$ ....$|b-|x+y||$

$\Bigl| b-|x+y|\Bigr|$ ....$\Bigl| b-|x+y|\Bigr|$

참고 \left와 \right는 반드시 짝을 이루어야 하지만 \bigl, \Bigl 등은 \bigr, \Bigr 등과 짝을 이루지 않아도 된다.

5.16. subeqnarray 패키지

Johannes Braams가 만든 subeqnarray 패키지는 eqnarray와 eqnarray*에 대응하는 subeqnarray와 subeqnarray* 환경을 제공한다. 이 두 환경은 eqnarray eqnarray* 환경과 사용법이 같은데 다만 그 사용 결과로 만들어지는 수식의 번호가 1, 2, ... 등으로

증가하지 않고 1a, 1b 등으로 증가한다. `subeqnarray` 환경에서 사용한 수식을 인용하려면 `\label` 대신에 `\slabel`을 사용한다. 수식 등을 인용하는 방법은 제8장에서 따로 설명하였다. 다음의 사용 예를 보자.

$$\frac{1}{\sqrt{2\pi}\sigma}\exp\{-\frac{(x-\mu)^2}{2\sigma^2}\}\mbox{ if }\mu=0,\sigma=1 \tag{5.14a}$$

$$\frac{1}{\sqrt{2\pi}\sigma}\exp\{-\frac{x^2}{2\sigma^2}\}\mbox{ if }\mu=0 \tag{5.14b}$$

$$\frac{1}{\sqrt{2\pi}}\exp\{-\frac{x^2}{2}\}\mbox{ if }\mu=0,\sigma=1 \tag{5.14c}$$

식 (5.14b)와 식 (5.14c)는 식 (5.14a)의 특별한 경우이다.

위의 수식들은 `subeqnarray` 패키지로 만들었다. 입력은 다음과 같다.

```
\begin{subeqnarray}
&&\frac{1}{\sqrt{2\pi}\sigma}\exp\{-\frac{(x-\mu)^2}
{2\sigma^2}\}\mbox{ if } \mu=0, \sigma=1\slabel{eq:teqn}\\
&&\frac{1}{\sqrt{2\pi}\sigma}\exp\{-\frac{x^2}{2\sigma^2}\}
\mbox{ if } \mu=0 \slabel{eq:mu=0}\\
&&\frac{1}{\sqrt{2\pi}}\exp\{-\frac{x^2}{2}\}\mbox{ if }
\mu=0, \sigma=1\slabel{eq:std}
\end{subeqnarray}
식 \ref{eq:mu=0}\와 \ref{eq:std}\는 식 \ref{eq:teqn}
의 특별한 경우이다.
```

위의 명령 중 `\label`과 `\ref` 명령은 수식의 인용을 위해 사용한 명령이다(제8장 참고).

5.17. dotseqn 패키지

Donald Arseneau가 만든 이 패키지는 `equation`과 `eqnarray` 환경에서 수식을 만들 때 식을

- ✓ 왼쪽으로 정렬하고
- ✓ 식 번호와 식 사이에 점선을 만들어 준다.

`eqnarray` 환경에 `\nonumber`를 사용하면 번호를 만들지 않으므로 점선도 만들지 않는다. 이 패키지는 수식을 왼쪽으로 정렬하므로 `\documentclass`에서 `fleqn` 옵션의 사용은 의미가 없다.

표 5.13: amssymb 패키지의 Greek 문자

\digamma	$\digamma$	\varkappa	$\varkappa$	\beth	$\beth$
\daleth	$\daleth$	\gimel	$\gimel$		

표 5.14: amssymb 패키지의 Delimiters

\ulcorner	$\ulcorner$	\urcorner	$\urcorner$	\llcorner	$\llcorner$	\lrcorner	$\lrcorner$

이 패키지를 사용할 때 왼쪽으로 들여쓰는 양은 \mathindent에 의해 정해지는데 이 값은 \setlength 명령으로 바꿀 수 있다.[11] 이 패키지의 사용 결과는 부록 B.4에 실었으니 참고하자.

5.18. amsfonts 패키지

AMSTEX는 미국수학회에서 공인한 TEX으로 수식을 사용하는 데 필요한 특수한 글자나 문자 등이 있다. amsfonts를 사용하면 \Bbb 또는 \mathbb 로[12] 외곽체를 얻을 수 있고 \frak 이나 \mathfrak 으로 또 다른 글꼴을 얻을 수 있다. \mathbb나 \mathfrak가 표준이며 \Bbb 나 \frak는 옛날 방식이다. 이들 글꼴은 수학 모드에서 사용한다.

$\mathbb{ABCDER}$ .... `$\mathbb{A B C D E R}$`
$\mathfrak{MathfrackFont}$ .... `$\mathfrak{Mathfrack Font}$`

amsfonts 패키지는 다음의 세 가지 부호도 지원한다.

\circledR ® \checkmark ✓ \maltese ✠

amsfonts 패키지는 amsmath 패키지로 통합되었지만 독립적으로 사용할 수 있다.

5.19. amssymb 패키지

amssymb 패키지를 사용하면 많은 기호를 사용할 수 있다. amssymb 패키지를 사용할 때 이용할 수 있는 부호, 연산자 등은 표 5.13부터 표 5.19에 정리하였다.

---

[11] \setlength 등 길이 조정 명령은 4.1.1절을 참고하기로 한다.
[12] bb 는 BlackBoard 에서 따온 것이다.

표 5.15: amssymb 패키지의 화살표

\dashleftarrow	$\dashleftarrow$	\dashrightarrow	$\dashrightarrow$
\leftleftarrows	$\leftleftarrows$	\leftrightarrows	$\leftrightarrows$
\Lleftarrow	$\Lleftarrow$	\twoheadleftarrow	$\twoheadleftarrow$
\leftarrowtail	$\leftarrowtail$	\looparrowleft	$\looparrowleft$
\leftrightharpoons	$\leftrightharpoons$	\curvearrowleft	$\curvearrowleft$
\circlearrowleft	$\circlearrowleft$	\Lsh	$\Lsh$
\upuparrows	$\upuparrows$	\upharpoonleft	$\upharpoonleft$
\downharpoonleft	$\downharpoonleft$	\multimap	$\multimap$
\leftrightsquigarrow	$\leftrightsquigarrow$	\rightrightarrows	$\rightrightarrows$
\twoheadrightarrow	$\twoheadrightarrow$	\rightarrowtail	$\rightarrowtail$
\looparrowright	$\looparrowright$	\rightleftharpoons	$\rightleftharpoons$
\curvearrowright	$\curvearrowright$	\circlearrowright	$\circlearrowright$
\Rsh	$\Rsh$	\downdownarrows	$\downdownarrows$
\upharpoonright	$\upharpoonright$	\downharpoonright	$\downharpoonright$
\rightsquigarrow	$\rightsquigarrow$	\nleftarrow	$\nleftarrow$
\nrightarrow	$\nrightarrow$	\nLeftarrow	$\nLeftarrow$
\nRightarrow	$\nRightarrow$	\nleftrightarrow	$\nleftrightarrow$
\nLeftrightarrow	$\nLeftrightarrow$	\leqq	$\leqq$

5.20. amsmath 패키지

AMSTEX은 미국 수학회가 수학식을 잘 표현할 수 있게 만든 매크로인데 LATEX과 AMSTEX은 따로 존재하면서 사용되어 왔다. 그러나 LATEX의 많은 장점과 (수식 번호, 인용 등) AMSTEX의 수식에서 제공하는 여러 가지 환경을 함께 사용할 수 있는 방법이 바로 amsmath 패키지를 이용하는 것이다. AMSLATEX에서는 이보다 한 걸음 더 나아가 클래스 파일을 제공하고 더 많은 환경을 LATEX에서 사용할 수 있게 하였다. 이 절에서는 plainTEX과 LATEX의 수식을 더욱 보강할 수 있는 amsmath 패키지에 대해 알아보기로 한다.

> AMSTEX을 사용한 경험이 있는 독자는 \algin, \endalign 등이 \begin{align}과 \end{align} 등으로 사용법이 달라지고 \tag 명령 없이도 수식 번호를 만들 수 있으며 이 수식을 인용할 수 있다는 AMSLATEX의 장점을 발견할 수 있을 것이다.

AMSLATEX은 amsmath 패키지를 위시하여 amsbsy, amstext, amscd, amsxtra, amsopn 패키지로 구성되어 있으며 amsmath 패키지를 호출하면 amstext, amsopn 및 amsbsy 패

키지는 자동으로 호출되며 amscd나 amsxtra 패키지는 \usepackage 명령을 사용하여 추가로 호출하여야 한다.

표 5.16: amssymb 패키지의 관계연산자

\leqslant	$\leqslant$	\eqslantless	$\eqslantless$
\lesssim	$\lesssim$	\lessapprox	$\lessapprox$
\approxeq	$\approxeq$	\lessdot	$\lessdot$
\lll	$\lll$	\lessgtr	$\lessgtr$
\lesseqgtr	$\lesseqgtr$	\lesseqqgtr	$\lesseqqgtr$
\doteqdot	$\doteqdot$	\risingdotseq	$\risingdotseq$
\fallingdotseq	$\fallingdotseq$	\backsim	$\backsim$
\backsimeq	$\backsimeq$	\subseteqq	$\subseteqq$
\Subset	$\Subset$	\sqsubset	$\sqsubset$
\preccurlyeq	$\preccurlyeq$	\curlyeqprec	$\curlyeqprec$
\precsim	$\precsim$	\precapprox	$\precapprox$
\vartriangleleft	$\vartriangleleft$	\trianglelefteq	$\trianglelefteq$
\Vvdash	$\Vvdash$	\smallsmile	$\smallsmile$
\smallfrown	$\smallfrown$	\bumpeq	$\bumpeq$
\Bumpeq	$\Bumpeq$	\geqq	$\geqq$
\geqslant	$\geqslant$	\eqslantgtr	$\eqslantgtr$
\gtrsim	$\gtrsim$	\gtrapprox	$\gtrapprox$
\gtrdot	$\gtrdot$	\ggg	$\ggg$
\gtrless	$\gtrless$	\gtreqless	$\gtreqless$
\gtreqqless	$\gtreqqless$	\eqcirc	$\eqcirc$
\circeq	$\circeq$	\triangleq	$\triangleq$
\thicksim	$\thicksim$	\thickapprox	$\thickapprox$
\supseteqq	$\supseteqq$	\Supset	$\Supset$
\sqsupset	$\sqsupset$	\succcurlyeq	$\succcurlyeq$
\curlyeqsucc	$\curlyeqsucc$	\succsim	$\succsim$
\succapprox	$\succapprox$	\vartriangleright	$\vartriangleright$
\trianglerighteq	$\trianglerighteq$	\Vdash	$\Vdash$
\shortmid	$\shortmid$	\shortparallel	$\shortparallel$
\between	$\between$	\pitchfork	$\pitchfork$
\varpropto	$\varpropto$	\blacktriangleleft	$\blacktriangleleft$
\therefore	$\therefore$	\backepsilon	$\backepsilon$
\blacktriangleright	$\blacktriangleright$	\because	$\because$
\vDash	$\vDash$		

표 5.17: amssymb 패키지의 부정된 관계연산자

\nless	$\nless$	\nleq	$\nleq$
\nleqslant	$\nleqslant$	\nleqq	$\nleqq$
\lneq	$\lneq$	\lneqq	$\lneqq$
\lvertneqq	$\lvertneqq$	\lnsim	$\lnsim$
\lnapprox	$\lnapprox$	\nprec	$\nprec$
\npreceq	$\npreceq$	\precnsim	$\precnsim$
\precnapprox	$\precnapprox$	\nsim	$\nsim$
\nshortmid	$\nshortmid$	\nmid	$\nmid$
\nvdash	$\nvdash$	\nvDash	$\nvDash$
\ntriangleleft	$\ntriangleleft$	\ntrianglelefteq	$\ntrianglelefteq$
\nsubseteq	$\nsubseteq$	\subsetneq	$\subsetneq$
\varsubsetneq	$\varsubsetneq$	\subsetneqq	$\subsetneqq$
\varsubsetneqq	$\varsubsetneqq$	\ngtr	$\ngtr$
\ngeq	$\ngeq$	\ngeqslant	$\ngeqslant$
\ngeqq	$\ngeqq$	\gneq	$\gneq$
\gneqq	$\gneqq$	\gvertneqq	$\gvertneqq$
\gnsim	$\gnsim$	\gnapprox	$\gnapprox$
\nsucc	$\nsucc$	\nsucceq	$\nsucceq$
\succnsim	$\succnsim$	\succnapprox	$\succnapprox$
\ncong	$\ncong$	\nshortparallel	$\nshortparallel$
\nparallel	$\nparallel$	\nvDash	$\nvDash$
\nVDash	$\nVDash$	\ntriangleright	$\ntriangleright$
\ntrianglerighteq	$\ntrianglerighteq$	\nsupseteq	$\nsupseteq$
\nsupseteqq	$\nsupseteqq$	\supsetneq	$\supsetneq$
\varsupsetneq	$\varsupsetneq$	\supsetneqq	$\supsetneqq$
\varsupsetneqq	$\varsupsetneqq$		

먼저 amsmath 패키지에서 편집할 수식이 두 줄 이상일 때 사용할 수 있는 명령이나 환경에 대해서 알아보자.

5.20.1 여러 줄의 식

\substack 명령은 여러 줄의 첨자를 사용할 수 있게 한다. 두 줄까지는 \atop 명령을 이용할 수 있으나 세 줄 이상은 \substack 명령의 이용이 편리하다. 다음 두 예는 \substack 명령의 사용 예를 잘 보여준다. 먼저

```
$$ \sum_{\substack{i=j\\ i <k \\ j\neq k }}
   x_{ij}^{j-k} $$
```

를 입력하면

$$\sum_{\substack{i=j\\ i<k \\ j\neq k}} x_{ij}^{j-k}$$

를 얻으며

표 5.18: amssymb 패키지의 연산자

\dotplus	$\dotplus$	\smallsetminus	$\smallsetminus$
\Cap	$\Cap$	\Cup	$\Cup$
\barwedge	$\barwedge$	\veebar	$\veebar$
\doublebarwedge	$\doublebarwedge$	\boxminus	$\boxminus$
\boxtimes	$\boxtimes$	\ltimes	$\ltimes$
\rtimes	$\rtimes$	\leftthreetimes	$\leftthreetimes$
\rightthreetimes	$\rightthreetimes$	\curlywedge	$\curlywedge$
\curlyvee	$\curlyvee$	\circleddash	$\circleddash$
\circledast	$\circledast$	\circledcirc	$\circledcirc$

표 5.19: amssymb 패키지의 기타 부호

\centerdot	$\centerdot$	\intercal	$\intercal$
\hbar	$\hbar$	\hslash	$\hslash$
\vartriangle	$\vartriangle$	\triangledown	$\triangledown$
\square	$\square$	\lozenge	$\lozenge$
\circledS	$\circledS$	\angle	$\angle$
\measuredangle	$\measuredangle$	\nexists	$\nexists$
\mho	$\mho$	\Finv	$\Finv$
\Game	$\Game$	\Bbbk	$\Bbbk$
\backprime	$\backprime$	\varnothing	$\varnothing$
\blacktriangle	$\blacktriangle$	\blacktriangledown	$\blacktriangledown$
\blacksquare	$\blacksquare$	\blacklozenge	$\blacklozenge$
\bigstar	$\bigstar$	\sphericalangle	$\sphericalangle$
\complement	$\complement$	\eth	$\eth$
\diagup	$\diagup$	\diagdown	$\diagdown$

```
$$ \iiint\limits_{\substack{x\in A \\y \in B\\ C \ni z}}
    f(z,y,z) dxdydz$$
```

의 결과

$$\iiint\limits_{\substack{x\in A \\ y \in B\\ C \ni z}} f(z,y,z) dxdydz$$

를 얻는다.

\substack 명령은 위 첨자를 만드는 데도 사용할 수 있다. 만드는 순서는 위에서부터이다. 예를 들어

$$\sum^{\sum^{\substack{n \\ m-n}}} x_{ij}$$

는

```
\sum^{\sum^{\substack{n \\ m-n }}} x_{ij}
```

의 결과이다.

\subatack 명령은 예전의 $\mathcal{A}_{\mathcal{M}}\mathcal{S}$-TEX의 Sb 환경과 Sp환경을 하나로 대체한 것이며 Sb, Sp 환경은 더 이상 지원하지 않는다.

multline 환경. multline 환경은 수식이 길어서 한 줄에 출력시킬 수 없을 때 사용한다. 이 환경에서 수식의 줄을 바꾸고자 할 때는 \\를 사용한다.[13] 이때 여러 줄의 수식은 첫째 줄은 왼쪽으로, 마지막 줄은 오른쪽으로 그리고 그 외의 줄은 중앙으로 정렬하는데 \shoveleft 명령과 \shoveright 명령을 사용하면 어느 한 쪽으로 정렬시킬 수 있다. 아래의 수식은

$$\begin{multline} a = d + e + f + g + h + i + j + k + l + m \\ + q + r + s + t + u + v + w + x + y + x + z \\ \shoveleft{+ q + r + s + t + u + v + w + x + y + x + z} \\ = e + f + g + h + i + j + k + l + m + z + y + x + m_2 \tag{5.15} \end{multline}$$

식 (5.15)는 다음 명령의 결과이다.

---

[13]equation 환경 등에서는 수식에서 \\를 사용하여 줄 바꾸기를 할 수 없고 eqnarray 환경에서는 가능하다.

```
\begin{multline} \label{eq:multline}
a = d+e+f+g+h+i+j+k+l+m\\
 + q+r+s+t+u+v+w+x+y+x+z\\
\shoveleft{+ q+r+s+t+u+v+w+x+y+x+z}\\
 = e+f+g+h+i+j+k+l+m+z+y+x+m_2\\
\end{multline}
```

여기서 보는 것처럼 multline 환경으로 만든 식의 인용을 위해서 \label 명령을 사용할 수 있는데 수식을 인용할 때는 \eqref를 사용할 수 있다. 사용법은 \ref 명령과 같지만 이 명령은 amsmath 패키지를 사용하여야 지원된다. \eqref{eq:multline}을 입력하면 \ref 명령과는 달라서 수식 번호에 괄호가 포함된다. 여기서도 \ref 명령도 사용될 수 있다. 5.15는 \ref{eq:multline}의 결과이고 (5.15)는 \eqref{eq:multline}의 결과이다.

split 환경. split 환경도 수식이 길어서 한 줄에 출력시킬 수 없을 때 사용하는데 & 를 이용하여 특정한 위치에 정렬시킬 수 있다.

$$\begin{split} a &= b+c+d+e \\ &-f+g+m \\ &= x^2+y^2+z \end{split} \tag{5.16}$$

여기서 split 환경으로 만들어진 식은 번호가 하나만 붙는다.

```
\begin{equation}
\begin{split}
a& = b+ c+d+e \\
 & - f + g+ m \\
 & = x^2+y^2+z
\end{split}
\end{equation}
```

gather 환경은 여러 줄에 걸친 식을 모두 중앙에 정렬한다.

$$(x+y)^2 = x^2+2xy+y^2 \tag{5.17}$$

$$(x+y+z)^2 = x^2+y^2+z^2+2xy+2yz+2zx \tag{5.18}$$

gather 환경의 또 다른 차이는 수식의 번호가 각각의 수식에 붙는다는 것이다.

```
\begin{gather}
(x+y)^2 = x^2+2xy+y^2\\
(x+y+z)^2 = x^2+y^2+z^2+2xy+2yz+2zx
\end{gather}
```

align 환경은 여러 줄에 걸친 식을 원하는 위치에 정렬하면서 각각의 수식에 번호를 붙인다. 정렬할 위치에는 &를 사용한다. 아래 두 식의 위치와 식 (5.17), 식 (5.18)의 상대적 위치를 비교해 보아라.

$$(x+y)^2 = x^2+2xy+y^2 \tag{5.19}$$
$$(x+y+z)^2 = x^2+y^2+z^2+2xy+2yz+2zx \tag{5.20}$$

```
\begin{align}
(x+y)^2& = x^2+2xy+y^2\\
(x+y+z)^2& = x^2+y^2+z^2+2xy+2yz+2zx
\end{align}
```

alignat 환경은 align 환경과 마찬가지이나 둘 이상의 열을 정렬할 때 사용한다. 이때는 \begin{alignat}{n}와 \end{alignat} 사이에 줄을 맞출 내용을 입력한다. 여기서 n은 짝을 이루는 열의 개수이다. 열의 구분은 &로 한다. 따라서 행마다 $(2n-1)$개의 &가 있어야 한다. 이때 각 열은 순서대로 오른쪽과 왼쪽으로 반복하며 정렬한다. 따라서 전체의 수식은 중앙에 정렬한다.

$$a_{11} = a_{12} \qquad a_{13} = a_{14} \tag{5.21}$$
$$(x+y)^2 = (x+y)(x+y) x^2+2xy+y^2 = z^2 \tag{5.22}$$
$$f(x) = \dfrac{1}{(1+x^2)} \qquad g(x) = \sqrt{2\pi} \tag{5.23}$$

위의 식은 다음 명령의 결과이다.

```
\begin{alignat}{2}
a_{11} &= a_{12} & a_{13}= &a_{14} \\
(x+y)^2 & = (x+y)(x+y) & x^2+2xy+y^2& =z^2\\
f(x) &= \dfrac{1}{(1+x^2)} & g(x) &=\sqrt{2\pi}
\end{alignat}
```

aligned 환경은 align 환경으로 만든 출력을 박스로 만들어 조그마한 수식들을 가로로 배치할 수 있게 한다.

$$\begin{aligned} a &= \alpha \\ b &= \beta\beta \\ c &= \gamma\gamma\gamma \end{aligned}\qquad \text{versus} \qquad \begin{aligned} D &= \Delta\Delta\Delta \\ e &= \epsilon\epsilon \\ Z &= \Omega \end{aligned} \tag{5.24}$$

식 (5.24)는 아래 명령의 결과이다.

```
\begin{equation} \begin{aligned}
a & = \alpha \\
b & = \beta\beta \\
c & = \gamma\gamma\gamma
\end{aligned}\qquad \text{versus} \qquad
\begin{aligned}
D & = \Delta\Delta\Delta \\
e & = \epsilon\epsilon\\
Z & = \Omega
\end{aligned} \end{equation}
```

gathered 환경은 aligned 환경과 마찬가지로 식을 박스로 만드는데 gather 환경처럼 수식을 중앙에 정렬한다.

$$\begin{gathered} a = \alpha \\ b = \beta\beta \\ c = \gamma\gamma\gamma \end{gathered}\qquad \text{versus} \qquad \begin{gathered} D = \Delta\Delta\Delta \\ e = \epsilon\epsilon \\ Z = \Omega \end{gathered} \tag{5.25}$$

식 (5.25)는 아래 명령의 결과이다.

```
\begin{equation} \label{eq:gathered}
\begin{gathered}
a = \alpha \\
b = \beta\beta \\
c = \gamma\gamma\gamma
\end{gathered}\qquad \text{versus} \qquad
\begin{gathered}
D = \Delta\Delta\Delta \\
e = \epsilon\epsilon\\
Z = \Omega
\end{gathered} \end{equation}
```

alignedat 환경은 alignat 환경과 사용법이 같으나 *ed*가 있는 다른 환경과 마찬가지로 한 줄에 여러 개를 만들 수 있다.

$$\begin{aligned} f(x) &= \mathcal{F}(x) & g(x) &= \mathcal{G}(x) \\ f(x) &= \mathfrak{F}(x) & g(x) &= \mathfrak{G}(x) \end{aligned} \qquad\text{where}\qquad \begin{aligned} \mathfrak{F} &= \mathbb{F} \\ \mathfrak{G} &= \mathbb{G} \end{aligned} \tag{5.26}$$

식 (5.26)은 다음 명령의 결과이다.

```
\begin{equation}
\begin{alignedat}{2}
f(x) &= \mathcal{F}(x) & g(x) &= \mathcal{G}(x) \\
f(x) &= \mathfrak{F}(x) & g(x) &= \mathfrak{G}(x)
\end{alignedat} \qquad\text{where}\qquad
\begin{alignedat}{1}
\mathfrak{F} &  = \mathbb{F} \\
\mathfrak{G} & = \mathbb{G}
\end{alignedat}
\end{equation}
```

xalignat 식 (5.21)에서 보는 것처럼 alignat 환경으로 만든 식은 식의 두 줄마다 만들어지는 공간이 없어서 보기가 어색한 수가 있는데 xalignat 환경은 두 번째 열에 적당한 공간을 추가하여 어색하지 않게 한다.

$$f(x) = \mathcal{F}(x) \qquad g(x) = \mathcal{G}(x) \qquad \mathcal{G} = \mathbb{G} \tag{5.27}$$

$$f(x) = \mathfrak{F}(x) \qquad g(x) = \mathfrak{G}(x) \qquad \mathcal{F} = \mathbb{F} \tag{5.28}$$

식 (5.27)은 다음 명령의 결과이다.

```
\begin{xalignat}{3} \label{eq:xalignat}
f(x) &= \mathcal{F}(x) & g(x) &= \mathcal{G}(x)
     & \mathcal{G}&=\mathbb{G} \\
f(x) &= \mathfrak{F}(x) & g(x) &= \mathfrak{G}(x)
     & \mathcal{F}&=\mathbb{F}
\end{xalignat}
```

xxalignat 환경은 수식의 간격을 xalignat 환경보다 더욱더 넓힌 것이다. 다음 식은 위의 입력에서 xalignat 자리에 xxalignat를 사용한 것이다.

$$f(x) = \mathcal{F}(x) \qquad\qquad g(x) = \mathcal{G}(x) \qquad\qquad \mathcal{G} = \mathbb{G}$$

$$f(x) = \mathfrak{F}(x) \qquad\qquad g(x) = \mathfrak{G}(x) \qquad\qquad \mathcal{F} = \mathbb{F}$$

cases 환경. 이 환경은 다음과 같이 각각의 경우에 함수값 등을 만드는 데 사용한다. cases 환경에서는 경우를 나누는 표시로 &를 사용하며 줄 바꾸기는 \\를 사용한다.

$$P_{i-j} = \begin{cases} 0 & \text{if } r-j \text{ is odd} \\ r!(-1)^{i-j} & \text{if } r-j \text{ is even} \end{cases} \tag{5.29}$$

위의 식은 다음 명령의 결과인데

```
\begin{equation}
P_{i-j} = \begin{cases}
0 & \text{if $r-j$ is odd} \\
r!(-1)^{i-j} & \text{if $r-j$ is even} \\
\end{cases}
\end{equation}
```

여기서 \text 명령은 수식 내부에서 문장을 입력할 때 사용한다. 만일 \text 명령을 사용하지 않으면 수식 안이기 때문에 공간을 무시하며 또 글꼴도 \mit가 된다.

\intertext 명령은 여러 줄의 식을 쓰다가 중간에 한 줄의 짧은 글이 필요할 때 사용한다. 이 글은 가장 왼쪽으로 정렬한다. 다음의 예는

$$a_1 = a_0 + d \tag{5.30}$$

$$a_2 = a_1 + d = a_0 + 2d \tag{5.31}$$

in general

$$a_n = a_{n-1} + d = a_0 + nd \tag{5.32}$$

아래 명령의 결과인데 \intertext 명령이 사용되었다.

```
\begin{align}
a_1 &= a_0 + d \\
a_2 &= a_1 + d = a_0 + 2d \\
\intertext{in general}
a_n &= a_{n-1} +d =  a_0 + nd
\end{align}
```

subequations 환경은 수식 내의 수식 번호를 붙이고자 할 때 사용할 수 있다.

$$a_1 = a_0 + d \tag{5.33a}$$

$$a_n = a_{n-1} + d \tag{5.33b}$$

에서 본 수식 번호는 다음 명령의 결과이다.

```
\begin{subequations}
\begin{eqnarray}
a_1 & = & a_0 + d \\
a_n & = & a_{n-1} +d
\end{eqnarray}
\end{subequations}
```

만일 기본적으로 제시하는 subequations의 번호 대신 다른 방식을 사용하려면

```
\renewcommand{\theequation}
             {\theparentequation \roman{equation}}
```

과 같이 \theequation을 바꾸어야 한다.

점들 amsmath는 세 개의 점에 관련된 몇 가지를 포함하고 있다. 이들은

\dotsc 쉼표(comma)가 있는 점

\dotsb 이항(binary) 연산자 또 관계연산자로 연결되는 경우의 점

\dotsm 곱하기로서의 점

\dotsi 적분 기호와 같이 사용하는 점

\dotso 기타의 경우의 점

이다. 이들은 필요에 따라 ldots, \cdots를 대체할 수 있다.

$$\begin{aligned} A_1, A_2, \dotsc, & \quad A_1, A_2, \ldots, \\ A_1 + A_2 + \dotsb, & \quad A_1 + A_2 + \cdots, \\ \text{곱하기} A_1 A_2 \dotsm, & \quad A_1 A_2 \cdots, \\ \int_{A_1}\int_{A_2}\dotsi & \quad \int_{A_1}\int_{A_2}\cdots \end{aligned}$$

```
A_1, A_2, \dotsc,  & & A_1, A_2, \ldots,  \\
A_1 +A_2 +\dotsb , && A_1 +A_2 +\cdots , \\
\text{곱하기} A_1 A_2 \dotsm, && A_1 A_2 \cdots, \\
\int_{A_1}\int_{A_2}\dotsi && \int_{A_1}\int_{A_2}\cdots
```

5.20.2 행렬 등

smallmatrix 환경은 문장 중에서 행렬을 사용하고자 할 때 이용하는 환경이다. “다음의 행렬 $\Bigl[\begin{smallmatrix} a & b \\ c & d \end{smallmatrix}\Bigr]$ 은 문장 내에서 쓴 작은 행렬이다.”라는 문장은 다음 명령의 결과이다.

```
‘‘다음의 행렬 $\Bigl[\begin{smallmatrix}
a & b \\ c& d  \end{smallmatrix}\Bigr]$
은 문장 내에서 쓴 작은 행렬이다.’’
```

matrix 환경은 LATEX의 array 환경과 사용법이 비슷하고 그 결과도 비슷하다. 다음의 예를 보자.

$$\begin{matrix} a_{11} & a_{12} & a_{13} \\ a_{21} & \hdotsfor{2} \end{matrix}$$

이 행렬은 다음 명령의 결과인데

```
$$\begin{matrix}
a_{11} & a_{12} & a_{13} \\
a_{21} & \hdotsfor{2}
\end{matrix}$$
```

여기서 \hdotsfor 명령은 한 행에서 몇 개의 열은 점을 출력하라는 명령이다. 위의 예에서는 2가 주어졌으므로 두 열은 점을 출력하라는 의미이다.

pmatrix 환경은 matrix 환경과 사용법이 같다. 출력에는 괄호를 추가한다.

$$\boldsymbol{A} = \begin{pmatrix} a_{11} & a_{12} & a_{13} \\ a_{21} & a_{22} & a_{23} \\ a_{31} & a_{32} & a_{33} \end{pmatrix}$$

위의 행렬은 다음 명령의 결과이다.

```
$$\pmb{A} = \begin{pmatrix}
a_{11} & a_{12} & a_{13} \\
a_{21} & a_{22} & a_{23} \\
a_{31} & a_{32} & a_{33}
\end{pmatrix}$$
```

여기서 \pmb 명령은 부호를 굵게 만들어 주는 AMSTEX의 명령이다. \pmb는 Poor Man’s Bold 에서 가져온 말이다.

bmatrix 환경은 pmatrix와 같은데 괄호를 [와]로 만들어 준다. 다음은 위의 명령 중 pmatrix를 bmatrix로 바꾼 결과이다.

$$\boldsymbol{A} = \begin{bmatrix} a_{11} & a_{12} & a_{13} \\ a_{21} & a_{22} & a_{23} \\ a_{31} & a_{32} & a_{33} \end{bmatrix}$$

vmatrix **와** Vmatrix 환경은 pmatrix의 괄호 자리에 |와 ||를 만들어 준다.

$$\boldsymbol{A} = \begin{vmatrix} a_{11} & a_{12} & a_{13} \\ a_{21} & a_{22} & a_{23} \\ a_{31} & a_{32} & a_{33} \end{vmatrix} \qquad \boldsymbol{A} = \begin{Vmatrix} a_{11} & a_{12} & a_{13} \\ a_{21} & a_{22} & a_{23} \\ a_{31} & a_{32} & a_{33} \end{Vmatrix}$$

\hdotsfor 명령은 행렬을 만들 때 점을 만드는 데 사용한다. 사용법은

\hdotsfor[*width*]{*span*}

이며 *width*에는 점의 간격을 *span*에는 확장될 열의 수를 정한다.

$$\begin{pmatrix} D_1t & -a_{12}t_2 & \dots & -a_{1n}t_n \\ -a_{21}t_1 & D_2t & \dots & -a_{2n}t_n \\ -a_{31}t_1 & \hdotsfor[1.5]{3} \\ -a_{n1}t_1 & -a_{n2}t_2 & \dots & D_nt \end{pmatrix}$$

는

```
\begin{pmatrix}
 D_1t        &-a_{12}t_2 & \dots & -a_{1n}t_n\\
-a_{21}t_1  & D_2t       & \dots & -a_{2n}t_n\\
 -a_{31}t_1 & \hdotsfor[1.5]{3}             \\
-a_{n1}t_1  &-a_{n2}t_2 & \dots & D_nt
\end{pmatrix}
```

의 결과이다.

5.20.3 부호

화살표 $\mathcal{A}_{\mathcal{M}}\mathcal{S}$-TeX에는 다음과 같은 화살표를 쓸 수 있다.

$$\overleftarrow{a} \quad \overrightarrow{a} \quad \overleftrightarrow{a} \quad \underleftarrow{a} \quad \underrightarrow{a} \quad \underleftrightarrow{a}$$

위의 화살표는 다음 명령으로 만들었다.

```
$$ \overleftarrow{a}\quad \overrightarrow{a}\quad
   \overleftrightarrow{a}\quad
   \underleftarrow{a}\quad \underrightarrow{a}\quad
   \underleftrightarrow{a} $$
```

\ddot, \dddot, \ddddot 등은 점을 여러 개 만들어 준다. 이때 점의 개수는 d의 개수와 같다(네 개까지).

$\ddot a$ $\dddot a$ $\ddddot a$ ....`$\ddot a$ $\dddot a$ $\ddddot a$`

늘어나는 화살표 \xleftarrow와 \xrightarrow는 필요한 만큼 화살표를 늘일 수 있다. 사용법은

\xleftarrow[*sub*]{*super*} 또는 \xrightarrow[*sub*]{*super*}

이며 *super*는 화살표 위에 들어갈 내용을, *sub*는 화살표 아래에 들어갈 내용을 준다.

$$A \xleftarrow[\mu]{n\rightarrow\infty} B \xrightarrow[\sigma]{n\rightarrow-\infty} C \xrightarrow[\delta]{} D$$

는

```
A \xleftarrow[\mu]{n\rightarrow\infty} B
  \xrightarrow[\sigma]{n\rightarrow-\infty} C
  \xrightarrow[\delta]{\null} D
```

으로 만들어진 것이다.

이중부호 $\bar{\bar{X}}$나 $\hat{\hat{\mu}}$에서 보는 것처럼 두 번 사용하면 줄이 어긋나는 부호들이 있는데[14] $\mathcal{AMS}$TEX에서는 $\Hat{\Hat{\mu}}$에서 보는 것처럼 두 번 사용하여도 어긋나지 않는 강조 부호를 제공한다. 이들은 LATEX에서 사용하는 명령어의 첫 글자를 대문자로 바꾼 명령을 사용하는데 다음과 같은 명령어가 사용 가능하다.

\Hat	\Check	\Tilde	\Acute	\Grave
\Dot	\Ddot	\Breve	\Bar	\Vec

[14] LATEX 엔진에 따라 최근에는 두 번 사용해도 어긋나지 않는 경우가 있음.

\leftroot와 \uproot 명령. 이 두 명령은 $\sqrt[\beta]{2}$에서 보는 것처럼 β가 $\sqrt{\ }$에 거의 닿아 있는 경우 β의 위치를 바꾸어 주는 명령이다. `\leftroot`에는 왼쪽으로 이동할 거리, `\uproot`에는 오른쪽으로 이동할 거리를 준다. 음수는 반대 방향을 의미한다.

$\sqrt[\beta]{x}\ \sqrt[\leftroot{-2}\uproot{2}\beta]{x}$ ....

```
\sqrt[\beta]{x} \sqrt[\leftroot{-2}\uproot{2}\beta]{x}
```

`\boxed` 명령은 수학 모드에서 원하는 부분을 사각형 테두리로 둘러 준다.

$\boxed{\eta \leq N(\mu,\sigma^2)+ O_p(n)}$ ....

```
\boxed{\eta \leq N(\mu,\sigma^2)+ O_p(n)}
```

조합 기호와 분수 조합 기호에는 세 가지가 있는데 항상 디스플레이 스타일인 `\dbinom`, 항상 텍스트 스타일인 `\tbinom`, 현재의 스타일에 따라 디스플레이 또는 텍스트 스타일이 되는 `\binom`이 있다.

분수를 만드는 `\frac`에도 `\binom`과 마찬가지로 `\dfrac`과 `\tfrac`가 있는데 `\dfrac` 및 `\tbinom`과 같은 기능을 가진다. 먼저 디스플레이 스타일에서 다음 명령의 결과는

```
\frac{a+b}{c-d}\qquad \binom{n}{x} \qquad
\dfrac{a+b}{c-d}\qquad \dbinom{n}{x}\qquad
\tfrac{a+b}{c-d}\qquad \tbinom{n}{x}
```

아래와 같고

$$\frac{a+b}{c-d}\qquad \binom{n}{x} \qquad \dfrac{a+b}{c-d}\qquad \dbinom{n}{x}\qquad \tfrac{a+b}{c-d}\qquad \tbinom{n}{x} \tag{5.34}$$

텍스트 스타일에서는 다음과 같다.

$\frac{a+b}{c-d}\qquad \binom{n}{x} \qquad \dfrac{a+b}{c-d}\qquad \dbinom{n}{x}\qquad \tfrac{a+b}{c-d}\qquad \tbinom{n}{x}$

\cfrac 명령. \cfrac 명령은 \frac 명령을 반복하여 사용할 경우 글자 크기가 자연스럽지 못하게 되는 것을 방지하여 준다. 사용법은 \frac와 같다.

$$\cfrac{2}{\sqrt{2}+\cfrac{1}{\sqrt{2}+\cfrac{1}{\sqrt{2}+\cfrac{1}{\sqrt{2}+\cdots}}}}$$

는 다음 명령의 결과이다.

```
$$\cfrac{2}{\sqrt{2}+\cfrac{1}{\sqrt{2}+
  \cfrac{1}{\sqrt{2}+\cfrac{1}{\sqrt{2}+\cdots}}}}$$
```

전후 좌우에 기호 붙이기 \overset 명령은 위에, \underset 명령은 아래에 기호를 붙인다.

$\overset{*}{X}\underset{*}{X}$ .... `$\overset{*}{X}\underset{*}{X}$`

\sideset{*left*}{*right*}{*operator*} 명령은 *operator*의 좌우와 아래위에 부호를 붙인다. 부호를 없애고 싶은 쪽에는 {\null}를 주며 *left*와 *right*에는 각각 _와 ^으로 위와 아래를 구분해 준다.

$\sideset{_a^b}{_c^d}\sum$ .... `$\sideset{_a^b}{_c^d}\sum$`

$\sideset{_{\null}^b}{_c^{\null}}{\sum\int}$ .... `$\sideset{_{\null}^b}{_c^{\null}}{\sum\int}$`

극한 기호 다음과 같은 특수한 극한 기호가 있다. 이들 부호의 첨자는 디스플레이 스타일에서는 모양이 다음과 같으며

$$\varliminf_{n\longrightarrow\infty},\ \varlimsup_{n\longrightarrow\infty},\ \varinjlim_{n\longrightarrow\infty},\ \varprojlim_{n\longrightarrow\infty}$$

텍스트 스타일에서는 다음과 같다.

$\varliminf_{n\longrightarrow\infty} A_n \cap B_n$ ...... `$\varliminf_{n\go\infty} A_n \cap B_n$`
$\varlimsup_{n\longrightarrow\infty} A_n \cap B_n$ ...... `$\varlimsup_{n\go\infty} A_n \cap B_n$`
$\varinjlim_{n\longrightarrow\infty} A_n \cap B_n$ ...... `$\varinjlim_{n\go\infty} A_n \cap B_n$`
$\varprojlim_{n\longrightarrow\infty} A_n \cap B_n$ ..... `$\varprojlim_{n\go\infty} A_n \cap B_n$`

\mod, \pmod, \bmod, \pod 모드를 만드는 명령으로 다음 네 가지가 있다.

$\gcd(n,m \bmod n)$ .... `\gcd(n,m \bmod n)`
$x=y \pmod b$ .... `x=y \pmod b`
$x =y \mod c$ .... `x =y \mod c`
$x=y \pod d$ .... `x=y \pod d`

적분 기호 적분 기호는 \int, \iint 등이 있는데 i의 개수만큼 적분 부호를 만든다. (최대 네 개까지.) \idotsint는 적분 기호 사이에 점을 출력한다.

$$\int f d\mu \quad \iint f d\mu \quad \iiint f d\mu \quad \iiiint f d\mu \quad \idotsint fd\mu \tag{5.35}$$

```
\begin{equation}
\int f d\mu \quad
\iint f d\mu \quad
\iiint f d\mu \quad
\iiiint f d\mu \quad \idotsint fd\mu
\end{equation}
```

여기서 이러한 부호가 필요한 이유는 $\int\int$ (\int\int)는 $\iint$ (\iint) 와 모양이 같지 않기 때문이다.

이탤릭체 그리스 문자 그리스 문자의 대문자를 이탤릭체로 얻을 수 있으며 이는 표 5.20에 요약하였다.

\smash 명령은 근호를 만들 때 $\sqrt{a}+\sqrt{y}+\sqrt{d}$에서 보는 것처럼 근호의 높이가 문자의 높이에 따라 달라지는 것을 교정하여 준다. 이 명령은 위 또는 아래로 근호를 움직여서 자연스러운 출력을 얻게 만든다(plainTEX 명령인 \mathstrut 참조).

표 5.20: amsmath에서 제공하는 이탤릭체 그리스 문자

$\varGamma$	\varGamma	$\varSigma$	\varSigma
$\varDelta$	\varDelta	$\varUpsilon$	\varUpsilon
$\varTheta$	\varTheta	$\varPhi$	\varPhi
$\varLambda$	\varLambda	$\varPsi$	\varPsi
$\varXi$	\varXi		

다음의 출력에서 $\sqrt{y}$ 모양이 어떻게 바뀌었나 살펴보자.

$$\sqrt{a}+\sqrt{y}+\sqrt{d} \qquad \sqrt{a}+\sqrt{\smash[b]{y}}+\sqrt{\smash[b]{d}}$$

위의 출력은 아래 명령의 결과이다.

```
$$\sqrt{a} + \sqrt{y} + \sqrt{d} \qquad
  \sqrt{a} + \sqrt{\smash[b] y} + \sqrt{\smash[b] d}$$
```

공간 조절 수학 모드에서의 공간은 단순한 빈칸으로는 만들어지지 않는다. 수학 모드 내에서 공간을 만드려면 표 5.21에서 정의된 고정된 길이만큼의 변경을 사용하거나 \mspace 명령으로 임의의 길이만큼 변경할 수 있다.

표 5.21: 수학 모드에서의 공간 조정

공간 늘이기		공간 줄이기	
공간 없음	$\Rightarrow\Leftarrow$	공간 없음	$\Rightarrow\Leftarrow$
\, 또는 \thinspace	$\Rightarrow\,\Leftarrow$	\! 또는 \negthinspace	$\Rightarrow\!\Leftarrow$
\: 또는 \medspace	$\Rightarrow\:\Leftarrow$	\negmedspace	$\Rightarrow\negmedspace\Leftarrow$
\; 또는 \thickspace	$\Rightarrow\;\Leftarrow$	\negthickspace	$\Rightarrow\negthickspace\Leftarrow$
\quad	$\Rightarrow\quad\Leftarrow$		
\qquad	$\Rightarrow\qquad\Leftarrow$		

\mspace 명령은 수식 모드 안에서 공간을 조정하는 명령이다. 수학 모드 내에서의 길이 단위는 mu를 사용하며 1mu는 1/18em이다. 따라서 수학 모드 내에서 \quad는 \mspace{-18mu}와 같다. 참고로 em은 영문 알파벳 M의 폭으로서 현재의 글자 크기 설정에 연동되어 절대 길이가 신축적으로 움직이므로 절대 길이보다는 사용이 권장된다. 길이는 4.1절 참조.

5.20.4 amscd 패키지

amscd 패키지를 이용할 때 사용할 수 있는 CD 환경은 다이어그램을 그릴 때 유용한 환경이다. 다음의 다이어그램을 그리는 방법에 대해 알아보자. 이 패키지는 가로 및 세로로 늘어나는 화살표 및 늘어나는 등호를 제공하여 다이어그램을 그리는 데 도움을 준다. 제공되는 화살표 등은

`@<`[*upper*]`<`[*lower*]`<` 는 왼쪽 화살표를 만들면서 화살표의 위엔 *upper*를 아래에는 *lower*를 만든다.

`@>`[*upper*]`>`[*lower*]`>` 오른쪽 화살표를 만든다. 사용법은 `@>>>`와 같다.

`@A`[*left*]`A`[*right*]`A` 는 위로 향하는 화살표를 만들면서 화살표의 왼쪽에는 *left*를 오른쪽에는 *right*를 만든다.

`@V`[*left*]`V`[*right*]`V` 아래로 향하는 화살표를 만든다. 사용법은 `@AAA`와 같다.

`@=` 등호를 길게 만든다.

이때 화살표의 방향은 부등호가 가리키는 방향과 같고 첫 번째 부등호 다음의 입력은 화살표 위에, 두 번째 부등호 다음의 입력은 화살표 아래에 출력된다.

$\xrightarrow{a\alpha+\beta+\gamma}$	`@> a \alpha+\beta +\gamma >>`
$\xrightarrow[a\alpha+\beta+\gamma]{}$	`@>> a \alpha+\beta +\gamma >`

$\xleftarrow{a\alpha+\beta+\gamma}$	`@< a \alpha+\beta +\gamma <<`
$\xleftarrow[a\alpha+\beta+\gamma]{}$	`@<< a \alpha+\beta +\gamma <`
$\xleftarrow[\beta]{\alpha}$	`@< \alpha < \beta <`

참고: `amstex`으로 미국수학회 관련 패키지가 통합되면서 `@<<<`와 `@>>>`는 CD 환경 내에서만 사용가능하다. CD 환경이 아니라면 이들은 각각 `\xleftarrow`와 `\xrightarrow`와 같다.

다음의 보기

$$\begin{CD}
F(x) @<<{n\longrightarrow\infty}< G(x) \\
@V{n\longrightarrow\infty}V{m\sim n}V @AA{m\longrightarrow\infty}A \\
\mathcal{F}(x) @= \mathcal{G}
\end{CD} \tag{5.36}$$

는 아래의 명령으로 만들었다.

```
\begin{equation}
\begin{CD}
F(x) @<< n\go\infty <            G(x) \\
@V{n\go\infty}V{m\sim n}V        @AA m\go\infty A\\
\mathcal{F}(x) @=                \mathcal{G}
\end{CD}
\end{equation}
```

`>`, `<`, `A`, `V`의 뾰족한 방향에 따라 화살표의 방향이 정해진다고 생각하면 기억하기 좋다.

5.21. 수학 글꼴 패키지

수학 글꼴 패키지는 5.18절의 `amsfonts` 패키지 외에 몇 가지 더 존재한다.

5.21.1 `mathpazo` 패키지를 사용한 글꼴

`mathpazo` 패키지는 Adobe Palatino 글꼴을 사용할 수 있는 패키지로 수학 모드 내에서 글꼴을 제공한다. 이 패키지는 수학 모드 내에서 사용할 수 있는 글꼴에 대한 몇 가지 명령을 제공한다. 이들 명령은

`\mathnormal` 수학 모드 내의 기본 글꼴을 사용한다.

`\mathrm` 수학 모드에서 기울이기 않은 글꼴을 사용한다. 소문자 `a`의 모양은 기본 글꼴과 아예 다르다.

`\mathbb` 칠판 굵은 글꼴을 만든다. `amsfonts` 패키지의 같은 명령의 글꼴과 같지 않다. 대문자와 숫자 1에만 해당된다.[15]

`\mathcal` Calligraphic 글꼴을 만든다. Computer Modern 글꼴의 같은 명령의 글꼴과 차이가 있다. 대문자만 제공된다.

---

[15] `amsfonts` 패키지에는 숫자 1에 대한 black board 글꼴이 없다.

`\mathnormal`:	$a, b, c, d, \ldots, z; A, B, C, D, \ldots, Z$
`\mathrm`:	$\mathrm{a, b, c, d, \ldots, z; A, B, C, D, \ldots, Z}$
그리스 문자:	$\Gamma, \Lambda, \Delta, \Theta, \Sigma, \Xi, \Pi, \Phi, \Psi, \Omega$
`\mathbb`:	$\mathbb{1}, \mathbb{A}, \mathbb{B}, \mathbb{C}, \mathbb{D}, \mathbb{E}, \ldots, \mathbb{X}, \mathbb{Y}, \mathbb{Z}$
`\mathcal`:	$\mathcal{A}, \mathcal{B}, \mathcal{C}, \mathcal{D}, \mathcal{E}, \ldots, \mathcal{X}, \mathcal{Y}, \mathcal{Z}$
`\mathbold`:	$\boldsymbol{\mathit{\Delta A} = ax^2 + \int_0^\infty f(x)dx + g(\mathit{\Theta}, \mathit{\Sigma}, \mathit{\Pi}, \mathit{\Psi}, \mathit{\Omega})}$
`\mathbf`:	$\mathbf{\Delta A = ax^2 + \int_0^\infty f(x)dx + g(\Theta, \Sigma, \Pi, \Psi, \Omega)}$

그림 5.1: mathpazo 패키지에서의 글꼴

`\mathbold` 굵은 글꼴을 만든다. 이탤릭으로 기울어진 글꼴이다.

`\mathbf` 이탤릭으로 기울어지지 않은 굵은 글꼴을 만든다. 소문자 a의 모양이 `\mathbold`와 같이가 있음에 유의한다.

이며 글꼴의 모양은 그림 5.1을 참고한다.

5.21.2 fixmath 패키지

LaTeX의 기본 수학 글꼴에서 대문자 그리스 문자에 대해서 이탤릭체를 사용하지 않는 문제를 해결하기 위한 패키지로 이 패키지를 사용하면 대문자 그리스 문자도 기울여서 얻는다. 이 패키지는 위의 mathpazo 패키지와 함께 사용하지 않을 것을 권하고 있으며 kotex 패키지와도 호환에 문제가 있어서 함께 사용하면 그리스 대문자가 기울어지지 않는다.

이 패키지는 `\mathbold` 명령을 제공하며 이 명령은 대문자 그리스 문자를 기울어지게 한다. kotex 패키지를 사용하여도 이 명령은 효과를 낸다.

제6장

리스트 만들기

여러 항목을 한번에 설명하고자 할 때 각 항목에 번호를 붙이거나 항목의 소제목을 주거나 혹은 어떤 표시("•" 등)를 각 항목에 붙이게 하여 많은 항목을 일목요연하게 설명하고자 할 경우가 있다. LaTeX에는 세 가지 리스트 만들기 환경 `itemize`, `enumerate` 및 `description`이 제공된다. 이 장에는 이 세 가지와 함께 이 세 가지 환경의 기초가 되는 `list` 환경에 대해서 알아보기로 한다.

6.1. itemize 환경

먼저 `itemize`을 다음의 예를 보면서 알아보자.

In this section we study following two items

- First item
- Second item

```
In this section we study
following two....
\begin{itemize}
\item First item
\item Second item
\end{itemize}
```

위에서 보는 것처럼 `itemize` 환경은 리스트화할 항목마다 그 항목 앞에 `\item`을 주고 다른 환경과 마찬가지로 `\begin`으로 시작하고 `\end`로 끝낸다. `itemize` 환경 안에서 다시 `itemize` 환경이나 6.3절과 6.2절에서 설명될 `enumerate`, `description` 환경 등의 리스트 만들기 환경을 부를 수도 있다. 즉,

To explain itemize, we have two items below;

- First item got subitems
  - This is first subitem
  - Second subitem
- Second item

```
To explain \texttt{itemize},
we have two items below;
\begin{itemize}
\item First item got
subitems
\begin{itemize}
\item This is first
subitem
\item Second subitem
\end{itemize}
\item Second item
\end{itemize}
```

와 같이 사용할 수 있다.

itemize 환경 등은 최대 네 번까지 그 환경 내에서 반복해서 쓸 수 있다.[1] 위에서 보는 것처럼 제일 먼저 나오는 리스트의 항목 앞에는 "•"($\bullet$ 또는 \textbullet)을 두 번째 리스트의 항목에는 "–"(\textbf{--} 또는 {\bfseries\textendash})를 인쇄하여 준다. 세 번째와 네 번째 itemize의 리스트 항목 앞에는 각각 "∗" ($\ast$ 또는 \textasteriskcentered)와 "·"($\cdot$ 또는 \textperiodcentered)을 붙여 주게 된다.

여기서 "•", "–", "∗" 및 "·"을 저장하고 있는 LaTeX변수는 가장 먼저 나오는 itemize 환경으로부터 순서대로 각각 \lableitemi, \lableitemii, \lableitemiii 그리고 \lableitemiv이다. 이 네 개의 명령은 사용자가 원하는 경우 \renewcommand 명령을[2] 이용하여 바꿔줌으로써 각 항목 앞의 표시를 사용자가 원하는 다른 표시로 바꿔 줄 수 있다. 예로 다음처럼 처음 두 단계 itemize의 항목 표시를 각각 "♣" ($\clubsuit$)와 "☞" (\fingerright)로 바꿔 보면

```
\renewcommand{\labelitemi}{$\clubsuit$}
\renewcommand{\labelitemii}{\fingerright}
```

그 결과는 다음과 같다.

---

[1]다음에 볼 description과 enumerate도 최대 네 번까지임.

[2]9.1절 참조.

♣ First item

☞ First subitem

☞ second subitem

♣ Second item

```
\begin{itemize}
\item First item
\begin{itemize}
\item First subitem
\item second subitem
\end{itemize}
\item Second item
\end{itemize}
```

다음에서처럼 \item 명령의 옵션으로 "[”와 "]” 사이에 각 항의 • 등의 표시 대신에 다른 것을 줄 수도 있다.

First First item

Second Second item

Third Third item

```
\begin{itemize}
\item[First] First item
\item[Second] Second item
\item[Third] Third item
\end{itemize}
```

여기서 각 항목의 이름은 다음에 볼 description과 달리 오른쪽으로 정렬하여 "Second"는 테두리를 거의 벗어남을 볼 수 있다.

6.2. description 환경

description은 itemize와 마찬가지이나 각 항목에 표식을 주는 대신에 항목의 소제목을 굵은 글씨체 (\bfseries)로 준다. 소제목은 item 다음에 "[" 와 "]" 안에 주는데 소제목의 인쇄는 왼쪽으로 정렬되어 인쇄된다. 다음을 보자.

First First item

Second Second item

```
\begin{description}
\item[First] First item
\item[Second] Second item
\end{description}
```

위와 같은 내용을 itemize 환경을 사용한 경우의 보기인 125의 결과와 비교해 보면 itemize 환경의 경우는 각 항목의 이름이 오른쪽 정렬인데 반해 description의 경우는 왼쪽으로 정렬됨을 볼 수 있다.

또 "[" 와 "]" 안에 소제목을 주지 않으면 아래에서 보는 것처럼 각 항에 아무 표시도 나타나지 않는다.

First item

Second item

```
\begin{description}
\item First item
\item Second item
\end{description}
```

description 항목의 각 항목에 대한 표시는 \descriptionlabel 명령에 들어가 있으므로 이를 바꾸면 항목에 대한 표시를 바꿀 수 있다. 예를 들어

FIRST First item

SECOND Second item

```
\renewcommand*\descriptionlabel
      [1]{\hspace\labelsep
      \scshape\mdseries #1}
\begin{description}
\item[First] First item
\item[Second] Second item
\end{description}
```

라고 하면 위의 결과에서 보는 것처럼 각 항목의 표시가 굵은 글자체에서 보통 굵기 \scshape\mdseries로 바뀌었다.

6.3. enumerate 환경

enumerate도 위에서 보는 itemize나 description과 마찬가지이나 각 항마다 번호를 붙여 준다는 점이 다르다.

1. First item

   (a) First subitem

2. Second item

```
\begin{enumerate}
\item First item
\begin{enumerate}
\item First subitem
\end{enumerate}
\item Second item
\end{enumerate}
```

위에서 보는 것처럼 enumerate가 붙이는 번호는 몇 번째 enumerate인가에 따라 1 혹은 (a)와 같이 달라지는데 enumerate 가 붙이는 번호는 맨 처음부터 네 번째까지는 순서대로 아라비아 숫자, "(",")" 안의 영문 소문자, 로마숫자 (i,ii,$\cdots$), 영어 대문자 알파벳순이다. 영문 알파벳을 붙이는 두 번째와 네 번째 enumerate의 항목의 수는 27 이상은 될 수 없다.

표 6.1: kotex 패키지에서 제공되는 번호기 형식

형식	\jaso	\ojaso	\pjaso	\pnum
결과	ㄱ, ㄴ, ..., ㅎ	㉠,㉡, ..., ㉭	㈀, ㈁, ...,㈍	(1) , (2) , ..., (15)
형식	\onum	\gana	\ogana	\pgana
결과	① , ② ..., ⑮	가, 나, ..., 하	㉮, ㉯, ..., ㉻	㈎, ㈏ , ..., ㈛

enumerate 환경도 네 번까지 중복하여 사용할 수 있으며 첫 enumerate에서 네 번째 enumerate까지 번호를 붙이는 번호기(counter)의 이름이 각각 enumi, enumii, enumiii, enumiv이다. 따라서 enumerate 환경의 기본 번호 형식이 마음에 들지 않는 경우 다른 번호기를 사용할 수 있으며 kotex 패키지에서 제공하는 몇 가지 한글 번호기를 사용하면 (a), (b), (d), ··· 와 같이 한글 문서에 영문 번호가 붙는 것을 피할 수 있다. kotex에서 추가로 제공하는 번호 형식은 \jaso, \ojaso, \pnum, \onum, \gana, \pgana, \ogana, \pgana 등이 있으며 이들은 표 6.1과 같이 표현된다. 다음의 보기를 보자.

① 첫째 항

  ㉮ 첫째의 첫째 항
  ㉯ 첫째의 둘째 항

② 둘째 항

③ 세 번째 항

```
\renewcommand{\labelenumi}
             {\onum{enumi}}
\renewcommand{\labelenumii}
           {\ogana{enumii}}
\begin{enumerate}
\item 첫째 항
\begin{enumerate}
 \item 첫째의 첫째 항
 \item 첫째의 둘째 항
\end{enumerate}
\item 둘째 항
\item 세 번째 항
\end{enumerate}
```

이 결과에서 보는 것과 같이 설정한 번호기 형태인 \onum과 \ogana로 번호를 붙임을 알 수 있다.

6.4. list 환경

앞에서 본 itemize, description, enumerate 환경은 LaTeX의 원시 환경 중의 하나인 list 환경을 상황에 따라 최적화한 것이다. list 환경은

```
\begin{list}{label}{spacing}
\item First item
\item Second item
      ⋮
\end{list}
```

로 사용하며 *label*에는 각 항목이 어떻게 표시될지(보통은 LaTeX 명령들로) 설정하고 *spacing*에는 공간을 설정해준다. *spacing*에서 설정할 수 있는 값은 다음과 같으며 그림 6.1에 이 명령들이 조정하는 길이를 정리하였다.[3]

\topsep 명령은 list 환경 전후의 본문 사이에 \parsep만큼의 공간에 추가되는 공간이다. 예를 들어 다음의 극단적인 경우

> list 환경의 전에 있는 문자열이 여기 있고 2cm의 \topsep를 주면
>
> **항목** 여기서 보는 것처럼
>
> **항목** list 환경의 전후에
>
> \topsep + \parskip 만큼의 공간이 생깁니다.

를 만들기 위한 명령은 다음과 같다.

```
\texttt{list} 환경의 전에 있는 문자열이 여기 있고 2cm의
\verb|\topsep|를 주면
\begin{list}{\bfseries 항목}{\topsep=2cm}
\item 여기서 보는 것처럼
```

[3]이 그림은 picture 환경을 이용하여 만든 것이다. 제15장 참조.

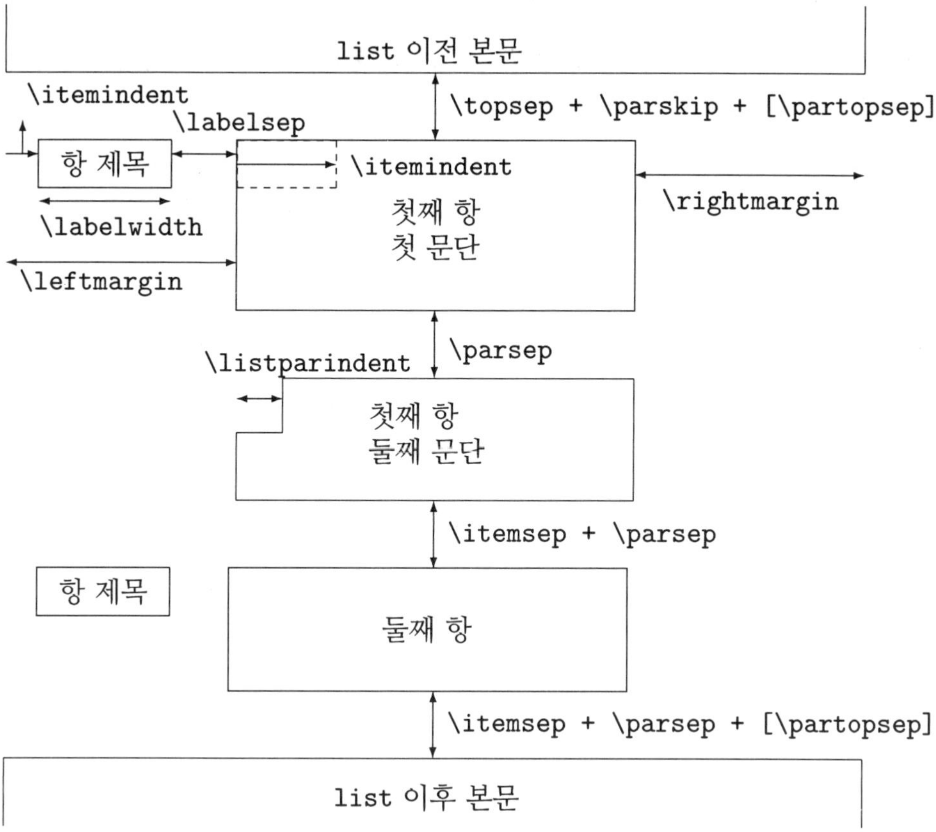

그림 6.1: `list` 환경의 미세 조정 변수

```
\item \texttt{list} 환경의 전후에
\end{list}
\verb|\topsep| $+$ \verb|\parskip| 만큼의 공간이 생깁니다.
```

`\partopsep`는 첫 번째 item 이전이나 마지막 item 이후에 빈 줄이 주어졌을 때 `\parskip`과 `\topsep`에 더 추가하는 공간이다.

`\parsep` `\item`과 `\item` 사이에 더해 주는 공간.

`\leftmargin` 현재의 왼쪽 가장자리로부터 `list`의 본문의 왼쪽 가장자리까지의 거리.

`\rightmargin` 현재의 오른쪽 가장자리로부터 `list`의 본문의 오른쪽 가장자리까지의 거리. 일반적으로 0pt이다.

`\listparindent` `list` 환경 내의 본문 중에서 문단을 새로 시작할 때 들여쓰기의 양. 일반적으로 0pt이기 때문에 `list` 환경에서는 들여쓰기를 하지 않는다.

`\labelwidth` `list`의 각 항목의 제목이 차지하는 폭.

`\labelsep` 각 항의 제목과 본문 사이의 폭.

`\itemindent` 각 항의 제목과 이전 본문 사이의 들여쓰기 공간. 일반적으로 0pt이기 때문에 `list` 환경에서는 들여쓰기를 하지 않는다.

`\itemsep` 각 항목과 항목 사이의 공간.

제7장

단원 나누기 및 번호 붙이기

7.1. 잘못된 예

절이나 장 등을 만들기 위해 아래와 같이 그 절의 제목과 번호는 물론이고 글자 크기 글자 모양 등을 모두 입력하는 경우를 많이 보게 되는데

```
\begin{center}
 \textbf{\Large 2. This is a Section}
\end{center}
```

LaTeX의 사용자는 그럴 필요가 없다. 왜냐하면 아래의 명령으로

예 7.1 `\section{This is a Section}`

LaTeX이 알아서 절번호 절제목의 크기 및 모양, 그 절이 시작한 면의 쪽수 등을 모두 정리하기 때문이다.[1]

LaTeX은 위의 `\section` 명령처럼 단원을 나눠 주는 명령을 다양하게 (sectional units)을 제공한다. 표 7.1에는 위의 `\section`처럼 단원을 나눠 주는 환경들이 요약되어 있다. 그 사용법은 위의 `\section` 명령처럼 사용하거나 `\begin{환경}` 과 `\end{환경}` 사이에 단원을 넣는 두 가지가 있는데 앞의 방법이 일반적으로 편리하다.[2] 이때 LaTeX은 각 `\chapter`나 `\section` 등의 번호기(*counter*)를 갖고 그 번호를 유지한다. 실제로 표 7.1에 있는 것은 절구분 명령의 이름이기도 하지만 번호기의 이름이기도 하다. 표 7.2에는 위에서 본 `section`처럼 LaTeX이 번호를 붙이는 환경의 번호기를 정리하였다. 이 표에서 보는 `enumi`부터 `enumiv`까지는 `enumerate`의 항목 수에 대한 번호기이다.

---

[1] 따라서 목차도 LaTeX이 알아서 만든다. 8.5절 참조.

[2] `\end`를 잊어버려 에러 메시지를 만나지는 않기 때문이다.

표 7.1: 단원을 나누는 환경

part	chapter	section
subsection	subsubsection	paragraph
subparagraph		

표 7.2: 번호를 붙여 주는 환경의 번호기

참고: 아래에 더하여 `\newtheorem`에 의해 정의된(9.2절 참조) 사용자가 정한 환경도 번호가 붙는다.

part	chapter	section
subsection	subsubsection	paragraph
subparagraph	page	equation
eqnarray	figure	table
footnote	mpfootnote	enumi
enumii	enumiii	enumiv

일반적으로 상위 단위의 번호가 바뀌면 하위 단위의 번호는 자동적으로 처음으로 돌아간다(초기화). 즉, 제5장이 네 개의 절로 이루어졌다면 다음 장은 제6장이 되고 제6장의 첫 절은 5절이 아닌 1절로 된다. 마찬가지로 `subsection`은 `section`별로 번호가 붙는다.

또 `enumii`는 `enumi`별로, `enumiii`는 `enumii`별로, `enumiv`는 `enumiii`별로 번호가 붙으며(`henumerate` 환경의 `henum` n도 마찬가지임) `footnote`는 장별로 번호를 붙인다. `mpfootnote`는 `minipage`의 `\footnote` 환경인데 그 번호는 `minipage`별로 붙는다. `\newtheorem`에 의해 정의된 사용자 환경은 각 장별로 번호가 붙는다. 번호기(counter)에서 정해진 값을 불러 쓸 일이 있으면 환경 앞에 `the`를 붙인다. 예를 들어 `\thepage`, `\thechapter`, `\thesection`를 입력하면 "132", "7", "7.1"이 각각 인쇄되고, 따라서 "7.7.1"은 `\thechapter.\thesection`으로 얻어진다.[3]

[3]여기에 나온 숫자 132, 7.1, 7 등은 실제 지금 보고 있는 이 페이지의 페이지 수, 절번호, 장(chapter) 번호이다.

7.2. 절이나 장의 번호를 붙이지 않으려면

표 7.1에 있는 환경의 뒤에 "*"를 붙인 환경이나 명령이 제공된다. 예를 들면 `chapter*`, `\section*` 명령들이다. 이들을 사용하면 LaTeX이

- ✓ 절, 장 등의 번호를 붙이지 않고
- ✓ 목차에도 그 장이나 절을 넣지 않으며
- ✓ `section` 등의 번호도 바뀌지 않는다.

이와 같은 기능은 특히 영문 논문 등의 국문 초록, 국문 논문 등의 "Abstract"[4], 감사의 글 등을 만들 때 유용하다.[5]

다음 예를 보자. 먼저 지금의 `\thesection`은 "7.2"인데 다음 명령을 넣고 나서 어떤 변화가 있는지 알아보자. 지금
`\section*{감사의 글}`
로 다음과 같은

감사의 글

이 생겨났다. 하지만 목차에는 위의 "감사의 글"이 나타나지 않으며 (목차에 가서 확인해 보자–이 책은 LaTeX으로 쓰여졌다) 또 `\thesection`으로 나오는 값은 "7.2"이며 따라서 다음 절의 번호는 당연히 이 절 바로 다음 번호이다.

7.3. LaTeX파일의 전체 구조

표 7.1에 들어가 있는 몇 가지는 특히 전체를 이루는 중요한 단위가 되는데 이전 장과 이 장은 어떻게 입력하여 만든 것인지 그 일부분만 보자.

```
\documentclass[...]{...}
\begin{document}
\tableofcontents
\chapter{리스트 만들기}
\section{\texttt{itemize}}
\section{\texttt{description}}
```

[4] 실제로는 이런 방법의 사용을 권장하지는 않는다. 다만 LaTeX이 제공하는 스타일이 원하는 스타일이 아닌 경우 이런 방법의 사용도 가능하다는 의미이다. "Abstract"를 만드는 방법은 `abstract` 환경을 참고하기로 한다.

[5] 절, 장, 등의 번호는 넣지 않으면서 목차에는 포함시키려면 8.5.1절 참조.

```
\section{\texttt{enumerate}}
\subsection{한글 번호 ?}
\chapter{번호 붙이기}
\section{잘못된 예}
\end{document}
```

참고 : LaTeX의 report나 book 클래스[6]에서 chapter를 사용하면 이 책의 각 장의 제일 첫 면처럼 인쇄되는데 이것이 너무 크다고 판단되는 경우 chapter 없이 section부터 사용할 수는 있으나 절(section)이나 수식 번호 등이 문제가 있으므로 article 클래스를 사용하는 편이 낫다.[7]

7.4. 번호기의 조정

LaTeX이 제공하는 번호는 필요에 따라 사용자가 특정한 값을 지정하거나, 값을 더해주거나 뺄 수 있다. 번호기의 값은 정수만 가능하다.

7.4.1 번호기의 값 바꾸기

표 7.2에 있는 값들은 사용자가 필요에 따라 바꾸어 줄 수 있다. 이러한 필요는 특히 목차나 머리말이 앞에 있고 본문부터 다시 제1면이 시작되는 경우가 대표적이라 하겠다. 번호기의 값을 바꾸는 두 가지 명령은 \setcounter과 \addtocounter이며 이들의 사용법은

```
\setcounter{name}{value}
\addtocounter{name}{value}
```

이다. \setounter 명령은 번호기 *name*의 값을 정해 준 값 *value*로 지정하는 명령이고, \addtocounter 명령은 *name*의 번호기의 현재 값에 정해 준 *value*만큼 더하거나 빼 주는 명령이다.[8] 여기서 *name*으로 사용할 수 있는 이름은 표 7.2에 있는 번호기 중의 하나이며 사용자가 따로 정의한 번호기의 이름도(7.5절 참조) 사용할 수 있다. \addtocounter나 \setcounter의 사용 예는 2.12절의 \footnote의 설명에 있으니 참고하자.

[6] chapter는 article 클래스에서는 사용할 수 없음.
[7] 1절의 번호가 "0.1"이 됨.
[8] 빼 주고자 할 때는 *value*에 음수를 설정한다.

표 7.3: 몇 가지 counter 형식

\arabic{chapter}	7	\roman{chapter}	vii
\Roman{chapter}	VII	\alph{chapter}	g
\Alph{chapter}	G		

표 7.4: \fnsymbol의 값

1	2	3	4	5	6	7	8	9
∗	†	‡	§	¶	‖	∗∗	††	‡‡

7.4.2 번호기의 형식 바꾸기

표 7.2에 있는 환경들이 갖는 번호는 특별히 정하여 주지 않으면 아라비아 숫자로 표현되는데[9] 이를 아라비아 숫자가 아닌 알파벳이나 로마 숫자로 바꿀 수 있다. 표 7.3에는 어떻게 바꿀 수 있는지 명령어와 그 결과를 실었다. 여기서 영문 알파벳을 사용하는 \alph와 Alph는 27 이상의 값은 가질 수 없다. 표 7.4에는 특히 문자를 번호로 사용하는 번호기 형식인 \fnsymbol (footnote symbol)을 실었다. \fnsymbol이 가질 수 있는 값은 1부터 9까지이며 \fnsymbol 명령은 수학 모드에서만 사용이 가능하다. 번호기의 형식을 바꾸기 위해 \renewcommand 명령을 사용하는데 만일 다음과 같이 번호기의 형식을 바꾸면

```
\renewcommand{\thesubsection}{\Roman{subsection}}
```

명령의 전과 후의 \thesubsection의 결과는 "7.4.2"과 "II"가 되고 아래 명령의

```
\renewcommand{\thesubsection}
{\Alph{chapter}--\Roman{section}.\arabic{subsection}}
```

결과로 \thesubsection은 "G–IV.2"이 된다. 서두에서 말한 바와 같이 목차나 머리말까지와 본문의 시작부터는 많은 경우에 서로 다른 쪽수와 형식을 이용하게 되는데 그 경우에 다음이 자주 이용된다.

> \renewcommand{\thepage}{\roman{page}}
> 목차, 머리말이 들어갈 곳
> \renewcommand{\thepage}{\arabic{page}}

[9] enumii, enumiii 등은 예외임.

```
\setcounter{page}{0}
\include{chap1}
혹은 본문의 시작
```

위와 같이 하면 목차 등의 면수는 로마 숫자로 시작하고 본문부터 다시 아라비아 숫자로 제1면이 시작된다.

enumerate에서 각 항에 붙여 주는 번호를 바꾸고 싶을 때가 있는데 그때는 그 번호기인 enumi, enumii, enumiii나 enumiv의 값을 바꾸어 주면 된다. 만일 제일 바깥쪽의 enumerate의 번호를 몇 장에서의 몇 번째인가를 나타내 주고자 한다면

```
\renewcommand{\theenumi}{\arabic{chapter}.\arabic{enumi}}
```

명령을 주면 가능할 것이다. 다음의 예를 보자.

```
Following three ....

\begin{enumerate}
\item This is first
\item Second item
\item The Last item
\end{enumerate}
```

Following three items are labeled according to the chapter;

1 This is first

2 Second item

3 The Last item

enumerate의 번호를 한글로 바꾸는 방법은 6.3절에 설명되어 있다.

7.5. 사용자 정의 번호기

LaTeX사용자는 필요하면 새 이름의 번호기를 정의할 수 있다.

\newcounter{*newctr*}[*within*]

명령은 새로운 번호기 *newctr*을 만드는데 그 번호기는 *within*이 바뀔 때마다 0으로 다시 설정된다. *within*은 주로 단원을 나눠 주는 환경이다.[10]

```
\newcounter{testfnsymbol}
\setcounter{testfnsymbol}{9}
$\fnsymbol{testfnsymbol}$
```

[10]표 7.1의 환경 참조.

명령의 결과 아홉 번째 fnsymbol인 "‡‡"가 인쇄된다. \setcounter 명령에서 번호기의 값을 어떤 수로 정하지 않고 다른 번호기의 값으로 줄 수 있는데 이 값을 계산하는 명령어로 \value가 있다.

```
\value{counter}
```

명령은 번호기 *counter*의 값을 계산하기 때문에 다음과 같이 사용할 수 있다.

```
\setcounter{testfnsymbol}{\value{chapter}}
```

이제 testfnsymbol 의 번호기의 값이 7이므로

```
\fnsymbol{testfnsymbol}
```

은 ∗∗ 을 출력한다.

7.6. 번호기를 이용한 단기 및 시간 만들기

한글을 지원하는 LaTeX이라면 우리 고유의 단기 연호를 사용할 수 있어야 하겠다. 단기는 서기에 2333을 더해 주면 계산되므로 다음과 같이 계산하여 \dankitoday를 정의하여 보자.

```
\newcounter{D@anki}
\setcounter{D@anki}{\year}
\addtocounter{D@anki}{2333}
\def\dankitoday{단기~\arabic{D@anki}~년 \number\month~월
                    \number\day~일}
```

위의 명령으로 정의된 \dakitoday로 다음과 같은 결과를 얻을 수 있다.

오늘은 단기 4349년 11월 30일이다. ....오늘은 \dankitoday 이다.

여기서 주의할 점은 @가 있는 명령은 클래스 또는 패키지(스타일) 파일 안에서만 정의할 수 있다. 따라서 위에서 보는 정의는 모두 클래스 또는 패키지 파일 안에 정의되어 있으며 \usepackage 명령을 이용하여 사용한다.[11] 위는 번호기의 한 사용 예이고 저자의 \dankitoday의 정의는 위와 달리

```
\def\dankitoday{\advance\year2333 단기~\number\year 년 %
\number \month 월 \number\day 일 \advance\year by -2333}
```

[11] 참고로 이전 버전인 LaTeX 2.09에서는 \documentstyle 명령 내의 옵션으로 패키지를 사용한다.

이다. 여기서 \def는 새 명령을 정하는 명령이고 \advance는 더해 준다는 의미이다. 둘 다 plainTEX명령이다.

참고로 이 책의 iv면은

```
\newcount\hour                    % 현재시각 in minute from midnight
\hour=\time\divide\hour by 60% integer part of \hour=\time/60
\newcount\minute                  % 현재시각 분
\minute=\hour\multiply\minute by -60   % \minute=\hour*60 분
\minute=\minute\advance\minute by \time% \minute=\time-\minute
\newcommand*\ampm{%
  \ifnum\number\time>720 오후\else 오전\fi}% 720분 초과는 오후
\newcommand{\nowampm}{%
\ifnum\hour > 12 \advance\hour by -12\fi   % 13시 이상은 오후로
\ampm\ \number\hour 시 \number\minute 분}
\newcommand{\now}{\number\hour 시 \number\minute 분}
```

로 \now와 \nowampm을 정의한 후

```
마지막 컴파일 시각: \today\ \nowampm
```

으로 만들었다. 혹시 출판사의 편집 과정에서 iv면이 바뀔지도 몰라 여기에 다시 그 값을 넣어 보면 마지막 컴파일 시각은 '2016년 11월 30일 오전 9시 20분'이다.[12]

위의 \time은 현재의 시간을 자정부터 시작하여 분 단위로 계산한 값을 얻는다. 예를 들어 오전 1:05일 때 \time은 65이다. 따라서 현재 시각의 시간인 \hour은 \divide 명령을 사용하여 \time÷60의 몫으로 얻을 수 있다. 이때 얻는 값은 자연수이다.

이제 분(minute)은 원래 \time을 60으로 나눈 나머지 값으로 얻는다. 또한 이 나머지는 원래의 \time에서 \hour×60을 뺀 값으로 얻는다. LATEX에서 곱셈은 \multiply 명령을 사용한다.

\nowampm을 정의하기 위해서 \minute이 720(= 12 × 60 = 12시간) 이상이면 오후, 그렇지 않으면 오전이며 이에 따라 \ampm을 정의하였고 \hour가 13 이상이면 오전 오후로 표시할 때는 12를 빼주었다. 숫자의 값에 대한 비교는 \ifnum 명령을 사용하고 LATEX의 if에 대한 endif는 \fi이다. 여기서는 사용하지 않았지만 else에 해당하는 LATEX 명령은 \else이다. 이들은 모두 plainTEX 명령들이다.

마지막으로 \now는 24시간 기준의 시간으로 정의하였다.

[12]이 책이 꽤 길어서 1분 정도 iv면과는 차이가 날 수도 있음

7.7. \appendix 명령

LaTeX의 \appendix 명령은 아무 출력도 만들지 않는다. 다만 \appendix 명령이 주어진 이후의 출력은 '부록'으로 간주되므로 장(chapter)의 출력 형식 등이 바뀌게 된다. \appendix 명령 이후에는 \chapter 명령으로

1 report나 book 클래스에서 각 장 첫머리의 Chapter 대신에 'Appendix' 가 출력된다. 이는 heading에서도 마찬가지이다. 한글인 경우 어떻게 스타일 파일에서 정해 주는가에 따라[13] 'Appendix' 대신에 '부록'이 나오게 할 수도 있다. article 클래스에서는 \section 명령으로 "Section 1" 등이 아니라 번호만 출력되므로 이 부분의 변화는 없다.

2 report와 book 클래스에서는 chapter 번호기가, article 클래스에서는 section 번호기가 \Alph 형식으로 바뀌면서 1부터 시작한다. 즉, \appendix 명령 다음의 첫 장의 번호는 A, 두 번째는 B 등이 된다.

따라서 부록인 것을 표시하기 위해서는 부록이라는 출력을 따로 만들어야 한다. 즉,

```
\section*{부록}
```

등의 방법으로 '부록'이라는 표시를 하고 그 다음부터는 \chapter 명령 등을 사용하면 LaTeX이 자동으로 chpater 번호를 알파벳으로(사용 중인 클래스나 패키지에 따라 다를 수 있음) 바꾸어 준다.

[13]제19장 LaTeX의 한글화 참조.

제8장

인용, 차례, 입력 나누기

다음 문장을 생각해 보자.

예 8.1 The following function defined on the real line

$$f(x) = \frac{1}{\sqrt{2\pi}\sigma} \exp\Big\{ - \frac{(x-\mu)^2}{2\sigma^2} \Big\} \tag{8.1}$$

is called the probability density function (*pdf*) of a normal distribution with mean μ and variance σ^2. $\cdots$ The equation (8.1) on page 141 of Chapter 8 is called standard normal pdf if $\mu = 0$ and $\sigma = 1$.

여기서 'page 141', 'Chapter 8'과 'equation (8.1)'의 141, 8이나 8.1은 LaTeX의 사용자가 정하여서(혹은 찾아내어) LaTeX 소스 파일에 직접 입력하는 것은 바람직하지 않다. 만일 사용자가 수식 번호, 면수 등을 일일이 찾아서 입력하면 나중에 식을 하나 더 추가 혹은 삭제하거나 문장을 삽입 또는 삭제할 경우, 페이지나 식의 번호가 바뀌게 되므로 그때마다 해당 숫자를 모두 바꾸어야 하는데, 설사 그렇게 하였다 치더라도 빠뜨리거나 잘못 입력할 수 있을 것이다. LaTeX은 이런 정보를 모두 관리하므로 이 장에서는 이러한 방법을 쓰지 않고 LaTeX 내용 중의 식이나 장/절, 면, 정리, 표, 그림 등을 어떻게 인용하는지 알아보자.

8.1. 이름 주기 : \label 및 \ref, \pageref

이미 짐작한 바와 같이 앞의 예에 나오는 수식 번호나 면수는 사용자가 계산하거나 찾아내어 입력한 것이 아니다. 위의 예 8.1은 다음을 입력하여 얻은 결과이다

```
The following function defined on the real line
\begin{equation} \label{eq:normal}
```

```
  f(x) = \frac{1}{\sqrt{2\pi}\sigma}
    \exp\Bigl\{ -\frac{(x-\mu)^2} {2\sigma^2} \Bigr\}
\end{equation}
is called the probability density function (\emph{pdf}) of a
normal distribution with mean $\mu$ and variance $\sigma^2$.
$\cdots$ The equation (\ref{eq:normal}) on page
\pageref{eq:normal} of Chapter~\ref{ch:ref} is called
standard normal pdf if $\mu=0$ and $\sigma=1$.
```

위에서 사용된 명령어 중 `\label`, `\ref` 및 `\pageref` 명령이 인용에 필요한 명령어인데 이들은 각각 다음과 같이 사용한다.

✓ `\label{`*name*`}`을 나중에 인용하고자 하는 환경이나 명령에 넣는다. *name*은 사용자가 적절하게 이름을 정해 주며 나중에 인용할 때 사용하게 된다. 위의 예는 `\begin{equation}`과 `\end{equation}` 사이에

```
\label{eq:normal}
```

명령을 넣어 주었다. 이 `\label` 명령은 아무 출력도 만들지 않는다.

✓ `\ref{`*name*`}`는 `\pageref{`*name*`}`를 부를 때마다 `\label{`*name*`}`가 있는 수식 번호, 장, 절의 번호, 표나 그림의 번호 또는 해당 페이지 수를 만든다. 출력되는 것이 수식 번호인지, 절의 번호인지, 표나 그림의 번호인지 등은 `\label{`*name*`}` 명령이 위치한 곳에 따라 달라진다. 이 명령의 위치는 8.1.2절을 참고하기로 한다.

`\ref`: 인용할 절, 장, 수식, 그림이나 표, 정리(thoerem 등) 등의 번호를 출력한다.

`\pageref`: 인용할 절, 장, 수식, 그림이나 표, 정리 등이 위치한 면수(page number)를 출력한다.

참고: `\ref`나 `\pageref` 등에서 부른 `\label`의 이름이 `\ref`나 `\pageref`보다 나중에 나올 수도 있다.

참고: LaTeX 소스 파일에서 인용할 항목이 많아서 `\label` 명령의 사용이 많은 경우 `\label{`*name*`}` 명령에서 *name*에 절은 `ss:eq1`, 장은 `ch:chap1`, 수식은 `eq:clt`, 그림은 `fig:binomial`, 정리는 `th:newthm` 등과 같이 무엇에 대한 레이블링인지 표시하면 사용하기 편리하다.

주의: `\ref`나 `\pageref`로 나오는 것은 숫자뿐이므로 "식", "Section", "절" 또는 "면" 수식 번호의 "식"이나 괄호 등은 사용자가 직접 입력하여야 한다.

참고: amsmath 패키지를 사용하고 \ref 대신 \eqref 명령을 사용하면 수식 번호에 괄호를 포함한 형식이 출력된다.

> \ref{*name*}은 \label{*name*}에 해당하는 절, 장, 식, 그림이나 표 등의 번호를 가져오며 \pageref{*name*}은 \label{*name*} 명령이 있는 곳이 페이지수를 가져온다.

8.1.1 "~" 의 사용

위에서 \ref나 \pageref와 그 전 혹은 후의 이름을 "~"로 연결한 것을 볼 수 있는데 이는 \ref 등으로 만든 번호와 그 이름 사이에서 줄 바꾸기를 방지하여 준다. 위와 같은 목적으로 ~ 를 사용하는 예로는 참고문헌의 페이지 수를 나타내는 pp.와 페이지 값 사이(예 pp.~231--245), 나라 이름 등의 약자(예 R.~O.~K.)나 호칭에 사용하는 Mr. 나 Mrs.(예 Mr.~Sim) 등이 있다.

8.1.2 \label 명령의 위치

\label 명령은 소스 파일에서 인용하고 싶은 곳이면 아무 곳이나 줄 수 있다. 다만 페이지를 인용하는 것이 아니라면 적절한 위치에 주는 것이 좋다. 각 명령이나 환경에서 적절한 \label 명령의 위치는 아래와 같다.

✓ equation 환경, 사용자가 정의한 Theorem 등(9.2절 참조)의 경우:
\begin과 \end 사이(주로 \begin 바로 다음). 예를 들어 165면의 Theorem 9.1에 있는 Theorem을 인용하려면 이 정리 안의 \label에 주어진 값인 {th:texusage}을 \ref하면 된다. 즉, Theorem 9.1을 얻으려면
Theorem~\ref{th:texusage}
을 입력하면 된다.

✓ figure, table 등의 경우:
\caption 명령의 매개변수 안에 준다. 예를 들어

```
\begin{figure}
\caption{This is a Figure \label{name}}
\end{figure}
```

와 같이 \label 명령을 사용한다.

✓ `chapter, section, subsection` 등의 제목 안.
예 : Section 8.4의 선언은 다음과 같고
`\section{에러 메시지 \label{ss:errmsg}}`
위의 "Section 8.4"는 `Section~\ref{ss:errmsg}`로 만들어진다.

✓ `eqnarray` 환경:
`eqnarry` 환경에서는 여러 줄의 수식이 각각의 번호를 가지므로 각각의 식이 끝나기 전에(즉, `\\` 전) 다른 `label`들을 줄 수 있다.

✓ `enumerate` 환경에서 각 항목은 `\item` 다음의 위치 혹은 `\item` 다음의 `[` 와 `]` 사이의 문자열로 해당 항목을 인용한다. 지금 8.1.2항과 8.1.2항은 각각 `item`의 시작 부분에 `\label{thisitem}`과 `\label{thatitem}`이 주어져 있으므로 여기서 "8.1.2항"과 "8.1.2항"은 "`\ref{thisitem}`항"과 "`\ref{thatitem}`항"으로 만들어진다.
주의: `enumerate`에서의 인용은 잘못되기 쉬운데 그 이유는 `enumi`, `enumii` 등이 `enumerate`를 사용할 때마다 계속 변하기 때문이다.

8.2. 참고문헌의 인용: \cite, \bibitem

참고문헌에서 주어진 문헌들은 일반적으로 본문에서 다시 인용되는데 이때 인용되는 문헌의 참고문헌 번호를 [···]에 주는 경우가 많다. 다음의 예를 보자.

> Billingsley's [1] book was published in New York (See also Kartzas and Shereve [3]). Harrison and Reiman [2] have a paper in The Annals of Probability.

여기서 "[1]", "[2]", "[3]"은 아래의 참고문헌 목록의 참고문헌 번호이며, 참고문헌 목록은 다음과 같다고 하자.

참고문헌

[1] Billingsley, P. (1968) *Convergence of Probability Measures* John Wiley & Sons, New York.

[2] Harrison, J. M. and Reiman, M. I. (1981). Reflected Brownian Motion on an Orthant *The Annals of Probability* **9**, 302–308.

[3] Karatzas, I. and Shereve, S. (1988) *Brownian Motion and Stochastic Calculus* Springer-Verlag, New York.

이때 참고문헌 번호는 LaTeX 사용자가 입력하는 것이 아니라 LaTeX이 자동으로 만들어 준다(위의 equation 등과는 달리 “[” 과 “]”까지 LaTeX이 만들어 준 것이다). 위의 참고문헌과 인용을 하기 위해 어떤 LaTeX파일이 준비되어야 하는지 알아보자.

```
Billingsley's \cite{bill1} book was published in
New York (See also Kartzas and Shereve
\cite{KandS}). Harrison and Reiman \cite{HandR}
have a paper in The Annals of Probability.
```

지금 보는 것처럼 위의 \cite{*name*}이 “[1]” 등을 만들어 준 명령인데 여기서 “bill1”, “KandS”, “HandR” 등은 참고문헌 인용 이름으로 아래와 같이 참고문헌을 만들 때 \bibitem에 주어진 이름들이다.

```
\begin{thebibliography}{12345}
\bibitem{bill1} Billingsley, P. (1968) \emph{
  Convergence of Probability Measures}  John Wiley
  \& Sons, New York.
\bibitem{HandR} Harrison, J. M. and Reiman, M. I.
  (1981). Reflected Brownian Motion on an Orthant
  \emph{The Annals of Probability } \textbf{9}, 302--308.
\bibitem{KandS} Karatzas, I. and Shereve, S. (1988)
  \emph{Brownian Motion and Stochastic Calculus}
  Springer-Verlag, New York.
\end{thebibliography}
```

즉,

> \cite{*name*} 은 \bibitem{*name*}에 해당하는 번호를 가져온다.

위의 경우에는 참고문헌 인용 이름을 최대 다섯 자까지만 쓸 수 있는데 그 이유는

\begin{thebibliography}{12345}

다음의 “{” “}” 안의 문자 12345의 글자 수가 다섯 자이기 때문이다. 만일 가장 긴 참고문헌 인용명을 여섯 자로 하고 싶다면 “{” “}” 안에 임의의 글(영문, 숫자) 여섯 자를 아래와 같이 넣으면 된다.

\begin{thebibliography}{123456}

표 8.1: 조사의 입력과 출력

입력	만들어지는 출력
\은 또는 \는	번호에 따라 ‘은’ 또는 ’는’
\이 또는 \가	번호에 따라 ‘이’ 또는 ’가’
\을 또는 \를	번호에 따라 ‘을’ 또는 ’를’
\와 또는 \과	번호에 따라 ‘와’ 또는 ’과’
\로 또는 \으로	번호에 따라 ‘로’ 또는 ’으로’
\라 또는 \이라	번호에 따라 ‘라’ 또는 ’이라’

\cite는 옵션으로 [와] 안에 필요한 말을 줄 수 있다.

> Billingsley's [1, see Chapter 5] book was published in New York (See also Kartzas and Shereve [3, Optional]). Harrison and Reiman [2] have a paper in The annals of Probability.

위의 예는 다음과 같이 옵션인 [...]를 이용한 출력이다.

```
Billingsley's \cite[see Chapter~5]{bill1} book was
published in New York (See also Kartzas and
Shereve\cite[Optional] {KandS}). Harrison and Reiman
\cite{HandR} have a paper in The annals of Probability.
```

> 참고: 참고문헌의 인용은 참고문헌 데이터 베이스에 있는 것 중의 일부만 따로 인용할 수 있는 방법이 12장에 소개되어 있으므로 참고하기로 한다.

8.3. 인용시의 조사 처리

LaTeX의 인용 기능을 사용할 때 그림 \ref{fig}을과 같이 입력하였다고 하자. 이때 \ref{fig}가 1,3,6,7 등인 경우는 문제가 없지만 그림의 번호가 2, 4, 5 등인 경우 ‘을’이 아닌 ‘를’이 되어야 한다. 이와 같이 인용으로 만들어지는 번호에 따라 조사가 ‘을/를’, ‘이/가’, ‘와/과’, ‘로/으로’ 및 ‘라/이라’ 중의 하나로 바뀌어야 한다. kotex 패키지는 hyperref 패키지와 함께 사용할 때 이들 조사를 자동으로 바꾸어주는 기능을 제공하며 이때 사용할 수 있는 명령은 표 8.1에 정리하였다. 예를 들어

> 페이지 201과 202의 그림 11.1과 그림 11.2는 그림 11.3과 관계가 있나?

는

```
페이지 \pageref{fig:texgr}\와 \pageref{fig:igraph1}의
그림 \ref{fig:texgr}\과 그림 \ref{fig:igraph1}\는 그림
\ref{fig:texgr2}\와 관계가 있나?
```

의 결과이다. 여기서 인용한 것들은 모두 이 원고 내의 어딘가에 정의된 `\label`이다. 정확한 위치는 위의 출력에서 확인한다.

8.4. 인용이 잘못된 경우의 에러 메시지

다음은 인용에 관계된 에러 중 자주 만나는 것이다.

✓ **Undefined**:
LaTeX Warning: Reference 'notfound' on page 2 undefined on input line 31
이 에러 메시지는 `\ref`나 `\pageref` 등에서 준 변수 "notfound"가 `\label`에 주어지지 않은 경우이다. LaTeX파일의 31번째 줄을 찾아가서 고쳐야 한다는 것인데 이 메시지는 `\ref`나 `\pageref`에서 부른 이름의 `\label`보다 먼저 나올 경우에도 나오는 에러 메시지이므로 한두 번 더 LaTeX을 수행시키고 그래도 계속 이 메시지가 나오면 `\ref` 등의 철자가 의도한 대로 입력되었는지 확인한다.

✓ **Multiple**:
LaTeX Warning: Label 'many' multiply defined on input line 31
이 에러 메시지는 `\label{`*many*`}`에서 준 변수 *many*가 두 번 이상 주어진 경우이다. LaTeX파일의 31번째 줄을 찾아가서 고칠 것. 이때 참고서적의 `\bibitem` 안에 준 인용목록과 `\label`에서 준 인용목록도 겹치지 않아야 한다는 점에 유의하여야 한다.

✓ **Changed**:
LaTeX Warning: Label(s) may have changed. Rerun to get cross-reference right.
이 에러 메시지는 `\label`을 바꾸거나 추가하고 나면 나오는데 이는 지금 LaTeX의 수행 때의 인용에 관계된 정보와 이전에 가지고 있던 정보가(`.aux` 파일에 있음) 다르다는 뜻이다. 한 번 더 LaTeX을 수행하면 된다. 만일 한 번 더 수행하고도 계속 같은 에러 메시지가 반복되면, `\label`에 준 이름이 겹쳐 있는 경우이므로 LaTeX파일에 가서 고쳐 주어야 한다.

✓ **Undefined**:
LaTeX Warning: Citation 'bill1' on page 4 undefined on input line 90.

이 메시지는 \cite{bill1}에서의 bill1을 가진 참고문헌 항목이 없다는 뜻인데, 만일 bill1의 이름을 가진 \bibitem이 있다면 LaTeX을 한 번 더 수행하면 된다.

참고: \ref, \pageref, \cite 등의 잘못된 경우를 포함하여 모든 LaTeX 실행에 생긴 메시지는 확장자가 log인 텍스트 파일에 저장되므로 이 파일을 열어서 확인하는 것이 좋다.

8.5. 차례 만들기

LaTeX에서 차례, 표 차례, 그림 차례 등은 모든 입력이 완성된 후 사용자가 하나씩 차례 항목을 모아서 따로 편집하는 것이 아니라 한 줄의 명령만 입력하면 만들어진다. 이 책의 차례도 단 한 줄의 아래 LaTeX 명령으로 만들어진 것이다.

```
\tableofcontents
```

LaTeX이 이와 같이 환상적인 작업을 할 수 있는 이유는 제7장에서 설명한 바와 같이 chapter, section, subsection과 같은 장, 절, 부속절 등을 \chapter, \section, \subsection 등의 명령으로 만들기만 하면 그와 관계된 모든 정보를 LaTeX이 이미 갖고 있기 때문이다. 이 정보는 .aux 파일에 저장되며, 이 파일의 내용을 이용하여 차례 파일 .toc를 만들기 때문이다.

참고: 이따금씩 **Contents**(영문일 경우)나 **차례** (한글 사용한 경우) 만 인쇄되고 그 내용이 전혀 인쇄되지 않는 경우가 있는데 그것은 .toc 파일에[1] 문제가 있는 경우이다. 이런 경우는

- ✓ \tableofcontents 명령으로 .toc 파일을 불러들여야 하는데 최초의 컴파일에서는 이전의 컴파일에서 생성된 .toc 파일이 없어서 불러들이지 못한 경우
- ✓ 컴파일 도중 에러가 생겨서 중간에 컴파일에 중지하여 이전 .toc 파일은 이번 컴파일 시작 시 없어졌는데 이번 컴파일에서 중간에서 중지하여 .toc파일이 없는 경우

이다. 이런 경우 두 번 정도 컴파일을 다시 하면 된다.

[1] 이 파일은 LaTeX이 만들어 주는 차례 정보를 담고 있는 파일인데 그 확장자가 .toc이다. .lof, .lot 파일 참조.

> 참고: 가끔 LaTeX이 생성한 차례가 실제 차례와 다른 경우가 있는데 이는 이전의 컴파일에서 `.toc` 파일이 생성된 후 장이나 절을 추가하거나 내용이 추가 또는 삭제되어 장이나 절의 위치가 바뀐 경우이다. 이 경우도 두 번 정도 컴파일을 다시 하면 된다.

일반적으로 `\tableofcontents` 명령의 위치는 `\maketitle`[2] 바로 다음이다.

8.5.1 차례에 항목 더해 넣기

어떤 경우에는 차례에 항목을 더해 주어야 할 때가 있다. 예를 들어 감사의 글을 만든다고 할 때 "감사의 글"은 절이나 장의 제목 크기로 쓰지만 번호가 그 앞의 절이나 장에 이어져 붙는다면 이상할 것이다. 이런 경우 표 7.1의 환경 다음에 *를 붙이면 된다(7.2 절 참조). 그런데 이럴 경우에는 "감사의 글"이 `\tableofcontents`로 만든 차례에서도 빠지는데, 이를 차례에 넣고자 한다면 `\addtocontentsline` 명령을 사용한다. 이 명령은

```
\addcontentsline{toc_name}{sec_unit}{content}
```

로 사용하며 *toc_name*에는 차례 항목을 추가할 차례의 이름으로 `toc`(차례), `lot`(표 차례), `lof`(그림 차례) 등을 설정하고, *sec_unit*는 항목의 크기로서 `chpater`, `section` 등을 사용한다. `content`에는 차례에 입력될 내용을 설정한다. 이 명령이 선언된 면의 페이지 수가 차례에 포함된다.

앞에서 본 "감사의 글"을 차례에 추가하려면 다음 명령을 주면 된다.

```
\addcontentsline{toc}{section}{감사의 글}
```

이 경우에는 "감사의 글"이 아래처럼 "section"의 크기로 만들어 졌다고 가정하였다.

```
\section*{감사의 글}
모두에게 감사합니다.
```

만일 감사의 글을 "`chapter`" 크기나 "`subsection`" 크기로 하고 싶다면 위의 "`section`" 대신에 각각 "`chapter`"나 "`subsection`"을 사용하면 될 것이다.

`\addtocontents` 명령을 사용하여 차례에 항목을 추가할 때 절이나 그림 등의 번호는 들어가지 않는데 이런 번호를 출력하고자 할 때가 있다. 이런 경우에는 `\numberline` 명령을 사용한다. 이 명령은

---

[2] `titlepage`가 있는 경우.

```
\numberline{num}{title}
```

로 사용하는데 *num*에는 1.2 등의 번호가 *title*에는 절 등의 이름이 주어진다.

8.5.2 그림 차례, 표 차례

그림 차례나 표 차례도 위의 차례와 마찬가지로 다음 한 줄 씩의 명령으로 만들어진다.

```
\listoffigures
\listoftables
```

다만 여기서도 그림 차례와 표 차례가 제대로 만들어지기 위해서는 앞의 차례에서처럼 LaTeX이 필요한 정보를[3] 갖게 하기 위해 `figure`와 `table` 환경을 사용하여야 한다는 것이다. 그림 차례, 표 차례에서도 앞의 차례에서처럼 그 항목을 더해 줄 수 있는데 명령의 방법은 아래와 같다.

```
\addcontentsline{lot}{table}{추가할 항목의 표제목}
\addcontentsline{lof}{figure}{추가할 항목의 그림 제목}
```

이렇게 그림이나 표 차례의 항목을 더해 주는 경우는 `figure`나 `table` 환경을 사용하지 않은 그림이나 표를 차례에 넣고 싶은 경우이다. 이 책의 그림 차례에는 위의 명령을 이용한 예가 있는데 다음 명령에 의해 이 책의 그림 차례에 그림 번호가 없는 그림 항목

그림과 텍스트를 나란히 놓기

가 404면에 있는 것으로 나오는 것을 확인할 수 있는데 이는 그림의 위치에서

```
\addcontentsline{lof}{figure}{\protect\numberline{\null}
            {\texttt{[turn]을 사용한 다각형 그리기}}}
```

를 명령하여 추가한 것이다. 당연히 404면의 그림은 그림 번호가 없음을 알 수 있다. 여기서 `lof`나 `lot`는 LaTeX에서 만드는 파일의 확장자 이름이고 `figure`나 `table`은 목차 항목이 그림이나 표의 목차 항목의 크기라는 뜻이다.

참고: 장, 절 등을 차례에 나오지 않게 하려면 `\chapter*`, `\section*`처럼 `*`가 붙은 명령을 사용하면 되나 표 차례나 그림 차례에 특정한 표나 그림이 나오지 않게 하는 것은 `table*`나 `figure*` 환경을 사용하는 것이 아니라 `\caption` 명령을 사용하지 않는다.

---

[3]앞의 `.toc` 파일처럼 이러한 정보를 갖는 파일을 LaTeX이 만들어 주는데 그 확장자는 `.lof`와 `.lot`이다.

8.5.3 차례 항목 중의 인용

차례의 항목 중에 \ref, \pageref 등이 있는 경우가 있다. 예를 들면

```
\caption{\ref{ss:example}절을 그림으로 나타낸 경우}
\section{제\ref{ch:latexcad}장의 사용 예}
```

와 같은 경우이다. 이런 경우 컴파일에서 .toc, .lof를 불러들이는 중에 에러가 생기는데 이를 방지하기 위해서는 \protect 명령을 다음과 같이

```
\caption{\protect\ref{ss:example}절을 그림으로 나타낸 경우}
\section{제\protect\ref{ch:latexcad}장의 사용 예}
```

\protect 명령을 함께 사용해 주는 것이 좋다.

또한 앞에서 본 \addcontentline 명령 내에서도 \proctect를 사용하였는데 그 이유는 이들 명령들이 *fragile* 명령이기 때문인데, *fragile* 명령은 2.13절을 참고하기로 한다.

8.5.4 toc/lof/lot의 수록 범위

차례, 표 차례, 그림 차례의 수록 범위는 설정할 수 있다. 이 설정이 잘못되면 그림 차례나 표 차례가 나오지 않거나, 차례는 장(chapter)만 수록되기도 한다. 이러한 설정은

\setcounter{*depth_counter*}{*num*}

이며 *depth_counter*는

- ✓ tocdepth: 차례에서 사용할 카운터
- ✓ lofdepth: 그림 차례에 사용할 카운터
- ✓ lotdepth: 표 차례에 사용할 카운터

을 사용할 수 있으며 *num*에는 −1 부터 3 사이의 정수를 설정하는데 이 값이 −1이면 부(\part)만, 0이면 장(\chapter)까지만(report/book만 가능), 1이면 절(\section)까지 2는 소절(\subsection)까지만 3이면 소소절(\subsubsection)까지, 4와 5는 각각 \paragraph 및 \subparagraph까지 실린다.

lot나 lof의 각 항목은 절(section) 크기이므로 이 값이 잘못 설정(0으로 설정)되면 표 차례나 그림 차례에 목록이 실리지 않을 수도 있다.

8.5.5 긴 제목을 가진 표나 그림의 설명 또는 절의 이름

표나 그림의 제목이 긴 경우 표나 그림의 차례에 절의 이름이 너무 길어서 한 줄을 넘어가는 경우가 발생한다. 이러한 문제는 절이나 장의 이름도 마찬가지이다. 이를 위해서 LaTeX은 \section, \caption 등의 명령에 옵션을 제공한다. 즉,

```
\caption[caption in LoF/LoT]{caption in body}
\section[caption in ToC]{caption in body}
```

로 *caption in LoF/LoT*나 *caption in ToC*에는 차례에 나올 짧은 제목을 주고 *caption in body*에는 원래의 긴 제목을 준다. 이 기능은 \part, \chapter, \subsection 및 \subsubsection에도 마찬가지로 사용할 수 있다. 즉,

```
\chapter[caption in ToC]{caption in body}
```

와 같이 사용한다.

8.6. 입력 나누기; \input, \include, \includeonly

LaTeX을 사용하면서 입력 파일을 하나의 파일로 만들지 않고 여러 개의 파일로 나누어 (예를 들어 각 장별로 다른 파일로 만들 수 있다) 입력할 수 있다. 이러한 입력 나누기는 특히 다음 두 가지 경우에 그 필요가 절실하다.

- ✓ 아주 큰 LaTeX 파일을 만들 때: 이 경우는 입력 파일이 수천 줄에 이를 수 있고 한 번 LaTeX을 수행시키는 시간이 길어져서 입력 파일을 나누지 않으면 시간 낭비가 심하다.
- ✓ 사용자의 취향에 맞춘 패키지(.sty 파일)나, 명령의 축약[4] 또는 새 환경의 정의[5] 등은 LaTeX 작업 때마다 그 내용을 LaTeX 파일에 입력하기보다는 매번 사용하게 되는 내용을 하나의 파일로 만든 다음, LaTeX작업 때마다 그 파일을 불러들이는 것이 편리하고 또 디스크의 용량도 덜 차지하게 된다.

위의 필요에 의해 파일의 내용을 각 장별로 입력을 나누기로 하고 10개의 장이 있다면 11개의 파일을 다음과 같이 준비하자. chap1.tex부터 chap10.tex 까지는 각 장의 내용을 담은 LaTeX파일[6]로 만들고 마지막으로 이 10개의 파일을 불러 주고 또 필요한 차례

[4] 9.1절 참조.
[5] 9.3절 참조.
[6] \documentclass[...]{...}가 아니라 \chapter...로 시작하는 파일.

만들기 등이 포함된 파일을 driver.tex라 하자. 이 파일의 내용은 예를 들어 다음과 같다.

```
\documentclass[twoside]{report}
\begin{document}
  \author{Me}
  \maketitle
  \tableofcontents
  \include{chap1}
  \input{chap2}
    .
    .
    .
  \include{chap10}
\end{document}
```

이제 이 파일이 준비되었으면 LaTeX 컴파일을 하면 LaTeX이 chap1.tex부터 chap10.tex까지 순서대로 불러 준다. 위에서 사용한 명령어는 두 가지인데 \input과 \include이다. 이 두 명령은 거의 같으나 \input 명령으로 부른 파일은 그 파일의 내용이 \input 자리에 그대로 삽입하게 하는 명령이고 \include는 \input의 앞뒤에 \clearpage 명령을 준 것처럼 \include 전의 유동체(floating body) 등을 모두 정리하고 나서 \include 명령에서 준 파일을 \input하게 된다. 즉, \include{file} 명령은

```
\clearpage \input{file} \clearpage
```

와 같은 명령이다.

만일 위의 두 번째 필요에 의해 사용자가 정의한 환경이나 새 명령 등을 하나의 외부 파일 mytex.tex로 만들었다면 이 파일을 불러들이는 위치는 위의 driver.tex의 \begin{document} 전 줄에(즉, *preamble*에)

```
\input mytex
```

을 넣음으로써 사용자가 자주 쓰는 정의 등을 새로 입력하는 수고를 던다.

\includeonly{*files*} 명령은 *files*에 주어진 파일만 불러들인다. 즉, driver.tex의 전처리부(\begin{document} 전)에[7] 다음 명령을 주면

```
\includeonly{chap1,chap3}
```

[7]반드시 \doucumentstyle 또는 \documentclass와 \begin{document} 사이라야 함.

LaTeX은 \begin{document} 다음에 \include가 몇 개나 있든지 상관없이 이 명령에서 준 chap1.tex와 chap3.tex만 읽어들이며 나머지는 무시한다. 큰 문서를 편집하면서 중간에 몇 개의 파일만 컴파일하면서 확인하는 데 이 명령이 도움이 된다. "{ }" 사이에 아무것도 주지 않으면 아무것도 읽지 않는다.

8.7. latexmk 명령

LaTeX은 컴파일을 하면서 어디에 어떤 인용이 필요한지, 표나 그림 등의 목차에 대한 정보, 참고문헌에 대한 정보, 색인에 대한 정보를 얻기 때문에 한 번의 컴파일로는 이 모든 정보가 바로 정리되지 않는다. 따라서 LaTeX 컴파일을 여러 번 해야 하는데 이를 자동으로 해 주는 명령이 latexmk 명령이다. 이전의 MiKTeX에서 지원되던 texify 명령과 유사한 기능을 하는 명령이다. 이 명령은 커맨드/콘솔 창에서

```
> latexmk options tex_file
```

로 사용하면 *tex_file*을 각종 차례 만들기, 인용, 참고문헌 정리 등에 의해 필요한 만큼 LaTeX 컴파일을 하고 필요한 경우 makeindex 명령도 실행하여 색인까지 포함해 준다. *tex_file*의 파일 확장자가 생략되면 *tex_file*.tex을 사용하며 *tex_file*이 전부 생략되면 현재 디렉토리의 모든 .tex 파일에 대해서 작업을 한다. latexmk가 실행되는 동안에 파일이 바뀌면 바뀐 파일의 내용을 반영하여 계속 컴파일을 한다.

*options*에 사용할 수 있는 옵션 중 일부는 다음과 같다.

-bibtex|-bibtex- 색인을 만드는 BiBTeX 기능을 사용하거나 사용하지 않는다. 기본값은 사용하는 것이다.[8]

-c 모든 부수 파일 및 출력 파일(.aux, .log, .bbl, .blg, .dvi, .pdf, .ps 및 .bbl)을 삭제한다.

-dvi|-dvi- dvi 파일을 만들거나(-dvi) 만들지 않는다(-dvi-). DVI 파일이 최종 출력이므로 PDF나 PostScript 파일은 만들어지지 않는다.

-f|-f- 컴파일 중간에 에러가 나더라도 무시하고 계속 진행하거나(-f) 진행하지 않는다(-f-). 기본값은 -f이다.

-latex=|-pdflatex=*cmd* latex, 및 pdflatex으로 컴파일할 때 실행할 명령을 설정한다. 일반적으로 이들 명령에 옵션을 추가하고자 할 때 다음과 같이 설정한다.

[8]옵션 뒤에 -가 붙은 것은 해당 기능을 사용하지 않는다는 의미이다.

아래는 `pdflatex`의 경우이며 `latex` 등도 같은 방법으로 설정한다(명령 전체를 한 줄에 입력하여야 함).

```
latexmk -pdf
    -pdflatex="pdflatex --shell-escape %O %S" foo.tex
```

만일 추가 옵션이 필요 없으면 설정하지 않아도 된다. 여기서 `%O`는 옵션을 `%S`는 LaTeX 소스 파일을 의미한다.

`-pdf` `pdflatex`으로 컴파일하여 `pdf` 버전의 출력을 얻는다.

`-pdfdvi` `dvipdf` 프로그램을 사용하여 DVI 파일에서 PDF출력을 얻는다.

`-pdfps` `ps2pdf` 프로그램을 사용하여 PostScript 출력에서 PDF 출력을 얻는다.

`-ps|ps-` PostScript 형식의 출력을 얻거나 얻지 않는다.

`-lualatex|-xetex` 각각 `lualatex`과 `xelatex`으로 컴파일한다.

`latemk`는 그림 20.4(509면)에서 보는 것처럼 TeXWorks 편집기에도 메뉴가 있다. 이 메뉴 항목을 사용하면 컴파일이 XeLaTeX으로 되도록 내부에 설정이 되어 있다. 즉, 위의 `-xelatex` 옵션이 설정되어 있다.

8.8. 파일의 확인

책머리에 말한 바와 같이 LaTeX파일을 전자 우편이나 컴퓨터 통신 등을 통하여 보낼 경우가 많다. 이런 경우 표준 패키지가 아닌 개인이 만든 패키지 등을 사용하게 되면 사용한 파일이 많아지는데 이때 어떤 파일이 사용되었는지 리스트를 만드는 명령이 `\listfiles`이다. `\listfiles` 명령은 *preamble*이나 `\documentclass` 선언 이전에 사용되어야 하며 그 결과로 사용한 파일들을 알려 준다. 예를 들어 다음의 LaTeX 파일을 컴파일하면

```
\listfiles
\documentclass[12pt]{report}
\usepackage{latexsym, syshan, latexcad}
\begin{document}
  This is test file.
\end{document}
```

그 결과로 .log 파일 및 컴파일 화면에

```
 *File List*
  report.cls    2014/09/29 v1.4h Standard LaTeX document class
  size12.clo    2014/09/29 v1.4h Standard LaTeX file (size option)
latexsym.sty    1998/08/17 v2.2e Standard LaTeX package (lasy
                symbols)
  syshan.sty    2015/11/15 0.0.9 Syshan Package
hyperref.sty    2012/11/06 v6.83m Hypertext links for LaTeX
hobsub-hyperref.sty    2012/05/28 v1.13 Bundle oberdiek, subse
                t hyperref (HO)
hobsub-generic.sty    2012/05/28 v1.13 Bundle oberdiek, subset
                generic (HO)
  hobsub.sty    2012/05/28 v1.13 Construct package bundles (HO)
infwarerr.sty    2010/04/08 v1.3 Providing info/warning/error
                messages (HO)
 ltxcmds.sty    2011/11/09 v1.22 LaTeX kernel commands for ge
                neral use (HO)
ifluatex.sty    2010/03/01 v1.3 Provides the ifluatex switch (HO)
  ifvtex.sty    2010/03/01 v1.5 Detect VTeX and its facilities
                 (HO)
 intcalc.sty    2007/09/27 v1.1 Expandable calculations with i
                ntegers (HO)
   ifpdf.sty    2011/01/30 v2.3 Provides the ifpdf switch (HO)
etexcmds.sty    2011/02/16 v1.5 Avoid name clashes with e-TeX
                commands (HO)
                     .
                     .
                     .
   kotex.sty    2015/04/19 v1.6 Korean TeX (ko.TeX)
   kotex.cfg
kotexutf.sty    2015/07/18 v2.1.1 typesetting UTF-8 Korean doc
                uments
inputenc.sty    2015/03/17 v1.2c Input encoding file
    utf8.def    2015/09/07 v1.1p UTF-8 support for inputenc
   t1enc.dfu    2015/09/07 v1.1p UTF-8 support for inputenc
  ot1enc.dfu    2015/09/07 v1.1p UTF-8 support for inputenc
  omsenc.dfu    2015/09/07 v1.1p UTF-8 support for inputenc
  lucenc.dfu    2007/09/05 UTF-8 support for dhucs
kolabels-utf.sty    2015/03/20 v1.5 UTF-8 Hangul item labels
```

```
latexcad.sty
lucnanummj.fd    2013/02/12 v0.1 Nanum Myeongjo font definitio
                 ns
 nameref.sty    2012/10/27 v2.43 Cross-referencing by name of
                section
gettitlestring.sty    2010/12/03 v1.4 Cleanup title references
                      (HO)
listfile.out
listfile.out
 ***********
```

를 얻음으로써 사용된 모든 파일들을 알 수 있다. LaTeX 명령에서 불러온 패키지보다 훨씬 많은 파일이 사용된 이유는 패키지가 다른 파일을 불러들이거나 다른 패키지를 불러오는 경우가 많기 때문이다. 여기서 `kotex.cfg`와 같이 정보가 없는 파일은 날짜나 버전 등의 정보가 스타일 파일 안에 설정되지 않은 패키지이다.

`filecontents` 환경은 `\listfiles` 명령과 마찬가지로 `\documentclass` 명령 이전이나 *preamble*에 올 수 있는데

> `\begin{filecontents}{`*file_name*`}`
> *파일의 내용*
> `\end{filecontents}`

로 사용하고 이는 "*파일의 내용*"을 "*file_name*"에 저장한다. 이때 *file_name*의 파일이 존재하는 경우는 기존의 파일을 덮어쓰지 않고 아무 일도 하지 않기 때문에 *file_name*이라는 파일이 있는 경우 덮어쓰지 않아서 안전할 수도 있지만 새로운 내용으로 바꾸려는 의도였다면 내용이 바뀌지 않음에 유의하여야 한다. 덮어쓰려면 `filecontents` 대신 `*`가 붙은 `filecontents*` 환경을 사용한다. 다음의 결과로

```
\documentclass[12pt]{report}
\begin{filecontents}{file.tex}
  \input mytex.tex
  \input hreport.sty
\end{filecontents}
\begin{document}
\end{document}
```

새 파일 `file.tex`이 만들어지며 그 내용은 다음과 같다.

```
%% LaTeX2e file 'file.tex'
%% generated by the 'filecontents' environment
```

```
%% from source ‘testfilecontents’ on 2016/03/17.
%%
  \input mytex.tex
  \input hreport.sty
```

이때 위에서 보는 것처럼 %%가 있는 줄들이 자동으로 만들어지는데 PostScript 랭귀지 등에서는 %%가 다른 의미가 있으므로 이들을 만들지 않고 싶거나 파일을 덮어 쓰려면 `filecontents*` 환경을 사용한다.

`filecontents` 환경은 패키지의 배포판 등을 만들 때 사용 설명서 등을 포함하려고 사용하는 경우가 많으며 일반적인 문서 작성에서는 자주 사용하는 명령은 아니다.

제9장

사용자 정의 명령, 환경 및 정리

많은 경우 사용자가 새로운 명령이나 환경을 정의할 필요가 있다. 이는 단순한 명령의 축약에서부터(`\longrightarrow`, `\bigtriangleup` 등의 명령이 너무 길어서 불편함을 느낀 사람이 많을 것이다) 새로운 사용자 환경의 정의까지 많은 방법이 있다. 문법, 예 등 이 책에서 보는 것들도 사용자가 새로 정의한 것이다.

9.1. \newcommand 명령

이 절에서는 새 명령을 정의하는 방법에 대해 알아보기로 하자. 새 명령의 정의는 보통 LaTeX 파일의 첫 부분에서 하게 되는데 그 사용 문법은 아래와 같다.

> **문법 9.1.** (\newcommand)
> `\newcommand{`*comm*`}[`*n*`]{`*definition*`}`

여기서 *comm*은 사용자가 새로 정의하여 사용할 명령의 이름이고[1] *definition*은 사용자가 *comm*을 부를 때 수행될 내용이다. [] 안의 *n*은 새 명령에서 사용할 매개변수의 개수이며 매개변수가 없는 경우에는 이 부분은 쓰지 않는다.

*definition*에는 매개변수를 어떻게 사용하여 새 명령을 만들지 정의하는데 매개변수는 순서대로 #1, #2, ..., #*n*으로 표시하여 사용한다. 이렇게 정의한 새 명령을 사용하려면

> *comm*`{#1}{#2}`$\cdots$`{#`*n*`}`

으로 사용한다. `\newcommand` 명령으로 이미 있는 명령어를 다시 정의할 수는 없으며

[1] LaTeX 명령이기 때문에 반드시 \로 시작하며 명령어에서 사용할 수 없는 숫자, 특수문자 등은 사용할 수 없다.

기존의 명령을 다시 정의하려면 \renewcommand 명령을 사용하여야 한다(9.4절 참조).

다음의 명령은

```
\newcommand{\dsum}[2]{ {\displaystyle \sum_{#1}^{#2}} }
```

새로 \dsum 명령을 사용자가 정의하는데 매개변수의 개수는 두 개이다. 따라서 \dsum 의 사용법은 \dsum{*1st*}{*2nd*}이고 *1st*와 *2nd*는 사용자가 입력하여야 하며 *1st*는 디스플레이 스타일의 $\sum$의 아래쪽 첨자, *2nd*는 위쪽 첨자가 된다. 위의 정의가 되어 있다면

$\displaystyle\sum_{i=1}^{n} x_i$ is the same as $\sum_{i=1}^{n} x_i$.

```
$\dsum{i=1}{n} x_i$ is the
same as $\sum_{i=1}^n x_i$.
```

의 결과를 얻을 수 있다.

다음의 예를 보자. 사용자의 LaTeX 파일의 첫 부분에 아래와 같이 정의되어 있다면[2]

```
\newcommand{\vphi}{\varphi}
\newcommand{\go}{\longrightarrow}
\newcommand{\Go}{\Longrightarrow}
\newcommand{\Hajek}{H\'{a}jek }
\newcommand{\Sidak}{S\v{\i}d\'{a}k }
\newcommand{\dlim}[1]{ {\displaystyle \lim_{#1}} }
\newcommand{\dsum}[2]{ {\displaystyle \sum_{#1}^{#2}} }
```

아래의 오른쪽 내용으로 왼쪽과 같은 결과를 얻는다.

Hájek and Sĭdák proved that $\varphi(i/n) \longrightarrow \varphi(u)$ as $n \longrightarrow \infty$. They used "user–defined" displaystyle $\displaystyle\lim_{n\longrightarrow\infty}$ rather than textstyle $\lim_{n\longrightarrow\infty}$.

```
\Hajek and \Sidak proved
that $\vphi(i/n)\go\vphi(u)$
as $n\go\infty$. They used
``user--defined''
displaystyle $\dlim{n\go
\infty}$ rather than
textstyle $\lim_{n\go\infty}$.
```

다른 보기로 몇 가지 수학 기호를 아래와 같이 정의하여

```
\newcommand{\harcombi}[2]{{}_{#1}{\rm H}_{#2}}
\newcommand{\permut}[2]{{}_{#1}{\rm P}_{#2}}
\newcommand{\combin}[2]{{}_{#1}{\rm C}_{#2}}
```

[2]개인적으로 자주 사용하는 명령은 특정한 이름의 파일에 저장한 후 \input하는 것이 매번 입력하는 것보다 편할 수 있다.

다음 명령을 입력하면

```
순열, 조합, 중복조합 간에는 다음 관계가 있다
\begin{enumerate}
  \item $\permut{n}{r}=n(n-1)\cdots(n-r+1)$
  \item $\combi{n}{r}={\displaystyle
      \frac{\permut{n}{r}}{r!}}$
  \item $\harcombi{n}{r}=\combi{n+r-1}{r}$
\end{enumerate}
```

다음 결과를 얻는다. 순열, 조합, 중복조합 간에는 다음 관계가 있다.

1 ${}_n\mathrm{P}_r = n(n-1)\cdots(n-r+1)$

2 ${}_n\mathrm{C}_r = \dfrac{{}_n\mathrm{P}_r}{r!}$

3 ${}_n\mathrm{H}_r = {}_{n+r-1}\mathrm{C}_r$

9.1.1 옵션인 매개변수가 있을 때

LaTeX에서는 옵션인 매개변수가 있을 때 사용자가 그 값을 생략할 수 있으므로 생략되었을 때 변숫값을 설정하는 기능도 있다. 옵션이 매개변수는 한 개만 설정할 수 있으며 첫 변수(#1)가 옵션이다. 옵션인 매개변수가 있을 때 \newcommand 명령의 사용법은 아래와 같다.

```
\newcommand{comm}[n][value]{definition}
```

여기서 *comm*는 새로 정의된 변수의 이름을 설정하며 *n*에는 사용할 변수의 개수를 지정하며, *value*에는 옵션인 첫 번째 변수(#1)의 기본값을 설정한다. 마지막으로 *definition*에는 *comm*의 정의를 설정한다. 이와 같이 새로 정의된 명령은

```
comm[#1]{#2}{#3}···{#n}
```

으로 사용하게 된다. [#1]은 옵션이므로 생략할 수 있고 생략되면 \newcommand 명령의 *value*에 설정한 값이 사용된다.

보기로는 다음과 같이

```
\newcommand{\tmp}[1][0]{$\mathrm{R}^{#1}$}
```

로 \tmp를 정의하면 앞에서 본 것처럼 \tmp[5]는 R^5를 인쇄한다. 그런데 여기서 5라는 값을 주지 않았을 때 \tmp{0}라고 가정하고 \tmp라고 하면 R^0를 인쇄하게 된다.

주의할 것은 이렇게 정의한 명령에서의 변숫값은 줄 수도 있고 주지 않을 수도 있기 때문에 \tmp{5}라고 쓰면 R^05가 인쇄된다는 것이다. 다음의 경우를 보면

```
\renewcommand{\tmp}[2][0]{$#2^#1$}
```

이때는 \tmp[3]{x}는 x^3를, \tmp{x}는 x^0를 출력한다.

LaTeX 2$_\varepsilon$에서는 새 명령도 추가하였는데 \providecommand 명령이 그 중의 하나이다. 이 명령의 사용법은 \newcommand 명령과 같이

```
\providecommand{comm}[n][value]{definition}
```

이며 그 기능도 \newcommand 명령과 거의 같다. \providecommand 명령이 기존의 \newcommand 명령의 다른 점은 *comm*이 이미 선언되어 있지 않을 경우에만 명령어 *comm*이 *definition*으로 정의되고, 이미 *comm*이라는 명령이 있는 경우에는 아무 효과가 없다는 것이다. 즉, 이전에 선언된 명령이 그대로 유지되며 \providecommand 명령으로 아무 변화가 일어나지 않는다.

9.1.2 \ensuremath 명령

만일 \AL을 다음과 같이 정의하면

```
\newcommand{\AL}{$\alpha$}
```

\AL은 텍스트 모드에서는 사용 가능하지만 이미 수학 모드인 경우 $가 두 번씩 입력되기 때문에 에러를 만나게 된다. \insuremath는 이와 같은 경우를 위하여 새로 선언될 명령이 수학 모드와 LR 모드에서 가능하게 해 주는 명령이다. 이 명령의 사용은

```
\ensuremath{comm}
```

이며 명령의 효과는 *comm*이 수학 모드 내에서 호출되면 *comm* 명령이 그대로 사용되고 수학 모드가 아닐 때 호출되면 $*comm*$와 같이 수학 모드로 바꾸어주는 기능을 한다. 만일 \mdegree가 다음과 같이

```
\providecommand{\mdegree}[1]{#1\ensuremath{^\circ}}
```

가 선언되어 있다면

360°C나 360°C는 같은 결과 ....
.... \mdegree{360}C나 $\mdegree{360}$C는 같은 결과

가 얻어지며

```
\newcommand{\AL}{\ensuremath{\alpha}}
```

이라고 선언하면

새로 선언한 \AL은 α나 α와 같이 두 모드에서 모두 사용할 수 있다.

```
새로 선언한 \verb+\AL+은
\AL 나 $\AL$와 같이 두
모드에서 모두 사용할 수 있다.
```

와 같이 수학 모드 및 LR 모드에서 같은 결과를 얻는다.

> 참고: \ensuremath 명령은 plainTEX의 \ifmmode 명령을 응용한 것이다.
> 위의 명령은 다음과 같은 plainTEX의 명령과 동일하다.

```
\def\AL{\ifmmode\alpha\else$\alpha$\fi}
```

여기서 \def는 \newcommand와 같은 의미이며 \ifmode는 수학 모드인지 판단하는 연산자이다. 따라서 새 명령 \AL은 수학 모드이면 \alpha, 아니면(\else) α가 된다. \fi는 \ifmode 문의 끝이라는 의미이다. \else는 '\ifmmode가 아니면'이라는 의미이기 때문에 α은 수학 모드이면 \alpha$로 수학 모드가 아니면 α가 된다.

9.1.3 한글 이용

한글을 이용한 \newcommand 명령도 가능하다. 이때는 한글을 그대로 쓰면 된다. 예를 들어 \newcommand{\htex}{\mbox{한글\TeX}}가 정의되어 있다면

한글TEX은 한글을 지원한다.

```
\htex 은 한글을 지원한다.
```

을 얻는다.

9.1.4 사용자 정의로 정의

사용자가 이미 정의한 명령을 이용하여 다른 명령을 정의할 수도 있다. 예를 들어 다음과 같이

```
\newcommand{\HandS}{\Hajek and \Sidak}
```

이라고 \HandS가 정의되어 있으면

Hájek and Sĭdák .... \HandS

가 만들어진다. 매개변수를 갖는 명령도 재정의가 가능하며 매개변수의 값은 앞에서 본 것과 마찬가지로 #1, #2, ..., #n로 표시한다. 만일 다음과 같이

```
\newcommand{\pandc}[2]{\permut{#1}{#2} \ne \combi{#1}{#2}}
```

\pandc가 정의되어 있으면

${}_nP_r \neq {}_nC_r$ .... $\pandc{n}{r}$

을 얻는다.

9.2. Theorem 등

이 절에서는 정리, Theorem 등을 정의하여 사용하는 법에 대하여 알아보기로 하자. 아래의 문법 9.2도 이 절에서 설명할 방법으로 만든 것이다. 이러한 방법의 장점은 사용자가 LaTeX이 자동으로 번호를 붙여 주므로 정리, Thoerem의 번호 등에 신경 쓸 필요가 없고, 또 \label을 줌으로써 정리, Theorem 등의 인용이 편리해진다는 점이다. 사용 문법은

문법 9.2. (\newtheorem)
\newtheorem{*name*}{*label*}[*within*]
또는
\newtheorem{*name*}[*as*]{*label*}

인데 *name*은 정의될 환경의 이름이며 *label*은 LaTeX이 붙여줄 정리 환경의 이름이다. *within*은 정의되는 환경의 번호가 붙여질 장, 절 등의 단위(sectional unit)로 chapter, section 등의 값을 준다. 만일 *name*, *label*, *within*을 다음과 같이 주었다면

```
\newtheorem{theorem}{Theorem}[chapter]
```

사용자는 theorem이라는 새로운 환경을 사용할 수 있다. 따라서 이 정의에 의해 'Theorem'을 이용하고자 할 때 \begin{theorem}과 \end{theorem} 사이에 Theorem의 내용을 입력시키면 된다. 위의 예에서 *within*에 chapter를 주었으므로[3] Theorem의 번호는 그 Theorem이 그 장(chapter)에서 몇 번째인가에 의해 결정된다. 만일 이 Theorem이 세 번째 장(chapter)의 두 번째라면 그 번호는 3.2로 자동적으로 정해지며 출력은 'Theorem 3.2'가 만들어진다.

[3] article 클래스에서는 chapter가 없으므로 section 등을 사용하여야 한다.

Theorem 9.1. (LaTeX) *LaTeX is easy enough to use for all scientists*

```
\begin{theorem}[\LaTeX]
  \label{th:texusage}
\LaTeX\ is easy enough
to use for all scientists
\end{theorem}
```

위에서 보는 것처럼 `\begin{theorem}` 다음에 "[" "]"을 주면 그 안의 내용은 Theorem의 머리글을 주는 기능이 있다.

> 참고: `\newtheorem` 명령으로 만들어진 정리 등에서 머리글을 주는 경우 그 머리글 다음에 새 줄에서 시작하고자 "\\" 나 "`\newline`" 등을 주면 에러가 나는데 이때 `[]`에 머리글을 준 다음 `{\ \\}`를 주면 된다(빈 공간 하나 넣고 줄 바꿈). 여기서 `\␣`는 빈칸으로 한 칸을 만들기 때문이다. `\␣` 대신에 `\mbox{␣}`, `\phantom{a}` 등과 같이 빈칸을 만들어주는 것이면 어떤 것이라도 좋다.

위의 문법 9.2의 두 번째 방법에 보면 *as*가 있는데 이는 두 번째 방법으로 정의된 정리 등의 번호는 *as*에 주어진 번호를 따르라는 뜻이다. 만일 `lemma` 환경이 아래

```
\newtheorem{lemma}[theorem]{Lemma}
```

와 같이 정의되고 세 번째 장의 두 번째 Theorem 다음에 첫 번째 Lemma가 온다면 그 Lemma의 번호는 3.3이 된다.

다음의 예를 보면 한글의 사용도 할 수 있음을 알게 된다.

예 9.1
```
\newtheorem{lemma}{Lemma}
\newtheorem{theorem}{Theorem}[chapter]
\newtheorem{coro}{Corollary}
\newtheorem{defn}{Definition}
\newtheorem{syntax}{문법}[chapter]
```

이 책에서 사용된 "문법"들은 위의 예 중 마지막 줄을 전처리부에 넣고 문법 9.2가 들어갈 자리에 다음과 같은 명령을 줌으로써

```
\begin{syntax}[newtheorem] \ref{syn:th} {\ \\}
\newtheorem{name}{label}[within]
\end{syntax}
```

164면의 문법 9.2가 만들어졌다. 경우에 따라서 **Theorem**이 아닌 THEOREM 등을 사용할 수 있는데 이러한 글꼴도 바꿀 수 있다. 즉,

```
\newtheorem{la}{\scshape Lemma}[chapter]
```

라고 정의하면 다음과 같이 굵은 글씨가 아닌 출력을 얻을 수 있다.

LEMMA 9.1. *This is a test Lemma.*

```
\begin{la}
This is a test Lemma.
\end{la}
```

9.3. \newenvironment 명령의 이용

\newenvironment 명령은 LaTeX에 없는 새로운 환경을 정의하는 명령이다. 사용법은 다음과 같다.

```
\newenvironment{name}[n][option]{begining}{ending}
```

여기서 *name*은 새로 정의된 환경의 이름이며(따라서 사용자가 새 환경을 사용할 때는 \begin{name}과 \end{name} 사이에 필요한 텍스트를 입력한다). *option*은 첫 번째 변숫값을 줄 수도 있고 그렇지 않을 수도 있으며 주어지지 않았을 때는 *option* 값을 사용한다는 의미이다.[4] *n*은 변수의 개수이며(변수가 없으면 생략) *beginning*과 *ending*에는 사용자가 *name* 환경을 사용하며 입력한 \begin{name}과 \end{name}을 만났을 때 LaTeX이 수행할 명령이 들어간다. \newenvironment 명령으로 이미 있는 환경의 이름을 쓸 수 없다(9.4절의 \renewenvironment 명령 참조). 165면의 Theorem 9.1을 보면 글꼴이 \emph인데 이를 roman 글꼴로 바꾸어 보기로 하자.

```
\newenvironment{mytheorem}{\begin{theorem} \normalfont}
                                             {\end{theorem}}
```

로 정의하면 다음과 같이 roman 글꼴로 바뀐 **Theorem** 환경을 만들 수 있다.

Theorem 9.2. [LaTeX] LaTeX is easy enough to use for all scientists

```
\begin{mytheorem}[\LaTeX]
\LaTeX\ is easy enough
to use for all scientists
\end{mytheorem}
```

이제 변수를 가지는 \newenvironment 명령의 예를 보자. 앞의 Theorem 9.1을 다음과 같이

[4] LaTeX 2_ε에 추가된 기능임.

Theorem 9.3. (LaTeX) *LaTeX is easy enough to use for all scientists. And it can define new environment within itself.*

사각형의 외곽선을 둘러 주는 새로운 환경을 만들고자 아래와 같이 LaTeX의 tabular와 minipage 환경을 이용하여 새 환경을 정의하였다. 여기서 길이를 얼마로 할 것인지 정하지 않으면 현재 화면 폭(\textwidth)으로 한다는 것이다.

```
\newenvironment{myfbox}[1][\textwidth]%
{ \begin{tabular}{|@{\hspace{1em}}c@{\hspace{1em}}|}%
    \hline \\*[-.3\baselineskip]
    \begin{minipage}[t]{#1} }%
{\end{minipage} \\ \vspace{-.3\baselineskip} \\
\hline \end{tabular} }
```

주의: tabular 환경을 이용하였으므로 아래 환경은 한 면이 넘는 많은 내용의 테두리를 할 때는 중간에서 새 면으로 넘어 가지 않음.

참고: 여기에서 \baselineskip 앞의 숫자를 조절하여 테두리의 아래와 위의 공간의 양을 조절할 수 있다.

참고: 또 tabular의 \hspace 의 값을 조절하여 텍스트와 좌우 테두리 사이의 간격도 조절할 수 있다. 지금의 예에서는 1em, 즉, "M"의 폭만큼의 간격이 이용되었다.

여기서 새로 정의된 환경의 이름은 myfbox이며 변수의 개수는 한 개인데 테두리 안에 들어갈 내용의 폭을 그 변숫값으로 갖는다. 위의 Theorem 9.3은 아래의 명령으로 만들었다.

```
\begin{myfbox}{4.5in}
\vspace*{-1.5\baselineskip}
\begin{theorem}[\LaTeX] \label{th:texsage2}
\LaTeX\ is easy enough to use for all scientists. And it
can define new environment within itself.
\end{theorem}
\vspace*{-1.5\baselineskip}
\end{myfbox}
```

위에서 테두리 안에 들어갈 내용의 폭을 5인치로 주었으나 다음과 같이 전체 텍스트에서의 그 비율을 주는 것이 편리할 때가 많다. 특히 \textwidth의 값을 바꾸는 경우 (구체적으로 그 값을 바꾸기도 하지만 A4와 US letter 등 그 크기가 다른 스타일을 쓰는 경우)에 그에 따라서 그 폭을 변화시키지 않아도 된다. 다음의 예를 보면 \textwidth 값이 어떻게 사용되었는지 볼 수 있다.

This chapter covers Defining new command, theorem and the like, and environment	WHICH	makes your customized LaTeX job easy and fun. Enjoy your LaTeX.

위의 예는 아래의 명령들로 만들어졌다.

```
\begin{myfbox}{.36\textwidth}
  This chapter covers
  Defining new command, theorem and the like, and
  environment
\end{myfbox}  WHICH
\begin{myfbox}{.36\textwidth}
  makes your customized \LaTeX\ job easy and fun.
  Enjoy your \LaTeX.
\end{myfbox}
```

참고: 위에서 보는 환경 중 myfbox 환경은 syshan.sty 패키지에서 정의된 환경이므로 이 패키지를 사용할 때만 사용 가능한 명령임.

수학에서 자주 사용하는 행렬을 \newenvironment를 이용하여 정의해 보자. 참고로 plainTeX의 \pmatrix는 행렬을 소괄호로 만드는데 여기서는 대괄호로 만들어 보기로 한다. 먼저 다음과 같이 barray 환경을 정의하고

```
\newenvironment{barray}[1]
{\left[\begin{array}{#1}}{\end{array}\right]}
```

아래와 같은 결과를 얻기 위해

$$\boldsymbol{y} = \boldsymbol{Ab} = \left[\begin{array}{cc} a_{11} & a_{12} \\ a_{21} & a_{22} \end{array}\right]\left[\begin{array}{c} b_1 \\ b_2 \end{array}\right] \tag{9.1}$$

다음과 같은 명령을 주었다. \boldmath가 어떻게 사용되었는지도 관심 있게 보기 바란다.

```
\mbox{{\boldmath $y$}}=\mbox{{\boldmath $Ab$}}
= \begin{barray}{cc} a_{11} & a_{12} \\
                  a_{21} & a_{22} \end{barray}
\begin{barray}{c} b_1 \\ b_2 \end{barray}
```

끝으로 list 환경을 이용하여 \newenvironment를 만든 예를 보기로 하자. enumerate나 itemize, description 환경도 list 환경의 일부분이다. 여기서 list는 사용자가 거의 모든 것을 정의해야 하므로 상당히 복잡한데 여기서는 한 가지 예를 보자.

예 9.2

```
\newenvironment{example}
 {\vspace*{.6\baselineskip}\hrule\nopagebreak[4]
  \begin{list}{}
  {\setlength{\rightmargin}{.2in}}
  \refstepcounter{excntr}
  \item[예 \thechapter.\arabic{excntr}] }
 {\vspace*{.6\baselineskip}\hrule\end{list}}
```

위의 예는 이 책에서 보는 "예"를 만들기 위하여 example이라는 환경을 만들어 본 것이다. 앞에서 본 myfbox를 이용할 수도 있지만 myfbox는 한 면이 넘는 내용을 담기가 불편하므로 한 면이 넘어도 문제가 없는 example 환경을 고려할 수 있다. 165면의 예 9.1은 위의 예 9.2의 환경 example을 LaTeX 파일의 첫 부분에 정의한 상태에서 다음의 명령으로 만들어졌다.

```
\begin{verbatim}
 \begin{example}
  \newtheorem{lemma}{Lemma}|
  \newtheorem{theorem}{Theorem}[chapter]|
  \newtheorem{coro}{Corollary}|
  \newtheorem{defn}{Definition}|
  \newtheorem{syntax}{문법}[chapter]
 \end{example}
\end{verbatim}
```

9.4. 이미 있는 환경이나 명령의 재정의

이미 있는 환경이나 명령어를 다른 내용으로 재정의할 때가 있다. 특히 LaTeX에 이미 있는 환경을 사용자의 편의를 위하여 바꾸고자 할 때는 앞에서 본 두 명령 \newenvironment

나 \newcommand 보다는 다시 정의하는 것이 편리하다. 또 이미 있는 명령이나 환경은 \newenvironment나 \newcommand로 정의하려고 하면 에러가 발생한다. 재정의 명령의 사용법은 다음과 같이 \newcommand와 \newenvironment와 똑같다.

문법 9.3. (\renewenvironment, \renewcommand)
\renewcommand{*comm*}[*num*][*value*]{*definition*}
\renewenvironment{*name*}[*n*][*option*]{*begining*}{*ending*}

위의 두 명령어의 사용법은 9.1절, 9.3절의 \newcommand와 \newenvironment 명령의 사용법과 같으므로 그 절의 설명을 참조하기로 하고 다음의 예를 보자. 앞에서 정의하였던 \dsum, \dlim, \go를 아래와 같이 다시 정의하고 나면

```
\renewcommand{\dsum}[2]{ \sum_{#1}^{#2} }
\renewcommand{\dlim}[1]{ \lim_{#1} }
\renewcommand{\go}{ \rightarrow }
```

그 결과

After redefining the limit, sum, and arrow $\lim_{n\to\infty}$ $\sum_{i=1}^{n}$ look the same as the textstyle $\lim_{n\to\infty}$ and $\sum_{i=1}^{n}$.

```
After redefining the limit,
sum, and arrow $\dlim{n\go
\infty}$ $\dsum{i=1}{n}$
look the same as the
textstyle $\lim_{n\go\infty}$
and $\sum_{i=1}^n$.
```

를 얻는다. 참고로 추후의 사용을 위해 다음과 같이 \dlim과 \dsum을 원래대로 바꾸어 주었다.

```
\renewcommand{\dlim}[1]{ {\displaystyle \lim_{#1}} }
\renewcommand{\dsum}[2]{ {\displaystyle \sum_{#1}^{#2}} }
```

제10장

그림, 표 등의 유동체

LaTeX에는 그림, 표 등의 유동체(floating body) 환경이 있는데 이들은 사용자가 입력한 위치가 아닌 LaTeX에서 정한 위치에 출력이 나오기 때문에 유동체라 한다. LaTeX이 그림이나 표의 위치를 정하여 준다함은, 사용자가 `figure`나 `table` 환경을 LaTeX 파일 내의 어떤 특정한 위치에서 시작하였더라도 그림 또는 표가 LaTeX 출력에는 그 자리가 아니고 그 자리의 앞면, 뒷면 또는 최악의 경우에 그 장의 맨 끝에 나올 수 있다는 것이다.

10.1. `table`과 `figure` 환경

`table`과 `figure` 환경은[1]

```
\begin{figure|table|figure*|table*}[loc]
\caption{The caption goes here \label{fig:test}}
        .
        .
        .
\end{figure|table|figure*|table*}
```

로 사용한다. 위의 `figure` 자리에 `table`을 사용하면 표가 된다. `loc`의 가능한 값은 `h`, `t`, `b`, `p`가 있으며 이들은

`h` Here, 즉, 이 자리에 그림을 만들라는 명령이다.

`t` Top, 한 면의 맨 위에 그림을 만든다.

[1] 18.7절에는 이 둘 이외의 다른 유동체를 선언하는 패키지가 설명되어 있음.

b Bottom 한 면의 맨 아래에 그림을 만든다.

p Page 그림이나 유동체 등은 따로 모아서 면을 만들라는 명령이다.

위의 htbp는 사용자가 정해 주지 않으면 LaTeX은 htb로 정한다. 즉, 그림의 위치를 현재의 위치, 면의 윗부분, 아랫부분 순서로 유동체를 둔다.

LaTeX 2ε에는 !을 추가하였는데 !가 있으면 LaTeX이 그 그림이나 표를 정해진 자리에 넣으려고 한 면에 들어갈 수 있는 최대 그림 수 등 내부변수를 일부 무시하면서 그 자리에 그림을 넣는다. 즉, h, t, b, p 대신에 !h, !t, !b를 사용하면 원하는 위치에 그림이나 표가 들어갈 가능성이 상대적으로 높아진다.

가 붙은 figure 및 table* 환경도 있다. 이들은

figure|table \documentclass의 옵션이 twocolumn이면 figure와 table로 만들어지는 그림과 표도 twocolumn에 맞추고 onecolumn이면 그림과 표도 onecolumn에 맞춘다.

figure*|table* \documentclass의 옵션이 twocolumn이더라도 figure*와 table*로 만들어지는 그림과 표는 onecolumn에 맞춘다.

onecolumn, twocolumn 스타일은 3.1절을 참고하기로 한다.

또 \suppressfloats 명령은 LaTeX이 사용자가 원하지 않는 면에 유동체를 두는 것을 막을 수 있는 명령이다. 이 명령이 주어진 면에는 유동체를 인쇄하지 않는다. 일반적으로 그림이나 표가 기대한 것보다 빨리 나오면 \suppressfloats 명령을 사용하고 생각하였던 것보다 너무 나중에 나오면 !를 사용한다.

그림의 내용은 LaTeX 내부의 그림 명령인 picture 환경, PGF/TikZ 등으로 그린 그림이거나 LaTeX이 아닌 다른 프로그램에서 그린 그림이다. LaTeX이 아닌 프로그램이나 디지털 카메라나 스캐너의 사진을 LaTeX으로 불러들이는 방법과 그림 환경의 사용 예들은 제11장에 소개하였다.

10.2. 그림과 표의 번호, 제목, 인용

그림이나 표의 제목은 \caption 명령에 주는데 만들 표의 제목이 "LaTeX에 나타날 표"라면

```
\caption{\LaTeX 에 나타날 표}
```

를 \begin{table}과 \end{table} 사이에 준다(figure 환경을 사용할 경우에는 \begin{figure}와 \end{figure} 사이). 이때 \caption을 그림이나 표보다 먼저 주면 제목이 그림이나 표의 위에 나오고 나중에 주면 그림이나 표 밑에 나온다. 대개 그림의 경우 제목은 그림의 아래쪽, 표의 경우 표의 위쪽에 넣는 것이 관례이다.

그림이나 표의 번호는 LaTeX에서 자동으로 붙여 주는데 article 클래스에서는 모든 그림이나 표의 번호가 1부터 시작하는 일련 번호를 갖게 되고 book이나 report 클래스에서는 장(chapter)마다 그림 번호가 1번부터 새로 시작하게 된다. 이 책은 report 클래스에 일부 가감하여 만든 패키지를 사용하였기 때문에 그림 번호는 장별로 되어 있다(그림 차례 참조). 그림이나 표의 번호는 필요한 경우 사용자가 바꿀 수 있다.

그림이나 표의 인용은 위의 \label에서 준 값을 \ref나 \pageref에서 주면 그림 번호나 그림이 위치한 면의 수가 나온다. 자세한 것은 제8장을 참고하자.

또 한 가지는 setspace 패키지를 사용할 때는 table 환경 안에서는 자동으로 \singlespacing이 된다는 점이다.

그림과 표의 번호에서 사용하는 번호기는 각각 figure와 table이며 이들의 값은 각각 \thefigure와 \thetable이므로 사용자가 이들의 값을 수정하여 원하는 형식의 번호를 만들 수 있다. 예를 들어 그림의 번호를 로마 숫자로 각 장별로 사용하려면

```
\renewcommand{\thefigure}{\thechapter.\roman{figure}}
```

으로 설정할 수 있다. 이때 \setcounter 명령으로 이들 번호기를 먼저 초기화해야 할 수도 있다. 사용할 수 있는 번호기의 종류는 표 6.1, 표 7.3, 표 7.4 등을 참고하기로 한다. 그림과 표의 제목에 ‘그림’, ‘표’, ‘Figure’, ‘Table’ 등이 만들어지는데 이를 다른 것으로 바꾸려면 제19장을 참고하기로 한다. 또 표나 그림의 제목이 긴 경우 표 차례 및 그림 차례에서 긴 제목이 문제가 되는데 이 문제의 해결은 8.5.5절을 참고하기로 한다.

10.3. 유동체의 미세 조정

이 절에서는 유동체의 환경을 바꿀 수 있는 선언에 대해 알아보자. 다음에 주어진 값은 거의 모든 경우에 사용자가 바꾸어 줄 필요가 없는 값이다(이 책의 그림이나 표 등에서도 거의 바꾸어 주지 않았음).

topnumber, bottomnumber : LaTeX 출력의 한 면에 최대로 들어갈 수 있는 유동체의 개수. topnumber는 한 면의 위로부터 bottomnumber는 아래로부터의 개수를 정해 준다. topnumber와 bottomnumber는 번호기이다.[2]

[2]번호기에 대한 조정은 제7장 참조.

totalnumber 도 번호기인데 위치에 상관 없이 한 면에 들어갈 수 있는 유동체의 최대 개수.

dbltopnumber topnumber와 같은데 two-column 스타일에서의 개수.

\topfraction 유동체가 한 면의 위로부터 차지할 수 있는 최대 비율, 즉, 이 값이 0.25 이면 한 면의 1/4까지 유동체가 차지할 수 있다. 이 값을 바꾸려면 \renewcommnad 를 이용한다.[3]

\bottomfraction \topfraction과 같으나 한 면의 아래로부터의 비율.

\textfraction : LaTeX 출력의 한 면에서 차지하여야 하는 텍스트의 최소 비율, 즉, 1-\textfraction이 그림이 차지할 수 있는 최대 비율이 된다. 이 값을 바꾸려면 \renewcommnad를 사용한다.

\floatpagefraction 유동체만 모여 있는 면(float page)에서 유동체가 차지해야 할 최소 비율. \renewcommand로 값을 바꾼다.

\floatsep 두 개의 유동체 사이에 더해지는 공간으로 고무줄 길이임.

\dblfloatsep : \floatsep와 같은데 two-column 스타일에서의 공간.

\textfloatsep 텍스트와 유동체 간의 공간의 길이로 고무줄 길이임.

\dbltextfloatsep \textfloatsep와 같은데 two-column에서의 공간.

\dbltopfraction \topfraction과 같으나 two-column 스타일에서 사용됨.

\dblfloatpagefraction \flaotpagefracrion과 같으나 two-column 스타일용임.

\intexsep 그림의 아래위로 텍스트가 올 때(그림 위치를 h로 주었을 때) 그림 아래위의 추가 공간으로 고무줄 길이임.

10.4. tabular와 array 환경

tabular와 array 환경은 행과 열로 이루어진 표나 행렬 등을 만드는 환경이다. 이 두 환경의 차이는 array 환경은 수학 모드에서만 사용될 수 있고 tabular 환경은 수학 모드와 텍스트 모드에서 사용할 수 있다는 것이다. array 환경의 사용 예는 제5장에서 보기로 하고 이 절에서는 tabular 환경을 기준으로 설명하기로 한다.

---

[3] 제9장의 \renewcommand 명령의 설명 참조.

tabular와 array 환경에서 각 행의 구분은 \\로 하고 각 열의 구분은 &로 한다. 따라서, 항상 그런 것은 아니지만, n 개의 열이 있으면 행마다 $n-1$ 개의 &가 있다. 열을 구분하기 위해 세로 줄을 만들 때에는 |를, 행을 구별하기 위한 가로 줄은 \hline을 사용한다. |과 \hline은 두 번 이상 사용될 수 있다. 일반적인 사용법은

```
\begin{tabular}[pos]{align}
col1  & col2 & ···  & coln \\
 ⋮
\end{tabular}
```

이며 tabular 환경으로 만들어지는 표는 표의 폭이 LaTeX 내부에서 결정된다. 한편 표의 폭을 특정한 값으로 설정하는 tabular* 환경도 제공되는데 이 환경은

```
\begin{tabular*}{width}[pos]{align}
col1  & col2 & ···  & coln \\
 ⋮
\end{tabular}
```

으로 설정할 값이 하나 더 늘어난다. array 환경은 수학 모드 내에서만 사용 가능하며 사용법은 tabular 환경과 같이

```
\begin{array}[pos]{align}
col1  & col2 & ···  & coln \\
 ⋮
\end{array}
```

이다.

*width*는 tabular* 환경에서만 설정해 주는 값으로 만들 표의 폭을 정하여 준다. 고무줄 길이를 사용하여 열을 늘려 주어야 한다(\extracolsep 참조).

tabular와 tabular* 환경에서 공통으로 설정하는 값에 대해서 알아보자. 옵션인 *pos*는 표가 만들어지기 전후의 텍스트에 대한 상대적인 위치를 설정하는 것으로 기본값은 중앙에 위치하며

t 표의 가장 위를 전후의 텍스트와 정렬한다.

b 표의 가장 아래를 전후의 텍스트와 정렬한다.

*align*에는 표의 각 열의 정렬 기준 등을 나타내는데

l 왼쪽으로 해당 열을 정렬한다.

`r` 오른쪽으로 해당 열을 정렬한다.

`c` 중앙으로 해당 열을 정렬한다.

`|` `|` 이 있는 좌우의 두 열 사이에 세로 줄을 만든다.

`@` `@`-expression이라고 부르는데 이는 주어진 *text*를 행마다 반복 인쇄한다. `@`를 사용하면 일반적으로 표의 열 사이에 삽입되는 공간이 없어진다. 표 10.2에서 "–" 가 반복되었음을 알 수 있다. 적당한 공간을 주고 싶을 때는 `@{\hspace{1in}}` 등도 사용할 수 있다. 다음 보기는 소수점을 기준으로 정렬해 본 것이다.

3.14159
16.2
12345.689

```
\begin{tabular}{r@{.}l}
   3&14159\\
  16&2\\
12345&689\\
\end{tabular}
```

p{*wd*} `p{`*wd*`}`는 해당 열을 주어진 넓이만큼의 `parbox`로 만들어 준다. 표 10.2에서 사용되었음.

`*`{*num*}{*loc*} 는 *loc*가 *num*만큼 반복함을 말해 준다. 표 10.2에서는 `*{2}{c}`를 사용하여 `cc`를 대신하였다.

`!`{*decl*} `@`나 `|`와 비슷하나 `|`이 세로의 줄을 만드는 대신에 *decl*을 넣으며, `@`와 달리 열과 열 사이의 공간은 넣는다.

표의 각 행에서 입력할 수 있는 값으로는

`&` `&`은 각 행에서 열의 분리를 의미한다.

`\\` `\\`는 한 행의 끝을 의미한다. 즉, 행이 바뀌어 새 줄이 시작되며 `\\*`도 사용할 수 있으며 옵션으로 길이를 주어 한 줄의 높이를 다른 줄과 다르게 할 수도 있다.

첫째 줄의	높이는	기본 높이
이지만	둘째 줄의	높이는
1cm가	추가	되었다.

표 10.1: `tabular` 환경의 이용 보기

성명	주소지	월수입
김철수	서울	1,000,000
이보라미	충청남도	600,000

위의 표는 다음 명령의 결과이다.

```
\begin{tabular}{|l|l|l|} \hline
첫째 줄의 & 높이는 & 기본 높이 \\ \hline
이지만     & 둘째 줄의 &높이는 \\[1cm] \hline
1cm가      & 추가 & 되었다. \\ \hline
\end{tabular}
```

`\hline` 은 그 행 이후에 가로 줄을 그을 것을 명령한다.

`\cline`{col_1-col_2} `\cline`은 그 행의 col_1 열부터 col_2 열까지 줄을 그을 것을 명령한다.

`\multicolumn`{*num*}{*loc*}{*item*} 는 *num* 개의 열을 하나의 열로 묶어서 인쇄하되 그 내용은 *item*으로 하고 *item*의 정렬은 `l`, `r`, `c`, `p` 등으로 하라는 뜻이다.

특정한 행에서의 특정한 열의 값에 대해서만 정렬 기준을 바꾸고자 하면 *num* 을 1로 바꾸고 *loc*의 값을 원하는 정렬 기준으로 바꾸면 된다. 표 10.2에서 "특기사항"은 `\multicolumn` 명령을 사용하지 않으면 중앙에 갈 수 없음에 유의하자 (그 열은 `p{2in}`에 해당하기 때문에 왼쪽부터 쓰여진다). `\multicolumn` 의 인쇄 내용은 *item*이다. *loc*에는 `r, c` 또는 l이 하나 있어서 그 정렬 방향을 정해 준다. 여기서 *loc* 자리에 `|`와 `@`가 사용될 수 있다.

`\vline` 은 `l, r, c` 항에서 사용하면 수직선을 그어 준다. 표 10.2에서 "최저" 와 "최고" 사이의 수직선은 `\vline`으로 만든 것이다.

이제 예를 보자. 표 10.1은 간단한 표를 만들어 본 것이다. 이 표를 만들기 위한 명령은 다음과 같다.

```
\begin{table}[t]
 \caption{\texttt{tabular} 환경의 이용 보기\label{tab:tabular}}
 \begin{center}
 \begin{tabular}{l|cr}
```

표 10.2: tabular 환경으로 만든 보기–2

S 사의 주가					
	주가				
연도	최저	최고	거래량	액수	특기 사항
1972	97	172	111	12	상장 초기로서 특이 사항은 없으나 관심을 받았음
83	130	200	1000	900	80년대 초
95	이 자료는 가상임				

```
   성명        & 주소지     & 월수입 \\ \hline
   김철수     &  서울      & 1,000,000 \\
   이보라미  & 충청남도  & 600,000
 \end{tabular}
 \end{center}
\end{table}
```

이 표는 table 환경 안에서 tabular 환경을 사용하였음을 주의 깊게 보아주기 바란다.

지금 예에서는 표의 각 요소들이 아래위의 중앙에 위치하고 좌우로는 첫 번째 열은 왼쪽(l), 두 번째 열은 중앙으로(c), 그리고 세 번째 열은 오른쪽으로(r) 정렬함을 나타낸다. l과 c 사이에 사용한 |가 있기 때문에 첫째 열과 둘째 열 사이에는 선을 그어 주었고, 또 첫째 열과 둘째 열 사이에는 \hline이 있기 때문에 가로로 선을 그어 주었다.

표 10.2에는 이들 중의 대부분이 사용되었으니 참고하자. 참고로 표 10.2를 만들기 위한 명령은 다음과 같다.

```
  \begin{table}[t]
  \caption{tabular 환경으로 만든 보기--2\label{tab:tabular2}}
  \begin{center}
  \begin{tabular}{|r||r@{--}l|*{2}{c|}p{2in}|} \hline
  \multicolumn{6}{|c|}{ S 사의 주가} \\ \hline\hline
    & \multicolumn{2}{|c|}{주가}      & & & \\ \cline{2-3}
     연도& \multicolumn{1}{r@{\vline}}{최저} &
     최고 & 거래량 & 액수 &
& \multicolumn{1}{c|}{ 특기 사항 }\\ \hline
1972 &  97 & 172 & 111 & 12 &
 상장 초기로서 특이 사항은 없으나 관심을 받았음 \\ \hline
  83 &  130 & 200 & 1000  & 900 & 80+년대 초 \\ \hline
  95 & \multicolumn{5}{|c|}{+이 자료는 가상임} \\ \hline
```

```
\end{tabular}
\end{center}
\end{table}
```

10.5. 미세 조정

array 나 tabular 또는 tabular* 환경에서 열 간의 간격 등을 조절하는 값이 있다. 이 값이 미치는 범위는 { 와 }로 정해 주지 않으면 한 번 바뀐 값은 계속 영향을 미친다. 이들 값은 \arraycolsep=0in 등으로 선언한다.

\arraycolsep array 환경에서 열 사이에 추가 공간을 주는데 그 값의 반(좌우에 주므로 어느 한 쪽의 추가 공간만의 길이이다).

\tabcolsep tabular 나 tabular* 환경에서 열 사이에 추가 공간을 주는데 그 값의 반(좌우에 주므로 어느 한 쪽의 추가 공간만의 길이이다). 다음 두 표의 차이점을 보자.

제 1 열	제 2 열
column 1	column 2

제 1 열	제 2 열
column 1	column 2

위의 두 번째 표는 다음에서 보는 것처럼 \tabcolsep=0in로 주었기 때문에 열 간의 공간이 전혀 없음을 볼 수 있다.

```
\begin{tabular}{l|l}
제 1 열 & 제 2 열 \\ \hline column 1 & column 2
\end{tabular}
{\tabcolsep=0in
\begin{tabular}{l|l}
제 1 열 & 제 2 열 \\ \hline column 1 & column 2
\end{tabular}}
```

\arrayrulewidth \cline, \hline, \vline 또는 |에 의해 만들어지는 선의 굵기를 정한다.

\doublerulesep 는 \hline 이나 | 를 두 번 사용하여 만들어지는 이중의 선 사이의 거리를 정한다.

\arraystretch 이는 행 사이의 추가 공간을 조정한다. 이 값은 정상적인 행 사이의 공간에 곱해 줄 값을 주는데 이 값이 2이면 정상적인 행 사이 공간보다 두 배 많은 공간이 생기게 된다. 이 값은 \renewcommnad로 바꿔 준다(제9장 참조).

\arraystretch 값을 바꾸면 모든 행의 줄 간격이 달라지므로 일부 행의 줄 간격을 바꾸려면 \\ 또는 *를 사용하면서 옵션으로 길이를 설정하여야 한다.

10.6. tabbing 환경

tabbing 환경은 줄을 맞추어 출력하고자 할 때 사용하며 사용법은

```
\begin{tabbing} 줄 맞출 입력 \end{tabbing}
```

이다.

tabbing 환경에서 탭은 \=로 정해지고 그 탭에 맞추는 것은 \> 이다. 먼저 간단한 예를 보자.

```
김 철수 통계학과
이 미숙 수학과
야수 오모경제학과
```

```
\begin{tabbing}
김 철수  \= 통계학과 \\
이 미숙  \> 수학과 \\
야수 오모리 \> 경제학과
\end{tabbing}
```

위에서 보는 것처럼 탭의 위치는 \=에 의해 정해지는데 이는 그 후에도 영향을 미쳐서 이름이 긴 경우에는 겹치게 되었다. 그림 10.1은 다음 명령으로 만들어진 것이다.

```
\begin{tabbing}  그림 10.1
탭 설정만  \=  \kill
여기에    \> 탭 설정  \= 새 탭 설정 \+\+ \\
세 번째 줄에 출력 \\
\< \<  제 1 열 \> 제 2 열 \> 제 3 열 \\
오른쪽으로 \'  정렬 \-  \\
2 열 \> 3 열 \- \\
1 열  \\
\pushtabs
갑 \= 을  \\
   \> 병 \` 계는 오른쪽 끝\\
\poptabs
가 \> 나 \> 다  \\
```

여기에	탭 설정	새 탭 설정	
		세 번째 줄에 출력	
제 1 열	제 2 열	제 3 열	
오른쪽으로		정렬	
	2 열	3 열	
1 열			
갑 을			
병			계는 오른쪽 끝
가	나	다	
Ā	À	Á	

그림 10.1: tabbing 환경의 예

```
\a={A} \> \a`{A} \> \a'{A}
\end{tabbing}
```

여기서 사용한 명령과 사용 가능한 명령은 다음과 같은 것이 있다.

`\=` 탭의 설정에 사용된다.

`\>` 이미 설정된 탭의 표시이다.

`\\` 한 행의 입력이 끝났음을 말해준다.

`\kill` 한 행의 입력이 끝났음을 말해 준다. 그러나 이행은 탭의 설정만 하고 출력하지는 않는다.

`\+` 다음 행부터의 탭은 `\+` 의 횟수만큼 탭을 한 후에 열을 맞춘다. 그림 10.1에서 두 번째 행은 위에서 `\+` 가 두 번 있었기 때문에 세 번째 열에 출력된다.

`\-` `\+`로 만들어진 탭을 하나씩 줄여 나간다. 그림 10.1에서 "오른쪽으로 정렬" 다음의 출력은 세 번째가 아닌 두 번째 열에 나타나기 시작하는데 이는 `\-` 가 한 번 사용되었기 때문이다. 한 번 더 사용하여 "1 열"은 첫 번째 열에 출력하였다.

`\<` 각 줄의 처음에 사용하는데 그 전 줄의 `\+`의 효과를 하나씩 줄이는 역할을 한다. 이 명령의 효과는 그 줄에만 해당한다.

`\'` 각 열의 오른쪽으로 정렬한다. 이 선언이 없으면 왼쪽으로 정렬된다.

\` 출력의 오른쪽 끝으로 정렬.

\pushtabs 현재의 탭 설정을 저장한다. \pushtabs 명령으로 저장된 탭 설정은 \poptabs 명령으로 불러들인다.

\poptabs \pushtabs 참조.

\a **악센트** tabbing 환경에서는 \=, \' 및 \`] 명령은 원래 LaTeX 명령에서 악센트를 만드는 데서도 사용하기 때문에 그러한 악센트를 tabbing 환경 내에서 만들고자 할 때 사용한다. 즉, \a={E},\a'{E} 및 \a`{E}가 각각 Ē, É 및 È 악센트를 만든다.

참고사항

✓ tabbing 환경 내에서의 선언은 다음 중 하나가 나오면 그 효력이 정지된다.

```
\=   \>   \+   \'   \pushtabs   \kill
\\   \<   \-   \`   \poptabs    \end{tabbing}
```

✓ tabular 환경 등과는 달리 tabbing 환경은 tabbing 환경 내에서 다시 사용할 수 없다.

10.7. 두 개 이상의 행을 하나로 만들기

앞에서 \multicolumn 명령으로 두 개 이상의 열을 하나의 열로 합치는 것을 보았으나 두 개 이상의 행을 하나로 합치는 기본 LaTeX 명령은 없다. 다행히 multirow 패키지가 있어서 이를 사용하면 행들을 합칠 수 있다. 이 패키지를 사용하면 \multirow 명령이 제공되며 이 명령은

```
\multirow{nrows}[bigstruts]{width}[fixup]{contents}
```

로 사용하며 각 매개변수는

nrows 몇 개의 행을 합칠지 설정한다. 양수 또는 음수의 정수를 사용할 수 있는데 양수인 경우 현재의 행 및 아래의 (*nrows* −1) 개의 행을 합하게 되며 음수인 경우 현재의 행과 위로 (*nrows* −1) 개의 행을 합하게 된다. they are this row and (1-nrows) above it.

bigstruts \bigstrut 명령이 사용한 횟수를 준다.

width *contents*가 들어갈 폭을 설정하며 *를 사용하면 자연스럽게 차지할 폭이 LaTeX의 계산에 의해 설정된다.

fixup 표의 미세 조정을 위해 설정할 수 있는 옵션으로 양수 값이면 위로, 음수 값이면 아래로 *contents*의 위치를 조정한다.

contents 해당 칸에 들어갈 내용을 설정한다.

와 같다. 다음의 보기를 보자.

전체 행	개별 행
	1번 행
네 개의 행	2번 행
	3번 행
	4번 행
합	네 개의 행

전체 행	개별 행
	1번 행
네 개의 행	2번 행
	3번 행
	4번 행
합	네 개의 행

이 보기의 왼쪽 표는 다음의 명령

```
\begin{tabular}{|l|l|}\hline
전체 행                       & 개별 행 \\ \hline
\multirow{3}{*}{네 개의 행}  & 1번 행  \\
                              & 2번 행  \\
                              & 3번 행  \\ \hline
                              & 4번 행 \\ \hline
합                            & 네 개의 행 \\ \hline
\end{tabular}
```

으로 만들었다. 이 표에서 행을 합한 글자의 위치가 '2번 행'과 나란하여 정확하게 상하로 중앙에 위치하지 않는 것을 알 수 있다. 오른쪽의 표는 다음

```
\multirow{3}{*}[-8pt]{네 개의 행} & 1번 행  \\
```

과 같이 `\multirow` 명령에 *fixup*을 -8pt로 설정하게 합한 행의 내용이 상하로 볼 때 비교적 중앙에 위치하도록 하였다.

10.8. longtable 패키지

`tabular` 환경으로 표를 만들 경우 표의 크기가 한 면보다 클 수가 없다(좀 더 정확히는 `Overfull vbox` 란 경고 메세지가 출력된다). 이러한 `tabular` 환경의 단점을 보완하기

위해 David Carlisle이 만든 longtable 패키지를 사용할 수 있다.[4] 이 패키지는 \\가 나올 때마다 LaTeX이 표를 새 페이지에서 시작하여야 할 정도로 큰지를 계산하여 새 페이지에서 표가 연속될 정도로 크면 tabular 환경을 잘라서 새 페이지에서 시작하게 만든다. 또한 이 패키지는 기본적으로 아주 큰 표를 만들 것으로 가정하기 때문에 표를 다 만들기 전에 각 페이지에서 각 열의 폭을 계산하여 그 값에 따라 각 열의 폭을 정하게 된다. 따로 정해 주지 않으면 20줄의 행마다 가장 넓은 열의 폭을 계산하여 표를 만들게 된다. 이러한 경우의 장점은 LaTeX이 사용하는 메모리가 적어서 빠른 속도를 낼 수 있다는 것이고 단점은 표가 20줄마다 줄이 어긋날 수 있다는 것이다. 이러한 문제의 해결 방법은 물론 주어져 있다.

표 10.3: longtable 환경을 이용한 표

수학 모드의 부호들					
출력	입력	출력	입력	출력	입력
그리스 소문자					
α	\alpha	β	\beta	γ	\gamma
δ	\delta	ϵ	\epsilon	ε	\varepsilon
ζ	\zeta	η	\eta	θ	\theta
ϑ	\vartheta	ι	\iota	κ	\kappa
λ	\lambda	μ	\mu	ν	\nu
ξ	\xi	π	\pi	ϖ	\varpi
ρ	\rho	ϱ	\varrho	σ	\sigma
ς	\varsigma	τ	\tau	υ	\upsilon
ϕ	\phi	φ	\varphi	χ	\chi
ψ	\psi	ω	\omega		
그리스 대문자					
Γ	\Gamma	Λ	\Lambda	Σ	\Sigma
Ψ	\Psi	Δ	\Delta	Θ	\Theta
Ξ	\Xi	Π	\Pi	Υ	\Upsilon
Φ	\Phi	Ω	\Omega		
부호들					
$\pm$	\pm	$\mp$	\mp	$\times$	\times
$\div$	\div	$\ast$	\ast	$\star$	\star
$\circ$	\circ	$\bullet$	\bullet	$\cdot$	\cdot
$\cap$	\cap	$\cup$	\cup	$\uplus$	\uplus
$\sqcap$	\sqcap	$\sqcup$	\sqcup	$\vee$	\vee

다음 면에 계속

[4] 이와 비슷한 기능을 갖는 supertab패키지가 있는데 그 기능이 longtable 기능에 포함되기 때문에 따로 소개하지는 않는다.

표 10.3: 전 페이지에서 계속

출력	입력	출력	입력	출력	입력
$\wedge$	\wedge	$\setminus$	\setminus	$\wr$	\wr
$\bigtriangledown$	\bigtriangledown	$\bigtriangleup$	\bigtriangleup	$\diamond$	\diamond
$\triangleleft$	\triangleleft	$\triangleright$	\triangleright	$\lhd$ [5]	\lhd
$\rhd$	\rhd	$\unlhd$	\unlhd	$\unrhd$	\unrhd
$\oplus$	\oplus	$\otimes$	\otimes	$\oslash$	\oslash
$\odot$	\odot	$\bigcirc$	\bigcirc	$\dagger$	\dagger
$\ddagger$	\ddagger	$\amalg$	\amalg		
$\leq$	\leq	$\prec$	\prec	$\preceq$	\preceq
$\ll$	\ll	$\subset$	\subset	$\subseteq$	\subseteq
$\sqsubset$	\sqsubset	$\sqsubseteq$	\sqsubseteq	$\in$	\in
$\vdash$	\vdash	$\geq$	\geq	$\succ$	\succ
$\succeq$	\succeq	$\gg$	\gg	$\supset$	\supset
$\sqsupset$	\sqsupset	$\supseteq$	\supseteq	$\sqsupseteq$	\sqsupseteq
$\ni$	\ni	$\dashv$	\dashv	$\equiv$	\equiv
$\sim$	\sim	$\simeq$	\simeq	$\asymp$	\asymp
$\approx$	\approx	$\cong$	\cong	$\neq$	\neq
$\doteq$	\doteq	$\propto$	\propto	$\models$	\models
$\perp$	\perp	$\mid$	\mid		$\parallel$	\parallel |
$\bowtie$	\bowtie	$\Join$	\Join	$\smile$	\smile
$\frown$	\frown				
$\aleph$	\aleph	$\hbar$	\hbar	$\imath$	\imath
$\jmath$	\jmath	ℓ	\ell	$\wp$	\wp
$\Re$	\Re	$\Im$	\Im	$\mho$	\mho
$\prime$	\prime	$\emptyset$	\emptyset	∇	\nabla
$\surd$	\surd	$\top$	\top	$\bot$	\bot
$\Vert$	|	$\angle$	\angle	$\forall$	\forall
$\exists$	\exists	$\neg$	\neg	$\flat$	\flat
$\natural$	\natural	$\sharp$	\sharp	$\backslash$	\backslash
∂	\partial	∞	\infty	$\Box$	\Box
$\Diamond$	\Diamond	$\triangle$	\triangle	$\clubsuit$	\clubsuit
$\diamondsuit$	\diamondsuit	$\heartsuit$	\heartsuit	$\heartsuit$	\heartsuit
$\spadesuit$	\spadesuit	¶	\P	§	\S
$\rhook$	rhook	$\Pr$	\Pr	$\land$	\land
$\lhook$	lhook	$\rhook$	rhook	$\rceil$	\rceil

다음 면에 계속

[5] 표시된 부호는 latexsym 패키지를 사용할 때만 쓸 수 있음.

표 10.3: 전 페이지에서 계속

출력	입력	출력	입력	출력	입력
⌈	\lceil	⌋	\rfloor	⌊	\lfloor
⟨	\langle	⟩	\rangle		
수학모드 아닌 경우 사용					
ß	\ss	ł	\l	Ł	\L
amssymb 패키지의 Greek 문자					
ϝ	\digamma	ϰ	\varkappa	ℶ	\beth
ℸ	\daleth	ℷ	\gimel		
amssymb 패키지의 Delimiters					
⌜	\ulcorner	⌝	\urcorner	⌞	\llcorner
⌟	\lrcorner				
amsfonts 패키지의 부호					
®	\circledR	✓	\checkmark	✠	\maltese

표 10.3의 끝.

이 패키지를 사용할 때도 \caption을 사용할 수 있으며 그럴 경우 \listoftables 명령으로 만들어지는 표 차례에 그 표가 포함된다. 또 이 패키지를 이용하면 \footnote도 이용할 수 있다. longtable 패키지가 제공하는 환경은 longtable 환경이다. 이 환경의 사용법은

```
\begin{longtable}[option]{loc}
표의 내용
  ⋮
\end{longtable}
```

인데 사용할 수 있는 *option*은 다음과 같다.

option	내용
l	표를 \parindent 만큼 띄어서 왼쪽에 위치시킨다.
c	표를 중앙에 위치시킨다.
r	표를 오른쪽에 위치시킨다.
없을 때	c 가 사용된다.

*loc*는 longtable에서 사용하는 각 열의 위치를 주는데 tabular 환경에서 사용하는 l, c, r 등이 모두 사용 가능하다.

표의 내용은 보통의 tabular 환경으로 표를 만드는 경우와 마찬가지로 각 열은 & 로, 각 행은 \\로 구분한다.

longtable 환경에서는 표가 한 면 이상인 경우를 생각하기 때문에 추가로 사용할 수 있는 명령이 있다. 예를 들어 각 면에서 "전 페이지에서 계속" 또는 "다음 페이지에 계속" 등이 있으면 편리할 것이기 때문에 이런 내용을 저장할 변수가 필요한 것이다. 이런 명령은 다음과 같다.

\LTchuncksize 이 선언은 longtable이 몇 줄의 행마다 각 열의 최대폭을 계산할 것인지 정한다. \LTchuncksize=20으로 정해져 있기 때문에 앞서 말한 것처럼 정하지 않으면 20행마다 각 열의 최대폭을 계산한다. 여기서 정해진 값은 LaTeX이 폭을 계산하여 사용하기만 할 뿐 면이 바뀌는 것과는 상관이 없다.

\setlongtables 앞에서 설명한 바와 같이 \LTchuncksize에서 주어진 값만큼의 행이 바뀔 때마다 열의 폭을 계산하기 때문에 \LTchuncksize에 주어진 행만큼씩 표의 열이 맞지 않을 수 있다. 이때 longtable이 시작하기 전에 이 선언을 하면 표의 최대폭을 .aux 파일에 저장하였다가 그 중 가장 큰 값을 각 열의 폭으로 설정한다. 따라서 표 전체의 줄이 일치하게 된다. 이 패키지의 저자는 이 명령은 원고가 거의 완성된 후에 사용하기를 권하고 있으니 참고 바란다.

\endhead 표의 내용이 시작하기 전에 표에 들어갈 내용을 설명하는 글이 페이지마다 있어야 할 경우 그 내용을 입력하고 마지막의 \\ 대신에 \endhead 명령을 준다.

\endfirsthead 이 명령은 표의 제일 처음의 heading 이 다른 면의 것과 다를 경우에 표의 내용을 입력하고 마지막 \\ 대신에 이 명령을 준다.

\endfoot 표가 새 면으로 넘어가기 직전 현재 면의 제일 밑에 출력할 표현을 준다. 예로 "다음 면에 계속" 등을 사용할 수 있다. \endhead와 같은 방법으로 사용한다.

\endlastfoot 첫 면의 표만 표의 마지막 내용이 다를 경우에 그 내용을 입력하고 \\ 대신에 이 명령을 입력한다.

\caption 은 table이나 figure 환경에서와 마찬가지의 효력을 갖는다. 사용법도 같다. 한 가지 다른 점은 \caption[]을 사용하면 표의 번호가 증가하지 않으면서 변이 바뀔 때마다 표의 제목을 만든다는 것이다.

\kill 옛날 버전에서 사용하던 명령으로 tabbing 환경에서와 마찬가지로 \\ 자리에서 사용하면 그 행은 출력되지 않고 열의 폭만 계산한다.

\LTleft 는 왼쪽으로 얼마만큼 띄울 것인지 설정한다. 앞서 말한 것처럼 \parindent, 즉, 문단을 시작할 때 들여 쓰는 양만큼 들여 쓴다. 이 값은 \setlength로 바꿀 수 있다.

\LTright 오른쪽으로 얼마만큼 붙힐 것인지 정해 주는데 정하지 않으면 **\fill**이 사용된다. 이 값은 **\setlength**로 바꿀 수 있다.

이제 예를 보자. 표 10.3의 내용은 표 5.1, 표 5.2, 표 5.3, 표 5.5를 모두 합한 것이다.

위의 표는 다음의 명령으로 만들어진 것이다. 여기서 **\endfirsthead** 전에 주어진 내용은 표의 맨 앞에 따로 주어지고 **\caption[]**을 포함한 **\endhead** 이전의 내용은 매 페이지에서 표가 연결될 때마다 인쇄되었으며, **\endhead** 부터 **\endlastfoot** 사이의 내용은 표의 맨 끝에 인쇄하였다. 여기서 보는 것처럼 **longtable**도 인용할 수 있다. 끝으로 **\endfoot**는 표가 잘라질 때마다 표의 제일 끝에 붙였다. 마지막으로 **tabular** 환경에서는 의도한 대로 사용하기 힘든 **\footnote**도 의도한 대로 사용할 수 있었음을 강조하고자 한다.

```
\setlongtables 표 10.3
\begin{longtable}[c]{ll{\hspace*{\fill}}ll
                            {\hspace*{\fill}}ll}
\caption{\texttt{longtable} 환경을 이용한 표
                              \label{tab:longtable}}
\\ \hline \multicolumn{6}{c}{수학 모드의 부호들} \\ \hline
출력 & 입력 & 출력 & 입력 & 출력 & 입력\\ \hline\endfirsthead
\caption[]{전 페이지에서 계속}\\ \hline
출력 & 입력 & 출력 & 입력 & 출력 & 입력\\ \hline \endhead
\hline \multicolumn{6}{r}{다음 면에 계속}\\ \hline \endfoot
\hline \multicolumn{6}{r}{표~\ref{tab:longtable}의 끝.}
\\ \hline \endlastfoot
\multicolumn{6}{c}{소문자}\\
$\alpha$ & \verb+\alpha+ & $\beta$ & \verb+\beta+ &
$\gamma$ & \verb+\gamma+ \\
    .
    .
    .
\colorbox{mycyan}{$\lhd$}\myfootnote{\colorbox{mycyan}{
\mbox{  }}표시된 부호는\texttt{latexsym} 패키지를 사용할 때만
쓸 수 있음.}
    .
    .
    .
\circledR  & \verb+\circledR+ & \checkmark &
\verb+\checkmark+ & \maltese   & \verb+\maltese+ \\ \hline
\end{longtable}
```

10.9. colortbl 패키지

colortbl 패키지는 David Carlisle가 제작한 것으로 color 패키지가 필요하다. 이 패키지는 tabular나 array 환경에서 표 및 행렬의 행, 열, 개별 칸(cell)의 색깔 및 표에서 \hline, |에 의해 만들어지는 줄 및 두 개 이상의 줄이 있을 때 생기는 줄 사이의 공간의 색을 만들어준다.

10.9.1 표의 내부의 색깔 설정

표의 내부의 색은 크게 행, 열 및 개별 칸의 색을 설정할 수 있다. 열의 색은 \columncolor 명령으로 조정한다. 이 명령은

```
\columncolor[color_model]{color}[left_overhang][right_overhang]
```

으로 사용하며 *color_model*에는 color 패키지에서 사용 가능한 컬러 모델을 주면 gray, rgb 등의 값 중에서 하나를 지정하고, *color*는 되고 *left_overhang* 과 *right_overhang* 은 표의 각 칸에 들어가는 내용에서 얼마나 배경색을 확장할 것인지 정한다. 값을 주지 않으면 \tabcolsep의 넓이나(tabular인 경우) \arraycolsep(array인 경우) 만큼 확장하므로 표의 칸이 전부 색이 칠해진다.

tabular나 array의 선언에서 |, l, r, c 등은 tabular나 array 환경과 마찬가지로 사용하면 되고 >를 사용하여 열의 속성을 추가로 정해 준다. 예를 들어

```
\begin{tabular}{|>{\columncolor[rgb]{0,.8,0}}l|
  >{\color{white}\columncolor[gray]{.2}}l|}
```

는 \begin{tabular}{|l|l|}에 추가된 속성이 >{}에 주어진 것이다. 다음 예

```
\begin{tabular}{ |>{\columncolor[rgb]{0,.8,0}[0pt]}l|
     >{\color{white}\columncolor[gray]{.2}[0pt]}l|}
Green  & 바탕색 \\
By     & \texttt{colortbl} 패키지\\
And    & 회색도 사용
\end{tabular}
```

의 결과는

Green	바탕색
By	colortbl 패키지
And	회색도 사용

이며 *left_overhang*과 *right_overhang* 모두 0pt로 표의 내용만 배경으로 덮어졌으며 다음 예

```
{|>{\columncolor[rgb]{0,.8,0}}l| >{\color{white}
    \columncolor[gray]{.2}}l|}
```

의 결과는

Green	바탕색
By	colortbl 패키지
And	회색도 사용

로 *left_overhang*과 *right_overhang* 모두 설정되지 않아 `\tabcolsep` 만큼 배경이 확장되었다.[6]

```
{|>{\columncolor[rgb]{0,.8,0} [.5\tabcolsep]}l|
  >{\color{white} \columncolor[gray]{.2}[.5\tabcolsep]}l|}
```

의 결과

Green	바탕색
By	colortbl 패키지
And	회색도 사용

는 *left_overhang*과 *right_overhang* 모두 `\tabcolsep`의 반만 설정되었다.

*left_overhang*과 *right_overhang*은 둘 다 옵션이라 둘 중의 한 값만 주는 경우 두 값이 같은 값으로 설정된다.

각 행의 색은 `\rowcolor` 명령을 다음

```
\rowcolor[color_model]{color}[left_overhang][right_overhang]
```

로 설정하며 각 매개변수는 `\colomncolor` 명령의 사용법과 같다. 이 명령은 매 행의 맨 처음에 선언되어야 한다. 만일 `\columncolor`에 의해 표의 *preamble*에 먼저 색이 설정된 경우 `\rowcolor`가 우선한다.

각 행의 색은 `\cellcolor` 명령을 다음

```
\cellcolor[color_model]{color}[left_overhang][right_overhang]
```

로 설정하며 사용법은 `\rowcolor` 및 `\columncolor` 명령과 같다. `\cellcolor` 명

[6] 열의 정렬에 대한 부분만 표시하였음

령이 들어간 칸의 색은 \columncolor 및 \rowcolor 명령이 있는 경우 이들보다 \cellcolor 명령이 우선한다.

다음은 위에서 만든 표를 사용하여 행과 개별 칸의 색을 바꾸어 본 것이다.

```
\begin{tabular}{ |>{\columncolor[rgb]{0,.8,0}}l|
  >{\color{white}   \columncolor[gray]{.2}}l|}
Green & \cellcolor[gray]{.4}바탕색\\
By    & \texttt{colortbl} 패키지 \\
\rowcolor[rgb]{1,0,1} And
      & 회색도 사용
\end{tabular}
```

의 결과

Green	바탕색
By	colortbl 패키지
And	회색도 사용

를 얻는다.

10.9.2 줄의 색깔 설정

table이나 array 환경에서 | 나 \hline 등을 사용하여 줄을 만들 수 있다. 이 줄의 색은 \arrayrulecolor 명령으로 만들며

```
\arrayrulecolor{color}
```

로 사용한다. *color*는 color 패키지의 색깔 설정과 같은 방법으로 준다.

| 나 \hline를 두 번 사용하면 줄이 두 개 만들어지고 두 줄 사이에 공간이 만들어지는데 이 공간의 색은 \doublerulesepcolor 명령으로 만들며

```
\doublerulesepcolor{color}
```

로 사용한다. *color*는 color 패키지의 색깔 설정과 같은 방법으로 준다.

다음 보기를 보면 바로 이해될 것이다.

```
\setlength\arrayrulewidth{2pt}
\setlength\doublerulesep{2pt}
\arrayrulecolor{blue} \doublerulesepcolor{yellow}
\begin{tabular}{||l||c||} \hline\hline
줄의 & 굵기와 \\ \hline
폭을 & 일부러 \\ \hline
크게 & 하였음 \\ \hline\hline
\end{tabular}
```

의 결과는

줄의	굵기와
폭을	일부러
크게	하였음

이다.

10.9.3 xcolor 패키지와 행의 색깔

xcolor 패키지는 color 패키지를 확장한 것으로 다양한 색의 정의 방법 등을 제공해 준다. 이 패키지를 사용하는 경우 일반 사용자에게 유용한 명령은 표를 작성할 때 행의 바탕색을 각 행마다 교대로 나타내고자 할 때 행마다 같은 색을 설정하지 않고 한 번의 명령으로 결과를 얻을 수 있는 \rowcolors 명령이다. 이 명령은 xcolor 패키지의 옵션인 table을

\usepackage[table]{xcolor}

처럼 반드시 사용하여야 한다.

```
\rowcolors[cmd]{row}{odd-row color}{even-row color} 또는
\rowcolors*[cmd]{row}{odd-row color}{even-row color}
```

인데 이 명령은 표를 만들기 전에 선언되어야 한다.

✓ 옵션인 *cmd*는 각 행마다 실행할 명령을 설정하고

✓ *row*는 색을 교대로 바꾸기 실행할 첫 번째 행의 번호를 설정한다.

✓ *odd-row color*는 *row*에서 시작하여 홀수 번째 행의 색을

1	가나
2	가나
3	가나
4	가나
5	가나
6	가나

표 10.4: xcolor 패키지로 만들어진 표 – 홀수 및 짝수 행에 배경색 넣기

✓ *even-row color*는 *row*에서 시작하여 짝수 번째 행을 색을 설정한다. *odd-row color*와 *even-row color*는 설정이 없는 경우 {}로 아무 입력을 하지 않을 수 있다.

위의 명령 중 *가 붙은 것은 아래에서 소개할 \showrowcolor와 \hiderowcolor 명령에 따라 *cmd*를 실행하며 *가 없는 경우 *cmd* 명령은 \showrowcolor나 \hiderowcolor 명령과 상관없이 계속 보여준다. 이 명령은 옵션인 *cmd*가 없으면 필요가 없는 명령이다.

\showrowcolor와 \hiderowcolor 명령은 각각 \rowcolors 명령대로 배경색을 교대할지와 \rowcolors 명령을 무시할지를 선언한다.

xcolor 패키지는 사용자가 좀 더 세밀하게 각 열의 색을 조정하기 위한 경우에 사용할 수 있는 카운터로 현재의 행 번호를 저장하는 카운터인 \rownum도 제공한다. 다음의 보기를 보자.

표 10.4

```
\rowcolors[\hline]{1}{lime}{}
\begin{tabular}{ll}
 \number\rownum  & 가나 \\
 \number\rownum  & 가나 \\
3 & 가나 \\
4 & 가나 \\
\hiderowcolors
5 & 가나 \\
6 & 가나 \\
\end{tabular}
```

이 보기의 결과는 표 10.4이며 여기서 *cmd*에 \hline을 적용하여 각 행마다 \hline이 적용된 것을 볼 수 있으며 1행부터 시작하여 홀수 행은 색을 주고 짝수 행은 색이 없다. 또한 1번과 2번 행의 번호는 \rownum의 값을 직접 사용하였으며 5번 행 이후는 \hiderowcolors 명령에 의해 색을 사용하지 않았음을 알 수 있다.

xcolor 패키지와 관련하여 다음을 참고로 알아두면 좋다.

✓ 한 번 선언된 명령은 뒤의 표에도 계속 영향을 미치므로

```
{ \rowcolors{}{blue}
표의 내용
}
```

같이 중괄호를 \rowcolors 명령의 범위에 사용하여 일정 영역에만 색을 선언하거나

```
\rowcolors{}{}
```

로 모든 행의 색을 없애면 된다.

✓ 이 패키지는 logtable 패키지를 포함하여 일부 패키지와 충동이 있음이 알려져 있다.

✓ beamer 클래스에서는 이 패키지가 자동으로 불러지므로 이때 table 옵션을 설정하는 것은 13.1.3절을 참고한다.

10.10. sidecap 패키지

그림이나 표의 제목을 그림의 아래나 위가 아닌 왼쪽 또는 오른쪽에 달 수 있는 패키지가 sidecap 패키지이다. 이 패키지의 옵션은

✓ outercaption (기본값): 제목은 왼쪽 페이지는 왼쪽에, 오른쪽 페이지는 오른쪽에 만든다.

✓ innercaption 제목은 왼쪽 페이지는 오른쪽에, 오른쪽 페이지는 왼쪽에 만든다.

✓ leftcaption, rightcaption 이름대로 각각 제목은 왼쪽 또는 오른쪽에 만든다.

sidecap 패키지는 네 개의 환경을 제공한다. 그림을 위한 SCfigure와 SCfigure* 이며 나머지 표를 위한 SCtable과 SCtable*이다. 이들의 사용법은 기존의 figure나 table 환경과 비슷하게

```
\begin{SCtable}[relwidth][float] ··· \end{SCtable}
\begin{SCfigure}[relwidth][float] ··· \end{SCfigure}
\begin{SCtable*}[relwidth][float] ··· \end{SCtable*}
\begin{SCfigure*}[relwidth][float] ··· \end{SCfigure*}
```

이며 각 매개변수는

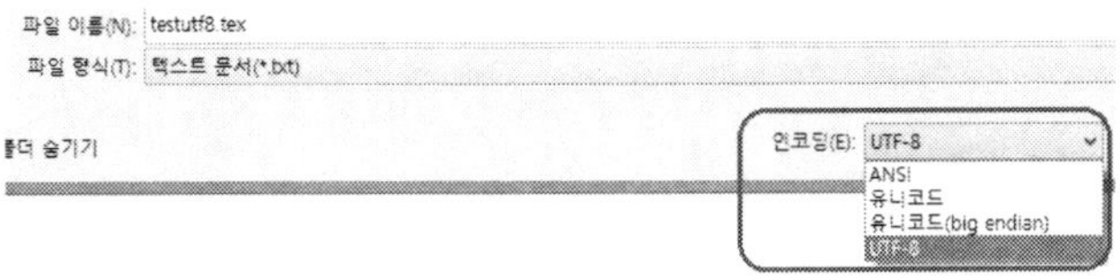

그림 10.2: `sidecap` 패키지의 `SCfigure` 환경으로 만든 그림이다. 이 그림은 제목이 그림의 왼쪽 또는 오른쪽에 나타난다.

- ✓ *relwidth*: 표 또는 그림의 폭에 대한 제목(`\caption` 명령)의 폭의 비율이다. 기본값은 1이며 1보다 크면 제목의 폭이 표나 그림의 폭보다 크고, 1보다 작으면 제목의 폭이 표나 그림의 폭보다 작다.
- ✓ *float*: `table`이나 `figure` 환경과 마찬가지로 만들어지는 표나 그림의 페이지상 위치를 설정한다. 기본값은 `table`이나 `figure` 환경과 같이 `tbp`이다.
- ✓ ⋯ : 그림 또는 표의 구성요소가 들어간다. `\includegraphics` 명령이나 `tabular` 환경으로 만들어진 그림이나 표가 일반적일 것이며 제목을 위한 `\caption` 명령이 들어갈 수 있다.

이다. `table*`나 `figure*` 환경과 마찬가지로 `*`가 붙은 버전에서 `\documentclass` 옵션이 `twocolumn`일 때 표 또는 그림은 `twocolumn`이 사용되지 않으며, `*`가 붙지 않은 버전은 표나 그림도 `twocolumn`이 사용된다.

즉, 그림의 경우

```
\begin{SCfigure}
   그림의 내용
\caption{그림 제목}
\end{SCfigure}
```

으로 사용하며 표의 경우 위의 `SCfigure` 자리에 `SCtable`을 사용한다. 그림 10.2는

```
\begin{SCfigure}    그림 10.2
\includegraphics[width=0.6\textwidth]{../images/encoding1.eps}
\caption[\texttt{SCfigure} 환경의 그림]{\texttt{sidecap}
  패키지의 \texttt{SCfigure} 환경으로 만든 그림이다. 이 그림은
  제목이 그림의 왼쪽 또는 오른쪽에 나타난다.\label{fig:scfig}}
\end{SCfigure}
```

의 결과이다.

`sidecap` 패키지를 사용하는 경우 제목이 긴 경우도 있으므로 '표 차례'나 '그림 차례'에서 긴 제목 때문에 생기는 문제 해결은 8.5.5절을 참고하기로 한다.

제11장

그림 파일을 LaTeX에 포함하기

제15장에서는 LaTeX의 기본 환경 `picture` 환경을 이용하여 그림을 그리는 경우를, 제16장에서는 `tikz` 패키지를 이용하여 필요한 그림을 그리는 경우에 대하여 알아보기로 한다. 이 경우의 그림은 별도의 패키지가 필요할 수도 있기는 하지만 그림의 내용이 LaTeX 명령이다.

이 장에서는 LaTeX에 포함할 그림이 디지털 카메라, 포토샵, GIMP 등으로 만든 JPEG, BMP, PNG, GIF 등의 그림이거나, R-언어나 SAS 등의 프로그램에서 생성된 (Encapsulated) PostScript 그림인 경우에 대해서 알아본다.

또한 프로그램의 출력이 LaTeX 형식을 지원하는 GnuPlot, GeoGebra로 만든 그림을 처리하는 것에 대해서도 살펴보기로 한다.

외부에서 만든 그림은 그림의 형식이 PostScript 또는 Encapsulated PostScript인 경우 `latex` 명령으로 컴파일하고 이때 생성된 `.dvi` 파일을 `dviout`으로 볼 수 있다. PS 형식의 그림을 모두 잘 처리하려면 `dvips`로 PS 파일을 얻거나 PS 파일에서 `ps2pdf` 프로그램을 사용하여 PDF 형식의 그림을 얻으면 된다.[1]

JPEG, PNG, BMP 등의 이진 파일 형식은 그림은 대부분의 DVI 구동자가 이를 직접 처리하지 못한다. PDF, JPG, PNG 및 EPS 타입의 그림은 `pdflatex`으로 컴파일하면 잘 인식된다. `pdflatex` 및 `latex`으로 컴파일할 때 모두 인식되는 그림 형식은 현재로는 EPS 그림 형식이다(TeXLive 기준). EPS 파일을 PDF로 변환하여 처리하거나 그대로 둔 채 `pdflatex`으로 컴파일하는 것은 11.6.2절을 참고하기로 한다.

TeX의 기본 출력은 DVI이며 DVI 파일을 처리할 DVI 구동자에 특별한 명령을 처리하여야 할 경우를 대비하여 TeX의 최초 개발자인 Knuth는 `\special`이라는 TeX 명령을 마련해 두었다. `\special` 명령은 DVI 구동자에서 처리할 명령이며 TeX의 컴

[1] `dviout`, `dvips` 및 `ps2pdf`는 모두 koTeXLive에 포함되어 있다.

파일 과정에서는 무시되며 주로 그림을 처리하는 목적으로 많이 사용되었다. 이 경우 그림 파일을 처리하는 것이 그때그때 달라지는 경우가 많아 LaTeX 문서에 그림을 넣는 작업은 어려운 일이었다.

하지만 요즘은 `graphics`나 `graphicx` 패키지가 PostScript 파일 위주로 개발되어 지금은 JPG 등 다양한 형식의 그림을 지원하여 그림을 LaTeX 문서에 포함하는 것이 더 이상 어려운 일이 아니다. 이 두 패키지는 그림을 포함하는 기능 외에도 다양한 기능을 가지고 있으나 여기서는 그림 포함 기능을 위주로 보고 그 외 기능은 17.3절에서 알아보기로 한다.

11.1. `\includegraphics` 명령

문서를 만들다 보면 LaTeX이 아닌 다른 프로그램이나 스캐너로 만든 외부 파일에 따로 저장한 그림을 출력하고자 할 때가 있다. `\includegraphics` 또는 `\includegraphics*` 명령은 이러한 그래픽 파일을 LaTeX 출력에 불러들이는 명령이다. 이 명령은 `graphics`나 `graphicx` 패키지에서 제공되므로 이 명령을 사용하기 위해서는 이 두 패키지 중의 하나를 `\usepackage`하여야 한다.

`\includegraphics` 또는 `\includegraphics*` 명령으로 불러들일 수 있는 그림의 형식은

`PS` PostScript 파일의 경우 `pdflatex`으로 컴파일이 안 되며 `latex`이나 `xelatex`으로 컴파일 가능하다. `latex` 컴파일의 결과인 DVI 파일은 `dvips` 등으로 출력을 PostScript 형식으로 바꾸거나 이를 다시 pdf 형식으로 바꾼다(ps2pdf 또는 GhostScript 등을 사용). PS 파일은 EPS 파일로 변환하는 기능이 있으며 GhostScript도 그 중의 하나이다. `xelatex`의 출력은 PDF이다.

`JPG, PNG, PDF` JPEG이나 PNG, PDF 형식의 파일은 `pdflatex`으로 컴파일이 가능하다. 이들은 `latex` 명령으로 컴파일은 되나 이진 파일 그림은 잘 불러오질 못한다.

`EPS` PS 파일과 마찬가지로 `latex` 및 `xelatex`으로 컴파일이 가능하다. `pdflatex`은 `shell-escape` 옵션을 사용하면 EPS 파일은 컴파일 가능하다. 이 옵션을 사용하는 것은 11.1.6절을 참고하기로 한다.

이다. 따라서 여러 개의 그림 파일을 한 LaTeX 문서에 포함하려면 텍스트 형식인 PS나 EPS 또는 JPG, PNG 또는 PDF로 통일하는 것이 좋다. 그림 형식의 변환은 11.6.1절을 참고하기로 한다.

`\includegraphics` 또는 `\includegraphics*` 명령으로 그림 파일 *file*을 LaTeX에 포함시키려면 다음과 같이 사용한다.

```
\includegraphics[options]{file}
\includegraphics[llx,lly][urx,ury]{file}
또는
\includegraphics*[options]{file}
\includegraphics*[llx,lly][urx,ury]{file}
```

먼저 옵션을 두 개로 사용하는 아래쪽 줄의 명령은 `graphicx` 패키지에서만 지원되며 `graphics` 패키지를 사용할 땐 에러가 생긴다. 아래의 옵션 사용 방법을 보면 옵션을 두 개로 나누어 쓰지 않더라도 `bb` 등의 설정으로 두 개의 옵션을 사용할 때의 기능을 수행할 수 있으므로 굳이 쓸 필요는 없다. 한 편으로는 `graphicx` 패키지가 `graphics` 패키지를 확장한 것이므로 항상 `graphicx` 패키지를 사용한 것이 권장된다.

또한 `*`가 붙은 버전과 그렇지 않은 버전의 차이는 `*`가 붙은 버전은 지정한 크기 (아래의 `bb` 옵션 등으로 그림의 일부만 가져올 경우)에 딱 맞춘 크기만 잘라서 출력을 만들지만 `*`가 없는 버전은 그림의 전체를 가져오는 차이가 있다. 자세한 보기는 11.1.5 절을 참고하기로 한다.

llx, lly, urx, ury 그림의 일부분만을 가져올 경우에 가져올 부분의 그림 영역의 왼쪽 아래(ll: lower left)의 x, y 좌표 및 오른쪽 위(upper right)의 x, y 좌표이며 단위는 `pt`(point)이다.

*options*은 많이 있지만 자주 사용하는 것을 살펴보면 다음과 같으며 주로 그림의 크기나 모양을 조정하는 것이다. 아래 옵션 중 (Encapsulated) PostScript 파일과 같이 bounding box(그림의 범위, 내지 크기) 정보를 가지고 있는 경우 그림의 일부만 가져올 수 있으나 JPG 와 같은 파일은 그림의 일부만 가져오는 기능 등은 상당히 제한된다 (이 명령의 옵션 참고). JPG 등 이진 파일도 그림의 회전 및 가로/세로 폭의 조정은 가능하다.

`bb` = *llx lly urx ury* 그림의 일부를 가져올 영역의 표시하며 *llx*, *lly*, *urx* 및 *ury*의 설정은 앞에서와 같다. 이 옵션은 bounding box가 있는 [Encapsulate] PostScript, PDF 등의 파일만 지원된다. `bb`에 설정하는 값의 단위가 생략되면 `pt`(= 1/72.27 인치)이다.

`bbllx`=*llx*, `bblly`=*lly*, `bburx`=*urx*, `bbury`=*ury* `bb`와 같이 그림의 일부만 가져올 경우 가져올 영역을 표시한다. 단위는 `pt`이다. 그림의 일부만 가져오기는 bounding box 가 있는 [Encapsulate] PostScript 등의 파일 형식만 가능하다. `bb=a b c d`의 결과는 `bbllx=a,bblly=b,bburx=c,bbury=d`와 같다.

`natwidth`, `natheight` 그림의 일부분만 가져올 때 각각 가져올 부분의 폭과 높이 설정이다. `natheight=h`, `natwidth=w`는 `bb = 0 0 h w`의 설정과 같다.

`angle=`*degree* 그림의 회전 각도 *degree*를 설정한다. 회전 방향은 양수 값은 반시계 방향, 음수 값은 시계 방향이다. 예를 들어 90° 반시계 방향 회전은 `angle=90`으로, 90° 시계 방향은 `angle=-90`으로 설정한다.

`scale` 원래 그림 크기에 대한 확대 및 축소 비율을 설정한다. 기본값은 1이며 1보다 크면 확대, 작으면 축소이다. 사용 보기는 224면의 그림 11.13 및 225면의 그림 11.14이다. 또한 13.8절에서 `scale` 옵션이 사용되었다.

`width`, `height` 만들어지는 문서에서 차지할 그림의 폭 및 높이를 설정한다. 이때 반드시 단위를(cm, in) 설정해야 하며, `width`나 `height` 둘 중의 하나만 설정하면 나머지 값은 원래 그림의 가로세로 비율에 맞추어 확대 또는 축소한다.

`clip` `true`(기본값)/`false`로 설정하며 그림을 `bb`나 `trim`에 해당하는 부분만 가져올지를 설정한다. `*`가 붙은 명령은 `clip` 옵션이 사용된 `*` 없는 명령과 같다. `clip`만 설정하면 `clip=true`와 같은 효과를 가진다.

`trim=` *left bottom right top* 그림의 왼쪽, 아래쪽 오른쪽 및 위쪽의 잘라낼 부분 길이를 설정한다. `bb`는 좌표, `trim`은 길이이다.

`keepaspectratio` 그림의 좌우 비율을 유지한다. 만일 `width`와 `height`가 원래 그림의 비율에 맞지 않게 동시에 설정된 경우 그림의 크기가 `width`와 `height` 둘 다 넘지 않는 범위 내에서 그림의 비율을 유지한다. 기본값은 `true`이며 `clip`과 마찬가지로 `true/false` 값을 설정하지 않고 사용하면 `true`로 설정한 것과 같다.

file 은 가져올 그림 파일의 이름을 설정한다. *file*에는 그림의 이름뿐 아니라 경로도 포함이 가능하다. 경로의 구분은 `\`가 아니고 `/`이다.[2] 경로에서 현재의 디렉토리는 `.`(점)을, 상위 디렉토리는 `..`(빈칸 없이 점 두 개)로 한다. 예를 들어 현재 디레토리의 상위 디렉토리 ⟹ 그 아래의 `images` 디렉토리에 있는 그림 파일 `a.ps`를 불러오려면

```
\includegraphics{../images/a.ps}
```

와 같이 파일을 표시한다.

이제 `\includegraphics` 및 `\includegraphics*` 명령을 사용한 보기를 살펴보자.

[2] `\`는 LaTeX에서 특수문자이기도 하거니와 Unix 계열의 운영체계에서는 경로 구분을 `\`로 한다.

그림 11.1: \includegraphics 명령으로 부른 그림(축소/확대)

11.1.1 그림 전부 불러오기–확대 또는 축소

그림 11.1은 \includegraphics 명령으로 EPS 형식의 그림(사진) 파일 moraine.eps를 불러들인 예이다. 이 경우 scale 옵션을 설정하여 전체 그림을 1/2로 축소한 것이다. 이 그림을 만들기 위한 명령은 다음과 같다.

```
\begin{figure}[t] 그림 11.1
\centering\includegraphics[scale=0.5]{../images/moraine.eps}
\caption{\includegraphics 명령으로 부른 그림(축소/확대)
  \label{fig:texgr}}
\end{figure}
```

11.1.2 그림의 폭과 높이를 바꾸는 설정

\includegraphics 명령에서 width와 height의 값을 설정하여 그림의 크기를 바꾸는 경우를 알아보자. 예를 들어

```
그림 11.2
\centerline{\includegraphics[width=.97\textwidth, height=5cm]
            {moraine.eps} }
```

의 결과는 그림 11.2다. 이 그림은 원래 그림의 크기와 상관없이 폭은 \textwidth의 97%로, 높이는 5cm로 그리게 한다. 이 그림의 원래 크기는 그림 11.1의 두 배이다.

그림 11.2: \includegraphics 명령의 그림 크기 조절

그림 11.3: \includegraphics로 그림 일부만 잘라오기

11.1.3 그림의 일부만 불러오기

Bounding box가 주어진 그림(EPS/PDF 등)의 경우 그림의 일부만 잘라서 가져올 수 있으며 그림 11.3은 그림 11.1의 일부만 오려 넣은 것이다. 그림 11.3을 만든 명령은

```
\begin{figure}[t]   그림 11.3
\caption{{\texttt{\symbol{92}includegraphics}로 그림
    일부만 잘라오기 \label{fig:texgr2}}
\centering\includegraphics*[300pt,0pt][600pt,150pt]
                                        {images/moraine.eps}
\end{figure}
```

이다. 그림 11.3에서 보는 것처럼 오려 붙일 그림의 왼쪽 아래의 x, y 좌표와 오른쪽

그림 11.4: \includegraphics* 명령의 잘라오기 및 그림 크기 변경

위의 x, y 좌표를 준다.[3] 여기서 PostScript 나 Encapsulated PostScript 그림인 경우 파일의 첫 부분에 다음과 같이 그림의 크기가 pt 단위(1pt=1/72 inch)로 주어져 있기 때문에 어느 부분을 자를 것인지 결정하고 나면 x, y 좌표는 쉽게 구할 수 있다.

```
%%BoundingBox: 0 0 360 166
```

여기서 처음 두 숫자 0 0은 그림의 왼쪽 아래의 (x, y) 좌표이고 그 다음 두 숫자(360 166)는 오른쪽 위의 (x, y) 좌표이다.

그림의 일부분만 잘라 붙일 경우에도 그림의 크기 설정할 수 있는데, 앞에서 본 height, width 등을 추가적인 옵션으로 줄 수 있다. 예를 들면 다음 명령의 결과는 그림 11.4이다.

```
그림 11.4
\includegraphics*[bb=300 0 600 150, width=0.5\textwidth,
            height=.4\textwidth] {images/moraine.eps}
```

참고로 \includegraphics 명령을 사용하면서 clip 옵션을 추가로 설정하면 * 붙은 명령을 사용한 것과 같은 결과를 얻는다

11.1.4 그림의 회전

그림 파일의 내용을 회전하는 것은 angle 옵션에 반시계 방향으로 회전할 각도를 주어서 만든다. 그림 11.5는 다음의 명령

---

[3] PostScript의 기준 좌표는 왼쪽 아래의 좌표가 (0,0)이다. 이는 최신의 그래픽에서는 왼쪽 위의 좌표가 (0,0)인 것과는 차이가 있다.

그림 11.5: PostScript 그림 `sunrise.eps`의 원본 및 반시계 방향으로 30°회전한 결과

```
\begin{figure}[t]   그림 11.5
\begin{center}
\includegraphics[width=1.8in]{../images/sunrise.eps}
\includegraphics[width=1.8in, angle=-30]
                 {../images/sunrise.eps}
\caption[그림의 회전]{PostScript 그림 \texttt{sunrise.eps}의
        원본 및 반시계 방향으로 30\degree 회전한 결과
        \label{fig:sunrise}}
\end{center}
\end{figure}
```

으로 만들었으며 왼쪽 그림이 회전하지 않은 원본, 오른쪽 그림은 시계 방향으로 30° 회전한 그림이다. 이 그림에서 보는 것처럼 그림을 회전하면 회전으로 인해서 더 많은 공간을 차지하게 되는 점에 유의하여 그림의 크기 또는 그림이 차지할 공간을 조절하여야 한다.

왼쪽 문자– 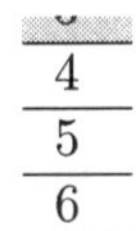 –오른쪽 문자

그림 11.6: * 있는 \includegraphics* 명령

11.1.5 *가 있는 경우와 그렇지 않은 경우

\includegraphics와 \includegraphics* 명령의 차이를 확인하기 위해 다음의 결과로 만들어지는 두 그림을 생각해 보자.

```
\begin{figure}[t]    그림 11.6
왼쪽 문자--
\includegraphics*[bb=145 640 170 685]{../images/test-xclr.ps}
--오른쪽 문자
\caption{\texttt{*} 있는 \texttt{\symbol{92}includegraphics*}
명령\label{fig:include*}}
\end{figure}

\begin{figure}[t]    그림 11.7
왼쪽 문자--
\includegraphics[bb=145 640 170 685]{../images/test-xclr.ps}
--오른쪽 문자
\caption{\texttt{*} 없는 \texttt{\symbol{92}includegraphics}
명령\label{fig:include0}}
\end{figure}
```

여기에서 첫 번째는 *가 있는 명령을 사용하고 두 번째는 *가 없는 명령을 사용하였으며 둘 다 같은 위치의 bb를 사용하여 그림의 일부만 가져왔다.

이 두 명령의 차이는 그림 11.6과 그림 11.7에서 볼 수 있는데 *가 있는 경우는 그림의 크기를 설정한 bounding box 만큼만 가져오고 *가 없는 그림 11.7에서는 그림의 영역만 bounding box에 설정한 값으로 가져온 후 정작 그림은 전체를 다 가져와서 그림이 주변 문서의 상하좌우가 겹치게 되었음을 알 수 있다. 두 번째 그림은 그림을 전부 가져온 \includegraphics 명령의 그림이 어딘가 다른 부분의 문서를 덮고 있을 것이므로 자세히 볼 필요가 있다.

그림의 원래 크기는 그림 11.7에 보이는 그림이며 원하는 크기는 11.6에 있는 크기이다. *없는 명령에서 clip 옵션을 사용하면 * 있는 명령과 같은 결과를 얻을 수 있다.

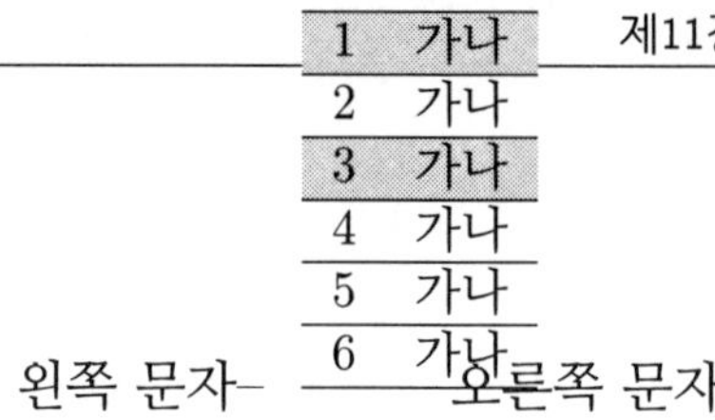

그림 11.7: * 없는 \includegraphics 명령은 그림의 크기에 따라 문서 내의 다른 부분에 겹칠 수 있으며 이 책도 LATEX으로 편집한 것이므로 예제로 보이기 위해 겹치더라도 그대로 둔다.

11.1.6 여러 면의 그림

그림 중 PDF나 (E)PS 형식의 그림은 한 파일에 여러 페이지가 포함될 수 있다. 이 기능을 원할 때는 다음 두 가지를 모두 만족하여야 한다.

1 graphicx 패키지를 사용한다.

2 pdflatex이나 xelatex으로 컴파일한다.

이때 사용하는 명령은 \includegraphics 명령이며 이 명령에 page 옵션을 사용할 수 있다.[4] 사용법은

```
\includegraphic[page=num, options]{file}
```

이며 *num*에는 불러들일 그림의 페이지 수를 설정하고 *options*에는 11.1절에서 본 옵션을 추가할 수 있다. 특정한 페이지를 불러들일 파일의 이름은 *file*이며 이 파일은 PDF 또는 EPS 형식의 파일이다. 예를 들어

```
\includegraphics[width=0.44\textwidth, page=21]{mydoc.pdf}
```

와 같이 명령하면 mydoc.pdf의 21면을 불러들인다.

PDF 형식의 파일을 불러들일 때는 문제가 없지만 EPS 형식의 파일을 불러올 때는 실제로는 EPS를 PDF로 변환하여 불러오는데 다음 사항에 주의한다.

✓ pdflatex으로 컴파일할 때는 shell-escape 옵션을 설정한다. 즉,

```
> pdflatex -shell-escape myfile.tex
```

로 컴파일 한다.

✓ xelatex은 여러 페이지를 가진 EPS 파일에서 특정한 페이지를 잘 찾지 못하고 마지막 페이지 또는 첫 페이지를 넣는 경우가 발생한다. 이런 경우 eps2pdf 등을 사용하여 EPS를 PDF로 바꾼 후에 불러들일 수 있다.

[4] TEXLive 2015까지는 latex으로 컴파일할 경우 이 옵션을 인식하지 못한다. 1

PDF 파일을 불러들일 경우 pdfpages 패키지를 사용하면 \includepdf 명령을 사용하여 불러들일 수도 있다. 이 명령은

```
\includepdf[options]{file}
```

로 사용하며 사용할 수 있는 옵션 중의 일부는 다음과 같다(다양한 옵션은 CTAN 참고).

pages={*num*} 불러들일 파일에서 몇 번째 페이지를 불러들일지 설정한다. 여러 페이지인 경우 콤마로 구분하고 연속되는 페이지는 -로 표시한다. 기본값은 1로 첫 페이지만 가져온다. 예를 들어 pages={1, 3-5, 9}는 1, 3,4,5,9 페이지를 불러들인다.

nup=*nrow*x*ncol* 그림을 불러들일 때 한 페이지에 여러 개의 그림을 넣을 수 있는데 이때 그림의 행과 열이 개수를 설정한다. 기본값은 1x1으로 한 개의 그림을 넣는다. 만일 3x2가 설정되면 세 줄과 두 칸으로 이루어진 여섯 개의 칸에 하나씩의 페이지를 넣는다.

landscape 이 옵션이 설정되면 그림이 90° 회전하여 페이지의 긴 쪽으로 맞춘다.

column=true|false nup이 설정되면 행 우선으로 그림을 채우는데 이를 열 우선으로 바꾼다. 기본값은 false이다.

11.2. 그림의 경로와 \graphicspath 명령

LaTeX 문서에 그림을 포함하고자 할 때 경우에 따라서는 그림의 수가 많을 수 있다. 이런 경우에는 그림을 따로 특정한 디렉토리에 넣는 것이 편리한데 \includegraphics 명령을 사용할 때는 매번 그 경로를 사용해야 하는 불편함이 있다. 이런 경우 \graphicspath 명령 또는 \includegraphics 명령으로 그림을 포함하고자 할 때 그림이 있는 경로를 미리 지정해 둘 수 있다. 이 명령의 사용법은

```
\graphicspath{{path1}{path2}···{pathn}}
```

으로 그림의 경로를 알려줄 수 있다. 예를 들어 그림이 있는 디렉토리가 현재의 디렉토리 기준으로 images, eps, jpeg이라면

```
\graphicspath{{./images/}{./eps/}{./jpeg/}}
```

으로 설정한다. 이와 같이 설정한 후[5]

[5]여기서 .은 현재의 경로를 의미한다. 바로 위의 경로는 ..으로 표현한다.

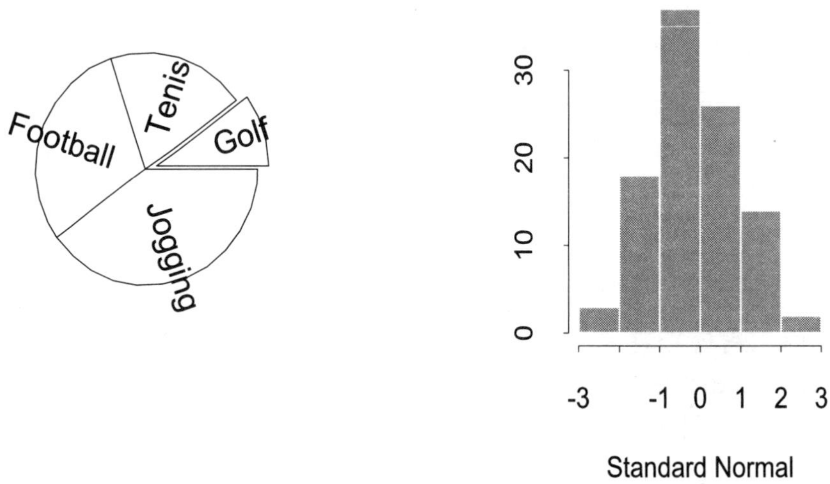

(a)원 그래프 (b)막대 그래프

그림 11.8: 원 그래프와 막대 그래프

```
\includegraphic{mypicture.jpg}
```

라고 하면 현재의 디렉토리에 그림이 없더라도 images, eps, jpeg 디렉토리에서 그림을 찾게 된다.

11.3. 그림과 그림 또는 글을 옆으로 놓기

보고서의 작성이나 책을 쓸 때 왼쪽 반은 그림이고 오른쪽 반은 그 그림을 설명하는 글이 들어간 경우, 혹은 따로 그려진 그림을 옆으로 나란히 배열하고자 할 경우에 대해서 알아보자.

11.3.1 minipage 환경의 이용

minipage 환경을 이용하여 그림과 텍스트를 옆으로 만들 수 있다. minipage 환경은 4.4.4절을 참고하기로 하며 이 환경의 응용 예는 9.3절 등을 참고하기로 한다.

이 절에서는 miniapage 환경의 응용 예의 하나로 텍스트와 그림을 옆으로 만드는 경우를 생각해보자. 물론 그림과 그림을 옆으로 배열하는 것도 가능하다.

minipage 환경을 이용하여 그림과 그림을 나란히 놓으려면 다음과 같이 명령을 주면 된다.

그림 11.8

```
\begin{figure}[!t]
\noindent
\begin{minipage}[t]{2.5in}
 \centerline{\includegraphics
       [width=3.5in, height=3.5in]{../images/pie.ps} }
 \centerline{(a)원 그래프}
\end{minipage}  \hfill
\begin{minipage}[t]{2.5in}
 \centerline{\includegraphics
       [width=2.4in,height=3.5in]{../images/hist.ps}}
 \centerline{(b)막대 그래프}
\end{minipage}
\caption{원 그래프와 막대 그래프 \label{fig:hist}}
\end{figure}
```

참고로 여기서 나온 두 그림 pie.ps와 hist.ps는 Splus를(Splus와 비슷하면서 공개된 프로그램으로는 R-언어(language)가 있으며 이는 R 홈페이지인

http://cran.r-project.org

에서 무료로 내려받아 사용할 수 있다). 이용하여 PostScript 형식으로 받은 그림이다.

이제 다음과 같은 출력을 만드는 방법을 생각해보자.

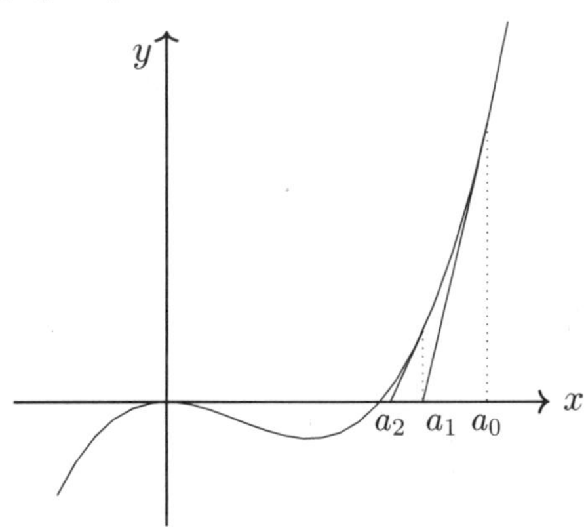

오른쪽 그림과 같이, 함수 $f(x) = x^3 - x^2$의 그래프 위의 점 $(a_0, f(a_0))$에서 접선을 긋고 (단 $a_0 > 3$) x축과의 교점을 $(a_1, 0)$이라 한다. 다음에 점 $(a_1, f(a_1))$에서 접선을 긋고 x축과의 교점을 $(a_2, 0)$ 이라 한다. 이러한 방법으로 계속하여 일반적으로 점 $(a_{n-1}, f(a_{n-1}))$에서 접선을 긋고 x축과의 교점을 $(a_n, 0)$이라 한다. 이때 다음 물음에 답하여라.

1 a_n을 a_{n-1}의 식으로 나타내어라($n = 1, 2, \cdots$).

2 $a_0 > a_1 > a_2 > \cdots > a_n > \cdots \geq \sqrt{3}$이 됨을 보여라.

3 $\lim\limits_{n\to\infty} a_n$을 구하여라.

위의 보기는 다음의 명령으로 만들어진 것이다.

```
\begin{minipage}[c]{2.1in}
오른쪽 그림과 같이, 함수 $f(x)=x^3-x^2$의 그래프 위의 점
$(a_0,f(a_0))$에서 접선을 긋고 (단 $a_0>3$) $x$축과의 교점을
$(a_1,0)$이라 한다. 다음에 점 $(a_1,f(a_1))$에서 접선을 긋고
$x$축과의 교점을 $(a_2,0)$ 이라 한다. 이러한 방법으로 계속하여
일반적으로 점 $(a_{n-1},f(a_{n-1}))$에서 접선을 긋고 $x$축과의
교점을 $(a_n,0)$이라 한다. 이때 다음 물음에 답하여라.
\end{minipage}
\ \hfill \
\begin{minipage}{2.4in}
\begin{tikzpicture}[xscale=2.25, yscale=2.5]
  \draw[thick,->] (-0.7,0) -- (1.8,0)
        node[right] at (1.8,0) {$x$}; % x 축
  \draw[thick,->] (0,-0.5) -- (0,1.5)
       node[below left] at (0, 1.5) {$y$}; % y 축
  \draw[black,domain=-0.5:1.6]
         plot (\x, {\x*\x*(\x-1)});
  \draw (1.05,0) -- (1.2, 0.288)
    node[below] at (1.05,0) {\small$a_2$};
  \draw[dotted] (1.2, 0.288) -- (1.2,0);
  \draw  (1.2,0) -- (1.5, 1.125)
    node[right=2mm,below] at (1.2,0) {\small$a_1$};
  \draw[dotted] (1.5, 1.125) -- (1.5, 0)
    node[below] at (1.5,0) {\small$a_0$};
\end{tikzpicture}
\end{minipage}
\begin{enumerate}
\item $a_n$을 $a_{n-1}$의 식으로 나타내어라$(n=1,2,\cdots)$.
\item $a_0>a_1>a_2>\cdots >a_n>\cdots \geq \sqrt{3}$이 됨을
      보여라.
\item  $\dlim{n\go \infty}a_n$을 구하여라.
\end{enumerate}
```

이 보기에서 사용한 그림은 제16장의 PGF/TikZ를 사용한 tikz 패키지로 만든 것이다. 그림의 구체적인 내용은 PGF/TikZ를 참고하고 여기서는 글자 부분이 하나의

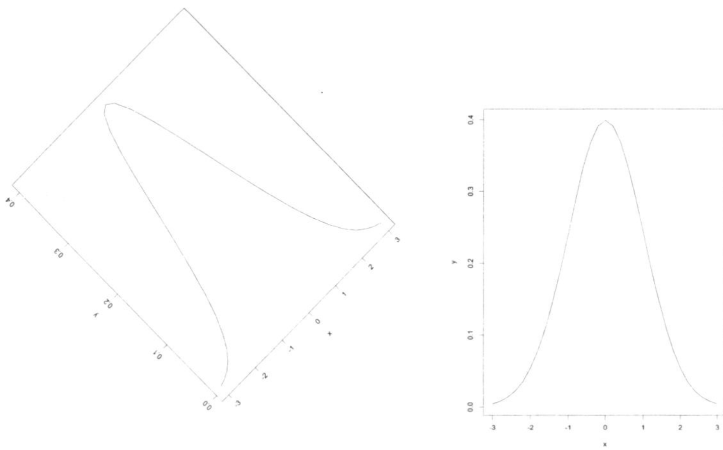

(a) 회전 (b) 원래 크기

그림 11.9: subfigure 패키지를 이용한 그림

minipage, 그림 부분도 하나의 minipage로 사용자가 적절하게 글자의 양과 그림의 크기를 조정하여 양쪽으로 넣을 수 있음을 확인하였다. 실제 그림과 함수는 설명을 위해 스케일을 변경하였다.

11.3.2 subfigure 패키지의 이용

Steven Cochran이 만든 subfigure 패키지는 figure 환경 내에서 여러 개의 그림을 만들 수 있게 한다. 사용법은

```
\begin{figure}
  \subfigure[그림 제목1]{그림 내용1}
  \subfigure[그림 제목2]{그림 내용2}
     ⋮
\end{figure}
```

이다. 이때 \subfigure 명령으로 만든 그림에는 번호가 (a), (b), (c) 등으로 붙게 되는데 이를 조정하는 번호기는 subfigure이며 그 번호를 출력하는 명령은 \thesubfigure이다. 그림 11.9는 subfigure 패키지를 이용하여 그린 그림으로 그림 11.8의 출력과 비슷한 결과를 볼 수 있다. 그림 11.9를 만든 명령은 다음과 같다.

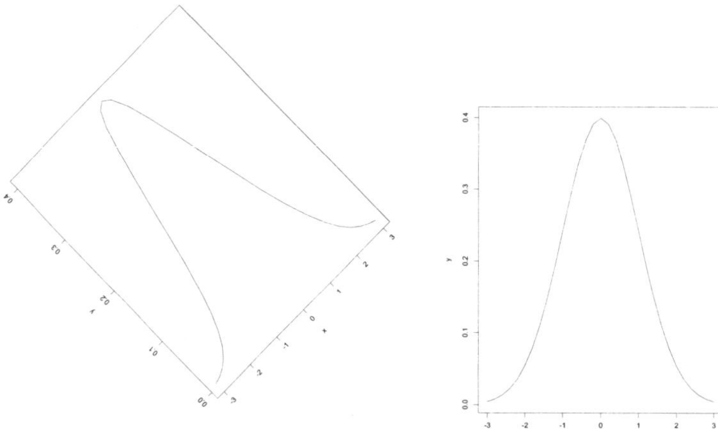

(甲) 회전　　　　(乙) 원래 크기

그림 11.10: subfigure를 이용한 그림–한글 번호

```
\begin{figure}[!t]  그림 11.9
\centerline{
\subfigure[회전]{\includegraphics
  [width=1.6in,height=2in,angle=45]{../images/pdf.ps}}
\subfigure[원래 크기]{\includegraphics
  [width=1.6in,height=2in]{../images/pdf.ps}} }
\caption{\texttt{subfigure} 패키지를 이용한 그림}
\end{figure}
```

이 그림에서 한글을 사용할 때 문제되는 부분은 각 그림의 번호가 영문 알파벳이라는 점인데 sub-figure의 번호를 설정하는 번호기(counter)가 `subfigure`이므로 7.4.2절의 방법으로 이를 `\renewcommand`하여 바꿀 수 있다. 즉, 다음과 같이 `syshan` 환경에서 정의한 한글 번호기를 이용하면

```
\renewcommand{\thesubfigure}{(\hangulb{subfigure})\space}
```

를 얻는다. `kotex` 패키지에서 사용할 수 있는 번호기 형식은 표 6.1을 참고하기로 한다.

위의 그림 11.9는 다음의 그림 11.10처럼 각 그림의 번호가 한글에 맞춰 적절하게 바꾸어진다. 참고로 그림 11.9의 그림은 Splus로 다음의 함수

$$f(x) = \frac{1}{\sqrt{2\pi}} \exp\Big\{-\frac{x^2}{2}\Big\} \tag{11.1}$$

를 그린 PostScript 형식의 그림이다. 근래에는 유료인 Splus 대신 무료이면서 사용법이 거의 같은 R-언어가 많이 사용된다.

11.4. 작은 그림이나 표와 연속되는 텍스트

지금까지 LATEX에 그림이나 표 등의 유동체를 넣는 방법들은 모두 유동체가 한 면의 폭을 전부 다 차지하는 결과를 주었다. 그러나 표나 그림의 폭이 넓지 않은 경우는 이와 같은 방법이 부자연스러운 방법이므로 표나 그림의 좌우에 필요한 텍스트가 들어가도록 하는 것이 좋을 것이다. 이를 구현하는 방법은 여러 가지가 있는데, plainTEX 명령을 직접 사용하거나 `floatflt`나 `wrapfig` 등의 패키지를 사용하는 방법이 있다.

11.4.1 floatflt 패키지

그림이나 표를 다른 문서로 둘러싸기 위한 방법 중의 하나로 사용할 수 있는 것이 `floatflt` 패키지를 사용하는 것이다. 이 패키지는 자주 업데이트 되지 않고 그림이나 표의 위치가 페이지가 바뀌는 곳에 위치하는 등의 이유로 그림이나 표를 적절한 위치에 두기 어려운 경우에는 아예 그림이나 표가 보이지 않는 문제 등이 있으나 사용자가 표나 그림의 위치를 잘 조정하면 사용자가 원하는 적절한 위치에 표 또는 그림을 만들고 이를 텍스트로 둘러쌀 수 있다. 이 패키지는 이전에 Thomas Kneser이 만든 `floatfig` 패키지를 기초로 하여 M. Dahlgren이 만든 것이다.

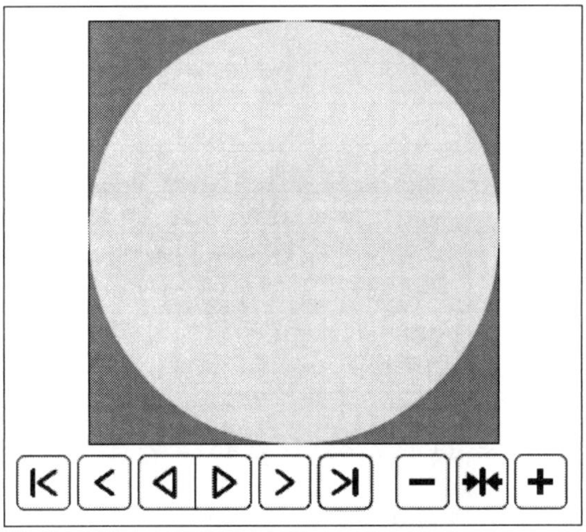

그림 11.11: `floatingfigure` 환경의 예 2

이 패키지는 두 개의 환경을 제공하는데 하나는 `floatingfigure`이며 다른 하나는 `floatingtable`이다. 앞의 것은 그림을, 뒤의 것은 표를 위한 환경이며 `\caption` 명령을 사용하여 그림과 표의 제목을 설정하면 그림 차례 및 표 차례에 이 두 환경으로 만든 그림과 표도 등재된다.

이 두 환경의 사용법은 각각

```
\begin{floatfigure}[loc]{width}
        그림의 내용
  \caption{그림 제목}
\end{floatingfigure}
```

과

```
\begin{floatingtable}[loc]{
  \caption{표 제목}
        tabular 환경을 사용한 표의 설정
}
\end{floatingtable}
```

로 사용하며 `floatingfigure` 환경에서는 그림의 폭인 *width*를 반드시 설정하여야 하고 `floatingtable` 환경에는 폭은 `tabular` 환경에 의해서 계산되므로 따로 설정하지 않는다.

*loc*에는 표나 그림의 좌우의 위치를 `l`, `r` 등으로 정해 주며 기본값은 `p`로 짝수면에는 오른쪽, 홀수면에는 왼쪽으로 설정된다.

option	사용 결과
`l`	그림을 왼쪽에 넣을 경우에 설정한다.
`r`	그림을 오른쪽에 넣을 경우에 설정한다.
`p`	그림을 짝수면에는 왼쪽에 홀수면에는 오른쪽에 넣을 경우에 설정한다. (기본값)
`v`	`\usepackage` 명령에서 정해 준 옵션을 따른다.

표 11.1: `floatingtable` 환경의 옵션

`\caption` 명령을 사용할 경우 표와 그림의 제목이 만들어질 뿐 아니라 표는 `table` 환경으로 만들어진 표의 번호에 연속되게, 그림은 `figure` 환경으로 만든 그림의 번호에 연속되게 붙으며 표 차례, 그림 차례 등이 있을 경우 `floatfflt` 패키지로 만든 표와 그림도 이 차례에 포함된다.

경험에 의해면 첫째로 이 패키지의 저자가 밝히고 있듯이 목록 만들기(`itemize`, `enumerate`, `description` 등) 환경에서 이 패키지의 사용은 약간의 문제가 있다. 이 경우 `\item` 명령 대신에 사용할 수 있는 `\fltitem` 명령을 사용하도록 패키지 저자는 권하고 있으며 사용 방법은

`\item` *text*

대신

`\fltitem{` *text* `}`

를 사용하는 것이다. 둘째로 한 면에 두 개 이상의 표나 그림 등의 유동체가 있을 경우

표나 그림이 적절하게 자리 잡지 못하였다. 셋째로 앞에서 말한 바와 같이 표나 그림이 페이지가 바뀌는 곳에 위치하는 경우 아예 아무 출력이 나오지 않아 무엇이 잘못된 것인지 알기 어려운 경우가 있었다. 이 패키지를 사용할 때는 표나 그림이 시작하기 전에 `\newpage`나 `\clearpage` 명령을 사용하여 새 페이지에서 시작하여 위치를 잡은 후 나중에 페이지 바꾸기를 없애고 위치를 수정하는 것이 권장된다.

그림 11.11은 다음의 명령으로

```
\begin{floatingfigure}{80mm}   그림 11.11
\fbox{\includegraphics[width=7cm]{../images/animateex3.eps}}
\caption{\mbox{ }\texttt{floatingfigure} 환경의 예 2}
\end{floatingfigure}
```

표 11.1은 다음

```
\begin{floatingtable}  표 11.1
{
\begin{tabular}{|l|p{2.6in}|} \hline
\textit{option} & 사용 결과 \\ \hline \hline
\texttt{l}      & 그림을 왼쪽에 넣을 경우에 설정한다.\\ \hline
\texttt{r}      & 그림을 오른쪽에 넣을 경우에 설정한다.\\ \hline
\texttt{p}      & 그림을 짝수면에는 왼쪽에  홀수면에는 오른쪽에
                  넣을 경우에  설정한다. (기본값)\\ \hline
\texttt{v}      & \texttt{\symbol{92}usepackage} 명령에서
                  정해준 옵션을 따른다. \\ \hline
\end{tabular}
}
\caption{\texttt{floatingtable} 환경의 옵션}
\end{floatingtable}
```

의 명령으로 만들었다.

11.4.2 wrapfig 패키지

앞 절과 비슷한 결과를 얻기 위해 편하게 사용할 수 있는 Donald Arseneau 가 만든 `wrapfig` 패키지가 있다. 이 패키지도 그림이나 표를 만들 때 그림이나 표를 텍스트로 둘러싸게 할 수 있는 패키지이다. 이 패키지를 사용하려면 다른 패키지와 마찬가지로

```
\usepackage[option]{wrapfig}
```

라고 *preamble*[6] 에 선언하는데 *option*으로 `verbose`를 사용할 수 있다. 이 옵션을 사용

[6]`\begin{document}` 이전.

하면 wrapfig 패키지 사용 때의 각종 정보가 .log 파일에 기록된다.

이 패키지는 그림을 만드는 wrapfigure 환경과 표를 만드는 wraptable 환경을 제공한다. 사용법은

```
\begin{wrapfigure}[lines]{loc}[overhang]{width}
그림 내용
\end{wrapfigure}
```

인데 *lines*와 *overhang*은 옵션이다. 표는 wrapfigure 자리에 wraptable을 주면 되는데 wraptable 환경의 사용법도 wrapfigure 환경과 같다.

이 둘은 figure 환경과 table 환경에서와 마찬가지로 \caption 명령을 사용할 수 있으며 그럴 경우에 표와 그림의 번호를 각각 table 환경과 figure 환경에 따라 붙인다. 다만 table 환경과 figure 환경으로 만든 표나 그림과 순서가 틀릴 수 있으므로 꼭 번호를 확인하여야 한다. 가끔 table 환경으로 만든 표가 wraptable 환경으로 만든 표보다 앞이나 뒤에 출력될 때 그 번호는 크거나 작을 수가 있다. figure 환경과 wrapfigure 환경도 마찬가지이다.

표 11.2: wrapfig의 *loc* 옵션

옵션	결과
r R	텍스트의 오른쪽에 그림이나 표를 만든다.
l L	텍스트의 왼쪽에 그림이나 표를 만든다.
i I	책을 기준으로 책을 펼쳤을 때 그림이 안쪽으로 들어가게 한다.
o O	책을 기준으로 책을 펼쳤을 때 그림이 바깥쪽으로 들어가게 한다.

위의 사용법에서 *lines*는 몇 줄의 텍스트를 짧게 만들어서 그림이나 표를 만들 것인지 정하고 *overhang* 은 얼마나 텍스트 바깥으로 나오게 할지 정한 길이이다. *lines*는 LATEX에서 계산하게 하는 것이 편하고 *overhang*은 0pt로 정해져 있다. 이 값은 \wrapoverhang에 저장하고 있는데 \setlength를 이용하여 바꿀 수 있다. 반드시 주어야 할 값으로 *loc*는 그림이나 표의 위치를 주는데 가능한 값과 그 결과는 표 11.2에 주어져 있다 다음은 표 11.2를 만들기 위한 명령이다.

```
\begin{wraptable}[15]{l}{8cm}   표 11.2
 \caption{\texttt{wrapfig} 의 \emph{loc} 옵션
 \label{tab:wraptable}}
 \begin{tabular}{p{2cm}|p{5cm}} \hline
```

```
  옵션 & 결과 \\ \hline
  \texttt{r  R}  &  텍스트의 오른쪽에 그림이나 표를 만든다.\\
  \texttt{l  L}  &  텍스트의 왼쪽에 그림이나 표를 만든다.\\
  \texttt{i  I}  &  책을 기준으로 책을 펼쳤을 때
                    그림이  안쪽으로 들어가게 한다.\\
  \texttt{o  O}  &  책을 기준으로 책을 펼쳤을 때
                    그림이  바깥쪽으로 들어가게 한다.\\ \hline
 \end{tabular}
\end{wraptable}
```

이 표는 보는 바와 같이 wraptable 환경으로 만들었다. 표 11.2에 대문자 옵션과 소문자 옵션이 있는데 대문자는 table이나 figure 환경처럼 유동체로 만들어서 그림과 표의 위치를 LaTeX이 정하고 소문자인 경우에 입력한 자리에 표나 그림을 만든다.

그림 11.12: wrapfigure 환경으로 만든 pdf.ps

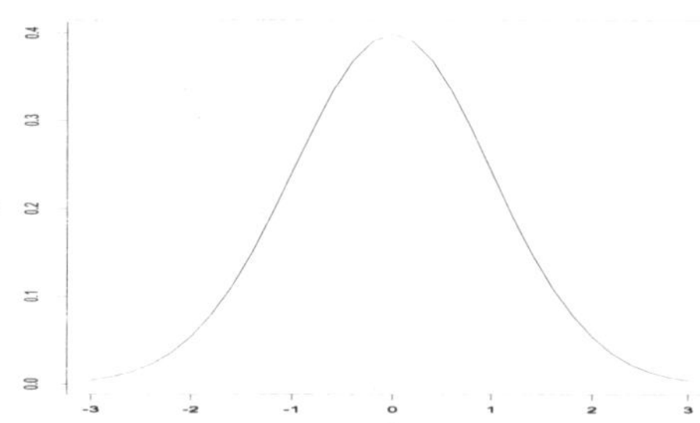

*width*는 그림이나 표가 차지할 폭을 정하여 주는 값이다. LaTeX의 길이가 사용된다. wrapfig 패키지는 list 환경의 전후 또는 list 환경의 내부에서 사용하지 않는 것이 좋다. wrapfig에서 제공하는 환경은 minipage, parbox 등에서 사용할 수도 있는데 그런 경우에는 짧은 문장들이 그러한 환경이 끝나기 전에 모두 끝나야 한다. 또한 wrapfigure 환경 근처에서 너무 긴 수식이나 절의 제목 등은 그림을 둘러싸는 내용으로 적절치 못하다. 일반적으로 보통의 텍스트가 그림을 둘러싸기에 가장 무리가 없다.

wrapfigure 환경이나 wraptable 환경은 면이 나누어지는 중간에 사용하면서 *loc*에 소문자를 사용하면 안 된다. 이럴 경우 표나 그림은 나누어지지 않고 텍스트만 나누어지는 결과를 얻는다. 따라서 그림이나 표가 나타나는 면에서는 그림이나 표의 크기가 면의 높이보다 커지며 다른 한 면은 그림 또는 표가 차지할 나머지의 빈 공간만 만들어진다. 대문자 옵션을 사용할 때는 LaTeX이 표나 그림의 위치를 찾는데 이런 경우 새 문단이 시작할 때 그림이나 표를 위치시킨다.

다음은 그림 11.12를 만든 명령이다.

```
\begin{wrapfigure}[14]{r}{7cm}  그림 11.12
\caption{\texttt{wrapfigure} 환경으로 만든 \texttt{pdf.ps}
```

```
  \label{fig:wrapfigure}}
  \epsfig{file=pdf.ps,width=7cm,height=5cm}
\end{wrapfigure}
```

11.5. rotating 패키지

앞에서 \includegraphics 명령 등으로 그림을 회전할 수 있는 것은 보았으나 이는 제목 등을 제외한 그림 파일의 내용만 회전하는 것이다. 문자열을 포함하여 모든 내용을 회전할 수 있는 기능을 제공하는 패키지가 바로 rotating 패키지이다. 이 패키지가 제공하는 환경은 표 11.3에 정리하였으며 이 표는 다음 명령의 결과이다. rotating 패키지가 제공하는 sidewaystable 환경과 sidewaysfigure 환경은 LaTeX의 table 환경과 figure 환경으로 대응시킬 수 있는데 세로보다 가로가 훨씬 길어서 출력을 돌려서 얻고 싶을 때 유용한 환경이다. 표 11.3은 다음 명령의 결과이다.

표 11.3

```
\begin{sidewaystable}
\caption[\texttt{rotating} 패키지에서 제공하는 환경]
{\texttt{rotating} 패키지에서 제공하는 여러 가지 환경:
이 표는 아래의 \texttt{sidewaystable}로 만들었으며
각도는 반시계 방향의 각도이다.
\label{tab:sidewaystable}}
\begin{center}
\begin{tabular}{|l||p{5in}|} \hline
\texttt{sideways} & \verb|\begin{sideways}| 회전할 입력
          \verb|\end{sideways}|로 사용하며 주어진
          내용을 시계 반대 방향으로 90도 회전시킨다. \\ \hline
\texttt{turn} & \verb|\begin{turn}{각도}|입력
          \verb|\end{turn}|으로 사용한다. \texttt{turn}
         은 주어진 내용을 주어진 각도만큼 회전시킨다. \\ \hline
\texttt{rotate} & \verb|\begin{rotate}{각도}|입력
         \verb|\end{rotate}|로 사용한다. \texttt{rotate}
         도 주어진 내용을 주어진 각도만큼 회전시키는데
         \texttt{turn}과의 차이는 회전 후의 출력을 위한
         공간을 남기지 않는다는 것이다. 따라서 \texttt{turn}은
         회전할 때 회전에 의해 추가로 만들어야 하는 공간을
         고려하지만 \texttt{toatate}는 이를 고려하지 않아
         전후좌우의 다른 출력과 겹칠 수 있다.\\ \hline
\texttt{sidewaysfigure} & \verb|\begin{figure}|와
         \verb|\end{figure}|의 \texttt{figure} 대신에
```

표 11.3: rotating 패키지에서 제공하는 여러 가지 환경: 이 표는 아래의 sidewaystable로 만들었으며 각도는 반시계 방향의 각도이다.

sideways	\begin{sideways} 회전할 입력 \end{sideways}로 사용하며 주어진 내용을 시계 반대 방향으로 90도 회전시킨다.
turn	\begin{turn}{각도}입력 \end{turn}으로 사용한다. turn 은 주어진 내용을 주어진 각도만큼 회전시킨다.
rotate	\begin{rotate}{각도}입력 \end{rotate}로 사용한다. rotate 도 주어진 내용을 주어진 각도만큼 회전시키는데 turn과의 차이는 회전 후의 출력을 위한 공간을 남기지 않는다는 것이다. 따라서 turn은 회전할 때 회전에 의해 추가로 만들어야 하는 공간을 고려하지만 toatate는 이를 고려하지 않아 전후좌우의 다른 출력과 겹칠 수 있다.
sidewaysfigure	\begin{figure}와 \end{figure}의 figure 대신에 sidewaysfigure를 쓰면 그림을 90도 회전시킨다.
sidewaystable	\begin{table}와 \end{table}의 table 대신에 sidewaystable를 쓰면 표를 90도 회전시킨다.

표 11.4: turn과 rotate 환경의 차이

turn의 결과	roatate의 결과
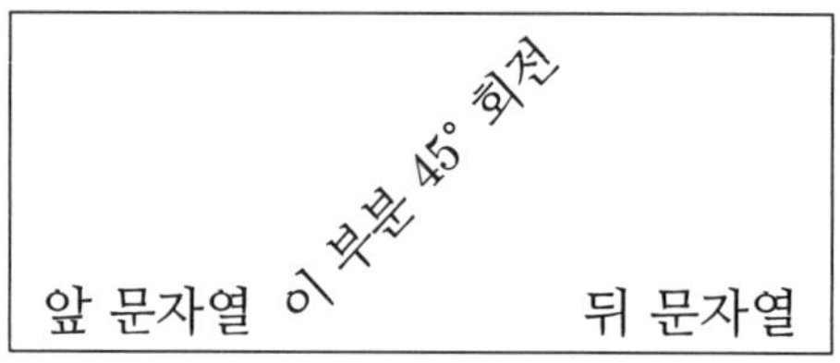	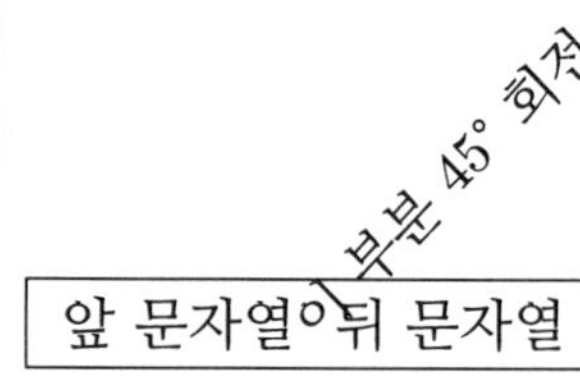


```
            \texttt{sidewaysfigure}를 쓰면 그림을 90도
        회전시킨다. \\ \hline
\texttt{sidewaystable} & \verb|\begin{table}|와
        \verb|\end{table}|의 \texttt{table} 대신에
        \texttt{sidewaystable}를 쓰면 표를 90도
        회전시킨다. \\ \hline
\end{tabular}
\end{center}
\end{sidewaystable}
```

표 11.4에서 보는 것과 같이 turn 환경은 이 환경에 의해 만들어지는 영역(박스)를 포함하여 영역을 잡지만 roatate 환경은 이 환경에 의해 만들어지는 영역을 잡지 않는다. '앞/뒤 문자열'은 제외한 사각형 테두리가 이 두 환경에 의해 잡히는 영역이다.

다음에 보는 예는 각각 원래의 박스, turn을 이용한 박스 그리고 roatate 환경을 이용한 박스이다. 이 중 turn과 roatate 환경으로 만든 박스와 좌우의 '—' 과의 상대적인 위치를 살펴보기 바란다. turn으로 만든 박스는 회전 후의 공간만큼을 차지하였고 rotate 환경으로 만든 박스는 회전하기 전, 즉 맨 왼쪽의 박스만큼의 공간만 취하였다. turn 환경과 rotate 환경은 얼핏 보면 같은 내용이지만 이러한 현상이 이 둘의 차이이다. sideways 환경은 정확하게 90° 회전시킨다(반시계 방향).

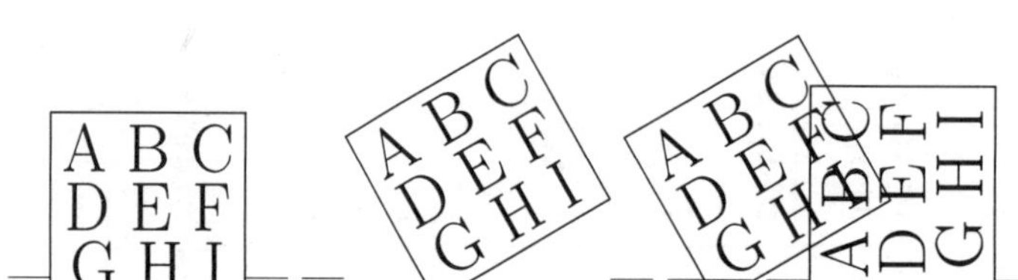

위의 네 박스는 좌로부터 다음의 명령으로 만들었다.[7]

```
\begin{center}
---\fbox{\shortstack{\LARGE A B C\\ \LARGE D E F\\
\LARGE G H I}}---
---\begin{turn}{30}
\fbox{\shortstack{\LARGE A B C\\ \LARGE D E F\\ \LARGE G H I}}
\end{turn}---
---\begin{rotate}{30}
\fbox{\shortstack{\LARGE A B C\\ \LARGE D E F\\ \LARGE G H I}}
\end{rotate}---
---\begin{sideways}
\fbox{\shortstack{\LARGE A B C\\ \LARGE D E F\\ \LARGE G H I}}
\end{sideways}---
\end{center}
```

11.6. 그림 형식의 변환

LaTeX은 기본적인 그림 파일의 형식을 (encapsulated) PostScript 형태로 하고 있으므로 LaTeX 문서에 그림을 포함시킬 경우 PostScript 형식이 가장 편리한 방법이다. 반대로 `pdflatex`으로 컴파일할 경우 JPG, PNG 또는 PDF 그림을 사용하는 것이 편리하다. 만일 두 개의 그림이 있는데 하나는 PostScript, 또 하나는 JPG 이면 이 둘을 동시에 포함하기 곤란한 상황에 처하기도 한다. 따라서 서로 다른 형식의 그림을 서로 변환할 필요성이 제기된다.

11.6.1 GraphicsMagick

PostScript는 LaTeX이 다른 프로그램의 도움 없이 가장 편리하게 다룰 수 있으므로 GIF, PNG, BMP, JPG, (Encapsulated) PostScript 등의 서로 다른 형식의 그림을 변환하는 프로그램을 하나 소개한다. 이 프로그램의 이름은 GraphicsMagick이며 홈페이지는

`http://www.graphicsmagick.org/`

이다. 이 프로그램은 무료이며 홈페이지에서 내려받을 수 있다. 실행할 파일은

`GraphicsMagick-1.3.23-Q8-win32-dll.exe`

---

[7] 다음의 반복되는 박스는 `\savebox` 등의 명령이 사용될 수 있을 것이다. 제15장 참조.

또는

GraphicsMagick-1.3. 1.3.23-Q16-win32-dll.exe

이다. 위의 실행 프로그램이 이름에서 앞의 숫자 1.3.23은 버전을 나타내며 Q8은 보통 해상도, Q16은 고해상도를 의미한다. 대부분의 경우 보통 해상도라도 충분하다. Windows 64bit 사용자는 win32 대신 win64를 사용하는 것이 좋다.

프로그램을 설치하면 gm이라는 실행 파일을 이용하여 여러 가지 작업을 할 수 있는데 변환은

```
% gm -convert picture.jpg picture.eps
```

와 같이 -convert 옵션을 사용한다. 위의 명령은 JPEG 형식인 그림 파일 picture.jpg을 encapsulated PostScript 형태인 picture.eps 형식으로 바꾸어 저장하라는 말이다. 이때 원본 그림은 그대로 남는다. gm 명령이 확장자에 따라서 파일 형식을 인식하므로 그림 파일의 확장자만 적절히 정해 주면 된다. 예를 들어 BMP 형식의 파일 picture.bmp를 JPEG 형식의 파일 foto.jpg로 변환하려면

```
% gm -convert picture.bmp foto.jpg
```

라고 명령하면 된다.

그림을 화면으로 보기 위해서는

```
% gmdisplay picture.jpg
```

와 같이 gmdisplay 명령을 사용한다.

11.6.2 (E)PS에서 PDF로 변환

ps2pdf 프로그램이나 epstopdf 패키지는 PostScript 형식 및 Encapsulated PostScript 형식의 그림 파일을 PDF 형식으로 변환한다. TEXLive 배포판에 포함되어 있으며 커맨드 창에서 ps2pdf 또는 epstopdf 프로그램을

```
> ps2pdf myfile.ps
```

또는

```
> epstopdf myfile.eps
```

를 실행하면 된다. 여기서 *myfile.ps* 및 *myfile.eps*는 각각 PostScript 또는 Encaulated PostScript 형식의 파일 이름이다.[8] 이 명령의 결과로 myfile.pdf가 생성된다. 이 두

[8] 이 두 명령은 모두 확장자 .ps 및 .eps를 자동으로 삽입해 주지 않으므로 반드시 확장자를 함께 써야 한다.

명령의 옵션은 CTAN을 참고하기로 한다. 또한 GhostScript 프로그램에서 PostScript 형식 및 Encapsulated PostScript 형식의 파일을 연 후 File ⇒ Convert 순서로 PDF 파일로 변환할 수 있다.

EPS 그림이 포함된 LaTeX 파일을 `pdflatex`으로 컴파일할 때 EPS 파일을 처리하지 못하는 것은 `pdflatex`이 컴파일 중 EPS 파일을 PDF로 변환하지 못하여 생기는 문제이며 이 문제는 `-shell-escape` 옵션을

```
> pdflatex -shell-escape myfile.tex
```

과 같이 설정하여 `pdflatex` 컴파일 시 변환 프로그램을 사용할 수 있도록 하면 된다.

역으로 PDF에서 PS나 EPS로 변환하는 프로그램은 TeXLive 배포판에 포함된 `pdftops` 프로그램을 사용할 수 있으며 이 프로그램은

> `> pdftops [-eps]` *myfile.pdf outputfile*

로 사용한다. 옵션 `eps`는 EPS로 변환하며 이 옵션이 없으면 PS 파일로 변환된다. *outputfile*은 생략할 수 있으며 생략한 경우 앞의 PDF 파일의 이름만 같고 확장자가 `[e]ps`인 파일로 출력이 만들어진다.

11.7. psfrag 패키지와 PostScript

R-언어나, SAS 등의 프로그램을 사용하여 그림 출력을 얻을 때 PostScript 출력을 얻는 경우가 있는데, 이들 프로그램이 LaTeX 명령을 지원하지 않는다. 또한 많은 경우 한글도 지원되지 않는다. 그림에 μ 등의 수학기호나 수학식을 넣을 때, 또는 축의 이름에 특수문자를 사용하고자 할 때 PostScript 파일에 LaTeX 명령을 넣을 수 있는 패키지로는 `psfrag`가 있다. 이 패키지는 PostScript 파일을 생성하는 과정에서 특수문자의 지원이 되지 않았더라도 추후에 이를 만들고자 하는 것으로 부가적으로 한글도 넣을 수가 있다.

이 패키지가 제공하는 명령으로 `\psfrag`가 있는데 사용법은 아래와 같다.

> `\psfrag{`*tag*`}[`*pos*`][`*ps_pos*`][`*scale*`][`*rot*`]{`*latex_cmd*`}`

여기서 *tag*는 원래 PostScript 그림 파일에 있는 내용을 *latex_cmd*에 준 LaTeX 명령들로 대치하라는 의미이다. *pos*과 *ps_pos*는 각각 원래 소스 및 대체한 출력의 위치를 정해주는데 세로 위치는 `t`, `b`, `B`, `c`(각각 top, bottom, baseline, center) 중에서 한 문자를 가로 위치는 `l`, `r`, `c`(각각 left, right, center) 중에서 하나씩 사용하여 두 개의 문자의 조합으로 준다. 만일 `[]`로 입력을 생략하면 기본값이 `[cc]`이며, `[]`도 없이 아예 생략하면 `[Bl]`이 기본값이 된다.

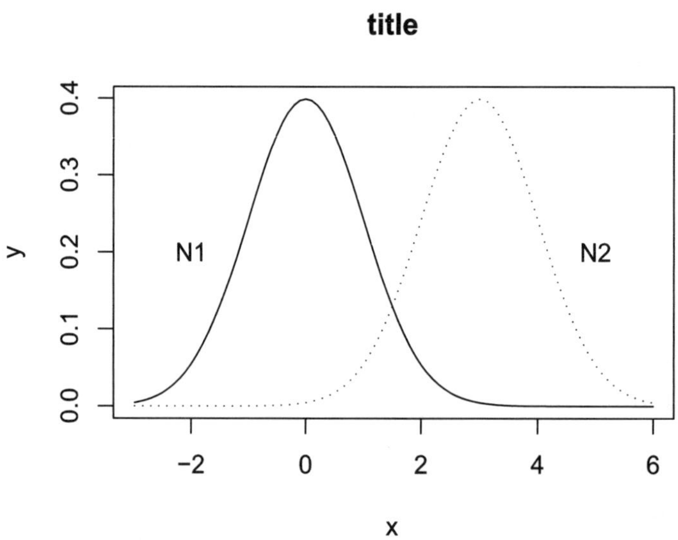

그림 11.13: R-언어로 만든 정규분포 그림

실제 사용한 보기를 살펴보자. 먼저 그림 11.13은 다음의 R-언어

```
x <- seq(-3, 6, by=0.1)
y1 <- dnorm(x)
y2 <- dnorm(x-3)

postscript(file="c:/htex/book/images/mypsfragold.ps",
      width=5, height=4, horizontal=F)
  plot(x, y1, type="l", main="title", xlab="x", ylab="y")
  lines(x, y2, type="l", lty=3)
  text(-2,.2, label="N1")
  text(5,.2, label="N2")
graphics.off()
```

로 만든 정규분포 $N(0,1)$과 $N(0,3)$의 그림이다. 이 그림에서 보는 것과 같이 제목 등에 사용된 문자는 LaTeX 명령이 아니며, 실제로 LaTeX 명령을 주더라도 적용이 되지 않는다. 이제 11.13에서 `title`는 'Compare $\mu = 0$ with $\mu = 3$ when $\sigma^2 = 1$'로, `x`는 x, `y`는 $f(x)$로 바꾸고 `N1`과 `N2`는 각각

$$f(x) = \frac{1}{\sqrt{2\pi}} e^{-\frac{(x-3)^2}{2}}$$

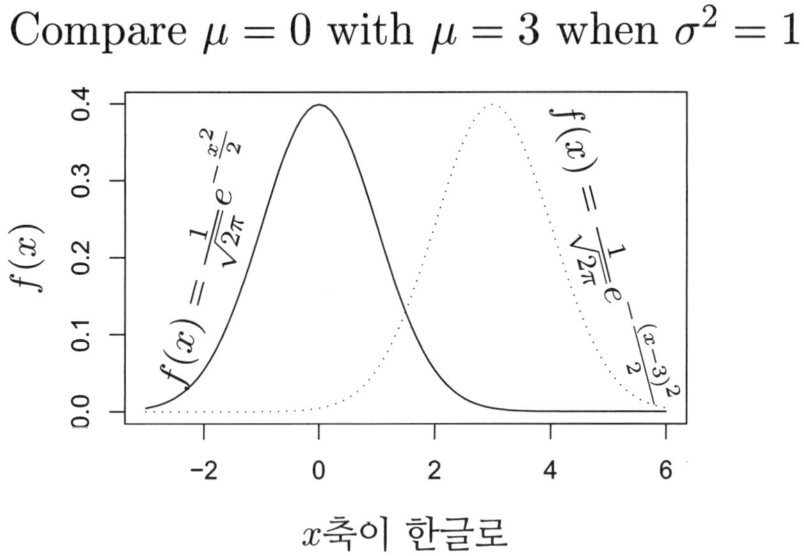

그림 11.14: R-언어로 만든 정규분포 그림

에서 μ가 0과 3일 때의 함수로 대체해 보자. 이를 위해서

```
\psfrag{title}[][][1.6]
       {Compare $\mu=0$ with $\mu=3$ when $\sigma^2=1$}
\psfrag{x}[][][1.3]{$x$축이 한글로}
\psfrag{y}[][][1.3]{$f(x)$}
\psfrag{N1}[][][1.3][75]
       {$f(x)=\frac{1}{\sqrt{2\pi}}e^{-\frac{x^2}{2}}$}
\psfrag{N2}[][][1.3][-75]
       {$f(x)=\frac{1}{\sqrt{2\pi}}e^{-\frac{(x-3)^2}{2}}$}
```

를 `figure` 환경 안에 선언하고

```
\includegraphics[scale=.8]{../images/colortblold.ps}
```

을 명령하면 그림 11.14가 만들어진다.

> 참고: Ghostscript를 기본으로 사용하지 않거나 설정이 PostScript 비지원으로 된 일부 DVI 구동자의 경우 이 패키지의 기능을 지원하지 않을 경우가 있을 수 있다. 이럴 경우는 전체를 `dvips`를 사용하여 PostScript로 변환하거나 아래에서 소개한 방법으로 별도의 파일을 만들면 된다.

위에서 설명한 방법으로는 PostScript 파일의 내용 자체는 바뀌지 않으므로 만일 그림 파일을 메일로 보내는 등의 작업이 필요할 경우에는 그림 11.13을 보내야 한다. 따라서 위의 코드를 포함한 LaTeX 파일을 만들어서(이 파일을 mypsfrag.tex이라 하자) 이를 컴파일 한 후 그 결과를 dvips를 사용하여 새로운 그림 파일로 저장하는 것도 하나의 방법이다. 즉,

```
% latex mypsfrag
% dvips mypsfrag -o mypsfragnew.ps
```

으로 새로운 파일 mypsfragnew.ps를 만들어서 이를

```
\includegraphics[scale=.8]{mypsfragnew.ps}
```

등으로 불러들이면 된다.

> 참고: psfrag 패키지의 기능을 사용하여 한글을 넣고자 하는 경우 DVI 구동자에 따라서 한글은 지원되지 않을 수도 있다.

11.8. 그림의 출력을 LaTeX으로 만들어 주는 프로그램

그림의 출력을 LaTeX이 인식하는 프로그램이 있는데 여기서는 두 가지만 소개하기로 한다.

11.8.1 Gnuplot의 이용

이 절에서는 공개 프로그램인 Gnuplot을 이용하여 그림을 그려서 출력을 LaTeX 형식으로 지정한 후 이 그림을 불러들이는 방법에 대해서 알아보자. Gnuplot은 Thomas Williams와 Colin Kelley가 공동으로 제작한 그래픽용 프로그램으로 사각형, 원, 곡선 등의 대략적인 그림이 아니고 함수에 의해서 정의된 그림을 그리는 데 유용한 공개 프로그램이다. 공식 홈페이지는

http://www.gnuplot.info/

이며 공개된 프로그램이므로 무료로 사용할 수 있다.

> 참고: Gplot의 최초 설치 후에 한글이 깨져 보이는 경우가 있는데 이런 경우 Gnuplot의 설정을 바꾸어주면 해결된다. 윈도우의 Gnuplot의 설정은 Gnuplot4.0 버전까지는 Windows 디렉토리에 wgnuplot.ini라는 파일을 만들어서 설정하며, 4.2 버전에서는

```
C:\Documents and Settings\사용자\Application Data
```

에 같은 이름의 파일을 만들어서 설정할 수 있다.[9] 여기서 사용자는 윈도우에서 계정을 만들었을 때 각 계정의 사용자 이름이다. `wgnuplot.ini` 파일의 내용은

```
[WGNUPLOT]
TextOrigin=0 0
TextSize=800 700
TextFont=Courier New Bold,11
GraphOrigin=0 150
GraphSize=600 400
GraphFont=Arial,10
GraphColor=1
GraphToTop=1

GraphBackground=255 255 255
Border=0 0 0 0 0
Axis=192 192 192 2 2
Line1=0 0 255 0 0
Line2=0 255 0 0 1
Line3=255 0 0 0 2
Line4=255 0 255 0 3
Line5=0 0 128 0 4
```

와 같이 설정할 수 있다.

Gnuplot의 기능 중에 그림을 그려서 그림의 내용을 LaTeX 파일로 저장하게 하는 선택 기능이 있다. 예로 아래와 같은 Gnuplot의 명령은

```
set terminal latex
set output 'd:\htex\man\gnuplot.tex'
set title "Gnuplot $y=\sin(x)$"
set xlabel "radian degree"
set ylabel "$\sin(x)$"
plot [0:2*pi] [-1.2:1.2] sin(x)
```

$y = \sin(x)$의 그래프를 $(0, 2\pi)$의 범위에서 그리되 그 출력 파일의 이름을 LaTeX 파일 "`gnuplot.tex`"로 하라는 뜻이다. 여기서 처음 두 줄인

---

[9] Gnuplot의 도움말에는 `gnuplot.ini`라고 하고 있으나 4.2 버전까지는 이 파일 이름으로 초기 설정이 되며 `gnuplot.ini`를 사용하면 읽지 못한다.

```
set terminal latex
set output 'd:\htex\man\gnuplot.tex'
```

가 그 일을 하게 하는 명령이다. set output은 출력을 저장할 파일 이름이므로 이 경우 확장자를 tex으로 한다. terminal 타입이 다른 종류이면 그에 맞는 확장자를 사용하는 것이 좋다.

> 참고: 여기서 LaTeX 사용자에게 유용한 터미널 타입으로 latex뿐 아니라 eepic, pslatex 등이 있다. 특히[10] 만일 터미널 타입을 eepic으로 한 경우에는 eepic 패키지, epic 패키지 및 tpic 패키지를 사용하는 것을 가정하며 터미널 타입을 pslatex으로 한 경우에는 옵션을 사용하여 그림의 색 등을 선택할 수 있게 하려는 것이다. 이 경우 LaTeX 출력인 DVI를 처리하는 dvi driver가 PostScript를 이해하는 드라이버를 사용하는 것을 가정하므로 (예 dvips, yap, xdvi 등) dvi 드라이버 PostScript를 이해하지 못하는 경우에는 사용하지 않는 것이 좋다. 터미널 타입이 pslatex인 경우엔 몇 가지 옵션을 사용할 수 있으므로 Gnuplot 관련 매뉴얼 등을 참고하기로 하자. terminal 종류가 tikz인 경우는 tikz 패키지를 사용하는 경우이며 이는 제16장을 참고하기로 한다.

그 다음의 세 줄은 그림의 제목, x, y축의 이름을 설정하는 것이고 마지막 명령이 주어진 범위에서 $\sin(x)$의 그림을 그리라는 것이다. 한 가지 Gnuplot에서 불편한 점은 y축의 이름을 세로로 쓰기가 불편하다는 것이다.[11] 그러나 Gnuplot은 LaTeX에서 사용하는 모든 글자체, 특수문자 등을 지원하기 때문에 축 이름에 첨자나 π 등의 그리스 문자 등을 넣고자 할 경우에 매우 유용하다.

축의 이름을 여러 줄로 하고자 할 경우 Gnuplot의 명령 중 xlabel과 ylabel에서 \\를 주면 x축 y축의 이름에서 줄을 바꿀 수 있으므로 긴 이름은 여러 줄로 만들어 줄 수 있다. 그림 11.15는 다음 명령으로 만들어진 그림이다.

```
\begin{figure}
 \begin{center}
   \input gnuplot
 \end{center}
 \caption{Gnuplot의 \LaTeX\ 그림을 부른 그림
```

[10]뿐만 아니라 GIF, PNG, JPG 등 각종 그래픽 형식이나 프린터 출력을 정해 줄 수도 있다. 자세한 것은 Gnuplot에 관련된 문헌 심송용(2005) 등을 참고하기로 하자.

[11]Splus나 Splus와 같은 명령 체계를 가지면서도 공개된 프로그램인 R 등은 y 축 이름을 세로로 준다.

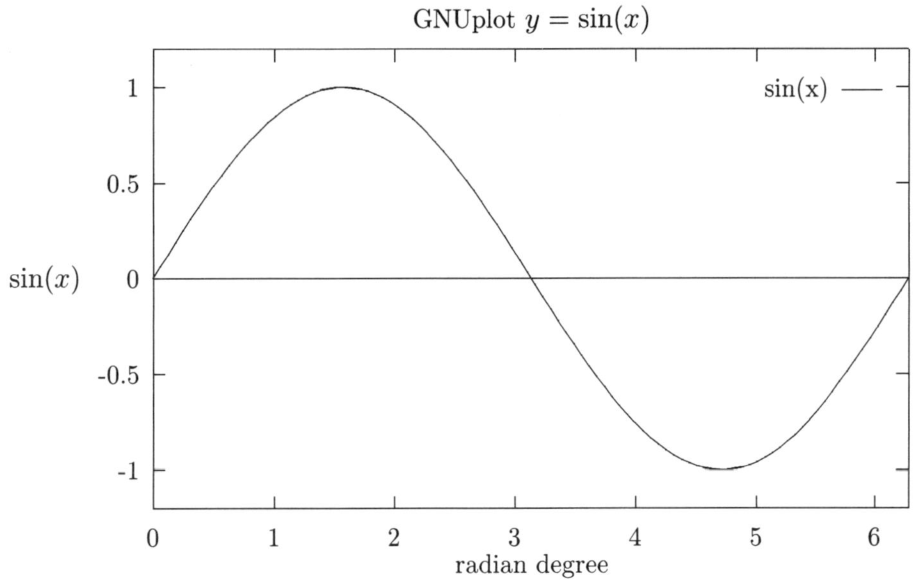

그림 11.15: Gnuplot의 LaTeX 그림을 부른 그림

```
            \label{fig:Gnuplot}}
\end{figure}
```

Gnuplot을 이용한 LaTeX 그림을 이용하면 DVI 구동자가 그림 형식을 처리해주는 것과 상관없이 DVI 구동자에서 보인다. 이는 Gnuplot의 출력이 LaTeX 명령이기 때문이다.

한글 이용

Gnuplot을 사용하면서 직접 한글을 입력할 수는 없기 때문에 Gnuplot의 그림 내부에 바로 한글을 입력할 수는 없다. 하지만 Gnuplot으로 그린 그림은 LaTeX파일을 만들어 주므로 이 파일을 직접 편집하는 방법으로 한글을 그림에 입력할 수 있다. 그림 11.15와 그림 11.16에서 보는 것처럼 x축의 이름은 "호도법"이라 하고 y축의 이름에 "삼각함수"를 세로로 첨가하여 보자. 또 어색하지만 제목의 plot을 "플랏"으로 대신하기로 하자. 우선 영문으로 된 파일 "`gnuplot.tex`"을 편집기를 이용하여 살펴보면 다음 줄을 찾을 수 있다.

```
\put(45,472){\makebox(0,0){$\sin(x)$}}
\put(828,23){\makebox(0,0){radian degree}}
\put(828,877){\makebox(0,0){Gnuplot $y=\sin(x)$}}
\put(1306,767){\makebox(0,0)[r]{sin(x)}}
```

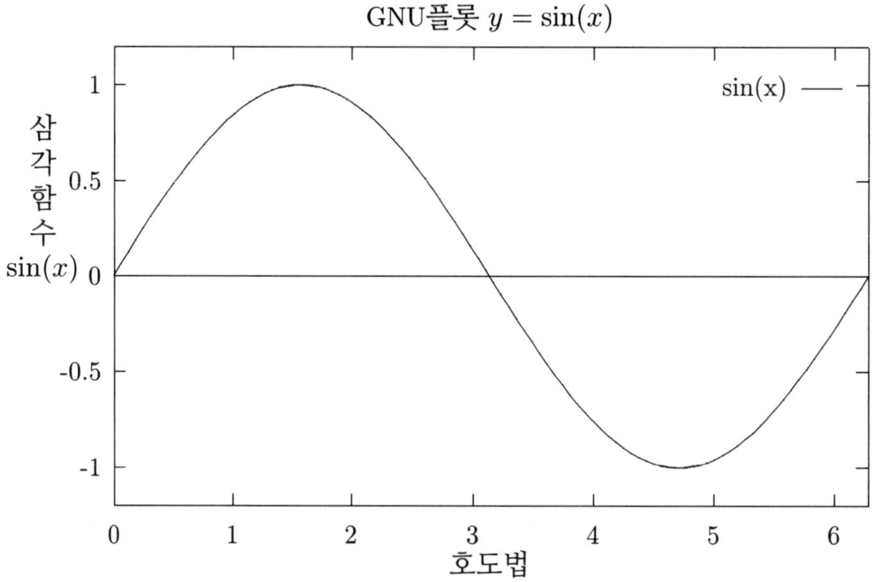

그림 11.16: Gnuplot의 LaTeX 그림에 한글을 넣은 그림

위의 줄들은 Gnuplot 사용자가 준 그림 제목, 축 이름 등을 포함하고 있으므로 바로 찾아낼 수 있다. 이제 위의 제목들의 자리에 아래와 같이 한글을 대신 입력시키면 된다.

```
\put(45,472){\shortstack{삼\\각\\함\\수\\$\sin(x)$}}
\put(828,23){\makebox(0,0){호도법}}
\put(828,877){\makebox(0,0){GNU플랏 $y=\sin(x)$}}
\put(1306,767){\makebox(0,0)[r]{sin(x)}}
```

위에서 "삼각함수" 줄에는 `\makebox(0,0)` 자리에 `\shortstack`을 사용하여 "삼각함수"가 세로로 나타나게 하였음을 참고하기 바란다. 제15장에서 설명된 `picture` 환경의 명령들이 유용하게 사용될 수 있다.

예를 들어

$$z = f(x,y) = 2(x^2 + y^2)\exp\{-x^2 - y^2\}$$

의 함수를 $-2 < x, y < 2$의 범위에서 그리기 위해서

```
gnuplot> set output "c:/htex/book/splot3.tex"
gnuplot> set terminal latex
Terminal type set to 'latex'
Options are '(document specific font)'
```

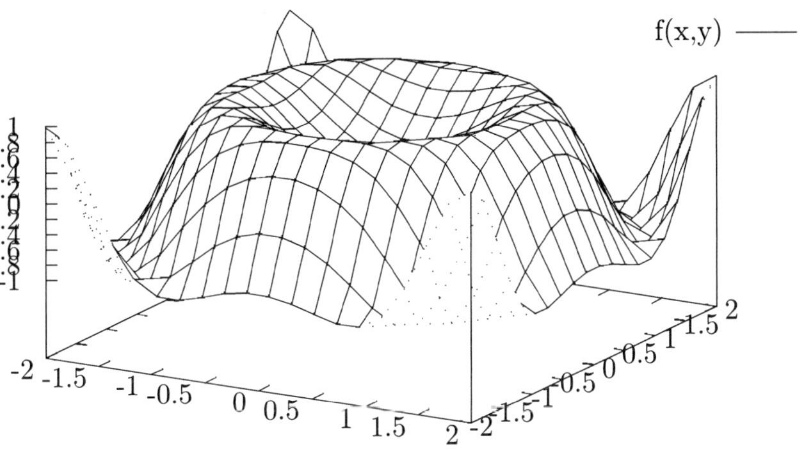

그림 11.17: `hidden3d`가 설정된 삼차원 표면 그림

```
gnuplot> set isosamples 20,20
gnuplot> set hidden3d
gnuplot> f(x,y) = sin(x**2+y**2)
gnuplot> splot [-2:2] [-2:2] f(x,y)
gnuplot> set output
```

라고 하여 그림 파일의 내용을 `splot3.tex`로 만든 후에 다음과 같이 명령하면

```
\begin{figure}
\input {/htex/graphics/gnuplot/splot3.tex}
\caption{\texttt{hidden3d}가 설정된 삼차원 표면 그림
        \label{fig:splot3}}
\end{figure}
```

그림 11.17에서 보는 것을 얻을 수 있다. `splot3.tex` 파일은 LATEX 명령을 가득 포함하는 그림 파일이다. 참고로 Gnuplot의 `splot` 함수는 다음과 같이 사용한다.

```
splot [x1:x2] [y1:y2] [z1:z2] <function>
splot [x1:x2] <function>          (x의 범위만 설정)
splot [] [y1:y2] <function>       (y의 범위만 설정)
splot [] [] [z1:z2] <function>   (z의 범위만 설정)
```

11.8.2 GeoGebra 그림과 LATEX 출력

GeoGbra는 수학 및 통계에서 기하, 대수, 해석학 및 통계학에 대한 그림 등을 그릴 수 있는 프로그램으로 학생 및 교사뿐 아니라 관련분야 연구자들도 사용할 수 있는 프로그램이다. 이 프로그램은 윈도우 및 안드로이드를 포함한 다양한 운영체계에서 사용가능하며 공식 홈페이지

https://www.geogebra.org/

에서 필요한 프로그램을 내려받을 수 있다. GeoGebra로 생성한 출력은 확장자가 ggb인 GeoGebra 형식의 출력뿐 아니라

- ✓ PNG, PDF, EPS 등의 그림 파일
- ✓ PSTricks 를 사용하는 LATEX 파일
- ✓ PGF/TikZ 를 사용하는 LATEX 파일

등의 형식으로 GeoGebra의 출력을 저장하여 이 결과를 LATEX 문서에 포함하거나 단독으로 LATEX 문서의 출력을 얻을 수 있다.

위의 GeoGebra 출력 형식 중 PSTricks와 PGF/TikZ는 출력 자체가 하나의 독립된 LATEX 문서 파일이며 PNG, PDF는 각각 PNG, PDF 형식의 이진(binary) 그림 파일로 출력을 저장하며, EPS는 Encapsulateed PostScript로 언어로 구성된 문서(ASCII) 파일이다.

그림 11.18은 GeoGebra로 얻은 한 화면이며 이 그림에서 얻은 GeoGebra 출력을 각각의 형식으로 어떻게 저장하며, 저장한 결과물은 LATEX 문서에서 어떻게 처리할지 알아보자.

GeoGebra에서 위의 형식으로 그림을 내보내려면 그림 11.18의 파일 메뉴에서 내보내기를 선택한 후 원하는 형식을 지정하여 내보낼 수 있다. 이 그림은 'png 또는 eps'로 내보내기가 선택된 상태이다.

- ✓ PNG, PDF나 EPS로 내보내기: 그림 11.18에서 '기하창을 그림으로 저장(png, eps)'를 선택하면 그림 11.19와 같은 대화창이 생성된다. 이 그림에서 저장할 형식을 설정하고(그림에선 png가 선택됨) 그림의 크기, 해상도 등을 설정한 후 저장하기 버튼을 클릭하면 그림을 저장할 폴더와 파일 이름을 지정할 수 있다. 이렇게 저장한 그림은 11.1절의 `\includegrpahics` 등의 명령을 사용하여 바로 불러들이면 저장한 그림을 LATEX 파일 안에서 보여줄 수 있다.

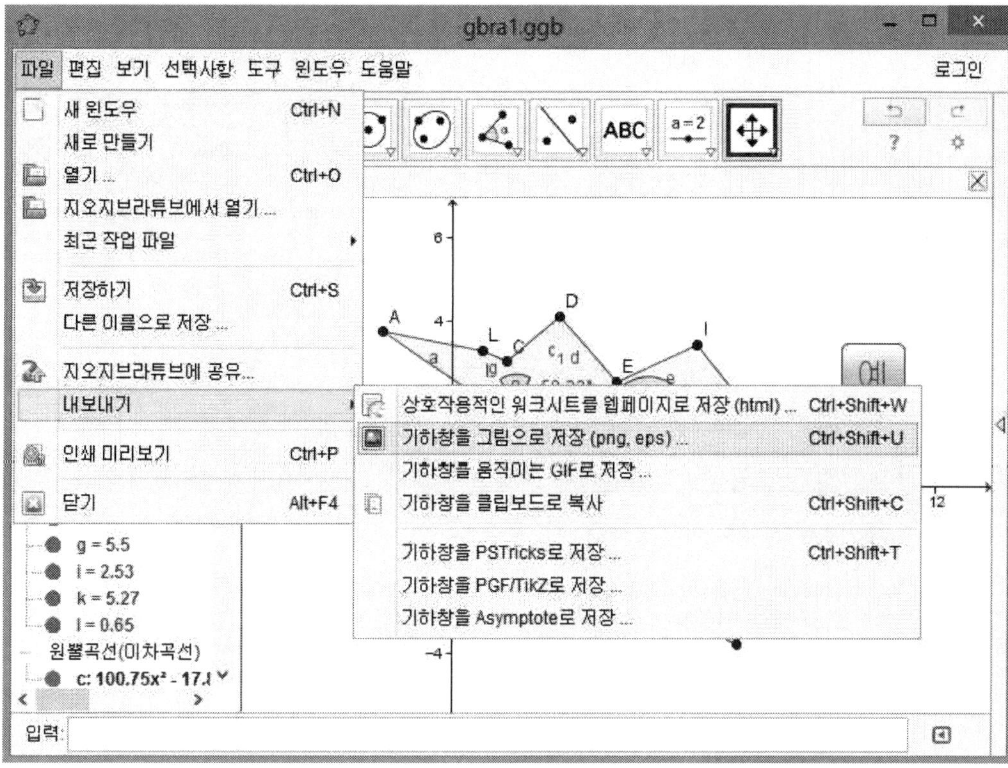

그림 11.18: GeoGebra의 출력 내보내기

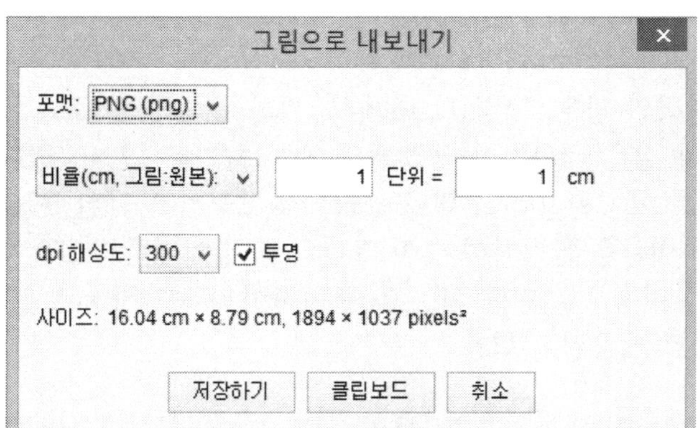

그림 11.19: GeoGebra의 출력을 PNG, PDF, EPS 형식으로 내보내기

그림 11.20: GeoGebra의 출력을 PSTricks 형식으로 내보내기

✓ PSTricks 형식의 경우: 그림 11.18에서 '기하창을 PSTricks로 저장'을 선택하면 그림 11.19와 같은 대화창이 생성된다. 이 그림에서 먼저 'PSTricks 코드 생성' 버튼을 클릭하여 Geogbra 출력을 PSTrick 코드가 포함된 LaTeX 형식을 내용을 생성하고(이 버튼을 클릭하여야 이 그림의 버튼 아래쪽의 LaTeX 명령이 보임) 이 결과를 '다른 이름으로 저장' 버튼을 클릭하여 확장자가 `tex`인 파일로 저장한다. 이렇게 파일로 저장된 출력은

1 콘솔에서 `latex` 명령 → `dvips` 명령 → 순서로 PostScript 형식의 파일을 얻어(확장자 `ps`) 이를 11.1절의 `\includegrpahics` 등의 명령을 사용하여 불러들이거나

2 koTeX 사용자의 경우 그림 11.21와 같이 `latex+dvips+pspdf`를 선택하여 PDF 형식의 출력을 얻은 후 이를 11.1절의 `\includegrpahics` 등의 명령을

그림 11.21: TEXWorks 편집기에서 GeoGebra의 출력을 PSTricks 형식으로 내보내기

사용하여 불러들이거나

3 얻은 LATEX 파일을 편집하여 그림을 넣고자 하는 파일에 코드를 삽입하는 방법을 사용할 수 있다. 코드를 직접 삽입하는 경우 얻은 PSTricks 결과 파일에서 *preamble* 부분은[12] *preamble* 부분에 넣고 `\begin{document}` 부터 `\end{document}` 사이의 내용은 그림이 들어갈 자리에 넣으면 된다. 그림이 복잡하면 이 부분이 길 수 있는데 이런 경우 이 부분은 다른 파일 이름으로 저장한 후 그림이 들어갈 자리에 `\input` 명령을 사용하면 된다. 이와 같이 LATEX 명령을 살린 상태로 그림을 넣을 경우에는 `pdflatex` 명령으로는 인식되지 않은 LATEX 명령이 포함되므로 위의 1번 또는 2번과 같이 출력을 PostSript로 얻거나 PS → PDF 순서로 변환하여 PDF 형식으로 얻어야 한다.

✓ PGF/TikZ 형식의 경우: 이 경우도 PSTricks로 내보내기와 같이 출력이 LATEX 형식인데 다른 점은 PSTricks가 아닌 PGF/TikZ를 사용한다는 것이다. PGF/TikZ에 대해서는 제16장을 참고하기로 한다. 그림 11.18에서 '기하창을 PGF/TikZ로 저장'을 선택하면 그림 11.22와 같은 대화창이 만들어지며, 이 대화창에서 'PGF/TikZ 코드생성' 버튼을 클릭하여 LATEX 명령을 만든 후 '다른 이름으로 저장' 버튼을 클릭하여 결과를 LATEX 형식의 파일로 저장한다(확장자 `tex`). 이렇게 파일로 저장된 출력은

1 콘솔에서 `pdflatex` 명령으로 PDF 형식의 출력을 얻어(확장자 `pdf`) 이를 11.1절의 `\includegrpahics` 등의 명령을 사용하여 불러들이거나

[12] `\begin{document}`가 나오기 전의 내용.

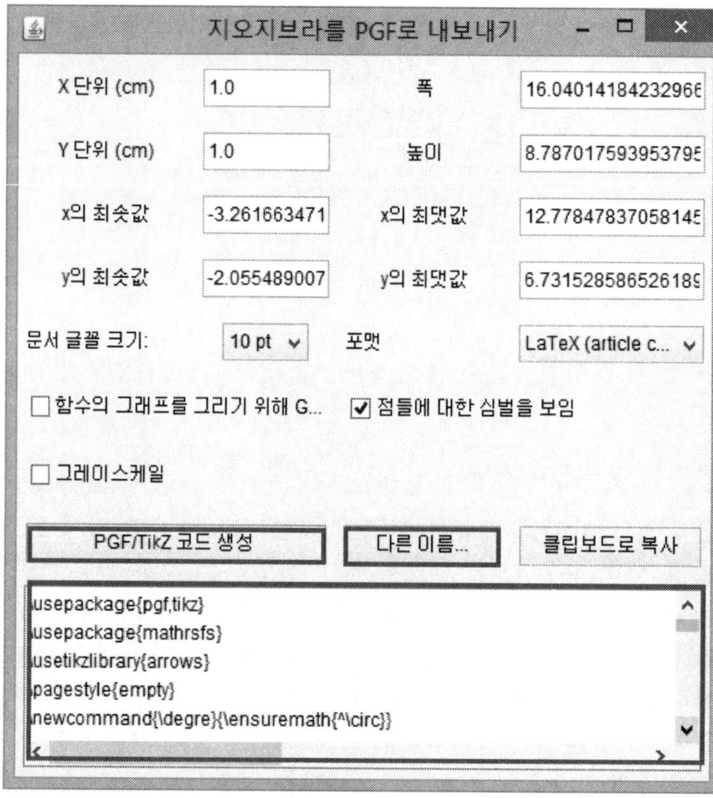

그림 11.22: GeoGebra의 출력을 PGF/TikZ 형식으로 내보내기

2 koTeX 사용자의 경우 그림 11.21과 같이 `pdflatex`를 선택하여 PDF 형식의 출력을 얻은 후 이를 11.1절의 `\includegrpahics` 등의 명령을 사용하여 불러들이거나

3 얻은 LaTeX 파일을 편집하여 그림을 넣고자 하는 파일에 코드를 삽입하는 방법을 사용할 수 있다. 코드를 직접 삽입하는 경우 얻은 PGF/TikZ 결과 파일에서 *preamble* 부분은 *preamble* 부분에 넣고 `\begin{document}` 부터 `\end{document}` 사이의 내용은 그림이 들어갈 자리에 넣으면 된다. 그림이 복잡하면 이 부분이 길 수 있는데 이런 경우 이 부분은 다른 파일 이름으로 저장한 후 그림이 들어갈 자리에 `\input` 또는 `\include` 명령을 사용하여 불러들이면 된다. 이와 같이 LaTeX 명령을 살린 상태로 그림을 넣을 경우에는 `pdflatex` 명령을 사용하여 PDF 형식의 출력을 얻는다.

참고: 일부 LaTeX 컴파일러에서는 PGF/TikZ로 저장한 파일에서 오류가 발생하는 경우가 있는데 이는 GeoGebra의 출력이 너무 많은(?) 유효숫자를 사용하여 이를 인식하지 못하여 발생하는 오류이다. 이런 경우 GeoGebra의 `tex` 출력을 편집하여 유효숫자의 개수를 일곱 개 이내로 하면 문제가 해결된다.

11.9. 그림의 제목 처리

그림의 제목이 길어서 그림 차례와 충돌이 나는 문제는 8.5.5절, 그림의 제목을 그림의 아래나 위가 아닌 왼쪽 또는 오른쪽에 두는 방법은 10.10절을 참고하기로 한다.

제12장

참고문헌 데이터 베이스 만들기; BIBTEX

참고문헌을 인용하기 위한 방법에는 크게 두 가지가 있는데 한 방법은 그때그때 참고문헌의 목록을 만들어서 사용하는 것이고, 또 다른 방법은 참고문헌의 데이터 베이스를 구축하여 필요한 부분만 불러오는 방법이다. 첫 번째 방법은 8.2절에서 설명하였으니 참고 바란다. 두 번째 방법의 장점은 이용하는 문헌들이 거의 비슷한 경우에 그때마다 참고문헌을 입력하지 않아도 된다는 장점이 있다.

12.1. .bib 파일 만들기

참고문헌 데이터 베이스의 구축을 위해서는 참고문헌이 모두 수록된 파일이 필요한데 이 파일의 이름을 biblio.bib라 하자. 파일의 확장자는 bib이다. 이 파일의 내용은 다음처럼 주어졌다고 가정하자. 이 데이터 베이스에는 세 개의 논문과 두 개의 책이 주어져 있다.

```
@ARTICLE{besag74,
  AUTHOR="Besag, J.",
  year=1974,
  TITLE="Spatial Interaction and the Statistical Analysis of
         Lattice System",
  JOURNAL="Journ. Roy. Statist. Soc.",
  VOLUMN=36,
  PAGES="192--236"}
@ARTICLE{besag89,
  author="Besag, J. and Clifford, P.",
```

```
  year=1989,
  title="Generalized Monte Carlo Significant Tests",
  journal="Biometrika",
  volumn=76,
  pages="633-642"}
@book{gilbert92,
  author="Gilbert, R.O. and Simpson, J.C.",
  year=1992,
  Title="Statistical Methods for
  Evaluating the Attainment of Cleanup Standards",
  volumn=3,
  publisher="Battelle Pacific Northwest Laboratory",
  address="Richland, WA."}
@article{johnson87,
  author="Johnson, R.A. and Verrill, S. and Moore, D. H.",
  year=1987,
  title="Two Sample Rank Tests for Detecting Changes That
  Occur in a Small Proportion of the Treated Population",
  journal="Biometrics",
  volumn=43,
  pages="641--655"}
@book{lehman86,
  author="Lehman, E. L.",
  year=1986,
  title="Testing Statistical Hypotheses",
  edition=2,
  publisher="John Wiley and Sons",
  address="New York, NY"}
```

위에서 보는 것처럼 `.bib` 파일의 내용은 `@book`, `@article` 등의 참고문헌 형식을 먼저 준다. 이때 사용 가능한 형식으로는 `masterthesis`, `unpublished` 등이 있는데 이는 표 12.1에 정리하였다. 위에서 보는 `besag74`나 `lehmann86` 등은 각 참고문헌의 인용 이름인데 인용할 때 `\cite` 명령을 이용하여 `\cite{besag74}` 또는 `\cite{lehman86}` 등으로 사용된다. 인용명 이후에 나오는 것은 저자명, 출판 연도 등 필요한 정보들이다. 이러한 정보로 사용할 수 있는 것은 12.2절에 설명한다.

이제 `biblio.bib`가 위와 같이 만들어졌으면 LATEX 파일 `test.tex`에서

✓ 인용할 문헌에 대해서는 인용이 이루어지는 위치에서 `\cite{`*key*`}`를 입력하여 참고문헌 DB에서 인용이 되도록 한다. `\cite`된 *key*에 해당하는 문헌은 `test.tex` 파일의 참고문헌에 자동으로 등재된다.

표 12.1: 참고문헌 형식 및 키워드

이름	필수 키워드	없어도 좋은 키워드
article	author, title, journal, year	volumn, number, pages
book	author 또는 editor, title, year, publisher	volumn, series, address, edition, month, note
booklet	title	author, month, address, howpublished, year, note
conference	inproceedings와 같음	
inbook	author editor, publisher, chapter pages, title, year	volumn, series, address, edition, month, note
incollection	author, title, booktitle, publisher, year	editor, chapter, pages, address, month, note
inproceedings	author, title, booktitle, year	address, pages, editor, month, note publisher, organization
manual	title	author, organization, address, edition, month, year, note
masterthesis	author, title, school, year	address, month, note
misc		author, title, month howpublished, year, note
phdthesis	author, title, school, year	address, month, note
proceedings	title, year	address, publisher, month organization, editor, note
techreport	author, title, year, institution	type, number, address, note
unpublished	author, title, note	month,year

✓ 만일 인용하지는 않지만 참고문헌 목록에는 포함하고자 하는 문헌이 있다면 항목들에는 `\nocite` 명령으로 해당 문헌의 키값을 설정한다. 예를 들어 참고문헌 DB에서 키값이 `besag74`, `johnsosn87`와 `lehman86`을 본문에서 인용하지는 않지만 참고문헌 목록에는 포함시키고자 한다면

```
\nocite{besag74,lehman86,johnson87}
```

라고 선언한다.

✓ 마지막으로 참고문헌 목록이 들어갈 부분에

```
\bibliography{biblio}
\bibliographystyle{plain}
```

이라고 준다. 여기서 `\bibliography{biblio}`는 참고문헌 데이터 베이스가 파일 `biblio.bib` 에 정리되어 있다는 뜻이며 `\bibliographystyle{plain}`은 참고문헌 목록과 그 문헌의 인용의 방식이 `plain`이라는 것이다.

`\bibliographystyle` 명령에서 설정할 수 있는 참고문헌의 스타일에는 `plain`, `unsrt`, `alpha` 및 `abbrv` 등이 있는데

`plain` 스타일은 "김철수 [1]"처럼 인용한 문헌의 번호가 나타나고 참고문헌의 목록은 알파벳 순서로 나타난다.

`unsrt` 스타일은 `plain` 스타일과 같으나, 참고문헌 목록이 인용된 순서로 나타난다.

`alpha` 스타일은 `plain` 스타일과 같으나, 문헌의 인용 시 번호가 나오지 않고 `besag74` 처럼 그 인용 키워드가 나타난다.

`abbrv` 스타일은 저자명이나 `month` 이름 그리고 `journal` 이름이 약자로 출력된다.

이제 아래 순서대로 커맨드 창이나 유닉스 콘솔 등에서 명령을 주면 참고문헌의 인용과 인용된 참고문헌 목록을 포함하는 LaTeX 결과를 얻을 수 있다. 이때 8.7절의 `latexmk` 명령 등을 사용하면 이 과정을 컴퓨터 실행하게 할 수 있다.[1]

```
% latex test
% bibtex test
% latex test
```

여기서[2] 두 번째 `latex test`의 수행 때 LaTeX 경고 에러가 나오면 한두 번 더 `latex test`를 수행하여 주면 해결된다. 이 경고 메세지는 색인이 추가로 만들어져 차례가 바뀌는 등의 약간의 변경 사항이 생겨서 발생하는 경고이다. 첫 번째 LaTeX수행 결과 `test.aux` 파일이 생기고 이때 필요한 참고문헌 목록이 `.aux` 파일에 정리되고 콘솔에서

```
% bibtex test
```

를 수행하면 `.bbl` 파일에 참고문헌들의 정보가 정리된다. 두 번째

```
% latex test
```

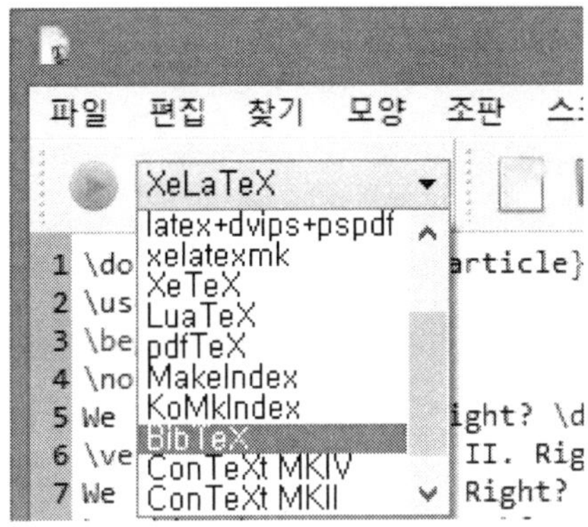

그림 12.1: TEXWorks 편집기에서 bibtex 실행

의 결과로 LATEX출력인 .dvi 파일에 참고문헌 및 인용한 문헌 번호 등이 나타나게 된다.

bibtex을 실행하는 과정은 TEXWorks 편집기의 메뉴에서도 실행할 수 있으며 그림 12.1의 BibTeX 항목을 선택하고 ● 버튼을 클릭하면 된다.

앞의 biblio.bib를 사용하는 LATEX파일 test.tex가 다음과 같다면

```
\documentclass[a4,12pt]{article}
  \setstretch{1.4}
  \begin{document}
  \nocite{besag74,lehman86,johnson87}
  \thispagestyle{empty}
  This is an example to inculde
  Besag \cite{besag74}, \cite{lehman86}  for references.
  Johnson et. al. \cite{johnson87} is a good example, too.
  \bibliography{biblio}
  \bibliographystyle{plain}
\end{document}
```

그 출력은 그림 12.2와 같다. 이 그림에서 보는 것처럼 biblio.bib에 있는 모든 참고문헌이 참고문헌 목록에 나오는 것이 아니라 \cite나 \nocite된 참고문헌만 참고문헌 목록에 나타난다.

12.2. 참고문헌 정보에서 사용되는 용어

각 참고문헌에서 사용될 수 있는 키워드와 그 내용은 다음과 같다.

---

[1] latex 뿐 아니라 pdflatex, xelatex으로 컴파일해도 된다.
[2] latex 뿐 아니라 pdflatex, xelatex 등으로 컴파일해도 됨

> This is an example to include Besag [1], [3] for references. Johnson et. al. [2] is a good example, too.
>
> **참고문헌**
>
> [1] J. Besag. Spatial interaction and the statistical analysis of lattice system. *Journ. Roy. Statist. Soc.*, pages 192–236, 1974.
>
> [2] R.A. Johnson, S. Verrill, and D. H. Moore. Two sample rank tests for detecting changes that occur in a small proportion of the treated population. *Biometrics*, pages 641–655, 1987.
>
> [3] E. L. Lehman. *Testing Statistical Hypotheses.* John Wiley and Sons, New York, NY, 2 edition, 1986.

그림 12.2: LATEX의 참고문헌 데이터 베이스의 출력결과

`address`: 출판사의 주소

`author`: 저자명, 두 명 이상일 경우 `and`를 사용한다.

`booktitle`: 책 제목

`chapter`: 책 등의 장 번호

`edition`: 책 등의 판 번호

`editor`: proceeding 등의 편집자

`howpublished`: 일반적이지 않은 문헌의 출판 경위

`institution`: 책 등을 출판한 기관명

`journal`: 학술지명

`key`: `author`나 `editor`가 주어지지 않았을 때 사용할 키워드

`month`: 월

`note`: 기타 참고문헌에서 밝히고 싶은 내용

`number`: 호(No.)

`organization`: `proceeding` 등에서의 주관한 기관

`pages`: 면수. 21 또는 '21--97' 등으로 준다.

`publisher`: 출판사명

`school`: 학위논문 등의 학교

`series`: 시리즈로 된 책이나 학술지의 시리즈 번호 또는 이름

`title`: 논문, 책 등의 제목

`type`: Technical Reoprt의 타입

`volume`: 권(volume) 수

`year`: 출판된 연도

12.3. natbib 패키지

`natbib` 패키지는 BiBTEX에서 참고문헌의 인용을 좀 더 유연하게 할 수 있게 제공되는 패키지이다. `natbib` 패키지를 사용하는 경우 저자명, 연도 등의 값을 구체적으로 사용하므로 `thebibliography` 환경과 `\bibitem`을 사용하는 것이 바람직하지 않을 수 있다(12.4절 참고).

`natbib` 패키지를 사용하는 경우

✓ `\nocite` 명령, `\bibliography` 명령의 사용은 앞에서와 같다.

✓ `\bibliographystyle` 명령의 사용도 앞에서와 같지만 사용할 수 있는 스타일이 `plainnat`, `abbrvnat` 및 `unsrtnat`가 있다.

✓ `\cite` 명령 대신에 다른 명령의 사용이 권장된다. 권장되는 다른 명령은 다음과 같다.

- ☞ `\citet` ⇒ Johnsonn et al.(1995) 형식으로 인용됨.
- ☞ `\citep` ⇒ (Johnson et al., 1995) 형식으로 인용됨. 위와는 괄호 및 콤마 차이가 있음.
- ☞ `\citealt` ⇒ Johnson et al. 1995 형식으로 인용됨.

표 12.2: natbib 패키지의 인용결과

인용 명령	인용 결과
\citet[chap.~2]{jon90}	Jones et al. (1990, chap. 2)
\citep[chap.~2]{jon90}	(Jones et al., 1990, chap. 2)
\citep[see][]{jon90}	(see Jones et al., 1990)
\citep[see][chap.~2]{jon90}	(see Jones et al., 1990, chap. 2)

☞ \citealp ⇒ Johnson et al., 1995 형식으로 인용됨(콤마 여부).

☞ * 붙은 명령은 셋 이상의 저자일 때 et. al. 사용하지 않고 모든 저자 이름이 인용됨.

☞ \citet* ⇒ Johnsonn, Sim, Klein and Klein(1995) 형식으로 인용됨.

☞ \citep* ⇒ (Johnson, Sim, Klein and Klein, 1995) 형식으로 인용됨.

natbib 패키지는 저자의 이름과 연도만 따로 불러올 수 있는데 이를 위해 제공되는 명령이 \citeauthor, \citeauthor* 또는 \citeyear 명령이다. *가 붙은 명령은 세 명 이상의 저자인 경우도 모든 저자의 이름이 인용되며 앞의 둘은 저자의 이름을 마지막은 출판 연도를 불러온다. 따라서 이와 같이 저자 이름과 연도가 따로 인용될 수 있으면

```
\newcommand{\mycite}[1]{\citeauthor{#1} (\citeyear{#1})}
```

명령으로 새 명령 \mycite를 정의하고 \mycite{*key*}를 명령하며 '저자 (연도)' 형식으로 인용하는 새 명령을 만들 수 있다.

위의 인용 명령 \citep, \citet, \citep*, \citet*, \citealp 및 \citealt는 모두 옵션을 줄 수 있으며 옵션을 주었을 때 표 12.2와 같이 참고문헌의 앞과 뒤에 추가할 텍스트를 인쇄할 수 있다. 옵션이 하나인 경우 참고문헌 뒤에 들어갈 텍스트이며 둘일 경우 앞의 것은 참고문헌 앞에, 뒤의 것은 참고문헌 뒤에 텍스트가 추가된다.

12.3.1 natbib 패키지의 옵션

natbib 패키지의 옵션은 \usepackage 명령의 일반 사용법과 마찬가지로

\usepackage[*options*]{natbib}

로 사용되며 사용할 수 있는 *options*에는

✓ round: 괄호는 소괄호(둥근 괄호'(,)')를 사용한다. 기본값이다.

✓ `square`: 괄호는 중괄호('[,]')를 사용한다.

✓ `curly`: 괄호는 대괄호('{, }')를 사용한다.

✓ `angle`: 괄호는 부등호 모양의 괄호('<, >)를 사용한다.

✓ `semicolon`: 둘 이상의 문헌은 세미콜론(;)으로 분리한다. 기본값이다.

✓ `comma`: 둘 이상의 문헌은 콤마(,)로 분리한다.

✓ `authoryear`: 기본값으로 인용에서 문헌의 저자와 연도가 인용된다. 이 값이 기본값이지만 이 값을 사용할 경우 저자나 연도가 구분되지 않으므로 BiBTEX 을 사용하지 않고 문서 내에 `bibliography` 환경과 `\bibitem`을 사용한 경우 오류가 발생한다. 이 경우는 `numbers` 옵션을 사용할 수밖에 없다.

✓ `numbers`: 문헌의 저자/연도가 아닌 참고문헌 목록의 참고문헌 번호가 인용된다.

✓ `super`: 위첨자 형식(각주의 번호 붙이는 방식)의 참고문헌 번호가 인용된다.

등이 있다.

12.4. BiBTEX을 사용한 경우 참고문헌 목록을 파일에 포함하기 위한 트릭

사용자가 자주 인용하는 여러 가지 문헌의 DB 파일에서 bibtex 명령이 인용에 사용한 목록만으로(또는 `\nocite`로 추가한 목록) 문서를 만들게 된다. 만일 사용자가 논문을 작성하여 소스 파일(`.tex`)을 최종적으로 제출할 경우 `.bib` 파일을 함께 제출하는 문제가 발생하며, 이 경우 편집부서에서는 많은 저자들의 `.bib` 파일을 함께 처리해야 하는 문제가 발생한다.

이와 같은 문제는 다음과 같은 트릭을 써서 해결할 수 있다. 지금 작성 중인 논문은 `paper.tex`, 참고문헌 DB는 `stat.bib`라고 가정한다.

1 앞에서 설명한 대로 `natbib` 패키지를 사용하든 그렇지 않든 `paper.tex`을

```
latex > latex > bibtex > latex > latex
```

순서로 컴파일하여(필요하면 `latex` 대신 `pdflatex`) 참고문헌 인용과 목록이 정상적으로 만들어지도록 한다.

2 이 과정에서 새로 만들어진 파일 paper.bbl을 확인한다. 이 파일의 내부는 LaTeX 명령으로 이루어져 있으며 참고문헌 목록에 해당하는 부분이다.

3 paper.tex에서

```
\bibliography{stat}
\bibliographystyle{스타일}
```

을 주석처리 하고 참고문헌 목록이 들어갈 부분에 paper.bbl 파일의 내용을 삽입한다.

4 이제 paper.tex을 latex 또는 pdflatex 명령으로 두 번 이상 컴파일한다.

5 이때 natbib 패키지를 사용한 경우 패키지 에러가 처음에는 뜨지만 무시하고 엔터 키를 계속 눌러주어 다시 컴파일한다.

제13장

프리젠테이션

LaTeX으로 프리젠테이션을 하는 경우 과거 OHP라고 부른 투명 필름에 인쇄하는 방법을 많이 사용하였으나 요즈음에는 컴퓨터 화면을 직접 투사하는 방식을 사용한다. OHP를 사용하는 경우 `slides`나 `seminar` 클래스를 사용하였는데 이 두 클래스에 대해서는 호환성을 살리기 위해 이 장의 끝에 간단하게 소개하고, 여기서는 주로 `beamer` 클래스에 대해 알아보기로 한다.

13.1. beamer 클래스

`beamer`는 프레젠테이션에 사용하기 위한 패키지이다. 또한 기존의 `slide` 패키지와 비교하기 힘들 정도로 다양한 기능이 포함되어 있어 파워포인트 등에서 쉽지 않은 문제인 특수문자나 수식 처리 등을 완벽하게 처리함과 동시에 문자 겹치기, 그림 덮어쓰기, 소리 넣기, 동영상 넣기 등의 프리젠테이션 기능을 다양하게 가지고 있는 패키지이다. `beamer` 클래스를 사용하는 경우는 최종 출력을 PDF 형식으로 얻어 이 PDF 파일을 사용하는 프리젠테이션을 하게 된다. 최종 출력을 PDF 형태로 출력을 얻는 방법은

- ✓ `pdflatex`으로 컴파일하여 PDF 형식의 출력으로 얻거나(권장)
- ✓ `dvips`를 이용하여 PostScript로 변환한 후 `ps2pdf`나 GhostScript의 PDF 변환 기능 등을 사용하여 PDF 형식으로 변환하거나
- ✓ `latex`을 사용하여 `DVI`를 만든 후 `dvipdfmx` 등을 사용하여 PDF 파일로 변환하는

세 가지 정도의 방법이 있다.

13.1.1 beamer 클래스의 사용법

beamer 클래스를 사용하기 위해서는 다음과 같이 소스 파일에서

```
\documentclass[options]{beamer}
```

로 \documentclass를 beamer로 설정한다. *options*에 사용할 수 있는 옵션은 많이 있으나 자주 사용하는 몇 가지만 알아보면 다음과 같다.

- ✓ handout: 인쇄용 버전으로 각종 overlay 기능이 생략되고 각 프레임의 최종 페이지만 만든다.
- ✓ aspectratio=*ratio*: 화면의 비율을 설정한다. 기본값은 128*mm* × 96*mm* (4:3)이며 169, 1610, 149, 54, 43 및 32이 사용 가능하며 각각 16:9, 16:10, . . . , 3:2 등이다.
- ✓ t, c 또는 b: 각 프레임의 세로 정렬 설정값이다. 순서대로 위에서부터, 가운데 및 아래에서 채우기 설정이다.
- ✓ beamer 클래스에 기본으로 포함되는 패키지인 pgf, graphics 및 xcolor 패키지의 옵션을 beamer 클래스에 전달하는 방법은 13.1.3절을 참고하기로 한다.

beamer 클래스에서도 추가 패키지가 필요한 경우에는 *preamble*에

```
\usepackage{multimedia}
```

와 같이 필요한 패키지의 사용을 지정한다. beamer 클래스는 기본으로 pgf, xcolor 및 graphics 패키지가 사용되므로 이들은 따로 \usepackge할 필요가 없다.

13.1.2 제목 면과 frame 만들기

일반적인 첫 슬라이드에 나올 제목이나 발표자 등의 정보는 \begin{document} 전에 다음과 같이 설정한다.

```
\title{Beamer 보기}
\subtitle{Overlay 방법들}
\author[심송용]{\texttt{sysim@hallym.ac.kr}}
\date[\today]{한국통계학회 2007년 추계학술대회}
\institute{한림대 통계학과}
```

위의 각 명령은 그림 13.1을 참조하며 알아보기로 하자.

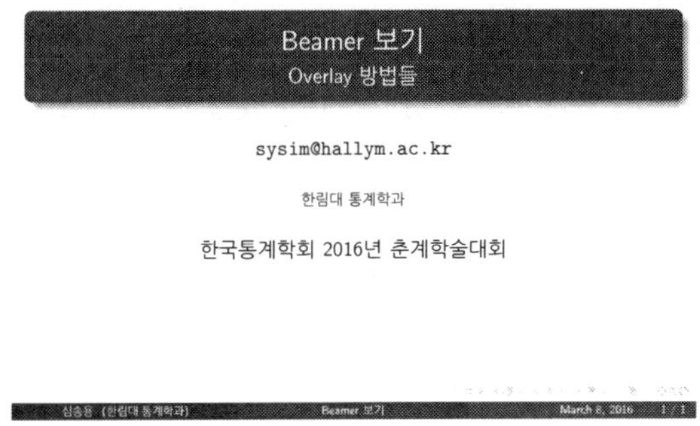

그림 13.1: \titlepage명령에 의한 첫 페이지

✓ \title: 제목을 설정한다.

✓ \subtitle 제목 아래에 소제목을 설정한다.

✓ author 발표자를 설정한다. \author의 옵션 값인 [와]사이에 준 값은 매 슬라이드에 나타낼 값이며 { 와 } 사이에 주는 값은 첫 페이지에 나타난다.

✓ \date 날짜를 지정하는 값으로 \author와 마찬가지로 옵션 값인 [와]사이에 준 값은 매 슬라이드에 나타낼 값이며 {와 } 사이에 주는 값은 첫 페이지에 나타난다.

✓ \institute 소속 기관을 표시해 주는 것으로 \author의 값과 함께 매 슬라이드에 나타난다.

위의 명령만으로는 실질적인 출력이 없는 상태이다. Beamer에서의 매 화면은 frame 환경에 의해서 생성된다.

앞에서 설정한 것과 같이 파일을 만든 후

```
\begin{frame}
\titlepage
\end{frame}
```

와 같이 \titlepage 명령을 사용하면 그림 13.1과 같은 화면을 얻는다. 이 그림은 Madrid 테마를 이용한 화면이며 화면의 모양이나 색은 테마나 색의 설정에 따라 달라진다. 테마는 13.7절에서 자세하게 다루었으니 참고하기로 한다. 테마의 설정은 첫 번째 frame 환경이 나오기 전에

```
\usetheme{Madrid}
```

라고 명령한다.

13.1.3 beamer 클래스에 기본으로 포함되는 패키지

beamer 클래스는 내부에서 pgf, xcolor, graphics 패키지를 부르므로 \usepackage를 따로 할 필요가 없다. 이들 패키지는 각각 제16장, 17.2절, 10.9.3절 및 17.3절 등에서 소개한다.

패키지의 옵션을 beamer 클래스에 전달하려면

```
\documentclass[xcolor=table]{beamer}
```

와 같이 \documentclass 명령의 옵션에 '패키지 이름=옵션 이름'의 짝을 설정하면 된다. 위의 경우 beamer 클래스에 포함된 xcolor 패키지는 table 옵션을 가지게 된다.

13.1.4 beamer에서의 verbatim 환경

beamer 클래스에서는 verbatim 환경이나 \verb 또는 \verb* 명령의 사용은 안 되는 것으로 되어 있다. 따라서 이들 환경이나 명령이 사용되면 에러 메시지가 발생한다.[1]

beamer 클래스에서 verbatim 환경이나 \verb 또는 \verb* 명령이 꼭 필요한 경우에는 frame에 옵션으로 fragile을 선언한다. 즉,

```
\begin{frame}[fragile]
이젠 verbatim 사용 가능
\end{frame}
```

과 같이 사용한다.

13.1.5 인쇄용(handout)에는 보이지 않고 프리젠테이션에만 보이기

많은 경우 인쇄용과 프리젠테이션용이 다르지 않으나 미리 답을 알면 허망한 경우가 있으므로 프리젠테이션에만 포함하고자 하는 내용이 있을 수 있다. 이 경우 frame 전체를 숨기고자 하는 경우

```
\begin{frame}<handout:0>
이젠 verbatim 사용 가능
\end{frame}
```

로 <handout:0>를 설정한다.

한 프레임 내에서 일부분만 프리젠테이션에서 생략하고자 할 때는

[1]이 에러 메시지가 명확하지 않아 처음엔 verbatim 때문에 발생한 에러라고 알아차리기 어렵다.

그림 13.2: \pause 명령에 의한 슬라이드

```
\only<beamer>{
프리젠테이션에만 보임.
}
```

로 \only 명령을 사용한다.

13.2. 슬라이드 겹치기

하나의 화면에서 여러 슬라이드를 순차적으로 하나씩 만들어 화면을 바꾸지 않고도 슬라이드의 내용을 바꾸게 하는 방법에 대해서 알아보자. 이런 목적으로 사용하는 명령은 \pause, \onslide, \visible, \unvisible, \uncover, \alt, \temporal 명령 등이 있다.

13.2.1 \pause 명령

\pause 명령은 하나의 화면에서 다음 화면으로 넘어가지 않고 다음 슬라이드를 지정할 때까지 기다리게 하는 작용을 한다. 따라서 \pause 명령을 사용하는 경우 이전 화면에 나타난 내용이 그 화면 이후에 계속 남아 있게 된다. 즉, 하나의 슬라이드에서 두 번째 화면을 보일 때 첫 번째 화면의 내용을 보이게 하는 것이 되지 않는다. \pause 명령에 옵션을 주면 특정한 슬라이드 이후에 계속 보이게 할 수 있다. 즉,

```
\pause[num]
```

을 사용하면 *num* 번째 슬라이드 이후에는 계속 보이게 된다. 그림 13.2는 다음의 보기를 사용하여

```
\setbeamercovered{transparent=20}
\begin{frame}
```

```
\frametitle{pause 보기}
The first slide \\
\pause
두 번째 화면 \\
\pause
The third slide \\
\pause[2]
두 번째 이후에는 계속 보입니다. \\
\pause
The last slide \\
\end{frame}
```

만든 화면 중 두 번째 슬라이드이다. `\setbeamercovered` 명령은 13.5절에서 따로 소개하기로 한다.

13.2.2 \onslide 명령

먼저 `\onslide` 명령은

```
\onslide<overlay_spec> {<text>}
```

로 사용하는데

✓ *overlay_spec*에 주어진 슬라이드에서만 *text*에 주어진 내용이 나타난다. *overlay_spec*은 몇 번째 슬라이드에서 주어진 *text*를 보일지 지정해주는 것으로 이후에 소개할 다른 명령에서도 같은 방법을 사용하며 사용 방법은

☞ <1>과 같이 하나의 숫자를 주어 보여질 슬라이드 번호를 입력할 수 있다.

☞ <3->과 같이 슬라이드가 보여질 최초의 번호를 입력하면 주어진 번호 이후의 모든 슬라이드에서 보인다. <3->는 세 번째 슬라이드부터 계속 보이며 <-3>은 처음부터 세 번째 슬라이드에서 보인다.

☞ 또한 <2-4>과 같이 슬라이드가 보여질 슬라이드 번호의 범위를 입력할 수 있으며 이 경우 2, 3, 4번 슬라이드에서 보인다.

☞ 슬라이드 번호가 여러 가지 조합인 경우는 `<1, 3-5, 7->`과 같이 슬라이드가 보여질 슬라이드 번호를 입력할 수 있다. 이 경우 1, 3, 4, 5, 7번 후 슬라이드에 보여진다.

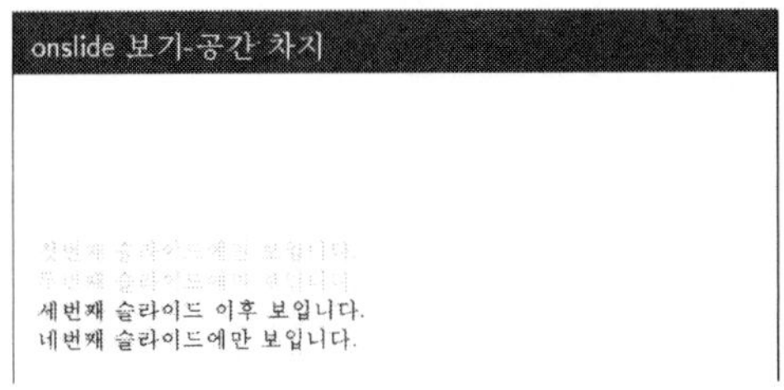

그림 13.3: \onslide 명령의 결과

✓ *text*에는 보여 줄 내용을 입력한다. 이 내용도 주지 않을 수가 있는데 *text*를 주지 않으면 이 명령이 나온 이후의 모든 입력이 이 명령 이후의 모든 슬라이드에서 보이게 된다.

\onslide 명령은 보여지지 않은 슬라이드에 해당되는 내용이 다른 슬라이드에서 공간을 차지한다. 따라서 해당 슬라이드에서 보여질 내용이 투명하게 처리되었다고 해석하면 된다. 다음 보기를 살펴보자.

```
\begin{frame}
 \frametitle{onslide 보기-공간 차지}
   \onslide<1>{첫 번째 슬라이드에만 보입니다.\\}
   \onslide<2>{두 번째 슬라이드에만 보입니다.\\}
   \onslide<3->{세 번째 슬라이드 이후 보입니다.\\}
   \onslide<4>{네 번째 슬라이드에만 보입니다.}
\end{frame}
```

여기서 세 번째 슬라이드를 선택한 화면이 그림 13.3이다.

\onslide에서 파생된 두 가지 명령으로

✓ \onslide* 명령은 사용 방법은 \onslide와 같으나 *overlay_spec*에서 주지 않은 슬라이드에서 공간을 차지하지 않는다. 즉, 해당 슬라이드를 제외한 나머지 슬라이드에 해당되는 내용은 투명하게 존재하는 것이 아니고 아예 없는 것으로 해석한다. 이 명령은 \only 명령과 결과가 같다.

✓ \onslide+ 은 사용 방법은 \onslide와 같으나 *overlay_spec*에서 주지 않은 슬라이드에서는 전혀 보이지 않는다. \onslide를 사용하면서 \setbeamercovered 명령 등을 사용하여 현재 슬라이드에 보여지지 않고 흐리게 보이게 하는 등의 방법이 있는데 \onslide+는 이러한 명령의 효과가 없다는 뜻이다. \visible 명령과 같은 것이다.

13.2.3 \only 명령

\onslide*와 명령의 결과는 같으나 사용법이

```
\only<overlay_spec>{<text>}<overlay_spec>
```

로 *overlay_spec*을 앞이나 뒤에 줄 수 있다. 물론 둘 중의 하나만 준다. 뒤에도 *overlay_spec*를 줄 수 있게 한 것은 다음과 같이

```
\newcommand{\blueonly}{\only{\color{blue}}}
\begin{frame}
 \blueonly<2> 두 번째 슬라이드
\end{frame}
```

와 같이 뒤에 *overlay_spec*을 줄 수 있도록 한 것이다.

다음과 같은 보기를 사용하면 두 번째 슬라이드를 보일 때는 두 번째 줄의 내용만 나오고 첫 번째 슬라이드의 내용은 없는 것처럼 공간도 차지하지 않는다. 이 경우는 슬라이드 화면을 보고는 몇 번째인지 구별하기 힘들기 때문에 아래의 보기를 사용하여 독자들께서 직접 해 보기 바란다.

```
\begin{frame}
\frametitle{only 보기-공간 없음}
  \only<1>{첫 번째 슬라이드에만 보입니다.\\}
  \only<2>{두 번째 슬라이드에만 보입니다.\\}
  \only<3->{세 번째 슬라이드 이후 보입니다.\\}
  \only<4>{네 번째 슬라이드에만 보입니다.}
\end{frame}
```

13.2.4 \visible 명령

\onslide+와 같은 결과로 \setbeamercovered 명령에서 설정한 투명도가 적용되지 않아 해당 없는 슬라이드는 화면에 보이지 않는다. 다만 해당되지 않는 슬라이드의 내용은 보이지 않고 공간은 차지한다. 따라서 \only의 차이는 해당되지 않는 슬라이드가 공간을 차지하는지의 여부이다. 사용법은

```
\visible<overlay_spec>{<text>}
```

이다.

13.2.5 \uncover 명령

사용법은

```
\uncover<overlay_spec>{<text>}
```

이며 \onslide와 같은 결과를 얻는다.

13.2.6 \invisible 명령

\visible과 반대의 결과를 얻는 명령으로 \invisible 명령이 있으며

```
\invisible<overlay_spec>{<text>}
```

로 사용한다. *overlay_spec*에 준 슬라이드를 제외한 나머지 내용이 화면에 보여진다.

13.2.7 \alt 명령

\alt 명령은 해당 슬라이드를 보일 때 화면에 보일 내용과 해당 슬라이드가 보여지지 않을 때 화면의 내용을 다르게 하는 명령이다. 사용법은

```
\alt< overlay_spec>{< 해당 슬라이드 내용>}
          {<그 외 슬라이드 내용>}< overlay_spec>
```

이며 *overlay_spec*에 주어진 슬라이드에서는 '해당 슬라이드 내용'이 보이고 나머지 슬라이드에선 '그 외 슬라이드 내용'보인다. *overlay_spec*은 앞 또는 위 둘 중에 하나만 설정한다. 그림 13.4의 첫째 화면은 다음 보기의 결과에서 두 번째 슬라이드를 선택한

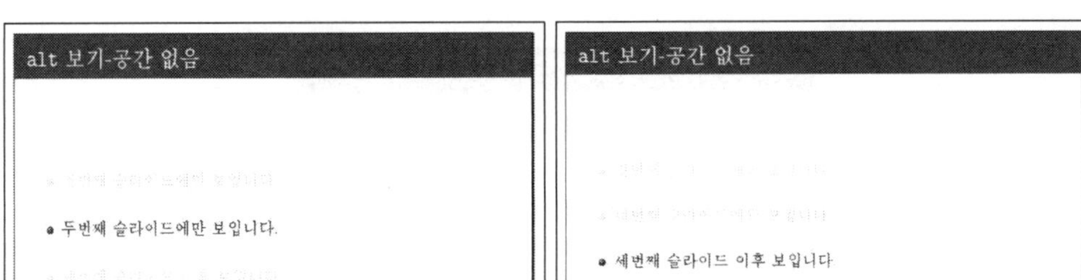

그림 13.4: \alt 명령의 결과

결과이며, 그림 13.4의 두 번째 화면은 다음 보기의 결과에서 세 번째 슬라이드를 선택한 결과이다. 여기서 보는 것처럼 두 번째인 슬라이드와 나머지 슬라이드의 내용이

달라진다.

```
\begin{frame}
\frametitle{\texttt{alt} 보기-공간 없음}
\begin{itemize}
\item<1>{첫 번째 슬라이드에만 보입니다.\newline}
\item<2> \alt<2>{두 번째 슬라이드에만 보입니다.\newline}
     {네 번째 슬라이드에만 보입니다.\newline}
\item<3->{세 번째 슬라이드 이후 보입니다.\newline}
\item<4>{네 번째 슬라이드에만 보입니다.}
\end{itemize}
\end{frame}
```

13.2.8 \temporal 명령

```
\temporal<overlay_spec>{<이전 번호 슬라이드 내용>}
        {<해당 번호 슬라이드 내용>}{<이후 번호 슬라이드 내용>}
```

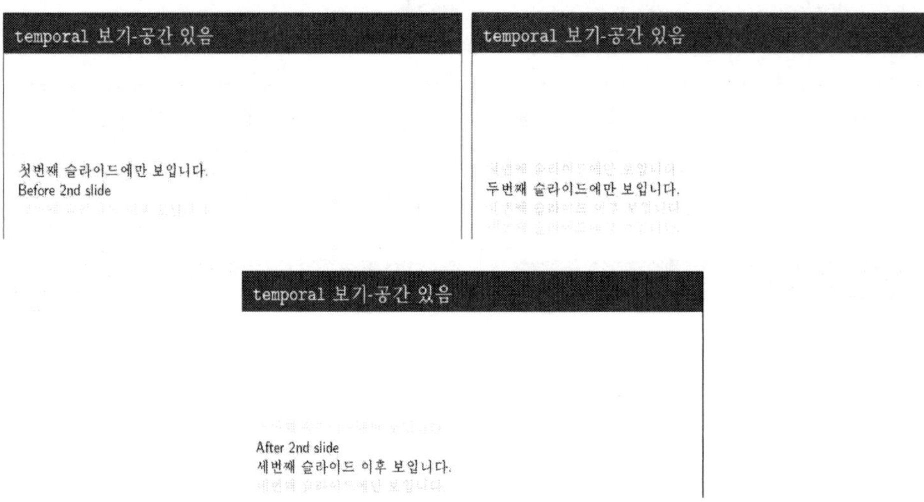

그림 13.5: \temporal 명령의 결과

그림 13.5의 첫째 화면은 다음 보기의 결과에서 첫 번째 슬라이드를 선택한 결과이며 그림 13.5의 두 번째 화면은 다음 보기의 결과에서 두 번째 슬라이이드를 선택한

결과이다. 여기서 보는 것처럼 두 번째인 슬라이드와 나머지 슬라이드의 내용이 달라진다. 또한 이 그림의 세 번째 슬라이드의 경우 두 번째 항목이 내용이 다시 달라졌음을 알 수 있다.

```
\setbeamercovered{highly dynamic}
\begin{frame}
\frametitle{\texttt{temporal} 보기-공간 있음}
\onslide<1>{첫 번째 슬라이드에만 보입니다.\\}
\temporal<2>{Before 2nd slide\\}
          {두 번째 슬라이드에만 보입니다.\\}
          {After 2nd slide\\}
\onslide<3->{세 번째 슬라이드 이후 보입니다.\\}
\onslide<4>{네 번째 슬라이드에만 보입니다.}
\end{frame}
```

위에서 사용한 `\setbeamercovered`에는 `highly dynamic`이 사용되었기 때문에 현재의 슬라이드 항목에서 가까운 것은 진하게, 먼 것은 흐리게 보인다.

13.2.9 목록 만들기

BEAMER에서 목록 만들기는 LaTeX에서 목록 만드는 것과 같은 방법으로 `itemize`, `enumerate`, `description`을 사용한다. 한 가지 차이점은 위의 환경을 시작할 때 옵션으로 슬라이드를 어떻게 보여줄지 설정하는 것으로

```
\begin{itemize|enumerate|description}[overlay_spec]
\item 들
        ⋮
\end{itemize|enumerate|description}[overlay_spec]
```

와 같이 지정할 수 있다. *overlay_spec*에는 각 `\item`이 어떻게 슬라이드의 내용을 바꿀지 지정한다. *overlay_spec*에는 `<+->`로 설정하면 하나씩 차례로 보여주며 `<+-| alert@+>`로 설정하면 차례가 된 `item`은 `alert`한다.

```
\begin{frame}
\frametitle{자동으로 보이기}
\begin{itemize}[<+-| alert@+>]
\item $\int_0^1 f(x) dx$
\item $S = \sum_{i=1}^n a_i$
\item  세 번째 항목
\item  The last item
```

그림 13.6: itemize 보기

```
\end{itemize}
\end{frame}
```

의 결과는 그림 13.6과 같은 슬라이드를 얻는다.

enumerate와 description의 경우에는

```
\begin{enumerate}[overlay_spec] [mini template]
\item 들
      ⋮
\begin{enumerate}[overlay_spec] [mini template]
```

와

```
\begin{description}[overlay_spec] [longest text]
\item[] 들
      ⋮
\begin{description}[overlay_spec] [longest text]
```

와 같이 두 번째 옵션 값을 지정할 수 있다.

enumerate 환경에서 두 번째 옵션 *mini template*에는 각 item에서 사용할 번호를 지정한다. 여기에는

1 enumerate의 원래 번호를 사용한다.

A 번호로 A, B, C, . . .를 사용한다.

a 번호로 a, b, c, . . .를 사용한다.

I 번호로 I, II, III, . . .를 사용한다.

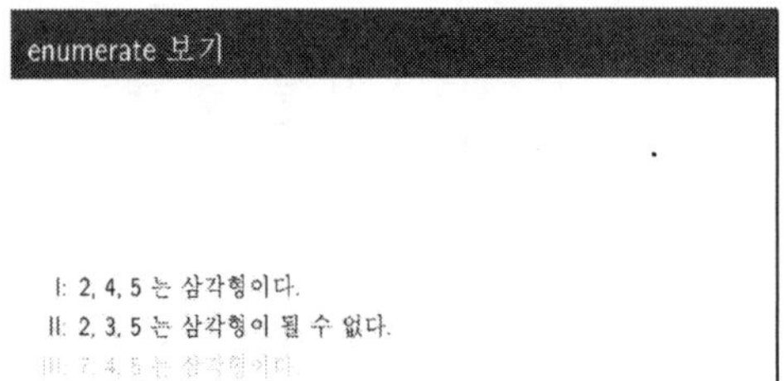

그림 13.7: `enumerate` 보기

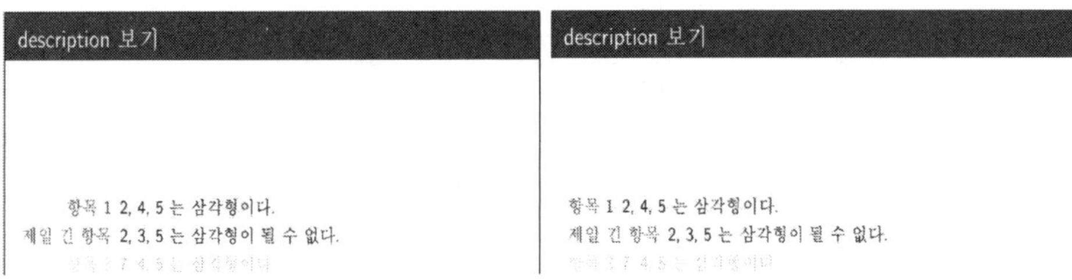

그림 13.8: `description`의 보기

`i` 번호로 i, ii, iii, ...를 사용한다.

예를 들어 *mini template*에 `(i)`를 사용하면, 번호가 (i), (ii), (iii) 등으로, `A.`을 사용하면 A., B., C. 등으로 만들어진다. 다음 보기의 결과는 그림 13.7이다.

```
\begin{frame}
\frametitle{enumerate 보기}
\begin{enumerate}[<+->][I:]
\item 2, 4, 5 는 삼각형이다.
\item 2, 3, 5 는 삼각형이 될 수 없다.
\item 7, 4, 5 는 삼각형이다.
\end{enumerate}
\end{frame}
```

`description` 환경의 *longest text*는 `description` 환경에서 `\item`의 옵션에서 사용하는 가장 긴 항목의 길이를 정한다. 다음의 보기에서 앞의 것은 '제일 긴 항목'의 길이 만큼, 뒤의 것은 '항목 1'의 길이 만큼만 각 항목의 길이에 주게 된다.

```
\begin{frame}
\frametitle{description 보기}
\begin{description}[<+->][제일 긴 항목]
```

```
\item[항목 1] 2, 4, 5 는 삼각형이다.
\item[제일 긴 항목] 2, 3, 5 는 삼각형이 될 수 없다.
\item[항목 3] 7, 4, 5 는 삼각형이다.
\end{description}
\end{frame}

\begin{frame}
\frametitle{description 보기}
\begin{description}[<+->][항목 1]
\item[항목 1] 2, 4, 5 는 삼각형이다.
\item[제일 긴 항목] 2, 3, 5 는 삼각형이 될 수 없다.
\item[항목 3] 7, 4, 5 는 삼각형이다.
\end{description}
\end{frame}
```

이 보기의 위의 description의 결과는 그림 13.8의 위의 그림이며 아래의 description의 결과는 그림 13.8의 아래의 화면이다.

13.3. theorem 등 환경

BEAMER 클래스에는 theorem, proof 및 example 환경 등이 정의되어 있으며 이들의 사용법은 LaTeX의 일반적인 환경 사용법은 \begin과 \end로 사용한다. 즉, 다만 *overlay_spec*이 옵션으로 사용된다는 점과 사용자가 이들을 \newtheorem 명령을 사용하여 정의하지 않아도 된다는 것이 차이점이다. 다음 보기는 theorem, proof 및 example 환경의 보기이다.

```
\begin{frame}
\frametitle{Therem env}
\begin{theorem}<1->[이등변 삼각형의 성질]<1->
이등변 삼각형의 두 각은 같다.
\end{theorem}
\begin{proof}<3->[Sketch of Proof]
꼭짓점에서 내린 수선으로 양분되는 삼각형이 합동이다.
\end{proof}
\begin{example}<2->[정삼각형도 이등변 삼각형]
두각이 60인 이등변삼각형은 정삼각형이다.
\end{example}
\end{frame}
```

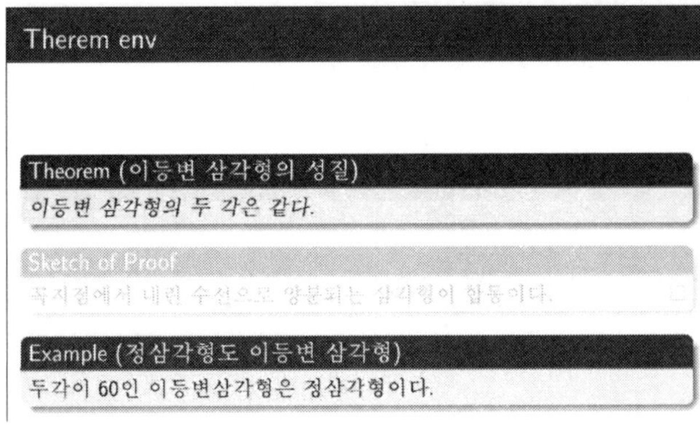

그림 13.9: theorem 등의 환경

이 보기에서는 theorem이 제일 먼저, example이 두 번째로 나타나며 proof가 가장 마지막에 나온다. 이 결과는 그림 13.9이다.

13.4. block 환경

일반적으로 블록을 만들어서 슬라이드를 만들고자 할 때는 block 환경을 사용한다. BEAMER에는 block 환경이 정의되어 있어 필요한 부분을 블록으로 만들 수 있다. 사용법은

```
\begin{block}<overlay_spec>{block title}<overlay_spec>
block 안에 들어갈 내용
        ⋮
\end{block}
```

이며 *overlay_spec*에는 몇 번째 슬라이드에서 보일지 지정하며 *block title*에는 블록의 제목을 지정한다. 그림 13.10은 다음의 명령으로 만들어진 것이다.

```
\begin{frame}
\frametitle{필요한 가정}
\begin{block}<1->{Answered Question}
  \begin{enumerate}
    \item<2-> 세 내각의 합은 180이다.
    \item<3-> $n$ 각형의 내각의 합은 $180(n-2)$이다.
```

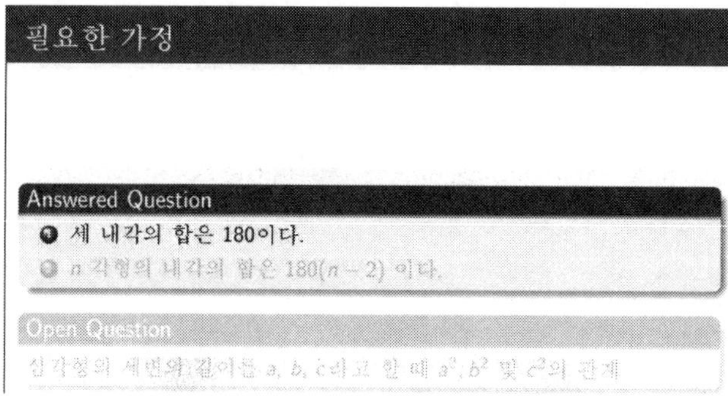

그림 13.10: block 환경

```
  \end{enumerate}
\end{block}
\begin{block}<4->{Open Question}
 삼각형의 세 변의 길이를 $a$, $b$, $c$라고 할 때
 $a^2, b^2$ 및 $c^2$의 관계
\end{block}
\end{frame}
```

block 환경으로 만들어진 블록은 사용하는 테마에 따라 블록이 보일 수도 있고 보이지 않을 수도 있다. 블록이 보이든 보이지 않든 블록으로 만들어질 사각형의 형태는 \setbeamertemplate 명령으로 바꿀 수 있다. 물론 블록으로 만들어진 사각형의 형태가 보이지 않는 테마를 사용하는 경우 이 명령의 효과가 화면으로는 확인되지 않을 수 있다. 이 명령을

```
\setbeamertemplate{blocks}[default]
```

와 같이 하면 기본값으로 블록을 만들게 되며

```
\setbeamertemplate{blocks}[rounded][shadow=true]
```

라고 설정하면 블록을 구성하는 사각형의 모양이 둥글게 처리되고 그 사각형에 그림자 효과를 넣게 된다. 이 경우 13.7절에서 설정한 기본적인 화면의 테마에 따라서 원래 사각형의 모양이 둥글고 그림자가 있는 테마인 경우 아무 변화가 없을 수도 있다(예: Madrid 테마) 그림 13.11의 왼쪽 그림과 오른쪽 그림을 비교해 보면 오른쪽 그림은 rounded 및 shadow=true가 된 모습을 확인할 수 있다. 이 경우 기본 테마는 Rochester이며 이 그림은 다음의 LaTeX 명령으로 만든 것이다.

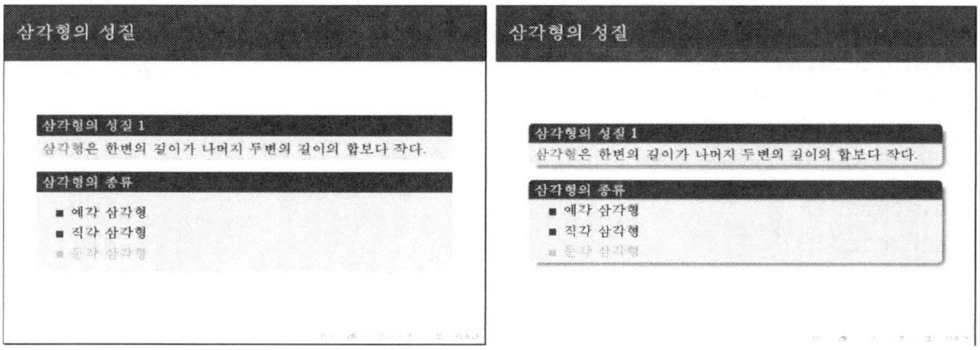

그림 13.11: 블록 환경

```
\usetheme{Rochester}
\setbeamercovered{transparent=25}

\begin{frame}
\frametitle{삼각형의 성질}
\begin{block}<1->{삼각형의 성질 1}
\alert{삼각형}은 한 변의 길이가 나머지 두 변의 길이의 합보다 작다.
\end{block}

\begin{block}<2->{삼각형의 종류}
\begin{itemize}
  \item<2-> 예각 삼각형
  \item<3-> 직각 삼각형
  \item<4-> 둔각 삼각형
\end{itemize}
\end{block}
\end{frame}

\setbeamertemplate{blocks}[rounded][shadow=true]

\begin{frame}
\frametitle{삼각형의 성질}
\begin{block}<1->{삼각형의 성질 1}
\alert{삼각형}은 한 변의 길이가 나머지 두 변의 길이의 합보다 작다.
\end{block}
```

```
\begin{block}<2->{삼각형의 종류}
\begin{itemize}
\item<2-> 예각 삼각형
\item<3-> 직각 삼각형
\item<4-> 둔각 삼각형
\end{itemize}
\end{block}
\end{frame}
```

13.5. 프리젠테이션 설정

`\setbeamercovered` 명령은 covered 된 항목을 어떻게 보여줄지 설정한다. 원래의 명령이 무조건 투명하게 보이지 않은 경우에만 적용되므로 `\onslide`, `\uncover` 등의 명령에는 결과가 적용되나 `\visible`이나 `\invisible` 등의 명령을 사용한 경우에는 아무 변화가 없다. 사용법은

```
\setbeamercovered{options}
```

로 사용하며 *options*에는

`transparent=`*value* 보이지 않는 슬라이드의 내용(covered 된 내용)을 보여 줄 농도를 *value*에 지정한다. 0은 완전히 보이지 않고 100은 100% 보인다.

`dynamic` 현재의 슬라이드에서 먼 슬라이드일수록 더욱 흐리게 한다.

`highly dynamic` `dynamic`과 같으나 그 강도가 더욱 높다.

`invisible` 기본값이며 현재의 슬라이드 내용을 제외한 나머지는 보이지 않는다. 위의 `transparent`에 0을 설정한 것과 같은 효과이다.

`still covered=`*not yet list* 한 화면에서 슬라이드가 바뀌게 되면 이전에 한 번 나온 슬라이드와 아직까지 한 번도 나오지 않은 슬라이드가 있다. `still covered`는 아직 한 번도 나오지 않은 슬라이드를 어떻게 보일 것인지 설정하며 아래의 `again covered`는 이전에 한 번 나온 내용을 어떻게 처리할 것인지 설정한다. *not yet list*에는 이 절의 뒷부분에서 설명할 `\opaqueness` 명령을 사용하여 지정한다.

`again covered=`*once more list* `still covered`에서 설명된 것처럼 이전에 보여진 슬라이드를 어떻게 처리할 것인지를 지정하며 *once more list*도 `\opaqueness`를 이용하여 설정한다.

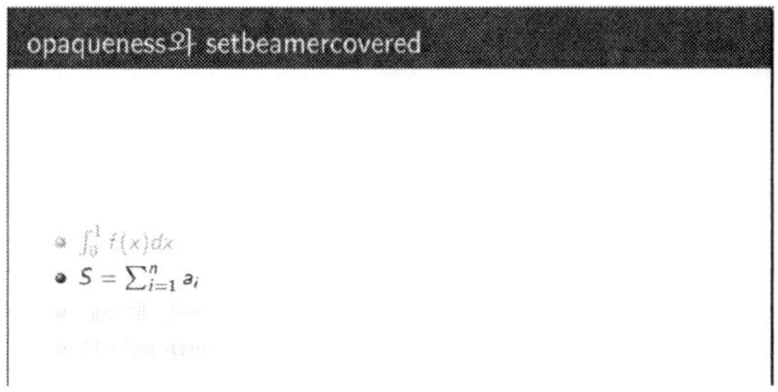

그림 13.12: `\opaqueness`와 `\setbeamercovered`

를 사용한다.

`\opaqueness`는 각 슬라이드의 진한(흐린) 정도를 설정한다. 사용법은

`\opaqueness<`*overlay_spec*`>{`*percenatge of opaqueness*`}`

이다. *overlay_spec*에는 슬라이드가 표시될 설정을 주며 *percenatge of opaqueness*에는 0에서 100 사이의 값을 설정할 수 있으며 큰 값일수록 더욱 진하게 보인다.

다음의 보기를 보자.

```
\begin{frame}
\frametitle{opaqueness와 setbeamercovered}
  \setbeamercovered{still covered={\opaqueness<1->{15}},
                    again covered={\opaqueness<1->{45}}}
  \begin{itemize}
    \item<1> $\int_0^1 f(x) dx$
    \item<2> $S = \sum_{i=1}^n a_i$
    \item<3> 세 번째 항목
    \item<4> The last item
  \end{itemize}
\end{frame}
```

위의 결과에서 두 번째 슬라이드는 그림 13.12와 같으며

✓ 첫째 항목은 이미 나온 적이 있으므로 45%의 opaqueness가 적용되고

✓ 두 번째 항목은 현재 보여 주는 슬라이드이며

✓ 세 번째와 네 번째는 아직 나오지 않았으므로 15%가 적용되었다.

13.6. \alert 명령

\alert 명령은 강조하고자 하는 부분을 지정한다. 즉,

```
이 부분은 \alert{중요}합니다.
```

와 같이 사용한다. 위의 경우 '중요'는 기본적으로 붉은색으로 표시된다. \alert 명령의 일반적인 사용법은

```
\alert<overlay_spec>{highlighted text}
```

로 사용되는데 *overlay_spec*에서 지정한 슬라이드에서 *highlighted text*를 강조하여 보이게 된다.

13.7. 여러 가지 테마

Beamer 클래스에서는 각 슬라이드의 모양을 다양한 형태로 보여줄 수 있도록 여러 가지 테마를 제공한다. 이러한 각종 테마는 usetheme 명령을 이용한다. 전체적인 모양이 아닌 타이틀이나 배경 등의 색과 글자체 등을 바꾸기 위해서는 \usecolortheme, \usefonttheme, \useinnertheme 또는 \useoutertheme을 사용한다. 이들 명령의 사용법은 \usetheme과 같다.

13.7.1 \usetheme 명령

이 명령은

```
\usetheme[options]{theme}
```

으로 사용하는데 주어진 *theme*에 따라 화면의 모양이 달라진다. *theme*에 사용할 수 있는 테마와 그 모양은 다음과 같다.

default 기본값인 경우의 타이틀 페이지와 내용은 다음과 같다. 이 경우는 \usetheme 명령을 사용하지 않은 경우와 마찬가지의 결과를 얻는다.

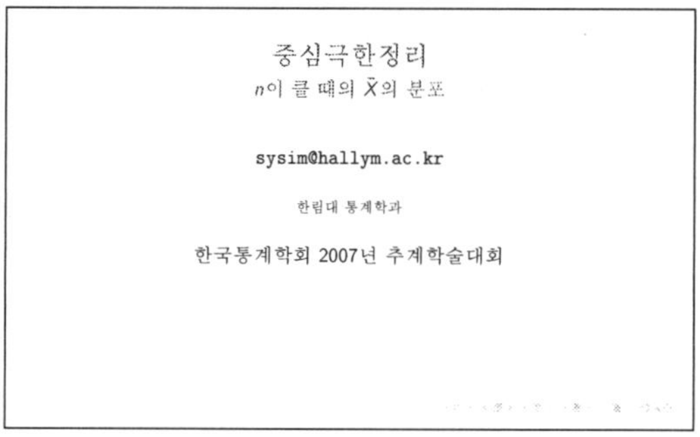

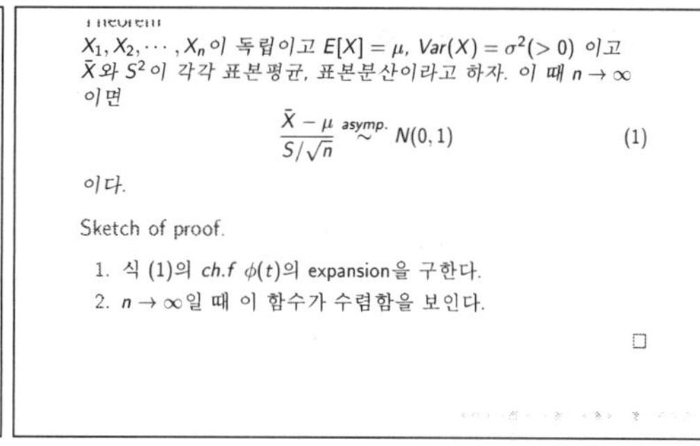

위의 그림을 만든 LaTeX 명령은 다음과 같으며 아래의 각종 테마에서도 \usetheme 명령만 제외하고는 같은 명령을 사용하였다.

```
\documentclass{beamer}
\usepackage{syshan}

\usetheme{Madrid}

\title{중심극한정리}
\subtitle{$n$이 클 때의 $\bar{X}$의 분포}
\author[심송용]{\texttt{sysim@hallym.ac.kr}}
\date[\today]{한국통계학회 2007년 추계학술대회}
\institute{한림대 통계학과}

\begin{document}
\setbeamercovered{transparent=25}

\begin{frame}
\titlepage
\end{frame}

\begin{frame}
\frametitle{Central Limit Theorem}
\begin{theorem}<1->
$X_1, X_2,\cdots, X_n$이 독립이고 $E[X] = \mu$,
$Var(X)=\sigma^2 (>0)$ 이고 $\bar{X}$와 $S^2$이 각각
표본평균, 표본분산이라고 하자.
이때 $n \rightarrow \infty$ 이면
\begin{equation}\label{1}
\frac{\bar{X} - \mu}{S/\sqrt{n}} \stackrel{asymp.}{\sim}
N(0,1)
```

```
\end{equation}
이다.
\end{theorem}
\begin{proof}[Sketch of proof]<2->
\begin{enumerate}
\item<3-> 식 (\ref{1})의 $ch.f$ $\phi(t)$의
expansion을 구한다.
\item<4-> $n \rightarrow \infty$일 때 이
함수가 수렴함을 보인다.
\end{enumerate}
\end{proof}
\end{frame}
\end{document}
```

`Bergen` 이 테마의 아래의 결과와 같다. 아래 그림에서 보는 것처럼 왼쪽의 제목의 크기를 적절히 맞추는 것이 필요하다.

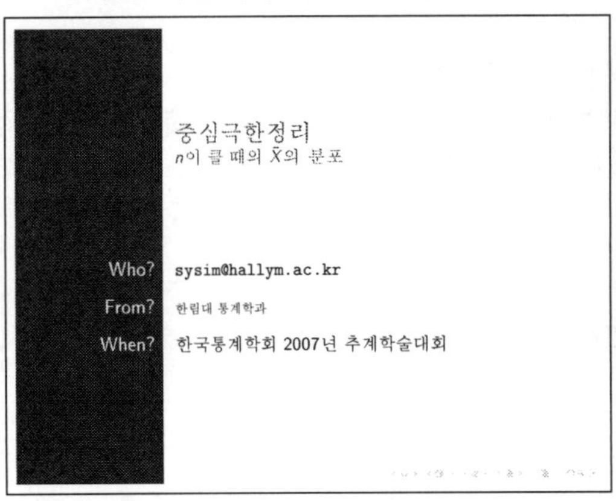

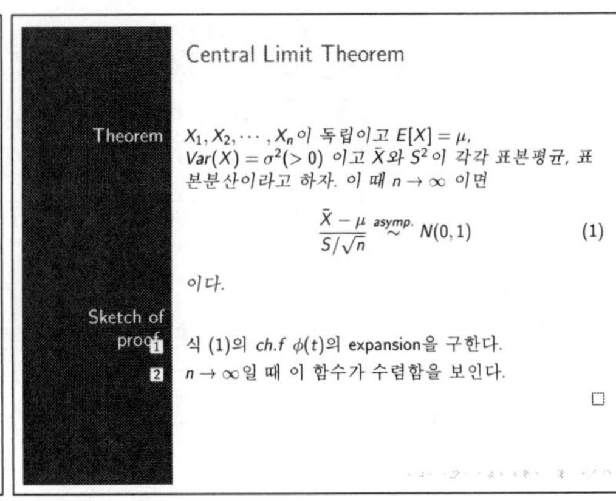

`Boadilla` 이 테마는 아래의 그림과 같이 각 슬라이드의 아래쪽에 페이지나 발표자 등의 정보를 담고 있다.

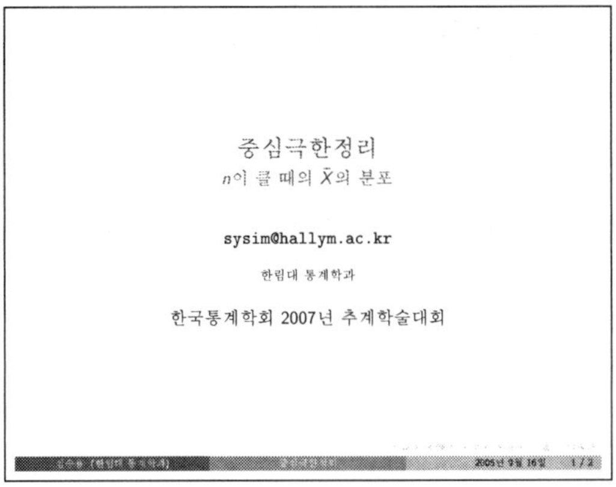

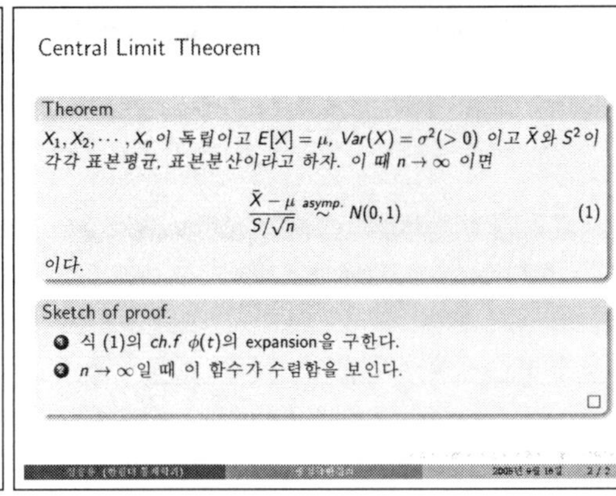

Madrid 앞의 Boadilla와 같은 모양이나 색의 진하기가 차이가 난다.

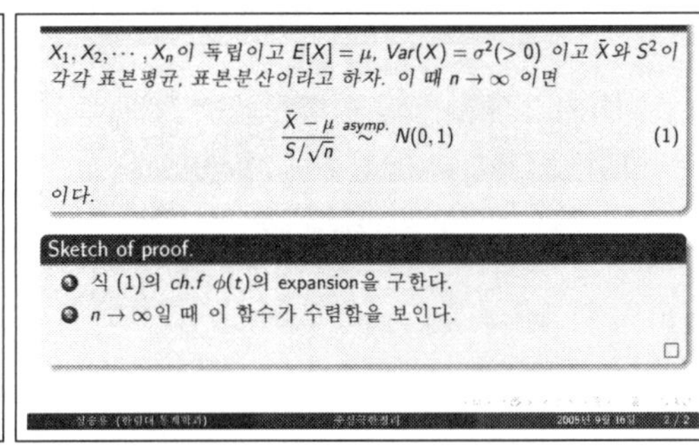

Pittsburgh 이 테마는 특별한 \frametitle을 오른쪽으로 정렬하는 특징을 가진다.

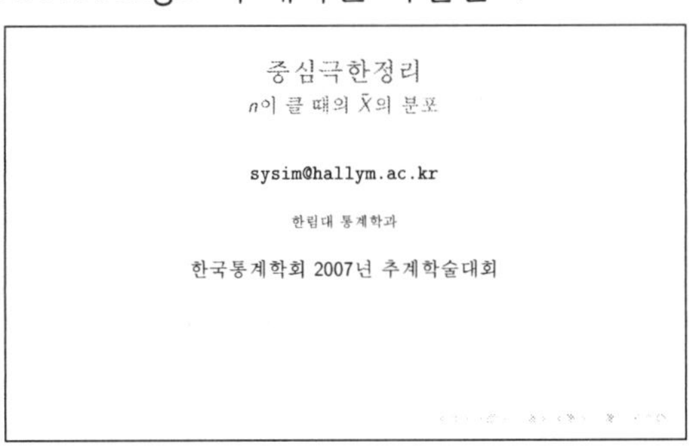

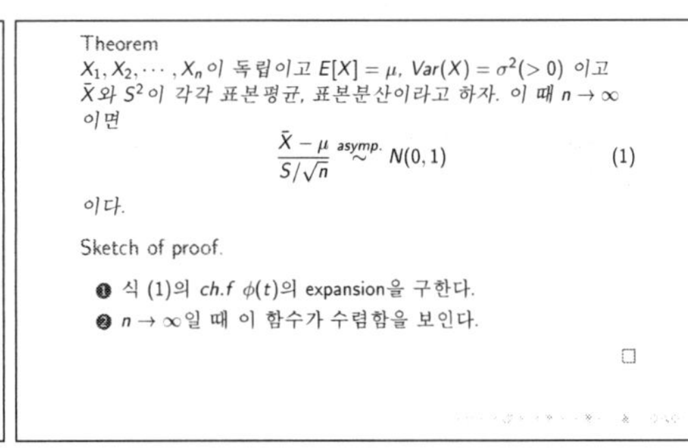

Roschester 이 테마는 특별한 \frametitle이 차지하는 폭과 나머지 내용의 폭이 다른 특징을 가진다.

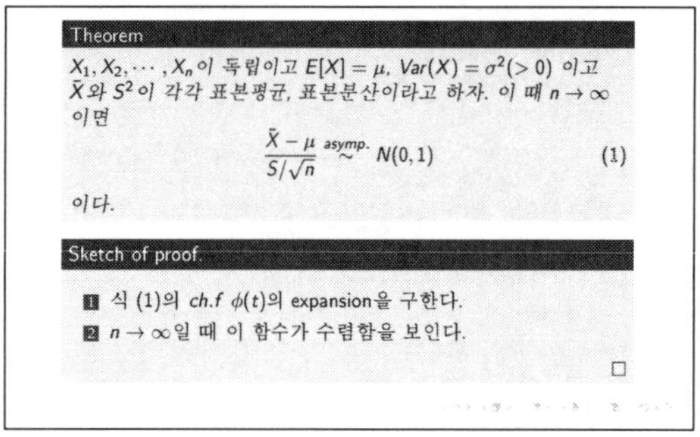

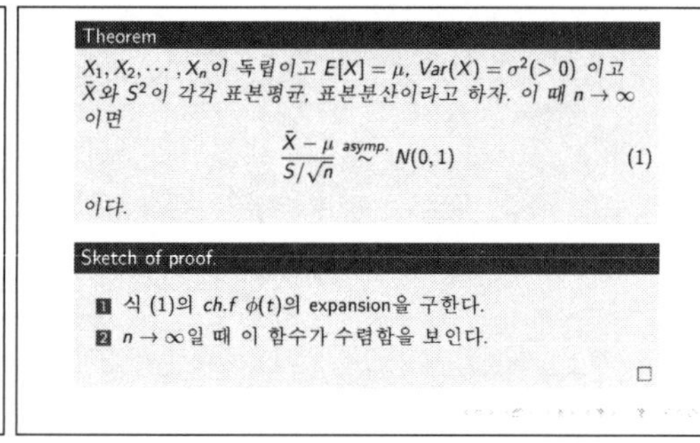

이 외에도 boxes 테마가 있다. 자세한 것은 원래의 매뉴얼을 참고하기로 한다.

다음은 탐색 기능이 있는 테마들이다.

Antibes 각 슬라이드의 위에 나무 형태의 네비게이션 바를 만든다.

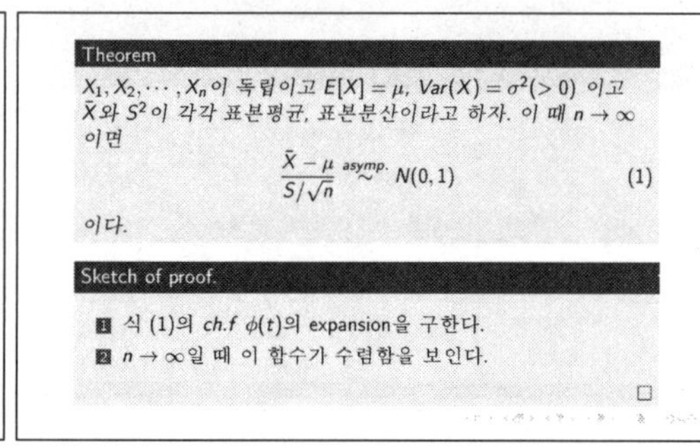

JuanLesPins Antibes의 변형으로 슬라이드의 내용 중의 상자가 조금 더 부드럽다.

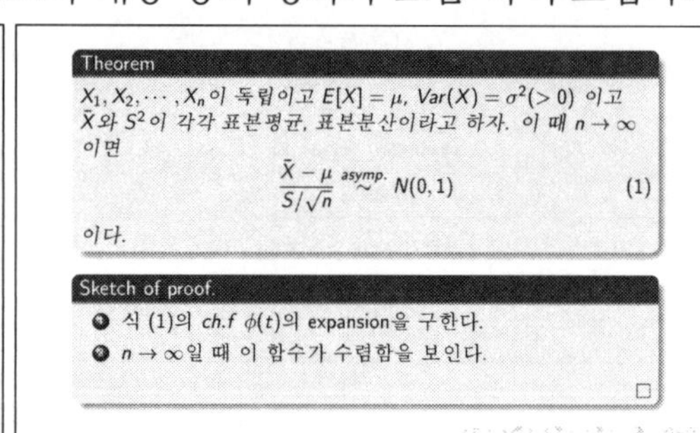

Montpellier 색을 채우지 않는 형태를 만든다.

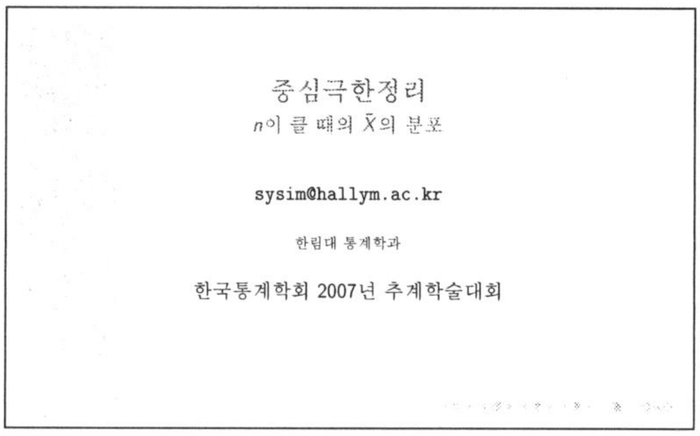

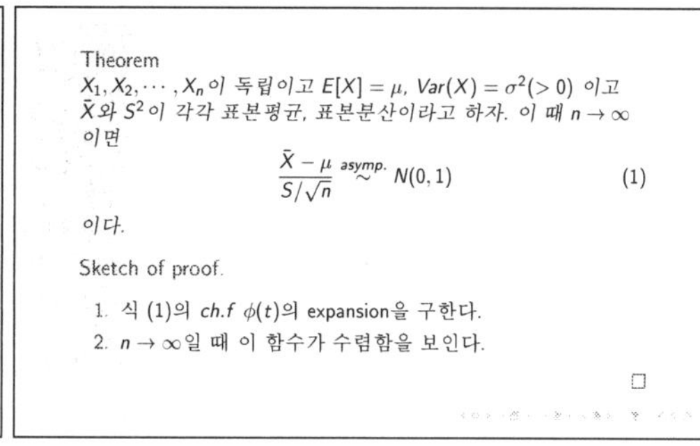

다음은 슬라이드의 옆면에 차례가 들어가는 테마들이다.

Berkely 아래 그림과 같이 왼쪽에 차례를 표시하는 바가 만들어지는 테마이다.

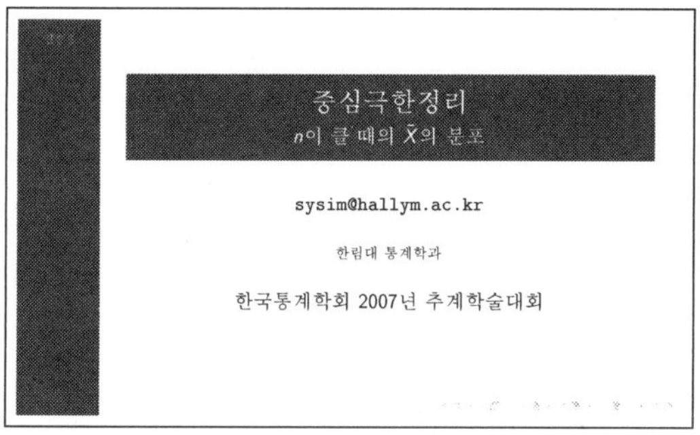

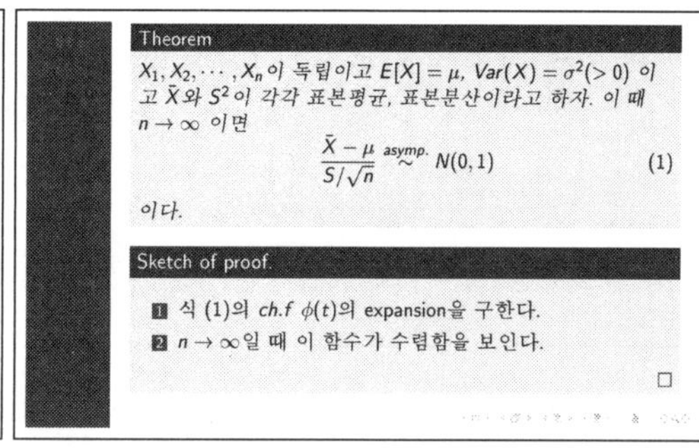

PaloAlto 위의 Berkeley와 같은 형태이나 제목, 정리, 증명 등이 들어간 상자의 모양이 둥글고 부드럽게 처리된다. 이 차이는 위의 Antibes와 JuanLesPins 테마의 차이와 거의 같은 차이이므로 그림은 생략하기로 한다.

Goettingen 오른쪽에 네비게이션 바가 만들어진다.

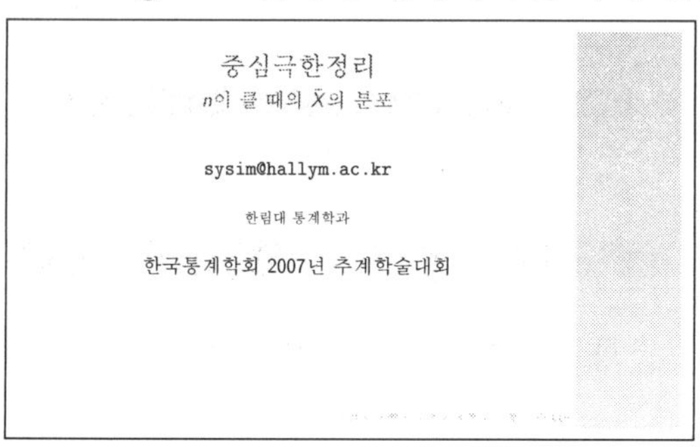

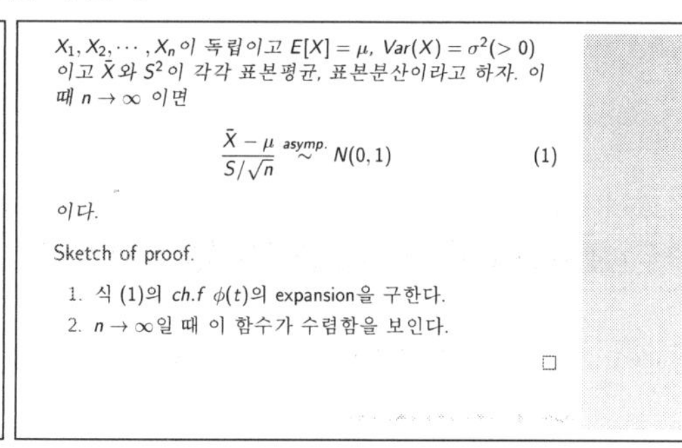

Marburg Goettingen 테마와 같은 모양이나 네비게이션 바의 색이 짙다.

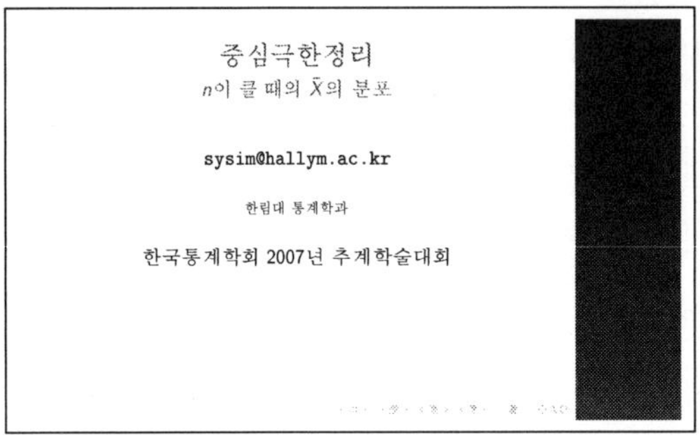

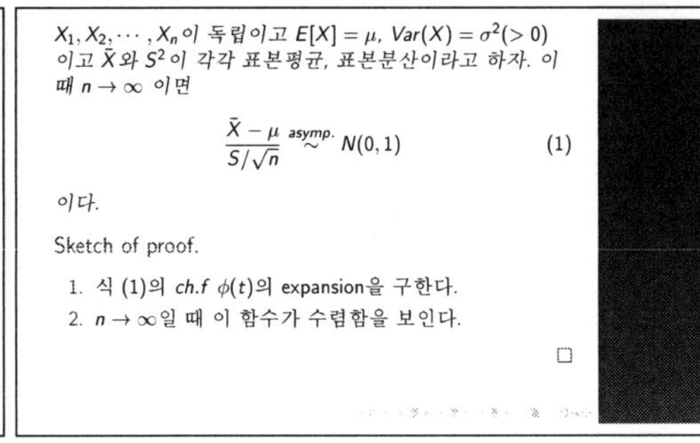

Hannover 제목이 오른쪽으로 정렬된다.

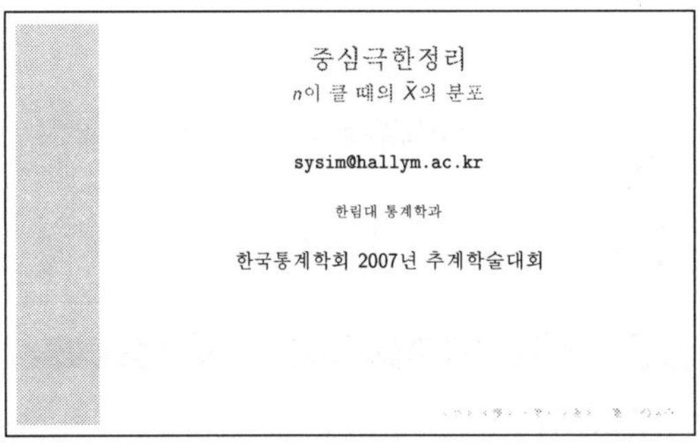

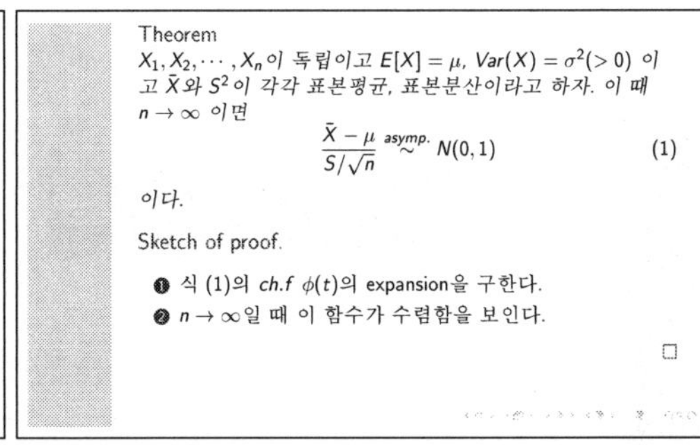

다음은 네비게이션이 미니 프레임으로 보여지는 테마들이다.

Berlin 슬라이드의 위와 아래에 많은 정보가 들어가기 때문에 실제 슬라이드에는 상대적으로 적은 양이 들어간다.

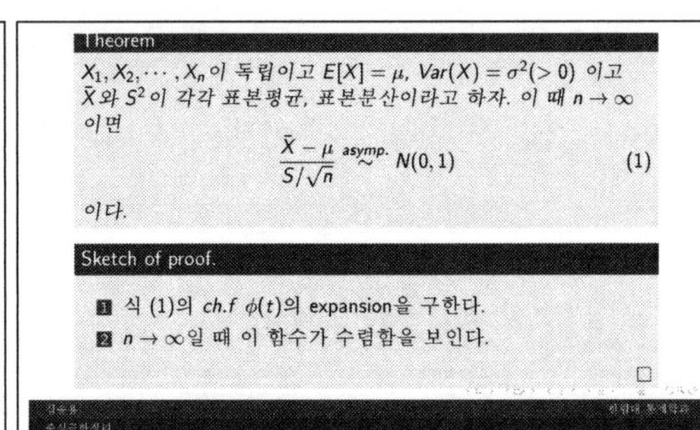

Ilmenau Berlin의 변형으로 제목이나 정리 등의 사각형이 모나지 않게 처리된다.

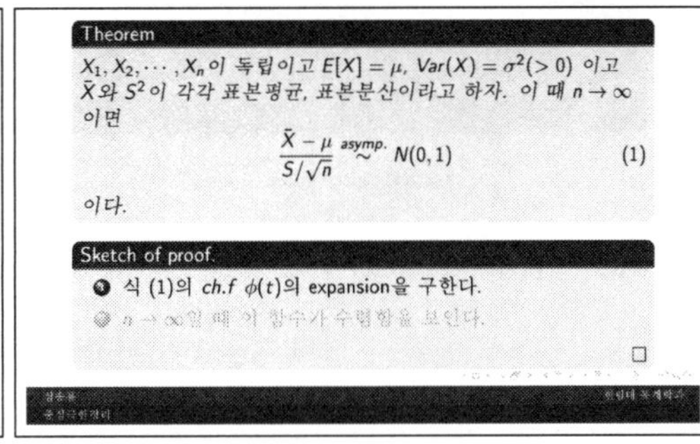

Dresden 슬라이드 아래와 위의 네비게이션 바는 Berlin과 같은 형태이나 슬라이드의 내용에는 사각형을 사용하지 않는 테마이다.

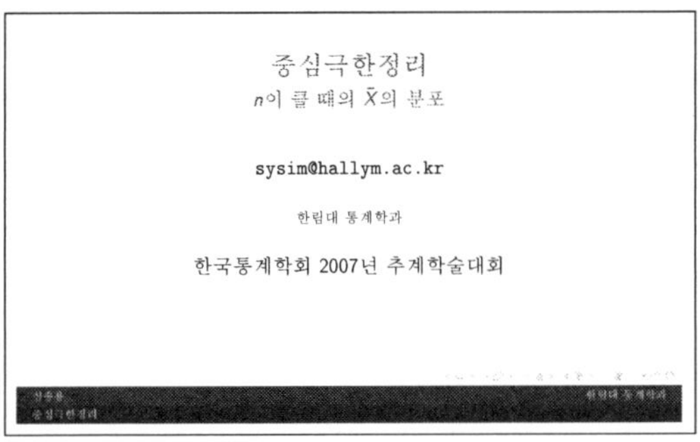

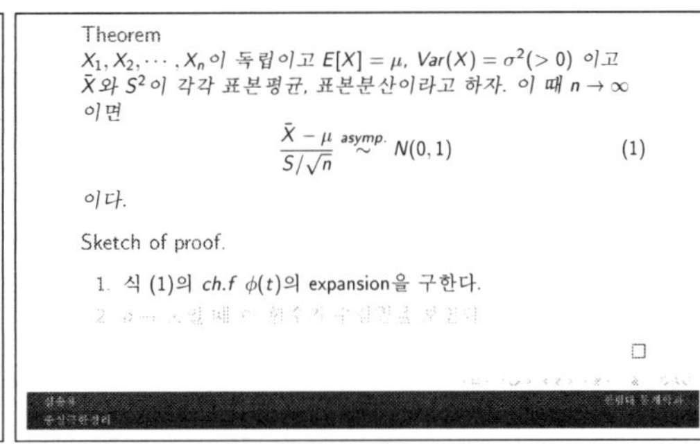

Darmstadt 슬라이드의 아래쪽 네비게이션바의 모양이 사각형이 아닌 기본형으로 만들어진다.

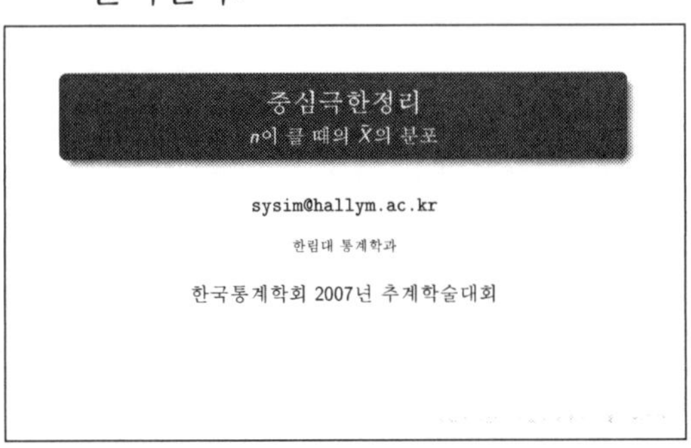

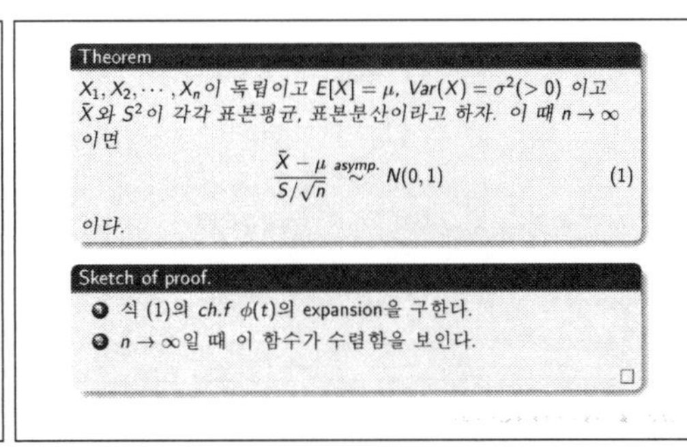

Frankfurt Darmstadt 테마와 같은 모양이나 위쪽의 네비게이션 바를 더 작게 만든 테마이다.

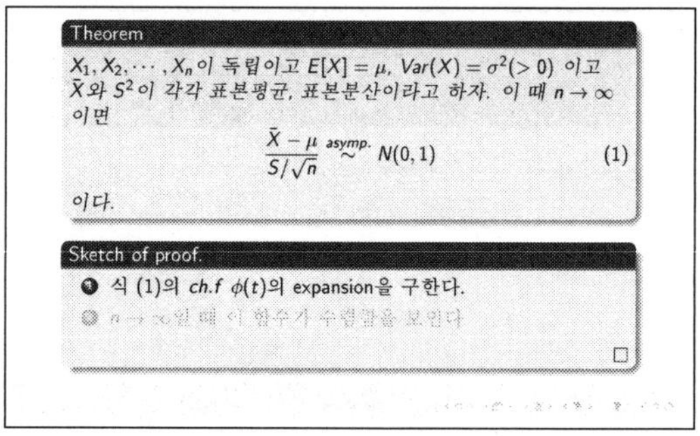

Singapore 네비게이션 바의 색을 옅게하고 슬라이드의 내용에서도 색 상자 등을 사용하지 않는 테마이다.

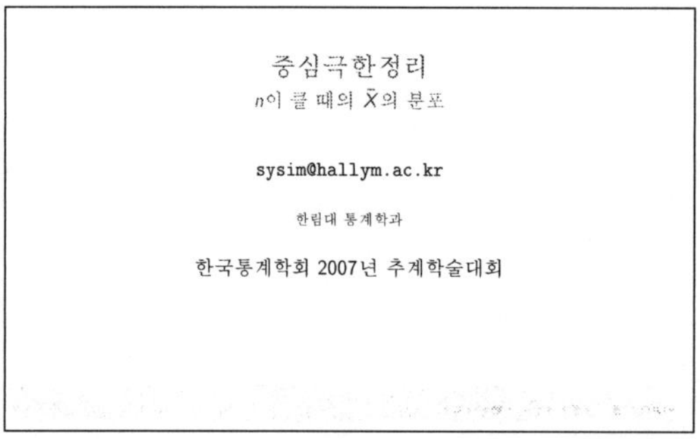

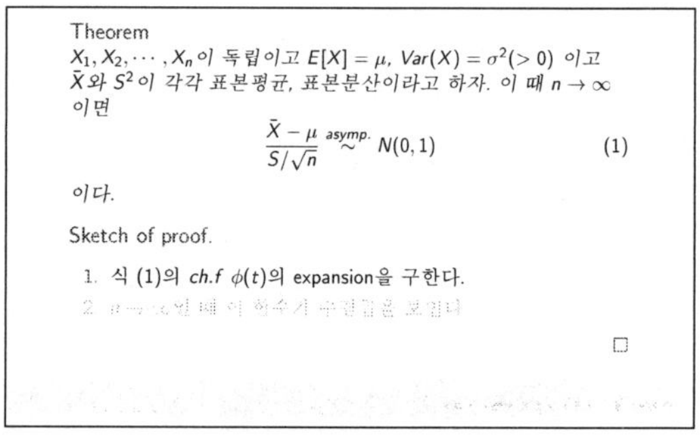

Szeged 네비게이션 바에 색 상자를 사용하지 않고 줄을 긋는 테마이다.

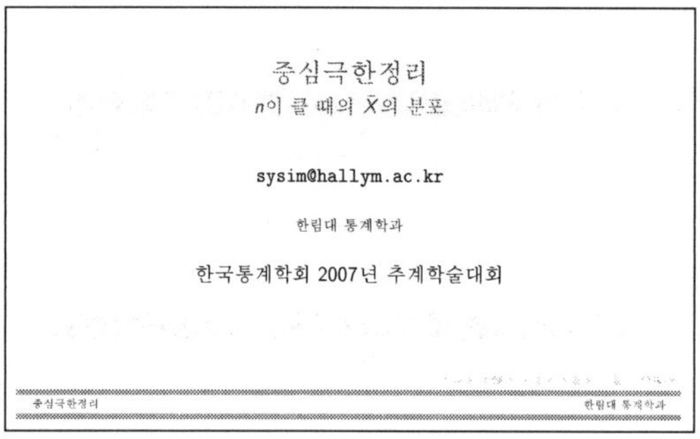

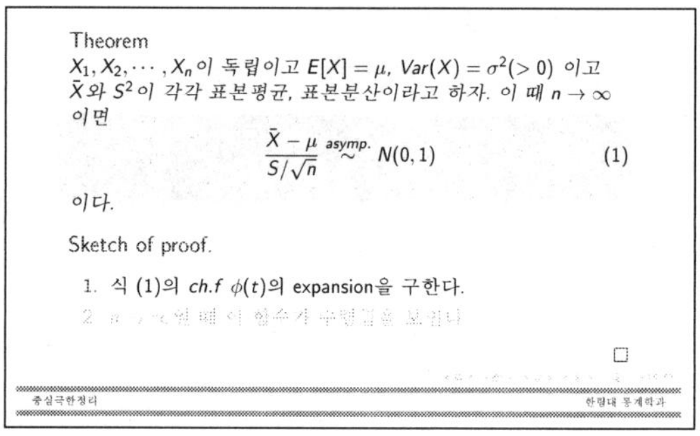

다음은 절(section)과 소절(subsection)이 포함되는 테마들이다.

Copenhagen 각 슬라이드의 위쪽에 현재의 절과 소절에 대한 정보를 준다. 음영을 사용하지 않아서 다소 평편한 느낌을 준다.

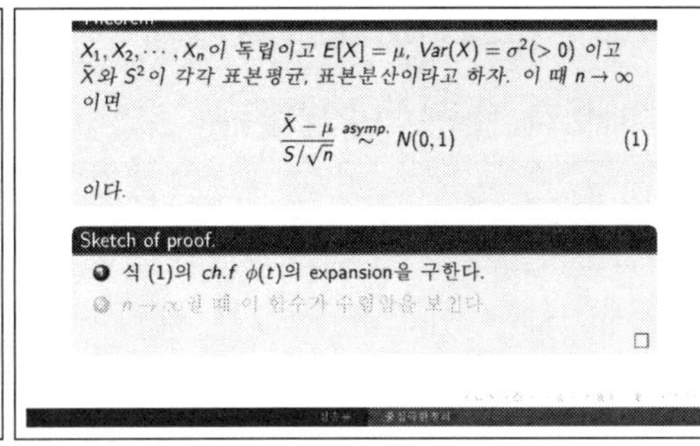

Luebeck Copenhagen의 변형으로 사각형을 둥글게 처리한다.

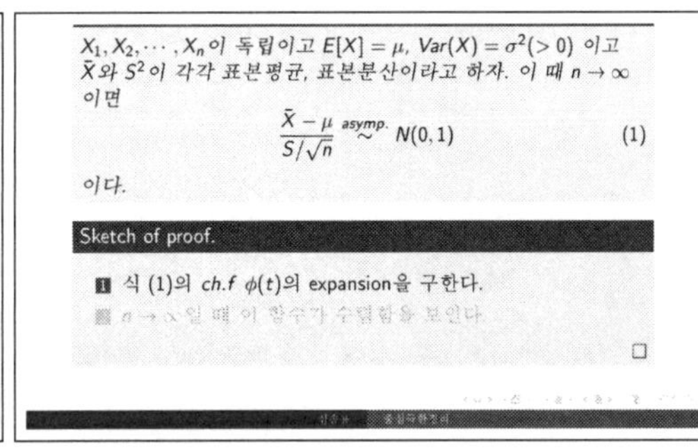

Malmoe Copenhagen에 비하여 사각형을 사용하지 않는다.

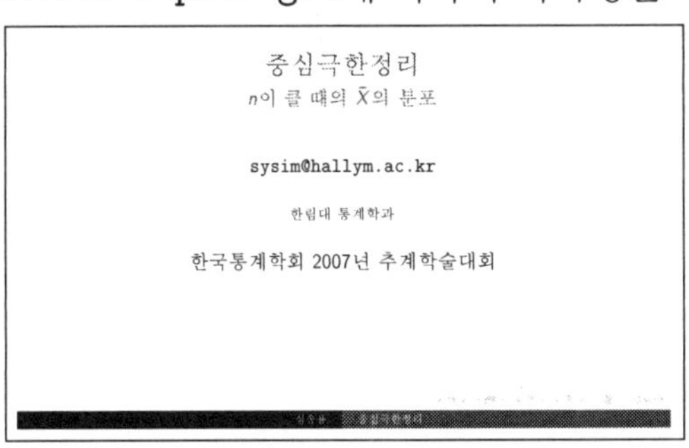

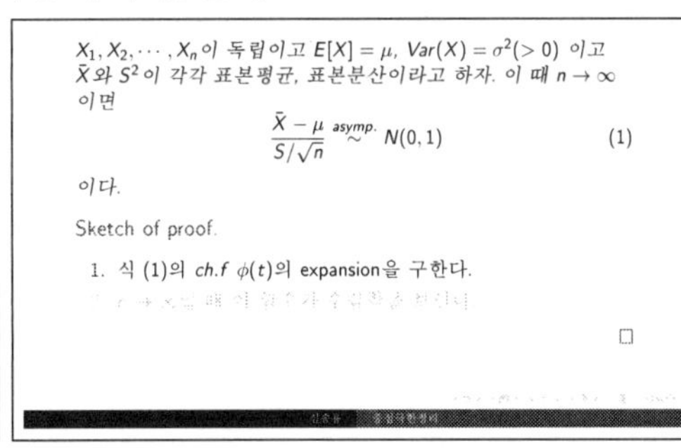

Warsaw Copenhagen에 비하여 사각형을 둥글게 처리하고 약간의 그림자를 사용한다.

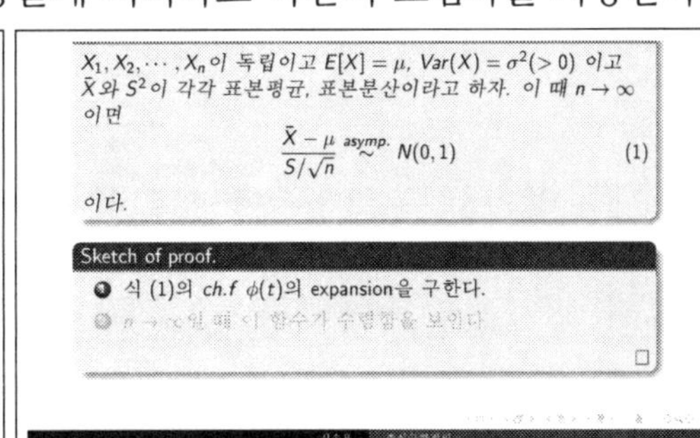

13.7.2 \usecolortheme 명령

색깔 테마를 바꾸는 이 명령은

```
\usecolortheme[options]{colortheme}
```

으로 사용한다. 사용할 수 있는 *colortheme*의 종류는

`albatross`: 파란색을 바탕색으로 하며 글자는 노란색으로 만든다. 다음 그림은 269 면의 내용에

```
\usetheme{default}
\usecolortheme{albatross}
```

을 적용한 것이다

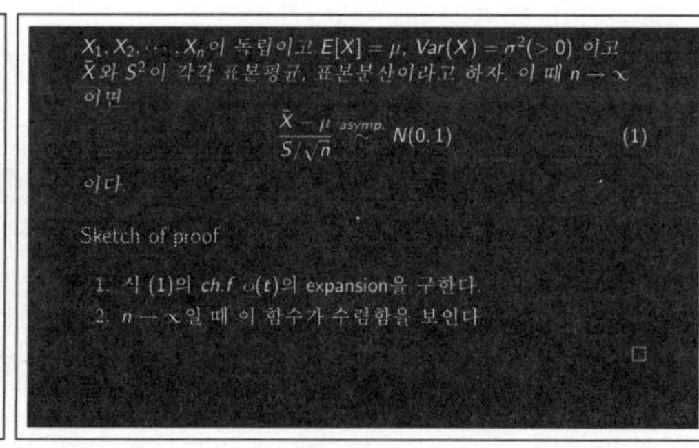

`beaver`: 바탕은 흰색, 글자는 검은색으로 설정된다.

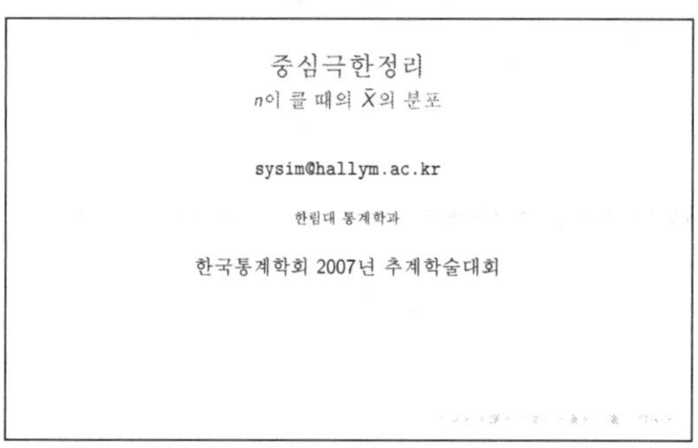

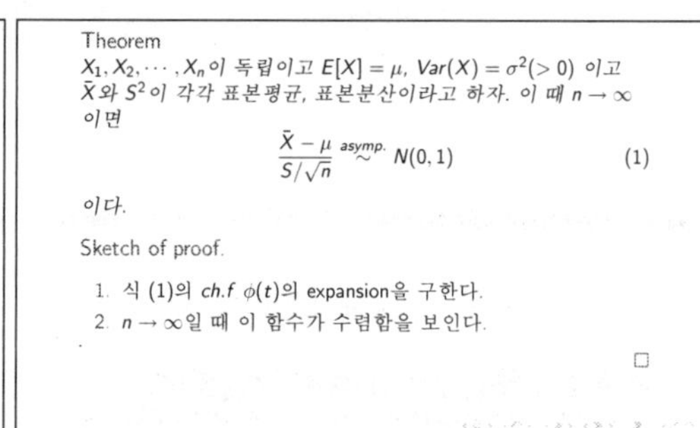

이 외에도 `beetle`, `crane`, `default`, `dolphin`, `dove`, `fly`, `lily`, `orchid`, `rose`, `seagull`, `seahorse`, `sidebartab`, `structure`, `whale`, `wolverine` 등을 `colortheme`에 사용할 수 있다.

13.7.3 \usefonttheme 명령

폰트 테마를 바꾸는 \usefonttheme 명령은

```
\usefonttheme[options]{fonttheme}
```

으로 사용한다. 사용할 수 있는 *fonttheme*의 종류는 default, serif, structurebold, structureitalicserif, structuresmallcapsserif, professionalfonts 등이 있다. 다음은 269면의 소스에

```
\usetheme{default}
\usecolortheme{beetle}
\usefonttheme{professionalfonts}
```

를 적용한 것이다.

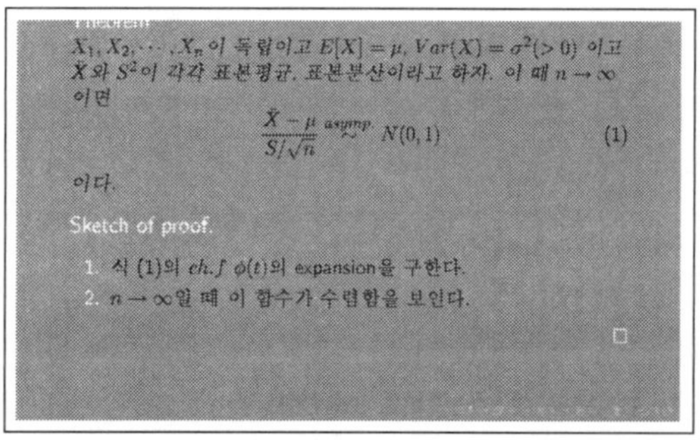

13.7.4 \useinnertheme 명령

색깔 테마를 바꾸는 명령은

```
\useinnertheme[options]{innertheme}
```

으로 사용한다. 사용할 수 있는 *innertheme*의 종류는 circles, default, inmargin, rectangles, rounded 등이 있다. 다음은 269면의 소스에

```
\usetheme{default}
\usecolortheme{crane}
\usefonttheme{serif}
\useinnertheme{circles}
```

를 적용한 것이다.

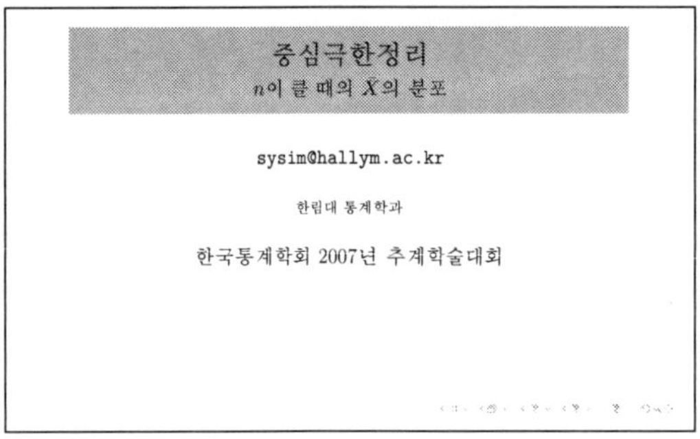

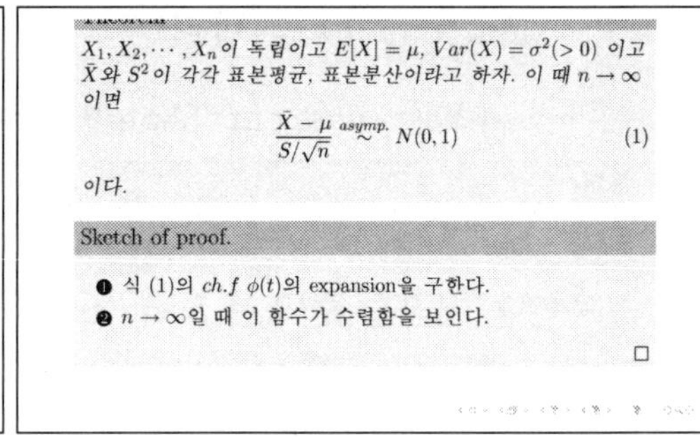

13.7.5 \useoutertheme 명령

색깔 테마를 바꾸는 명령은

```
\useoutertheme[options]{outertheme}
```

으로 사용한다. 사용할 수 있는 *outertheme*의 종류는 `default`, `infolines`, `miniframes`, `shadow`, `sidebar`, `smoothbars`, `smoothtree`, `split`, `tree` 등이 있다. 다음은 269면의 소스에

```
\usetheme{default}
\usecolortheme{dolphin}
\usefonttheme{serif}
\useinnertheme{inmargin}
\useoutertheme{infolines}
```

를 적용한 것이다.

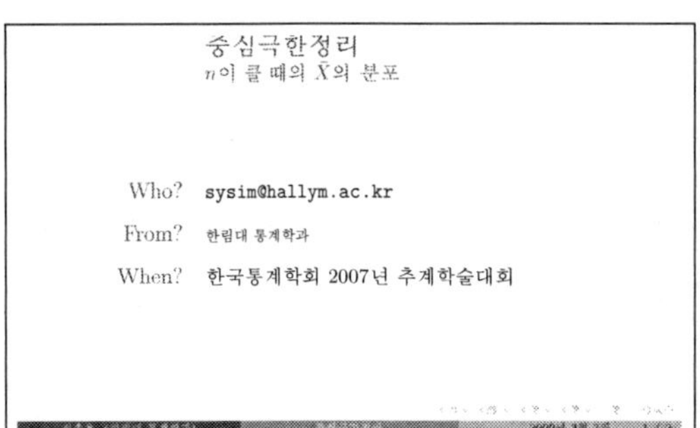

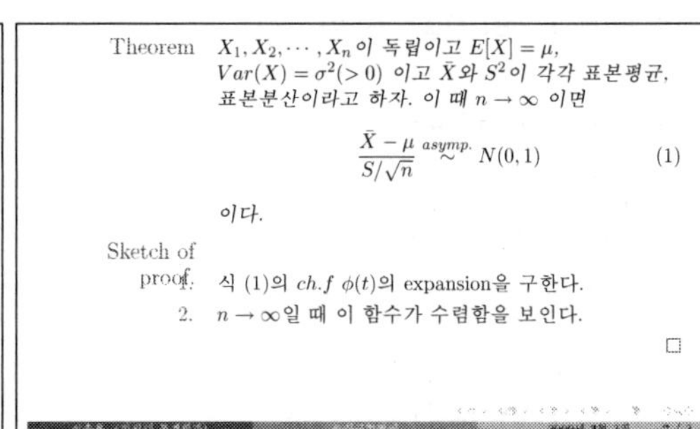

13.8. 그림 바꾸기

그림의 모양을 바꾸어서 애니메이션 효과를 내려면 그림에서 바뀌는 그림을

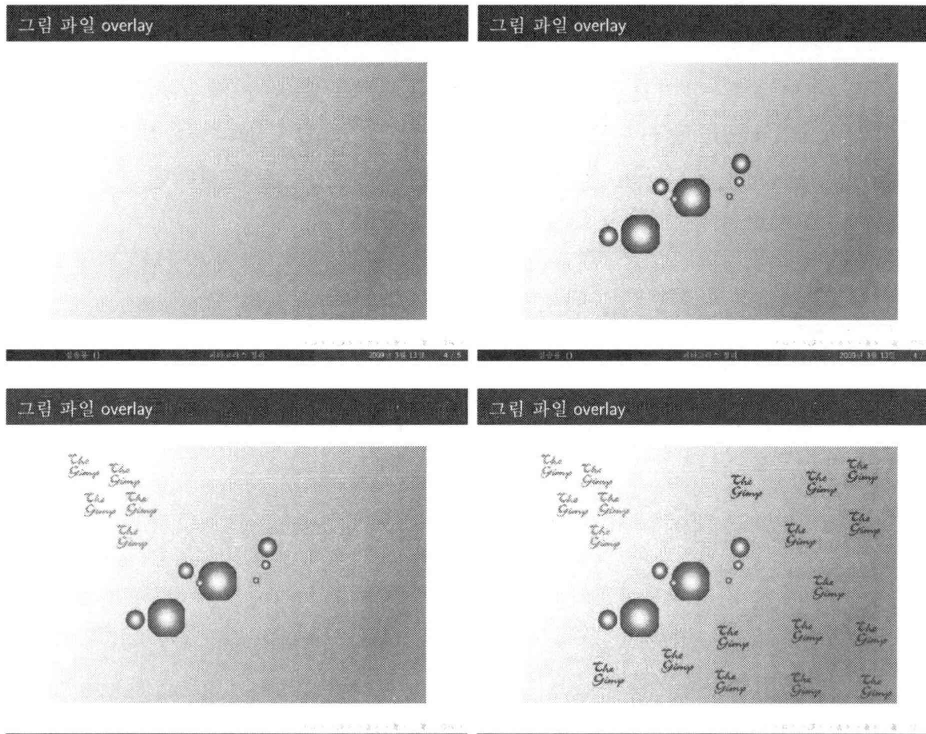

그림 13.13: 만들어진 그림으로 애니메이션 효과 만들기

```
\includegraphics<overlay_spec>
```

명령으로 하나씩 불러들이면 된다. 예를 들어 보여 줄 그림 파일의 순서가 `fig1.eps`, `fig2.eps`, `fig3.eps`, `fig4.eps` 라면

```
\includegraphics<1>[scale=.8]{../images/fig1.eps}
\includegraphics<2>[scale=.8]{../images/fig2.eps}
\includegraphics<3>[scale=.8]{../images/fig3.eps}
\includegraphics<4>[scale=.8]{../images/fig4.eps}
```

을 순서대로 입력한다. 그림 13.13은 위의 명령으로 만든 그림이다. 위의 그림을 순서대로 하나씩 바꾸어 보면 그림에 요소들이 하나씩 추가된 것을 알 수 있다. 참고로 18.20절에는 `animate` 패키지를 사용하여 몇 가지 형태의 애니메이션을 만드는 것을 소개하였다.

13.9. 다단 편집

한 화면을 몇 개의 작은 화면으로 구성할 수 있다. BEAMER는 top-down 방식으로 화면을 구성하지만 left-right 방식으로 화면을 구성하고 할 때가 있다. 이런 경우 `columns` 환경 내에서 여러 개의 `column` 환경을 구성하는 방법으로 프리젠테이션을 설계할 수 있다. 먼저 `columns` 환경은

```
\begin{columns}[options]
```

로 사용하며 *options*에는

- ✓ `b`: `columns` 환경 내에서 만들어지는 여러 개의 `column` 들의 정렬을 아래쪽(bottom) 기준으로 한다.
- ✓ `c`: `columns` 환경 내에서 만들어지는 여러 개의 `column` 들의 정렬을 중앙(center)을 기준으로 한다.
- ✓ `t`: `columns` 환경 내에서 만들어지는 여러 개의 `column` 들의 정렬을 위쪽(top) 기준으로 한다.
- ✓ `T`: `t`와 마찬가위로 위쪽으로 정렬하는데 비슷하나 `t`는 정렬 기준이 *baseline*인데 `T`는 정렬 기준이 제일 위쪽이다.
- ✓ `totalwidth=`*width*: `columns`로 만들어지는 전체의 폭을 *width*로 한다.

가 사용된다.

`column` 환경은 `columns` 환경 내에서 (대부분 두 번 이상) 사용되며

```
\begin{column}[loc]{length}< overlay_spec>
```

으로 시작하고 끝은 각각 `\end{columns}`와 `\end{column}`로 한다. *loc*는 `column`으로 만들어지는 열들의 위치를 정하고, 사용할 수 있는 값으로는 `T`, `b` 및 `c`, `t` 중의 하나이며 이들은 `columns`에서와 같은 의미이다. *overlay_loc*에는 화면 배열 순서를 정한다.

`column` 환경의 *overlay_spec*에는 화면의 순서를 정하는 규칙을, `length`는 한 열의 폭의 길이를 설정한다.

다음의 보기는 두 개의 열이 각각 3인치와 8cm로 구성되며 첫 번째 열을 먼저 보여주며, 두 번째 열은 나중에 보여준다.

```
\begin{frame}  그림 13.14
\begin{columns}[T]
```

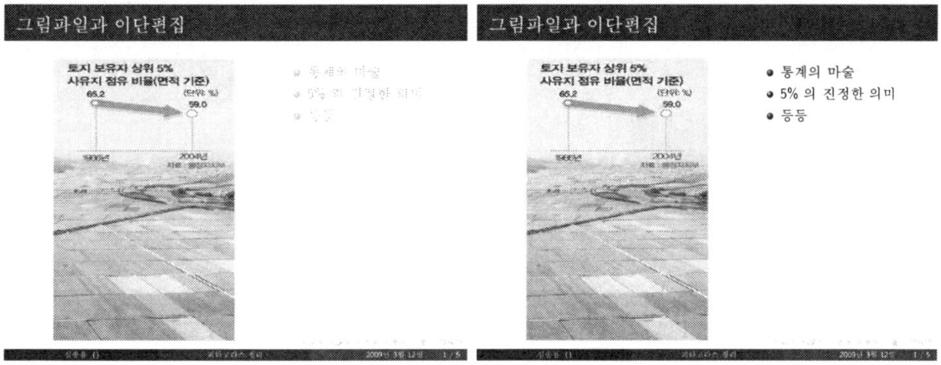

그림 13.14: 열을 하나씩 추가하는 프리젠테이션

```
  \begin{column}{3in}
   \centerline{
   \includegraphics[width=2in, height=3in]{estate2.eps}}
  \end{column}
  \begin{column}{8cm}<2->
   \begin{itemize}
    \item 통계의 마술
    \item 5\% 의 진정한 의미
    \item 등등
   \end{itemize}
  \end{column}
\end{columns}
\end{frame}
```

위의 결과로 그림 13.14가 얻어진다.

13.10. 표의 행과 열

표를 사용할 때 한 줄씩 표를 보여주거나 한 열씩 표를 쌓아가고자 할 때가 있다. 하지만 LaTeX에서 표의 행이나 열을 하나씩 슬라이드로 보여주는 방법은 LaTeX이 표를 그리는 방식과 다소의 충돌이 발생한다. 예를 들면 첫 번째 행을 보여주고자 하는 경우, LaTeX은 첫 번째 행의 제일 왼쪽의 칸이 만들어지기 전에 이미 칸의 표시(|)를 하는 것이다.

이러한 여러 가지 문제가 colortbl 패키지를 사용하면 다소 해결되기 때문에 여기서는 colortbl 패키지를 사용한 경우를 알아보기로 한다.

먼저 표의 행을 하나씩 보여주고자 할 때는 각 행의 시작에서 \pause 명령 등을 사용한다. 다음의 보기로 그림 13.15는 클릭할 때마다 하나씩 만들어진다.

```
\begin{frame} 그림 13.15
\frametitle{Row-wise display}
\centerline{
\begin{tabular}{l!{\vrule}rrrrr}
\rowcolor[rgb]{.9,0,0} age group & 10s & 20s & 30s
                                 & 40s & 합  \\ \hline
\rowcolor[gray]{.7}     \pause 남  &  10 &  5  & 78
                                 & 45  & 138 \\
\rowcolor[rgb]{0,.9,0} \pause 여  &  15 & 34  &  2
                                 & 12  &  63 \\
\rowcolor[rgb]{0,0,.9} \pause 합  &  25 & 39  & 80
                                 & 57  & 201\\ \hline
\end{tabular}  }
\end{frame}
```

위의 보기는 colortbl 패키지 명령이 함께 사용되었다. colortbl 패키지는 10.9절을 참고하기로 한다.

매번 하나씩의 열을 보이고자 할 때는 다음의 보기처럼 표의 정렬 설정에서 \onslide 등의 명령을 사용한다. 이 경우도 colortbl이나 array 패키지를 사용하여야 한다. 그림 13.16은 다음 보기의 결과이다.

```
\begin{frame} 그림 13.16
\frametitle{Column-wise display}
\begin{tabular}{ l| r<{\onslide<2->} r<{\onslide<3->}
   r<{\onslide<4->} r<{\onslide<4->} r<{\onslide{5}}r }\hline
age groupe& 10s & 20s & 30s & 40s    &  합\\ \hline
남         &  10 &   5 & 78  & 45     & 138\\
여         &  15 & 34  &  2  & 12     &  63\\ \hline
합         &  25 & 39  & 80  & 57     & 201\\ \hline
\end{tabular}
\end{frame}
```

13.11. 그림 넣기

beamer 클래스에서 외부 그림 파일을 넣으려면 \includegraphics 명령을 사용하는데 다음과 같이 overlay 옵션을 설정할 수 있다.

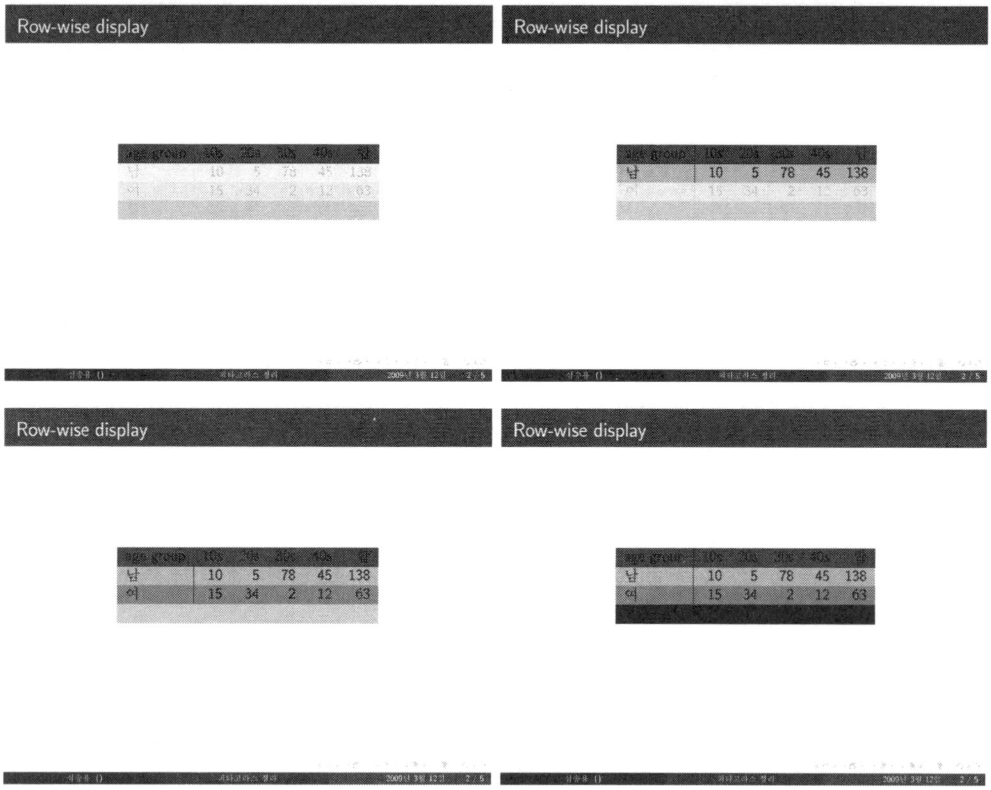

그림 13.15: 행을 하나씩 추가하는 표

```
\includegraphics<overlay_spec>[options]{file}
```

예를 들어

```
\includegraphics<2->{mypic.jpg}
```

은 `mypic.jpg`를 2번 슬라이드 이후에 계속 보여준다. *options*와 *file*의 설정은 11.1절을 참고하기로 한다.

13.12. 다이내믹 그래프 그리기

요즘은 다양한 패키지로 그림의 출력을 LaTeX 명령으로 바꿀 수도 있고 제16장에서 소개하는 PGF/TikZ를 사용하면 소스 파일 안에서 직접 그림을 그릴 수 있다. 직접 애니메션을 구현하는 것은 18.20절을 참고하기로 한다. 여기서는 PGF/TikZ를 사용하여

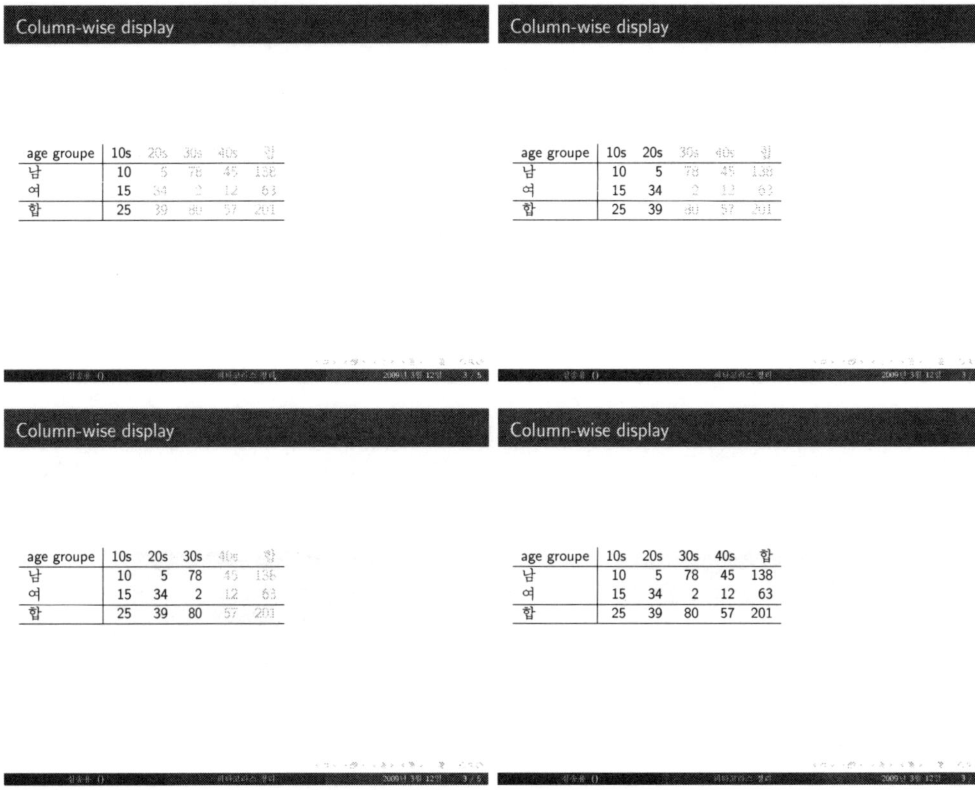

그림 13.16: 열을 하나씩 추가하는 표

그림 13.17과 같이 기댓값에 따른 정규분포의 변화를 다이내믹 그래프로 표현하는 것을 생각해보자.

이 그림은 다음의 명령으로 만든 것으로 제16장의 PGF/TikZ가 그림의 제작에 사용되었다.

```
\begin{frame} 그림 13.17
\frametitle{\texttt{tikz} 패키지}
\begin{center}
\begin{tikzpicture}[yscale=5, xscale=1]
  \node<1->[red] at (1, 0.6) {정규분포 곡선};
  node[below=0.8cm, white] at (1,0)
     {$f(x) = \frac{1}{\sqrt{2\pi}}
      \Big\{-\frac{(x-\mu)^2}{2\sigma^2} \Big\}$};
```

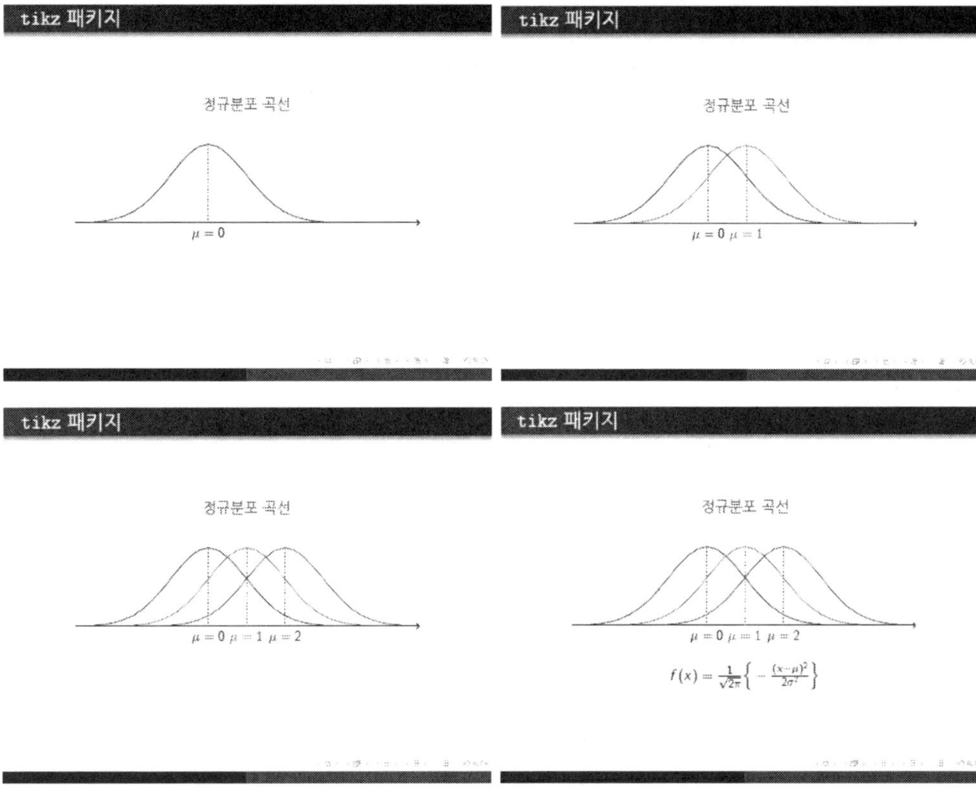

그림 13.17: tikz 패키지로 그린 그림으로 다이내믹 그래프 연출

```
  \draw<1->[thick,->] (-3.5,0) -- (5.5,0);
  \draw<1->[black,domain=-3:3]
        plot (\x, {1/sqrt(2*pi)*exp(-pow(\x,2)/2)})
        node[below]  at (0,0) {\small $\mu=0$};
  \draw<1->[dotted] (0,0) -- (0,0.3989423);  %평균선
%% 두 번째 슬라이드
  \onslide<2->{
  \draw[red, domain=-2:4]
       plot (\x, {1/sqrt(2*pi)*exp(-pow(\x-1,2)/2)})
       node[below]  at (1,0) {\small $\mu=1$};
  \draw[red, dotted] (1,0) -- (1,0.3989423); %평균선
  }
%% 세 번째 슬라이드
  \only<3->{
```

```
23   \draw[blue, domain=-1:5]
24         plot (\x, {1/sqrt(2*pi)*exp(-pow(\x-2,2)/2)})
25         node[below]  at (2,0) {\small $\mu=2$};
26   \draw[blue, dotted] (2,0) -- (2,0.3989423); %평균선
27   }
28   %% 마지막 슬라이드
29   \draw<4> node[below=0.8cm] at (1,0)
30        {$f(x) = \frac{1}{\sqrt{2\pi}}
31         \Big\{-\frac{(x-\mu)^2}{2\sigma^2} \Big\}$};
32 \end{tikzpicture}
33 \end{center}
34 \end{frame}
```

위의 명령에서 그림은 4–33번 줄의 `tikzpicture` 환경 안에서 만들었다. 여기에서 보는 것과 같이 각각의 슬라이드를 조정하기 위해 앞의 `\onslide`, `\only` 등의 명령이 사용되었으며 또한 `tikz` 패키지의 명령인 `\draw`, `\node` 등의 명령에 슬라이드 번호를 `<>` 사이에 직접 입력하는 등의 앞에서 소개한 방법을 모두 사용할 수 있다.

이 소스에서 한 가지 특이한 점은 6–8번 줄과 30–32번 줄은 같은 내용이며 색만 다르다. 6–8번 줄에서는 흰색으로 정규분포 함수를 첫 번째 슬라이드에 그려서 공간만 확보하고 실제로는 마지막 슬라이드에서 함수를 썼다. 이런 방법을 사용하면 한 프레임 내에서 그림의 크기가 변경되어 그림이 움직이는 것을 방지할 수 있다.

13.13. Hyperlink 만들기

프리젠테이션 중에 지정한 위치로 링크를 걸어 클릭을 통하여 지정한 위치로 이동해야 할 필요가 있는 일이 종종 발생한다. 이러한 하이퍼 링크를 만드는 방법을 알아보자. Hyper text 기능은 `beamer` 클라스가 `hyperref` 패키지를 기본 패키지로 사용하기 때문에 가능한 기능이므로 `hyperref` 패키지에서 제공되는 명령은 사용할 수 있다. 이 절에서는 overlay specification을 추가하여 이들 명령에 대해서 살펴볼 것이며 `hyperref` 패키지에 대해서는 18.19절을 참고하기로 한다.

13.13.1 외부 웹사이트 연결

먼저 외부 웹사이트를 연결하는 명령은 `\href` 명령이며 이 명령은

```
\href{URL}{text}
```

로 사용한다. 다른 클래스를 사용할 때는 `hyperref` 패키지를 사용하고 `pdflatex`으로

컴파일할 경우 \href 명령의 결과를 얻을 수 있다. 이 명령에서

*URL text*를 클릭하였을 때 이동할 인터넷 주소를 설정한다.

text 문서에 보여줄 클릭할 문자열을 설정한다.

예를 들어

```
\href{http://jupiter.hallym.ac.kr}{홈페이지 보기}
```

는 '홈페이지 보기'라는 문자열만 출력에 만들어지며 이 문자열을 클릭하면 웹사이트 http://jupiter.hallym.ac.kr로 이동한다. 지금처럼 URL에 웹사이트 주소를 설정하면 시스템에서 설정한 기본 웹브라우저가 열리며, 보안상의 이유로 이 사이트를 열 것인지 확인하는 창이 만들어져 사용자의 동의를 구한 후 브라우저가 열린다.

이때 사용할 URL은 로컬의 파일도 가능하며 이 경우 URL은

```
file:///C|/mytex/text.tex
```

과 같이 사용한다. 여기서 C는 드라이브 이름(보통 첫 번째 하드 디스크는 C, 그 다음은 D 등이다), /는 경로 구분 표시(\ 아님에 유의), test.tex은 파일의 이름이다. 파일의 경우 확장자에 따라 실행할 프로그램이 실행되며, 위와 같이 .tex인 경우 TEXLive 사용자가 따로 변경하지 않았다면 TeXWorks 편집기가 열린다. 이때도 보안상의 이유로 프로그램을 실행할지 확인을 받는다.

13.13.2 프리젠테이션 파일 내부로 이동

beamer 클래스에서 클릭하여 이전 페이지나 마지막 페이지 또는 특정한 페이지로 이동하는 기능을 사용할 수 있다. 이 기능을 사용하려면 hyperref 패키지를 사용하여야 한다. 단 beamer 클래스는 이 패키지를 자동으로 사용한다. hyperref 패키지는 18.19절에서 따로 다루었다.

beamer 클래스에서 클릭 가능한 링크를 만들어 이동하는 것은 다음 두 가지 단계로 이루어진다.

1 나중에 돌아오고자 하는 곳에 '표시'를 해 둔다.

2 '표시'된 곳으로 돌아오고자 하는 곳에 하이퍼 링크를 만든다.

3 필요하다면 하이퍼 링크를 꾸며 줄 버튼 등을 구현한다

먼저 클릭하여 다른 곳으로 이동할 곳에 미리 '표시'를 하는 방법을 알아보자. beamer 클래스에서는 \hypertarget 명령을 사용하여 이 표시를 한다. 사용법은

```
\hypertarget<overlay_spec>{target_name}{text}
```

이며 *target_name*이 들어간 페이지의 *overlay_spec*번째 슬라이드에 '표시'가 된다는 뜻이다. *text*가 주어지면 해당 슬라이드에 주어진 *text*가 인쇄된다. 예를 들어

```
\begin{frame}
\begin{itemize}[<+->]
  \item 통계의 마술
  \item 5\% 의 진정한 의미
  \item 등등
\end{itemize}
\hypertarget<2>{item:second}{}
\end{frame}
```

와 같이 표시할 수 있다. 여기서는 '표시'한 곳에 아무런 텍스트가 인쇄되지 않는다.

이제 이 페이지의 두 번째 슬라이드로 돌아오고 싶은 곳에서 \hyperlink 명령을 사용하여 이 슬라이드로 돌아올 링크를 만든다. 이 명령의 사용법은

```
\hyperlink<overlay_spec>{target_name}{text}{<overlay_spec>}
```

이며 *overlay_spec*는 앞 또는 끝 중의 하나만 사용한다. 이 명령을 사용하면 슬라이드에 *text*가 만들어지며 이 *text*를 클릭하면 *target_name*으로 주어진 \hypertarget 명령이 있는 페이지의 해당 슬라이드로 이동한다. 이 명령으로 만들어진 클릭 가능한 *text*는 *overlay_spec*번째 슬라이드에만 보인다. 예를 들어 특정한 위치에서

```
\hyperlink{item:two}{Jump to the 2nd item}
```

라고 명령하면 Jump to the 2nd item이 만들어지며 이를 클릭하면 앞에서 표시된 item:two의 이름을 가진 \hypertarget 명령이 있던 곳으로 이동한다.

이런 링크를 텍스트보다 버튼으로 구현하기 위해서 \beamerbutton이라는 명령을 만들어 두었다. 이 명령은

```
\beamerbutton{button_text}
```

이며 *button_text*가 들어간 버튼을 만들어준다. 예를 들어 \beamerbutton을

```
\hyperlink{item:two}{\beamerbutton{Jump to the 2nd item}}
```

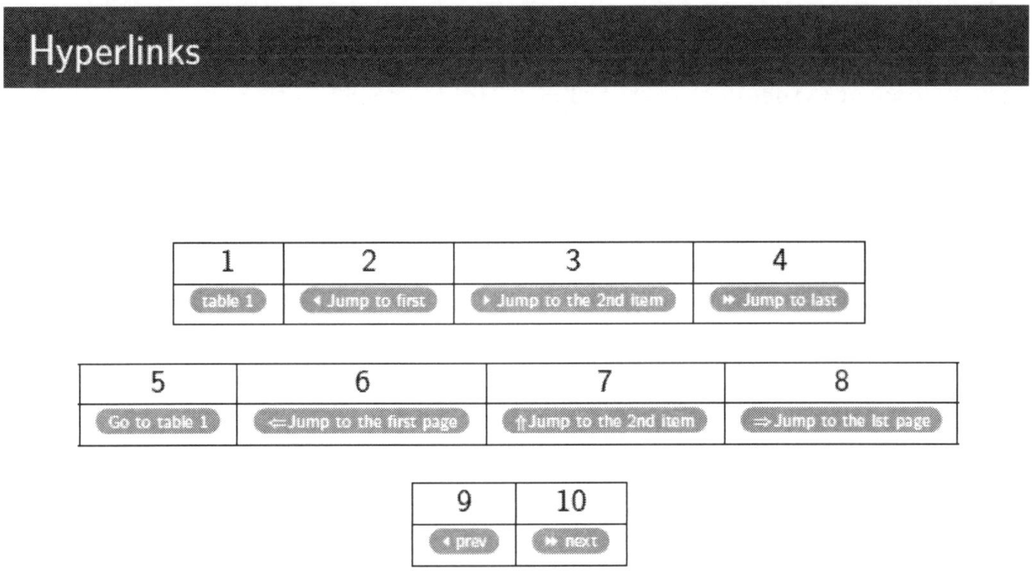

그림 13.18: beamer 클래스에서 만들어진 버튼들과 하이퍼 링크

이라고 하면 그림 13.18의 1번 버튼이 만들어지며 이 버튼을 클릭하면 앞에서 표시된 item:two의 이름을 가진 \hypertarget 명령이 있던 곳으로 이동한다. \beamerbutton 명령과 사용법이 같고 결과가 비슷한 버튼으로

\beamerreturnbutton 그림 13.18의 2번 버튼이 만들어지며

\beamergotobutton 그림 13.18의 3번 버튼이 만들어지며

\beamerskipbutton 그림 13.18의 4번 버튼이 만들어진다.

가 있다. 이 세 버튼의 앞에 붙어 있는 ◀, ▶ 등은 사용자가 원하는 모양으로 바꿀 수 있는데 각각

\insertreturnsymbol \beamerreturnbutton의 앞에 붙는 ◀를 설정하며

\insertgotosymbol \beamergotobutton의 앞에 붙는 ▶를 설정하며

\insertskipsymbol \beamerreturnbutton의 앞에 붙는 ▶▶를 설정한다.

이들은 모두 \renewcommand로 모양을 바꿀 수 있다. 예를 들어

```
\renewcommand{\insertgotosymbol}{$\Uparrow$}
\renewcommand{\insertskipsymbol}{$\Rightarrow$}
\renewcommand{\insertreturnsymbol}{$\Leftarrow$}
```

와 같이 모양을 바꾼 후

```
\hyperlink{page:table1}{\beamerbutton{Go to table 1}}
\hyperlink{page:first}
              {\beamerreturnbutton{Jump to the first page}}
\hyperlink{item:two}
                  {\beamergotobutton{Jump to the 2nd item}}
\hyperlink{page:last}
                  {\beamerskipbutton{Jump to the lst page}}
```

이라고 하면 각각 그림 13.18의 5, 6, 7, 8번 모양의 버튼을 얻는다.

슬라이드의 특정한 위치로 바로 이동하기 위한 하이퍼 링크를 beamer 클래스에서 제공한다. 예를 들어 바로 전 슬라이드로 이동하려면

```
\hyperlinkprev<overlay_spec>{link_text}
```

를 사용하는데 *link_text*를 클릭하면 바로 전 슬라이드로 이동하며 이 *link_text* 는 *overlay_spec*번째 슬라이드에서만 보인다. 사용 보기로

```
\hyperlinkslideprev{\beamerskipbutton{prev}}
```

명령으로 그림 13.18의 9번 버튼이 만들어진다. 이 명령과 사용법이 같으면서 특정한 위치로 이동할 수 있는 하이퍼 링크는 다음과 같다.

\hyperlinkslidenext 다음 슬라이드로 이동한다. 사용 보기로

```
\hyperlinkslidenext{\beamerskipbutton{next}}
```

명령으로 그림 13.18의 10번 버튼이 만들어지며 이 버튼을 클릭하면 다음 슬라이드로 이동한다.

\hyperlinkframestart 현재 화면(frame)의 첫 슬라이드로 이동한다.

\hyperlinkframeend 현재 화면(frame)의 마지막 슬라이드로 이동한다.

\hyperlinkframestartnext 다음 화면의 첫 슬라이드로 이동한다.

`\hyperlinkframeendprev` 직전 화면의 마지막 슬라이드로 이동한다.

`\hyperlinkdocumentstart` 가장 첫 슬라이드로 이동한다.

`\hyperlinkdocumentend` 가장 마지막 슬라이드로 이동한다.

13.14. 멀티미디어 – multimedia 패키지

beamer 클래스에서 multimedia 패키지를 함께 사용할 때 PDF에서 이들 multimedia를 바로 플레이할 수 있다. multimedia 패키지는 BEAMER를 설치하면 함께 설치되지만 beamer와는 독립적으로 구현되는 패키지이기 때문에 beamer 클래스를 사용하지 않더라도 이 패키지는 사용할 수 있다.

이 절에서 소개하는 사운드와 동영상을 PDF에서 플레이하기 위해서는 만들어진 LaTeX 파일에서 PDF를 얻는 방법으로 반드시 pdflatex 명령이 사용되어야 하며 .dvi → .ps → .pdf 순서로 중간에 PostScript 변환이 있는 경우에는 구현되지 않는다.

13.14.1 사운드

BEAMER로 만들어진 슬라이드에 사운드 효과를 넣으려면 \sound 명령을 사용한다. 사운드 파일의 종류는 압축된 파일과 압축되지 않은 파일이 있으며 \sound 명령에서 압축되지 않은 파일은 모두 소리가 올바로 들리지만 일부 압축 파일은 소리 재생을 지원하지 않고 소리가 깨져서 들린다. 따라서 사운드 파일은 au, aif 파일 등 압축되지 않은 파일로 작업할 것을 권장한다. 이 명령은

```
\sound[options]{link_text}{sound_file}
```

로 사용하며 *options*에는 사용할 수 있는 옵션을 주며 클릭하면 *link_text*에는 사운드를 플레이할 링크를, *sound_file*에는 플레이할 사운드가 저장된 파일의 이름을 준다. 사용할 수 있는 옵션에는

`autostart` 현재 페이지가 보여질 때 자동으로 *sound_file*을 연주하게 한다. PDF reader에서 설정에 따라서는 자동으로 시작하지 않는데[2] 자동 실행을 허용하려면 그림 13.21의 설정 참조하기로 한다.

`auotmute` 현재 페이지에서 다음 페이지로 넘어가면 자동으로 플레이가 중지됨.

---

[2] 보안상의 이유로 기본 설정이 임베드된 것들을 자동 실행하지 않게 되어 있는 경우가 많다.

`bitpersample=` 사운드 파일의 bit per sample 값으로 8 또는 16이며 기본값이 16 이므로 16인 경우 설정하지 않아도 됨.

`channels=` 스테레오이면 2, 모노이면 1을 설정하며 기본값은 2임.

`depth=` *link_text*의 디멘젼(dimension)

`encoding=` *sound_file*의 인코딩 방법으로 `Raw`, `Signed`, `ALaw` 또는 `muLaw` 중의 하나로 설정하며 `muLaw`가 기본값임.

`height=` *link_text*의 높이.

`inlinesound` *sound_file*을 만들어지는 PDF 파일에 임베드(embed)함.

`label=` `\hyperlinksound` 명령을 사용하여 `\sound` 명령으로 플레이하는 파일을 조정하고 사용할 이름을 준다(`\hyperlinksound` 명령 참조)

`loop` 또는 `repeat` *sound_file*의 플레이가 끝났을 때 처음으로 돌아가 계속 반복하여 플레이한다.

`mixsound=` 이미 다른 사운드가 시스템에서 플레이되고 있을 때 다른 사운드와 mix 하여 플레이할지 설정함. 가능한 값은 `true` 또는 `false`임.

`samplingrate=` 초당 샘플링 레이트로 44100이 기본값임.

`width=` *link_text*의 높이.

이 있다. 몇 개의 Acrobat Reader 버전에 버그가 있기 때문에 위의 옵션의 정보를 정확하게 입력해야 소리가 올바르게 들린다. 정확하게 입력할 옵션은 `bitpersample`, `channels`, `encoding`, `samplingrate` 등이며, 사운드 파일의 정보는 사운드 파일에서 마우스 오른쪽 버튼을 사용하여 속성→요약으로 확인할 수 있고, 그림 13.19에 음원의 정보에 대한 결과가 있다. 또한 기존에 가지고 있던 사운드 파일이 지원되지 않는 경우에는 음원 변경 프로그램을 사용하여 PDF에서 지원하는 사운드 파일로 변경할 수 있다. 음원 변경 프로그램의 종류 중 하나로 GoldWave[3]를 사용하여 사운드 파일의 정보도 확인하고 사운드 파일의 종류도 변경할 수 있다.

예를 들어 다음과 같이 사용할 수 있다.

[3]`http://www.goldwave.com/`에서 평가판을 이용할 수 있다.

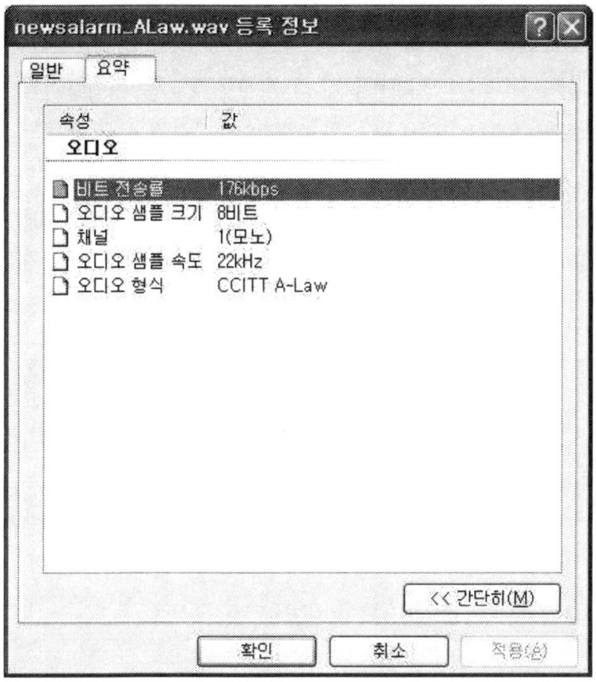

그림 13.19: 사운드 파일 정보

```
\begin{frame}
\frametitle{Sound Effects}
Music playes
\begin{itemize}
\item \sound[inlinesound, repeat, label=Music1]
       {Can you hear the Music?}
       {./multimedia/spacemusic.au}
\item Auto Start
      \sound[inlinesound, autostart, loop, label=Music2]{}
      {./multimedia/spacemusic.au}
\item \sound[inlinesound, loop, channels=1, encoding=Signed,
           samplingrate=22050, bitpersample=8, label=Music3]
         {뉴스알람1}{./multimedia/newsalarm.wav}
\item \sound[inlinesound, loop, channels=1, encoding=ALaw,
           samplingrate=22050, bitpersample=8, label=Music4]
         {뉴스알람2}{./multimedia/newsalarm_ALaw.wav}
```

```
\end{itemize}
```

이를 사용한 결과[4] 그림 13.20의 화면이 만들어지며 이 화면이 뜰 때 두 번째 \sound 명령에 의해 자동으로 spacemusic.au가 플레이된다.[5] 또한 첫 번째나 세 번째, 네 번째의 사운드는 각 항목을 클릭할 때 플레이된다.

이제 \sound 명령에 의해 플레이되는 중인 사운드를 조정하는 방법을 알아보자. 이때 사용할 수 있는 명령으로 정지된 사운드를 다시 플레이하는 명령으로

```
\hyperlinksound[options]{label}{sound_text}
```

이 있다. 이 명령에 의해 슬라이드에 *text*가 만들어지고 이 *text*를 클릭하면 label=*label*이 설정된 \sound 명령에서 준 사운드를 플레이한다. 여기서 *options*에는 loop(또는 repeat)를 사용하면 플레이가 무한 반복되며 mixsound에는 true나 false를 사용하는데 각각 시스템에서 이미 다른 사운드가 플레이되고 있을 때 기존의 사운드에 믹스할 것인지 아닌지를 설정한다.

플레이 중인 사운드를 정지하려면 \hyperlinkmute 명령을 사용한다. 이 명령은

```
\hyperlinkmute{sound_text}
```

으로 사용하며 슬라이드에서 이 명령으로 만들어진 *sound_text*를 클릭하면 모든 사운드의 플레이가 중지된다. 다음의 LaTeX 명령은 위의 명령에서 연결된 명령으로

```
\hyperlinkmute{\beamerbutton{Stop the Music}}
\hyperlinksound{Music1}{\beamerbutton{Start Music 1}}
\hyperlinksound{Music2}{\beamerbutton{Start Music 2}}
\hyperlinksound{Music3}{\beamerbutton{Start Music 3}}
\hyperlinksound{Music4}{\beamerbutton{Start Music 4}}
\end{frame}
```

순서대로 그림 13.20의 버튼 다섯 개를 만들었다. 첫 번째 버튼을 클릭하면 모든 사운드가 정지되며, 두 번째 버튼을 클릭하면 label=Music1이 설정된 \sound 명령의 사운드가 플레이된다. 세 번째, 네 번째 및 다섯 번째 버튼을 클릭하며 각각 label=Music2, label=Music3과 label=Music4에 설정된 \sound 명령의 오디오가 플레이된다.

label=Music3과 label=Music4에 설정된 사운드는 모두 wav 파일 형식으로 세 번째 label=Music3은 사운드 파일의 정보를 확인하고 올바르게 옵션을 설정하였지만

[4]아직 frame이 끝나지 않았으며 나머지 LaTeX 명령은 조금 뒤에 소개함.
[5]자동으로 플레이하려면 PDF reader의 설정이 되어 있어야 한다. 그림 13.21에서의 설정을 참조하기로 한다.

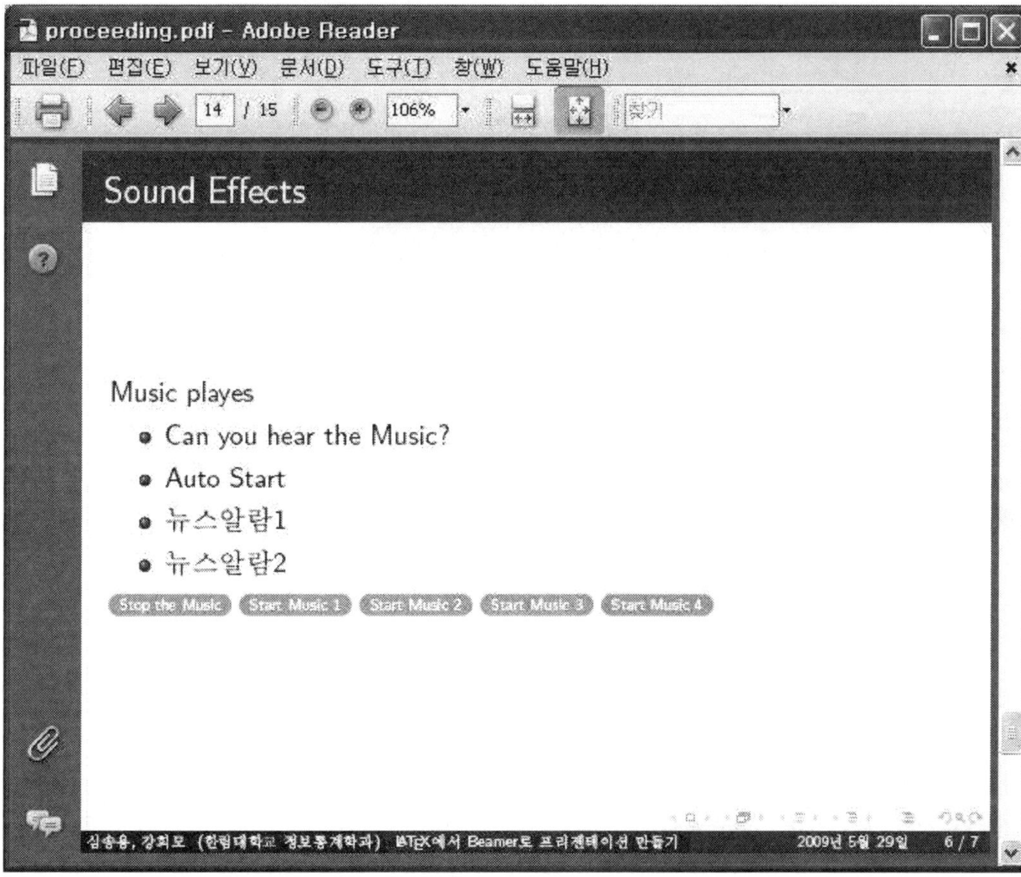

그림 13.20: beamer 클래스에서의 사운드 플레이

pcm 인코딩 방법으로 \sound에서 지원하지 않는 파일이기 때문에 소리가 깨져서 들리며, label=Music4는 label=Music3 사운드 파일을 ALaw 인코딩 방법으로 변경한 파일로 소리가 잘 들리는 것을 확인할 수 있다.

multimedia 패키지의 경우 PDF viewer에 따라 사운드가 깨지는 등의 문제가 있는 것이 보고되고 있다. 이의 해결책으로 18.22절의 media9 패키지의 사용이 권장되기도 한다. multimedia 패키지는 물리적으로 미디어 파일을 임베드하지 않고 미디어 파일은 별도의 파일로 가지고 있어 때로는 여러 개의 파일을 가지고 다니는 것이 불편할 수도 있다.

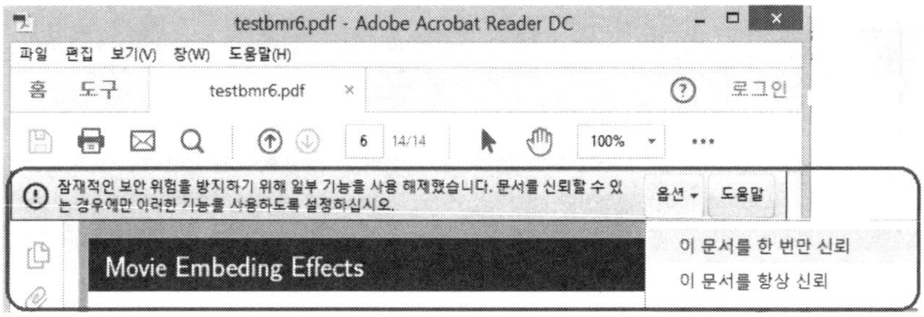

그림 13.21: 포함된 영상이나 음악에 대한 신뢰도 검정창

13.14.2 동영상

BEAMER로 만들어진 슬라이드에 동영상을 포함하려면 `\movie` 명령을 사용한다. 이 명령은

```
\movie[options]{link_text}{movie_file}
```

로 사용하며 슬라이드에서 이 명령으로 만들어진 *link_text*를 클릭하면 파일 이름이 *movie_file*인 동영상이 플레이된다. Adobe reader의 경우 포함된 동영상을 신뢰할 수 있는지 먼저 확인하려고 그림 13.21과 같은 대화창이 생성된다. 이 대화창은 pdf viewer의 버전에 따라 모양이 달라질 수 있으며 이 대화창에서 '이 문서를 항상 신뢰' 또는 버전에 따라 '신뢰할 수 있는 목록에 추가' 등으로 설정하면 추후에는 이를 확인하지 않는다.

*options*에는 사용할 수 있는 옵션을 주며 사용할 수 있는 옵션에는

`autostart` 현재 페이지가 보여질 때 자동으로 *movie_file*을 플레이함.

`borderwidth=` *link_text*를 포함하는 사각형의 두께

`depth=` *link_text*의 디멘젼(dimension)

`duration=` 동영상이 플레이되는 시간으로 초(s)로 줌. 예: `duration=10.5s`

`externalviewer` PDF 파일 내부가 아닌 동영상 프로그램을 동작시켜 동영상을 플레이함. 기본 동영상 프로그램이 PDF viewer가 설정되어 있지 않으면 Adobe reader의 경우 프로그램 설정 대화창이 나타나므로 프로그램(예: Windows Media Player)을 설정할 수 있으며 설정된 프로그램에서 동영상이 플레이된다.

`externalviewer` 옵션이 설정된 동영상을 플레이하려고 할 때 사용할 외부 플레이어를 확인하는 대화창이 그림 13.22와 같이 만들어지는데 이 대화창에서 적절한 외부 플레이어를 설정할 수 있다.

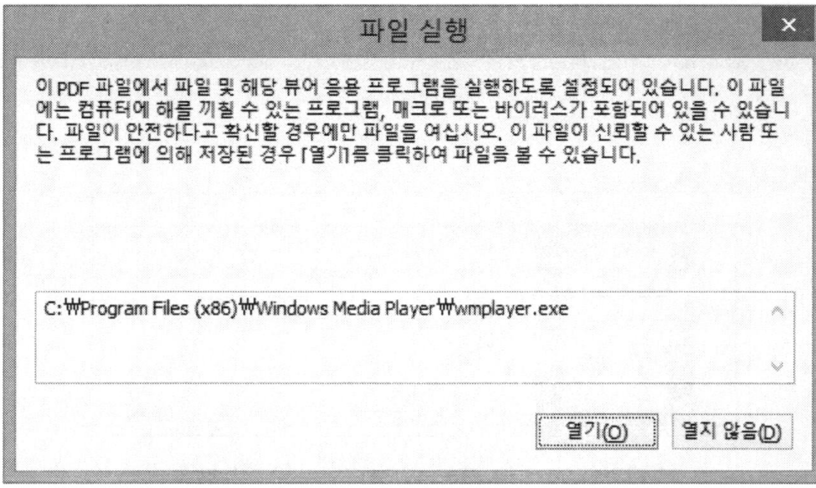

그림 13.22: 외부 플레이어에 대한 설정

`height=` *link_text*의 높이를 설정한다.

`label=` `\hyperlinkmovie` 명령을 사용하여 `\movie` 명령으로 플레이하는 파일을 조정할 사용할 이름을 준다(`\hyperlinkmovie` 명령 참조).

`loop` **또는** `repeat` *movie_file*의 플레이가 끝났을 때 처음으로 돌아가 계속 반복하여 플레이한다.

`once` 한 번만 동영상을 플레이한다. 기본값이다.

`palindrome` 동영상이 끝까지 플레이된 경우 뒤로부터 거꾸로 플레이한다.

`showcontrols=` 동영상 플레이의 콘트롤 패널을 보여줄지 설정하며 사용할 수 있는 값은 `true` 또는 `false`이다. 그림 13.24의 두 번째 그림처럼 아래에 일시정지 버튼이 나온 경우는 `true`가 설정된 경우이다.

`start=` 동영상이 시작할 시각을 설정한다. 예를 들어 동영상의 60초 이후부터 플레이하려면 `start=60s`로 설정한다.

`width=` *link_text*의 폭을 설정한다.

`poster` 동영상이 플레이되지 않고 있을 때 동영상의 첫 화면을 슬라이드에서 보여줄지 설정한다. 그림 13.24의 제일 왼쪽 영상은 첫 화면을 보여주고 있으며, 이 경우가 `poster` 옵션이 설정된 경우이다. 만일 그림 13.21의 설정에서 한 번만 재생으로

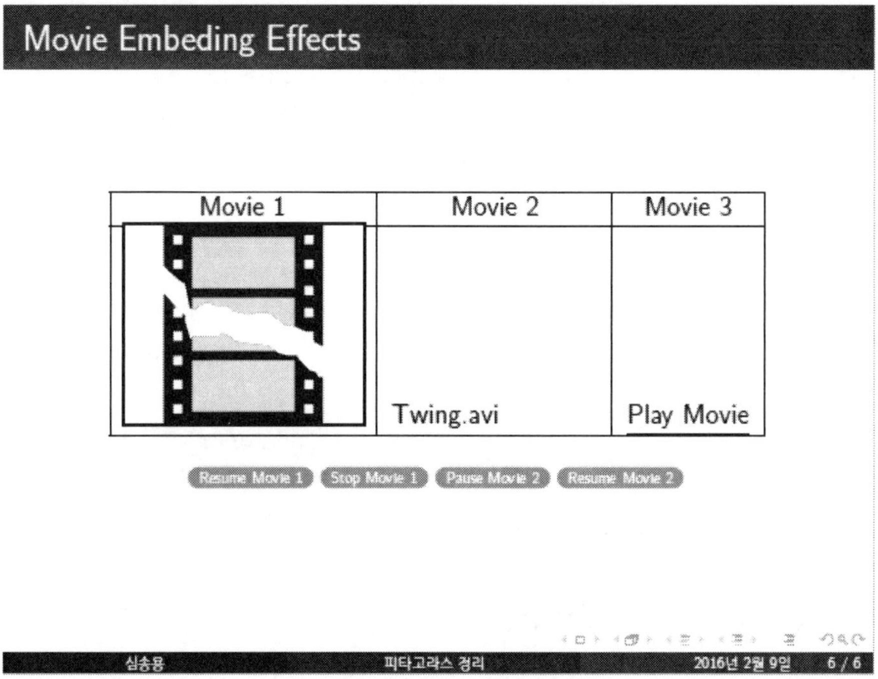

그림 13.23: `beamer` 클래스에서의 동영상 플레이 1

설정된 경우에는 그림 13.23의 왼쪽 그림과 같이 `poster`이 설정되어 있더라도 첫 화면을 띄우지 않는다. 한 번이라도 그림 13.21의 화면에서 신뢰할 수 있는 목록에 추가하면 그림 13.24와 같이 첫 화면을 슬라이드에 띄우게 된다.

다음의 몇 가지 보기를 보자. 이 보기에 의해서 그림 13.23의 위의 세 동영상 링크가 만들어진다.

```
\begin{frame}
\frametitle{Movie Embeding Effects}
\begin{center}

\begin{tabular}{|c|c|c|}\hline
Movie 1 & Movie 2 & Movie 3 \\ \hline
\movie[borderwidth=1pt, loop, showcontrols=true, label=Movie1,
      poster, width=100pt, height=80pt]{}
                                {./multimedia/twing.avi} &
\movie[borderwidth=0pt, loop, start=0.5s, showcontrols=true,
     label=Movie2, width=3cm, height=2.4cm]
```

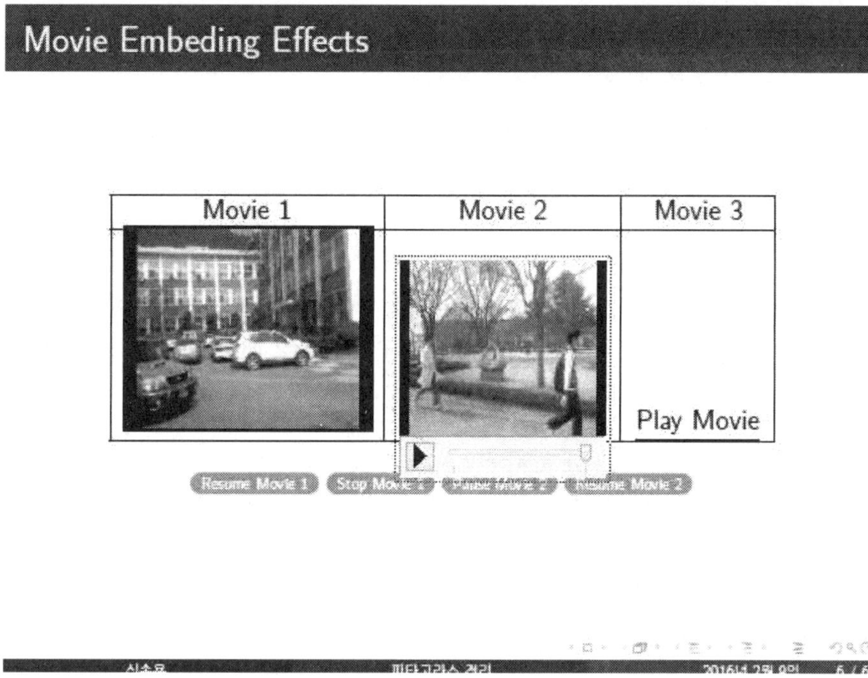

그림 13.24: beamer 클래스에서의 동영상 플레이 2

```
    {Twing.avi}{./multimedia/twing.avi} &
\movie[borderwidth=0pt, loop, label=Movie3, externalviewer]
    {\underline{Play Movie}}{./multimedia/twing.avi} \\ \hline
\end{tabular}
\end{center}
```

위에서 tabular 환경 내에서 세 개의 서로 다른 방법으로 동영상을 넣었으며 각각의 \movie 명령으로 만든 링크의 모양은 그림 13.23과 같다. 각각의 동영상은 Movie1, Movie2 및 Movie1로 이름을 주었다. 이 LaTeX 명령어는 아직 완성된 상태가 아니므로 아래를 조금 더 보아주기 바란다.

\movie 명령에 의해 삽입된 동영상은 \hyperlinkmovie 명령으로 조정할 수 있다. 이 명령은

\hyperlinkmovie[*options*]{*movie_label*}{*movie_text*}

로 사용하여 현재 플레이 중인 동영상을 정지(*options*에 따라 일시정지, 다시 플레이 등) 하는 등의 조정을 할 수 있으며 조정은 이 명령에 의해 슬라이드에 만들어진 *movie_text*

를 클릭하여 `label=`*movie_label*로 설정된 `\movie` 명령에 따라 슬라이드에 포함된 동영상을 조정한다. 사용할 수 있는 옵션으로는

`stop` 해당(`label`의 값이 *movie_label*인) 동영상을 정지한다. `stop`된 동영상은 `resume`으로 다시 시작할 수 없다.

`pause` `label`의 값이 *movie_label*인 동영상을 일시정지한다.

`resume` `pause`된 해당(`label`의 값이 *movie_label*인) 동영상을 다시 플레이한다. 현재로는 `stop`된 동영상은 `resume`할 수 없으며 `\movie` 명령의 *movie_text*를 클릭하여 재생한다.

와 `duration`, `loop`, `repeat`, `palindrome`, `showcontrols=`, `start=`이 있으며 이들 옵션은 `\movie` 명령에서의 옵션 설정과 같은 방법으로 설정하며 설정의 결과도 같다.

그림 13.23의 아래쪽에 있는 네 개의 버튼은 다음의 명령

```
\hyperlinkmovie[resume]{Movie1}{\beamerbutton{Resume Movie 1}}
\hyperlinkmovie[stop]{Movie1}{\beamerbutton{Stop Movie 1}}
\hyperlinkmovie[pause]{Movie2}{\beamerbutton{Pause Movie 2}}
\hyperlinkmovie[resume]{Movie2}{\beamerbutton{Resume Movie 2}}
\end{frame}
```

으로 만들었다(위의 소스에서 연결된 소스임). 각각의 버튼은 왼쪽부터

1 제일 왼쪽 동영상이 일시중지되었을 때 다시 시작하는 버튼,

2 제일 왼쪽 동영상을 중지시키는 버튼

3 중앙의 동영상을 일시중지 시키는 버튼

4 중앙의 동영상을 다시 플레이하는 버튼

임을 알 수 있다. `multimedia` 패키지는 물리적으로 미디어 파일을 임베드하지 않고 미디어 파일은 별도의 파일로 가지고 있어 때로는 여러 개의 파일을 가지고 다니는 것이 불편할 수도 있다. `multimedia` 패키지는 물리적으로 미디어 파일을 임베드하지 않고 미디어 파일은 별도의 파일로 가지고 있어 때로는 여러 개의 파일을 가지고 다니는 것이 불편할 수도 있다.

13.15. 색깔 조정

beamer 클래스에서 색의 설정은 xcolor 패키지의 색의 설정과 같은 방법으로 한다. 사용할 수 있는 색의 이름이나 색을 만드는 방법은 17.2절을 참고하기로 하며 여기서는 Beamer에서 색을 설정하는 명령에 대해서 알아보기로 한다. 색의 설정은

```
\setbeamercolor{name}{bg=color, fg=color }
```

명령으로 하며

```
\setbeamercolor{block title}{bg=green}
\setbeamercolor{frametitle}{fg=brown,bg=brown!20}
```

명령은 block의 제목에서 배경색은 green, 글자색은 black으로, frame 제목의 글자는 brown, 배경은 brown 20% 가 사용된다. 설정된다. 이 명령에서 *name*에 사용할 수 있는 것은 아주 많으며 이들은 BEAMER 매뉴얼을 참고하기로 한다.

프레임의 바탕색은

```
\beamersetaveragebackground{color}
```

로 *color*를 설정한다. *color*의 설정은 xcolor 패키지의 설정 방법을 사용하므로 17.2 절을 참고하기로 한다.

```
\beamersetaveragebackground{yellow}
```

명령은 프레임의 바탕색을 노란색으로 한다. 이 명령은 다시 색을 바꿀 때까지 유효하므로 바탕색을 없애려면 기본색인 white로 바꾸어준다.

만일 프레임 바탕색을 특정한 색에서 다른 색으로 연속으로 바뀌게 하려면(gradient color)

```
\beamertemplateshadingbackground{bcolor}{tcolor}
```

를 사용하며 프레임의 바탕색은 *tcolor*에서 시작하여 *bcolor*까지 연속으로 바뀌는 색이다. 만일

```
\beamertemplateshadingbackground{green!50}{yellow!100}
```

을 사용하면 노란색 100%에서 시작하여 50% green 색까지 연속으로 바뀐다.

13.16. slides 클래스

지금은 컴퓨터의 보급으로 자주 볼 수 없지만, 컴퓨터 화면을 보여주기 어려웠던 시기에는 슬라이드 필름으로 프리젠테이션을 하였다. 슬라이드 필름을 사용하는 경우에 사용하는 장비를 OHP(Over Head Projector)라고 하였기에 슬라이드 필름을 OHP 필름이라고도 한다.[6] 이 절에서는 슬라이드 필름을 사용하는 경우에 유용한 이 클래스에 대해서 알아보자.

13.16.1 소개

슬라이드를 만들기 위해서 LaTeX 2.09에서는 LaTeX이 아닌 SLiTeX이라 하였는데 LaTeX 2ε에는 이를 하나의 클래스로 만들어서 더욱 편리하게 사용할 수 있다.

슬라이드 클래스에서는 굵고 큰 글자체를 기본으로 이용하여 프로젝터에 사용하는데 불편하지 않게 하였다. 슬라이드에서의 글자 크기는 대충 \LARGE 크기 정도이며 글자 모양은 뒤에서 보는 것처럼 sans serif 꼴과 닮은 꼴이다. slides 클래스 내에서도 \emph도 사용할 수 있다.

슬라이드를 만들기 위해서는 클래스를 다음과 같이 slides라고 한다.

```
\documentclass{slides}
```

슬라이드에서 사용할 수 있는 옵션에는 clock이 있는데 자세한 것은 13.16.3절을 참고하자. Leslie Lamport는 LaTeX에서 슬라이드를 사용하는 이유를 다음 세 가지로 정리하였다.

- ✓ 슬라이드의 내용은 LaTeX을 기본으로 하였다. 따라서 이미 만든 파일을 조금 수정하면 슬라이드를 만들 수 있다.
- ✓ 슬라이드에도 많은 수식과 기호가 들어가는 경우가 있다.
- ✓ 슬라이드를 만드는 횟수가 많지 않기 때문에 슬라이드를 만들려고 새 프로그램을 배울 이유가 없다.

13.16.2 slide와 overlay 환경

슬라이드 필름은 투명하기 때문에 두 장 이상을 겹쳐서 사용할 수 있다. 두 장 이상 겹쳐서 사용하기 위한 명령을 알아보자.

---

[6] 명칭은 필름이나 투명한 플라스틱으로 A4나 US letter 사이즈로 복사기의 열을 견딜 수 있는 재질로 만들어진다.

13.16.2.1 slide 환경

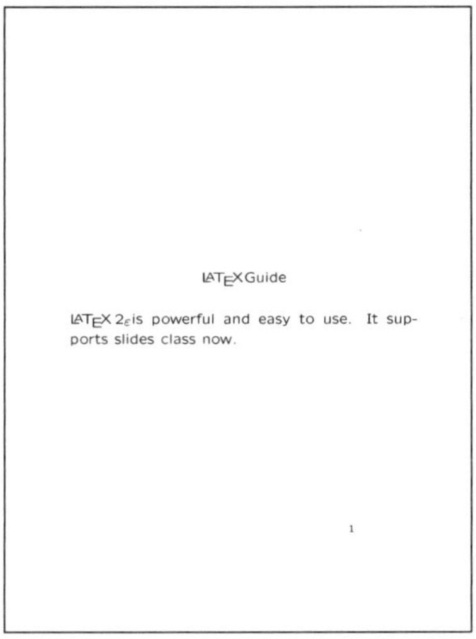


```
\begin{slide}
\begin{center}
\LaTeX Guide
\end{center}
\LaTeXe is powerful and
easy to use. It supports
slides class now.
\end{slide}
```

이제 \begin{document} 명령 후에 한 장의 슬라이드에 들어갈 내용을 \begin{slide}와 \end{slide}에 입력하면 한 장의 슬라이드용 출력을 만들 수 있다.

slide 환경은 한 면에 한 번씩만 사용하므로 다섯 면의 슬라이드를 만들려면 다섯 번의 slide 환경을 사용하게 될 것이다. 위의 오른쪽 입력으로 왼쪽에 보는 한 면의 출력을 얻는다.

✓ slide 환경에서는 면을 나누는 명령이나 table 또는 figure 환경은 의미가 없으므로 사용할 수 없다.[7] 그 외의 다른 명령이나 환경들은 거의 그대로 사용할 수 있다.

✓ 색을 만들려면 제17장의 xcolor 패키지를 이용하여 색이 있는 슬라이드를 만들 수 있다.

✓ 위에서 보는 것처럼 슬라이드에서도 자동적으로 페이지 번호를 붙이는데 이 번호는 다른 출력과는 달리 아주 아래쪽으로 치우쳐 있기 때문에 실제로는 청중에게 보이지 않도록 하였다.

---

[7] 페이지를 바꾸려면 slide 환경을 사용하면 되고, 슬라이드의 목적상 유동체(floating body)는 사용하기 적절하지 않다.

13.16.2.2 overlay 환경

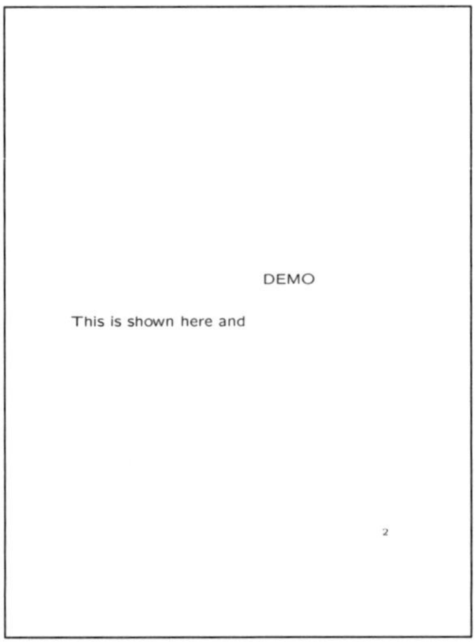


```
\begin{slide}
\begin{center}
\textcolor{white}{OVERLAY} DEMO
\end{center}
This is shown here and
\textcolor{white}{there.}
\textcolor{white}{``there''
is overlayed.}
\end{slide}
```

슬라이드를 이용하여 설명하고자 할 때 한 쪽 면을 먼저 보여주고 그 다음 면은 이전 면에 올려놓고 싶을 경우가 많다. 슬라이드는 투명한 비닐을 사용하기 때문에 이것이 가능한데 이를 지원해 주는 환경이 overlay 환경이다.

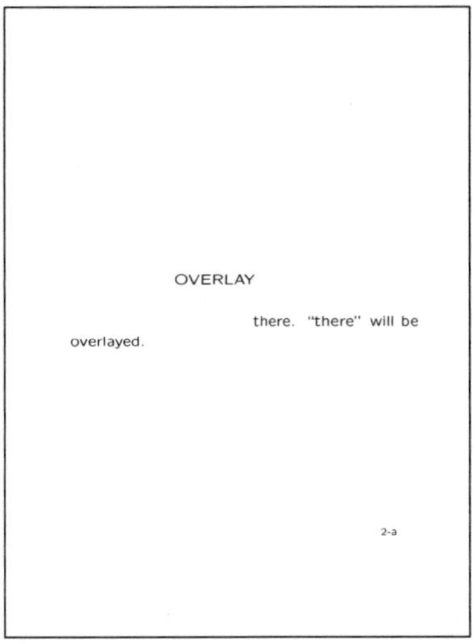


```
\begin{overlay}
\begin{center}
OVERLAY \textcolor{white}{DEMO}
\end{center}
\textcolor{white}{This
is shown here and }there.
``there'' will be
overlayed.
\end{overlay}
```

overlay 환경은 color 패키지와 함께 이용할 때 색이 있는 슬라이드를 만들 수 있다. overlay 환경으로 만든 슬라이드의 번호는 증가하지 않고 대시(-) 를 사용하여 따름 번호를 붙인다.[8]

---

[8]13.16.3절의 note 환경 참조.

위에서 보는 것처럼 처음의 슬라이드와 두 번째의 슬라이드를 겹치면 전체가 하나의 슬라이드로 된다. 이때 두 번째의 overlay 환경으로 만든 슬라이드의 면수는 2면의 다음이지만 3면으로 번호를 붙이지 않고 2-a로 붙였다. 만일 위에 겹칠 슬라이드가 하나 더 있으면 그 면의 번호는 2-b가 될 것이다.

13.16.3 note 환경

슬라이드는 그 특성상 말할 내용의 요점만 한두 마디 쓰게 된다. 또한 많은 경우에 발표자에게 시간의 제약이 있다. 이러한 경우에 발표자는 청중들에게 보이지 않으면서 혼자 볼 수 있는 메모 같은 것이 필요한데 이를 가능하게 한 것이 note 환경이다. 예에서 보는 것처럼 노트의 면수는 그 직전 면수에 -1, -2 등으로 붙여진다.

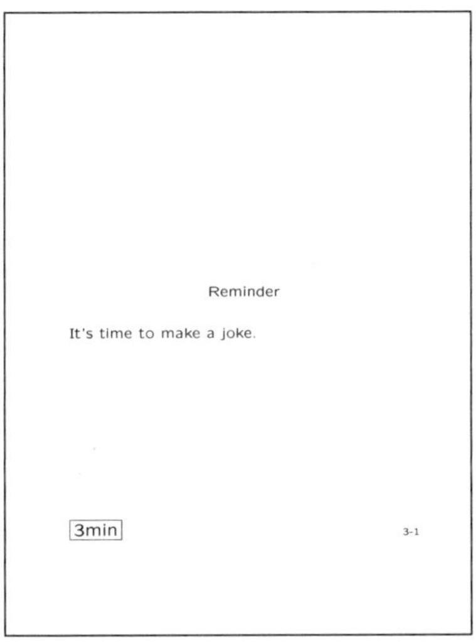


```
\begin{slide}
slide class can
      .
      .
including time.
\end{slide}
\addtime{180}
\begin{note}
\begin{center}
Reminder
\end{center}
It's  time to make a joke.
\end{note}
```

note 기능을 이용할 때는 슬라이드만 인쇄하거나 노트만 인쇄할 수 있는데 이를 위한 명령은 각각 \onlynotes와 \onlyslides이다. 이 명령은 13.16.4절에 사용법이 설명되었다. 시간의 제약이 있는 경우 각 슬라이드마다 사용할 시간을 정해 두어서 \addtime 명령으로 시간을 각 슬라이드에 할당해 두면 note 환경으로 노트를 만들 때 누적 시간이 같이 나타난다. 이때는 반드시 clock 옵션을 정해 준다.

이 시간을 특정한 시간으로 설정하려면 \settime에 그 값을 준다. \settime{120}은 현재의 누적 시간을 120초(2분)으로 만든다.

\addtime이나 \settime은 slide, overlay 또는 note 환경 안에서는 사용하지 않는다.

13.16.4 일부만 인쇄하기

중간에서 고치거나 또는 다른 이유로 슬라이드나 노트의 일부만 인쇄하고자 할 때는 \onlyslides나 \onlynotes 명령을 사용한다. 예를 들어 2면, 4면부터 6면의 슬라이드만 인쇄하려면

```
\onlyslides{2,4-6}
```

라고 명령한다. 이 명령으로 2, 4, 5, 6면과 그와 관계되는 overlay들은 모두 출력할 수 있다. \onlyslides나 \onlynotes 명령은 전처리부(*preamble*)에 위치해야 한다.

\onlynotes 명령은 \onlyslides 명령과 거의 마찬가지인데 예를 들어

```
\onlynotes{6}
```

이라고 하면 6페이지의 노트, 즉 6-1, 6-2 등이 인쇄된다.

13.17. seminar 클래스

seminar 클래스는 LaTeX의 slide 클래스의 기능을 하는 패키지로서 다양한 기능을 제공한다. 이 패키지는 Timothy Van Zandt가 만든 패키지이다. 이 패키지가 제공하는 클래스로 seminar가 있다. 따라서 사용법은

```
\documentclass[option]{seminar}
또는
\documentstyle[option]{seminar}
```

이다. 옵션에는 LaTeX의 옵션이 사용될 수 있고 그외에 각각 세로 및 가로로 출력을 만들어 주는 portrait와 landscape 옵션이 있다. 이 패키지가 제공하는 환경에는 slide와 note 환경이 대표적이다. 이 절에서는 이 패키지를 이용하여 만든 슬라이드를

보면서 그에 사용한 명령을 설명하기로 하자.

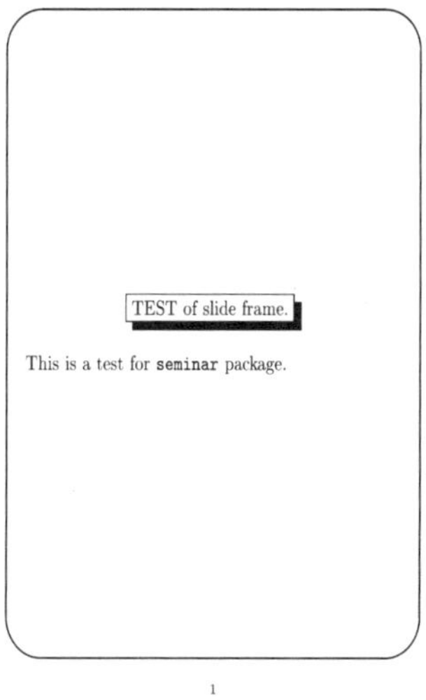


```
\documentclass[portrait]{seminar}
\usepackage{fancybox}
\begin{document}
\newpagestyle{mine}
{ARTICLE 1 \hfill {\rm \thepage}
    \hfill Hallym}
{\null\hfill Songyong Sim}
\slideframe{Oval}
\begin{slide*}
\begin{center}
\shadowbox{TEST of slide frame.}
\end{center}
This is a test for \texttt{seminar}
package.
\end{slide*}
```

LaTeX을 이용한 slides 클래스의 출력에서의 테두리는 읽기가 편하라고 만든 것이지만 위의 출력의 테두리는 seminar 패키지에서 만든 것이다. 이러한 테두리를 만들기 위해서는 fancybox 패키지를 사용하여야 한다. fancybox 패키지는 seminar 패키지에 포함되어 있다. 테두리는 다음 명령으로 만드는데

\slideframe{*style*}

*style*은 shadow, double, oval 및 Oval을 사용할 수 있는데 이들은 각각 fancybox 패키지의 \shadowbox, \doublebox, \ovalbox 및 \Ovalbox를 만들어 준다(18.15절 참조). LaTeX의 slides 클래스에서와 마찬가지로 한 면에 출력할 내용은 \begin{slide}와 \end{slide} 사이에 입력한다. 여기서는 slide* 환경을 이용하였는데 이는 출력을 세로로 얻기 위한 것이다.

\newpagestyle 명령은 슬라이드에 *header*와 *footer*를 주기 위한 명령이다. 이 명령의 사용법은

\newpagestyle{*name*}{*header*}{*footer*}

인데 *name*은 사용자가 임의로 정해 주는 페이지 스타일의 이름이고 *header* 에는 머리글이, *footer* 에는 각주가 주어진다. 이 명령은 페이지 스타일에 대한 정보만 갖게 하고

실제 출력은 다음에서 보는 것처럼 \slidepagestyle 명령으로 하게 된다.

```
\slideframe{double}
\slidepagestyle{mine}
\begin{slide*}
\begin{center}
\oval{TEST of slide frame.}
\end{center}
This is a test for \texttt{seminar}
package.
\end{slide*}
\end{document}
```

위의 출력을 보면 \slideframe 명령으로 테두리의 모양이 달라졌음을 우선적으로 볼 수 있다. 또한 페이지 스타일이 \slidepagestyle 명령에 의해 머리글과 각주가 \slidepagestyle에 주어진 것과 같이 인쇄되었다.

제14장

LaTeX에서 색인 만들기

이 장에서는 TeXLive나 MiKTeX 등에서 제공하는 `makeindex` 프로그램과 LaTeX 명령어인 `\makeindex`를 이용하여 색인을 만들어 보기로 하자. 위의 배포판들뿐 아니라 다른 LaTeX 배포판들은 색인을 만드는 기능을 포함하고 있다.

14.1. 색인 만들기의 순서

색인을 만들기 위해서는 다음의 순서를 따르면 된다.

1 소스 파일의 *preamble*에(`\documentclass`와 `\begin{document}` 사이)에 다음과 같은 명령을 준다.

```
\makeindex
```

이 명령이 들어간 LaTeX 파일의 이름을 `testindex.tex`라 가정하자.

2 LaTeX 소스 파일을 준비하는 과정에서 색인의 항목으로 추가하고자 하는 것이 있으면 바로 그 자리에

```
\index{index_entry}
```

명령을 사용하여 색인의 항목 *index_entry*를 추가하도록 명령한다. 예를 들면

```
1 \LaTeX 에는 차례 만들기 기능이 있다. 이 기능은
```

에 차례라는 색인 항목을 만들고자 하면

```
\LaTeX 에는 차례\index{차례}만들기 기능이 있다. 이 기능은
```

라고 하면 위의 출력이 만들어지는 페이지를 찾아서 색인 항목을 만들게 된다.

3 testindex.tex이라는 파일이 다 만들어졌으면 컴파일을 한다. 만일 이 소스 파일이 차례 등이 있는 경우라면 컴파일을 할 때 차례 등을 추가하는 작업으로 페이지 수가 달라질 수 있기 때문에 여러 번 컴파일하는 것이 좋다(이런 경우는 두 번은 필수이며 세 번 이상이 안전하다). 컴파일을 한 후 만들어진 파일을 보면 testindex.idx라는 .idx 파일이 만들어진 것을 확인할 수 있다. 이 파일의 내용은

```
\indexentry{차례}{51}
```

등과 같은 \indexentry 명령이 가득 들어 있다. \indexentry 명령은

\indexentry{*index_item*}{*page*}

로 사용되며 *index_entry*에는 색인에 들어갈 항목이, *page*는 페이지 수가 들어간다. 위의 경우 차례라는 항목이 51면에 있다는 색인 항목이 만들어진다. 사용자가 \indexentry 명령을 직접 넣는 경우는 흔하지 않다.

4 이제 커맨드 창이나 편집기의 옵션, Unix 콘솔에서

```
% makeindex testindex[.idx]
```

라고 명령하거나[1] TeXWorks 편집기에서 그림 14.1의 Makeindex를 선택한 후 버튼을 클릭한다. testindex.ind라는 확장자가 .ind인 파일을 생성한다. .idx 파일은 \index 명령이 들어간 순서대로 만들어지는데, 이를 각 *index_entry*의 오름차순으로 정리하고 LaTeX의 theindex 환경으로 변환시키는 역할을 하는 것이 makeindex 명령이다. .idx 파일을 LaTeX 색인 파일 .ind로 변환하는 중의 에러 메세지 등은 .ilg 파일에서 확인할 수 있다.

5 이제 색인의 내용이 모두 만들어져 색인을 만들 준비가 모두 끝났으므로 원래의 소스 파일 testindex.tex 파일에서 색인이 들어갈 자리에

```
\include{testindex.ind}
```

[1]여기서 makeindex 명령은 콘솔에서의 명령이고, 소스 파일에서 사용하는 명령은 LaTeX 명령인 \makeindex 명령으로 성격이 완전히 다른 명령이다.

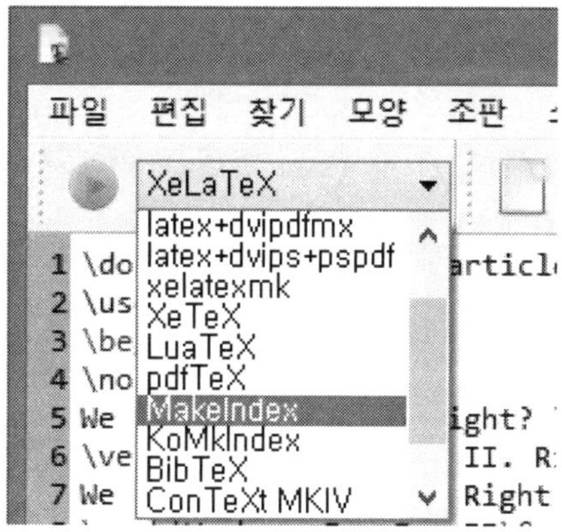

그림 14.1: TEXWorks 편집기에서 makeindex 실행

를 명령하고[2] LATEX 컴파일을 다시 한번 더 해 준다. 사용하는 클래스에 따라서는

```
\input{test.ind}
```

을 사용하는 것이 더 좋을 수도 있다.[3]

14.2. \index 명령과 특수문자

색인 항목 내의 *index_entry*에는 `\verb` 등과 같은 fragile LATEX 명령은 사용할 수 없다.

또한 색인 항목을 만들기 위한 목적으로 `\index`명령 안에서는 다음과 같은 특수문자를 사용한다.

| 색인 항목에 \를 넣고자 할 때 \ 대신 사용하여 색인 항목 안에서 LATEX 명령을 실행할 수 있도록 해 준다. 기본적으로 *index_entry* 안에서도 LATEX 명령을 사용할 수 있기 때문에

```
\index{\hspace}
```

등의 색인 항목을 넣으면 원래 의도대로 `\hspace`에 대한 색인 항목이 만들어지는 것이 아니라 빈칸이(실제로는 길이를 주지 않았기 때문에 에러 메시지) 생긴다. 이런 경우에는

---

[2]소스 파일을 처음 준비할 때부터 이 명령을 넣어 두어도 좋다. 다만 처음부터 이 명령을 넣을 경우 `\include`하려는 파일이 없기 때문에 LATEX 컴파일 시에 에러가 나오는데, 이는 무시하면 된다. 대신 한 번이라도 makeindex 명령을 수행한 경우는 나중에 `\include`하는 번거로움은 피할 수 있다.

[3]이 둘의 차이는 8.6절 참조.

```
\index{|hspace}
```

로 \ 자리에 |를 사용한다. 주로 \see 명령을 위해서 사용된다.

! 색인 항목 중에는 하나의 항목에 여러 가지의 항목이 생기는 경우가 있다. 예를 들면

```
패키지,           15
    alltt,         17
    graphics,     132
```

과 같이 패키지의 부차 항목에 alltt나 graphics와 같은 부차 색인 항목을 넣고자 하는 경우이다. 이런 경우

> \index{*main_entry*!*sub_entry*}

와 같이 !를 사용한다.

@ 색인의 항목을 특정한 위치에 넣고자 하는 경우가 있다. 이 책에서 보는 색인의 경우 LaTeX 명령이나 환경들은 모두 type writer체의 글자를 사용하였는데 tabular 항목의 경우

```
\index{\texttt{tabular}}
```

라고 하면 이 항목의 순서는 원래의 의도인 사전 순서상의 tabular의 위치가 아니고 \texttt{tabular}의 위치인 \, t, e 등에 의한 순서를 찾아서 해당 위치에 가기 때문에 알파벳 t의 위치에서 tabular를 찾을 수 없게 된다. 이런 경우

> \index{*index_order*@*index_entry*}

를 사용하면 색인의 항목은 *index_entry*가 만들어지지만 이 항목의 위치는 *index_order*에 나타난다. 위의 경우

```
\index{\texttt{tabular}}
```

로 쓸 수 있다.

\(**및** \) : 색인의 항목 중에

```
그림 넣기,      150-170
```

와 같이 여러 면을 찾아보기에 포함하고자 할 때는 시작 면에는 |(를 항목의 끝부분에 추가해 주고, 마지막 면에는 |)를 항목의 끝부분에 추가해 준다. 즉, 위의 경우 출력의 150면에 해당하는 부분에는

```
\index{그림 넣기|(}
```

가 출력의 170면에 해당되는 곳에는

```
\index{그림 넣기|)}
```

가 명령되어 있는 경우이다.

색인에서 위의 특수문자를 구현하는 다른 방법으로는 부록에 있는 부호 표를 이용하는 것이다. 표 C.1부터 표 C.9까지에는 각 글자체에서 \char*num* 또는 \symbol{*num*} 명령을 사용할 때 *num*과 그에 대응해 만들어지는 문자를 각 글자체별로 정리하였다. 예를 들면

```
\texttt{\symbol{30}\symbol{64}} ................................ Œ@
```

와 같이 \textnormal이나 \normalfont일 때의 \texttt 글자체 표인 표 C.3에 의해 위와 같이 얻는다. 이 글자체의 이름은 cmtt이다.

14.3. \see 명령

내용상 같은 것을 두 가지 이상의 명칭으로 불리는 경우 색인에서 이 둘을 다 인용하는 것은 바람직하지 않으며, 특히 부차항목이 수십 개가 되는 것(이 책의 경우 '패키지' 항목)은 더욱 피해야 할 일이다.

이와 같이 둘 이상의 이름이 사용되는 경우는 한 항목에는 제대로 색인을 하고 이름만 다른 항목들은 원래 항목을 참조시키는 방법에 대해서 알아보자. 이런 경우에 대비해서 LaTeX에는 \see 명령이 만들어져 있으며 사용법은

```
\index{same_entry|see{entry}}
```

이다.[4] 이 명령에 의해서 만들어지는 색인 항목 *same_entry*를 찾아보면 '*entry* 참조'와 같이 다른 항목을 참조하라는 항목이 만들어진다.

\see 명령은 문자권이 다르면 사용 방법도 달라져서 LaTeX 내부에서 정의되지 않는데, 이 명령은 두 개의 매개변수 *same_entry*와 *entry*를 갖는 새 명령으로 사용자가 직접 정의하여야 한다. 예를 들어 다음과 같이

[4]여기서 |see는 실제로는 \see이다.

```
\def\see#1#2{#2 \space #1\space 참조\space}
```

\see를 정의했을 때 *same_entry* 위에서 설명한 것과 같이 *same_entry*를 찾아보면 '*entry* 참조'가 나오며,

```
\def\see#1#2{#2 \space \emph{see}\space #1}
```

으로 정의하면 *same_entry*를 찾을 때 '*see entry*'가 나오게 된다.

14.4. 보기

위에서 설명한 색인의 항목의 상용보기를 이 책에 나온 색인 항목을 기준으로 몇 가지 알아보자.

✓ 이 책의 색인(찾아보기)에서 '.bib 파일' 항목이 있는데 이 항목의 순서는 점(.)을 무시하고 bib의 위치에 있음을 알 수 있다(사실은 LaTeX 명령의 \도 무시되었음). 이 항목을 만들기 위해 해당 페이지에

```
\index{bib@\texttt{.bib} 파일}
```

를 명령하였다.

✓ 이 책의 찾아보기에는 \footnote의 항목에 세 개의 항목이 있다. 하나의 주 항목과 두 개의 부차 항목이 있는데 이들은 각각 해당 페이지에 다음과 같이 명령되어 있다.[5]

```
\index{footnote@\texttt{\symbol{92}footnote}}
\index{footnote@\texttt{\symbol{92}footnote}
        !\texttt{minipage}}
\index{footnote@\texttt{\symbol{92}footnote}
        !\texttt{longtable} 패키지}
```

여기서 \symbol{92}는 \에 해당하며, |를 사용하는 것을 더 권장한다. 또한 위에는 공간의 제약으로 \index 명령 중에 줄 바꾸기를 하였지만 실제로는 빈칸 없이 한 줄이다.

✓ 이 책의 *class* 항목을 보면 '클래스 참조'로 되어 있는데 이는 해당 페이지에

[5] 실제 입력에는 빈칸이 없으나 공간 제약으로 줄을 바꾸었음에 유의.

```
\index{class@\textit{class}|see{클래스}}
```

로 명령한 결과이다. 여기서 \index 안에 사용한 @는 *class*의 알파벳 순서를 \textit{class}가 아니고 'class'로 하라는 뜻이며, 실제 *class* 항목을 찾아보면 \see에 의해 정의된 '클래스 참조'로 되어 있음을 알 수 있다.

✓ 이 책의 \includegraphics 항목은 198면부터 198면까지 페이지에 걸쳐 있는 것을 볼 수 있는데 이는 198면에

```
\index{includegrahpics@\texttt{\symbol{92}
                                          includegrahpics}|(}
```

를 명령하고 198면에는

```
\index{includegrahpics@\texttt{\symbol{92}
                                          includegrahpics}|)}
```

를 명령한 결과이다.[6]

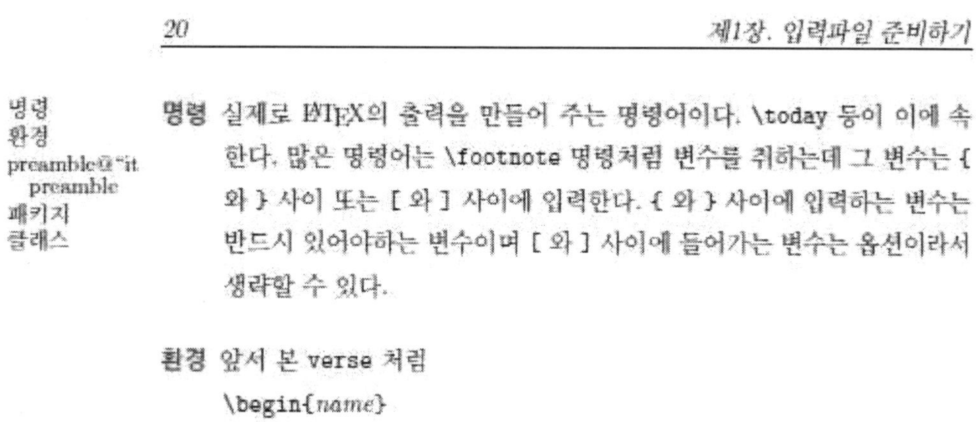
20 제1장. 입력파일 준비하기

명령
환경
preamble@"it preamble
패키지
클래스

명령 실제로 LaTeX의 출력을 만들어 주는 명령어이다. \today 등이 이에 속한다. 많은 명령어는 \footnote 명령처럼 변수를 취하는데 그 변수는 { 와 } 사이 또는 [와] 사이에 입력한다. { 와 } 사이에 입력하는 변수는 반드시 있어야하는 변수이며 [와] 사이에 들어가는 변수는 옵션이라서 생략할 수 있다.

환경 앞서 본 verse 처럼

\begin{*name*}

그림 14.2: showidx 패키지에 의한 결과

14.5. showidx **패키지**

색인을 만들 때 색인이 적절하게 이루어졌는지, 또는 잘못된 색인이 정확하게 어디쯤 있는지 확인할 수 있는 패키지로 showidx 패키지가 있다. 이 패키지는 최종 출력의

[6]실제 입력에는 빈칸이 없으나 공간 제약으로 줄을 바꾸었음에 유의.

모양을 바꾸는 것이 목적이 아니고 색인의 항목이 적절하게 사용되었는지 확인하는 데 목적이 있다.

이 패키지를 사용하면 그림 14.2의 오른쪽 위의 length 등에서 보는 것과 같이 `\index` 명령이 있는 페이지의 출력의 모든 색인 항목을 보여준다. 그림 14.2는 이 책의 원고를 준비하는 중에 원고의 한 화면에 나타난 `showidx` 패키지의 결과로 오른쪽에 이 페이지 사용한 색인이 보임을 확인할 수 있다.

14.6. makeidx 패키지

색인은 만들 때 사용할 수 있는 패키지로 `makeidx` 패키지가 있다. 이 패키지를 사용하면

- ✓ `\printindex` 명령을 색인이 들어갈 자리에 사용하면 `.ind` 파일을 따로 `\input` 또는 `\include`하지 않아도 된다. 즉, `\input` *file_name*`.ind`가 들어갈 자리에

```
\printindex
```

  라고 하면 색인이 현재의 위치에 만들어진다.

- ✓ `\baselinestretch`의 값이 1로 초기화 되어 색인의 줄 간격은 1이 된다.

제15장

LaTeX의 picture 환경

이 절에서는 LaTeX에 기본적으로 주어진 그림 환경인 picture 환경에 대해 살펴보기로 하자. picture 환경을 이용한 그림은 일반적으로 상당히 복잡하기 때문에 LaTeXCAD를 사용하는 것이 편리하나 앞에서 본 바와 같이 LaTeXCAD를 사용하면서 LaTeX의 그림 명령의 일부를 고칠 경우도 있기 때문에 이 절에는 그 명령을 소개한다.

15.1. picture 환경의 명령

picture 환경 : picture 환경은

```
\begin{picture}(urx,ury)(llx,lly)
picture 환경에서 사용하는 commands
        ⋮
\end{picture}
```

로 사용되는데 *urx*, *ury*는 그림의 오른쪽 위의 x, y 좌표이고 *llx*,*lly*는 왼쪽 아래의 x, y 좌표이다. 여기서는 *urx*, *ury* 등의 값은 cm이나 in 등의 단위를 주지 않는데 LaTeX은 그 단위를 \unitlength에 주어진 값을 사용한다.

즉, (*llx*, *lly*)가 (1,1)이고 \unitlength가 2mm라면 (*llx*, *lly*)는 (2mm, 2mm)가 된다. \unitlength 없는 경우 사용하는 DVI 구동자에 따라 사용하는 기본 단위가 달라질 수 있으며, 그럴 경우 그림의 크기가 너무 크거나 작을 수 있으므로 \unitlength를 선언해 주는 것을 권장한다.

\unitlength=*unit* 명령은 그림을 그릴 때 사용자가 준 숫자의 단위가 *unit*이라는 의미이다. 이 절에서 그려진 모든 그림의 단위는 1mm이다. 즉,

```
\unitlength=1mm
```

을 먼저 선언해 주고 그림을 그린 것이다.

`\put(`*llx,lly*`){`*object*`}` 는 왼쪽 아래 좌표 (*llx,lly*)를 기준점(reference point)으로 *object*를 그린다는 명령이다.

This Text `\put(3,0){This Text}`

함수 $f(x) = x^2$ `\put(10,0){\textcolor{blue}{함수 $f(x)=x^2$}}`

`\framebox(`*width,height*`){`*object*`}` [1]는 왼쪽 아래 좌표점을 기준점으로 가로는 *width* 단위, 세로는 *height* 단위의 실선으로 사각형 안에 *object*를 그리고 실선으로 테두리를 치라는 명령이다.

This text `\put(4,0){\framebox(20,5){This text}}`

This text `\put(4,0){\framebox(15,2){This text}}`

This text `\put(4,-2){\framebox(30,7){This text}}`

다음에서 볼 `\dashbox`에서와 마찬가지로 `\framebox`의 기준점은 박스의 왼쪽 아래 좌표이고 이 값은 `\put`에서 준 값이다.

`\dashbox{`*len*`}(`*width, height*`){object}` 는 사각형의 왼쪽 아래 좌표를 기준점으로 하여 *object*를 그리되, 가로는 *width*, 세로는 *height*의 파선으로 된 사각형의 테두리를 치라는 명령이다. 기준점은 사각형의 왼쪽 아래 모서리이다. 이때 *len*은 각 파선의 길이이다.

This text `\put(4,0){\dashbox{1}(20,5){This text}}`

This text `\put(4,0){\dashbox{2}(15,2){This text}}`

This text `\put(4,-2){\dashbox{3}(30,7){This text}}`

`\rule{`*width*`}{`*height*`}` 내부를 검게 한 사각형은 `\rule`을 사용한다는 것을 다음 예로 보자.

`\put(4,0){\rule{26\unitlength}{4.00\unitlength}}`

`\rule{width}{height}`는 가로 `width` 세로 `height`의 줄을 만들게 한다. `\rule`

[1] `\fbox`와 `\frame`과 달리 옵션을 갖는다.

에서는 반드시 그 단위를 주어야 한다. 여기서의 단위 길이 \unitlength는 1mm 이다.

\shortstack[*loc*]{*objects*} 은 *objects*를 쌓게 한다. *loc*는 tabular나 array 환경에서처럼 쌓을 때 왼쪽(l), 오른쪽(r) 혹은 중앙(c)으로 줄을 맞추게 한다. 주어지지 않으면 중앙으로 맞춘다. \shortstack의 기준점은 왼쪽 아래 모서리이다.

first layer layer 2 셋째 켜	first layer layer 2 셋째 켜	first layer layer 2 셋째 켜

는 아래 세 명령의 결과이다(박스 제외).

```
\put(13,-4){\shortstack{first layer\\layer 2\\셋째 켜}}
\put(43,-4){\shortstack[l]{first layer\\layer 2\\셋째 켜}}
\put(73,-4){\shortstack[r]{first layer\\layer 2\\셋째 켜}}
```

\circle*{*dia*}, \circle{*dia*} 는 각각 지름 *dia*인 내부를 검게 한 원 (filled circle)과 원주(circle)를 그리는데 이때는 그 기준이 원의 중심이다.

\put(15,-5){\circle{10}}
\put(35,-5){\circle*{3}}

LaTeX이 그릴 수 있는 가장 큰 원의 지름은 약 40/72(circle의 경우)인치와 15/72(circle*의 경우)인치이다. 위의 그림은 다음 명령으로 만들었으니 참고하자.

```
\put(15,-5){\circle{10}}
\put(35,-5){\circle*{3}}
\put(55,-10){\shortstack[l]{ \texttt{
\symbol{92}put(15,-5)\{\symbol{92}circle\{10\}\} }\\
\texttt{\symbol{92}put(35,-5)\{\symbol{92}circle*\{3\}\}
}} }\\*[.15in]
```

참고 : \verb명령이 \shortstack 내에서 작동하지 않으므로(\verb 명령이 fragile 이기 때문이다). \를 만들기 위해 \texttt{}와 \symbol 명령을 사용하였다. 뒤의 \oval을 만들 경우처럼 minpage를 사용할 때는 \verb가 사용 가능하다.

`\frame{`*object*`}` 는 *object*를 테두리로 둘러친다.[2]

K
S

`\put(10,-8){\frame{\shortstack{K\\S}}}`

`\oval(`*width,height*`)[`*part*`]` 는 가로 세로의 길이가 각각 *width* 단위와 *height* 단위인 모서리가 둥근 사각형(oval)을 만든다. 이때의 기준점은 사각형과 달리 둥근 사각형의 중심이다. 둥근 사각형의 일부분만(반이나 사분의 일) 그릴 수도 있는데 어느 부분을 그릴 것인지는 *part* 자리에 b(bottom), t(top), l(left), r(right)로 나타낸다. 가령 *part* 자리에 bl을 주면 왼쪽 아래 사분의 일이 그려지고 t를 주면 윗부분(반)만 그려진다.

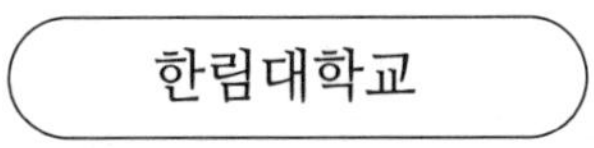


```
\put(20,-1){한림대학교}
\put(30,0){\oval(40,8)}
```

다음은 둥근 사각형의 일부를 그려 본 것이다.

```
\put(20,0){\oval(10,4)[t]}
\put(40,0){\oval(10,5)[bl]}
```

참고로 위의 `\oval` 그림과 텍스트는 다음 명령의 결과이다. 앞의 `circle` 명령과 `\circle*` 설명 때의 `\shortstack`과 달리 `\verb`가 사용 가능하다. 이때 `\verb`는 2.13절에서 말하는 *fragile* 명령이다.

```
\put(20,0){\oval(10,4)[t]}
\put(40,0){\oval(10,5)[bl]}
\null \hfill \begin{minipage}[t]{7cm}
\verb+\put(20,0){\oval(10,4)[t]}+\\
\verb+\put(40,0){\oval(10,5)[bl]}+
\end{minipage}
```

`\newsavebox{`*box*`}`, `\savebox{`*box*`}{`*box_definition*`}` **및** `\usebox{`*box*`}` 는 각각 LATEX이 새로운 박스 이름 *box*를 설정하고[3], 새로운 박스 box의 내용을 *box_definition*을 정의하고, 필요할 때 그 박스의 내용 *box*를 불러 쓸 수 있게 한다.

아래에서 `\testbox` 명령

```
\newsavebox{\testbox}
```

[2] `\fbox`나 `\framebox`와 비슷한 기능을 가졌다.

[3] *box*에는 `\`로 시작하는 LATEX 명령으로 지정한다. 예를 들어 *box*에 `\mybox`는 가능하나 `mybox`는 가능하지 않다.

은 새로운 박스를 \testbox를 설정하고 다음의 명령

```
\savebox{\testbox}{\fbox{\shortstack{가 나\\다 라}}}
```

은 \testbox의 내용을 \shortstack 으로 저장하였으며 필요한 장소에서

```
\usebox{\testbox}
```

라고 하여 새로 정의한 박스를 사용할 수 있다.

다음의 보기에서는 \testbox를 정의하고 그 박스를 세 번 이용하였다.

```
\newsavebox{\testbox}
\savebox{\testbox}{\fbox{\shortstack{가 나\\다 라}}}
\begin{center}
  \rotatebox{30}{\usebox{\testbox}}
  \rotatebox{0}{\usebox{\testbox}}
  \rotatebox{-30}{\usebox{\testbox}}
\end{center}
```

위의 결과로 다음의 그림을 얻을 수 있다.[4]

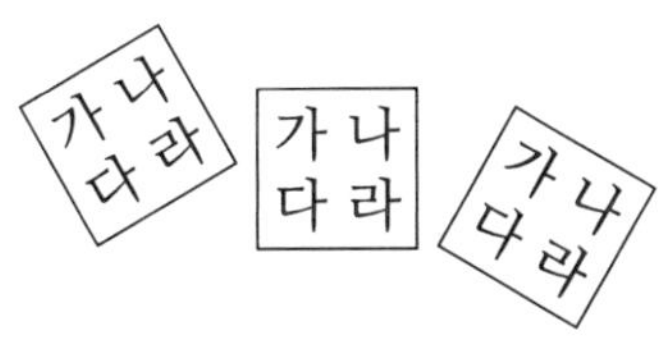

\savebox 명령은 \newsavebox 명령으로 만든 박스의 정의를 바꿔 주는 역할도 한다. \newsavebox 명령으로 한 번 설정된 박스는 같은 이름을 사용하는 동안은 다시 이 명령을 쓸 필요없이 \savebox 명령을 사용하여 박스의 내용을 바꿀 수 있다. 즉, 다음과 같이 \testbox의 내용을 원으로 바꾸어 보면

```
\begin{center}
 \savebox{\testbox}{
   \textcolor{red}{\circle{20}} \space \space
   \textcolor{green}{\circle{20}} \space \space
   \textcolor{blue}{\circle{20}} \space \space  }
 \newcount\cnt
 \loop\ifnum\cnt<100
   \usebox{\testbox}
```

[4]\rotatebox 명령은 graphics 패키지의 명령이다. 제17장 참조.

```
  \advance\cnt by 15 \repeat
\end{center}
```

다음에 보는 결과가 나타난다. 여기서 `\loop`와 `\repeat`는 plainTeX명령으로 이 두 명령 사이의 명령들을 반복하는 기능을 갖는다. `\space`는 한 칸 띄우라는 명령이며 `\textcolor` 명령은 제17장에서 소개하는 `color` 패키지의 명령이다. 즉, 0부터 시작하여 `\cnt`의 값을 15씩 증가시키면서(`\advance`) 지름이 20 단위인 원을 `\cnt`가 100보다 작을 때까지 계속하여 그리라는 뜻이다.

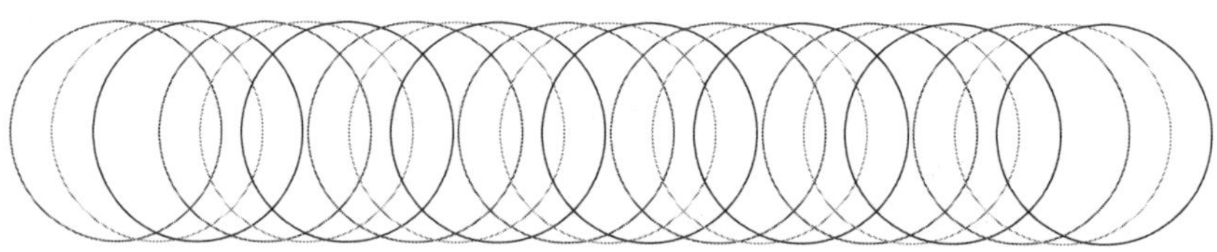

`\multiput(`x,y`)(`dx,dy`){`n`}{`*object*`}` 를 이용하면 일정한 규칙으로 *object*를 n개 반복하여 그린다. 이때 시작하는 점의 좌표는 (x,y)이며 그림을 하나씩 그릴 때마다 x축으로 dx, y축으로 dy만큼 평행이동하여 n개의 그림을 그린다.

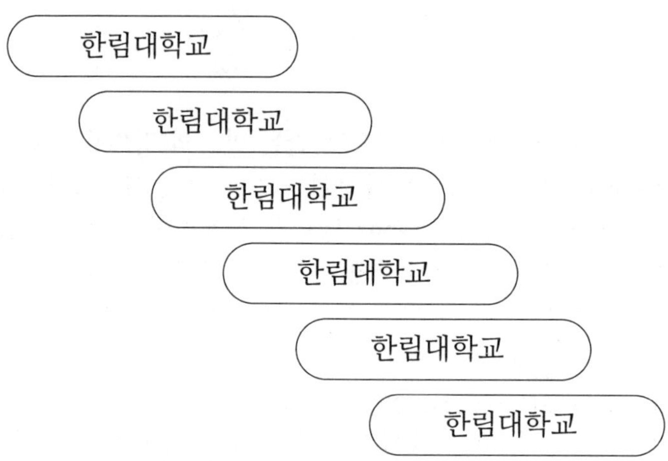

위의 그림은 다음 명령으로 만들어진다.

```
\multiput(0,0)(10,-10){6}
{\put(20,-1){한림대학교}\put(30,0){\oval(40,8)}}
```

`\line(`x,y`){`*len*`}`, `\vector(`x,y`){`*len*`}` 는 직선이나 벡터를 그려 준다. 여기서 직선이나 벡터의 기울기는 y/x이고 직선 또는 벡터의 길이는 *len*에 주어진다. x와 y의

값의 범위는 −6부터 6 사이의 정수라야 하며, 또 x와 y는 "서로소"라야 한다.[5] 예를 들어 x와 y의 값으로 2와 4 혹은 6과 3 등은 서로소가 아니기 때문에 사용할 수 없는 x, y 값이다. x 값이 0이면 수직인 직선이고 y 값이 0이면 수평선이 만들어진다.

\vector 명령은 \line과 사용법이 같으며 결과는 \line의 결과에 화살표가 추가된다.

.... \vector(1,2){2} \line(2,1){4}

기울기가 $-\frac{1}{3}$이고 길이가 10cm 인 직선을 x–y 평면에 다음과 같이 그려 보자.

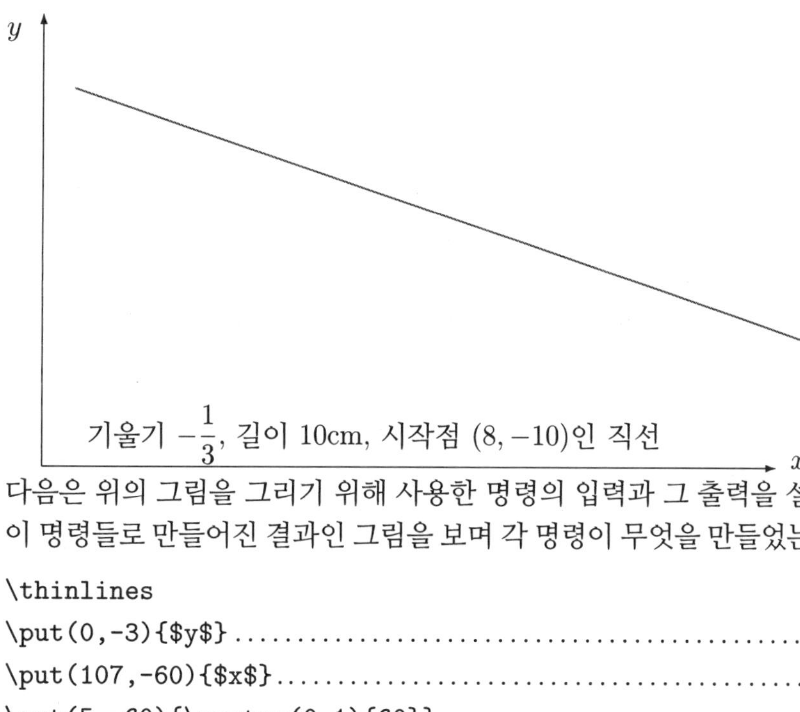

다음은 위의 그림을 그리기 위해 사용한 명령의 입력과 그 출력을 설명한 것이다. 이 명령들로 만들어진 결과인 그림을 보며 각 명령이 무엇을 만들었는지 확인하자.

\thinlines
\put(0,-3){y} .... y 쓰기[6]
\put(107,-60){x}..x 쓰기
\put(5,-60){\vector(0,1){60}} ....y 축 만들기
\put(5,-60){\vector(1,0){100}} ....x 축
\put(11,-57){기울기 $-\dfrac{1}{3}$, 길이 10cm, 시작점[7]

[5]이런 제약은 제16장의 tikz 패키지를 사용하면 해결된다.
[6]수학 모드에서도 \put할 수 있다.
[7]\dfrac 명령은 \displaystyle\frac 명령이다.

`$(8,-10)$ 인 직선}` .... 그림 설명[8]

`\thicklines`

`\put(5,-10){\textcolor{red}{\line(3,-1){100}}}` .... 직선 그림

> 참고: 위의 그림은 원점이 $(5,-60)$이고, y축 맨 위의 좌표가 (5,0)으로 정하여 그린 그림이므로 여기서의 좌푯값들의 일부는 음수이다.

> 참고: 가끔 그림 등에서 "vertical 모드에서 raise 불가능" 등의 에러가 나는 경우가 있는데 이때는 `\leavevmode` 명령을 에러가 나오는 그 줄 바로 앞에 주면 해결되는 경우가 많다.

`\thinlines`와 `\thicklines` 명령은 `\line` 명령으로 그린 그림의 굵기를 조절해 준다. 위의 직선 그림에서 축은 가늘고 그 위에 그려진 직선은 굵은 것을 볼 수 있는데 이는 그전에 `\thinelines`와 `\thicklines`로 선의 굵기를 조정하였기 때문이다. 아래의 Bézier 곡선은 `\thicklines` 명령 다음에 그렸고 직선은 `\thinelines` 명령 후에 그린 것이다.

`\qbezier[`*npts*`]`$(x_1,y_1)(x_2,y_2)(x_2,y_3)$ 명령은 컨트롤 점이 하나인 Bézier 곡선을 만드는 명령인데 옵션의 *npts*는 Bézier 곡선이 실선이 아닌 점으로 그리게 하며 이 숫자만큼의 점으로 곡선을 그린다. Bézier 곡선을 얻기 위한 두 개의 끝점은 (x_1,y_1) 및 (x_2,y_2)이며 Bézier 곡선의 꼭짓점의 좌표가 (x_3,y_3)이다.

다음 두 가지 예는 `\qbezier`명령이 어떻게 사용되는지 잘 보여준다. 아래 그림은 (0,0)과 (50,5)를 연결하는 곡선을 그린 그림이다.

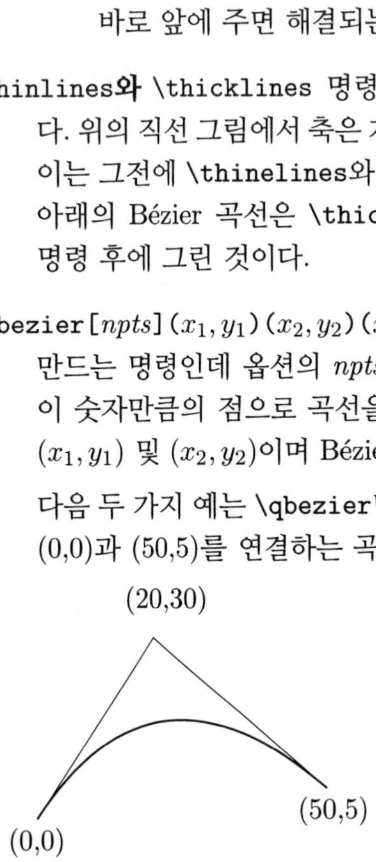

`\qbezier(0,0)(20,30)(50,5)`

`\qbezier`에는 옵션으로 실선이 아닌 점으로 곡선을 그리게 할 수 있다.

[8]한글도 `\put` 가능

`\qbezier[40](0,0)(20,30)(50,5)`

위와 같이 옵션으로 40을 주면 위의 그림에 주어진 곡선과 같이 점이 정확하게 40개로 만들어진 곡선을 그릴 수 있다.

끝으로 picture 환경을 이용하여 만든 그림의 한 예로 그림 6.1이 만들어진 명령들을 소개한다.

```
\begin{figure}
 \unitlength=0.9mm
 \begin{picture}(137,150)(0,0)
   \put(0,145){\line(0,-1){10}}
   \put(0,135){\line(1,0){130}}
   \put(130,135){\line(0,1){10}}
   \put(50,137){\texttt{list} 이전 본문}

   \put(65,130){\vector(0,1){5}}
   \put(65,130){\vector(0,-1){5}}
   \put(67,129){\texttt{\symbol{92}topsep +
      \symbol{92}parskip + [\symbol{92}partopsep]}}
   \put(2.5,123){\vector(0,1){5}}
   \put(3,130.5){\texttt{\symbol{92}itemindent}}
   \put(0,123){\vector(1,0){5}}
   \put(5,118){\framebox(20,7){항 제목}}
   \put(30,123){\vector(1,0){5}}
   \put(30,123){\vector(-1,0){5}}
   \put(25,126.5){\texttt{\symbol{92}labelsep}}
   \put(35,100){\framebox(60,25){\shortstack[l]{\mbox{ }\\
     첫째 항 \\ 첫 문단}}}
   \put(35,118){\dashbox(15,7){\null}}
   \put(35,121.5){\vector(1,0){15}}
   \put(52,120){\texttt{\symbol{92}itemindent}}
   \put(112.5,120){\vector(1,0){17.5}}
   \put(112.5,120){\vector(-1,0){17.5}}
   \put(99,115){\texttt{\symbol{92}rightmargin}}
   \put(15,116){\vector(1,0){10}}
   \put(15,116){\vector(-1,0){10}}
\usepackage{metalogo}
   \put(5,111){\texttt{\symbol{92}labelwidth}}
```

```
    \put(17.5,107){\vector(1,0){17.5}}
    \put(17.5,107){\vector(-1,0){17.5}}
    \put(2,103){\texttt{\symbol{92}leftmargin}}

    \put(65,95){\vector(0,1){5}}
    \put(65,95){\vector(0,-1){5}}
    \put(67,93){\texttt{\symbol{92}parsep}}

    \put(35,72){\line(1,0){60}}
    \put(35,72){\line(0,1){10}}
    \put(35,82){\line(1,0){7}}
    \put(42,82){\line(0,1){8}}
    \put(42,90){\line(1,0){53}}
    \put(95,90){\line(0,-1){18}}
    \put(55,78){\shortstack[l]{첫째 항\\둘째 문단}}
    \put(38.5,87){\vector(1,0){3.5}}
    \put(38.5,87){\vector(-1,0){3.5}}
    \put(30,91){\texttt{\symbol{92}listparindent}}

    \put(65,67){\vector(0,1){5}}
    \put(65,67){\vector(0,-1){5}}
    \put(67,66){\texttt{\symbol{92}itemsep+\symbol{92}parsep}}

    \put(5,55){\framebox(20,7){항 제목}}
    \put(34,44){\framebox(60,18){둘째 항}}

    \put(65,39){\vector(0,1){5}}
    \put(65,39){\vector(0,-1){5}}
    \put(67,38){\texttt{\symbol{92}itemsep + \symbol{92}parsep
      + [\symbol{92}partopsep]}}

    \put(0,34){\line(0,-1){10}}
    \put(0,34){\line(1,0){130}}
    \put(130,24){\line(0,1){10}}
    \put(50,27){\texttt{list} 이후 본문}
  \end{picture}
  \caption{\texttt{list} 환경의 미세 조정 변수 \label{fig:list}}
\end{figure}
```

제16장

PGF/TikZ 패키지

PGF와 TikZ는 LaTeX에서 벡터 형식의 그림을 그리기 위한 매크로이며 PGF가 낮은 수준(lower level)의 언어이며 PGF 언어의 모아 사용자가 좀 더 간단하게 사용할 수 있게 한 것이 바로 TikZ이다. 대부분의 일반 사용자는 실제로 TikZ를 사용한다. 따라서 대개의 사용자는 `tikz` 패키지를 사용한다.[1] 이 패키지의 개발자는 Till Tantau이다. 명령어를 직접 사용하는 데 익숙하지 않은 사람을 위해 윈도우/리눅스 우분투용의 WYSIWYG[2] 편집기 `TikzEdit`이 있으니 관심 있는 사람은 시도해 보기 바란다. 하지만 `TikzEdit`은 아직 `tikz` 기능이 모두 지원되지 않는다.

16.1. 패키지의 사용과 그림의 시작 방법

`tikz` 패키지는 여느 패키지와 마찬가지로

`\usepackage{tikz}`

로 시작하며 PGF/TikZ 그림을 그리기 위해서는 `tikzpicture` 환경을

```
\begin{tikzpicture}[options]
  \texttt{tikz} 명령들
\end{tikzpicture}
```

과 같이 사용하거나

---

[1] `pgf` 패키지도 존재함.
[2] What You See Is What You Get

```
\tikz[options]{commands}
또는
\tikz[options] commands;
```

로 사용한다. 중괄호({})를 사용한 경우 중괄호 안에 tikz 명령을 설정하고 중괄호를 사용하지 않는 경우는 세미콜론(;)이 나오기 전까지 tikz 명령을 입력한다. 중괄호를 사용하지 않는 경우 세미콜론의 입력을 빠뜨리지 않도록 주의하여야 한다.

다음 두 명령은

```
\tikz{\draw (0,0) rectangle (2ex,1em)}
\tikz[very thick] \draw (0,0) rectangle (2ex,1em);
```

각각 □ 및 □ 을 만든다. 여기서 사용한 \draw 명령은 그리기 위한 명령이며 기준 좌표는 (0,0)이다. rectangle은 사각형을 그리라는(\draw) 명령이며 지금처럼 왼쪽 아래의 좌표가 (0,0)인 경우 오른쪽 값은 2ex와 1em으로 각각 사각형의 넓이 및 높이이다. \draw 명령은 16.2.1절에서, 사각형 그리기는 16.3.4절에서 자세히 알아보기로 한다.

16.1.1 라이브러리

tikz 패키지의 일부 고급 기능은 라이브러리를 불러와야 하는 경우가 있는데 이 경우

```
\usetikzlibrary{name}
```

를 tikz 패키지를 로드한 후에 전처리부(*preamble*)에 이 명령을 사용한다. 이 명령 자체가 tikz 패키지의 일부이므로 tikz 패키지를 \usepackage한 후에 입력하는 것이 바람직하다.

*name*에 사용할 수 있는 라이브러리로는 arrows, arrows.meta, automata, calc, calendar, chains, intersections, matrix, mindmap, petri, patterns, shadows, shapes.geometric, shapes.misc, snakes, spy, trees, backgrounds 등이 있으며 일부는 여기서 소개한다.

16.1.2 옵션의 설정

tikzpicture 환경 및 \tikz 명령에서 사용할 수 있는 옵션 중 일부는 다음과 같다.

`>-, ->, --, <->, <<->>, ->>, ->|, |<->|` 선의 모양을 설정한다. `>` 및 `<`는 화살표의 방향을 표시한다.

표 16.1: tikz 패키지의 화살표 및 선

```
\tikz \draw (0pt,3pt) -- (20pt, 3pt);
\tikz \draw[>-] (0pt,3pt) -- (20pt, 3pt);
\tikz \draw[->] (0pt,3pt) -- (20pt, 3pt);
\tikz \draw[->>] (0pt,3pt) -- (20pt, 3pt);
\tikz \draw[<->] (0pt,3pt) -- (20pt, 3pt);
\tikz \draw[<<->>] (0pt,3pt) -- (20pt, 3pt);
\tikz \draw[->|] (0pt,3pt) -- (20pt, 3pt);
\tikz \draw[->>|] (0pt,3pt) -- (20pt, 3pt);
\tikz \draw[|<->|] (0pt,3pt) -- (20pt, 3pt);
\tikz \draw[|<<->>|] (0pt,3pt) -- (20pt, 3pt);
\tikz \draw[-Stealth] (0pt,3pt) -- (20pt, 3pt);
\tikz \draw[Stealth-Stealth] (0pt,3pt) --
                    (20pt, 3pt);
\tikz \draw[-Latex] (0pt,3pt) -- (20pt, 3pt);
\tikz \draw[-{Classical TikZ Rightarrow}]
          (0pt,3pt) -- (20pt, 3pt);
```

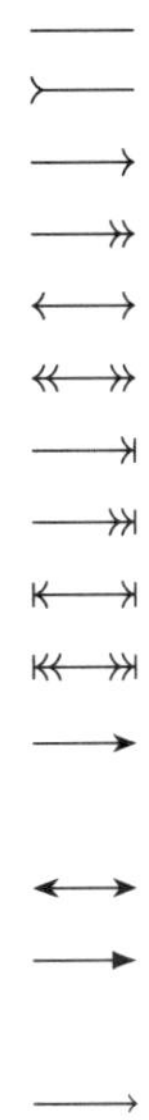

```
\tikz{\draw[-{Stealth[length=3mm]}](0,0)--(1.2,0);
 \draw[|<->|](0.8,.4) -- node[above=1mm]{3mm}
                         (1.2,.4);}
```

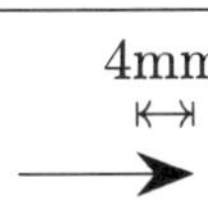


```
\tikz{\draw[-{Latex[length=3mm]}](0,0)--(1.5,0);
 \draw[|<->|](0.8,.4) -- node[above=1mm]{3mm}
                      (1.2,.4);}
```

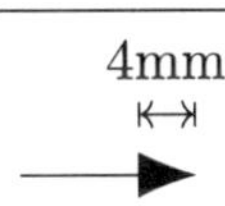


```
\tikz{\draw[-{Classical TikZ Rightarrow
                  [length=3mm]}](0,0) -- (1.2,0);
 \draw[|<->|](0.8,.6) -- node[above=1mm]{3mm}
                  (1.2,.6);}
```

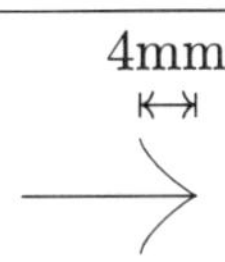

arrows.meta 라이브러리를 사용하면 화살표에서 화살촉의 모양에 > 또는 < 대신 Stealth, Latex, Classical TikZ Rightarrow를 추가로 사용할 수 있으며 촉의 크기 또한 조절할 수 있다. 각 옵션에 따른 화살표의 모양은 표 16.1에 정리하였다. 이 표에서 아래 세 개의 화살표의 경우 두 개의 tikz 명령이 사용되었는데 이들 중 두 번째 명령은 화살촉의 크기를 표현하기 위한 명령이며 화살은 첫 번째 명령으로 그려진다. 또한 그림 16.1 등을 포함한 많은 예들을 뒤에서 볼 수 있다.

anchor=base|north|west|east|north east|north west 및 south east, south west, base west 및 base west는 경로를 그릴 때 기준이 되는 위치를 설정한다.

base가 기본값(baseline)이며 나머지는 이름의 의미하는 위치이다(그림 16.44 등 참고). \node 명령에는 center, mid도 사용 가능하다(16.6.6절의 node 좌표 체계 참고).

baseline=*dim* 그림을 시작할 baseline을 설정한다. 따로 설정하지 않으면 현재의 기본 baseline 값을 사용한다. Baseline에 대해서는 4.4절을 참고하기로 한다. 양수값은 baseline 을 내리며 음수값은 올린다. 다음의

```
\tikz \draw (0,0) rectangle (1em, 1em);
\tikz[baseline=2pt] \draw (0,0) rectangle (1em, 1em);
```

에 의해 만들어진 두 개의 사각형 □□ 의 위치를 비교해 보아라.

cap=round|rect|butt 선의 끝부분을 어떻게 처리할지 설정하며 기본값은 butt이다. round는 butt의 양쪽 끝에 둥근 효과를 주며 rect는 사각형 효과를 준다. 이 효과 때문에 실제 round나 rect인 경우 butt보다 선의 길이가 조금 길게 된다. 선이 가늘면 표가 별로 나지 않지만 굵으면 표가 난다.

color=*color* 는 색을 설정하며, 알려진 색의 이름은 색의 이름을 사용할 수 있으며 둘 이상의 색깔에 대한 설정은

join=round|bevel|miter 두 개의 선이 만나는 부분을 어떻게 처리할 것인지 설정하며 순서대로 둥글게, 평평하게 및 뾰족하게 만든다. 기본값은 miter이다.

miter limit=*factor* 두 선이 만나는 부분을 뾰족하게 할 때 이 뾰족한 정도를 어느 정도로 할지 설정한다. 기본값은 10이며 이보다 큰 값은 더 뾰족하게 만든다.

line width=*wd* 선의 굵기를 설정한다. 예를 들어 10pt로 설정하면 모든 선의 굵기가 10pt가 된다. 사용 예는 그림 16.21 등을 참고하기로 한다.

ultra thin|very thin|thin|semithick|thick|very thick|ultra thick 선의 굵기를 설정하며 순서대로 선의 굵기는 0.1pt, 0.2pt, 0.4pt, 0.6pt, 0.8pt, 1.2pt 및 1.6pt이다. 사용 보기는 그림 16.1, 그림 16.21 등이다.

`scale=`*value* 그림의 확대/축소 비율을 설정한다. 값이 1보다 크면 확대, 작으면 축소이다. 그림 16.2, 그림 16.5, 그림 16.5 등이 있다.

`xscale=`*value*, `yscale=`*value* 각각 x축 및 y축의 축소 및 확대 비율을 설정한다. 1보다 크면 확대, 1보다 작으면 축소이다. 사용 예는 그림 16.29 등이다.

`solid|dotted|densely dotted|loosely dotted|dashed|densely dashed` 또는 `loosely dashed`는 선의 형태를 설정하며 `solid`는 실선, `dotted`는 점선, `dashed`는 파선이다. 표 16.3에 이들 선의 종류에 대한 보기를 담았으니 참고하기로 한다.

`dash pattern= on` *len1* `off` *len2* 는 파선을 그릴 때 선이 연결될 길이 *len1*과 선이 없는 부분의 길이 *len2*를 설정한다. `on`과 `off`는 두 개 이상이 가능하다. 표 16.3에 이들 선의 종류에 대한 보기를 담았으니 참고하기로 한다.

`dash phase=` *len* 첫 번째 대시(dash)를 어디서 시작할지 설정한다. 표 16.3에 이들 선의 종류에 대한 보기를 담았으니 참고하기로 한다.

`remember picture` `tikz` 패키지에는 좌표나 경로에 이름을 설정하고 해당 좌표 및 경로를 좌푯값이 아닌 이름으로 불러오는 기능이 있는데 서로 다른 `tikzpicture` 환경에서 설정된 이름을 사용하기 위해서 이 옵션이 필요하다. 이 옵션을 사용할 때는 각 `tikzpicture`의 위치가 `.aux` 파일에 기록되므로 두 번 이상의 컴파일을 하여 변경된 그림 위치를 잡아 주어야 한다. 이 옵션을 설정한 다른 그림에서 좌표의 위치를 찾을 때는 `overlay` 옵션이 설정되어야 한다(그림 16.34 참고).

`overlay` 좌표나 경로의 이름이 설정된 `remember picture` 옵션을 사용한 그림인 경우 추후 이 그림에 다른 경로를 그릴 것이므로 이 옵션을 사용하는 것이 권장된다. 그림 16.34의 예를 참고하자. 사용 예는 그림 16.34나 B.8절 등을 참고하자.

`opacity=`*value* 투명도(사전적으로는 불투명도)를 설정하며 0이면 투명하게 1이면 전혀 투명하지 않게 그림을 그린다. 즉, 1인 경우 앞의 그림을 덮어쓰게 되고 0인 경우 앞의 그림을 그대로 보여주어 현재 그림이 실질적으로 만들어지지 않는다. 사용 보기는 그림 16.10, 그림 16.18 등을 참고하기로 한다.

`transparent|ultra nearly transparent|very nearly transparent` 및 `nearly transparent`, `semitransparent`, `nearly opaque`, `very nearly opaque`, `ultra nearly opaque` 또는 `opaque` 중의 하나를 설정하며 각 설정이 어느 정도 투명한지는 이들의 사전적 의미대로이다. PostScript는 투명도를 지원하지 않으므로

이 옵션을 사용하여도 `opacity` 값은 0이다. 사용 보기는 그림 16.10, 그림 16.18 등을 참고하기로 한다.

fill opacity=*value* 그림의 내부를 채울 때(`\fill` 명령 등) 내부의 투명도를 설정하며 `opacity`와 같은 방법으로 값을 설정한다. PostScript는 투명도를 지원하지 않으므로 이 옵션을 사용하여도 `opacity` 값은 0이다. PostScript는 투명도를 지원하지 않으므로 이 옵션을 사용하여도 `opacity` 값은 0이며 만일 테두리가 있는 경우(`\filldraw` 명령 등) 테두리에는 투명도가 적용되지 않는다. 사용 보기는 그림 16.10을 참고하기로 한다.

x=, y=, z= 기준이 되는 벡터값을 설정한다. PGF/TikZ 는 벡터 그래픽을 사용하므로 기준 벡터를 설정한다. 따로 설정하지 않으면 단위는 `cm`인 (1,0,0), (0,1,0) 및 (0,0,1)이다. 예를 들어

```
\begin{tikzpicture}
\draw rectangle (1,0.5);
\end{tikzpicture}
```

는 따로 설정하지 않았으므로 가로 세로의 길이가 1cm, 0.5cm인 사각형(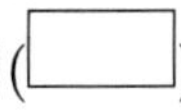) 을 그리며

```
\begin{tikzpicture}[x=2, y=1, z=2]
\draw rectangle (2,3);
\end{tikzpicture}
```

는 설정하면서 단위를 주지 않아서 각각의 단위는 LaTeX 그림의 기본 단위인 `pt`로 (▫)가 만들어진다. 이 경우 만들어진 사각형의 폭은 4pt, 높이는 3pt이다.

`x`, `y` 등의 기본 설정은 벡터의 설정이므로 다음과 같이 벡터로 설정할 수도 있다. 벡터로 설정할 때는 반드시 `{}`를 사용하고 길이의 단위를 주어야 한다.

```
\begin{tikzpicture}[x={(2mm,0)}, y={(0,1mm)}]
\draw rectangle (2,3);
\end{tikzpicture}
```

이 결과는 □ 이다. 위의 경우처럼 직교하는 벡터를 사용하지 않을 수도 있으나 특별한 경우가 아니면 권장하지 않는다.

기본적으로 PGF/TikZ는 벡터를 사용하지만 사용자 입장에서 단위를 설정하는 것이 편리한데 예를 들어

```
\begin{tikzpicture}[x=1mm, y=1mm]
```

로 하면 결과적으로 x와 y의 단위가 mm가 된다.

tikz 패키지의 좌표 체계는 16.6절, 16.6.6절 및 그림 16.41 등을 참고하기로 한다.

`xshift=`*xlen*, `yshift=`*ylen*, `shift={(`*xlen*, *ylen*`)}` 각각 그림을 *x*축으로만, *y*축으로만 및 한 번에 두 축 방향 모두 이동하고자 할 때 사용한다. 이는 주로 tikzpicture 내에서 만드는 scope 환경에서 만들 그림을 적절한 위치만큼 이동하고자 할 때 사용된다. tikzpicture 환경으로 만든 그림 전체를 페이지 내에서 이동하려면 \hspace 등의 명령으로 이동하여야 한다. 이후에 나오는 많은 보기는 이 옵션을 사용하는 것이 편한 경우에도 사용자가 읽기 편하게 실제 좌표를 직접 입력하였으며 사용 예는 그림 16.29, 그림 16.18 등이다.

16.1.3 scope 환경

tikzpicture 환경 내에서 사용할 수 있는 scope 환경도 제공되는데 이 환경은 일부 tikzpicture 전체의 *options* 설정 중에서 일부만 다른 *options*를 줄 때 편리하다. 사용법은

```
\begin{scope}[options]
  \texttt{tikz} 명령들
\end{scope}
```

이며 일반 *options* 외에 추가로 사용할 수 있는 옵션은

`execute at begin scope=` *commands* scope 환경을 시작하기 전에 실행할 명령을 *commands*에 설정함.

`execute at end scope=` *commands* scope 환경을 끝낸 후에 실행할 명령을 *commands*에 설정함.

이 있다. scope 환경의 사용 예는 그림 16.17, 그림 16.18 등에서 확인할 수 있다.

tikz 패키지에서 옵션을 설정하는 또 다른 방법으로 \tikzset 명령을 사용하는 방법이 있다. 이 방법은 한 번 설정하면 이후 설정을 바꿀 때까지 계속 영향을 미친다. \tikzset 명령의 사용 예는 16.8절을 참고할 수 있다.

표 16.2: tikz 패키지의 선의 굵기

입력	출력
\tikz \draw[line width=5pt] (0,0) -- (1cm,1.5ex);	
\tikz \draw[ultra thin] (0,0) -- (1cm,1.5ex);	
\tikz \draw[very thin] (0,0) -- (1cm,1.5ex);	
\tikz \draw[thin] (0,0) -- (1cm,1.5ex);	
\tikz \draw[semithick] (0,0) -- (1cm,1.5ex);	
\tikz \draw[thick] (0,0) -- (1cm,1.5ex);	
\tikz \draw[very thick] (0,0) -- (1cm,1.5ex);	
\tikz \draw[ultra thick] (0,0) -- (1cm,1.5ex);	

표 16.3: tikz 패키지의 선의 종류

입력	출력
\tikz \draw[dash pattern=on 2pt off 3pt on 4pt off 4pt](0pt,0pt) -- (50pt,8pt);	
\tikz \draw[dash pattern=on 20pt off 8pt, dash phase=0pt](0pt,0pt) -- (50pt,8pt);	
\tikz \draw[dash pattern=on 20pt off 8pt, dash phase=10pt](0pt,0pt) -- (50pt,8pt);	
\tikz \draw[solid](0pt,0pt) -- (50pt,8pt);	
\tikz \draw[dotted](0pt,0pt) -- (50pt,8pt);	
\tikz \draw[densely dotted](0pt,0pt)--(50pt,8pt);	
\tikz \draw[loosely dotted](0pt,0pt)--(50pt,8pt);	
\tikz \draw[dashed](0pt,0pt) -- (50pt,8pt);	
\tikz \draw[densely dashed](0pt,0pt)--(50pt,8pt);	
\tikz \draw[loosely dashed](0pt,0pt)--(50pt,8pt);	
\tikz \draw[dash dot](0pt,0pt) -- (50pt,8pt);	
\tikz\draw[densely dash dot](0pt,0pt)--(50pt,8pt);	
\tikz\draw[loosely dash dot](0pt,0pt)--(50pt,8pt);	
\tikz \draw[dash dot dot](0pt,0pt)--(50pt,8pt);	
\tikz \draw[densely dash dot dot] (0pt,0pt) -- (50pt,0pt);	
\tikz \draw[loosely dash dot dot] (0pt,0pt) -- (50pt,8pt);	

16.2. 그리기 명령들

PGF/TikZ에는 어떤 경로를 만들거나 그리기 위해서 사용하는 여러 가지 명령 `\draw`, `\fill`, `\node`, `\shade`, `\path`, `\pattern`, `\shadedraw`, `\clip`, `\useasboundingbox` 등이 제공된다. 이 중 가장 자주 사용하는 명령은 `\draw` 명령이며 기본은 `\path`이다.

16.2.1 `\draw` 명령

이 명령은 어떤 경로를(테두리가 있는 경우 테두리만) 그리기 위한 명령으로

```
\draw[options] paths;
```

와 같이 사용한다. *options*에는 앞에서 소개한 `tikzpicture`의 옵션뿐만 아니라 그릴 경로 *paths*에 따라서 다른 옵션을 설정할 수 있다. 일부 옵션은 다음과 같다.

`--`, `->` 등의 선 모양 표 16.1의 선/화살표 모양을 설정한다.

`color=`*color* 그릴 경로의 테두리의 색을 설정한다.

`fill`=*color* 내부에 칠할 색을 설정한다. =*color*을 생략하면 전경색(주로 `black`)이 칠해진다.

`shade`=*shade_name* 색을 연속으로 변하게 하고자 할 때 사용한다. 16.2.5절의 `\shade` 명령의 옵션도 추가로 사용 가능하다.

`pattern=`*pattern_name* 내부를 특정한 패턴으로 채울 때 사용하며 *pattern_name*에 사용할 수 있는 값은 16.2.7절의 `\pattern` 명령의 `pattern`에서 설정할 수 있는 패턴들이다.

`pattern color=`*pattern_color* 16.2.7절의 `pattern color`에서 사용할 수 있는 옵션은 사용 가능하다.

`help lines` 좌표의 위치를 확인하기 쉽게 격자를 그려준다. 이때 격자의 색은 옅은 회색이며 격자 간격은 격자 위에 무엇을 그리는지에 따라 `tikz`가 판단한다. 사용자 정의 격자를 그리려면 16.3.7절의 `grid`를 참고하고 사용 예는 그림 16.3을 참고하기로 한다.

`rounded corners`=*len* 두 직선이 만나는 꼭짓점을 얼마나 둥글게 할지 설정한다. *len*이 설정되면 꼭짓점에서부터 *len*만큼의 부분을 둥글게 처리하여 꼭짓점이 만들어지지 않는다. 사용 예는 그림 16.3을 참고하기로 한다.

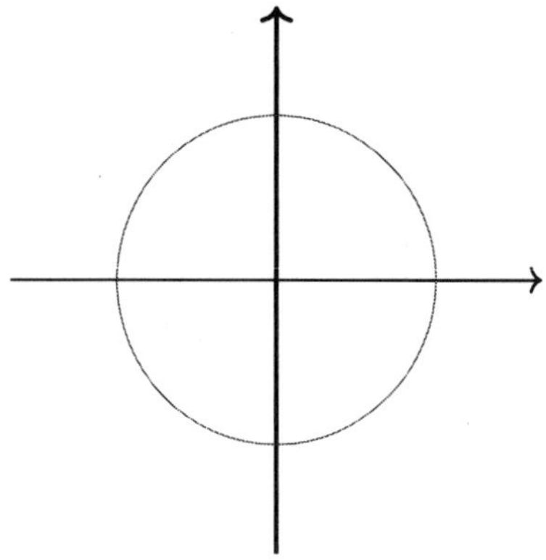

그림 16.1: \draw 명령으로 그린 화살표와 원

`style=`style `\tikzstyle` 명령 등에 의해 사전에 정의된 *style*이 있을 때 이 옵션을 설정하면 해당 스타일이 적용된다. 이때 *style*에 정의된 것이 추가로 정의되면 앞의 설정은 뒤의 설정에 의해 덮어써진다. 자세한 것은 사용 예는 그림 16.3과 16.8절을 참고하기로 한다.

`double`=*color* 그릴 모양을 이중으로 그린다. *color*가 설정되면 두 선 사이의 공간을 설정된 색으로 채우며 설정되지 않으면 현재의 배경색을 사용한다.

`double distance=`*len* 두 개의 선으로 도형을 그릴 때 두 선 사이의 간격을 설정한다.

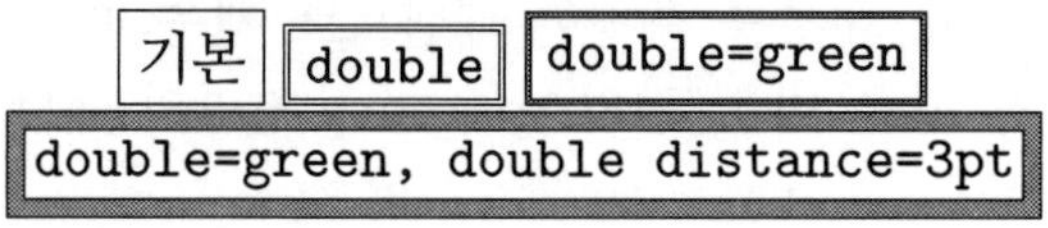

그릴 경로 *paths*에 대해서는 16.3절을 참고하기로 한다.

`\draw` 명령의 **paths**에는 그릴 경로의 이름과 좌표가 반드시 포함되어야 하며 직선의 경우 표 16.1에서 본 선의 형식을 설정한다. 그림 16.2.1은 x축, y축 및 원을 `\draw` 명령으로 그려 본 것이다. 이 그림은

```
\begin{tikzpicture}[x=1cm, y=1cm]
\draw[thick, ->] (0,0) -- (5,0);  % x축
\draw[very thick, ->] (2.5, -2.5) -- (2.5, 2.5); % y축
\draw[color=red] (2.5, 0) circle (1.5);
\end{tikzpicture}
```

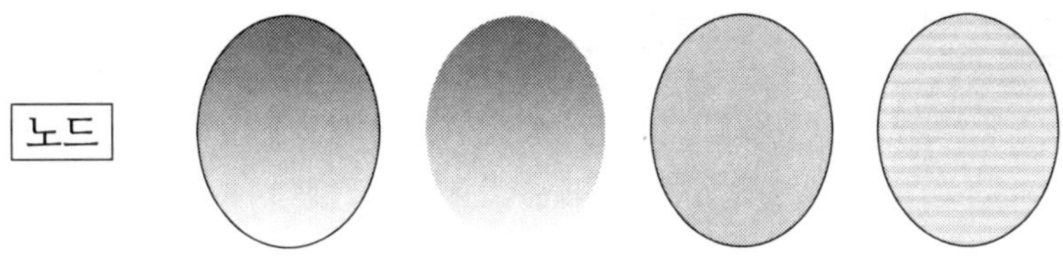

그림 16.2: \draw 명령으로 대체한 결과

으로 만들었으며 1번과 5번은 tikzpicture 환경에 대한 시작과 끝을 설정한 것인데 기준이 되는 벡터는 (1cm, 0) 벡터와 (0, 1cm) 벡터이므로 실질적으로 그림 내의 단위가 cm임을 의미한다. 2번 줄은 선의 굵기는 thick으로, 선의 모양은 화살표를 사용하여 가로로 선을 만들고(x축), 3번 줄은 선의 굵기는 very thick으로, 선의 모양은 화살표를 사용하여 세로로 선을 만들며(y축), 마지막으로 원을 그리되 색은 빨간색으로 한다.

\draw 명령은 뒤에서 소개할 명령인 \node 명령(341면의 16.2.2절), \filldraw 명령(348면의 16.2.4절), \shadedraw 명령(351면의 16.2.6절), \fill 명령(347면의 16.2.3절), \shade 명령(349면의 16.2.5절), \pattern 명령(352면의 16.2.7절) 등의 명령으로 대체할 수 있다.

그림 16.2는 다음

```
\begin{tikzpicture}[scale=1.1]
\draw node[rectangle, draw] at (0,0) {노드};
\draw[shade] (2,0) circle [x radius=0.8, y radius=1];
\draw[shade, color=white] (4,0)
                        circle [x radius=0.8, y radius=1];
\draw[fill=pink] (6,0) circle [x radius=0.8, y radius=1];
\draw[pattern=horizontal lines light blue]
                (8,0) ellipse [x radius=0.8, y radius=1];
\end{tikzpicture}
```

의 \draw 명령으로 만들었으며 이 명령을 앞에서 말한 \filldraw, \shade, \fill, \shadedraw, \node, \pattern 등의 명령들로 대체하면

```
\begin{tikzpicture}[scale=1.1]
\node[rectangle, draw] at (0,0) {노드};
\shadedraw[draw] (2,0) circle [x radius=0.8, y radius=1];
\shade[color=white] (4,0) circle [x radius=0.8, y radius=1];
\fill[pink, draw] (6,0) circle [x radius=0.8, y radius=1];
\pattern[pattern=horizontal lines light blue, draw]
```

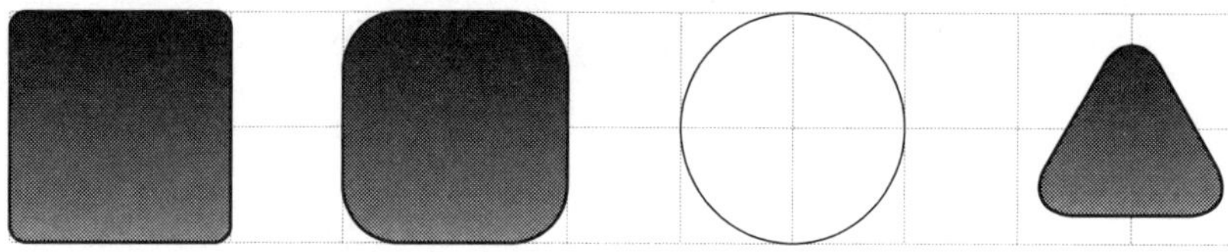

그림 16.3: 둥근 모서리와 보조선 그리기

```
                (8,0) ellipse [x radius=0.8, y radius=1];
\end{tikzpicture}
```

로 같은 결과를 얻을 수 있다. 기본적으로 \draw 명령은 테두리만 그린다. 따라서 내부를 채우고자 할 때는 fill 옵션을 주로 사용하게 되며 원래 내부를 채우는 종류(\shade, \pattern 등)에 테두리를 만들고자 할 때는 draw 옵션을 사용한다. 위의 그림 중 테두리가 없는 그림의 경우도 실제로는 흰색 테두리가 있다. 위의 세 번째의 \draw와 \shade 명령인 경우 white인 테두리를 그렸다.

그림 16.3은

```
\begin{tikzpicture}
\tikzstyle my style=[style={thick, shade, top color=blue,
            bottom color=green, rounded corners=.5cm}];
\draw[help lines] (0,0) grid (11,2);
\draw[style=my style, rounded corners] (0,0) rectangle (2,2);
\draw[style=my style] (3,0) rectangle (5,2);
\draw[rounded corners=1cm] (6,0) rectangle (8,2);
\draw[style=my style] (9,0.25) -- (11,.25)--(10, 1.98)
                                  -- cycle;
\end{tikzpicture}
```

으로 만들었다. 먼저 첫 \tikzstyle 명령에 의해 my style이라는 스타일이 정의되었다. \tikzstyle 명령에 의해 설정된 옵션 중 shade, top color, bottom color는 16.2.5절을 참고하기로 한다. thick은 선의 굵기이다.

첫 \draw 명령에 의해 보조 격자가 그려졌으며 두 번째 \draw 명령에 정해진 스타일 my style이 적용되었으나 rounded corners의 추가 옵션에 의해 기본값만 적용되었다. 그림 16.3의 가장 왼쪽 사각형이다. 두 번째 사각형은 0.5cm의 둥근 부분으로 만들어졌으며, 세 번째는 반지름이 1cm인데 둥근 부분이 1cm라서 원이 되었다. 마지막 삼각형은 선을 그리는 경우이지만 shade 옵션에 의해 내부의 색이 채워졌으며 이 경우에도 둥근 모서리가 만들어진다.

실제로 tikz에서 \draw 명령으로 할 수 있는 것이 아주 많으며 여러 형태를 그리는 것은 16.3절을 참고하기로 한다.

16.2.2 \node 명령

\node 명령은 주로 문자열을 그린다. 사용법은

```
\node[options] at [coord] (label) {text};
```

이다. \node 명령 대신 \draw 명령에서 *paths*에 node를 사용하여 다음

```
\draw[options] node [node_opt] at coord (label) {text};
```

과 같이 \draw 또는 다른 그리기 명령 등에 node를 사용할 수도 있다.

여기서 *coord*에는 *text*가 위치할 좌표를 준다. *text*에 필요한 LaTeX 명령도 사용할 수 있다. *text*가 길 경우 tikz가 자동으로 줄 바꾸기를 하지 않으므로 줄을 바꾸고자 할 때는 LaTeX 명령 \\를 사용한다. at *coord*는 생략할 수 있으며 생략된 경우 현재의 위치에 그린다(많은 경우 (0,0)). *label*에는 이 좌표를 다른 곳에서 사용하기 위해 이름을 설정하고자 할 때 사용한다. *label*이 사용되지 않을 때는 ()도 사용하지 않는다. *label* 설정에 대한 자세한 것은 16.6.4절이나 16.2.9절을 참고하기로 한다. *options*에는 \node에서 사용할 추가 옵션을 설정할 수 있다. *node_opt*에는 node에서 설정할 수 있는 옵션을 설정한다.

\node 명령 또는 node 설정으로 *text*를 그릴 때 그릴 *text*의 색, 글자체 및 위치를 다음의 옵션 설정으로 정할 수 있다. 모든 노드에 공통으로 적용할 옵션의 설정은 every node 속성에 정의할 수 있는데 이 설정 방법은 16.8절을 참고하기로 한다. 사용 예는 16.3.9절 등에서 확인할 수 있다.

text=*color* 는 *text*에 적용할 색을 설정한다.

font=*fontcmd* 는 *text*에 적용할 글자체 명령을 사용한다. 예를 들어 \Large, \small, \ttfamily, \bfseries, \itshape 등을 설정할 수 있다(글자 크기, 폰트 패밀리, 굵기 설정, 기울기 설정).

pos=*pos* *text*를 그릴 위치를 설정한다. 기준은 선의 경우 첫 번째 점과 두 번째 점을 연결한 벡터, 사각형의 경우 첫 번째 꼭짓점과 두 번째 꼭짓점을 연결한 벡터이며 이 벡터를 $\vec{a}$라고 했을 때 *text*가 위치할 곳은 $pos \cdot \vec{a}$가 된다.

따라서 *pos*의 값이 1이면 이 벡터가 끝나는 점이고, *pos*의 값이 0이면 이 벡터가 시작하는 점이다. 음수이거나 1보다 크면 이 벡터의 반대 방향, 또는 진행 방향

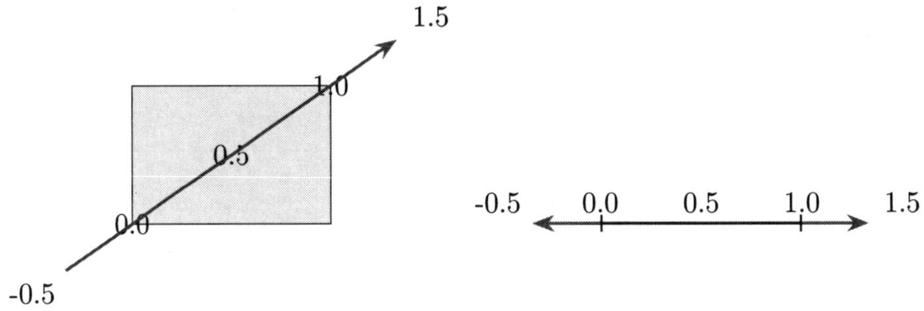

그림 16.4: `pos` 값의 설정에 따른 위치. 숫자는 pos의 값임.

으로 확장하여 위치를 잡는다. 따라서 선이나 사각형의 경우 두 좌표의 위치가 바뀌어도 그림은 같지만 *pos*의 값에 따른 위치는 반대 방향이 되므로 주의하여야 한다.

그림 16.4는 사각형(`(0,0) rectangle (3,2)`)과 직선 (`(0,0) -- (3,0)`)을 그리고 *pos*의 값에 따른 위치를 그린 것이다. 이 그림에서 보이는 숫자는 *pos*의 값이며 0이면 시작점에, 1이면 끝나는 점에, 0.5는 중간에 위치한 것을 알 수 있다. 만일 사각형이나 원의 두 좌표의 순서가 바뀌면 사각형이나 선의 모양은 변함이 없으나 `\node` 명령이나 `node` 경로에 의한 위치는 바뀌므로 주의하여야 한다.

*pos*의 값 대신 사전 정의된 값을 사용할 수도 있는데 이 경우 `at start`는 `pos=0`, `very near start`는 `pos=0.125`, `near start`는 `pos=0.25`, `midway`는 `pos=0.5`, `near end`는 `pos=0.75`, `very near end`는 `pos=0.875` 및 `at end`는 `pos=1`에 대응된다.

`above`=*len* 직전 경로의 위쪽으로 *len*만큼 올려 쓴다.

`below`=*len* 직전 경로 아래쪽으로 *len*만큼 내려 쓴다.

`left`=*len* 직전 경로의 왼쪽으로 *len*만큼 들여 쓴다.

`right`=*len* 직전 경로의 오른쪽으로 *len*만큼 들여 쓴다.

`\node` 명령이나 `node` 경로에 위치에 대한 설정을 주지 않으면 중앙에 위치하며, 이동할 거리 `above`, `left` 등에 길이 =*len*을 주지 않으면 기본값을 적용하여 *text*를 그리게 된다. 그림 16.5는 이들 설정의 사용 결과이다. 이 그림은

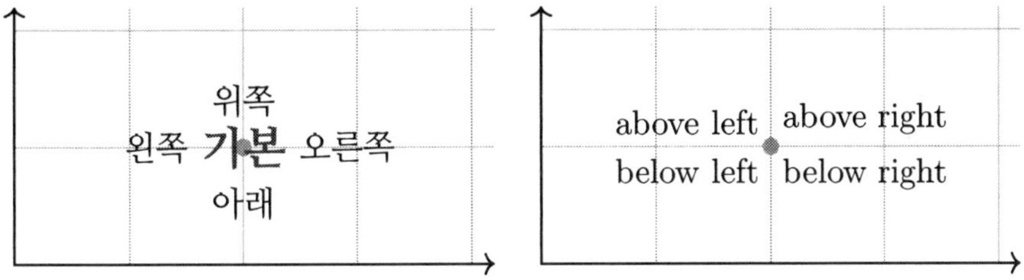

그림 16.5: node에서 위치 설정

```
1  \begin{tikzpicture} [scale=1.3]   그림 16.5
2  \draw[step=1cm, gray!70, thin] (0,0) grid (4.2, 2.2);
3  \draw [thick, <->] (0,2.2) -- (0,0) -- (4.2,0);
4  \draw[fill, green] (2,1) circle [radius=2pt];

5  \node[text=red, font=\Large\bfseries] at (2,1) {기본};
6  \node[below=3mm] at (2,1) {아래};
7  \node[above=2mm] at (2,1) {위쪽};
8  \node[left=.5cm] at (2,1) {왼쪽};
9  \node[right=.5cm] at (2,1) {오른쪽};
10 \end{tikzpicture} \ \
11 %%
12 \begin{tikzpicture} [scale=1.3]
13 \draw[step=1cm, gray!70, thin] (0,0) grid (4.2, 2.2);
14 \draw [thick, <->] (0,2.2) -- (0,0) -- (4.2,0);
15 \draw[fill, green] (2,1) circle [radius=2pt];

16 \node[above left] at (2,1) {above left};
17 \node[above right] at (2,1) {above right};
18 \node[below left] at (2,1) {below left};
19 \node[below right] at (2,1) {below right};
20 \end{tikzpicture}
```

로 만들었으며 2–4번 줄은 좌표를 확인하기 위한 축과 격자 및 기준점 (2,1)을 표시하기 위한 것이며 6–9번 줄에서 `\node` 명령 및 옵션을 사용하여 색, 글자체, 글자 크기, 입력한 문자열의 상대적 위치를 확인할 수 있다. 5번 줄에는 위치에 대한 설정이 없으므로 중앙에 위치한 '기본'이 인쇄되었다.

오른쪽의 그림은 좌표에서 `left|right` 및 `above|below`의 조합을 하였을 때의

이 부분은	이 부분은	이 부분은
왼쪽으로	중앙으로	오른쪽으로
정렬되지 않을까?	정렬되지 않을까?	정렬되지 않을까?

그림 16.6: 여러 줄의 입력에 대한 정렬

위치를 표시한 것이다. 만일 *text*가 한 줄 이상이라면 다음의 옵션 설정이 필요하다.

`align=left|center|right` 는 *text*가 두 줄 이상 경우에 줄에 대한 정렬을 설정하는 것으로 정렬 기준으로 각각 왼쪽, 중앙 및 오른쪽으로 설정된다. 또한 이 옵션이 설정되지 않으면 `tikz`은 *text*를 한 줄로 처리함에 주의하여야 한다.

그림 16.6은 다음의 명령

```
1 \begin{tikzpicture}[xscale=1.3]   그림 16.6
2  \draw[step=3cm, gray!70, thin] (0,-.2) grid (9, 0.2);
3  \node[align=left, below] at (1.5,-.5)
4   {이 부분은\\왼쪽으로 \\정렬되지 않을까?};
5  \node[align=center, below] at (4.5,-.5)
6   {이 부분은\\중앙으로 \\정렬되지 않을까?};
7  \node[align=right, below] at (7.5,-.5)
8   {이 부분은\\오른쪽으로 \\정렬되지 않을까?};
9 \end{tikzpicture}
```

으로 만들었다. 여기서 2번 줄은 위치를 표시하기 위한 격자이며 첫 번째 `node` 명령은 `align`이 `left`로 설정되어 왼쪽 정렬이, 두 번째 `node` 명령은 `align`이 `center`로 설정되어 중앙 정렬이, 마지막 `node` 명령은 `align`이 `right`라서 오른쪽 정렬이 되었음을 알 수 있다. *text*가 아래로 얼마나 내려갈지 정확히 계산할 필요 없이 모두 `below`를 선언하여 기준점 아래로 쓰도록 하였다.

`circle|rectangle` `\node` 명령으로 그린 *text*를 원 또는 사각형으로 모양을 추가한다. 이 경우 내부의 색과 테두리의 색은 아래의 `fill`과 `draw`에서 설정한다. 이때 그릴 그림의 크기는 *text*의 크기에 따라 자동으로 정해진다. 만일 모든 노드의 크기를 조절하려면 아래의 `text width`를 설정한다.

`fill`=*color* `node`에서 그릴 대상인 *text*가 차지하는 공간 내부에 사용할 색을 설정한다.

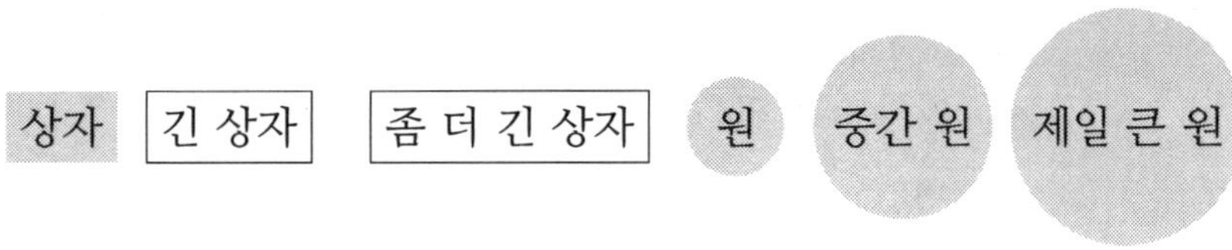

그림 16.7: \node에서 도형 두르기 1

`draw`=*color* `node`에서 그릴 대상인 *text*가 차지하는 공간의 테두리에 사용할 색을 설정한다. 만일 위의 `circle` 또는 `rectangle`이 주어지지 않은 상태에서 `draw` 옵션을 사용하면 그림의 모양은 `rectangle`이 된다.

`text width`=*wd* *text*가 차지할 폭을 설정하며 이 폭이 설정된 경우 *text*의 크기에 상관없이 주어진 길이를 사용한다. 필요한 경우 줄 바꾸기가 실행될 수 있으며 내부의 정렬은 기본값이 `left`로 바뀐다(원래 기본값은 `center`임. 그림 16.6 참고). 이 옵션은 특히 여러 개의 노드에 들어가는 *text*의 길이가 달라서 만들어지는 원이나 사각형의 크기가 다른 경우 크기를 통일할 때 유용하다.

그림 16.7은

그림 16.7

```
\begin{tikzpicture}
\node[fill=pink] at (0,0) {상자};
\node[draw] at (1.5,0)  {긴 상자};
\node[draw] at (4,0)  {좀 더 긴 상자};
\node[fill=pink, circle] at (6,0)  {원};
\node[fill=pink, circle] at (7.5cm, 0) {중간 원};
\node[fill=pink, circle] at (9.5cm, 0) {제일 큰 원};
\end{tikzpicture}
```

로 만들었다. 이 그림에서 왼쪽 세 개의 사각형은 `\node` 명령에서 따로 형태를 지정하지 않고 `fill` 또는 `draw` 옵션을 사용하였기에 주어진 문자열에 사각형(`rectange` 사용)을 채우거나 테두리를 만들었다. 이때 사각형의 크기는 따로 설정하지 않으며 문자열의 크기에 따라 자동으로 계산된다.

오른쪽의 세 개의 원은 `\node`의 옵션에 `cicle`을 설정하여 문자열의 크기에 맞는 원을 만들었다. 앞의 사각형과 마찬가지로 원의 크기가 내부에 들어간 문자열의 크기에 따라 자동으로 바뀜을 확인할 수 있다.

그림 16.8은 `textwidth` 옵션을 사용하여 들어가는 문자열의 크기에 관계없이 원의 크기를 일정하게 하였다. 이를 위해 사용한 명령은

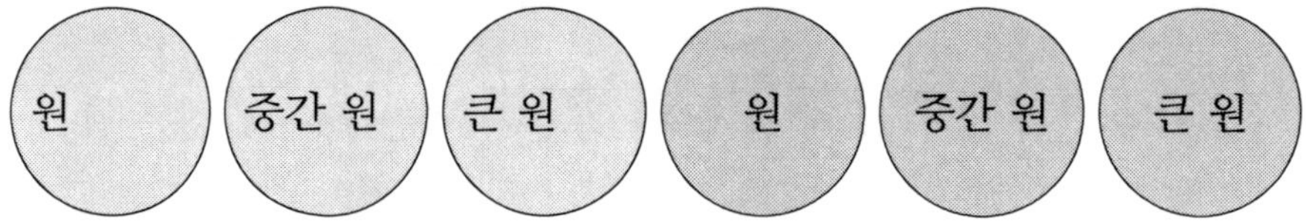

그림 16.8: \node에서 도형 두르기 2

```
\begin{tikzpicture} 그림 16.8
\draw node[fill=yellow, draw, circle, text width=1.5cm]
      at (0,0)  {원};
\draw node[fill=yellow, draw, circle, text width=1.5cm]
      at (2, 0) {중간 원};
\draw node[fill=yellow, draw, circle, text width=1.5cm]
      at (4, 0) {큰 원};
\draw node[fill=pink, draw=blue, circle, text width=1.5cm,
          align=center] at (6,0)  {원};
\draw node[fill=pink, draw=blue, circle, text width=1.5cm,
          align=center] at (8, 0) {중간 원};
\draw node[fill=pink, draw=blue, circle, text width=1.5cm,
          align=center] at (10, 0) {큰 원};
\end{tikzpicture}
```

이며 여섯 개의 원 모두 text width 옵션을 사용하여 문자열의 크기에 상관없이 원의 크기가 모두 일정함을 알 수 있다.[3] 그림 16.7의 원과 달라졌음을 알 수 있다. 다만 왼쪽의 세 개의 원은 안에 들어간 문자열이 왼쪽으로 정렬되어 이를 교정하기 위해 오른쪽 세 개의 원에는 align 옵션을 사용하였다.

내부의 문자열과 사각형이나 원의 경계 사이의 관계에 대한 옵션으로

minimum size=*len* 사각형이나 원을 \node 명령이나 \draw 명령 등으로 그릴 때 최소 크기를 설정한다. 이 크기는 원의 경우 지름, 사각형의 경우 정사각형의 한 변의 길이이다.

inner sep=*len* 원이나 사각형을 그릴 때 원의 또는 사각형의 경계와 \node 명령에 의한 문자열 사이의 공간을 설정한다.

등이 있다. 그림 16.9에서 가장 왼쪽 사각형은 기본 크기이며 두 번째는 사각형 및 원의

[3]이런 경우 every node에 값을 설정하면 매번 설정하지 않아도 된다.

그림 16.9: \node 명령에서 도형과 문자열의 관계

minimum size를 설정한 경우의 크기이며 세 번째는 inner sep을 설정한 결과이다. 이 그림은

```
\begin{tikzpicture}[scale=1.3]  그림 16.9
 \node[rectangle, draw] at (0,0) {사각형};
 \node[rectangle, draw, minimum size=2cm] at (2,0) {사각형};
 \node[circle, draw, minimum size=2cm] at (2,0) {};
 \node[rectangle, draw, inner sep=2ex] at (4,0) {사각형};
\end{tikzpicture}
```

의 결과이다.

\node 명령을 사용하여 수형도를 그리는 방법은 16.3.9절을 참고하기로 한다.

16.2.3 \fill 명령

\fill 명령은 사각형, 원 등과 같이 내부가 있는 경로의 내부를 채우는 명령이다.

```
\fill[options] paths;
```

*paths*에는 16.3절에서 소개할 그림 경로를 설정하고 *options*에는 tikzpicture 환경에서 쓸 수 있는 옵션 중 내부를 채울 색을 정해주는 color 옵션 외에 draw=*color*를 설정하여 테두리의 색을 설정할 수 있다. 그림 16.10은

```
\begin{tikzpicture}  그림 16.10
\fill[color=blue!40] (0, 0) rectangle (2, 2);
\fill[green!40, draw=red] (1, 1) rectangle (3, 3);

\fill[blue!40] (4, 0) rectangle (6, 2);
\fill[green!40, draw=red, opacity=0.4] (5, 1) rectangle (7,3);

\fill[blue!40] (8, 0) rectangle (10, 2);
\fill[green!40, draw=red, fill opacity=0.4]
```

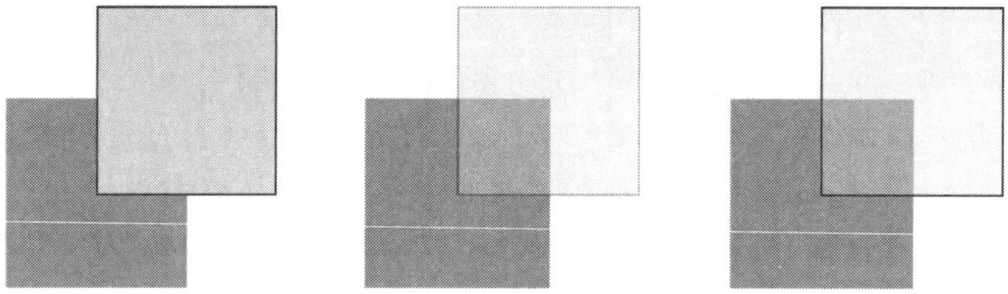

그림 16.10: `\fill` 명령과 투명도 설정

```
                                    (9, 1) rectangle (11,3);
\end{tikzpicture}
```

로 만들었다. 각각의 두 줄이 왼쪽부터 오른쪽으로 겹친 두 개의 사각형을 그린 것이며 `draw` 옵션을 사용하여 테두리가 있는 사각형을 겹치게 하였다. 왼쪽의 사각형은 투명도 설정이 없으므로(`opacity=0`) 나중에 그린 그림이 이전 그림을 덮어쓴 형태이며 가운데 그림은 `opacity`가 0.4로 이전 그림이 겹쳐 보인다. 오른쪽 그림은 `fill opacity`가 0.4로 테두리를 제외한 부분만 이전 그림과 겹쳐 보인다.

`\fill` 명령으로 그릴 수 있는 것은 `\draw` 명령에서 옵션으로 `fill`에 전경색(주로 `black`) 사용하거나 `\filldraw` 명령에서 `draw` 옵션의 색으로 배경색(주로 `white`)를 설정하면 된다.

16.2.4 `\filldraw` 명령

`\filldraw` 명령은 `\fill`과 `\draw`를 합한 것으로

`\filldraw[`*options*`]` *paths*;

로 사용하며 *options*에

`fill` 내부에 채울 색을 정한다.

`draw` 테두리의 속성을 정한다.

등을 추가 옵션으로 설정할 수 있다. `\filldraw` 명령은 `\draw` 명령에서 옵션으로 `fill`을 설정하거나, `\fill` 명령에서 옵션으로 `draw`의 값을 설정하여 같은 결과를 얻을 수 있다. 또한 `\fill`과 `\draw`를 한 번씩 같은 좌표에 실행하여도 된다. 그림 16.11은 모두 같은 그림을 그렸으며 이 셋을 그린 명령은

그림 16.11: 테두리와 내부의 색을 그린 세 가지 방법

```
1 \begin{tikzpicture} 그림 16.11
2  \filldraw[fill=blue!40, draw=black] (0,0) rectangle (2,2);
3  \fill[blue!40] (3,0) rectangle (5,2);
4  \draw[black] (3,0) rectangle (5,2);
5  \fill[color=blue!40, draw=black] (6,0) rectangle (8,2);
6 \end{tikzpicture}
```

이다. 여기서 2번 줄은 가장 왼쪽 사각형을 만든 것으로 `\filldraw` 명령을 직접 사용하고 3번과 4번 줄은 `\fill`을 한 후에 `\draw`를 하여 같은 결과를 얻었다. 5번 줄은 `\fill` 명령의 옵션으로 `draw`를 설정하여 테두리를 만들어 결국 같은 결과를 얻었다.

16.2.5 \shade 명령

`\shade` 명령은 내부의 색을 주어진 색을 연속으로 바꾸어 채운다. 사용법은

```
\shade[options] paths;
```

이며 옵션에서 색을 정해줄 수 있다. 이때 색을 정해주지 않으면 검정색과 흰색으로 색조를 변환시킨다.

`left color=`*color* 좌우로 색을 변할 때 왼쪽의 색을 설정한다.

`right color=`*color* 좌우로 색을 변할 때 오른쪽의 색을 설정한다.

`top color=`*color* 상하로 색을 변할 때 위쪽의 색을 설정한다.

`bottom color=`*color* 상하로 색을 변할 때 아래쪽의 색을 설정한다.

`inner color=`*color* 중심에서 바깥으로 색을 변할 때 중심의 색을 설정한다.

`outer color=`*color* 중심에서 바깥으로 색을 변할 때 바깥쪽의 색을 설정한다.

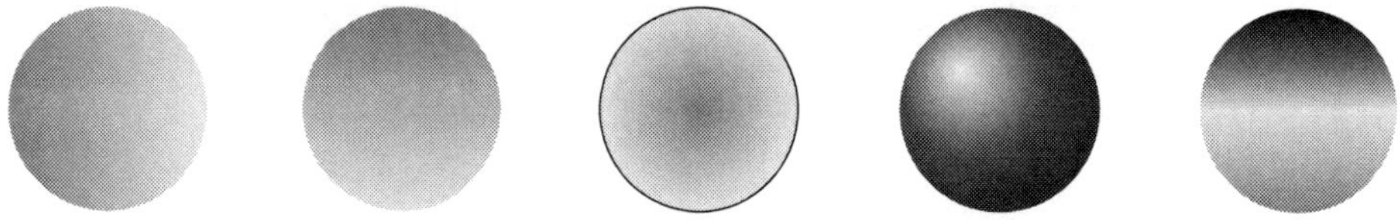

그림 16.12: \shade에 따른 모양의 변화

`ball color=`*color* 공 모양에서 하이라이트를 주는 방식을 사용한다.

`middle color=`*color* 중앙에서 사용할 색을 설정한다. `middle color`는 `top color`, `left color` 등과 함께 사용할 때는 반드시 제일 마지막에 나와야 하며 그렇지 않으면 이들 설정에 의해 이 설정의 효과가 없어진다.

`draw=`*color* 색을 채우는 경로의 테두리의 색을 정한다.

그림 16.12는 다음의 명령으로 만들었다.

```
1 \begin{tikzpicture}[scale=.9]  그림 16.12
2 \shade[left color=green,right color=yellow] (0,0) circle (1);
3 \shade[top color=green,bottom color=yellow] (3,0) circle (1);
4 \shade[inner color=green,outer color=yellow, draw=black]
5       (6,0) circle (1);
6 \shade[ball color=green] (9,0) circle [radius=1];
7 \shade[top color=blue,bottom color=green,middle color=yellow]
8      (12,0) circle [radius=1];
9 \end{tikzpicture}
```

이 명령에서 2번 줄이 가장 왼쪽의 원을 그린 것으로 녹색과 노란색이 좌우로 변경되며 3번 줄은 상하로 바뀐다. 세 번째 명령은 테두리를 만들었다. 이 경우 16.2.6절의 `\shadedraw`의 명령과 같다. 이와 같이 `draw` 옵션을 사용하는 경우는 16.2.4절의 `\fill` 명령에서도 사용하였다. 마지막 줄은 `middle color` 옵션을 사용하였으며 이를 마지막에 사용하였음에 주의하도록 한다. 원을 그리는 `circle`에 대해서는 16.3.3절을 참고하기로 한다.

shadings 라이브러리를 사용하면 `color wheel`, `color wheel black center`, `color wheel white center` 형식을 추가로 사용할 수 있다. 그림 16.13은 이 라이브러리를 사용하여 얻은 추가 형식이다. 이 그림을 얻은 명령은 다음과 같다.

```
\begin{tikzpicture}[scale=0.8]  그림 16.13
  \shade[shading=color wheel] (0,0) circle (1.5);
```

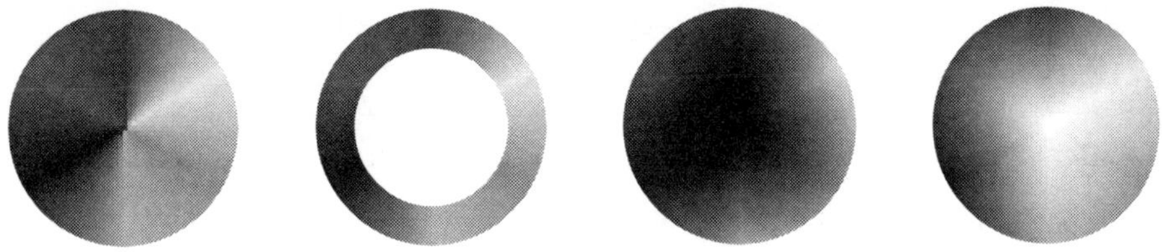

그림 16.13: shadings 라이브러리의 추가 shading

```
3   \shade[shading=color wheel] (4,0) circle (1.5);
4   \fill[white] (4,0) circle (1);
5   \shade[shading=color wheel black center]
6         (8,0) circle (1.5);
7   \shade[shading=color wheel white center]
8        (12,0) circle (1.5);
9 \end{tikzpicture}
```

이 명령에서 4번 줄의 `\fill`은 도넛 모양을 만들고자 같은 위치에 원을 하나 더 그린 것이다.

16.2.6 `\shadedraw` 명령

`\shadedraw` 명령은 `\shade`와 `\draw`를 한 번에 할 수 있는 명령으로 사용법은

```
\shadedraw[options] paths;
```

과 같다. 이 명령은 16.2.4절의 `\filldraw` 명령과 마찬가지로 `\shade`와 `\draw` 명령을 합한 것으로

✓ `\draw[shade=]`로 `\draw` 명령에 `shade` 옵션을 설정하거나

✓ `\shade[draw=]` 명령에 `draw` 옵션을 설정하거나

✓ `\draw`와 `\shade`를 같은 좌표에서 실행하여

`\shadedraw` 명령과 같은 결과를 얻을 수 있다. 예를 들면

```
\begin{tikzpicture}
 \draw[shade] (2,0) circle [x radius=0.8, y radius=1];
 \shadedraw (4,0) circle [x radius=0.8, y radius=1];
 \draw (6,0) ellipse [x radius=0.8, y radius=1];
```

```
5 \shade (6,0) circle [x radius=0.8, y radius=1];
6 \end{tikzpicture}
```

에서 1번 줄과 2번 줄의 결과 및 3번 및 4번을 함께 실행한 세 결과는 동일하다(실제 그려 볼 때 겹치지 않도록 좌표만 달리 하였음).

16.2.7 \pattern 명령

tikz 패키지에서 내부를 채울 때 특정한 패턴을 사용하려면 다루려면 patterns 라이브러리를 사용하여야 한다. 이를 위해서는

\usetikzlibrary{patterns}

가 tikz 패키지가 \usepackage한 후, \begin{document} 가 나오기 전에 선언되어야 한다. \pattern 명령은

```
\pattern[options] paths;
```

으로 사용하며 *paths*는 16.3절의 그림 중 내부를 채울 수 있는 경로(path)에 적용된다. 이 명령에 추가로 설정할 *options*에는

pattern=*name* 내부를 채울 패턴 이름을 설정한다. *name*에 사용할 수 있는 패턴의 이름은 크게 두 종류가 있는데 사용자가 색을 설정할 수 있는 종류는 bricks, dots, horizontal lines, vertical lines, north east lines, north west lines, grid, crosshatch, crosshatch dots,
fivepointed stars, sixpointed stars 및 checkerboard이 있으며 이들의 모양은 그림 16.14에 정리하였다. 그림 16.14의 첫 번째 줄의 네 개의 패턴은 다음의 명령으로 만들었으므로 나머지 줄들은 같은 형식에 패턴 이름만 다르므로 생략한다.

그림 16.14

```
\begin{tikzpicture}[scale=0.9]
\foreach \x/\y in { 0/checkerboard, 3/bricks, 6/dots,
                    9/horizontal lines } {
 \pattern[pattern color=red, pattern=\y ]
                         (\x,0) circle [radius=1.5];
 \node[below] at (\x,-1.5) {\y};
};
\end{tikzpicture}
```

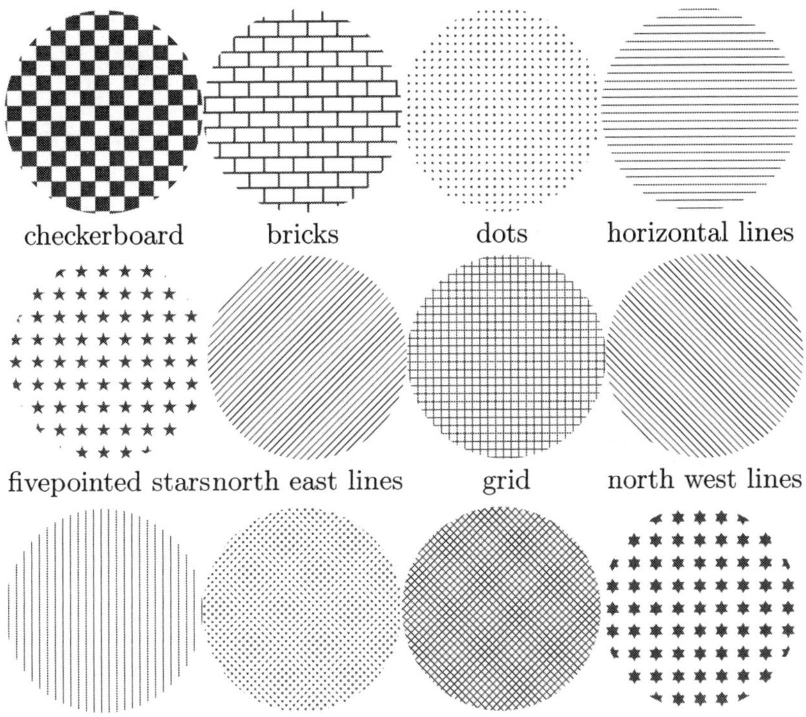

그림 16.14: 색을 설정할 수 있는 패턴

이 명령에서 사용된 \foreach 명령에 의해 주어진 x 좌표(\x) 및 패턴 이름(\y)의 네 개의 값에 대해서 패턴을 그렸다. 여기서 사용된 \node 명령은 각 원 아래에 패턴 이름을 넣기 위해 사용되었다. 나머지 패턴도 같은 방식으로 만들었다. \foreach 명령에 대해서는 16.5절을 참고하기로 한다.

사용자가 색을 설정할 수 없는 패턴은[4] checkerboard light gray, horizontal lines light gray, horizontal lines gray, horizontal lines dark gray, horizontal lines light blue, horizontal lines dark blue, crosshatch dots gray 및 crosshatch dots light steel blue가 있으며 이들 패턴은 패턴 이름에 이미 색이 들어가 있다. 이 경우 pattern color에 색이 설정되어도 이를 무시하고 사전 정의된 색깔이 사용된다. 그림 16.15의 첫 번째 줄은 다음의 명령

[4]이 경우 패턴의 색이 미리 정해져 있으며 아래의 pattern color 설정이 있더라도 무시됨.

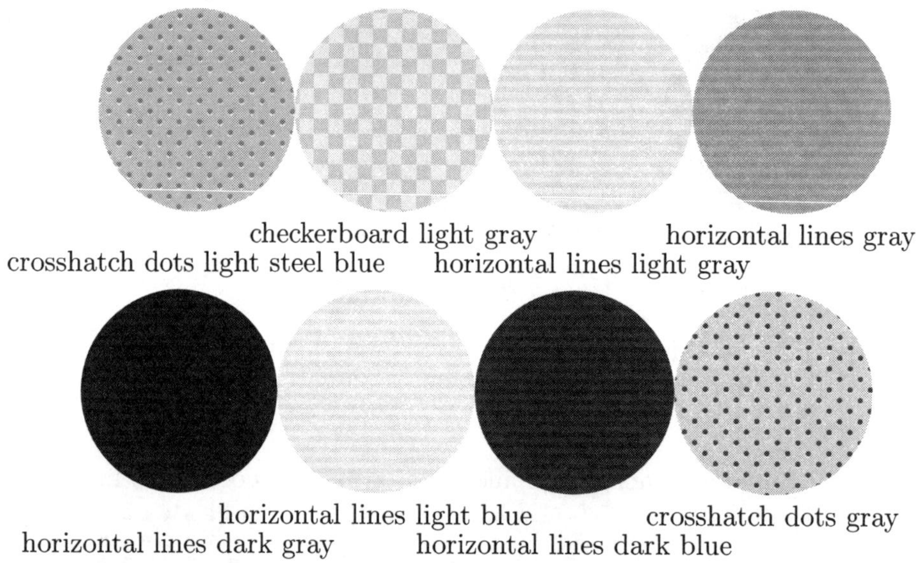

그림 16.15: 색이 정해진 패턴

그림 16.15

```
\begin{tikzpicture}
\foreach \x/\y in
  {3/checkerboard light gray, 9/horizontal lines gray} {
       \pattern[pattern color=red, pattern=\y]
                              (\x,0) circle [radius=1.5];
       \node[below] at (\x,-1.5) {\y};
};
\foreach \x/\y in {0/crosshatch dots light steel blue,
                   6/horizontal lines light gray} {
  \pattern[pattern=\y] (\x,0) circle [radius=1.5];
  \node[below=1em] at (\x,-1.5) {\y};
};
\end{tikzpicture}
```

으로 만들었다. 이 경우 두 개의 `\foreach` 명령으로 나누었는데 그 이유는 패턴의 이름이 너무 길어 패턴 이름이 겹치지 않게 아래위로 나누었기 때문이다. `\foreach` 명령에 대해서는 16.5절을 참고하기로 한다. 첫 번째 `\foreach` 명령에는 `pattern color`가 설정되었으나 설정된 색이 적용되지 않았음에 유의하자.

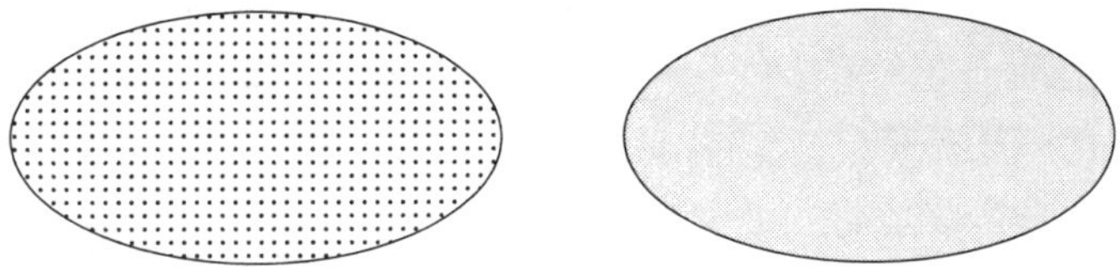

그림 16.16: fill과 pattern의 순서에 따른 효과

pattern color=*color* 사용할 패턴에 적용할 색깔을 설정한다.

\draw 명령 내에서 pattern color 등을 설정하여 패턴을 그릴 수 있다. 이때 주의할 점은 fill을 함께 사용할 경우 pattern과 fill 중 먼저 나온 것은 나중에 나온 것에 의해 덮어써진다는 것이다. 그림 16.16은 다음의 두 \draw 명령으로 만들었다.

```
\begin{tikzpicture}  그림 16.16
\draw[fill=yellow, pattern color=blue, pattern=dots]
              (0,0) ellipse (2 and 1);
\draw[pattern color=blue, pattern=dots, fill=yellow]
              (5,0) ellipse (2 and 1);
\end{tikzpicture}
```

첫 번째 \draw 명령은 pattern 명령이 나중에 나오기 때문에 패턴이 생성되었으나 두 번째 \draw 명령은 fill이 나중에 오기 때문에 fill이 되고 pattern 명령의 효과는 덮어써졌음을 알 수 있다.

16.2.8 \clip 명령

\clip명령은 tikz의 그림 영역의 전부가 아니고 일부만 정하여 정해진 부분만 가져오는 명령이다. 사용법은

```
\clip[options] paths;
```

이며 \clip 명령 이후에 나오는 그림의 그리기 중 *paths* 영역만 그린다.

\clip 명령은 \clip 명령 이후에 그린 그림 중에서 \clip 명령에서 설정한 부분만 오려서 그린다. 따라서 \clip 명령이 오려 붙일 그림 영역 중에서 가장 앞에 나온다.

그림 16.17은 다음의 명령

```
\begin{tikzpicture}  그림 16.17
  \clip (2,1) circle (1);
```

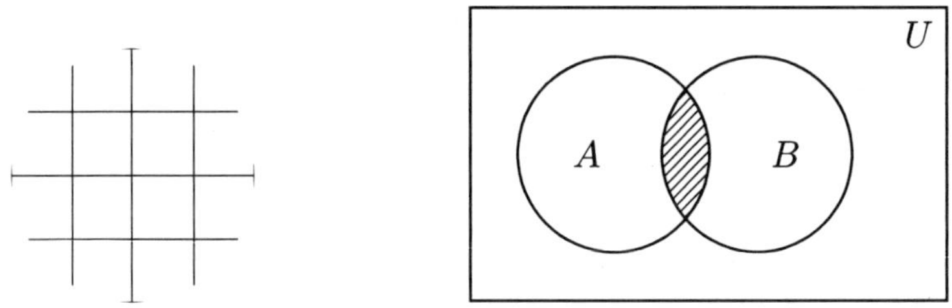

그림 16.17: \clip 명령의 결과 1

```
  \draw[step=0.5cm] (0,0) grid (4,3);
\end{tikzpicture} \hspace{2cm}
\begin{tikzpicture}[thick]
  \draw (0,0) rectangle (5,3) node[below left]{$U$};
  \draw (1.5,1.5) circle (1cm) node[left] {$A$};
  \draw (3,1.5) circle (1cm) node[right] {$B$};
  \begin{scope} % 교집합
    \clip (3,1.5) circle (1cm);
    \pattern[pattern=north east lines] (1.5,1.5) circle (1cm);
  \end{scope} % end scope
\end{tikzpicture}
```

으로 만들었다. 이 그림에서 왼쪽 그림은 처음의 두 명령으로 만들었는데 (0,0)에서 (4,3) 사이에 그린 격자 중에서 중심이 (2,1)이고 반지름이 1인 원에 해당되는 부분만 그렸음을 알 수 있다.

그림 16.18의 오른쪽 그림은 두 집합에서 교집합을 따로 표시한 것인데 이 그림에서 처음 세 개의 `\draw` 명령은 전체집합 U, 집합 A 및 집합 B를 그리기 위한 명령이다. 그 다음에 시작하는 `scope` 환경이 교집합을 그리기 위한 명령이다. 먼저 오려두기 위해 `\clip` 명령을 사용하여 집합 B의 영역을 오려 붙일 예정이다. 그리고는 실제로 집합 A의 영역에 빗금을 치게 하였다. 따라서 두 집합의 교집합 부분만 빗금이 만들어지게 된다.

교집합을 그리기 위한 보기로 만들었으며 이해를 돕기 위해 집합 A와 B를 먼저 그렸기 때문에 교집합 부분의 테두리의 선의 굵기가 LaTeX 엔진에 따라 가늘어질 수도 있다. 이를 해결하려면 교집합 부분을 먼저 그리고 위의 세 `\draw` 명령이 `scope` 명령 뒤에 오는 것이 좋다.

앞에서 본 것과 같이 `\clip` 명령은 오린 부분만 그린다. 그림 16.18에서 원래 그림 (왼쪽의 격자)과 이 격자에서 원으로 표시된 부분을 모두 그리려면 어떻게 해야 할지

알아보자. 그림 16.18은 이를 실행 결과이며 이 경우 같은 그림을 두 번 그려야 하므로 다음과 같이

```
\newcommand{\mytikzarea}{%
\draw[step=0.5cm,color=lightgray, thin] (0,0) grid (5.2, 2.7);
\draw[fill=green,opacity=0.5] (15:3) arc (15:45:3) -- (0, 0)
                                  -- cycle;
\draw[dotted, thin] (2.5, 1.35) circle (1);
}
```

그릴 부분을 \newcommand 명령으로 먼저 정의하였다. 이 명령 중 첫 번째는 격자를 그린 것이며, 두 번째 그림은 원점에서 거리가 3이고 각도가 15°인 직선을 그린 후 반지름이 3인 원의 호를 15°에서 45° 사이에 그리고, 마지막으로 다시 원점으로 연결하여 만든 부채꼴을 그려서, 내부는 green으로 채우며 투명도를 조정하여 앞의 격자가 함께 보이도록 하였다.

실제 그림은

그림 16.18

```
\begin{tikzpicture}
  \mytikzarea
  \draw[thin, dotted] (2.5, 0.35) -- (8.8, -0.32)
                      (2.5, 2.35) -- (8.7, 3.7);
  \begin{scope}[xshift=4cm, yshift=-1cm, scale=2]
   \clip[draw] (2.5, 1.35) circle (1);
   \mytikzarea
  \end{scope}
\end{tikzpicture}
```

로 만들었으며 첫 줄의 \mytikzarea는 앞에서 말한 그림을 그린다. 이 명령의 결과가 격자 위의 부채꼴이다. 그 다음의 \draw 명령은 격자 그림 내의 오릴 부분과 오른쪽의 확대한 그림의 경계를 연결할 선이다. 오른쪽 그림은 확대하였기 때문에 여기서 사용한 좌표는 수학적이 필요하나 실제 눈대중로 잡았음을 밝혀둔다.

그 다음에 나오는 scope 환경이 오른쪽의 확대 부분을 그린 것인데 이유는 scope 환경에서 따로 오리지 않으면 왼쪽의 그림을 만들지 못하고 오린 부분만 그리기 때문이다. 먼저 scope의 옵션으로 여기서는 xshfit와 yshift를 따로 설정하였는데 scope 환경으로 그린 그림을 상하/좌우로 원래 그림과 겹치지 않게 하기 위함이다. 두 개의 이동 대신

```
\begin{scope}[shift={(4cm, -1cm)}, scale=2]
```

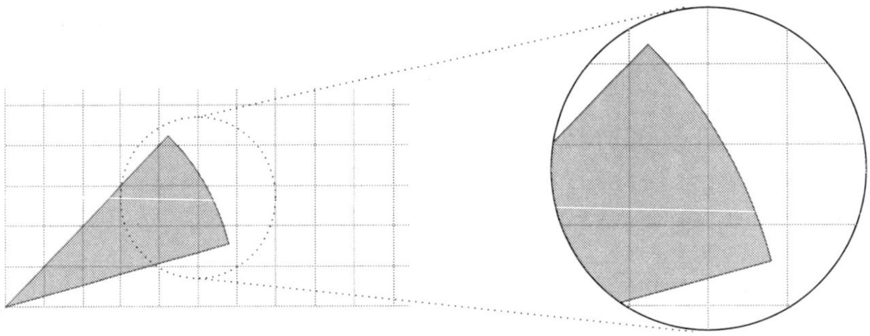

그림 16.18: \clip 명령의 결과 2

로 설정하여도 결과는 같다. 또한 오린 부분을 크게 하기 위해 scale 옵션을 사용하였다. 실제 scope 환경에서는 \clip 명령에 의해 오릴 부분을 설정하고(왼쪽의 그림에 원으로 표시된 부분과 같은 좌표임) 다음은 그림 영역인데 \mytikzarea로 왼쪽의 격자 그림과 같은 그림이다. 참고로 이와 같이 특정 부분을 확대하는 것은 tikz의 spy 라이브러리를 사용하면 편리하다.

16.2.9 \path 명령

\path 명령은 경로를 그리기 위한 명령으로 실제 하는 일은 \draw 명령과 크게 다르지 않으므로 단지 경로를 그리기 위한 명령이라면 \draw 등의 명령을 사용하면 된다. 하지만 사실 모든 경로들은 \path 명령으로 그릴 수 있으며 실제로는 tikzpicture 안에서

\draw .... \path[draw]
\fill .... \path[fill]
\filldraw .... \path[fill,draw]
\pattern .... \path[pattern]
\shade .... \path[shade]
\shadedraw .... \path[shade,draw]
\clip .... \path[clip]
\useasboundingbox .... \path[use as bounding box]

와 같은 명령이다.

\path 명령에는 그리기뿐만 아니라 각각의 경로에 이름을 주어 이를 이후에 불러서 사용할 수 있는 기능을 가지고 있다. 사용법은

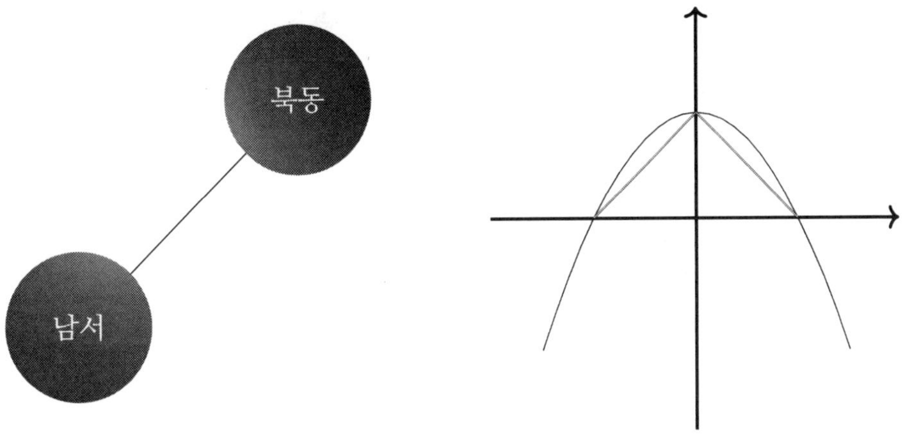

그림 16.19: 경로 이름 설정과 그 활용 1

```
\path[options] paths;
```

이다. 경로에 이름을 주려면 *option*에 `name path` 속성을 하고 좌표에 이름을 주려면 *path* 설정에서 `node`나 `coordinate` 설정할 때와 같은 방법으로 이름을 줄 수 있다 (16.6.4절 참고). `name path` 속성을 사용하려면 `intersections` 라이브러리가 필요하다. 라이브러리 사용은 16.1.1절을 참고하기로 한다.

경로나 좌표에 이름을 주어 이를 처리하는 예를 살펴 보자. 그림 16.19는 이름을 설정한 경로를 사용하여 그린 보기이다. 이 그림은 두 개의 `scope` 환경으로 구성되었으며 왼쪽 그림이 다음의

```
\begin{tikzpicture} 그림 16.19
\begin{scope}
\path node at (0,0) (sw) {}
      node at (3,3) (ne) {}; % 좌표 이름만 설정

\draw (sw) -- (ne);
\shade[ball color=green] (sw) circle (1)
                         (ne) circle (1);
\draw[color=white] (sw) node {남서}
                   (ne) node {북동};
\end{scope}
%% 두 번째 그림
\begin{scope}[scale=1.4, xshift=6cm, yshift=1cm]
```

```
13 \draw[->, very thick] (-2,0) -- (2,0); % x축
14 \draw[->, very thick] (0,-2) -- (0,2); % y축
15 \draw[blue, domain=-1.5:1.5] plot (\x, {1-pow(\x,2)});
16 \path[name path=x axis] (-2,0) -- (2,0); % x축

17 \path[domain=-1.5:0, name path=left curve]
18       plot (\x, {1-pow(\x,2)});
19 \draw[thick, orange,
20    name intersections={of=x axis and left curve, by=x}]
21    (x) -- (0,1);

22 \path[domain=0:1.5, name path=right curve]
23     plot (\x, {1-\x*\x});
24 \draw[thick,orange,
25    name intersections={of=x axis and right curve, by=y}]
26    (0,1) -- (y);
27 \end{scope}
28 \end{tikzpicture}
```

첫 번째 scope 환경으로 그린 것이다. 첫 번째 scope의 3–4번 줄의 \path 명령은 두 점 (0,0)과 (3,3)에 아무것도 그리지 않고 이름만 (sw)와 (ne)를 설정하였다. 그 다음이 \draw 명령인데 경로가 숫자로 되어 있지 않고 이름으로 되어 있다. 따라서 앞의 두 이름을 가져다 사용하여 대각선을 그렸다. 그 다음의 \shade나 \draw 명령도 앞의 좌표 (sw)와 (ne)에 원과 문자열 그린 것이다.

두 번째 scope 환경은 $y = 1 - x^2$의 꼭짓점 (0,1)과 두 개의 해를 찾아서(이 경우는 쉽지만 값이 함수가 복잡하면 해가 쉽게 보이지 않을 수도 있다) 이 두 해와 꼭짓점을 연결하는 선을 그려 보기로 한다.

처음 세 개의 \draw 명령은 각각 x축, y축 및 함수 $f(x) = 1 - x^2$을 그리기 위한 명령이다. 여기서 사용한 pow는 표 16.5를 참고하기로 한다. 네 번째 명령인 \path 명령에 name path라는 옵션이 있는데 이 옵션에 의해서 이 경로(실제로는 x축)의 이름이 x axis로 설정되었다. 이때 사용한 \path 명령에 draw 옵션을 추가하여

```
\path[name path=x axis] (-2,0) -- (2,0);
```

을 사용하면 x축을 그리기 위한 첫 \draw 명령은 없어도 된다.

해가 두 개이므로 이를 각각 찾기 위해 포물선의 왼쪽과 오른쪽 부분을 따로 처리하였다. 여러 개의 해를 한 번에 처리하는 것은 그림 16.20을 참고하기로 한다.

먼저 17–18번 줄에서 왼쪽 곡선의 왼쪽 부분을 그리고 이름을 name path 속성을

설정하여 `left curve`라고 하였다.[5] 이 곡선 앞의 `x axis` 이름의 경로의 교점은 19–21번 줄에서 찾는데 이때 사용한 `name intersections` 속성은 `intersections` 라이브러리를 필요로 하며 사용법은

```
name intersections={of=namedpath_1 and namedpath_2,
                    by=name, total=var}]
```

이다. 이 결과로 두 경로 *namedpath_1*와 *namedpath_2*이 교점이 (*name*)이라는 이름을 갖는 좌표가 된다. 해가 여러 개이면 그 중 하나의 해의 좌표만 *name*에 저장된다. 추후 이 좌표를 (*name*)으로 사용한다.

만일 `total`이 설정되어 있으면 해의 개수를 *var*에 얻게 된다. *var*은 LaTeX 명령어로 \로 시작하여야 한다.

따라서 19–21번 명령의 결과는 직선 `x axis`와 곡선 `left curve`의 교점을 `(x)`로 얻고 이를 꼭짓점 (0,1)과 연결하였다. 22–26번 줄의 명령은 포물선의 나머지 반쪽에 대해서 같은 작업을 하여 그림 16.19를 얻는다. 이후라도 `\draw (x) -- (y);` 등과 같은 명령으로 여기서 얻은 `(x)`와 `(y)`를 사용할 수 있다.

두 개 이상의 해가 있을 때 처리 방법을 잠깐 살펴보자. 이번 예의 경우 원의 방정식 $(x-2.5)^2+(y-2.1)^2=2^2$과 원점을 지나면서 기울기의 각도가 각각 30°와 60°인 직선과의 교점을 구해보자. 이 경우 해가 두 개씩이다. 그림 16.20은 이 결과를 그림으로 도시한 것이며 다음

```
\begin{tikzpicture}   그림 16.20
 \draw[->, draw, thick] (-0.5,0) -- (6,0);  % x축
 \draw[->, draw, thick] (0,-0.5) -- (0,5);  % y축
 \path[draw, name path=mcircle] (2.5,2.1) circle [radius=2cm];

 \path[draw, name path=deg30line] (0,0) -- (30:7);% 30도
 \path[draw, name path=deg60line] (0,0) -- (60:6);% 60도

 \draw[fill=green, name intersections=
       {of=deg30line and mcircle, total=\npoints}]
    \foreach \i in {1,...,\npoints}
      {(intersection-\i) coordinate (deg30pts-\i)
       (deg30pts-\i) circle (3pt) };
 \draw[name intersections=
      {of=deg60line and mcircle, total=\npoints}]
```

[5] 실제로는 위의 전체 포물선은 필요하지 않다. 이해를 돕기 위해 먼저 그린 것이며 나중에 지금과 같이 덮어쓰게 된다.

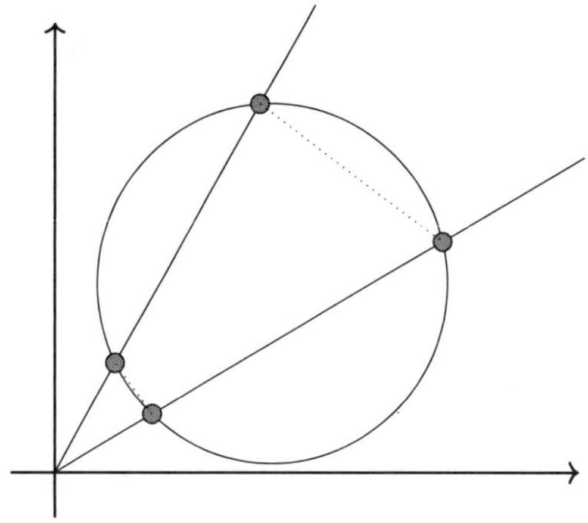

그림 16.20: 경로 이름 설정과 그 활용 2

```
14     \foreach \i in {1,...,\npoints}
15           {(intersection-\i) coordinate (deg60pts-\i)};
16   \draw[fill=green] (deg60pts-1) circle (3pt);
17   \draw[fill=green] (deg60pts-2) circle (3pt);

18   \draw[dotted] (deg60pts-1) -- (deg30pts-1)
19         (deg30pts-2) --  (deg60pts-2);
20 \end{tikzpicture}
```

의 결과이다. 1–3번 줄은 각각 x축, y축 및 원을 그리기 위한 명령이며 5–6번 줄은 각각 30°와 60°의 선을 그리기 위한 명령이다. 이때 원과 30°와 60°의 선은 이름이 `mcircle`[6], `30degline` 및 `deg60line`으로 `name path`가 설정되었다.

7번 줄의 `\draw` 명령은 30° 직선과 원의 교점을 얻어서 이를 처리하기 위한 명령으로 교점의 수를 `\npoints`로 설정하고 이를 `\foreach` 명령으로 처리하였다. `\foreach` 명령은 16.5절을 참고하기로 한다. 9–11번 줄의 `\foreach` 명령은 1부터 `\npoints`$(=2)$ 사이의 값 i에 대해 교점의 좌표 `intersection-`i은 `deg30pts-`i로 이름을 붙인다. 이때 `intersection-1`, `intersection-2` 등은 첫 번째, 두 번째 등의 교점의 좌표를 의미하며 `intersections` 라이브러리에 내장된 이름이다. 11번 줄에 의해서 각 교점에 반지름 3pt인 원을 그린다.

12–15번 줄의 명령은 위와 같은 방법으로 60° 직선과의 교점만 구하고 교점에 대한 표시는 16-17번 줄에서 별도의 명령으로 실행하였다. 이때 앞에서 구한 교점 좌표의

[6]이름을 `circle`로 하여도 문제는 없으나 경로 `circle`과 구분하기 위해 다르게 붙였다.

이름을 사용하였으며 실제 교점의 좌표를 사용하지 않았다.

18–19번 줄은 교점을 연결하는 파선을 그린 명령이다.

16.2.10 그림 영역의 크기 고정과 \useasbouningbox

PGF/TikZ의 그림 크기는 `\begin{tikzpicture}`와 `\end{tikzpicture}` 사이의 모든 경로에 의해 자동으로 계산되어 `tikzpicture` 전과 후의 입력 내용과 겹치지 않게 한다. 때로는 그림의 영역을 벗어나서 그리거나 그림의 영역의 크기를 고정할 필요

표 16.4: 그림 영역 설정에 따른 위치 변화

모양	입력

왼쪽 ／ 오른쪽	왼쪽
	`\begin{tikzpicture}[thick]`
	`\draw[blue] (1,0) -- ++(3em, 2ex);`
	`\end{tikzpicture}`
	오른쪽

왼쪽 오른쪽	왼쪽
	`\begin{tikzpicture}[thick]`
	`\useasboundingbox`
	`(0,0) rectangle (1,.5);`
	`\draw[blue] (1,0) -- ++(3em, 2ex);`
	`\end{tikzpicture}`
	오른쪽

왼쪽 □ 오른쪽	왼쪽
	`\begin{tikzpicture}[thick]`
	`\draw[use as bounding box]`
	`(0,0) rectangle (1,.5);`
	`\draw[blue] (1,0) -- ++(3em, 2ex);`
	`\end{tikzpicture}`
	오른쪽

왼쪽 오른쪽	왼쪽
	`\begin{tikzpicture}[thick]`
	`\useasboundingbox (0,0) rectangle (0,0);`
	`\draw[blue] (0,0) -- (3em, 2ex);`
	`\end{tikzpicture}`
	오른쪽

가 있는데(18.20절의 그림 18.7 등 참고) 이런 경우 `\path[use as bounding box]`로 `\draw` 명령에 옵션을 사용하거나 `\useasboungingbox` 명령을 사용하여 그림의 크기를 고정할 수 있다. 사용법은

```
\useasboundingbox[options] path; 또는
\path[use as bounding box,options] path ;
```

이다.[7] 여기서 *options*에는 다른 그리기 옵션을 추가로 설정할 수 있다. 이 둘의 차이는

✓ `\useasboungingbox` 명령은 실제 *path*를 그리지는 않고 그림 영역만 설정하며,

✓ `\path` 등 그리기 명령에는 *path*를 그리고 그 영역을 그림 영역으로 설정한다.

만일 그림을 그리지 않고 그림 영역만 설정한다면 바운딩 박스의 속성상 *path*에는 `rectangle`을 사용하는 것이 그림의 영역을 파악하기 편리하다.

표 16.4의 첫 번째 행은 "왼쪽"과 "오른쪽" 문자열 중간에 선을 그리기만 하였다. 이 표의 두 번째 행은 `\useasboundingbox` 명령을 추가로 사용하였므로 그림 영역이 (0,0)과 (1,0.5)인 사각형으로 고정된다. 그 다음의 `\draw` 명령은 이 그림의 영역 바깥으로 설정되었으므로 그림 바깥 영역인 "오른쪽"에 겹치게 선을 그렸다. 세 번째 행은 `\draw` 명령의 옵션으로 `use as bounding box`를 사용하였으므로 사각형을 그리면서 그림 영역을 설정하였다. 마지막 행은 그림 영역이 이름만 사각형이지 실제로는 점 (0,0) 이므로 모든 그리기는 다른 텍스트와 겹치게 된다.

16.3. tikz 패키지의 경로

`tikz`는 선을 포함하여 여러 가지 형태의 기하학적 모양을 그릴 수 있는 방법을 제공한다. 이 방법들에 대해서 알아보자.

16.3.1 직선, 곡선과 화살표를 위한 경로

직선, 화살표 및 일부 곡선을 표현하는 경로는 좌표 사이에 `to`를 사용하거나 `--` 등의 표현 방법을 사용한다. 사용법은

```
\draw[draw_opt] (coord_1) to[option] (coord_2 ) to[option]
                          (coord_3) ··· (coord_n) to[option] cycle;
```

또는

[7] `\path` 명령에서 사용하므로 이는 `\draw`, `\fill` 등 다른 그리기 명령에도 사용 가능한 옵션이다.

```
\draw[draw_opt] (coord_1) type (coord_2) type (coord_3)
                                    ··· (coord_n) type cycle;
```

이며 \draw 외에 앞에서 본 그리기 명령이 사용 가능하다. 이 명령들에서

draw_opt 에는 \draw, \path 등의 명령에서 사용할 수 있는 옵션들을 설정하며 이들 옵션은 16.1절에 소개되어 있다. 특히 선의 형태(표 16.3), 선의 굵기(표 16.2), 화살표의 형태(표 16.1) 등을 참고할 수 있다.

type 은 두 점을 직선으로 연결할 경우에 사용하며 다음 중의 하나를 사용할 수 있다.

- -- 는 두 점 사이를 최단 거리의 직선으로 연결한다( ).
- |- 는 계단식으로 연결하되 첫 번째 점에서 위/아래(|)로 진행한 후 좌/우(-)로 진행하도록 꺾는다( ).
- -| 는 계단식으로 연결하되 첫 번째 점에서 좌/우(-)로 진행한 후 위/아래(|)로 진행하도록 꺾는다( ).

to *type* 대신에 to를 사용하면 두 점 사이를 곡선으로로 연결도 가능하다. to에 옵션을 사용하지 않으면 --를 사용하는 것과 같은 결과를 얻는다. 곡선으로 연결하고자 할 때는 to에 옵션으로

- in 시작점에서 곡선이 나갈 방향의 각도를 설정한다.
- out 끝나는 점에서 곡선이 나갈 방향의 각도를 설정한다.
- bend left|right 시작점과 끝점에서 곡선이 나가는 방향이 같으며, 왼쪽 또는 오른쪽에 따라 bend left 또는 bend right가 사용된다.

등이 사용된다.

cycle 마지막에 cycle이 설정되면 시작점과 끝점을 연결한다. 결과적으로 cycle 자리에 (*coord_1*)을 준 것과 같다. 많은 경우 cycle은 마지막에 나오지만 중간의 좌표 자리에 cycle을 사용할 수 있으며 이 경우 cycle은 *coord_1*의 값과 같다. 그림 16.22를 참고하자.

선에 대한 보기를 살펴보자. 먼저 그림 16.21은 다음의 명령으로 만들었다.

```
\begin{tikzpicture} 그림 16.21
\draw[red, dotted, line width=5pt, ->]
                        (0,0) -- (2,0) -- (1, 1.713) ;
```

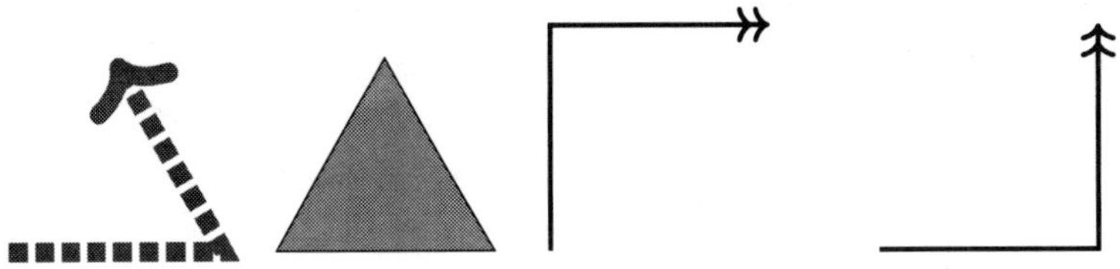

그림 16.21: 직선/화살표 그리기

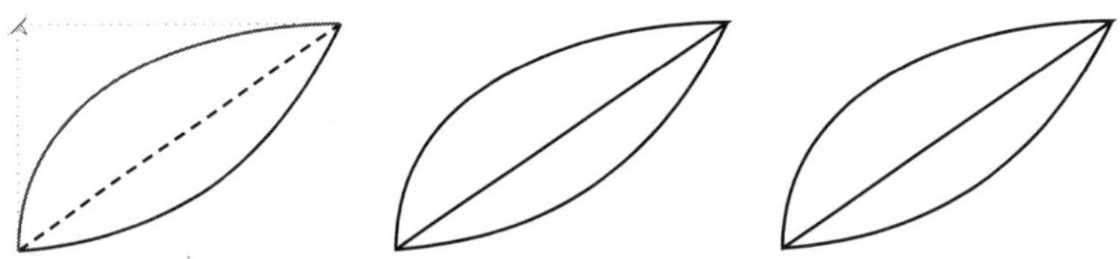

그림 16.22: to의 옵션에 따른 곡선

```
\draw[fill=green] (2.5,0) to (4.5,0) to (3.5, 1.713) to cycle;
\draw[very thick, ->>] (5,0) |- ++(2,2);
\draw[very thick, ->>] (8, 0) -| ++(2,2);
\end{tikzpicture}
```

첫 \draw 명령은 (0,0) 에서 (2,0), 다시 (2,0)에서 (1, 1.713)을 연결하는(--) 화살표-> 를 빨간색, 점선으로 선의 굵기 5pt로 그렸다. 두 번째 \draw 명령은 위의 점에서 x 축으로 2.5만큼 이동(첫 좌표만 위의 좌표보다 2.5 큼)하여 그렸는데 마지막의 cycle 옵션에 의해 선을 연결하여 삼각형이 만들어졌으며, 내부를 fill 옵션에 의해 녹색으로 채웠다. 세 번째 선은 화살촉이 두 개인 화살표를 그렸으며 이 경우 첫 좌표에서 위로 먼저 올라간 후 두 번째 좌표로 수평이동한 결과이다(|-). 네 번째 그림은 이와 반대로 첫 좌표에서 수평이동을 먼저 하고, 두 번째 좌표로 상하이동한 그림이다(-|).

두 번째 보기로 to를 사용한 경우를 살펴보자. 그림 16.22는 다음

```
\begin{tikzpicture}   그림 16.22
 \draw[densely dashed, thick] (0,0) to (3,2);
 \draw[red, thick] (0,0) to[out=90, in=180] (3,2);
 \draw[blue, thick] (0,0) to[bend right] (3,2);
%% 가이드 가인
 \draw[dotted, gray, ->] (0,0) --(0,2);
 \draw[dotted, gray, ->] (3,2) --(0,2);
%% x축으로 3.5 이동해 다시 그림.
 \draw[thick] (3.5,0) to (6.5,2) to[out=180,in=90] (3.5,0)
```

```
                              to[bend right] (6.5,2);
%% x축으로 7 이동해 다시 그림.
 \draw[thick] (7,0) to (10,2) to[out=180,in=90] cycle
                              to[bend right] (10,2);
\end{tikzpicture}
```

으로 만들었으며 첫 번째 파선을 만든 \draw는 to에 아무 옵션이 없으므로 앞에서 본 --를 사용한 것과 같은 결과이다. 선은 파선으로 만들었다. 두 번째 \draw 명령은 같은 두 좌표에 대해서 in은 90°, out은 180°로 설정되었다. 이 각도에 따른 기준선이 네 번째와 다섯 번째의 점선을 그리기 위한 명령으로 추가하였으며 이 두 점선에 의해 만들어진 곡선이 파선의 왼쪽에 만들어진 빨간색 곡선이다. 세 번째 명령은 같은 좌표에 대해 bend right를 하였기 때문에 파란색의 곡선이 만들어졌다.

두 번째 그림은 같은 그림을 한 번의 \draw 명령으로 만들었다. 이 경우 각 선에 대한 색이나, 형태를 따로 설정할 수 없다. 각 선에 대해 따로 설정하려면 왼쪽 그림처럼 각각의 \draw 명령이 필요하다. 이 그림에서 주의할 점은 첫 번째 \draw의 to의 in과 out의 값이 바뀌었다는 것이다. 이 경우 시작점과 끝점이 바뀌었기 때문에 이 값을 바꾸지 않으면 곡선의 형태가 달라진다. 세 번째 그림은 중간에 cycle을 사용하였다. 이 경우 cycle은 (7,0)과 같다.

snakes 라이브러리를 이용한 그림

tikz 패키지에 포함된 snakes 라이브러리를 사용하면 다양한 형태의 선의 모양을 지원한다. 라이브러리 사용은 16.1.1절을 참고하기로 한다. 이 라이브러리를 사용하면 \draw 명령의 옵션에 snake=*name*을 설정할 수 있고 사용할 수 있는 *name*에는 zigzag, brace, triangles, coil 및 expanding waves를 사용할 수 있으며 각각의 *name*에 따라 추가 설정할 수 있는 옵션이 있다. 자세한 옵션은 PGF/TikZ 매뉴얼을 참고하기로 한다. 그림 16.23에는 이들 *name*에 몇 가지 옵션에 따른 출력을 보였다. 참고로 이 그림은 다음의 명령으로 만들었다.

그림 16.23

```
\begin{tikzpicture}[thick]
 \draw[red, snake=zigzag] (0,3.7) -- (3,3.7)
    node[black,right]
      {\verb|\draw[snake=zigzag] (0,3.7) -- (3,3.7);|};
 \draw[red,snake=brace] (0,3.2) -- (3,3.2)
    node[black,right]
      {\verb|\draw[snake=brace] (0,3.2) -- (3,3.2)|};
 \draw[red,snake=triangles] (0,2.7) -- (3,2.7)
    node[black,right]
```

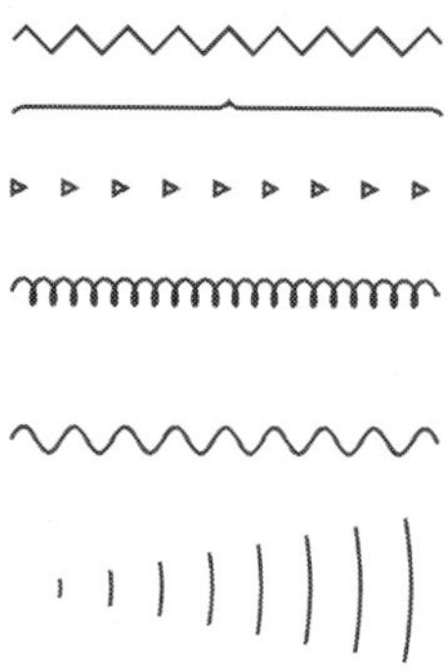

```
\draw[snake=zigzag] (0,3.7) -- (3,3.7);
\draw[snake=brace] (0,3.2) -- (3,3.2)
\draw[snake=triangles] (0,2.7) -- (3,2.7);
\draw[snake=coil,segment length=4pt]
 (0,2) -- (3,2);
\draw[snake=coil,segment aspect=0]
 (0,1) -- (3,1);
\draw[snake=expanding waves,segment angle=10]
  (0,0) -- (3,0);
```

그림 16.23: snakes 라이브러리를 사용할 때 적용되는 선의 형태

```
    {\verb|\draw[snake=triangles] (0,2.7) -- (3,2.7);|};
 \draw[red,snake=coil,segment length=4pt] (0,2) -- (3,2)
    node[black,right, text width=7cm]
     {\verb|\draw[snake=coil,segment length=4pt]|
       \\ \verb| (0,2) -- (3,2);|};
 \draw[red,snake=coil,segment aspect=0] (0,1)  -- (3,1)
    node[black,right, text width=7cm]
     {\verb|\draw[snake=coil,segment aspect=0]|
       \\ \verb| (0,1) -- (3,1);|};
 \draw[red,snake=expanding waves,segment angle=10]
    (0,0) -- (3,0) node[black,right, text width=7cm]
    {\verb|\draw[snake=expanding waves,segment angle=10]|\\
      \verb|  (0,0) -- (3,0);|};
\end{tikzpicture}
```

이 명령들 중 node 는 16.2.2절을 참고하기로 명령에 대한 자세한 설명은 생략하기로 한다.

16.3.2 Bézier 곡선 경로

tikz 패키지는 두 개의 양쪽 끝점(기준점)을 설정하고 한 개 또는 두 개의 컨트롤 점에 의해 만들어지는 Bézier 곡선을 만드는 방법을 제공한다. Bézier 곡선에 대한 자세한 것은 관련된 수학 서적 등을 참고하기로 하며, Bézier 곡선은

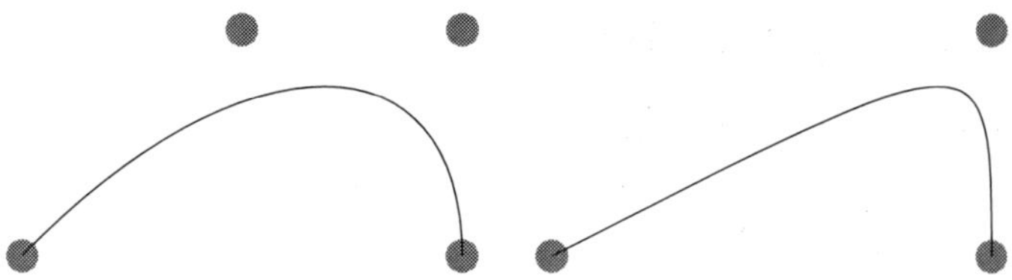

그림 16.24: Bézier 곡선

```
(refx1, refy1) .. controls (ctrlx1, ctrly1)
          [and (ctrlx2, ctrly2)] .. (refx2, refy2)
```

로 설정한다. 여기서 (*refx1, refy1*)와 (*refx2, refy2*)는 곡선의 양쪽 끝점의 좌표이며 (*ctrlx1, ctrly1*)와 (*ctrlx2, ctrly2*)는 곡선의 모양을 바꾸는 컨트롤 점의 좌표이다. 만일 하나의 컨트롤 점만 사용할 경우 [] 안의 명령은 생략된다. 그림 16.24의 두 그림 모두 기준점은 (0,0)과 (2,0)을 사용하였으며[8] 왼쪽 그림은 두 개의 컨트롤 점 (1,1) 과 (2,1) 을 사용하였고 오른쪽 그림은 하나의 컨트롤 점 (2,1)을 사용하였다. 이 컨트롤 점의 위치를 바꾸면 곡선의 형태가 바뀐다. 그림 16.24는

```
1  \begin{tikzpicture}[scale=2]   그림 16.24
2   \filldraw [gray] (0,0) circle (2pt)
3                    (1,1) circle (2pt)
4                    (2,1) circle (2pt)
5                    (2,0) circle (2pt);
6   \draw (0,0) .. controls (1,1) and (2,1) .. (2,0);
7  \end{tikzpicture}
8  \, \,
9  \begin{tikzpicture}[scale=2]
10  \filldraw [gray] (0,0) circle (2pt)
11                   (2,1) circle (2pt)
12                   (2,0) circle (2pt);
13  \draw  (0,0) .. controls (2,1) .. (2,0);
14 \end{tikzpicture}
```

으로 만들었으며 Bézier 곡선은 5번 및 10번 줄에 의해 만들어졌다.

특정한 함수 $y = f(x)$에 의해 생성되는 곡선은 16.3.5절을 참고하기로 한다.

[8] 이 그림의 점들은 이해를 돕기 위해 추가한 것이며 점은 Bézier 곡선의 일부가 아니다.

16.3.3 원, 원호, 타원 및 타원의 호

원은 중심의 좌표와 반지름을 설정하여

```
(cx, cy) circle (radius) 또는
(cx, cy) circle [radius=radius] 또는
(cx, cy) circle [x radius=rx, y radius=ry]
```

로 만든다. (*cx, cy*)는 만들 원의 중심의 좌표, *radius*는 반지름이다. `radius=`, `x radius=` 및 `y radius`에 반지름 값을 설정하는 것이 공식 문법이다. 반지름이 두 개인 경우는 타원이며 아래의 `ellipse`를 참고하기로 한다. 하나의 `tikzpicture`나 `scope` 내의 모든 원에 대한 설정을 하고자 할 때는 `every circle`을 설정할 수 있다. 이때는 이 환경의 옵션으로 설정하거나 `\tikzstyle` 명령 등으로 설정한다. 예를 들어

```
\begin{tikzpicture}[every circle/.style={radius=1cm}]
```

또는

```
\tikzstyle every circle=[radius=1cm]
```

를 설정하면 이후 그려지는 원은 반지름이 1cm이며 이 경우 반지름을 설정하지 않아도 된다.

원호는 원의 일부만 그리는 기능으로 `arc`를 사용한다. 사용법은

```
(x, y) arc (start:end:radius) 또는
(x, y) arc[radius=radius, start angle=start, end angle=end,
                              delta angle=delta]
```

로 설정하며 반지름이 *radius*인 원에서 시작하는 각도 *start*, 끝나는 각도 *end*만큼의 호를 그리거나 `start angle`이나 `end angle` 중 하나와 `delta angle`의 값으로 호를 그린다. `delta angle`은 호의 각도이다. 이 호의 시작점의 좌표는 (*x, y*)이다(중심의 좌표가 아님에 유의). 각도로 좌표를 주는 방법은 16.6절을 참고하기로 한다. 호의 경우 시작 각도와 끝나는 각도의 순서가 바뀌면 다른 호가 된다(그림 16.25 참조).

타원은

```
(cx, cy) ellipse (radx and rady) 또는
(cx, cy) ellipse [x radius=rx, y radius=ry] 또는
(cx, cy) circle [x radius=rx, y radius=ry]
```

로 만들며 (*cx, cy*) 는 타원의 중심의 좌표(타원을 포함하는 사각형의 중심의 좌표)와

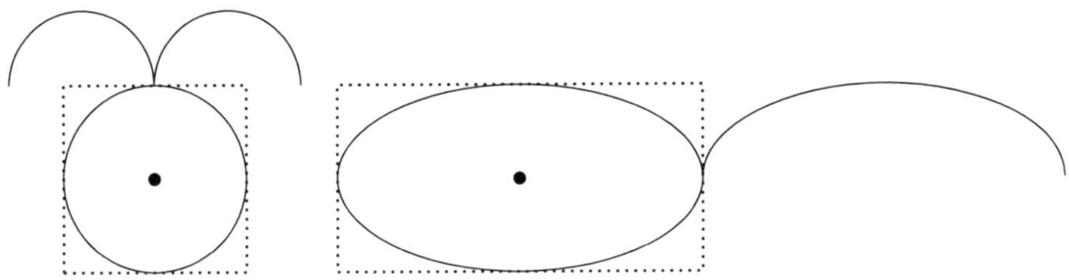

그림 16.25: tikz 패키지의 원, 타원 및 각각의 호

반지름의 두 값을 설정한다. 반지름은 만들 타원을 정확하게 포함하는 사각형의 가로(*radx*)와 세로(*rady*)의 길이이다.

타원의 호는

```
(x, y) arc (start:end:radx and rady) 또는
(x, y) arc [x radius =radx, y radius=rady,
     start angle=start , end angle=end, delta angle=delta]
```

로 만든다. 이 경우 x, y축의 반지름이 *radx*, *rady* 인 타원에서 *start*부터 *end* 까지의 각을 갖는 타원의 호를 그리거나 start angle이나 end angle 중 하나와 delta angle의 값에 의한 호를 그린다. 이때 호의 시작점은 (x,y)이다(중심의 좌표가 아님에 유의). 호의 경우 시작 각도와 끝나는 각도의 순서가 바뀌면 다른 호가 된다.

그림 16.25는 다음 명령의 결과이다.

```
\begin{tikzpicture} 그림 16.25
\draw[dotted, thick] (0,0) rectangle (2,2);
\draw (1,1) circle (1cm);
\draw (1,2) arc (0:180:.8cm); % 원의 왼쪽 호
\draw (1,2) arc[start angle=180, end angle=0, radius=.8cm];
\fill (1,1) circle (2pt); % 중심 표시

\draw[dotted, thick] (3,0) rectangle (7, 2);
\draw (5,1) ellipse (2cm and 1cm);
\draw (7,1) arc (180:0:2cm and 1cm); % 타원의 호
\fill (5,1) circle (2pt); % 중심 표시
\end{tikzpicture}
```

이 그림에서 사각형은 원과 타원의 반지름의 의미를 이해하기 위해 추가로 그린 것이다. 타원의 두 반지름은 그림의 사각형의 폭과 높이의 반(반지름이므로)이다.

원 위의 두 개의 호는 시작 각도와 끝나는 각도를 각각 0:180 과 180:0으로 이 두 값만 바꾸어서 만들어진 것이다. 타원의 경우 각도가 180:0으로 되어 있는데 이를 0:180으로 바꾸면 어떻게 될지 예상해 보고 이를 실제로 그려 보아라. 이 경우 선의 형태 및 색을 바꾸어 그려 보길 권장한다.

16.3.4 사각형 경로

사각형은 rectangle로 만들며 설정은

> (*llx, lly*) rectangle (*urx, ury*)

로 한다. (*llx, lly*)는 만들 사각형의 왼쪽 아래의 (x, y) 좌표, (*urx, ury*) 오른쪽 위의 좌표라고 해석하면 편한데(ll=lowe rleft, ur=upper right) 실제로는 사각형의 대각선 방향의 두 꼭짓점으로 *llx, lly*와 *urx, ury*가 바뀌어도 같은 그림의 사각형을 얻는다. 하지만 방향이 있는 경우(기본적으로 tikz는 벡터를 사용하므로 방향이 있다) 왼쪽 아래와 오른쪽 위의 구분이 된다. 16.2.2절의 그림 16.4 참고하기 바란다.

사각형 그리기는 여러 곳에서 많이 했기 때문에 여기서 실제 그리기는 생략한다. rectangle 경로를 사용한 보기들은 340면의 그림 16.3, 345면의 그림 16.7, 347면의 그림 16.9, 348면의 그림 16.10, 349면의 그림 16.11, 356면의 그림 16.17, 405면의 그림 16.42 등이다.

16.3.5 함수와 plot 경로

tikz 패키지에서 함수 $y = f(x)$ 를 그리기 위해서는 plot을 사용하며 산점도는 기본적으로 평면에 그리기 때문에 두 개의 변수 x와 $y = f(x)$가 필요하다. 이때 x에 해당하는 값은 tikz에서 \x로 사용하며 사용 방법은

> [domain=*xmin*:*xmax*] plot (\x, {*function*})

이다. 여기서 domain의 *xmin, xmax*는 산점도를 그릴 x의 범위를 설정하며 그릴 함수 f는 *function*에 정의한다. 대부분 *function* 안에는 \x 가 있다. 그림 16.26은 다음의 명령

그림 16.26

```
\begin{tikzpicture}[yscale=1.5]
 \draw[->] (-0.3,0) -- (2*pi+.3,0); %축
 \draw[->] (0,-1.3) -- (0,1.3); % y축
 \draw[green, domain=-0.2:2*pi] plot (\x, {(sin(\x r)});
```

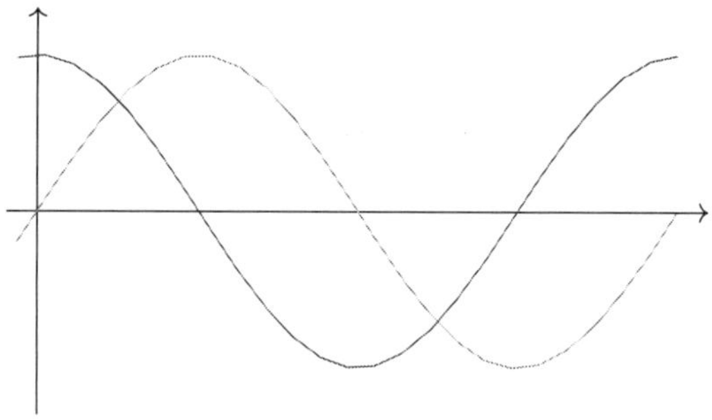

그림 16.26: tikz에서 함수 그리기

표 16.5: tikz에서 제공하는 함수: \x가 x일 때 계산 결과

함수	계산값	함수	계산값
pi	π	abs(\x)	$\|x\|$
factorial(\x)	$x!$	sqrt(\x)	$\sqrt{x}$
pow(\x,y)	x^y	exp(\x)	e^x
ln(\x)	$\log_e(x)$	log10(\x)	$\log_{10}(x)$
log2(\x)	$\log_2(x)$	mod(\x,y)	x를 y로 나눈 나머지
round(\x)	x의 반올림	floor(\x)	x의 내림
ceil(\x)	x 의 올림	sin(\x)	$\sin(x)$
cos(\x)	$\cos(x)$	tan(\x)	$\tan(x)$
max(\x,y)	$\max(x,y)$	min(\x,y)	$\min(x,y)$

```
5  \draw[red, domain=-0.2:2*pi] plot (\x, {(cos(\x r)});
6 \end{tikzpicture}
```

으로 만들었으며 2, 3번 줄은 두 축을 그리기 위한 명령이며 4번과 5번은 각각 $\sin(x)$ 함수와 $\cos(x)$ 함수는 -0.2부터 2π 사이에 그렸다. 여기서 사용한 pi는 tikz의 상수로 원주율 π이며 cos 및 sin은 tikz 패키지의 내장 함수로 각각 cos 및 sin 함수를 의미하며 매개변수 안의 r은 주어진 각도가 호도법이라는 뜻이며 degree가 주어졌을 때는 r을 사용하지 않는다.

tikz에서 제공하는 내장 함수 및 상수는 표 16.5와 같다.

16.3.6 산점도, 외부 파일자료와 plot 경로

plot 경로는 외부 파일의 자료를 읽어서 이 값을 사용하여 'plot'하는 것을 지원한다. 사용 방법은 file이란 키워드를 아래와 같이 사용하는 것이며

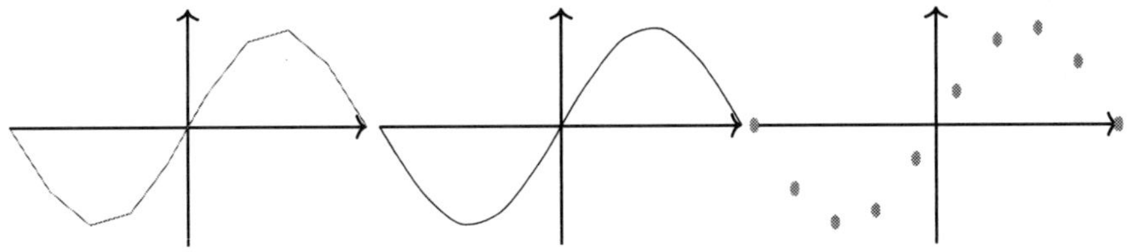

그림 16.27: 산점도와 외부 파일의 자료

```
\plot[options] file {data_file};
```

로 사용한다. x의 범위가 *data_file*에 의해 결정되므로 *options*에 `domain`은 설정하지 않는다.

*data_file*에는 자료의 x 값과 y 값이 한 줄에 포함되어 있어야 하며 두 값은 빈칸으로 구분하여야 한다. 한 줄에 더 이상의 값이 있더라도 무시되며 첫 번째 숫자는 x, 두 번째 숫자는 y 값이다. 한 줄의 맨 앞에 `%`나 `#`가 나오면 해당 줄의 자료는 주석으로 처리한다.[9]

`smooth` plot 경로는 점들 사이를 '직선'으로 연결하는 것이 기본값이나 점의 개수가 많으면 이 직선이 짧아서 눈에는 곡선으로 보이는 것뿐이며 `plot` 경로의 그리기의 기본값은 점들을 직선으로 연결하는 것이다. 그림 16.27의 가장 왼쪽 그림은 점의 수가 작아서 점들 사이가 직선으로 연결되는 것이 확인된다. 점의 수가 작더라도 이를 곡선화하는 기능을 제공하는데 이때 사용할 수 있는 옵션이 `smooth`이다. 같은 자료로 이 옵션을 사용한 경우 부드럽게 연결한 것을 확인할 수 있다.

`only marks` plot 경로 그리기는 기본값이 점들을 연결하는 것이지만 산점도(scatter plot)로 만들 수 있다. 이 경우 `only marks` 옵션을 사용하여야 한다.

`mark` 산점도를 그릴 때에는 산점도의 점을 표시할 문자를 알려주는데 이때 사용하는 옵션은 `mark`이다. 만일 `only marks` 옵션 없이 `mark` 옵션만 사용하면 산점과 점들을 연결하는 선이 함께 그려진다.

그림 16.27에는 R-언어에서

```
> x <- seq(-pi, pi, length=10)
> y <- sin(x)
```

[9] `%`은 LaTeX의 주석이며 `#`는 R-언어에서 주석이다.

로 얻은 10개의 자료를 sin.dat라는 파일에 저장하고 이 파일의 자료를 읽어 들이면서 몇 가지 다른 방법을 사용한 삼각함수의 그래프이다. 이 그래프를 그리기 위한 명령은 다음

```
1  \begin{tikzpicture}[xscale=.6]  그림 16.27
2   \draw[->, thick] (-pi,0) -- (pi,0); % x축
3   \draw[->, thick] (0,-1.2) -- (0,1.2); % y축
4   \draw[magenta] plot file {sin.dat};

5   \tikzset{xshift=6.5cm};
6   \draw[->, thick] (-pi,0) -- (pi,0); % x축
7   \draw[->, thick] (0,-1.2) -- (0,1.2); % y축
8   \draw[blue] plot[smooth] file {sin.dat};

9   \tikzset{xshift=6.5cm};
10  \draw[->, thick] (-pi,0) -- (pi,0); % x축
11  \draw[->, thick] (0,-1.2) -- (0,1.2); % y축
12  \draw[green] plot[only marks, mark] file {sin.dat};
13 \end{tikzpicture}
```

과 같으며 검정색은 축을 그리거나, 세 개의 그림이 겹치지 않도록 x축으로 이동하기 위한 명령들이며 빨간색의 4번 줄은 sin.dat의 자료 10개를 그렸다. 이는 가장 왼쪽 그림이며 직선으로 연결한 것이 확인된다. 중앙의 그림은 8번 줄의 명령에서 smooth 옵션을 사용하여 부드럽게 연결하였으며 12번 줄의 명령은 only marks와 mark 옵션을 사용하여 점만 그렸다. mark에 사용할 수 있는 점의 형태는 *, +, x 등이 기본적으로 지원되며 plotmarks 라이브러리를 사용하면 더 많은 종류의 점을 표시할 수 있다.

16.3.7 격자 경로

격자는 grid 경로를 사용하여 그린다. 격자가 사각형 영역에 그려지므로 사용법은 rectangle과 같이

(*llx, lly*) grid[*options*] (*urx, ury*)

로 한다. 사각형과 같이 (*llx, lly*)는 만들 사각형의 왼쪽 아래의 (x, y) 좌표, (*urx, ury*)는 오른쪽 위의 좌표이며 (ll=lowe rleft, ur=upper right)로 해석해도 되나 실제로는 사각형의 대각선 방향의 두 꼭짓점으로 *llx, lly*와 *urx, ury*가 바뀌어도 같은 사각형을 얻는다. *options*에 사용할 수 있는 값으로 격자 선의 색이나 굵기 등이 기본적으로 가능하며 추가로

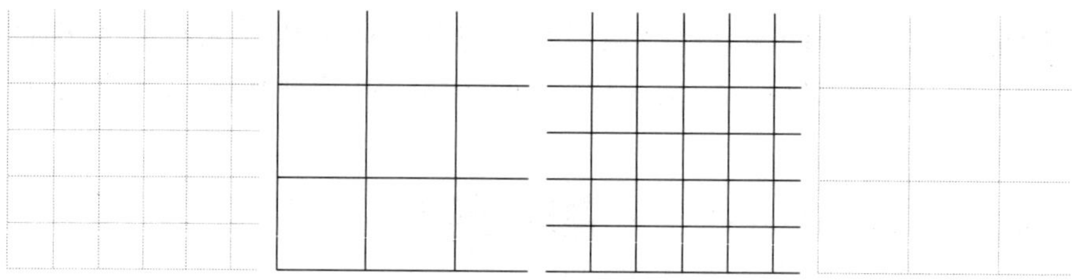

그림 16.28: grid로 만든 격자

step=*len* 격자의 눈금 단위 len을 설정한다. 기본값은 1이다.

xstep=*len*,ystep=*len* x축과 y축의 간격을 각각 설정한다.

help lines 그림을 그리기 편하게 하기 위해 격자를 넣는다는 의미로 약간 흐린 격자를 자동으로 만들어준다.

이 가능하다. 이 옵션은 \draw 명령의 옵션으로 설정하여도 된다. 그림 16.28의 네 개의 격자는 다음

```
\begin{tikzpicture}  그림 16.28
 \draw (3,0) grid (5.8,2.8);
 \draw[step=.5cm,gray,very thin] (0,0) grid (2.8,2.8);
 \draw (6,0) grid[step=0.5,gray,very thin] (8.8,2.8);
 \draw[help lines] (9,0) grid (11.8,2.8);
\end{tikzpicture}
```

의 명령으로 만들었으며 첫 명령은 아무 옵션 없이 그렸기 때문에 기본 선의 굵기 및 색으로 1씩 눈금을 만들었다. 두 번째는 옵션의 설정대로 가는 선, 회색, 눈금 단위 0.5cm로 만들었다. 이때 옵션을 \draw 명령에 주었다. 세 번째 격자는 같은 그림인데 옵션을 grid에 주었으며 네 번째는 help lines 옵션에 의한 격자이다.

16.3.8 포물선 경로

포물선은 parabola 경로로 그릴 수 있다. 이 경로의 사용법은

coord parabola[*options*] bend *bend_coord coord* ;

으로 사용하며 경로 설정 시작과 끝의 *coord*에는 포물선의 양쪽 끝점의 좌표를 설정하고 *bend_coord*에는 꼭짓점의 좌표를 설정한다. bend는 생략할 수 있으며 꼭짓점의 좌표를 설정하지 않으면 tikz가 설정한 기본값으로 포물선을 그린다.

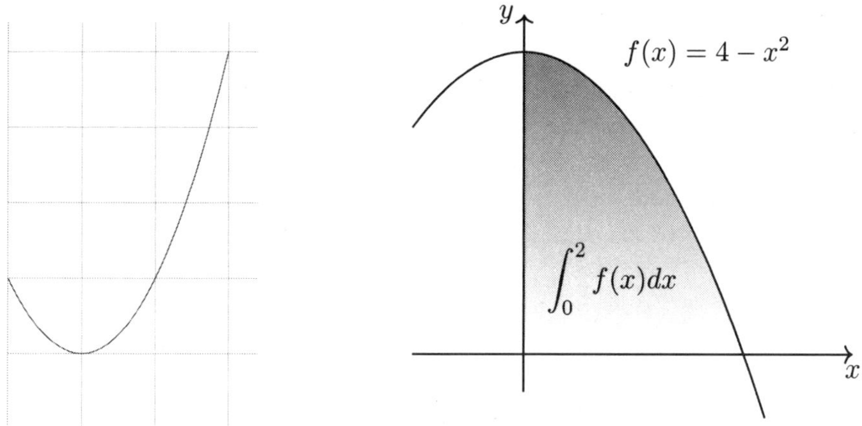

그림 16.29: parabola 경로로 만든 함수

*options*에는 포물선의 옵션을 설정할 수 있으며 옵션으로는

bend=*coord* 꼭짓점의 좌표를 설정한다. bend는 위의 사용법처럼 바깥에 설정할 수도 있고 *options*에 설정할 수도 있다. 세 개의 점이 있다고 항상 포물선이 만들어지지는 않으므로[10] 특정한 포물선 형태를 고려한다면 bend 값의 설정에 꼭짓점 좌표의 근삿값이라도 설정해 주어야 원하는 포물선을 만들 가능성이 높아진다. 세 개의 좌표로 포물선이 만들어지지 않더라도 tikz는 그림을 그려주긴 하나 포물선 형태가 아닐 수 있다.

bend pos=*fraction* 꼭짓점의 위치를 양 끝점에서의 비율로 표현한다. 0이면 첫 번째 좌표, 1이면 두 번째 좌표이며 아래의 parabola height 값의 설정으로 포물선의 꼭짓점 위치가 정해진다.

parabola height=*len* 양 끝점을 연결한 직선으로부터 꼭짓점까지의 거리를 설정한다.

bend at start|bend at end 꼭짓점의 위치를 시작점의 좌표로 할지 끝나는 점의 좌표로 할지 설정한다.

그림 16.29는 다음의 명령

```
\begin{tikzpicture}   그림 16.29
  \draw[help lines] (-1, -1) grid (2.4, 4.4);
```

[10]세 개의 좌표로 $f(x) = ax^2 + bx + c$을 만족하는 해 a, b, c를 구할 때 이는 삼원 이차 연립방정식을 푸는 문제가 된다. 이때 연립방정식의 해가 존재하지 않을 수도 있다.

```
3    \draw[red] (-1,1) parabola bend (0,0) (2,4); % 왼쪽

4    \tikzstyle shifted=[xscale=1.5, xshift=4cm, thick];
5    \shade[style=shifted, top color=green]
6         (0,0) -- (0,4) parabola (2,0) -- cycle; % 적분 영역
7    \draw[style=shifted, ->]
8         (-1, 0) -- (3.0, 0) node[below] {$x$}; % x축
9    \draw[style=shifted, ->]
10        (0,-0.5) -- (0,4.5) node[left] {$y$}; % y축
11   \draw[style=shifted, blue]
12        (-1, 3) parabola bend (0,4) (2.2,-0.84);
13   \node[xshift=4cm] at (3.2,1){$\displaystyle\int_0^2f(x)dx$};
14   \node[xshift=4cm] at (4.5, 4) {$f(x) = 4 -x^2$};
15 \end{tikzpicture}
```

으로 만들었다. 왼쪽의 포물선 그림이 먼저 시작되며 이 포물선은 $(-1, 1)$과 (2,4)가 양 끝점이고 꼭짓점은 (0,0)인 함수 $y = x^2$를 `parabola` 경로를 이용하여 격자와 겹치게 그렸다.

오른쪽 그림은 원래의 좌표 체계에서 x축으로 4cm만큼 이동하고 선을 굵게 그리며, 세로로 길지 않은 그림을 만들기 위해 `xscale`을 1.5로 설정하여 가로 방향으로 그림을 늘였다. 이 설정은 `\tikzstyle` 명령으로(16.8절 참고) 설정하였으며(4번 줄) 이 설정의 이름은 `shifted`이다.

두 번째 그림에서 포물선을 먼저 그리면 x, y축과 포물선의 내부를 그리면서 덮어쓰기가 되기 때문에 곡선을 나중에 그리고(11–12번 줄) 5–6번 줄에서 내부를 먼저 채웠다. 이때 사용한 포물선은 $y = 4 - x^2$이고 shade한 영역은 (0,0), (0,4) (2,0)으로 x축 방향으로는 0부터 2 사이의 범위이다.

7–8번 줄과 9–10번 줄에서는 x축과 y축을 그렸으며, 11–12번째 줄에서 $y = 4 - x^2$의 그림을 x의 범위 -1에서 2.2 사이에 그렸다.

마지막 두 `\node` 명령은 문자열을 그리기 위한 명령인데 이 경우에는 위의 스타일 `shifted`를 사용하지 않았다. 그 이유는 `xscale`을 적용하면 문자열이 옆으로 늘어나 보이기 때문이다.

16.3.9 수형도 경로

`\node` 명령에서 좌표를 설정하지 않고`child` 경로를 사용하면 수형도(tree diagram)을 그릴 수 있다. 분기점에서 가지가 나갈 때마다 `child`를 사용한다.

```
child[options] {contents}
```

를 사용하며 *options*에는 색이나 연결할 선의 모양 등의 옵션을 설정하며 한 번 설정된 옵션은 그 아래의 모든 가지에 적용된다.

*contents*에는 연결된 가지에 포함될 내용을 설정한다. 만들어진 가지에 아무것도 쓰지 않는 경우는 거의 없으므로 *contents*에는 `node`가 기본적으로 사용된다. 이 `node`에도 `node`의 옵션을 사용할 수 있다.

`child`의 *contents* 안에 다시 `child`를 사용하여 수형도를 계속 늘일 수 있다. 수형도를 늘이면 각 가지들 사이의 간격이 기본값으로 너무 좁을 수 있기 때문에 이들을 조절하지 않으면 서로 겹치는 문제 등이 발생한다. 수형도에서는 `level` i라는 이름이 i 번째 가지의 스타일을 설정하는 이름으로 미리 정의되어 있으므로 이 스타일을 설정하면 된다. 모든 레벨에 대한 설정은 `every level`이라는 이름을 가지고 있다. 그림 16.30의 오른쪽 그림은 이를 조정한 것이며 조정하지 않으면 서로 겹치게 된다. 이때 `level` i에서 설정할 수 있는 값으로

`sibling distance=`*len* 각 가지들 사이의 거리를 설정한다.

`level distance=`*len* 각 레벨 사이의 거리를 설정한다.

를 사용하였다. 그림 16.30은 다음

그림 16.30

```
\begin{tikzpicture}
\node {부모}
 child[->] {node {아들}}
 child {node {딸}};

\begin{scope}[xshift=6cm]
\tikzstyle level 1=[sibling distance=4cm, level distance=2cm]
\tikzstyle level 2=
              [sibling distance=1.5cm, level distance=1.5cm]
\node {부모}
 child {node {아들}
    child {node {손자1}}
    child {node {손자2}}
   } % end child
 child {node {딸}
    child[dotted] {node[red] {외손자1}}
    child {node {외손자2}}
    child {node {외손자3}}
```

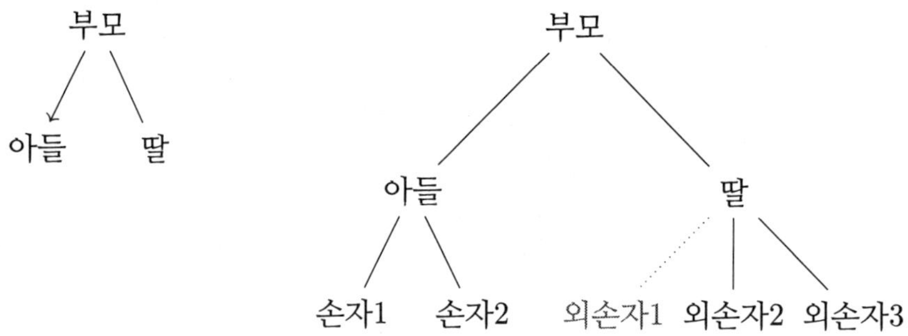

그림 16.30: 수형도의 모양 1

```
18    }; % end child
19  \end{scope}
20  \end{tikzpicture}
```

의 명령으로 만들었다. 먼저 그림 16.30의 왼쪽의 그림은 이 명령의 2–4번의 명령으로 만들었다. 2번 줄의 \node 명령에 계속 연결되어 4번 줄에서 끝난다. 이때 \node 명령 안의 두 개의 child 경로에 의해 가지가 두 개 만들어졌다. 첫 번째 child 경로에는 -> 옵션이 사용되어 연결선이 화살표로 바뀌었음에 유의하자.

그림 16.30의 오른쪽 그림은 왼쪽 그림에서 한 단계 더 나아간 그림이다. 원래 있던 두 개의 child 경로(3-4번 줄) 안에 '손자'들을 추가하였기 때문에 실제 수형도를 만드는 것은 한 단계씩 추가하면 별로 어렵지 않다. 6번 줄에 사용된 scope는 왼쪽의 수형도와 겹치지 않게 이동하기 위해 사용하였으며(6cm 오른쪽 이동) 7–9번 줄은 첫 번째 가지와 두 번째 가지의 가지들 사이의 간격 레벨 간의 간격을 설정하였다. 16번 줄의 child와 node에는 추가 옵션이 사용되어 '외손자1'의 모양이 달라졌다.

그림 16.31의 왼쪽과 오른쪽 그림들은 가지가 아래로 내려가지 않고 오른쪽으로 내려갔다. 이를 위한 스타일은

parent anchor=east|west 부모 가지의 앵커의 위치이다. 즉, 다음 가지로 나아가기 위해 시작하는 점의 위치이며 부모 가지의 노드의 위치가 아님에 유의하여야 한다. 그림을 보면 '부모'의 오른쪽에서 가지가 뻗으므로 이 경우에는 east이다. north 및 south도 사용 가능하다.

child anchor=east|west 자식 가지의 앵커의 위치이다. 그림에서 '아들', '딸' 등의 왼쪽에 선이 연결되므로 west이며 north 및 south도 사용 가능하다.

grow=east|west 수형도가 뻗어갈 방향을 설정한다. 이 경우 모두 오른쪽으로 뻗어

나가므로 east이다.

이러한 설정은 tikzpicture, scope 환경의 옵션으로 설정할 수도 있고 스타일의 설정에서 바꾸어 줄 수도 있다. 이 그림은 다음

```
\begin{tikzpicture}[parent anchor=east, child anchor=west,
   grow=east, color=red, scale=0.9] 그림 16.31
\tikzset{%
level 1/.style={sibling distance=1.7cm, level distance=2cm},
level 2/.style={sibling distance=.7cm,level distance=2cm}}

\begin{scope}
\node[left] {부모}
 child {node {아들}
    child {node {손자1}}
    child {node {손자2}}
   }
 child {node {딸}
    child {node {외손자1}}
    child {node {외손자2}}
    child {node {외손자3}}
  };
\end{scope}

\begin{scope}[xshift=6cm, yshift=1cm, parent anchor=south,
              child anchor=north,grow=south]
\tikzstyle{every node}=[ball color=magenta,circle,text=white]
\node {부모}
 child[->] {node {자녀 1}}
 child {node {자녀 2}};
\end{scope}

\begin{scope}[xshift=9cm]
\tikzstyle{every node}=[ball color=magenta,circle,text=white]
\node[text width=1.5cm, align=center] {부모}
 child[->] {node {자녀 1}}
 child {node {자녀 2}};
\end{scope}
\end{tikzpicture}
```

으로 만들었다. 이 그림은 세 개의 그림이 각각의 scope 환경으로 만들어졌는데 전체

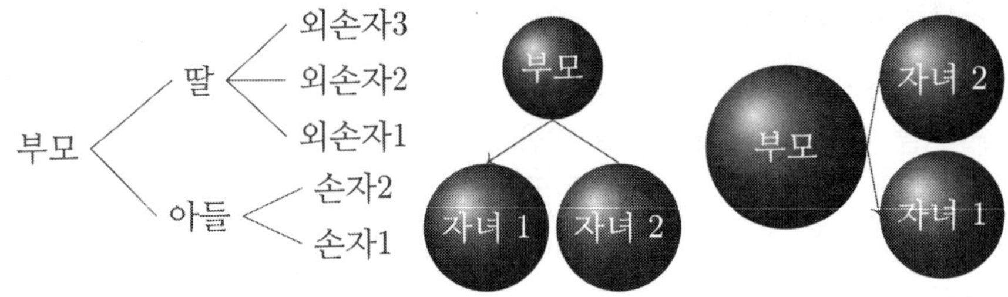

그림 16.31: 수형도의 모양 2

옵션은 2번 줄에서 의해 오른쪽으로 가지를 뻗도록 설정되었으며 색은 빨간색으로 설정되었다. 또한 2–5번 줄에 의해서 각 자식 노드와 레벨들 사이의 거리가 설정되었으며 이 경우 `\tikzstyle` 명령 대신 `\tikzset` 명령을 사용하였다. 이 둘은 실질적으로 같은 효과를 준다. 두 명령에 대한 자세한 것은 16.8절을 참고하기로 한다.

7–18번 줄의 첫 번째 `scope`로 만든 왼쪽 그림은 앞의 아래로 뻗어가는 수형도와 실질적인 차이가 없다. 다만 8번 줄의 `\node` 명령의 옵션으로 `left`가 사용되어 모두가 왼쪽으로 정렬되도록 추가 설정하였다.

그림 16.31의 가운데 그림의 `scope`는 그림의 위치 조정을 하기 위한 설정 외에 `parent anchor`, `child anchor` 및 `grow`가 별도로 설정되었으므로 이 그림은 아래로 뻗어 나간다. 이 경우 모든 노드에 대해서 원을 사용하고 `shade`로 `ball color`을 사용하도록 설정하였다(16.2.5절 참고). 여기에서 사용한 `every node`는 모든 `\node` 및 `node`에서 적용되는 옵션을 설정한 것으로 `tikz` 내부에서 설정된 이름이다.

두 번째 그림에서는 각각의 `node`에서 사용한 글자의 길이가 달라서 만들어지는 원의 크기도 다른데, 정작 가장 처음의 것이 가장 작아서 어색하게 보일 수도 있다. 이 문제를 해결한 것이 세 번째 그림으로 30번째 줄의 `\node` 명령의 옵션에서 원의 크기를 조절하였다. `text width`와 `align`은 16.2.2절을 참고하자.

그림 16.32의 왼쪽 그림은 4–5번 줄의 `every node` 설정에 의해 모든 노드의 폭이 1cm로 모든 노드의 크기를 같게 하였다.[11]

```
1 \begin{tikzpicture} 그림 16.32
2 \tikzstyle{level 1}=[sibling distance = 2cm,
3                      level distance=2.5cm]
4 \tikzstyle{every node}=[ball color=magenta, circle,
5            text=white, text width=1cm, align=center]
6 \node {부모}
```

[11] 이 경우 텍스트가 1cm 커지면 그 노드는 더 커지므로 조정이 필요할 수 있다.

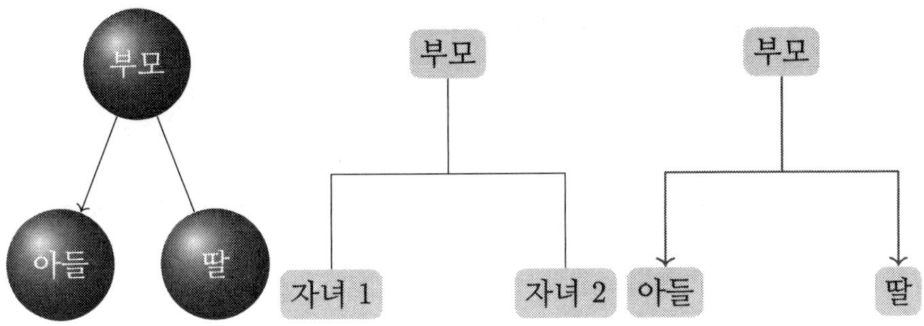

그림 16.32: 수형도의 모양 3

```
 child[->] {node {자녀 1}}
 child {node {자녀 2}};
\end{tikzpicture}
\begin{tikzpicture}[edge from parent fork down, scale=2]
\tikzstyle{every node}=[fill=red!30, rounded corners];
\node {부모}
 child {node {자녀 1}}
 child {node {자녀 2}};
\end{tikzpicture}
\begin{tikzpicture}[edge from parent fork down, scale=2]
\tikzstyle{every node}=[fill=red!30, rounded corners]
\tikzstyle{edge from parent}=[red,->,thick,draw]
\node {부모}
 child {node {아들}}
 child {node {딸}};
\end{tikzpicture}
```

그림 16.32의 두 번째와 세 번째 그림은 `edge from parent fork down` 옵션을 사용함으로써 노드를 연결하는 선이 꺾인 것을 볼 수 있다. 이 옵션을 사용하려면 `tikz`의 `trees` 라이브러리를 사용하여야 한다. 라이브러리 사용은 16.1.1절을 참고하기로 한다.

세 번째 그림에서는 `edge from parent` 설정에 의해서 선의 모양이 조정되는 것을 볼 수 있다.

16.4. 몇 가지 모양 및 변환

여기서는 회전이 포함된 좌표의 변환 및 몇 가지 특수한 경로(모양)을 그리는 것에 대해서 알아보기로 한다.

16.4.1 회전과 affine transformation

평행이동은 `shift`, `xshfit`, `yshift` 등의 옵션을 사용하면 되며 이는 직관적이다. 여기서는 회전과 수평이동 및 이 둘을 동시에 하는 것에 대해서 알아보자.

`cm=`$\{a_{11}, a_{21}, a_{12}, a_{22}, (b_1, b_2)\}$ 좌표를 다음과 같이 affine transformation을 한다. Affine transformation이란 회전과 평행이동을 함께 할 수 있는 변환을 말한다. 평면에서 원래 좌표가 $\boldsymbol{x}$이고 $\boldsymbol{b}$가 상수 벡터일 때 새로운 좌표 $\boldsymbol{x}'$를

$$\boldsymbol{x}' = \boldsymbol{A}\boldsymbol{x} + \boldsymbol{b} = \begin{pmatrix} a_{11} & a_{12} \\ a_{21} & a_{22} \end{pmatrix} \begin{pmatrix} x_1 \\ x_2 \end{pmatrix} + \begin{pmatrix} b_1 \\ b_2 \end{pmatrix} \tag{16.1}$$

로 얻는 변환을 말한다. 만일

$$\boldsymbol{A} = \begin{pmatrix} \cos\theta & -\sin\theta \\ \sin\theta & \cos\theta \end{pmatrix}$$

이면 반시계 방향으로 θ만큼 회전한 후 (b_1, b_2)만큼 평행이동한 결과를 얻게 된다.

`reset cm` cm 옵션에 의해 변환된 좌표 체계를 초기화 한다.

`rotate=`*angle* 좌표축을 `angle`만큼 반시계 방향으로 회전한다.

`rotate around=`$\{$*angle*:*coord*$\}$ *coord*를 기준으로 *angle*만큼 회전한다. `rotate`나 `cm`은 좌표축을 회전하는 것이나 이는 원점을 기준으로 전체 평면을 회전한다. `rotate around`는 *coord*를 원점으로 *angle*만큼 반시계 방향으로 회전한다.

`xslant|yslant=`*value* 각각 x축 및 y축 방향으로 기울인다.

그림 16.33은 다음

그림 16.33

```
\begin{tikzpicture}[scale=0.75]
\draw[help lines] (0,0) grid (9,6);
\draw (6,2) ellipse (2 and 1);
\draw[fill] (6,2) circle (2pt);

\draw[thick, blue, rotate=45] (6,2) ellipse (2 and 1);
\fill[blue, rotate=45]        (6,2) circle (2pt);

\draw[thick, blue, rotate=45,->] (0,0) -- (9,0);
\draw[thick, blue, rotate=45,->] (0,0) -- (0,5);
\draw[thick, blue, ->] (1.5,0) arc (0:45:1.5);
```

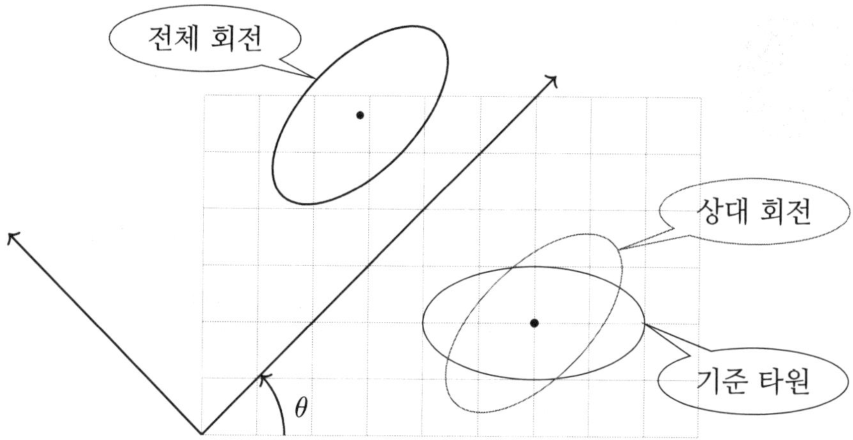

그림 16.33: 회전의 결과

```
10 \draw node[right] at (1.5,0.5) {$\theta$};

11 \draw[red, rotate around={45:(6,2)}] (6,2) ellipse (2 and 1);

12 \node[ellipse callout, callout absolute pointer={(8,2)},
13     draw] at (10,1) {기준 타원};
14 \node[ellipse callout, callout absolute pointer={(2,6.3)},
15     draw=blue] at (0,7) {전체 회전};
16 \node[ellipse callout, callout absolute pointer={(7.5,3.3)},
17     draw=red] at (10,4) {상대 회전};
18 \end{tikzpicture}
```

명령으로 만들었다. 명령은 길어 보이지만 타원 세 개를 그린 것이 중요한 포인트이며 나머지는 그림 설명을 위해 추가한 것이다. 이 그림에서 2, 3, 4줄의 명령으로 격자, 기준 타원 및 타원의 중심을 그렸다. 5–6번 명령은 `rotate` 옵션으로 45° 회전을 하였으며 이 결과는 왼쪽 위의 파란색 타원이다. x, y축 모두 45° 회전한 평면에 타원을 그린 것이다. 7–10번 줄은 파란색의 회전한 x, y축을 그리고, 호를 사용한 각도 표시를 하기 위한 명령이다.

11번 줄은 `rotate around` 옵션으로 기준 타원의 중심인 (6,2)를 기준으로 45도 회전하였으며 결과는 45° 회전한 빨간색의 타원이다.

12–18번 명령은 그림의 말풍선을 넣기 위한 명령이며 말풍선은 16.4.2절을 참고하기로 한다.

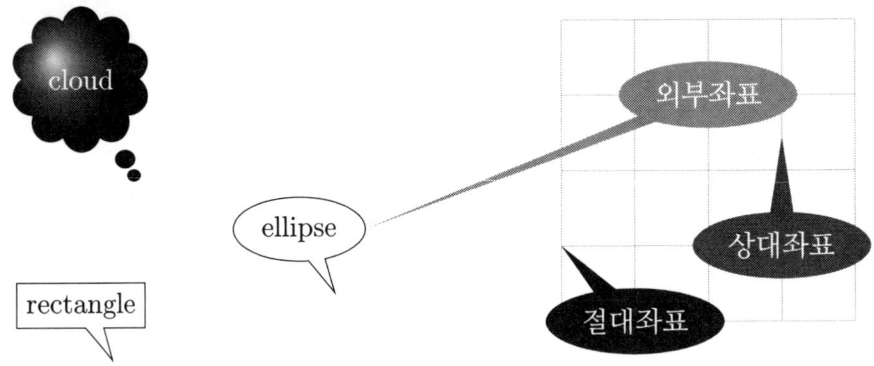

그림 16.34: `callouts` 라이브러리에 의한 모양

16.4.2 말풍선 만들기

그림에 특정한 설명을 더하기 위해 말풍선을 만들 수 있는 기능이 제공된다. 이 기능은 그림 4.1에서 사용하였다. 이 기능을 사용하려면 `shapes.callouts` 라이브러리를 사용하여야 한다. 이 라이브러리를 이용할 때 만들 수 있는 말풍선의 모양 및 적용할 수 있는 옵션 중 일부는 다음과 같다.

`ellipse callout` 타원형의 말풍선을 만든다(그림 16.33 등 참고).

`cloud callout` 구름 모양의 말풍선을 만든다.

`rectangle callout` 사각형 모양의 말풍선을 만든다(그림 4.1).

`callout absolute pointer=`{*coord*} 말풍선이 시작될 절대적 위치를 정한다. 절대적 위치는 `tikz`가 사용하는 좌표 체계의 (0,0)이 기준이다.

`callout relative pointer=`{*coord*} 말풍선이 시작될 상대적 위치를 설정한다. 말풍선의 위치가 기준 좌표이다.

그림 16.34는 다음의 명령

```
\begin{tikzpicture}[remember picture]    그림 16.34
 \node[ellipse callout, draw] at (3,2) (ell) {ellipse};
 \node[cloud callout, shading=ball, color=white]
     at (0,4) (cld) {cloud};
 \node[rectangle callout, draw] at (0,1) (rect) {rectangle};
\end{tikzpicture} \hspace{2cm}
```

```
7  \begin{tikzpicture}[remember picture]
8   \tikzstyle costyle=[{ellipse callout, color=white, fill=#1}]
9   \draw [help lines] grid(4,4);
10  \node [costyle=red, callout relative pointer={(0,1)}]
11          at (3,1) {상대좌표};
12  \node [costyle=blue, callout absolute pointer={(0,1)}]
13          at (1,0) {절대좌표};
14  \node [costyle=green, overlay,
15       callout absolute pointer={(ell.east)}]
16          at (2,3) {외부좌표};
17 \end{tikzpicture}
```

으로 만들었다. 이 그림은 두 개의 tikzpicture로 구성되었으며 둘 다 remember picture 옵션을 사용하여 이들 환경 내부에서 이름이 설정된 좌표를 외부의 다른 tikzpicture 환경에서 사용할 수 있도록 하였다. 첫 번째 tikzpicture 환경에서는 세 개의 \node 명령에 의해 왼쪽에 보이는 서로 다른 형태의 말풍선을 만들었다.

오른쪽 그림을 위한 두 번째 tikzpicture 환경은 8번 줄에서 설정하는데 모든 말풍선은 타원으로 만들고, 글자색은 흰색으로, 내부를 채울 색은 매개변수로 받도록 costyle이 정의되었다. 스타일은 16.8절 참고하기로 한다. 9번 줄은 격자를 그렸으며 10–11번 줄은 상대 좌표를 주어 (3,1)에서 상대적인 값 (0,1)을 적용한 (4,2)에 말풍선이 시작된다.

12–13번 줄은 절대좌표로 (0,1)이 말풍선이 시작하는 좌표이다. 14–16번 줄은 말풍선의 시작점이 (ell)의 오른쪽이므로 그림 16.34에서 보는 것과 같이 2번 줄 명령에서 (ell)을 설정한 좌표가 말풍선이 시작하는 좌표가 된다. 이 좌표의 오른쪽에 시작점을 잡았다(east). 여기서 사용한 overlay 옵션은 다른 tikz 그림 위에 겹쳐 그리기 위한 옵션이다. 8번 줄에서 사용한 \tikzstyle 명령의 매개변수의 전달은 16.8.2절을 참고하기로 한다.

16.4.3 그림자 만들기

경로에 대한 그림자를 그려서 모양을 입체적으로 보이게 하거나 강조효과를 주고자 할 때는 shadows 라이브러리를 사용하면 원하는 결과를 얻을 수 있다. 이 라이브러리를 사용하면

drop shadow={*options*} 주어진 옵션 *options*에 설정한 그림자를 그린다. 사용할 수 있는 옵션은

그림 16.35: shadows 라이브러리를 사용한 그림자 만들기

- shadow scale=*num* 그림자의 크기를 설정한다. 기본값은 1이며 1보다 큰 값은 더 큰 그림자를, 작은 값은 원래 경로보다 작은 그림자를 만든다.
- shadow xshift=*len* 그림자를 x축으로 얼마만큼 이동하여 만들지 설정한다. 기본값은 0.5ex이다.
- shadow yshift=*len* 그림자를 y축으로 얼마만큼 이동하여 만들지 설정한다. 기본값은 -0.5ex이다.
- opacity=*num* 그림자의 (불)투명도를 설정한다. 0은 투명, 1은 불투명이며 기본값은 0.5이다.
- fill=*color* 그림자의 내부 색을 설정한다. 기본값은 black!50이다.
- every shadow 스타일(\tikzset, \tikzstyle 명령 등)에 이 옵션을 설정하면 모든 shadow에 대해서 같은 설정이 적용된다.

copy shadow={*options*} 그림자가 원래 경로를 복사한 형태로 만들어진다. 옵션은 drop shadow의 옵션과 같다.

double copy shadow={*options*} 그림자가 원래 경로를 한 번 더 복사한 형태로 만들어진다. 옵션은 drop shadow의 옵션과 같다.

circular glow={*options*} 원 경로에서 원의 테두리에 해당하는 그림자(이 경우 바깥쪽 효과)를 만든다. 앞의 drop shadow의 옵션을 그대로 쓸 수 있으나 기본값은 다르다. 즉, shadow scale은 1.25, shadow xshift와 shadow yshift는 모두 0pt로 원래 경로와 같은 위치이며 fill은 black이다. 추가로 path fading에 값을 설정할 수 있으며 기본값은 {circle with fuzzy edge 15 percent} 이다.

으로 그림자를 만들 수 있다.

그림 16.35는 다음의 명령으로 만들었다.

```
\begin{tikzpicture} 그림 16.35
  \draw[fill=red, drop shadow]
     (0,0)  rectangle (1,1);
```

아주 중요한 일입니다.

그림 16.36: 문자열에 그림자 만들기

```
   \draw[fill=magenta, drop shadow]
      ++(3,0.5) ellipse (1cm and .5cm);
   \draw[fill=blue, copy shadow]
      ++(5,0)  rectangle +(1,1);
   \draw[fill=green, double copy shadow]
     ++(7,0)  rectangle +(1,1);
   \draw[fill=black, circular glow={fill=red}]
     ++(9.5,0.5)  circle (.5cm);
\end{tikzpicture}
```

위 명령에서 순서대로 왼쪽에서 오른쪽으로 그림자를 만들었으며 처음 두 개는 drop shadow, 세 번째는 copy shadow의 그림자 형태이며 네 번째 및 다섯 번째는 double copy shadow와 circular glow 형식의 그림자이다.

경로에는 그림자를 쉽게 만들 수 있지만 글자에 그림자를 넣는 것은 shadows 라이브러리로 바로 되지 않는다. 하지만 그림 16.36에서 보는 것과 같이 구현이 가능하다. 그림 16.36은 다음의 명령

```
\begin{tikzpicture}[scale=5]  그림 16.36
 \node[black!20, xshift=0.2ex, yshift=-0.2ex]
    (0,0) {\bfseries 아주 중요한 일입니다.};
 \node[black!40, xshift=0.15ex, yshift=-0.15ex]
    (0,0) {\bfseries 아주 중요한 일입니다.};
 \node[red] (0,0) {\bfseries 아주 중요한 일입니다.};
\end{tikzpicture}
```

으로 만들었으며 이는 다음과 같은 과정을 거친다.

① 첫 번째 \node 명령으로 먼저 가장 흐린 그림자를 그린다. 그림자가 원래 텍스트에서 이동하여야 하기 때문에 각각 xshift와 yshift를 사용하였다. 이 값을 조정하여 그림자의 위치를 바꾼다.

② 위의 것은 두 번째 그림자이고 두 번째 \node 명령이 그림자이다. 따라서 조금 더 진하게 그렸다.

③ 마지막 \node 명령으로 원하는 텍스트를 삽입하였다.

참고로 위에서 첫 번째 \node는 그림자를 2단으로 만들기 위한 것이므로 없어도 되며 마지막 \node 명령은 항상 가장 마지막에 나와야 한다.

16.4.4 행렬 관련

행렬을 tikz 그림으로 다루려면 matrix 라이브러리를 사용하여야 한다. 이를 위해서는

```
\usetikzlibrary{matrix}
```

가 tikz 패키지가 \usepackage한 후, \begin{document} 가 나오기 전에 선언되어야 한다. 이 라이브러리를 사용하면 \matrix 명령을 사용하여 행렬을 tikz 그림으로 처리할 수 있다. 이 명령의 사용법은

```
\matrix (label) [options] {elements};
```

이다. 여기서 *label*은 이 행렬을 인용하고자 할 때 사용할 이름이며 *options*에는 행렬에 사용할 옵션을 설정한다. *elements*에는 행렬의 원소를 설정한다. 행렬 원소의 설정은 tabular나 array 환경에서와 같이 열의 구분은 &, 행의 구분은 \\로 한다.

\matrix 명령에서 *label*을 설정하면 이후에는 이 행렬의 각 원소를 *label-row-column*로 경로를 찾을 수 있다. 만일 행렬의 이름이 mymtx라면 이 행렬의 2번째 행, 3번째 열의 원소는 mymtx-2-3이다.

*options*에서 사용할 수 있는 옵션은

matrix of nodes 행렬의 각 원소를 각각 node로 설정한다. 개별 원소의 경로를 사용하거나 개별 원소에 대해서 그리기를 하기 위해서는 matrix of nodes 옵션이 사용되어야 한다.

||, &[] 각 열 구분. & 다음의 []에는 열의 폭에 대한 옵션을 줄 수 있다. 또한 | 사이에 들어간 모든 명령은 \node 명령에 대한 옵션으로 전달되어 각 원소에 적용된다. 또한 필요한 경우 직접 \node나 \draw 명령 등으로 각 원소에 대해 그리기를 조정할 수 있다. 다음의 세 개의 보기

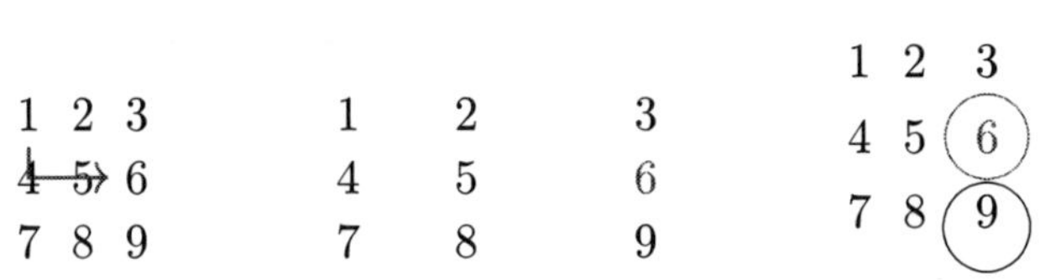

는

```
\begin{tikzpicture}
 \matrix (mymtx) [matrix of nodes] {
  1 & 2 & 3 \\
  4 & 5 & 6 \\
  7 & 8 & 9 \\ };
 \draw[thick,red,->] (mymtx-1-1) |- (mymtx-2-3);
\end{tikzpicture} \hfill
\begin{tikzpicture}
\matrix [matrix of nodes] {
  1 &[5mm] 2 &[1cm] |[blue]| 3 \\
  4 &      5 &      |[red]|  6 \\
  7 &      8 &               9 \\ };
\end{tikzpicture} \hfill
\begin{tikzpicture}
\matrix [matrix of nodes] {
 1 & 2 &  3 \\
 4 & 5 & \node[red, circle, draw] {6}; \\
 7 & 8 & \node(0,0) {9};\draw(0,0) circle [radius=10pt];
\\};
\end{tikzpicture}
```

으로 만들었다. 가장 왼쪽의 보기는 행렬을 정의하고 이 행렬의 이름을 **mymtx** 라고 하였으며 이 행렬의 (1,1)번째 원소에서 (2,3)번째 원소에 대해 선을 그었다. 선의 형식은 90°로 꺾인 형식이다(`|-`). 두 번째 행렬은 두 번째 및 세 번째 열의 폭을 임의로 조절하고 (1,3)번째와 (2,3)번째 원소에 대해서 **\node**의 옵션 중 색을 설정하였다. 세 번째 행렬은 (2,3)번째 원소와 (3,3)번째 원소에 대해 각각 **\node** 명령 및 `\draw` 명령을 사용하여 그림을 그렸다.

matrix of math nodes 수학 모드를 사용할 수 있게 한다. 이 옵션은 **tabular** 대신 **array** 환경을 사용한 것과 같은 효과를 낸다. 다음의 보기

(1,1)번째 원소

$$\begin{array}{cccc} a_{11} & a_{12} & a_{13} = & \int f(x)dx \\ a_{21} & a_{22} & & a_{23} \\ a_{31} & a_{32} & & a_{33} \end{array}$$

는

```
\begin{tikzpicture}
\matrix  [matrix of math nodes]   (three) {
  a_{11} & a_{12} &  a_{13}= \displaystyle\int f(x) dx \\
  a_{21} & a_{22} & |[red]| a_{23} \\
  a_{31} & a_{32} & a_{33} \\ };
 \draw (three-1-1) node[above=1mm] {\tiny (1,1)번째 원소};
\end{tikzpicture}
```

으로 만들었다. 이 보기에서 먼저 수학 모드인 첨자(_)나 `\int` 등이 `$` 없이 사용된 것을 볼 수 있는데 이는 `matrix of math nodes` 옵션이 사용되었기 때문에 가능하다. 이 옵션이 없으면 각각의 원소에 대해 `$`를 사용하여야 한다. 또한 이 행렬의 이름은 `three`로 정의되었으며 마지막에 (1,1)번째 원소의 위에 문자열을 추가하였음을 알 수 있다.

`nodes=`*value* 로 `\node` 명령에서 설정할 수 있는 옵션을 모두 사용할 수 있으며 이 경우 각각의 원소가 모두 하나의 `node`가 되며 각 원소에 모두 설정된 옵션이 적용된다. 단, 빈칸에는 적용되지 않는다.

`nodes in empty cells` 을 설정하면 비어 있는 칸에도 `nodes`에 설정한 옵션이 적용된다. 다음의 보기

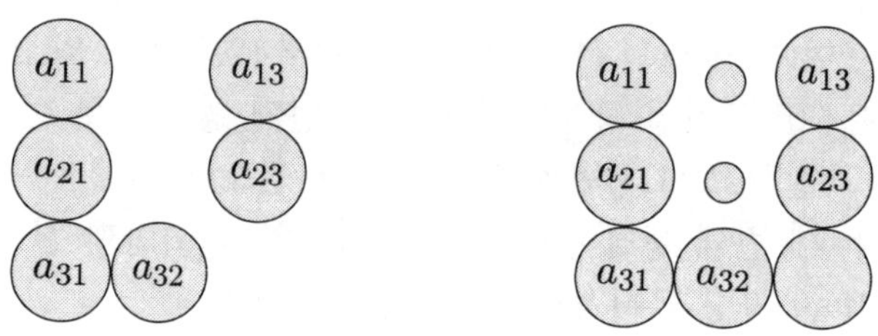

는

```
\begin{tikzpicture}
\matrix [matrix of math nodes,
  nodes={circle,fill=yellow, draw}] {
  a_{11} &        & a_{13} \\
  a_{21} &        & a_{23} \\
  a_{31} & a_{32} &      \\ };
\end{tikzpicture} \hspace{2cm}
\begin{tikzpicture}
```

```
\matrix [matrix of math nodes,
         nodes={circle, fill=yellow, draw},
  nodes in empty cells] {
  a_{11} &        & a_{13} \\
  a_{21} &        & a_{23} \\
  a_{31} & a_{32} & \phantom{a_{33}} \\ };
\end{tikzpicture}
```

으로 만들었는데 두 행렬 모두 `\node`의 옵션을 사용하여 원을 그리고 내부의 색은 노란색, 테두리는 검정색(기본값)을 사용하였다. 오른쪽의 행렬은 `nodes in empty cells` 옵션이 추가되어 행렬의 빈칸에서 노드를 그렸다. 이 경우 빈칸의 크기가 다르므로 (3,3)번째 원소는 `\phantom` 명령을 사용하여 비어 있지만 크기는 같은 원을 그렸다.

`\\` 는 행을 구분하는 데 사용하기도 하지만 한 원소가 두 줄 이상으로 줄 바꾸기가 필요한 경우에도 사용한다. `\matrix` 명령에서 한 원소 내에서 줄 바꾸기가 있을 경우에도 `\\`를 사용한다. 하지만 이 경우 행 바꾸기의 `\\`와 혼동이 오므로 한 칸에 두 줄 이상이 들어갈 때는 반드시 `{ }` 안에 그 내용을 넣는다. 다음의 보기

1번 행	위쪽 줄 아래쪽 줄
두 번째	빈칸

는

```
\begin{tikzpicture}
\matrix [matrix of nodes,nodes={text width=16mm, draw}] {
  1번 행  & {위쪽 줄 \\ 아래쪽 줄} \\
 두 번째  &  빈칸\\ };
\end{tikzpicture}
```

으로 만들었다. 여기서 (1,2)번의 원소는 줄 바꾸기가 포함되어 있는데 이 경우 `{}` 안에 이 칸의 전체 내용을 넣었다. 여기에서 사용된 `\node` 옵션에 `draw`가 있지만 그릴 모양은 설정되지 않았는데 이 경우 기본값은 `rectangle`이다.

`left delimiter`, `right delimiter`, `above delimiter`, `below delimiter` 행렬의 표시로 상하좌우에서 사용할 부호를 설정한다. 이들 부호의 스타일의 정의를 위해서는 `left delimiter`, `right delimiter`, `above delimiter`, `below delimiter`

에 사용할 부호를 설정한다. 모든 행렬에 대해 설정할 때는 매번 설정하지 않고 every left delimiter, every right delimiter, every above delimiter, every below delimiter 를 설정할 수 있다. 다음 보기

$$\left(\begin{matrix} a_{11} & a_{12} & a_{13} \\ a_{21} & a_{22} & a_{23} \\ a_{31} & a_{32} & a_{33} \end{matrix} \right\} \qquad \left(\quad \begin{matrix} a_{11} & a_{12} & a_{13} \\ a_{21} & a_{22} & a_{23} \\ a_{31} & a_{32} & a_{33} \end{matrix} \right\}$$

는

```
\begin{tikzpicture}
\matrix [matrix of math nodes, left delimiter=(,
        right delimiter=\}] {
  a_{11} & a_{12} & a_{13} \\
  a_{21} & a_{22} & a_{23} \\
  a_{31} & a_{32} & a_{33} \\ };
\end{tikzpicture} \hspace{1cm}
\begin{tikzpicture}[
    every left delimiter/.style={red,xshift=-1em},
    every right delimiter/.style={xshift=-1ex}]
 \matrix [matrix of math nodes,
         left delimiter=(,right delimiter=\}] {
 a_{11} & a_{12} & a_{13} \\
 a_{21} & a_{22} & a_{23} \\
 a_{31} & a_{32} & a_{33} \\ };
\end{tikzpicture}
```

로 만들었는데 왼쪽 행렬은 왼쪽과 오른쪽의 표시를 각각 (와 }로 하였다. 오른쪽 행렬의 경우 왼쪽과 오른쪽의 스타일을 정의하여 그 스타일이 적용되게 하였다.

16.4.5 shapes.geometric, shapes.symbols, shapes.arrows, shapes.misc 라이브러리의 모양 만들기

tikz 패키지에서 제공되는 shapes.geometric, shapes.symbols, shapes.arrows, shapes.misc 라이브러리를 사용하면 tikz에서 더 많은 형태의 모양(shape)을 그릴 수 있다. 이들은 \usetikzlibrary 명령을 전처리부에 사용하여 해당 라이브러리를 불러 온 후에 사용할 수 있다.

16.4.5.1 shapes.geometric 라이브러리

shapes.geometric 라이브러리는 기하학적 모양을 주로 제공하며 모양은 그림 16.37에 정리하였다. 이 그림과 그림 16.38, 그림 16.39에 보이는 모양은

```
\node[shape=shape, options] at (0,0) {text};
```

로 만들었으며 첫 번째 diamond의 경우

```
그림 16.37 그림 16.38 그림 16.39
\tikzstyle fixed=[draw, fill=yellow, inner sep=2pt,
     shading=color wheel white center];
\node[fixed, shape=diamond, scale=.9] at (0,0)
     {\texttt{diamond}};
```

를 사용하였다. \tikzstyle 명령은 나머지 *shape*을 그릴 때 같은 옵션을 주는 것을 편하게 하기 위함이다. 여기서 여태까지 \node 명령에서 자주 그랬던 것처럼 shape=은 생략할 수 있다.

*options*에는 \node 명령이나 node 경로에서 사용할 수 있는 옵션 등이 사용 가능하며 해당 모양에 따른 추가 옵션이 가능하다. 추가 옵션 중 일부는 다음과 같다.

① 정다각형을 그리는 regular polygon의 경우 옵션이긴 하지만 필수적인 regular polygon sides=n이 있으며 n은 정 n각형을 만들기 위해 설정한다. 이때 이 값이 생략되면 $n = 5$이다.

② 사다리꼴의 경우 아래 변의 두 각을 trapezium left angle, trapezium right angle에 설정할 수 있으며 기본값은 모두 60이다. 사다리꼴의 모양을 변경하려면 trapezium stretches에 true로 설정하고(기본값은 false) minimum width 또는 minimum height를 바꾸어 주면 된다.

③ star의 경우 star points에 별 꼭짓점 수를 설정할 수 있다. 기본값은 5이다. star point ratio에 별의 안쪽 반지름과 바깥쪽 반지름의 비율을 설정할 수 있다. 기본값은 1.5이다.

④ 이등변 삼각형의 경우 꼭짓점의 각도를 isosceles triangle apex angle 에 설정할 수 있다. 기본값은 30이다.

⑤ kite에는 위쪽 꼭짓점과 아래쪽 꼭짓점의 각도를 각각 kite upper vertex angle, kite lower vertex angle에 설정하며 기본값은 120 및 60이다.

⑥ dart의 경우 dart tip angle에는 뾰족한 부분의 각도, dart tail angle에는 반대쪽의 바깥쪽 각도를 설정한다. 기본값은 각각 45와 135이다.

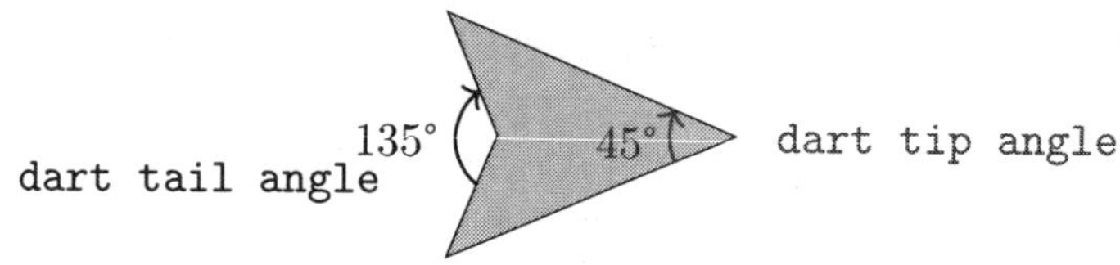

⑦ 부채꼴의 경우 부채꼴의 각도를 circular sector angle에 설정하며 기본값은 60이다.

⑧ cylinder에는 원기둥의 단면인 원의 비율을 aspect에 설정하여 단면의 모양을 조절할 수 있다. 기본값은 1이라 원으로 보인다. 이 값은 0과 1 사이에 설정한다. 또한 cylinder end fill과 cylinder body fill에는 단면과 원통 부분에 사용할 색을 설정할 수 있다. 기본값은 모두 흰색이다.

그림 16.37은 해당 모양의 기본값을 사용한 경우가 대부분이며 draw 옵션은 형태를 그리기 위해 기본적으로 사용하고, 필요한 경우 크기 조절 등을 위해 scale 등의 추가 옵션을 주기도 하였다. 이때 사용한 shading은 color wheel white center이다.

16.4.5.2 shapes.symbols 라이브러리

shapes.symbols 라이브러리는 그림 16.38에서 보는 모양을 제공한다. 이들 모양도 그림 16.37과 마찬가지로 그림 16.38의 *shape*을 설정하여 얻으며 각 모양에 따른 추가 옵션의 설정이 가능한데 그 중 일부는 다음과 같으며 자세한 옵션 등은 CTAN 등에서 PGF/TikZ 매뉴얼을 참고하기로 한다.

① magnifying glass에는 magnifying glass handle angle fill에는 돋보기 손잡이의 각도를 설정한다. 기본값은 -45이다. magnifying glass handle angle aspect에는 손잡이의 길이를 설정하며 이 길이는 돋보기 반지름의 배수로 설정한다. 기본값은 1.5이다.

② cloud의 경우 구름의 볼록한 부분의 개수를 cloud puffs에 설정하며 기본값은 10이다. 구름의 볼록한 부분의 호의 값은 각도로 설정하며 cloud puff arc에 설정한다. 기본값은 135이다.

③ starburst에는 starburst points에 꼭짓점의 수를 설정할 수 있으며(기본값 17), starburst point height에는 안쪽 반지름과 바깥쪽 반지름의 최대 높이 차이를 설정한다. 기본값은 0.5cm이다.

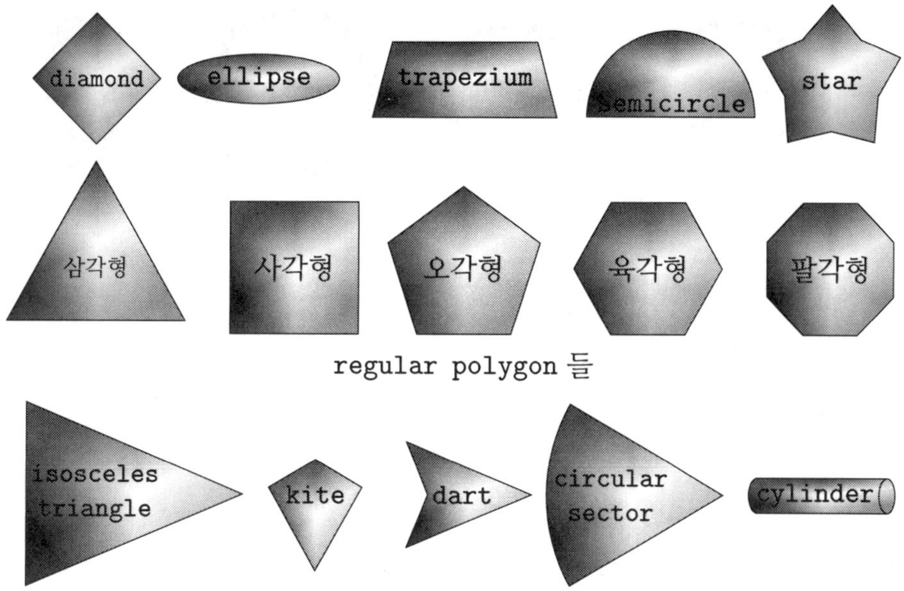

그림 16.37: shapes.geometric 라이브러리에서 제공하는 경로 모양

④ signal에는signal pointer angle 뾰족한 부분 또는 파인 부분의 각도를 설정한다. 기본값은 90이다. signal from과 signal to에는 화살표가 어디에서 어디로 향할지 설정하며 signal to는 뾰족한 부분의 방향, signal from은 파인 부분의 방향을 설정한다. 가능한 값은 east, west, south, north이다.

⑤ tape에는 tape bend top, tape bend bottom에 테이프 모양의 위와 아래에 사용할 형태를 설정한다. 기본값은 in and out이며 none을 사용하면 직선이 된다. out and in을 설정하면 위로 먼저 올라온 후 내려가는 물결 모양이 된다. tape bend height는 물결 모양의 가장 높은 곳과 낮은 곳의 높이 차이를 설정한다. 기본값은 5pt이다.

⑥ magnetic tape의 경우 magnetic tape tail extend와 magnetic tape tail에 꼬리가 원의 바깥쪽에서 벗어난 길이 또는 반지름에 대한 꼬리의 비율을 설정한다. 기본값은 각각 0cm와 0.15이다.

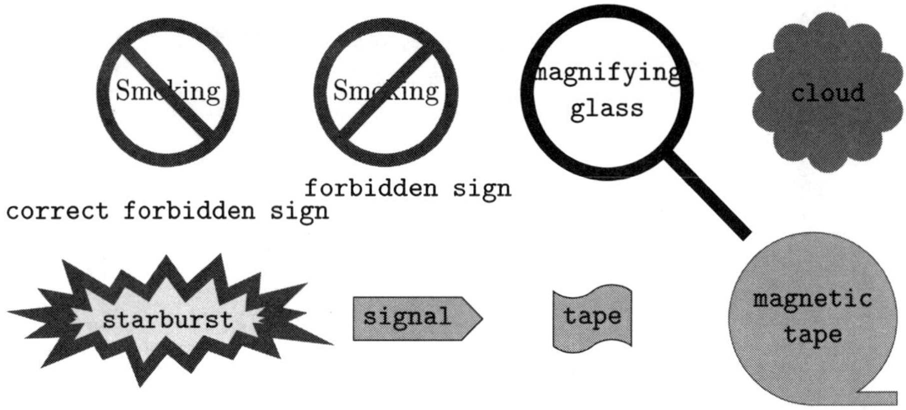

그림 16.38: shapes.symbols 라이브러리에서 제공하는 부호

16.4.5.3 shapes.arrows **라이브러리**

shapes.arrows 라이브러리는 그림 16.38에 나온 모양들을 제공한다. 이들 모양도 그림 16.37과 마찬가지로 그림 16.39의 *shape*을 설정하여 얻으며 자세한 옵션은 CTAN 등에서 PGF/TikZ 매뉴얼을 참고하기로 한다. 옵션 중 일부는 다음과 같다.

① single arrow에서 single arrow tip angle에는 화살표의 뾰족한 부분의 각도를 설정하며(기본값 90), single arrow head extend는 화살촉이 화살대보다 얼마나 늘어날지 설정한다(기본값 0.5cm). single arrow head indent는 화살촉이 안으로 파일 부분의 길이를 설정한다. 기본값은 0이다.

② double arrow에서 double arrow tip angle에는 화살표의 뾰족한 부분의 각도를 설정하며(기본값 90), double arrow head extend는 화살촉이 화살대보다 얼마나 늘어날지 설정한다(기본값 0.5cm). double arrow head indent는 화살쪽이 안으로 파일 부분의 길이를 설정한다. 기본값은 0이다.

③ arrow box에 arrow box tip angle, arrow box head extend 및 arrow box head indent를 설정할 수 있으며 이 옵션은 single arrow와 같은 방법으로 화살표의 설정을 한다. arrow box arrows에는 박스에 추가할 화살표의 목록을 설정하며 {} 안에 화살표를 만들 방향과 길이를 설정한다. 이 값을 설정하지 않으면 네 방향 모두에 화살표가 만들어진다. 여기에 준 길이는 화살표의 길이이다.

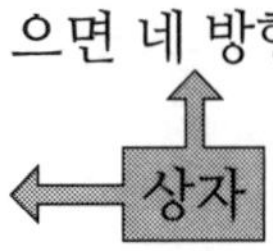

..................\tikz \node[arrow box, draw, fill=cyan,

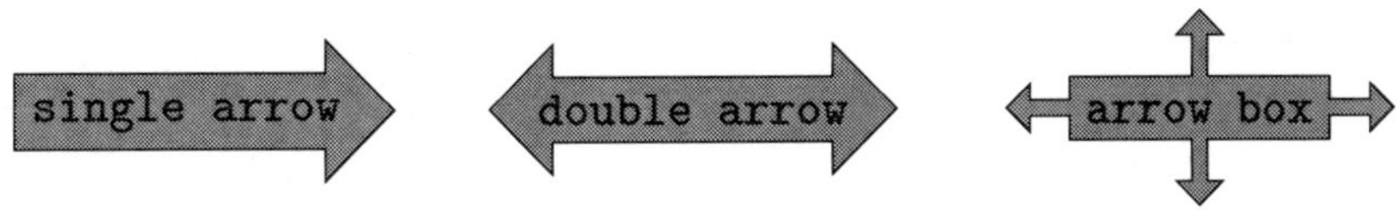

그림 16.39: shapes.arrows 라이브러리에서 제공하는 부호

arrow box arrows={north:.5cm, west:0.75cm}] at(0,0) {상자};
arrow box shaft width에는 화살대의 폭을 설정하며 기본값은 0.125cm이다.

16.4.5.4 shapes.misc의 추가 모양

shapes.misc 라이브러리를 사용하면 몇 가지 형태의 모양(shape)을 만들 수 있다. shape.misc 라이브러리를 이용할 때 사용할 수 있는 모양 및 몇 가지 옵션 중 일부는 다음과 같다.

cross out 'X' 표로 지운 모양을 추가한다.

strike out 빗금으로 지운 것을 추가한다.

rounded rectangle 모서리가 둥근 사각형을 그린다.

chamfered rectangle 사각형에서 네 개의 모서리를 직선으로 잘라낸 형태의 사각형을 그린다. 결과는 팔각형이다. 각 모서리를 어떻게 자를지에 대한 옵션도 설정 가능한데 자세한 것은 PGF/TikZ 매뉴얼을 참고하기로 한다.

위의 그림은 다음 명령의 결과이다.

```
\begin{tikzpicture}
\draw node[cross out,draw] at (0,0) {Cross Out};
\draw node[strike out,draw] at (2.5,0) {Strike Out};
\draw node[rounded rectangle,draw] at (5.7,0)
        {Rounded Rectangle};
\node[chamfered rectangle, white, fill=red, double=red,
     draw, very thick]at (9,0) {\bfseries STOP!};
\end{tikzpicture}
```

`rounded rectangle left|right arc=`*type* 은 `rounded rectangle`일 때 둥근 사각형의 왼쪽 및 오른쪽 변의 형태를 설정한다. `left` 및 `right` 대신에 `west` 및 `east`를 사용하여도 된다. *type*에 설정할 수 있는 값은 `convex`(기본값), `concave` 및 `none`이 있으며 `concave`는 사각형 안으로 둥글게 만들며 `none`은 모서리를 둥글게 하지 않는다.

위의 그림은 다음 명령의 결과이다.

```
\begin{tikzpicture}
\tikzstyle{every node}=
     [draw, rounded rectangle, fill=yellow];
\node[rounded rectangle left arc=concave]
     at (1,0) {Concave};
\node[rounded rectangle right arc=convex]
     at (3,0) {Convex};
\node[rounded rectangle left arc=none] at (5,0) {None};
\end{tikzpicture}
```

16.5. \foreach 명령

`\foreach` 명령은 `pgffor` 패키지에서 제공되는 명령으로 사용법은

```
\foreach variables in {list} {commands};
```

이며 *list*에 있는 각각의 값을 *variable*의 값으로 설정하고 이 각각의 값에 대해서 LaTeX 명령들인 *commands*를 실행한다. `pgffor` 패키지는 PGF/TikZ 패키지에 자동으로 포함되므로 `tikz` 패키지를 `\usepackage`한 경우에는 추가로 `\usepackage`할 필요는 없다.

`\foreach` 명령은 둘 이상의 변숫값을 동시에 바꾸어 가면서 설정할 때는

```
\foreach \x/\y in {1/2, 2/2, 4/5}
```

와 같이 특정한 구분자을 사용하고(이 경우 /이며 사용자가 아무거나 사용) 각 변수의 값에 대해서도 구분자를 사용하도록 설정하면 두 변수 `\x`와 `\y` 값을 설정할 수 있다. 또한 두 번 이상의 `\foreach` 명령으로 중첩(nested loop)하여 사용할 수도 있다. 예를 들어

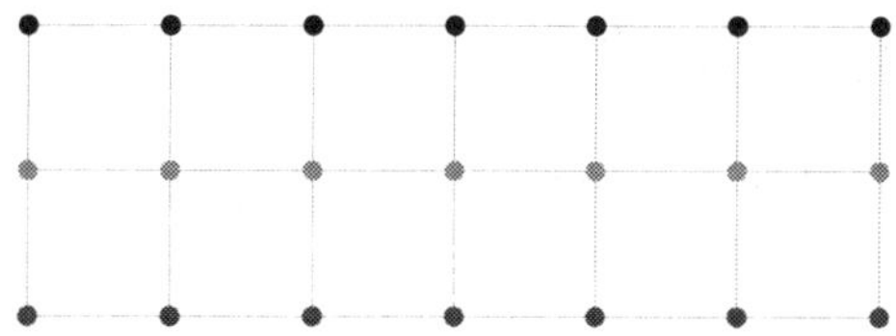

그림 16.40: 중첩 반복의 사용 결과

```
\begin{tikzpicture} 그림 16.40
\draw[help lines] (0,0) grid (6,2);
\foreach  \x in {0,1,...,6} {
      \foreach \y/\tmpcolor in {0/red,1/green,2/blue} {
        \fill[\tmpcolor] (\x,\y) circle (2pt);
     };
};
\end{tikzpicture}
```

을 사용하면 그림 16.40을 얻는다.

\foreach 명령의 설정에서 *list*에 ...으로 중간값을 생략할 수 있으며 생략된 중간의 값은 등차수열의 규칙으로 추가한다. 예를 들면 다음과 같다.

- ✓ `\foreach \x in {1,2,...,6} {\x, }` 의 결과는 1, 2, 3, 4, 5, 6 이며,
- ✓ `\foreach \x in {1,2,3,...,6} {\x, }` 의 결과는 1, 2, 3, 4, 5, 6 이며,
- ✓ `\foreach \x in {1,3,...,11} {\x, }` 의 결과는 1, 3, 5, 7, 9, 11 이며,
- ✓ `\foreach \x in {1,3,...,10} {\x, }` 의 결과는 1, 3, 5, 7, 9 이며,
- ✓ `\foreach \x in {0,0.1,...,0.5} {\x, }` 의 결과는 0, 0.1, 0.20, 0.3, 0.4, 0.5 이며,
- ✓ `\foreach \x in {a,b,9,8,...,1,2,2.125,...,2.5} {\x, }` 의 결과는 a, b, 9, 8, 7, 6, 5, 4, 3, 2, 1, 2, 2.125, 2.25, 2.375, 2.5 이다.

\foreach 명령의 사용 보기는 그림 16.14, 그림 16.15, 그림 16.20, 그림 16.42 등이며 이들을 만들기 위한 소스를 확인하기로 한다.

16.6. 좌표 체계 및 이름 주기

PGF/TikZ에서 좌표를 표시하는 방법은 여러 가지가 있다. 일반적인 좌표 표시 방법은 16.6절에서 다루고 먼저 관례적으로 사용하는 방법부터 살펴보자.

16.6.1 2차원 유클리드 좌표 – canvas

평면의 좌표를 (x, y)로 표현하면 원점 (0,0)을 기준으로 가로로 x, 세로로 y만큼 이동한 위치를 표현하는 방법으로 (x, y)로 콤마를 사용해 두 값을 구분하여 표시한다. x, y 에는 숫자만 들어가거나 단위를 포함한 숫자가 들어갈 수 있으며 간단한 연산의 표현도 가능하다. 이 좌표 체계의 공식 이름은 canvas이다(16.6절 참고).

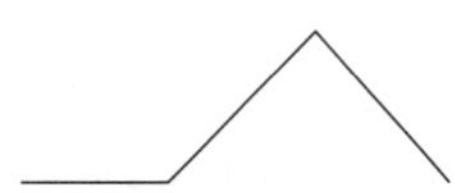

```
\tikz\draw (0,0) -- (1cm,0) -- (2,1) -- (0.8*pi+0.4,0);
```

로 만들었으며 유클리드 좌표 체계에서 세 점을 연결하였다. 여기에서 사용한 pi는 tikz의 내부 상수로 $\pi = 3.141592\cdots$ 의 값이다.

엄밀하게 말하면 tikz의 좌표 체계는 기준 좌표에 대한 배수(multplication)를 사용한다. 다만 거의 대부분 기준 좌표가 원점이 (0,0)이고 기준 벡터가 (1,0) 및 (0,1)인 벡터이므로 위의 설명과 같이 이해하는 것이 편리한 경우가 많다. 예를 들어 그림 16.41 은 다음의 명령

```
\begin{tikzpicture} 그림 16.41
 \draw[help lines, black!20] (-2,0) grid (7,6);
 \foreach \x in {-2,-1,...,7} { % x축 눈금
   \node[below] at (\x,0) {\small \x}; };
 \foreach \y in {0,1,...,6} {   % y축 눈금
   \node[left] at (-2,\y) {\small \y}; };
 \draw[dotted, ->, thick] (0,0) -- (6.2,6.2);
 \draw[dotted, ->, thick] (0,0) -- (-2.3,2.3);
%% 원래 좌표의 경로
 \draw[red,->] (0,1) -- (1,1);
 \draw[red] (3,1) circle (1cm);
 \fill[red] (3,1) circle (2pt);
 \shade[ball color=red] (4.5,2.5) rectangle (5.5,3.5);
%% 기준 벡터 변경
 \begin{scope}[x={(1cm,1cm)}, y={(-2cm,2cm)},
```

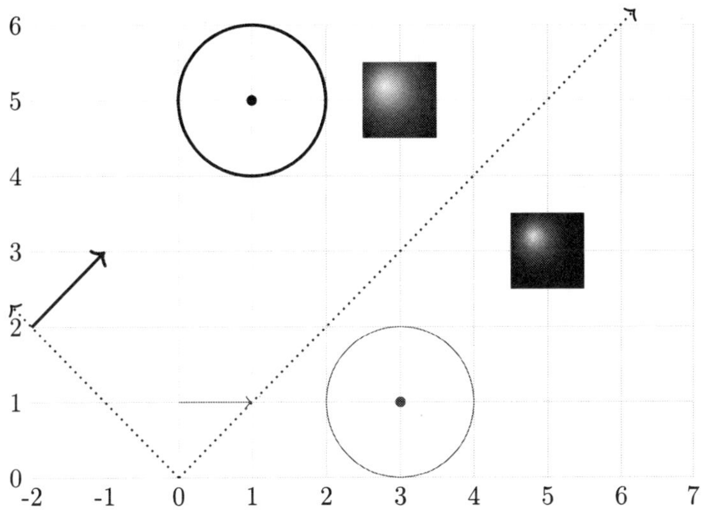

그림 16.41: 기준 벡터에 따른 좌표

```
16        very thick, blue]
17     \draw[->] (0,1) -- (1,1);
18     \draw (3,1) circle (1cm);
19     \fill (3,1) circle (2pt);
20  \end{scope}
21 %% 기준 벡터 변경
22  \shade[x={(0cm,1cm)}, y={(1cm,0cm)},
23      ball color=green] (4.5,2.5) rectangle (5.5,3.5);
24 \end{tikzpicture}
```

의 결과이며 이 소스에서 8번 줄까지는 좌표를 만들고 눈금을 붙이는 작업이며 7–8번은 15번 줄의 scope에서 사용한 기준 벡터를 그린 것이다. 10–13번까지는 원래 좌표에서 직선, 원, 사각형의 경로를 그렸다(빨간색). 15번 줄의 scope 환경은 기준 벡터가 각각 $(1,1)$ 및 $(-2,2)$이다.[12]

17–19번 줄의 명령은 원래 좌표의 10–12번 줄과 같은 명령이나 모두 파란색으로 다른 위치에 그려졌음을 알 수 있다. 먼저 직선의 경우 시작점 $(0,1)$은 y축 기준 벡터의 1배인 $(-2,2)$이며 끝나는 점 $(1,1)$은 x축 기준 벡터 $(1,1)$의 1배인 $(1,1)$에서 y축 기준 벡터인 $(-2,2)$ 방향으로 1배 이동한 위치인 $(-1,3)$이 된다. 원의 경우 중심의 원래 좌표 $(3,1)$은 새 x축 기준 벡터 $(1,1)$ 방향으로 3배 이동하고(원좌표 기준 $(3,3)$) 이

[12]지금처럼 기준 벡터로 설정할 때는 단위와 {}를 반드시 넣어 주어야 한다.

곳에서 y축 기준 좌표인 $(-2, 2)$ 방향으로 1배 이동한 곳에 원이 만들어진다.

사각형은 기준 좌표가 x축, y축이 바뀌었으므로 직선 $y = x$에 대한 대칭이동이 이루어져 초록색 사각형의 위치에 만들어진다.

16.6.2 2차원 극좌표 – canvas polar

수평선을 기준으로 반시계 방향으로 이동한 각도 *angle*와 원점으로부터의 거리(반지름) *radius*로 좌표를 표시하는 방법으로 정식 이름은 `canvas polar` 좌표 체계이다(16.6절 참고). 설정은

```
([turn] angle : radius)
```

로 표현한다. 이때 각도의 단위는 degree와 radian을 모두 사용할 수 있으며 radian의 경우 숫자 뒤에 `r`을 붙인다. `[turn]` 옵션이 설정된 경우 직전의 각도에서 주어진 각도만큼 회전하며 이 옵션이 없는 경우 x축 기준으로 반시계 방향의 각도를 의미한다. 다음의 그림

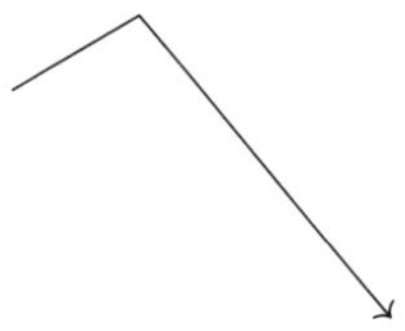

는

```
\tikz\draw[->] (0,0) -- (30:1) -- (-pi/6 r:3);
```

로 만들었으며 (0,0)에서 시작하여 수평에서 30° 반시계 방향으로 회전하고 원점으로부터의 거리가 1(cm)인 좌표로 연결한다. 이 좌표의 유클리드 좌표는 $(\cos(30), \sin(30))$이다. 세 번째 점의 유클리드 좌표는 $(3\cos(-\pi/6), 3\sin(\pi/6))$이다. 사용 예는 16.18 등이 있다.

극좌표의 경우 회전에 `[turn]` 옵션을 추가하면 경우에 따라 더 쉽게 그림을 그릴 수 있다. 정다각형의 경우 같은 내각 및 변의 길이를 가지지만 원점으로부터의 거리 및 x축으로부터의 각도를 계산하면 훨씬 복잡해진다.

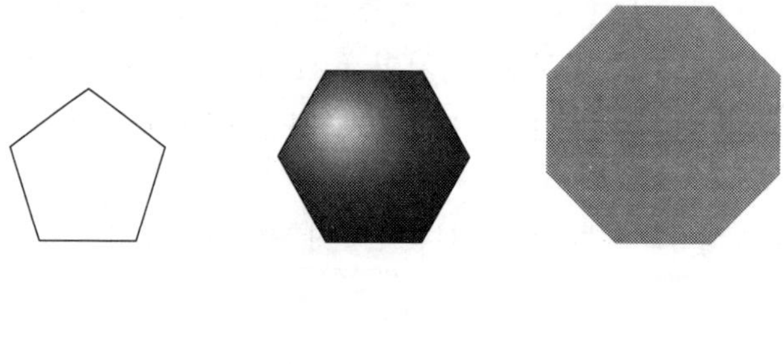

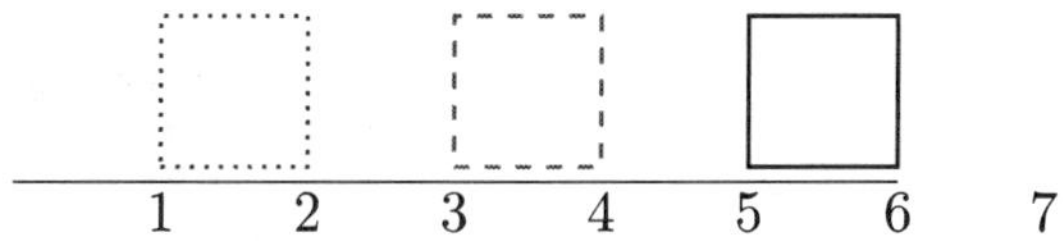

그림 16.42: tikz의 상대적 좌표 체계

위의 그림은 [turn] 옵션을 다음과 같이 사용하였다.

```
\draw (0,0) -- (1,0) -- ([turn]72:1) -- ([turn]72:1)
     -- ([turn]72:1) -- cycle ;
```

이 결과는 가장 왼쪽의 정오각형이며 정육각형은 각도를 60°, 정팔각형은 각도에 45°를 사용하였다.

16.6.3 좌표의 상대적 위치 표시

이전 좌표에 대한 상대적 위치는 + 또는 ++를 사용하여 표시한다. +를 사용하면 그림 전체의 기준점(대부분 (0,0))에서 정해 준 양만큼 더해주며, ++는 이전 좌표를 기준으로 더해준다. 그림 16.42는 상대적 좌표를 사용하여 만든 사각형이다. 이 그림은

```
1 \begin{tikzpicture} 그림 16.42
2 \draw[thick] (5,0) rectangle (6,1);
3 \draw[red, dashed,thick] (3,0) rectangle ++(1,1);
4 \draw[blue, dotted, thick] (1,0) rectangle +(1,1);
5 \draw (0,-0.1) -- (+7,-0.1);
6 \foreach \x in {1,2,3,4,5,6,7} {
7   \draw[thin] (\x,-.3) node {\x};};
8 \end{tikzpicture}
```

으로 만들었는데 먼저 2번에 의해 오른쪽 사각형을 만들었다. 3번으로 만든 사각형은 한 꼭짓점 (3,0)과 ++(1,1)이므로 이는 직전의 좌표 (3,0)에 1씩 더해준 (4,1)의 한 가운데의 빨간색 사각형이며 4번 줄은 한 꼭짓점은 (1,0)이고 나머지 꼭짓점은 +(1,1)이므로 이 꼭짓점은 전체 기준인 (0,0)에서 1씩 더해준 (1,1)이 되어 두 점 (1,0)과 (0,1)로 만들어진 왼쪽의 사각형이 된다. 나머지 명령은 사용자가 위치를 쉽게 파악할 수 있도록 선과 좌표점을 표시하기 위한 명령이다.

16.6.4 좌표에 대한 표시 및 불러오기

\node 명령을 사용하여 좌표를 표시해 두고 표시된 곳을 이후에 사용하는 방법은 (*label*)을 \node 명령 내에 설정하는 것이 한 방법인 것은 앞에서 보았다. 여기서는

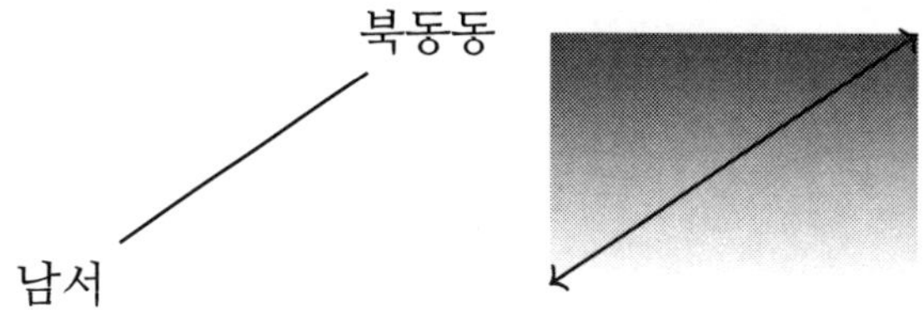

그림 16.43: 좌표의 이름 주기와 이를 호출하기

실제 사용 예를 살펴보기로 한다. 다음 명령

```
1 \begin{tikzpicture}[thick]   그림 16.43
2 \draw (0,0) node (x) {남서}
3       (3,2) node (y) {북동동};
4 \draw (x) -- (y);

5 \coordinate (x2) at (4,0);
6 \coordinate (y2) at (7,2);
7 \fill[top color=magenta] (x2) rectangle (y2);
8 \draw[blue, <->] (x2) -- (y2);
9 \end{tikzpicture}
```

의 결과는 그림 16.43을 만드는데 먼저 2–3번 줄에 의해 '남서' 및 '북동동'이 만들어진다. 이 명령의 내부에 `node` 뒤의 `(x)`와 `(y)`는 각각 두 좌표 (0,0)과 (3,2)의 이름을 `(x)` 및 `(y)`로 저장하며 이후 이 두 좌표를 사용할 수 있다. 실제 4번 줄의 `\draw`는 숫자로 된 좌표는 없지만 앞에서 정의된 두 좌표에 따라서 선이 그려지며 결과적으로 (0,0)과 (3,2)를 연결한 선을 그린다.

5–6번 줄은 `node` 대신에 `\coordinate` 명령을 이용하여 좌표를 기록하고 이들 이름을 사용하여 `\fill`이나 `\draw` 등을 사용하여 그린 방법을 보여준 것이다. `\coordinate` 명령의 사용법은

```
\coordindate (label) at (coord);
```

로 좌표 *coord*의 이름을 *label*로 한다는 것이다. 좌표가 아닌 경로 자체에 이름을 주는 것은 16.2.9절을 참고하기로 한다.

좌표에 이름이 있을 경우 대부분 해당 좌표에 뭔가를 그리게 된다. 이 좌표의 그림 영역이 있을 경우 좌표의 중앙보다는 왼쪽, 오른쪽 또는 위나 아래의 위치를 잡고 싶은 경우가 있다. 이런 경우엔 각각 좌표의 이름에 `.east`, `.west`, `.south` 및 `.north`를 추

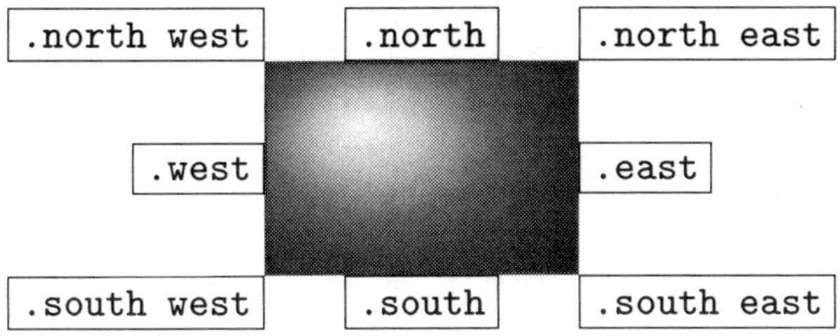

그림 16.44: 좌표의 이름 주기와 내장된 위치

가하여 (a.south) 등과 같이 사용한다. 또한 .south west, .north west 등과 같이 south, north 와 east, west의 조합으로 표시할 수도 있다.[13] 그림 16.44는 다음의 명령으로 만들었다.

```
\begin{tikzpicture} 그림 16.44
\node (rect1) at (4,2) [draw=red, ball color=cyan,
   thick, minimum width=3cm, minimum height=2cm] {};
%% 동서남북
\tikzstyle every node=[draw]; %% 사각형 그리기

\node[right] at (rect1.east) {\texttt{.east}};
\node[below] at (rect1.south) {\texttt{.south}};
\node[left] at (rect1.west) {\texttt{.west}};
\node[above] at (rect1.north) {\texttt{.north}};
%% 모서리 방향
\node[above right] at (rect1.north east)
     {\texttt{.north east}};
\node[below right] at (rect1.south east)
     {\texttt{.south east}};
\node[above left] at (rect1.north west)
     {\texttt{.north west}};
\node[below left] at (rect1.south west)
     {\texttt{.south west}};
\end{tikzpicture}
```

이 명령에서 첫 번째 \node 명령은 사각형의 중심 (4,2)를 기준으로 폭이 3cm, 높이가 2cm인 영역을 잡고 이 이름을 rect1이라고 하였다. 아래쪽의 \node 명령에서는 옵션을 설정하였는데 이 옵션은 위치의 이름이 사각형과 겹치지 않도록 하기 위함이며

[13]엄밀한 의미에서 이 방법은 node 좌표 체계에서 anchor를 설정한 것이다. 16.6.6절 참고.

이 옵션들이 없으면 각 위치의 중심에 문자열을 그린다. 또 다른 사용 예는 B.8절을 참고하기로 한다.

16.6.5 일반적인 좌표 체계

실제 tikz에서 사용 가능한 좌표 체계는 canvas, xyz, canvas polar, xyz polar, barycentric, node, tangent, perpendicular 등이 있으며 각 좌표 시스템에서 필요한 값을 설정하도록 설계되어 있다. 앞에서 설명한 2차원 유클리드 좌표는 canvas, 극좌표는 canvas polar이며 3차원 유클리드 및 극좌표는 xyz, xyz polar이다. 여러 가지 좌표 시스템을 가지고 있으므로 좌푯값을 설정할 때는 어떤 좌표 시스템에서의 값인지 함께 설정하여야 한다. 2차원 유클리드와 극좌표의 경우 따로 표시하지 않아도 콤마(,)와 콜론(:)에 의해 구분되므로 어떤 좌표 시스템에서의 좌푯값인지 따로 설정하지 않아도 된다(16.6.6절의 node 좌표도 포함). 좌표 시스템에서 이를 생략할 수 없는 경우는 tangent의 경우이며 이때는

```
coord_system cs: key_1=value_1, key_2=value_2, ...
```

로 좌푯값을 준다. 이때 *coord_system*은 위의 좌표 시스템의 이름 중의 하나이며 *key_1*, *key_2* 등은 각 좌표 체계에서 사용할 수 있는 이름으로 canvas의 경우 x, y를 canvas polar는 angle, radius 등이 있다. 예를 들어 여태까지 좌표 시스템에 대해서 알리지 않고

```
\draw (0,0) -- (1cm, 0.5cm);
```

로 사용한 것은 사실

```
\draw (0,0) -- (canvas cs:x=1cm,y=0.5cm);
```

이며(cs는 coordinate system의 줄임말임)

```
\draw (0,0) -- (30:1cm);
```

은

```
\draw (0,0) -- (canvas polar cs:angle=30,radius=1cm);
```

이다.

node 좌표 체계는 16.6.6절을 참고하기로 나머지 좌표 시스템에 대한 *key*는 PGF/TikZ 매뉴얼을 참고하기로 한다.

16.6.6 node 좌표 체계

16.6절에서 유클리드 및 극좌표 체계에 대해서 보았다. node 경로에서 좌표의 이름을 설정하고 방향을 동서남북으로 설정하는 것은 사실상 node 좌표 체계를 사용하는 것이다. node 좌표 체계에서는 *key*로 name, anchor, angle을 설정할 수 있으며 이들은 각각 이름, 앵커 및 각도를 설정한다. name에는 node의 이름을 설정하고 anchor에는 앞에서 본 east, west, south 및 north 중의 하나 및 이들의 가능한 조합 south east, south west 등을 설정하며, angle에는 각도를 설정한다. 예를 들어

```
\draw[color=blue] (2,0) -- (node cs:name=a, anchor=north);
\draw[color=red] (2,0)  -- (node cs:name=a, angle=-90);
```

와 같이 설정한다. 이 경우 (a)라는 이름의 node가 있을 경우 이 node의 북쪽 또는 $-90°$로(=south) name, anchor, angle을 설정한 것이다.

node 좌표 체계에서는 canvas나 canvas polar 좌표 체계처럼 좌표 체계의 이름을 생략할 수 있는데 이 경우 마침표(.)를 좌표의 표시로 사용한다. 즉, 위의 두 줄은 각각 아래의 두 줄의 명령과 순서대로 같은 효과를 낸다.

```
\draw[color=blue] (2,0) -- (a.north);
\draw[color=red] (2,0)  -- (a.-90);
```

여기서 \node[shape=circle, draw] at (0,0) (a) {A}; 같이 (a) 라는 node를 먼저 만들면 위의 두 명령에 의한 결과는 같다.

node 좌표 체계에서 anchor와 angle은 모두 생략할 수 있으며 모두 생략한 경우 PGF/TikZ 가 적절한 위치를 잡는 데 대개 큰 문제가 없다.

16.7. 좌표의 연산

tikz 패키지에서 제공하는 calc 라이브러리를 사용하면 좌표의 연산이 가능하다. 이때 사용할 수 있는 연산자는 더하기(+), 빼기(-), 곱하기(*), 벡터의 일정 배수인 위치 구하기, 직교 좌표 구하기(projection) 등이 가능하며 표 16.5의 함수도 사용할 수 있다. 연산의 문법은

```
([options ]$computation$)
```

로 *computation*에 연산식을 설정하며 LaTeX의 인라인 수학 모드처럼 $ 사이에 주어야 한다.

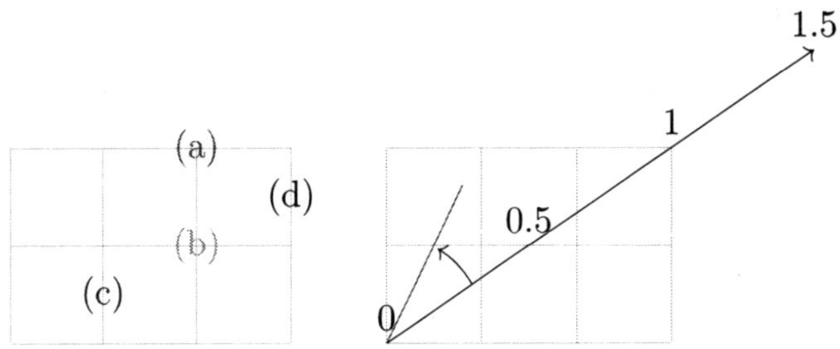

그림 16.45: 벡터의 이동, 회전 및 크기 변경의 예

16.7.1 배수와 이동

어떤 벡터를 이동할 때는 합 또는 차를 이용하고 벡터의 크기를 바꿀 때는 곱을 사용한다. 사용 방법은

```
factor_1 * (coord_1) +|- factor_2 * (coord_2) +|- ···
```

이다. 이때 곱은 반드시 좌표보다 앞에 나오며 배수 *factor_i*가 수식을 포함할 때는 {} 안에 사용하여야 한다.

16.7.2 기준 벡터에 대한 크기/각도 변경

기준이 되는 벡터의 크기만 바꾸는 연산은

```
(start_coord) ! multiplication ! angle: (end_coord)
```

로 하며 두 좌표 (*start_coord*)와 (*end_coord*)로 만들어지는 벡터에 *multiplication*만큼 곱한 후 *angle*만큼 반시계 방향으로 이동한다. 그림 16.45는 다음

```
\begin{tikzpicture} 그림 16.45
\begin{scope}
\coordinate (p1) at (1,1);
\draw [help lines] (0,0) grid (3,2);
\draw [red] ($2*(1,1)$) node {(a)};
\draw [green] (${1+1}*(1,.5)$) node {(b)};
\draw [blue] ($2*(p1)-(1,1.5)$) node {(c)};
\draw [black] (${3*(4-3)}*(1,0.5)$) node {(d)};
\end{scope}
\begin{scope}[xshift=4cm]
```

```
11 \draw [help lines] (0,0) grid (3,2);
12 \draw[->] (0,0) -- ($1.5*(3,2)$);
13 \foreach \i in {0,0.5,...,1.5}
14   \node[above] at ($(0,0)!\i!(3,2)$) {\i};

15 \draw[red] (0,0) -- ($(0,0)!0.5!30:(3,2)$);
16 \draw[->] ($0.3*(3,2)$) arc (30:60:1);
17 \end{scope}
18 \end{tikzpicture}
```

의 결과이다. 먼저 왼쪽 그림에서 점 (a), (b), (c), (d)는 각각 5–6번 줄의 명령에 의해 만들었다. 이들 `\draw` 명령은 내부에서 좌표의 연산이 있으며 7번 줄의 경우 3번 줄에 의해 이름을 준 좌표에 대한 연산도 가능함을 알 수 있다.

그림 16.45의 오른쪽 그림은 11번 줄에 의해 격자를 그렸으며, 12번 줄에 의해 기준이 되는 벡터를 격자 범위를 벗어나게(1.5배) 검정색으로 그렸다. 13–14번 줄은 각각 0부터 1.5까지 0.5씩 증가하면서 원래 벡터 (0,0) – (3,2)의 배수만큼의 위치에 해당 숫자를 쓰도록 하였다. 여기서 사용된 `\foreach` 명령에 대한 자세한 것은 16.5절을 참고하기로 한다.

15번 줄은 기준 벡터에서 30° 회전하면서 원래 크기의 0.5배인 벡터를 빨간색으로 그렸으며 그 다음 줄은 각도를 표시하기 위한 호를 그린 것이다.

16.7.3 기준 벡터에 대한 수선 및 특정 각도의 벡터

특정한 점에서 직선에 수직으로 수선을 내릴 때 교차되는 점의 좌표를 구하는 계산이 가능하며 90°가 아닌 계산도 가능한다. 사용법은

```
(start_coord) ! (proj_coord) ! (angle) : (end_coord)
```

이며 (*proj_coord*)에서 두 점 (*start_coord*)와 (*end_coord*)로 만든 벡터에 내린 수선의 좌표를 계산한다. 180°가 기본값으로 직교하는 점의 좌표가 얻어지며 만일 *angle*이 설정되면 180°가 아닌 해당 각도를 갖는 좌표를 찾는다.

그림 16.46의 왼쪽 그림은 다음의 명령으로 만들었다.

```
\begin{tikzpicture}   그림 16.46
\draw [help lines] (0,0) grid (4,3);
\coordinate (a) at (0.5,0.5);
\coordinate (b) at (3.5,0.5);
\coordinate (c) at (2.5,2.5);
```

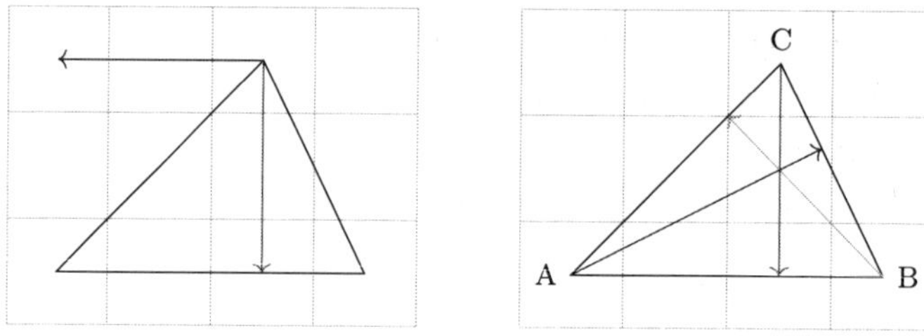

그림 16.46: calc 라이브러리에 의한 수선 구하기

```
6 \draw (a) -- (b) -- (c) -- cycle;

7 \draw[red, ->] (c) -- ($(a)!(c)!(b)$);
8 \draw[blue, ->] (c) -- ($(a)!(c)!90:(b)$);
9 \end{tikzpicture}
```

이 명령에서 2번 줄은 격자를 그린 명령이며 3–5번은 각각의 점에 대한 위치의 이름을 설정하고 6번 줄에서 세 점을 연결한 삼각형을 그렸다(각 점 이름은 오른쪽 그림 참조). 7번 줄에서 (c)와 (a) – (b)를 연결한 직선과 직교하는 점의 좌표를 연결한 선을 그렸다. 마지막은 각도 90°를 설정하여 x축과 나란한 선을 추가로 그린 것이다.

오른쪽 그림은 삼각형의 세 꼭짓점을 표시하기 위해

```
\node[left] at (a) {\scriptsize A};
\node[right] at (b) {\scriptsize B};
\node[above] at (c) {\scriptsize C};
```

를 추가하고 나머지 두 꼭짓점에서 대변에 내린 수선을 그리기 위해

```
\draw[green, ->] (b) -- ($(a)!(b)!(c)$);
\draw[blue, ->] (a) -- ($(b)!(a)!(c)$);
```

를 추가한 그림이다. 세 수선이 한 점에서 만나고 있다.

16.8. 스타일의 설정

그림을 그리기 위해 자주 사용하는 옵션이 있다면 이를 매번 \draw 등의 명령의 옵션에서 입력하는 것은 번거로운 일이다. tikz 패키지는 이런 번거로움을 해결하기 위해 자주 사용하는 여러 개의 옵션을 하나의 스타일로 정의하고 이를 불러서 사용하는 기능을 제공한다. 이때 스타일을 정의하기 위한 명령은 \tikzstyle 명령이며 사용 방법은

```
\tikzstyle{style_name}=[style={options}]
```

이다. 여기서 *style_name*에는 사용자가 사용할 스타일의 이름을 설정하며(빈칸도 허용됨) *option*에는 이 *style*이 적용될 때 적용할 옵션을 설정한다. 여기서 스타일 이름과 옵션의 { } 및 `style=`은 모두 생략할 수 있다. 한 가지 주의할 점은 `[style=]`으로 `{}`가 아닌 `[]`를 사용한다는 것이다.

스타일 설정의 보기를 보자. 예를 들어

```
\tikzstyle my style=[style={thick, shade, top color=blue,
           bottom color=green, rounded corners=.5cm}];
```

로 설정하면 `my style`에는 선은 굵게, 색은 파란색에서 녹색으로 상하로 바뀌가며 내부를 채운다. 이때 모서리는 0.5cm로 둥글게 한다. 이와 같이 설정된 후에

```
\draw[style=my style, rounded corners=1cm]
                          (0,0) rectangle (0,2);
```

로 그림을 그리면 앞의 `my style` 중 `rounded corners`의 값이 `my style` 이후에 추가 설정되었으므로 나중에 설정된 1cm가 사용된다. 사용 예는 그림 16.29와 그림 16.3 등을 참고하기로 한다.

16.8.1 `\tikzset` 명령 및 `tikzpicture` 환경의 옵션으로 설정

스타일을 설정하는 또 다른 방법으로 `\tikzset` 명령을 사용하는 방법이다. 이 방법은

```
\tikzset{style_name/.style}={options}
```

으로 이름이 *style_name*인 스타일의 설정을 *options*에 한다. 예를 들면

```
\tikzset{every node/.style}={fill=red!30, rounded corners}
```

은

```
\tikzstyle{every node}=[fill=red!30, rounded corners]
```

과 같은 결과를 얻는다. 여기서 `every node`는 `node` 경로나 `\node` 명령으로 만들어지는 모든 경로를 의미하며 `tikz`의 내부에서 사용하는 이름이다. 내장된 이름의 스타일도 위와 같이 바꿀 수 있다. 사용 보기는 그림 16.30, 그림 16.31 등이다. 이와 비슷한 `every circle` 속성을 사용한 것은 16.3.3절을 참고하기로 한다.

이와 같은 설정방법은 tikzpicture 환경의 옵션으로 설정할 수도 있는데 \tikzset 명령의 내용을 그대로 tikzpicture 환경의 옵션으로 설정한다. 즉,

```
\begin{tikzpicture}[style_name/.style={options}]
```

로 설정하여도 된다. 따라서 앞에서 본 \tikzset 명령은

```
\begin{tikzpicture}[every node/.style=
                {fill=red!30, rounded corners}]
```

와 같은 결과를 얻는다.

16.8.2 매개변수의 전달

스타일 설정에 매개변수를 전달할 수도 있다. 예를 들어 스타일 설정의 명령문에서 매번 값을 바꾸고자 한다면 값이 바뀔 부분에 #1과 같이(#를 사용하는 것은 \newcommand 명령 등과 같음) 매개변수를 받는 것을 설정하고 실제 명령에서 해당 값을 설정하면 된다. 예를 들어

```
\tikzstyle costyle=[{color=white, fill=#1}]
```

로 설정하고

```
\node [costyle=red] at (3,1) {빨강};
\node [costyle=blue] at (1,0) {파랑};
```

이라고 하면 첫 번째 노드는 빨강색, 두 번째 노드는 파란색으로 내부의 색을 사용한다. 사용 예는 그림 16.34를 참고하기로 한다.

이러한 매개변수 전달은 \tikzset 명령을 사용할 때나 tikzpicture 환경의 옵션으로 설정할 때도 같은 방법으로 사용한다.

16.9. 그림 파일 그리기

그림 또는 사진 파일을 tikz에서 사용하는 방법을 알아보자.

16.9.1 그림 파일 위에 tikz로 그리기

이미지 위에 tikz로 표시를 하고자 할 때는 제11장의 \includegraphics 명령으로 그림 파일을 불러온 후 tikz 명령으로 그리면 된다. 한 가지 주의할 점은 \includegraphics

그림 16.47: 이미지 파일 위에 그리기 1

명령으로 그림 파일을 불러오면 다음 좌표의 기준이 그림 파일 이후가 되므로 그림 위에 쓸 수가 없다. 따라서 `\includegraphics` 명령을 `\node` 명령 안에서 사용하여야 한다.

`\node` 명령을 사용하면 기본값이 그림의 중앙이 되므로 그림 위에 그릴 경로의 좌표를 잡기가 불편할 수 있으므로 이를 해결하기 위해 기준을 그림의 왼쪽 아래에 두는 것이 좋으며 이를 위해 `anchor`를 `south west`로 설정한다(16.6.6절 참고).

그림 16.47은 무궁화 꽃에 사각형의 표시와 왼쪽 위의 글자를 `tikz`를 사용하여 삽입하였다. 이를 위해 사용한 명령은

```
1  \begin{tikzpicture} 그림 16.47
2  \node[anchor=south west,inner sep=0] at (0,0)
3     {\includegraphics[width=.9\textwidth]
4      {../images/mugunghwa.eps}};
5   \node[yellow, right] at (0.5, 6.5)
6     {\bfseries\copyright Songyong Sim};
7   % \draw[help lines] (0,0) grid (12,7);
8   \draw[blue,very thick,rounded corners]
9     (6.5,2) rectangle (8,2.8);
10 \end{tikzpicture}
```

이며 이 명령들 중에서 7번 줄의 주석처리 된 `grid` 경로를 그린 후에 나머지 경로를 그리면 좌표를 찾기 쉽다. 이 명령에서 `anchor` 부분을 없애 보고, 또 그림을 삽입한

그림 16.48: 이미지 파일 위에 그리기 2

\node 부분을 없앤 다음 \includegraphics 명령만 사용하면 어떻게 되는지 확인해 보아라.

그림 16.48은 그림 16.47을 그린 명령에서 그림의 폭만 30% 줄인 결과이다. 이 그림을 보면 사각형의 위치 및 문자열의 위치가 엉뚱한 곳으로 가 있는 것을 확인할 수 있다.[14] 하지만 명령을 자세히 보면 엉뚱한 곳이 아닌 원래의 좌표임을 확인할 수 있다. 다만 그림의 크기가 바뀌면서 중앙에 배치되어 기준 좌표도 바뀐 것이므로 tikz는 정확한 위치에 그림을 그렸으나 사용자가 원하는 위치는 아닌 것이다.

이와 같이 그림 위에 뭔가를 추가할 때 그림의 크기를 변경하면 추가한 것의 위치가 바뀌므로 이를 해결하기 위해 가장 먼저 생각할 수 있는 방법이 scale 옵션으로 tikzpicture의 크기를 바꾸는 방법을 생각할 수도 있으나 불행히도 이미지 파일은 이 방법으로는 확대/축소가 되지 않는다. 따라서 다른 방법을 고려해야 한다.

이때 사용할 수 있는 방법이 좌표의 기준을 이미지 파일로 불러들인 그림의 크기로 설정하는 것이다. 이 방법은 그림의 크기가 바뀌어도 문제가 없다. 그림 16.49는 다음의 명령

그림 16.49

```
\begin{tikzpicture}
 \node[anchor=south west,inner sep=0] (image) at (0,0)
   {\includegraphics[width=0.6\textwidth]
```

[14] 이 경우 노란색 글자 부분은 잘 보이지 않아서 회색 배경을 추가하였다.

그림 16.49: 이미지 파일 위에 그리기 3

```
   {../images/mugunghwa.eps}};
 \begin{scope}[x={(image.south east)},y={(image.north west)}]
  \node[yellow, right] at (0.04, 0.9)
    {\scriptsize\copyright Songyong Sim};
  \draw[blue,very thick,rounded corners]
    (0.52,0.28) rectangle (0.62,0.38);
 \end{scope}
\end{tikzpicture}
```

으로 만들었다. 이 명령들은

① `\includegraphics`하는 `\node` 명령에서 이 경로에 대한 이름을 `(image)`로 설정하였다.

② `scope` 환경에서 기준이 되는 x, y축의 크기를 그림의 크기로 설정하였다.

③ 그 다음 문자열 및 사각형 그리기는 전체 그림의 폭과 높이에 대한 설정으로 하였다.[15]

로 그림의 크기를 바꾸더라도 `tikz`로 그린 모양들은 원하는 위치에 있도록 할 수 있다.

16.9.2 그림 파일을 node에 포함하기

이미지 파일을 경로 안에 넣고자 할 때는 이미지 파일을 넣을 방법 및 넣을 이미지 파일의 위치를 다음과 같이 설정한다.

[15] 그림이 작아지면서 글자가 상대적으로 커져 글자 크기는 조절하였다.

그림 16.50: 이미지 파일을 경로 안에 불러오기

`path picture=`*code* 그림을 불러들일 명령(들)을 *code*에 설정한다.

`path picture bounding box` 라는 `node`가 사전 정의되어 있어 불러들일 그림 파일의 크기를 `rectangle` 경로로 갖는다. 따라서 `node` 좌표 체계의 `anchor`나 `angle`을 설정하여 가져올 그림의 위치를 설정할 수 있다.

다음의 보기를 보자.

```
1  \begin{tikzpicture} 그림 16.50
2  \tikzstyle{my image path}=[path picture=
3    {\node at  (path picture bounding box.center)  {
4        \includegraphics[width=6cm]{#1}}; }
5  ];
6  \draw [thick, blue, path picture=
7    {\node at  (path picture bounding box.center)
8      {\includegraphics[width=6cm]{../images/mugunghwa.eps}};
9    }]  (0,1) circle (1.5);
10 \draw [red,very thick,->,
11         my image path=../images/mugunghwa.eps]
12     (3,-0.5) parabola[parabola height=3cm] (6,-0.5);
13 \draw [thick, fill=black!70, path picture=
14   {\node[yellow] at (path picture bounding box.center)
15     {\Large\bf 문자열의 중앙 부분만 가져올까요?};
16   }]  (9,1) circle (1.5);
17 \end{tikzpicture}
```

이 소스에서 6번 줄의 `\draw` 명령에 `path picture` 옵션을 설정함으로써 `\node` 안에 `\includegrahics`로 이미지를 불렀다. 이때 `\node`로 그린 경로는 `circle`이다.

명령이 다소 길기 때문에 2–4번 줄과 같이 `\tikzstyle` 명령 등으로 스타일을 정의하면 10번 줄의 `\draw` 명령에서 보는 것과 같이 간단한 옵션만으로도 그림을 불러들일

그림 16.51: 이미지 파일을 경로 안에 불러오기 2

수 있다. 두 번째 그림은 포물선 안에 그렸다. 두 그림 모두 이미지 파일의 크기 node 의 중심 부분(center)를 가져왔다.

세 번째 원의 경우 path picture 안의 \node 안에서 이미지 파일을 불러들이기 위한 \includegraphics 명령 대신 단순하게 문자열 등을 주어도 된다.

앞의 예에서 이미지 파일이 node 경로로 들어가며 이에 따라 이 그림의 임의의 영역을 가져오는 문제를 생각해 보자. 그림 16.51은 그림 영역에서 마치 네 개의 창문으로 본 것 같이 특정 영역을 따오는 것이다. 이를 위해 약간의 트릭을 사용한다. 먼저 그림을 가져오는 node에서 left를 사용하여 기준 좌표를 왼쪽으로 이동한 후 중앙에서 그림을 가져오는 방법을 사용하였다. 오른쪽이나 위/아래쪽으로 이동하는 것도 가능하다. 이 경우 같은 그림에서 가져오는 것을 반복하므로 \tikzstyle로 한 번 정의한 스타일을 사용한다. 다음은 그림 16.51의 소스이다.

```
\begin{tikzpicture} 그림 16.51
 \tikzstyle{my image cut}=[thick, blue, path picture=
  {\node[left=#1] at (path picture bounding box.center) {
   \includegraphics[width=\textwidth]{mugunghwa.eps}};}
 ];
 \fill[brown] (-0.5, -2.5) rectangle (11.5, 2.5);% 벽돌 색깔
 \draw[pattern=bricks, pattern color=white]       % 벽돌 그리기
       (-0.5, -2.5) rectangle (11.5, 2.5);
 \draw [my image cut=-11cm]  (0,-2) rectangle (2,2);
 \draw [my image cut=-8cm]  (3,-2) rectangle (5,2);
 \draw [my image cut=-5cm]  (6,-2) rectangle (8,2);
 \draw [my image cut=-2cm]  (9,-2) rectangle (11,2);
```

```
\end{tikzpicture}
```

위의 소스에서 my image cut에 왼쪽으로 얼마나 이동할지 설정하고 실제로는 이동한 이미지에서 중앙부분을 따온 것이다. 이 경우 사각형 사이의 간격은 1cm를 고려하여 사각형의 위치를 계산하였다.

16.10. Gnuplot/GeoGebra 출력을 tikz로 받기

GnuPlot은 11.8.1절에서 본 것 같이 출력을 LaTeX 명령으로 저장하고 이를 LaTeX 파일로 얻어 LaTeX 명령어로 된 그림 파일을 \input 또는 \include하는 방법이 가능하다. GeoGebra에서 PGF/TikZ 형식의 출력을 만드는 것은 11.8.2절에서 보기로 하고 여기서는 GnuPlot 출력을 PGF/TikZ로 만들고 이를 불러오는 방법에 대해 알아보기로 한다. 이 경우 두 가지가 필요하다.

1 GnuPlot에서 set terminal tikz 명령의 터미널 타입을 tikz로 한다.

2 gnuplot-lua-tikz 패키지를 그림을 불러올 LaTeX 파일에서 사용한다. 이 패키지는 인터넷 검색으로 얻을 수 있다.

예를 들어 Gnuplot에서

```
set terminal tikz
set output 'd:\htex\book\utf-8\gnuplot3.tex'
set title "Gnuplot $y=\sin(x)$"
set xlabel "radian degree"
set ylabel "$\sin(x)$"
plot [0:2*pi] [-1.2:1.2] sin(x)
set output
```

라 하고 gnuplot3.tex 파일을 만들었으면 그림이 들어갈 자리에서
\input{d:/htex/book/utf-8/gnuplot3.tex} 또는
\include{d:/htex/book/utf-8/gnuplot3.tex}
로 이 파일을 불러오기만 하면 된다. 그림 11.15와 같은 결과이므로 과정은 생략한다.[16]

이와 같이 만든 파일 gnuplot3.tex은 처음과 끝이 각각
\begin{tikzpicture}[gnuplot]과 \end{tikzpicture}
이며 여기서 사용한 옵션 gnuplot은 gnuplot-lua-tikz 패키지를 사용하여야 인식된다.

---

[16] 그림 11.15는 실제로 출력으로 저장된 파일을 열어서 추가 편집을 하여 한글 등을 넣었다.

제17장

graphics, graphicx와 color, xcolor 패키지

LaTeX에서 얻을 수 있는 graphics 패키지는 그림이나 글자의 확대, 축소 및 색깔, 박스의 대칭, 회전, 확대 및 축소 등을 조정할 수 있다. 이 장의 내용을 사용하려면 graphics 또는 graphicx와 color 및 xcolor 패키지 등을 사용하여야 한다.

17.0.1 글자 및 바탕색 설정

graphics와 graphicx 패키지에는 글자의 색, 상자의 색, 바탕의 색을 설정하는 명령을 제공한다. 이 명령은 color나 xcolor 패키지에서 제공하는 명령과 같은 명령이므로 17.1절에서 다루기로 한다.

17.1. color 패키지의 색깔

색을 만들기 위한 패키지에는 주로 color 및 xcolor 패키지가 사용된다. 최근엔 xcolor 패키지를 더 많이 사용하는 것으로 보인다. xcolor 패키지가 좀 더 많은 색깔 모델과 명령어 옵션이 제공되며 기본적인 명령의 이름은 같은 경우가 많다.

17.1.1 색의 정의

color 패키지에는 사전 정의된 여덟 개의 색이 있으며 이 색은 표 17.1에 정리하였다.[1]

이들 사전 정의된 색깔 외의 색은 사용자가 정의하여 쓸 수 있으며 \definecolor 명령으로 색을 정의한다. 이 명령은 다음과 같이 사용하는데

[1] xcolor 패키지는 이 표의 색깔 외에 추가로 사전 정의 색깔을 제공한다. 표 17.2 참고.

표 17.1: color 패키지에서 지원되는 색의 이름과 색

	red		green		blue
	cyan		magenta		yellow
	white		black		

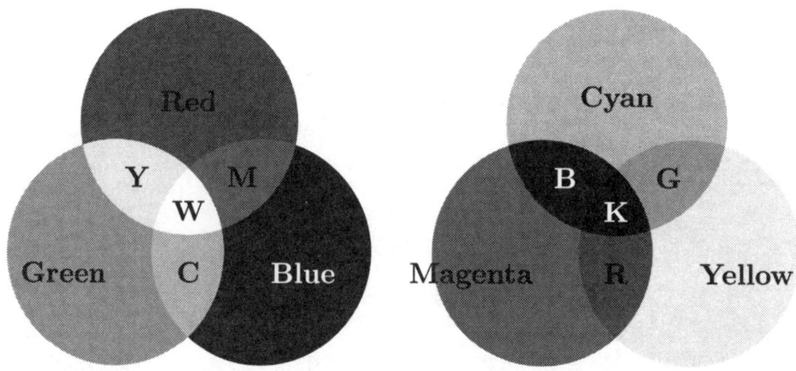

RGB 모델 CMYK 모델

그림 17.1: RGB와 CMYK의 색깔 및 혼합

```
\definecolor{name}{model}{specs}
```

*name*에는 새로 정의할 색의 이름을 주며 *model*는 사용할 색깔 모델 이름을 주고, *specs*에는 색깔 모델에 따른 각 색깔의 비율을 설정한다.

*model*에 일반적으로 사용하는 것은 세 가지가 있으며 *model*에 따라 *specs*를 주는 방법도 달라진다.

rgb 빛의 삼원색인 '빨녹파'의 비율을 색깔 모델로 사용하며 *specs*에는 이 색의 농도를 준다. 빨간색(r), 초록색(g), 파란색(b)의 농도를 0부터 1 사이의 값으로 준다. 숫자가 클수록 짙은 농도를 의미한다. 그림 17.1에는 RGB와 그들의 혼합에 의해 만들어진 색을 표시하였다.

cmyk CYAN, MAGENTA, YELLOW 및 검정(k)을[2] 기본으로 사용하며 *specs*에는

[2]k는 key의 첫 글자이다. Blue와 Black이 모두 첫 글자가 B라서 검정은 마지막 글자인 k로 표시한다는 말도 있으나 사실이 아니다.

이 네 가지 색의 농도를 0부터 1사이의 값으로 준다. 숫자가 클수록 짙은 농도를 의미한다. 그림 17.1에는 CMYK와 그들의 혼합에 의해 만들어진 색을 표시하였다.

`gray` 검은 색의 농도를 정해 준다. 숫자가 0에 가까우면 짙은 회색으로 된다(최대 1까지).

`\definecolor`와 사용법이 같으면서 색을 조건부로 정의하는 명령으로

```
\providecolor{name}{model}{specs}
```

가 있다. 이 명령은 *name*에 준 색이 이미 정의되어 있으면 이전의 정의대로 사용하고, 정의되어 있지 않은 경우에만 *name*이라는 색을 정의한다.

이제 다음과 같이 세 가지 색을 정하고 위에서 본 명령어들을 응용하여 보자.

```
\definecolor{dgray}{gray}{.5}
\definecolor{lgray}{gray}{.8}
\definecolor{mypink}{rgb}{.9,0,.8}
```

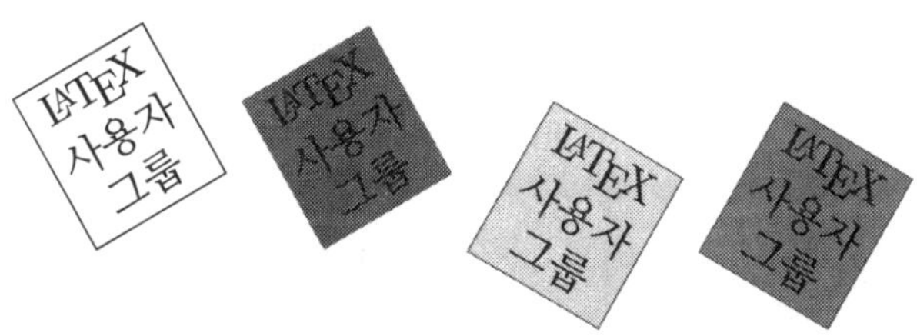

위의 네 박스는 순서대로 다음 명령으로 만들어진 것이다. 여기서 사용한 박스 `\testbox`는 `\newsavebox` 명령으로 미리 정의되어 있어야 한다.

```
\savebox{\testbox}{\shortstack{\LaTeX \\ 사용자 \\ 그룹}}
\begin{center}
\rotatebox{30}{\fbox{\usebox{\testbox}}}
\rotatebox{30}{\colorbox{mypink}{\usebox{\testbox}}}
\rotatebox{-30}{\fcolorbox{red}{lgray}{\usebox{\testbox}}}
\rotatebox{-30}{\fcolorbox{red}{dgray}{\usebox{\testbox}}}
\end{center}
```

처음 박스는 원래 박스이며(테두리 제외) 두 번째 박스는 분홍색 계통의 `mypink` 색으로 박스를 칠하고 시계 반대 방향으로 30° 회전하였고 세 번째 박스는 연회색을 박스에 넣고 다시 붉은색으로 테두리를 만든 다음 시계 방향으로 30° 회전하였으며 마지막 박스는 짙은 회색의 박스를 만들고 붉은색 테두리를 쳐서 시계 방향으로 30° 회전하였다.

색깔에 대한 것은 xcolor 패키지에서 훨씬 다양하게 지원하므로 xcolor 패키지의 색깔 설정은 17.2절을 참고하기로 하며 위의 \rotatebox 명령은 graphics나 graphicx 패키지에서 제공하는 명령으로 17.3절을 참고하기로 한다.

17.1.2 글자색 및 색깔 상자 만들기

이 절에서 소개하는 명령은 color나 xcolor 패키지뿐 아니라 graphics와 graphicx 패키지에도 같은 이름의 명령으로 제공된다. 따라서 아무 패키지나 사용하면 된다.

이들 패키지를 사용할 경우 \textcolor 명령은 주어진 글자의 색을 정하는 대로 바꾸어 준다. 이 명령의 사용법은

```
\textcolor{color}{text}
```

인데 *text*를 원하는 색 *color*로 바꾸어 준다

붉은색, 녹색 및 파란색은 3원색이다.

```
\textcolor{red}{\LARGE 붉은색},
\textcolor{green}{\LARGE 녹색}
및 \textcolor{blue}{\LARGE
파란색}은 3원색이다.
```

*color*에 사용할 수 있는 색의 이름은 xolor나 colordvi 패키지를 사용하면 기본 색깔보다 더 많은 색의 이름을 사용할 수 있다.

\colorbox 명령은 박스를 원하는 색으로 칠한다. 위의 \textcolor와 다른 점은 \textcolor는 글자의 색을 바꾸는 데 반해 \colorbox는 글자 이외의 여백의 색을 바꾼다는 것이다. 사용법은

```
\colorbox{color}{box의 내용}
```

이며 *color*에는 *box*의 내용에 줄 색깔을 설정한다. 다음은 \colorbox 명령의 입력과 그 결과이다.

노란색의 박스와 CYAN박스는 단색에서 구별될까?

```
\colorbox{yellow}{\LARGE 노란
색}의 박스와 \colorbox{cyan}
{\LARGE CYAN} 박스는 단색에서
\textcolor{red} {\LARGE 구별}
될까?
```

color 및 xcolor 패키지에는 \colorbox에 추가하여 특정한 색으로 외곽선을 칠하는 명령인 \fcolorbox 명령도 포함된다. 사용법은

```
\fcolorbox{border_color}{box_color}{box의 내용}
```

인데 *border_color*에는 외곽선의 색, *box_color*에는 박스 안의 색을 정해준다. 다음은 녹색을 박스 안에 칠하고 붉은색을 테두리에 칠한 예이다.

세 줄의
큰
박스

```
\fcolorbox{red}{green}{\shortstack{{\Large 세 줄의} \\
    {\Lagre 큰} \\ {\Large 박스}} }
```

17.1.3 글자와 배경색 설정

`\textcolor` 명령은 특정한 부분의 색을 바꾸는 명령인데 `\color` 선언을 사용하면 그 이후의 모든 문장의 색을 바꿀 수 있다. 사용법은

```
\color{color}
```

인데 이 선언 후의 모든 출력은 *color*에서 지정한 색으로 바뀐다.

이 부분의 문장은 "마젠타" 색으로 인쇄됩니다. This part is will be printed "magenta."

```
이 부분의 문장은 ``마젠타''
색으로 인쇄됩니다.
This part is will be
printed in ``magenta.''
```

글자의 색을 원래대로 돌리려면 `\color{black}` 명령을 사용한다.

`\pagecolor` 명령은 배경색을 바꾸는데 이 선언이 있으면 이 선언 이후의 모든 면의 배경색은 이 선언에 주어진 색으로 바뀐다. 사용법은

```
\pagecolor{color} 또는
\pagecolor[model]{spec}
```

이며 *color*에 색의 이름을 주거나 17.1.1절의 색 설정 방법을 사용하여 *model*과 *specs*를 설정한다. `\pagecolor` 명령의 효과를 없애려면

```
\pagecolor{white}
```

로 원래의 색으로 바꾸거나

```
\nopagecolor
```

명령을 사용한다. 521면은 노란색의 바탕을 만들기 위해

```
\pagecolor{yellow}
```

라고 한 결과이다.[3]

17.1.4 확대, 축소, 회전

color 및 17.2절의 xcolor 패키지는 확대, 축소, 회전, 대칭 등 다양한 형태의 변형을 지원하는데 이들 명령은 graphics와 graphicx 패키지에도 같은 이름으로 정의된 명령을 사용하므로 이들 기능은 17.3절을 참고하기로 한다.

17.2. xcolor 패키지의 색 설정

color 패키지를 확장한 xcolor 패키지는 앞에서 본 color 패키지의\definecolor, \color, \pagecolor, \colorbox, \fcolorbox 명령을 앞에서 소개한 방법뿐 아니라 옵션 등을 추가로 주는 방법을 사용하여 이들 명령을 더 자유롭게 사용할 수 있게 하였으며, 이들 외에도 graphicx 패키지에 없는 색깔 관련 명령을 많이 포함하고 있다. 사용할 수 있는 색깔 모델도 HSB(색상, 채도, 명도로 색을 설정), HTML(HTML의 16진수 방법으로 RGB 모델의 색을 설정, 17.2.2절), wave(색의 주파수 방법으로 색을 설정, 17.2.2절) 등 더 많은 모델을 지원한다. 따라서 좀 더 세련된 것은 원하는 경우 이 패키지의 매뉴얼을 참고하기 바라며 많이 사용하는 xcolor 패키지가 제공하는 특별한 색깔의 정의 방법에 대해서만 살펴보기로 한다.

추가로 xcolor 패키지를 사용하면 표의 행에 따른 색을 설정하기 편리한 기능도 있는데 이 기능은 10.9.3절에 소개하였다.

17.2.1 색의 이름과 !과 -를 사용한 색깔 설정

color 패키지는 여덟 개의 색 이름을 사용할 수 있으나 xcolor 패키지는 19개의 색에 대해 이름으로 사용할 수 있으며 이들은 표 17.2에 정리하였다.

xcolor 패키지의 색을 설정하는 방법 중 !를 사용하는 색을 만드는 방법은 LaTeX에서 색을 설정할 때 자주 사용하는 방법 중의 하나이다. 이 방법은

[3]노란색은 흑백으로 인쇄할 때 제대로 나오지 않을 수도 있음.

표 17.2: xcolor 패키지에서 지원되는 색의 이름과 색

red	green	blue
cyan	magenta	yellow
black	gray	white
darkgray	lightgray	brown
lime	olive	orange
pink	purple	teal
violet		

```
color_1 ! num_1 ! color_2 ! num_2 ! color_3 ···
```

로 색을 조합하며 색 *color_i*의 백분율을 *num_i*로 색을 합하여 새로운 색을 만든다. 마지막 색에 대한 백분율을 주지 않으면 *num_i*는 100이며 마지막에 나오는 색은 배경색이 된다. 여기서 마지막 색은 생략할 수 있으며 생략된 경우의 기본 배경색은 현재의 기본 배경색(주로 `white`)이다. 예를 들어 `green!40!yellow`는 `yellow`가 배경색인 곳에 `green`을 40% 사용한 색을 만든다. 참고로 이 그림 상자는

```
\fcolorbox{black}{green!40!yellow}{\phantom{AgA}}
```

로 만들었다. 색의 조합에 대한 기준으로 기본값은 RGB 스케일, 즉 빛의 3원색이다. 만일 이 조합 앞에 `-` 부호를 사용하면 만든 색의 보색이 만들어진다. 즉, `-green!40!yellow`는 의 보색인 을 만들게 된다. 이외에도 색을 만드는 다양한 방법이 `xcolor` 패키지에서 제공되나 간단하게 색을 만드는 것은 이와 같은 방법이다. 대부분 색을 사용하는 패키지는 내부에서 `xcolor` 패키지를 로드하기 때문에 따로 이 패키지를 불러오지 않아도 이와 같은 조색을 지원한다. 실제 `xcolor` 패키지에서 지원되는 조색 방법은 훨씬 다양하므로 자세한 방법은 `xcolor` 매뉴얼을 참고하기로 한다.

17.2.2 wave와 HTML 색깔 모델

`wave` 색깔 모델인 경우 가시광선의 파장의 값(단위 nm)을 설정하여 색을 정한다. `wave` 색깔 모델에서 설정할 수 있는 가시광선 주파수 값은 363–814 사이의 값이며 그림 17.2는 각 파장에 따른 색을 연속으로 표시하였다. 색을 정의하는 방법은 17.1.1절과 같으며 예를 들어

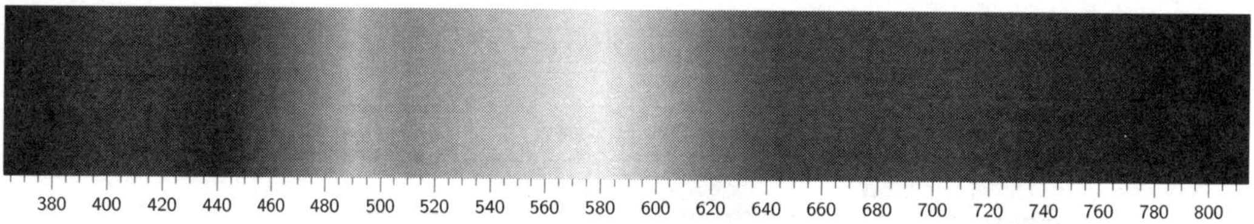

그림 17.2: wave 색깔 모델에서 파장의 값에 따른 색

```
\definecolor{tmpcolor}{wave}{440}
\colorbox{tmpcolor}{\textcolor{white}{파장 440nm인 색깔}}
```

으로 파장 440nm인 색깔 을 얻는다. 이 색은 파란색에 가깝기 때문에 글자색은 흰색으로 하였다.

HTML 색깔 모델은 색깔을 RGB 색깔 모델로 정의하는 것과 같은 방법이나 R, G, B에 각각 16진수(0–9, A–F 사용) 2자릿수로 256개의 숫자를 사용한다. 예를 들어 FF0000은 Red, 888888은 회색이다. 따라서 HTML 색깔 모델은 rgb 색깔 모델과 같은데 3원색의 농도를 0–1 사이의 숫자 대신 00–FF 사이의 16진수로 표시하는 것이다. 다만 HTML 색깔 모델은 rgb나 cmyk처럼 쉼표(,)로 구분하지 않으며 HTML과 달리 #를 사용하지도 않는다. 예를 들어

```
\definecolor{myorange}{HTML}{F07000}
\textcolor{myorange}{My Orange Color}
```

은 My Orange Color를 만든다.

17.3. graphics와 graphicx 패키지

graphics 패키지에서 제공하는 중요한 명령 중의 하나인 \includegraphics 명령은 11.1절에서 따로 다루기로 하고 여기서는 이 패키지가 제공하는 다른 기능에 대해서 알아보기로 한다.

17.3.1 축소 확대 및 회전

먼저 LR 박스의 내용을 확대, 축소 또는 회전하는 것에 대해 알아보기로 하자. \scalebox 명령은 주어진 내용을 가로 세로 비율을 일정하게 유지하면서 확대 또는 축소하는 명령이다. \scalebox 명령의 사용법은 다음과 같다.

```
\scalebox{width_scale}[height_scale]{contents}
```

여기서 *width_scale*는 가로의 배율이며 옵션인 *height_scale*은 세로의 배율이다. *contents*는 확대 또는 축소할 내용이다. 가로와 세로의 배율이 1보다 크면 확대이고 1보다 작으면 축소이다. 만일 세로의 배율이 주어지지 않으면 세로의 배율은 주어진 가로 배율과 같은 배율로 확대 또는 축소된다.

결과	입력
ABCD는 ABCD보다 두 배 확대되었고 가나다는 가나다의 반 크기이다. 배율을 달리하면 길쭉한 글자체로도 만들 수 있다.	`\scalebox{2}{ABCD}는 ABCD보다 두 배 확대되었고 \scalebox{.5}{가나다}는 가나다의 반 크기이다. 배율을 달리하면 \scalebox{.75}[2]{길쭉한} 글자체로도 만들 수 있다.`

위의 `\scalebox`가 가로와 세로에 주어진 배율만큼 확대 또는 축소하는 데 반하여 `\resizebox` 명령은 가로와 세로의 크기를 주어진 길이로 만든다. 이 명령의 사용법은

```
\resizebox{width}{height}{contents}
```

이다. *width*와 *height*는 상자의 폭과 높이를 설정하며 *contents*는 `\scalebox` 명령과 마찬가지이다. *height*가 옵션이 아니라는 점에 주의하여야 한다.

여기서 가로나 세로 길이로 `!`를 줄 수 있는데 둘 중의 한 길이에 `!`가 주어지면 주어진 길이에 대한 확대 축소가 같은 비율로 이루어진다.

결과	입력
코끼리	`\resizebox{5cm}{1cm}{코끼리}`
코끼리	`\resizebox{3cm}{!}{코끼리}`

`\rotatebox` 명령은 박스 안에 주어진 내용을 주어진 각도만큼 반시계 방향으로 회전시킨다. 이 명령은

```
\rotatebox{degree}{contents}
```

으로 사용하며 *degree*에 사용하는 각은 원의 각을 360°로 하며 음수값도 가능하다. 다음은 회전의 몇 가지 보기이며 색을 사용한 것이 원래 박스를 회전한 것이다. 색깔 사용은 17.1.1절 및 17.2절 등을 참고하기로 한다.

회전 회전 .... \rotatebox{30}{회전}

회전 회전 .... \rotatebox{180}{회전}

회전 회전 .... \rotatebox{-30}{회전}

This GNU is 30 degree rotated. .... This \rotatebox{30}{GNU} is 30...

This a rotated GNU .... This a rotated \rotatebox{180}{GNU}

graphics 패키지의 확장인 graphicx 패키지를 사용하면 회전의 방식에 몇 가지 옵션을 줄 수 있다. graphicx 패키지를 사용할 때의 사용법은

```
\rotatebox[options]{degree}{contents}
```

로 회전 옵션을 설정할 수 있다. *options*에는

origin=*label* 는 회전의 기준을 *label*로 한다는 것으로 *label*에는 l, r, c, t, b, B 중의 하나 또는 둘 이상의 조합으로 사용한다. 이들은 각각 회전의 기준을 왼쪽, 오른쪽, 중앙, 위, 아래 및 베이스라인으로 설정한다. 베이스라인은 그림 4.4의 그림에서 세 번째 줄이다.

x=*dim* 원래의 회전 기준점의 x좌표에서 회전 기준점의 x좌표를 *dim*만큼 가로로 이동한다.

y=*dim* 원래의 회전 기준점의 y좌표에서 회전 기준점의 y좌표를 *dim*만큼 세로로 이동한다

units=*numb* 회전 각도 *angle*의 단위로 -360이면 시계 방향, 6.23185이면 radian 각도이다.

을 설정할 수 있다. 다음은 회전의 기준점이나 회전 위치 및 단위를 변경한 결과이며 색을 사용하지 않은 것은 원래 모양, 색을 사용한 것은 회전한 모양이다.

회전 회전 .... \rotatebox[units=-360]{45}{회전}

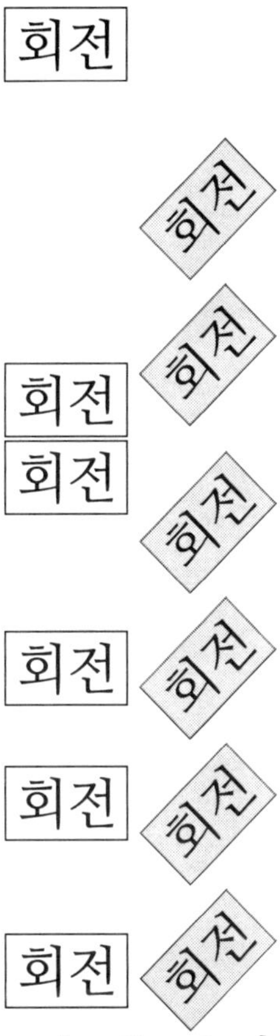

.... \rotatebox[x=4cm, y=2cm]{45}{회전}

.... \rotatebox[origin=l]{45}{회전}

.... \rotatebox[origin=r]{45}{회전}

.... \rotatebox[origin=c]{45}{회전}

.... \rotatebox[origin=cb]{45}{회전}

.... \rotatebox[origin=ct]{45}{회전}

\reflectbox는 주어진 박스를 원래 모양에서 좌우로 대칭인 모양을 만든다. 즉, 거울에 비친 것과 같은 역상을 얻고자 할 때 사용하는 명령이다.

[대칭 (좌우 반전)]는 [대칭]의 좌우가 바뀐 모양이다.
[ABCD (좌우 반전)]는 [ABCD]의 좌우가 바뀐 모양이다.

```
\fbox{\reflectbox{\Large 대
칭}}는 \fbox{\Large 대칭}의
좌우가 바뀐 모양이다.\\
\fbox{\reflectbox{\Large ABCD}}
는 \fbox{\Large ABCD}의
좌우가 바뀐 모양이다.
```

17.3.2 외부 그림 파일

graphics나 그의 확장인 graphicx 패키지는 \includegraphics나 \includegraphics* 명령을 사용하여 외부 그림 파일을 불러들일 수 있다. 이 명령은 11.1절에서 따로 다루기로 한다.

17.4. colordvi 패키지를 이용한 색깔 만들기

colordvi 패키지는 dvips에 포함되어 있는데 이 패키지를 사용하여 색깔을 만들 수도 있다. 이 패키지를 사용하려면 다른 패키지와 마찬가지로 *preamble*에

```
\usepackage{colordvi}
```

를 먼저 명령한 후에 사용한다. colordvi 패키지에서는 색깔 이름은 크레용에서 사용하는 이름을 사용하므로 사용자의 입장에서 조금 더 편리하게 사용할 수 있다는 장점이 있다. 또 color나 xcolor 패키지에서 사용한 것처럼 사용자가 cmyk의 비율로 색을 정의할 수도 있다. 기본적으로 사용할 수 있는 색깔의 이름은 표 17.3에 실었다. 이 표에서 일부는 흰색이거나 흰색에 가까워 배경에 잘 묻히므로 배경색을 달리하였다.

colordvi 패키지를 사용하면 먼저 배경 또는 바탕의 색을 정해줄 수 있다. 이때 사용하는 명령은 \background 명령이며 사용법은

```
\background{Color}
```

이며 *Color*에는 표 17.3에 주어진 이름 중의 하나를 사용한다. 여기서 표 17.3의 색깔 이름은 대소문자를 반드시 구분하여야 한다.

글자의 색깔을 조절하고자 하면

```
\textColor
```

라고 하면 글은 *Color*에 주어진 색으로 인쇄된다. 예를 들어

```
\textBlue\background{Yellow}
```

라고 선언하면 바탕은 노란색으로, 색깔은 파란색으로 인쇄된다.

특정한 부분만 특정한 색으로 하고자 할 때는 표 17.3에 주어진 색상 앞에 \를 붙이고 { 와 } 사이에 색을 바꾸고자 하는 입력을 준다. 예를 들어

```
\textBlue
This part is in \Green{green}
```

라고 하면 This part is in green 와 같이 "This part is in"은 푸른색으로, "green"은 초록색으로 인쇄된다. \Color 명령은 cmyk의 비율을 주어서 사용자가 색깔을 정의하여 쓸 수 있게 한다. 사용법은

```
\Color{p1 p2 p3 p4}{text}
```

표 17.3: colordvi에서 사용할 수 있는 색상표: 색이 흰색과 잘 구별되지 않을 경우에 대비하여 글자체를 조금 크게 하였으며 특히 구별되지 않는 색은 회색으로 배경을 넣었음.

\Apricot	\Aquamarine	\Bittersweet
\Black	\BlueGreen	\BlueGreen
\BrickRed	\Brown	\BurntOrange
\CarnationPink	\CadetBlue	\CornflowerBlue
\Cerulean	\Cyan	\Dandelion
\DarkOrchid	\Emerald	\ForestGreen
\Fuchsia	\Goldenrod	\Gray
\Green	\GreenYellow	\JungleGreen
\Lavender	\LimeGreen	\Magenta
\Mahogany	\Maroon	\Melon
\MidnightBlue	\Mulberry	\NavyBlue
\OliveGreen	\Orange	\OrangeRed
\Orchid	\Peach	\Periwinkle
\PineGreen	\Plum	\ProcessBlue
\Purple	\RawSienna	\Red
\RedOrange	\RedViolet	\Rhodamine
\RoyalBlue	\RoyalPurple	\RubineRed
\Salmon	\SeaGreen	\Sepia
\SkyBlue	\SpringGreen	\Tan
\TealBlue	\Thistle	\Turquoise
\Violet	\VioletRed	\White
\WildStrawberry	\Yellow	\YellowGreen
\YellowOrange		

인데 여기서 p_1, p_2, p_3 및 p_4 는 각각 cyan(c), magenta(m), yellow(y) 및 검정색(k)의 비율을 나타내고 *text*는 이렇게 하여 만든 색으로 출력할 부분이다. 예를 들어

```
\Color{.05 .5 .89 0}{This is a hand-made color}
```

라고 하면 "This is a hand-made color"가 인쇄되는데 이는 5% Cyan, 50% Magenta, 89% Yellow 및 0% 검정색으로 만들어진 색이다. 542면의 B.5절에는 colordvi로 만든 예를 실었으니 참고하자.

제18장

몇 가지 유용한 패키지와 설치

18.1. 패키지의 관리 및 설치

설치된 패키지를 업데이트하거나 패키지를 추가, 삭제 등을 자동으로 하기 위해서는 TeXLive 에서 제공하는 TeXLive Manager를 사용하면 편리하다. TeXLive Manager를 실행하기 위해서는 프로그램 메뉴에서 찾거나 윈도우 콘솔에서 또는 실행 (자판의 버튼 누른 상태에서 r 입력)에서 `tlmgr-gui`을 실행한다. 이렇게 `tlmgr-gui`을 실행하면 그림 18.1과 같은 창이 만들어진다. 이 그림의 ⑦에서 필요한 패키지를 선택하고 그림의

② 번의 'Update all installed'를 선택하면 모든 패키지가 업데이트되고

③ 번의 'Update'는 ⑦에서 선택된 패키지를 업데이트하며[1]

④ 번의 'Install'은 ⑦에서 선택된 패키지를 설치하며

⑤ 번의 'Remove'는 ⑦에서 선택된 패키지를 삭제하며

⑥ 번의 'Backup'는 ⑦에서 선택된 패키지를 백업한다.

18.2. 패키지의 수동 설치

특정 학술지의 양식이거나 특정 대학의 논문 양식과 같이 CTAN에 등록되어 있지 않은 패키지의 경우 해당 웹사이트 등에서 제공하게 된다. 이런 경우 하나의 압축 파일로

[1]특이하게 해당 패키지의 선택은 마우스의 오른쪽 버튼 클릭이다(2015 기준).

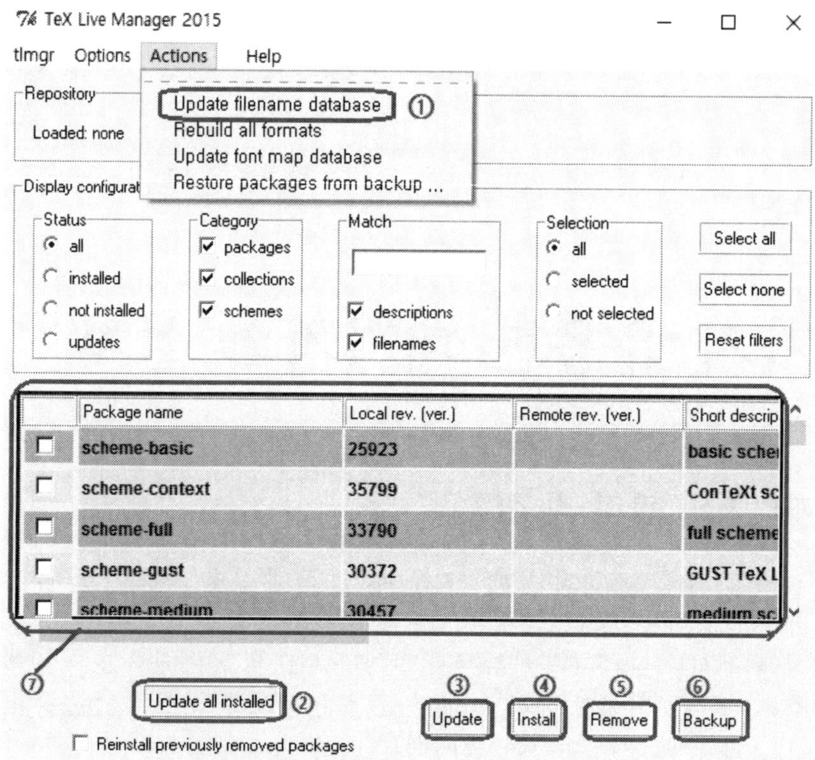

그림 18.1: TEXLive Manager의 실행화면

제공되거나 여러 개의 파일이 제공되기도 한다. 일부의 경우 LATEX의 doctrip 기능을 사용하여야 하는 경우도 있는데 docstrip에 대해서는 18.4절을 참고하기로 한다.

수동으로 패키지를 설치하기 위해서는 다음과 같은 순서를 따른다.

1 먼저 LATEX이 설치된 폴더 아래에서 `texmf-local\tex\latex\local` 경로까지 내려간다. 만일 TEXLive 2015가 `C:\usr\texlive\2015`에 설치되었다면 이 경로의 절대 경로는

   ```
   C:\usr\texlive\texmf-local\tex\latex\local
   ```

   이다. 참고로 `texmf-local` 폴더는 TEXLive 를 프로그램 삭제 기능을 이용하여 삭제하더라도 삭제되지 않는 폴더로 사용자가 필요한 TEX 관련 파일을 가져다 두는 폴더이다.

2 이 위치에서 설치할 패키지의 이름과 같은[2] 이름의 폴더를 만든다. 예를 들어 패키지 이름이 uwthesis이면 uwthesis, 패키지 이름이 jkdiss이면 jkdiss라는 이름의 폴더를 만든다.

3 이제 만들어진 폴더에 패키지에 포함된 모든 파일을 가져다 둔다. 만일 패키지 이름이 uwthesis라면

```
C:\usr\texlive\texmf-local\tex\latex\local\uwthesis
```

라는 폴더에 모든 파일을 가져다 둔다.

4 이제 콘솔이나 + r 키를 입력하여 만들어진 명령어 창에서 mktexlsr 명령을 입력하거나 그림 18.1의 TEXLive Manager에서 ①을 클릭한다.

5 이 작업은 컴퓨터에 따라 약간의 시간이 걸릴 수 있다. 이 작업이 끝나면 패키지 수동 설치가 끝났으므로 이 패키지를 \usepackage 할 수 있다.

18.3. 특수문자 @의 사용

관심이 있는 사람은 패키지 파일 .sty나 클래스 파일 .cls를 열어본 적이 있을 것이다. 이 파일을 열면 특수문자로 바로 사용할 수 없는 @가 곳곳에 있음을 알 수 있다. 심지어 숫자도 0은 \z@, 1은 \@ne 등으로 사용한다.

그런데 패키지를 사용하다 보면 조금만 수정해서 사용하고 싶은 경우가 있는데 이때 명령을 재정의하려고 보면 7.6절의 \D@anki같이 명령어에 특수문자 @가 있어서 \renewcommand나 \newcommand를 사용할 수가 없게 되어 있다. 그렇다고 패키지의 한 두 줄만 바꾸는데 통째로 복사하고 이름을 바꾸어서 새 패키지로 하기는 과한 일이다. 이런 경우에 대비해서 TEX은 \makeatletter라는[3] 명령을 만들어 두었다. 이 명령은 일반 LATEX 문서 파일에서 반드시 \makeatother와 짝을 이루게 되는데 이 두 명령 사이에는 @를 사용할 수 있다. 즉, 7.6절의 명령은

```
\makeatletter
  \newcounter{D@anki}
  \setcounter{D@anki}{\year}
  \addtocounter{D@anki}{2333}
  \def\dankitoday{단기~\arabic{D@anki}~년 \number\month~월
```

[2]반드시 같을 필요는 없지만 이름이 같아야 관리가 편리하다.
[3]@는 영어권에서는 'at'로 많이 읽으며 따라서 이 명령은 @를 문자로 만들라는 의미이다.

```
                    \number\day~일}
\makeatother
```

로 \makeatletter와 \makeatother 사이에 넣게 되면 @를 사용하는 문제가 없어진다. 이런 규칙을 만든 이유는 패키지 안에 수많은 중간 명령들이 있는데 서로 다른 패키지가 같은 이름의 명령을 사용하는 것을 방지하기 위한 것이다.

18.4. docstrip 기능

여러 개의 파일로 구성된 패키지 docstrip 기능을 사용하여 패키지, 설명서 등을 분리해야 하는 경우도 있다. 앞에서 본 패키지 자동설치는 꼭 필요한 스타일 파일(.sty)만 배포되기도 하나 통째로 배포하는 경우도 있다. 이런 경우 패키지의 배포판에는 README, *pack_name*.ins, *pack_name*.dtx, *pack_name*.doc 등의 파일이 제공되며, 이 파일 내부에 *pack_name*.sty의 소스 파일이 존재한다. 여기서 README 파일은 이름 그대로 해당 패키지에 대한 간략한 정보가 들어가 있다. 실제 패키지의 생성은 LaTeX의 docstrip 기능을 사용하여야 한다. 이 기능은 간단하게 ins 파일에 대해 LaTeX 컴파일을 한두 번 해주면 된다.

% latex *pack_name*.ins

를 실행하면 패키지의 기본 파일 *pack_name*.sty과 경우에 따라 추가되는 여러 개의 파일이 만들어진다. 이 패키지 *pack_name*의 사용법과 자세한 설명은

% latex *pack_name*.dtx

명령에 따라서 만들어지는 *pack_name*.dvi 파일에 기록되어 있으므로 사용 설명이나 제공되는 명령/환경 등의 정보는 이 dvi 파일에서 확인이 가능하다.

때로는 .dtx 파일 자체도 .doc 파일 안에 있어서 패키지의 배포판이 .ins와 .doc 파일로 구성될 수 있는데 이런 경우

% latex *pack_name*.ins

명령에 의해 .dtx, .sty 파일이 만들어진다.

LaTeX 배포판을 설치하는 경우에 설명서나 관련 내용을 확인하고자 할 때는 texdoc 명령을 사용한다. 이 명령은

```
% texdoc package_name
```

으로 사용한다. 예를 들어 hyperref 패키지에 대한 설명을 보고자 하면

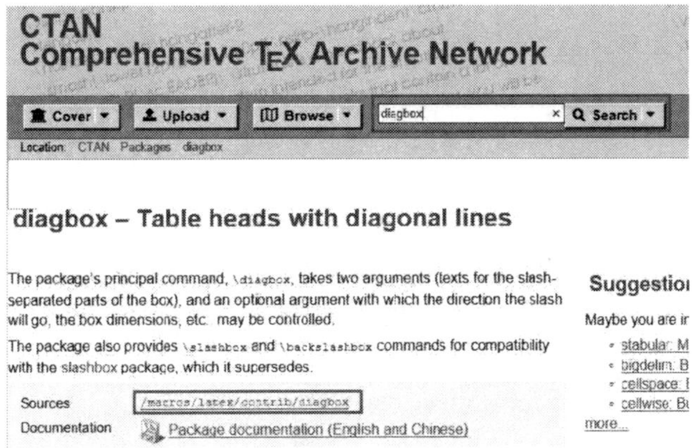

그림 18.2: CTAN에서 패키지 검색하기

```
% texdoc hyperref
```

라고 하면 된다.

18.5. 패키지의 수동 업데이트

TEXLive Manager의 업데이트 기능이 원활하지 않거나 하는 등의 이유로 패키지를 수동으로 업데이트할 필요가 생기는 경우가 있다. 이 경우 CTAN에 접속하여 업데이트할 패키지의 이름을 검색한다. 그림 18.2는 `diagbox` 패키지를 검색한 결과이다. 이 그림에서 해당 패키지의 링크를 클릭하면 그림 18.2와 같이 패키지에 포함된 파일의 목록이 보인다. 이 목록에는 `.sty` 파일은 존재하지 않으며[4] `.dtx`, `.ins` 파일만 보인다. 이 파일들은 18.4절에서 설명된 대로 패키지에 필요한 (여러) 파일을 포함하고 있다. 이 두 파일을(필요하면 나머지 파일도 모두) 원래 패키지가 설치된 폴더로 복사해 온다. LATEX 패키지의 기본 경로는

`C:\usr\texlive\2015\texmf-dist\tex\latex\`

이며[5] 이 폴더에 각각의 패키지가 폴더로 구성되어 있다. 그림 18.3의 경우와 같이 `diagbox` 패키지는 위 경로의 `diagbox` 폴더 안에 존재한다. 이제 파일들을 복사하였으면 복사한 파일의 경로를 찾아가서

[4]패키지 파일의 확장자는 `.sty`이다.

[5]2015는 연도이며 `usr`은 윈도우에서 없는 경우가 많음.

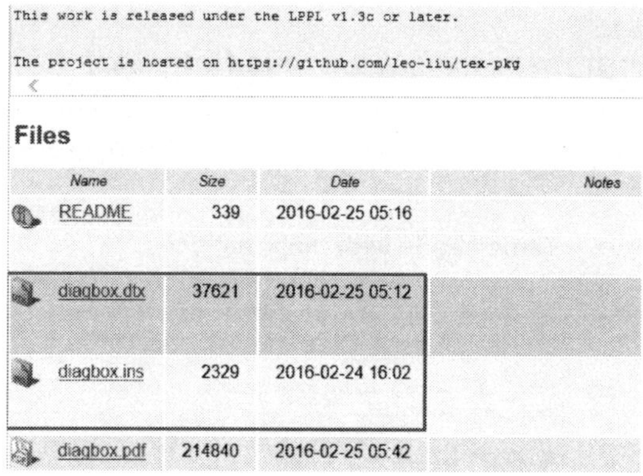

그림 18.3: CTAN에서 패키지 검색결과

```
> latex diagbox.dtx
```

로 한 번 컴파일해 주면 수동 업데이트가 완료된다. 이 경우에는 이미 이전 버전의 패키지가 존재하므로 그림 18.1의 ①을 선택하거나 `mktexlsr` 명령을 실행할 필요는 없다.

18.6. draftwatermark 패키지

`draftwatermark` 패키지는 워터 마크를 만들어 주는 패키지로 다른 패키지와 마찬가지로 `\usepackage[`*options*`]{draftwatermark}` 로 사용하며 *options*에서 사용할 수 있는 옵션은 `nostamp`은 워터마크을 표시하지 않고, `firstpage`는 첫 페이지만 워터 마크를 만든다. 이 패키지를 사용할 때 워터 마크를 설정할 수 있는 명령들이 제공되는데 이들은 다음과 같다.

`\SetWatermarkAngle`{*num*} 워터 마크의 각을 설정하며 기본값은 45°이다. 이 값은 반시계 방향의 각도이다.

`\SetWatermarkColor`*col_spec* 워터 마크 문자에 사용할 색을 설정하며 색의 이름을 주거나 색깔 모델로 설정한다. 예를 들면

```
\SetWatermarkColor{red}
\SetWatermarkColor[rgb]{0,1,0}
```

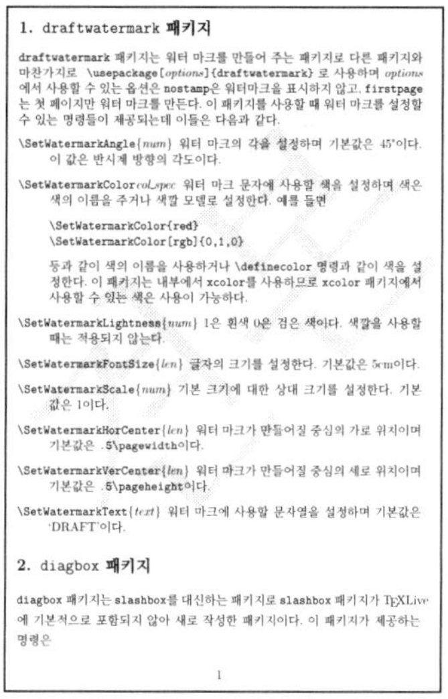

1. draftwatermark 패키지

draftwatermark 패키지는 워터 마크를 만들어 주는 패키지로 다른 패키지와 마찬가지로 \usepackage[*options*]{draftwatermark} 로 사용하며 *options* 에서 사용할 수 있는 옵션은 nostamp은 워터마크을 표시하지 않고, firstpage는 첫 페이지만 워터 마크를 만든다. 이 패키지를 사용할 때 워터 마크를 설정할 수 있는 명령들이 제공되는데 이들은 다음과 같다.

\SetWatermarkAngle{*num*} 워터 마크의 각을 설정하며 기본값은 45°이다. 이 값은 반시계 방향의 각도이다.

\SetWatermarkColor*col_spec* 워터 마크 문자에 사용할 색을 설정하며 색은 색의 이름을 주거나 색깔 모델로 설정한다. 예를 들면

```
\SetWatermarkColor{red}
\SetWatermarkColor[rgb]{0,1,0}
```

등과 같이 색의 이름을 사용하거나 \definecolor 명령과 같이 색을 설정한다. 이 패키지는 내부에서 xcolor를 사용하므로 xcolor 패키지에서 사용할 수 있는 색은 사용이 가능하다.

\SetWatermarkLightness{*num*} 1은 흰색 0은 검은 색이다. 색깔을 사용할 때는 적용되지 않는다.

\SetWatermarkFontSize{*len*} 글자의 크기를 설정한다. 기본값은 5cm이다.

\SetWatermarkScale{*num*} 기본 크기에 대한 상대 크기를 설정한다. 기본값은 1이다.

\SetWatermarkHorCenter{*len*} 워터 마크가 만들어질 중심의 가로 위치이며 기본값은 .5\pagewidth이다.

\SetWatermarkVerCenter{*len*} 워터 마크가 만들어질 중심의 세로 위치이며 기본값은 .5\pageheight이다.

\SetWatermarkText{*text*} 워터 마크에 사용할 문자열을 설정하며 기본값은 'DRAFT'이다.

2. diagbox 패키지

diagbox 패키지는 slashbox를 대신하는 패키지로 slashbox 패키지가 TEXLive에 기본적으로 포함되지 않아 새로 작성한 패키지이다. 이 패키지가 제공하는 명령은

1

```
\usepackage{draftwatermark}


\SetWatermarkColor{green!20}
\SetWatermarkScale{1.5}
\SetWatermarkText{견본}
```

그림 18.4: draftwatermark 패키지의 결과

등과 같이 색의 이름을 사용하거나 \definecolor 명령과 같이 색을 설정한다. 이 패키지는 내부에서 xcolor를 사용하므로 xcolor 패키지에서 사용할 수 있는 색은 사용이 가능하다(17.1.1절, 17.2절 참고).

\SetWatermarkLightness{*num*} 워터 마크를 얼마나 연하게 할 것인지 설정하며 1은 흰색, 0은 검은색, 0과 1 사이의 값은 회색이다. 단, 특정 색깔을 사용할 때는 적용되지 않는다.

\SetWatermarkFontSize{*len*} 글자의 크기를 설정하며 기본값은 5cm이다.

\SetWatermarkScale{*num*} 기본 크기에 대한 상대 크기를 설정한다. 기본값은 1이다.

\SetWatermarkHorCenter{*len*} 워터 마크가 만들어질 중심의 가로 위치이며 기본값은 .5\paperwidth이다.

\SetWatermarkVerCenter{*len*} 워터 마크가 만들어질 중심의 세로 위치이며 기본값은 .5\paperheight이다.

\SetWatermarkText{*text*} 워터 마크에 사용할 문자열을 설정하며 기본값은 'DRAFT'이다.

\paperwidth, \paperheight 등은 그림 4.1을 참고한다.

18.7. newfloat와 tocloft 패키지

Axel Sommerfeldt가 만든 newfloat 패키지는 figure나 table 환경과 같은 방법으로 사용할 수 있는 사용자 정의 유동체를 사용할 수 있도록 작성되었다. 이 패키지에서 제공하는 명령은 새 유동체를 정의하거나 정의를 수정할 수 있도록 하는 명령 등이다. 여기서는 새 유동체를 정의하는 것만 알아보기로 한다. 새 유동체를 정의하는 방법은

```
\DeclareFloatingEnvironment[options]{env_name}
```

로 \DeclareFloatingEnvironment라는 plainTEX 스타일의 명령문을 사용한다. 이 명령은 반드시 전처리부에 newfloat 패키지가 \usepackage한 후 사용하여야 한다. 여기서

env_name 새로 사용할 유동체의 이름을 설정한다. 예를 들어 algorithm이라고 하였다면 table이나 figure 환경처럼 algorithm 환경을 정의한 것이며, 사용법은 \begin{algorithm}과 \end{algorithm} 사이에 이 환경에 사용할 내용을 넣는다.

options 에는 사용할 새 유동체의 속성을 설정하며

name=*text* 새로 정의한 환경 *env_name*의 이름을 준다. \caption 명령을 사용하였을 때 table 환경의 'Table 1.1' 또는 '표 1.1'처럼 여기서 준 이름이 '알고리즘'이면 '알고리즘 1.1'이 만들어진다.

placement=t|b|p table이나 figure 환경처럼 유동체의 기본 위치를 설정한다.

within=chaper|section 만들어진 환경의 번호를 장(chapter) 이나 절(section) 이 바뀔 때마다 새로 시작할 것을 설정한다. chapter는 \documentclass가 article인 경우는 정의되지 않기 때문에 사용할 수 없다.

chapterlistsgaps=on|off 차례 항목에서 장(chapter)이 바뀔 때 차례 항목에 추가 공간을 줄지 설정한다.

fileext=*extension* LaTeX에서 차례를 만들기 위해서는 차례에 대한 정보를 담는 파일(예 .toc, .lof 및 .lot)이 생성되는데 새로 정의한 유동체의 차례를 담을 파일의 확장자를 설정한다. 예를 들어 myfile.tex에서 loa라고 하고 컴파일하면 myfile.loa라는 파일이 새로 만들어짐을 가정한다.

listname=*text* 차례의 이름을 '표 차례' 또는 '그림 차례'처럼 만들어야 하는데 이 이름을 설정한다.

예를 들어

```
\DeclareFloatingEnvironment[fileext=loa,
   listname={알고리즘 차례}, name=알고리즘,
   placement=p, within=chapter,
   chapterlistsgaps=on] {algorithm}
```

라고 하면 algorithm 환경을 사용할 수 있으며 장이 바뀔 때 번호는 새로 만들어진다. 또한 차례 정보 파일의 확장자는 loa이며 장이 바뀔 때 차례에 추가 공간이 생긴다. 이 명령이 정상적으로 설정되면

```
\begin{algorithm}
  algorithm 의 내용
    ...
\caption{제목을 삽입}
\end{algorithm}
```

와 같이 algorithm이라는 환경이 사용 가능하게 된다.

newfloat 패키지는 새로 만들어진 유동체의 차례를 실제로 만들지는 않고 사용자가 모든 차례의 내용을 정의하도록 남겨 두었다. 하지만 보통의 LaTeX 사용자가 이를 일일이 만드는 것은 쉽지 않은 일이다. 이때 사용할 수 있는 패키지가 tocloft 패키지이다. 이 패키지를 사용하면

① 먼저 전처리부(*preamble*)에

```
\newlistof{env_name}{extension}{listname}
```

로 \newlistof 명령을 사용하여 차례를 만들 환경의 이름 *env_name*, 파일 확장자 *extension* 및 차례의 이름 *listname*을 설정하여 차례 정보 파일을 만들게 설정한 후

② \begin{document} 이후에 차례가 위치할 자리에서

```
\listofenv_names
```

로 명령하면 차례가 만들어진다. 끝에 s가 추가로 붙었음에 유의하자. 여기서 *env_name*은 새로 정의된 유동체의 이름이다.

예를 들어 앞에서처럼 algorithm이라는 환경이 정의되었다면

```
\newlistof{algorithm}{loa}{알고리즘 차례}
```

을 전처리부에 명령하고 \begin{document} 이후에

```
\listofalgorithms
```

를 명령하면 이 명령의 위치에 '알고리즘 차례' 가 만들어진다.

18.8. fancyhdr 패키지

> 이 면을 포함한 한두 면의 *header*와 *footer*는 이 절의 설명을 위해 다른 부분과 다르다. 이러한 *header*와 *footer*를 만들기 위한 명령은 이 절에 설명되어 있다.

LaTeX에는 기본적으로 제공되는 heading으로 plain, headings, empty 및 myheadings가 있다(3.4절 참조). 그러나 이들로 사용자의 모든 욕구를 충족시키지는 못하는 경우가 많다(이 책의 heading은 LaTeX에서 제공하는 것이 아니다. 사실 fancyhdr 패키지를 이용한 것도 아니고 개인적으로 따로 만든 것이다). 이러한 LaTeX 사용자의 욕구를 충족시킬 수 있는 것이 fancyhdr 패키지이다. 이 패키지의 옛날 버전으로 fancyheadings 패키지가 있으나 새 패키지의 사용을 권장한다. fancyhdr 패키지를 이용하면 *header*나 *footer*에 밑줄을 그을 수도 있고 *header*나 *footer*가 본문의 폭보다 더 넓게 또는 짝수면과 홀수면의 *header*와 *footer*를 다르게(이 책처럼) 할 수도 있다. fancyhdr와 비슷한 기능의 headerfooter 패키지도 있으나 그 기능이 fancyhdr 기능의 부분집합이므로 따로 설명하지는 않기로 한다. fancyhdr를 사용하려면 3.4절에서 본 것처럼 \pagestyle 또는 \thispagestyle로 어떤 heading을 사용할 것인지 정해 주어야 한다. fancyhdr 패키지를 사용할 때는 다음과 같이 선언한다.

```
\pagestyle{fancy} 또는 \thispagestyle{fancy}
```

3.4절에서 본 것처럼 \thispagestyle 명령은 현재의 출력 면의 스타일만 바꾸는 것이다. fancyhdr 패키지를 이용하면 기본적으로 여섯 개의 변수를 정해 줄 수 있다.

```
\lhead  \rhead  \chead
\lfoot  \cfoot  \rfoot
```

이들은 모두 옵션인 변수와 반드시 있어야 하는 변수로 두 가지 변수를 취할 수 있는데 옵션에 준 것은 twoside 옵션을 사용할 때 쓰인다.[6] 예를 들어(이 책은 twoside 옵션을 쓰지 않았지만 LaTeX은 twoside 로 인식한다.)

[6]\documentclass의 옵션임.

```
\lhead[짝수면의 왼쪽 head]{홀수면의 왼쪽 head}
\rhead[짝수면의 오른쪽 head]{홀수면의 오른쪽 head}
\chead[짝수면의 중앙 head]{홀수면의 중앙 head}
\lfoot[짝수면의 왼쪽 foot]{홀수면의 왼쪽 foot}
\cfoot[\thepage]{\thepage}
\rfoot[짝수면의 오른쪽 foot]{홀수면의 오른쪽 foot}
\thispagestyle{fancy}
```

라고 하면 출력은 지금 보는 면과 이전 면과 같이 짝수면과 홀수면의 *header*와 *footer*가 출력된다. 만일 `twoside` 옵션을 선택하지 않으면 짝수면의 *header*와 *footer*는 무시된다.

18.8.1 줄의 조정

`fancyhdr` 패키지에서 *header*는 밑줄을 긋고 *footer*는 밑줄을 긋지 않는 것이 기본인데 이것도 사용자가 바꾸어 줄 수 있다. *header*의 밑줄의 굵기와 *footer*의 밑줄의 굵기는 각각 `\headrulewidth`와 `\footrulewidth`에 `0.4pt`와 `0pt`[7]로 정해져 있는데 이들은 `\setlength` 명령으로 바꾸어 줄 수 있다. 즉,

```
\setlength{\headrulewidth}{1pt}
\setlength{\footrulewidth}{.4pt}
```

라고 하면 *footer*에도 밑줄을 긋고 *header*의 줄의 굵기가 굵어진다. B.3절에서 이 명령의 결과로 생긴 *header*와 *footer*를 볼 수 있다.

18.8.2 fancyplain 페이지 스타일

`report`나 `book` 클래스의 `chapter` 등이 시작하는 면은 `fancy` 스타일을 사용하여도 `plain` 스타일로 인쇄된다. 이는 `chapter` 등을 만들 때

```
\thispagestyle{plain}
```

이 선언되기 때문이다. 이럴 경우에 생길 수 있는 문제는 사용자가 면수를 굵은 글씨로 하거나 또는 다른 특별한 모양으로 하였을 경우 새 장이 시작하는 면의 스타일과 다른 면의 스타일 간에 일치성을 잃게 된다는 것이다. 이를 해결하기 위해 사용할 수 있는 페이지 스타일이 `fancyplain` 페이지 스타일이다. 사용하려면

1 먼저

---

[7]굵기가 0 이기 때문에 출력되지 않는다. 따라서 줄을 긋지 않은 것과 마찬가지의 효과를 얻는다.

```
\pagestyle{fancyplain} 또는 \thispagestyle{fancyplain}
```

을 선언한다.

2 `\fancyplain` 이란 명령을 이용하여 LaTeX에서 `plain` 스타일을 사용할 장소의 *header*와 *footer*를 준다. 이 명령은

`\fancyplain{ plain 에서의 출력}{정상적 출력}`

로 사용한다.

예를 들어

```
\rfoot{\fancyplain{}{}}
\lfoot{\fancyplain{}{}}
\cfoot{\fancyplain{\thepage}{}}
\lhead{\fancyplain{}{}}
\chead{\fancyplain{}{}}
\rhead{\fancyplain{}{\thepage}}
```

라고 선언하였다면 *header*와 *footer*에는 면수만 사용되며 LaTeX에서 `plain` 스타일이 사용될 자리에는 면수가 *footer* 중앙에 나타나고 그 외의 면은 오른쪽 위에 면수가 출력된다. 이는 많은 학위논문에서 사용하는 페이지 스타일이다.

18.9. 인쇄 용지 설정 – geometry 패키지

기본 인쇄 용지가 설정되면 그에 따라 그림 4.1의 변수에 설정된 값을 적용하여 문서를 만든다. 하지만 이 기본값이 적절하지 않다고 생각될 때는 이 값을 바꾸어야 하는데 이에 많은 작업이 필요하다. `fullpage`와 같은 패키지는 `letterpaper`를 사용할 때 마진(margin)을 줄여주는 기능을 한다. `geometry` 패키지는 용지에 상관없이 몇 가지 설정으로 인쇄 영역을 바꿀 수 있게 한다. 이 패키지도 다른 패키지와 마찬가지로

```
\usepackage[options]{geometry}
```

로 사용하며 *options*에서 사용할 수 있는 옵션의 일부는 다음과 같다.

`paper=`*paper* 문서의 인쇄에 사용할 규격을 설정한다. 사용 가능한 값은

a0paper, a1paper, a2paper, a3paper, a4paper, a5paper, a6paper,
b0paper, b1paper, b2paper, b3paper, b4paper, b5paper, b6paper,
c0paper, c1paper, c2paper, c3paper, c4paper, c5paper, c6paper,
b0j, b1j, b2j, b3j, b4j, b5j, b6j,
ansiapaper, ansibpaper, ansicpaper, ansidpaper, ansiepaper,
letterpaper, executivepaper, legalpaper

이 있으며 미국은 letterpaper, 그 외 대부분의 나라는 a4paper가 기본값으로 LaTeX 내에 설정되어 있다(표 3.1의 일부 용지의 규격 참고).

screen 프리젠테이션용으로 slides 클래스 등을 사용할 때 컴퓨터 모니터 크기에 맞춘 크기로 출력을 만든다($225mm \times 180mm$).

landscape|portrait=true|false 문서를 가로로 할지 세로로 사용할지 설정한다. 기본값은 portrait이다.

margin=*len* 문서가 들어가지 않는 부분의 상하좌우의 길이 *len*을 설정한다. 상하좌우의 마진을 따로 설정하려면 순서대로 tmargin, bmargin, lmargin, rmargin의 값을 설정하면 된다.

width=*len*|height=*len* 그림 4.1의 *body*의 폭과 높이를 설정한다.

total={*wd*,*ht*} 문서가 들어갈 부분(그림 4.1의 *body*)의 폭 *wd*와 높이 *ht*를 설정한다.

includehead|includefoot total과 height에 사용한 높이가 그림 4.1의 *body*뿐만 아니라 \headheight, \headsep, \footskip, \footheight 를 포함한 길이임을 설정한다.

centering 모든 문서의 내용을 인쇄 용지의 중앙에 둔다. 이 옵션은 layout 옵션과 같이 기본값이 가운데 정렬이 아닌 경우에 필요할 수 있다. layout 관련 옵션은 geometry 패키지의 매뉴얼을 참고하기로 한다.

이들 옵션은 \geometry 명령을 전처리부에 다음

```
\geometry{options}
```

과 같이 사용하여도 같은 결과를 얻는다.

18.10. tcolorbox 패키지

`tcolorbox` 패키지는 다양한 형태의 상자를 만들고 이 상자 안에 문서를 편집할 수 있는 기능을 제공하는 패키지이다. 이 패키지의 기본 사용법은

```
\begin{tcolorbox}[options]
상자의 내용 및 해당 설정
\end{tcolorbox}
```

이다. *options*에서 사용할 수 있는 값은

`arc` 상자의 모서리를 둥글게 할 길이를 선택한다. 0mm이면 상자의 둥근 모서리 처리가 없으며 값이 클수록 둥근 상자가 된다.

`enhanced` 패키지의 기능을 제16장의 `tikz` 명령으로 바꾸어 좀 더 좋은(enhanced) 결과를 얻게 해준다.

`notitle` 이전에 `title`이 설정된 경우 이를 없앤다.

`width` 상자의 폭을 설정한다. 설정이 없으면 현재의 상태에서 가로로 채운다.

`height` 상자의 높이를 설정한다. 설정이 없으면 상자의 내용이 차지하는 폭만큼 만든다.

`sidebyside` `\tcblower` 명령으로 상자가 두 개의 영역으로 구분될 때 이를 상하로 하지 않고 좌우로 하게 한다.

`colback` 상자 안의 배경색을 설정한다. 초깃값은 `black!75!white`이다.

`coltext` 상자 내의 글자색을 설정한다.

`collower`, `colupper` 상자가 `\tcblower` 명령으로 상하 또는 좌우로 구분될 때 각각 아래쪽/오른쪽 및 위쪽/왼쪽의 글자색을 설정한다.

`colframe` 상자의 테두리의 색을 설정한다. 초깃값은 `black!75!white`이다.

`coltitle` 상자 제목이 있을 경우 제목의 글자색을 설정한다.

`halign` 상자 내의 문단에 대한 좌우 정렬을 설정한다. 사용할 수 있는 값은 `justify`, `left`, `center`, `right`, `flush left`, `flush center`, `flush right` 중의 하나이며 `justify`가 기본값으로 현재 TEX 설정을 사용한다. 나머지는 각각 왼쪽, 중앙 및 오른쪽 정렬이다. `flush`가 붙은 것은 최대한 현재의 행을 채우게 되며 따라서 영문인 경우 긴 단어는 분리되어 하이픈(-)이 만들어지기도 한다.

halign lower 는 \tcblower 명령으로 상자의 내용이 구분될 때 두 번째 영역의 가로 정렬을 설정한다. 사용할 수 있는 값은 **halign**과 같다.

shadow={*xshift*}{*yshift*}{*offset*}{*options*} 는 상자의 그림자를 어떻게 만들지 설정한다. *xshift*, *yshift*는 그림자가 각각 x, y축으로 얼마나 이동할지 설정하며 *offset*은 그림자의 크기가 원래 상자의 크기에 비해 얼마나 크게(양수) 또는 작게(음수값 설정 시) 할지 설정한다. 다음의 보기

```
\begin{tcolorbox}[enhanced, title=My own shadow,
    shadow={2mm}{-1mm}{0mm}{black!50!white}]
  This is a tcolorbox.
\end{tcolorbox}
```

의 결과는

My own shadow

This is a tcolorbox.

이다. 참고로 그림자를 없애는 옵션은 no shadow이다.

title 상자의 제목을 설정한다. 문자열을 주면 제목 문자열이 설정되며 기타 설정도 함께 한다.

valign 상자의 내용에 대한 상하 설정을 한다. 사용할 수 있는 값은 top, center, bottom, scale, scale*이 있으며 각각 위, 중앙, 아래로 정렬한다. scale은 상자의 높이 height가 설정되어 있을 때 상자의 높이만큼 글자를 높이를 조절한다. scale*는 이 높이 조절을 valign scale limit가 초과되지 않을 만큼만 한다.

tcolorbox 상하정렬.	tcolorbox 상하정렬.	tcolorbox 상하정렬.	tcolorbox 상하정렬.

는

```
\tcbset{width=(\linewidth-2mm)/4,before=,after=\hfill,
 colframe=blue!75!black,colback=white,height=2cm}
\foreach \myalign in {top,center,bottom,scale}
  {\begin{tcolorbox}[valign=\myalign]
```

```
        \textbf{tcolorbox} 상하정렬.
    \end{tcolorbox}}
```

으로 생성되었다. \tcbset 명령은 450면에서 설명하기로 한다. 여기서 사용된 \foreach 명령은 \myalign이 값이 top, center, ... 에 대해 각각 tcolorbox를 만들라는 의미이며 \foreach 명령에 대한 것은 16.5절을 참고하기로 한다.

등이 있다. 다음의 보기

상자제목

tcolorbox 만든 상자의 윗부분

상자의 아랫부분.

는 아래 명령

```
\begin{tcolorbox}[colback=cyan!25!white,
    colframe=red!75!black,title=상자제목]
\textbf{tcolorbox} 만든 상자의 윗부분
\tcblower
상자의 아랫부분.
\end{tcolorbox}
```

의 결과이다. 여기서 사용한 \tcblower는 상자의 내용을 두 부분으로 분리하고자 할 때 사용하는 명령으로 이 명령을 기준으로 상자의 내용을 두 부분으로 분리한다.

*options*에 들어가는 옵션을 매번 설정하기 귀찮거나 모든 상자의 형식이 같다면 *options*에 들어갈 내용은

```
\tcbset{options}
```

와 같이 tcbset 명령의 옵션으로 한 번만 설정해도 된다. 예를 들어

```
\tcbset{colback=cyan!25!white, colframe=red!75!black}
```

을 한 번만 최초에 입력하면 그 다음부터 위의 두 색에 대한 설정은 하지 않아도 된다. \tcbset 명령은 중첩된(nested) tcolorbox 환경에는 적용되지 않는 것이 기본값이다. 중첩된 tcolorbox에서도 모두 적용할 옵션은

```
\tcbsetforeverylayer{options}
```

명령을 사용하여 옵션을 설정하면 된다. \tcbset, \tcbseteverylayer로 설정된 옵션을 모두 초기화하려면 옵션에 reset을 입력하거나

```
\tcbset{reset}
```

명령으로 초기화한다.

18.10.1 새 상자 정의

tcolorbox 패키지는 새로운 상자를 설정할 수 있는 \newtcolorbox 명령을 제공한다. 이 명령은 \newcommand 명령과 사용법이 유사한데

```
\newtcolorbox{boxname}[num][default]{options}
```

로 사용하며 *boxname*에는 새로 만들 상자의 이름을 설정하고, *num*에는 매개변수의 개수를 설정하며 *default*에는 첫 매개변수의 값에 대한 기본값을 설정한다. *options*에는 새로 만들 *boxname*의 설정을 입력한다. 예를 들어

```
\newtcolorbox{mytbox}[2][]{colback=red!5!white,
  colframe=red!75!black,fonttitle=\bfseries,
  colbacktitle=red!85!black,enhanced,
  attach boxed title to top center={yshift=-2mm},
  title=#2,#1}
```

으로 mytbox를 선언하고

```
\begin{mytbox}[colback=yellow]{제목1}
  제목의 내용 및 옵션을 설정하는 새 박스를 만들었습니다.
\end{mytbox}
```

를 명령하면 다음과 같은 결과를 얻는다.

제목1

제목의 내용 및 옵션을 설정하는 새 박스를 만들었습니다.

여기서 사용한 attach boxed title to top center={yshift=-2mm}는 제목의 위치를 정해 주는 것으로 top 자리에는 top 또는 bottom이, center자리에는 left, center 또는 right 중의 하나로 설정하여 제목의 위치를 $2 \times 3 = 6$까지 설정할 수 있다. = 뒤에 주어진 값은 옵션으로 xshift, yshift 및 yshifttext가 사용될 수 있으며 각각 제목이 x축 및 y축으로 이동할 거리 및 본문이 y축으로 이동할 거리를 설정한다.

18.10.2 itemize, enumerate **환경의 변경**

tcolorbox 패키지에서는 사용자가 새로운 tcolorbox를 만들 수 있도록 새 환경의 설정을 사용자가 할 수 있게 \tcolorboxenvironment 명령을 제공한다. 이 명령의 사용법은

```
\tcolorboxenvironment{env_name}{options}
```

로 새로 정의될 환경의 이름이 *env_name*인 환경의 설정을 *options*에 할 수 있다. 이를 이용하면 itemize, enumerate 환경에서 만들어지는 목록의 모양을 바꾸는 기능을 사용할 수 있다. 한 가지 주의할 점은 이 명령을 사용하려면 반드시 tcolorbox의 라이브러리인 skins가 사용되어야 한다. 이 라이브러리는 \tcbuselibrary{skins} 명령이 *preamble*에 를 선언하여 사용한다. 예를 들어

```
\tcolorboxenvironment{itemize}{blanker, before skip=6pt,
  after skip=6pt, borderline west={3mm}{0pt}{green}}
```

으로 itemize 환경의 설정을 바꾸면

```
\begin{itemize}
\item 첫번째 항목
\item 두 번째 항목은 줄 바꿈이 일어나게 길게 만들어 봅니다.
 두 번째 항목은 줄 바꿈이 일어나게 길게 만들어 봅니다.
\item 세 번째 항목
\end{itemize}
```

의 결과는

- 첫 번째 항목
- 두 번째 항목은 줄 바꿈이 일어나게 길게 만들어 봅니다. 두 번째 항목은 줄 바꿈이 일어나게 길게 만들어 봅니다.
- 세 번째 항목

가 만들어진다. 여기에서 사용된 옵션은

blanker 모든 설정을 비운다. 새로운 형태를 정의하기 위해 필요한 경우가 많다.

borderline 은 east, west, south, north, horizontal, vertical 을 사용할 수 있으며 각각 오른쪽, 왼쪽, 아래쪽, 위쪽, 아래 및 위쪽, 왼쪽 및 오른쪽에 테두리를 만들어준다. 이들 속성은

표 18.1: ulem에서 사용 가능한 명령

important	\uline{important}
very important	\uuline{very important}
important	\uwave{important}
~~Woops~~	\sout{Woops}
ABC	\xout{ABC}

```
\borerline east={width}{offset}{options}
```

로 만들어질 테두리의 폭, 들여쓰기 및 옵션을 설정한다. 위의 경우 폭 3mm 짜리 색깔 green으로 왼쪽에 borderline을 만든 것이다.

before skip, after skip tcolorbox 패키지에 의해 만들어지는 출력이 시작하기 전에 띄울 길이 및 끝난 후에 다음 부분과 띄울 길이를 설정한다.

이와 같이 새로운 목록 만들기를 정의할 때 기존에 있는 환경인 itemize 등을 변경하면 원래 있던 것과 혼돈이 생길 수 있으므로 \newenvironment 명령으로 새로운 환경을 만든 후 새로 만든 이 환경에 \tcolorboxenvironment를 적용하는 것이 권장된다.

tcolorbox 패키지는 여기서 소개한 것보다 훨씬 많은 내용(공식 매뉴얼은 428면)이 있으므로 자세한 것은 CTAN에서 공식 매뉴얼을 참고하기로 한다.

18.11. ulem 패키지

ulem 패키지는 Donald Arseneau가 만든 패키지로 밑줄을 치는 여러 가지 방법을 제공한다. 이 패키지를 사용하면 \em 또는 \emph 선언으로 강조한 경우 자동으로 밑줄이 그어지며 그 효과는 {와 }로 준 부분에만 미친다. 이 패키지의 옵션으로 normalem이 있는데 이 옵션을 사용하면 정상적인 \em 또는 \emph의 효과가 나타난다. LaTeX2.09에서는 \usepackage 명령을 사용할 수 없으므로 \normalem 이라고 선언할 수도 있다. 이 패키지에는 표 18.1에 정리한 명령이 제공된다. 이 표에 주어지지 않은 명령으로 \useunder가 있는데 이 명령은 특별한 글자체를 특정한 밑줄로 바꾸어 주는 명령이다. 예를 들어

```
\useunder{\uwave}{\bfseries}{\textbf}
```

라고 하면 \bfseries나 \bf 선언의 효과는 \uwave로 나타난다.

18.12. misc 패키지

이 패키지는 epic 패키지에 포함된 패키지로 네 가지 \pmb, \timeofday, \verbfile, \listing 명령을 제공한다.

✓ \pmb 명령은 Poor Man's Bold 글꼴로 수식을 굵게 표현할 경우에 사용하는 것으로 amsbsy 패키지에도 정의되어 있기 때문에 이를 목적으로 이 패키지를 사용하는 것은 권장하지 않는다. 수학 모드에서 굵은 글꼴은 5.11절을 참고하며 amsbsy 패키지에 소개된 것이 misc 패키지보다 최신이므로 amsbsy 패키지의 명령을 사용하는 것이 더 좋다.

✓ \timeofday는 LaTeX을 컴파일한 시간을 출력한다. 참고로 \today는 컴파일한 날짜를 \timeofday는 시간을 출력해 준다. 다음과 같이

```
이 파일은 \today\ \timeofday에 출력되었다.
```

로 입력하면

이 파일은 2016년 11월 30일 9:20에 출력되었다.

을 얻는다.

✓ \verbfile 명령: 입력한 내용을 그대로 출력할 때는 verbatim 환경이나 \verb 명령을 사용한다. 이와 유사한 기능을 제공하는 명령어로 \verbfile가 있는데 이미 존재하는 텍스트 파일을 불러 그 내용을 그대로 출력해 준다. 사용법은

\verbfile{*directory*/*filename*}

이다. *directory*/*filename*에는 불러올 파일의 경로를 입력한다.

다음은 18.20.3절에서 사용한 애니메이션을 위한 타임 라인 파일이다. 이 파일은 \verbfile{timeline2.txt} 명령의 결과이다.

```
%% LaTeX2e file 'timeline2.txt'
%% generated by the 'filecontents' environment
%% from source 'testanimate1' on 2016/02/22.
%%
::0x0 % file: timeline2.txt, every frame
::1 %
::2
```

```
::3
::4
::5
*::6
```

listing 명령과 비슷한 기능을 하는 명령인 \VerbatimInput 명령에 대해서는 18.21절을 참고하기로 한다.

✓ \listing 명령은 불러온 파일의 내용에 줄 번호를 추가로 출력해 주어서 출력이 몇 번째 줄인지 알 수 있도록 해준다. 이런 기능은 특히 컴퓨터 프로그램 관련 책을 쓰는 경우 프로그램 소스에 대한 설명에 유용하게 사용할 수 있다. 이 명령의 사용법은

```
\listing{directory/filename}
```

이며 *directory* 디렉토리에 있는 파일 *filename*의 내용을 한 줄씩 LaTeX 출력을 만들며 이때 각 줄에는 줄의 번호가 자동으로 매겨진다. 앞의 \verbfile 명령의 파일과 동일한 파일 timeline2.txt을

\listing{timeline2.txt}

명령으로 부르면 다음과 같이 줄 번호가 추가된 것을 확인할 수 있다.

```
 1  %% LaTeX2e file ‘timeline2.txt’
 2  %% generated by the ‘filecontents’ environment
 3  %% from source ‘testanimate1’ on 2016/02/22.
 4  %%
 5  ::0x0 % file: timeline2.txt, every frame
 6  ::1 %
 7  ::2
 8  ::3
 9  ::4
10  ::5
11  *::6
```

listing 명령과 비슷한 기능을 하는 명령인 \VerbatimInput 명령에 대해서는 18.21절을 참고하기로 한다.

18.13. syshan 패키지

이 패키지는 저자의 개인 필요에 의해 만든 것으로 이 책의 편집이 이 패키지를 기준으로 작성되었으므로 여기에 간단히 소개하고자 한다.

18.13.1 서론

강의 노트를 작성하기 위해 Leslie Lamport의 `report.sty` 스타일 파일을 한글에 맞게 수정하여 사용하던 중 여러 가지 필요에 의해 `syshan.sty` 스타일 파일을 만들었다. 이 파일은 `kotex` 패키지에서 표나 식의 cross referencing의 문제를 피하기 위해 내용을 수정하였으며 변경된 내용은 주석부분에 sysim 문자를 표시하였다. 이 패키지는 기본적은 `kotex`과 `textcomp`를 부르므로 이 두 패키지가 설치되어 있어야 한다.

18.13.2 옵션

이 패키지에는 두 개의 옵션이 있는데 하나는 `hanja`[8]이고 나머지는 `english`이다. `hanja` 옵션을 사용하면 `\chapter` 등을 사용하였을 때 한자가 사용되며 `english` 옵션은 모든 것이 영문으로 출력되지만 한글/한자를 쓸 수는 있게 한다. 이 옵션은 영문으로 학위 논문을 작성한 후 "국문요약" 등 극히 필요한 부분만 한글로 출력할 경우 사용한다. 사용법은

```
\usepackage[hanja 또는 english]{syshan}
```

이다.

18.13.3 Utilities

① `english` 옵션을 사용하면 `habstract` 환경이 정의된다. 이는 `abstract` 환경과 같이 사용할 수 있으며 이 둘의 사용 순서에 관계 없이 `habstract` 환경을 사용하면 **국문요약** 이 출력된다. 이때 "국문요약" 대신에 다른 이름을 쓰고자 하면 `\hangulabstractname` 에 "국문요약" 대신 다른 이름을 줄 수도 있다.

② `\bm`은 필요한 부분만 굵게 한다. 수학 모드에서만 사용가능하다.
$\boldsymbol{X}_n \boldsymbol{\Gamma} = \gamma \boldsymbol{1}$ .... `\bm{X}_n \bm{\Gamma}=\gamma\bm{1}`

③ 여기서 보는 것처럼 절의 번호가 "." 으로 끝난다.

[8] `hangul.sty`에 이미 있던 옵션.

④ myfbox 환경이 정의되어 있다. 사용법은 minipage와 같고 결과는 실선의 테두리를 친 minipage이다. 이 목적으로 이 장에 소개한 좋은 것들이 있으므로 이젠 더 필요하지 않으나 이전의 작업에서 사용한 경우에 대비해 남겨 두었다.

⑤ henumerate 환경이 정의되어 있다. 이는 영문의 enumerate 환경과 같은 문법으로 사용한다. 번호기는 henumi, henumii, henumiii, henumiv 가 있고 각 번호기를 모양은 \labelhenumi부터 \labelhenumiv까지 사용한다. henumi은 표 6.1의 \onum을[9] henumii는 이 표의 \ogana, henumiii에는 \ojaso를 사용하였으며 henumiv는 표 7.3의 \roman을 사용하였다. 지금 보고 있는 것이 henumerate 환경이다.

⑥ 번호기로 갑, 을, 병, ... 는 \hangula, 甲, 乙, 丙, ... 는 \hangulb가 사용되었다.

  ㉮ 첫째 항

  ㉯ 둘째 항은 nested henumerate 가 있다.

    ㉠ 두 번째 항의 첫째 항.

⑦ 표 18.2에서 보는 문자는 필요한 경우 편집기에 직접 입력할 수도 있다.[10] 이들은 자판에 없기 때문에 이름을 설정하여 쉽게 출력을 만들 수 있게 하였다. pifont 패키지를 사용할 때 얻을 수 있는 특수문자는 표 C.10을 참고하기로 한다.

⑧ \dankitoday는 컴퓨터상의 단기 날짜를 인쇄한다. 이는 \today와 대응된다. 오늘은 단기 4349년 11월 30일이다.

⑨ \checkoddpage 명령은 book 클래스를 사용하거나 *openright*를 대신할 수 있는데 이 명령의 효용성은 새 장을 부록 등에서는 왼쪽면에서 시작할 수 있다는 것이다. 주로 \chapter 직전에 사용하여 새 장이 왼쪽에서 시작하면 한 페이지 넘기는 역할을 한다.

⑩ \pagestyle에 lineheading을 제공한다. 이는 지금 보는 이 스타일이다.

⑪ thebibliographys 환경은 report나 book 클래스의 bibliography 환경의 크기가 \chapter*이기 때문에 이를 \section*로 바꿔서 각 장별로 참고문헌을 쓸 수 있도록 하였다(끝에 s 추가).

---

[9] 따라서 글꼴의 한계로 인하여 15번을 초과할 수 없는 한계가 있다.

[10] ‰이나 €는 직접 입력해도 XƎLATEX 엔진으로 컴파일할 때만 사용가능하며 pdflatex 컴파일은 에러 내지 출력이 안 되는 문제가 있음.

표 18.2: 한글 글꼴에서 지원되는 특수 문자

\openbrack	〔	\closebrack	〕
\openinequal	〈	\closeinequal	〉
\opendblinequal	《	\closedblinequal	》
\rightrceil	「	\leftlfloor	」
\dblrightrceil	『	\dblleftlfloor	』
\thickleftparenthesis	【	\thickrightparenthesis	】
\malemark	♂	\femalemark	♀
\crossdots	※	\permil	‰
\sauna	♨	\whitephone	☏
\blackphone	☎	\fingerleft	☜
\fingerright	☞	\ksmark	㉿
\company	㈜	\won	₩
\euro	€	\yen	¥
\degree	°		

⑫ 이 외에도 syshan에서는 몇 가지 추가로 사용할 수 있는 \pagestyle 이 있으나 이는 극히 개인적 취향에 의해 만들어진 것이기 때문에 설명은 않기로 한다.

⑬ \HLaTeX는 hangul.sty에 이미 정의된 것이다. 한글LATEX을 출력한다.

⑭ 시간 관련하여 \ampm은 '오전' 또는 '오후'를 얻는다(지금 오전 입니다). \nowampm 은 현재 시각(12시 기준, 오전 오후 포함) 오전 9시 20분 을 얻는다. \now는 24 시간 기준 현재 시각을 얻는다(현재 9시 20분). 빨간 색은 이 명령들을 사용하여 얻은 컴파일 당시의 시간이다.

18.14. showframe 패키지

showframe 패키지는 Rolf Niepraschk가 만든 패키지로 LATEX파일을 출력하여 바로 제본하고자 할 때 출력의 테두리와 몇 가지 정보를 추가로 출력하여 주는 패키지이다. 이 패키지의 사용 결과는 부록 B.4의 사용 예에 있으니 참고하자. 이 패키지에는 noframe 옵션을 사용하여

```
\usepackage[noframe]{showframe}
```

으로 사용하면 프레임을 없앤다. 이 옵션은 페이지의 구성을 위해서 테두리를 두른 페이지로 작업을 하다가 마지막엔 이 패키지를 사용하지 않기 위해 \usepackage 명령을

삭제하거나 주석처리 하지 않고 옵션을 주면 되도록 한 것이다.

18.15. fancybox 패키지

fancybox 패키지는 Thimothy Van Zandt가 만든 패키지로 몇 가지 그림 박스 명령과 LaTeX에서 박스로 취급하지 않는 eqnarray나 itemize 등을 박스로 취급하는 환경을 제공한다. 먼저 그림 박스로 네 가지가 있는데 다음의 사용 예를 보면 쉽게 이해할 수 있다. 이 패키지는 seminar 패키지의 일부이다(13.17절 참조).

그림자 Box .... \shadowbox{그림자 Box}
이중 Box .... \doublebox{이중 Box}
둥근 Box .... \ovalbox{둥근 Box}
굵고 둥근 Box .... \Ovalbox{굵고 둥근 Box}

\ovalbox와 \Ovalbox는 같은 모양을 만들지만 \Ovalbox는 상자를 \thicklines에 설정된 선의 굵기로 그린다는 것이다. 상자의 둥근 부분의 원의 지름은 \cornersize 명령으로 바꾸어 줄 수 있는데 그 단위는 \unitlength에서 주어진 단위이다.

둥근 Box .... \ovalbox{둥근 Box}
둥근 Box .... \ovalbox{둥근 Box}

위의 두 박스는 아래 명령의 결과이다.

```
\cornersize{3}
\ovalbox{둥근 Box}\dotfill\verb|\ovalbox{둥근 Box}|\\
\cornersize{0.1}
\ovalbox{둥근 Box}\dotfill\verb|\ovalbox{둥근 Box}|
```

Bcenter, Bflushleft 및 Bflsushright 환경은 LaTeX의 center, flushleft 환경 및 flushright 환경과 같은 기능을 갖는데 이들은 모두 박스로 취급하기 때문에 옆으로 놓을 수가 있다.

중앙 의 세 줄	오른 쪽 의 세 줄	왼 쪽 의 세 줄

이들은 다음 명령으로 만든 것이다.

```
\fbox{\begin{Bcenter}
중앙 \\
의\\
세 줄\\
\end{Bcenter}}
\fbox{\begin{Bflushright}
오른 쪽\\
의\\
세 줄\\
\end{Bflushright}}
\fbox{\begin{Bflushleft}
왼 쪽 \\
의\\
세 줄\\
\end{Bflushleft}}
```

이외에 LaTeX의 환경 이름에 B를 붙여서 사용할 수 있는 환경은

1 Bitemize, Benumerate, Bdescription 환경은 각각 LaTeX의 itemize, enumerate, description과 같은데 위의 Bcenter 등에서와 마찬가지로 박스로 취급한다.

2 Beqnarray와 Beqnarray*는 LaTeX의 eqnarray와 eqnarray*에 위와 같은 방법으로 대응된다.

1 가나다라마
2 甲乙丙丁戊

$$f(x) = (x-y)^2 \quad (18.1)$$
$$= x^2 + 2xy + y^2 \quad (18.2)$$

위의 두 박스는 다음 명령으로 만들었다.

```
\fbox{\begin{Benumerate}
\item 가나다라마
\item 甲乙丙丁戊
\end{Benumerate}}
\fbox{\begin{Beqnarray}
f(x) &=& (x-y)^2 \\
     &=& x^2 +2xy +y^2
\end{Beqnarray}}
```

fancybox 패키지에는 Sbox 환경과 \TheSbox 명령이 있는데 이 둘은 같이 사용한다. 사용 방법은 Sbox 환경으로 저장한 박스를 \TheSbox 명령으로 불러오는 것이다. 이는

LaTeX의 \savebox와 \usebox에 대응한다고 하겠다. 먼저 다음과 같이 Sbox를 이용하여 박스에 들어갈 내용을 저장하자.

```
\begin{Sbox}
\begin{Bitemize}
\item $\mathcal{ABCDEF}$
\item $\mathfrak{ABCEDF}$
\item $\mathbb{ABCEDF}$
\end{Bitemize}
\end{Sbox}
```

이제 수학의 세 가지 글꼴 \fbox{\TheSbox}를 입력하면

수학의 세 가지 글꼴

- ✓ $\mathcal{ABCDEF}$
- ✓ $\mathfrak{ABCEDF}$
- ✓ $\mathbb{ABCEDF}$

가 만들어진다.

끝으로 fancybox 저자의 사용 예를 살펴보자 다음과 같이 fminipage를 정의하면

```
\newenvironment{fminipage}{%
\begin{Sbox}\begin{minipage}}{\end{minipage}%
\end{Sbox}\fbox{\TheSbox}}
```

를 정의하고 다음과 같은

```
\begin{fminipage}{3in}
  이 박스는 \texttt{fminipage}
  환경으로 만든 박스이다.
\end{fminipage}
```

명령으로 다음과 같은 결과를 얻는다.

이 박스는 fminipage 환경으로 만든 박스이다.

18.16. comment 패키지

comment 패키지는 주석처리를 하고자 하는 내용이 길 때 사용할 수 있는 패키지로 comment 환경을 제공한다. 일반적으로 사용하는 LaTeX의 주석은 한 줄씩 처리되며 %로 처리하는데, 주석처리를 해야 할 내용이 길 때는 comment 패키지를 사용하고 \begin{comment}와 \end{comment} 사이에 주석처리 할 내용을 포함하면, 이 사이의 내용은 LaTeX 컴파일에서 무시되며 아무 출력도 만들지 않는다.

18.17. diagbox 패키지

`diagbox` 패키지는 `slashbox`를 대신하는 패키지로 `slashbox` 패키지가 TEXLive에 기본적으로 포함되지 않아 새로 작성한 패키지이다. 이 패키지가 제공하는 명령은

```
\diagbox[dir=options}]{lhead}{rhead} 또는
\diagbox[dir=options}]{lhead}{mhead }{rhead}
```

이며 각각 표의 한 칸에 두 개 또는 세 개의 table head를 넣는다. `options`에서 `dir`이 설정되지 않으면 시계 방향으로 *lhead mhead, rhead* 순서로 표의 head를 넣는다.

행 \ 열	열 1
행 1	1000

행 \ 중간 \ 열	열 1
행 1	1000

는 다음의 명령으로 만든 것이다.

```
\begin{tabular}{|l|l|} \hline
  \diagbox{행}{열} & 열 1  \\ \hline
  행 1             &  1000 \\ \hline
\end{tabular}
\begin{tabular}{|l|l|}\hline
  \diagbox{행}{중간}{열} & 열 1  \\ \hline
  행 1             &  1000 \\ \hline
\end{tabular}
```

*options*에 사용할 수 있는 옵션 중 일부는 다음과 같다.

`width=`*len*, `height=`*len* `\diagbox`의 폭과 높이를 설정한다.

`dir=`*dir* `NW` 또는 `SE`는 역슬래시 방향 `\`으로 구분하고 `SW` 또는 `NE`는 `/` 방향으로 구분한다.

행 / 열	열 1
행 1	1000

`dir=NE`

행 \ 열	열 1
행 1	1000

`width=2cm, height=20pt`

`leftsep=`*len*, `rightsep=`*len* `\diagbox`로 만들어진 head의 왼쪽과 오른쪽의 공간을 설정한다.[11]

[11] 이 패키지는 2016년에 업데이트 되면서 옵션이 많이 추가되었다. 이 추가된 옵션은 이전 버전에서는 인식하지 못하므로 업데이트가 필요하다.

열 / 행	열 1
행 1	1000

leftsep=5pt, rightsep=0pt

열 / 행	열 1
행 1	1000

linewidth=2pt, linecolor=red

font=*font_cmd* \diagbox 내부에서 사용할 글꼴 명령을 설정한다. 예를 들어

```
\diagbox[font=\footnotesize\itshape]{FN sise}{Italic}
```

으로 사용한다.

linewidth=*len* 선의 굵기를 설정한다.

linecolor=*color* 선의 색을 설정한다. color나 xcolor 패키지가 필요할 수 있다.

innerwidth=*len* \diagbox의 폭을 설정한다. 이 옵션은 표에서 열의 폭을 p{*len*}로 설정하였을 때 같은 값의 *len*을 설정하고자 할 때 유용하다.

innerleftsep=*len*,innerrightsep=*len* \diagbox 내부의 왼쪽과 오른쪽 공간을 설정한다.

열 / 행	열 1
행 1	1000

innerwidth=2cm

열 / 행	열 1
행 1	1000

innerleftsep=0pt, innerrightsep=0.5cm

18.18. ifthen 패키지

LaTeX 2_ε에서 제공하는 표준 패키지의 하나인 ifthen 패키지는 명령어나 환경 또는 클래스(스타일) 를 만들 때 유용하게 사용할 수 있다. ifthen 패키지를 사용할 때 가능한 명령은 다음과 같다.

\ifthenelse 는

```
\ifthenelse{test}{then}{else}
```

로 사용하는데 *test* 가 참이면 *then* 을 수행하고 거짓이면 *else* 에 주어진 내용을 수행한다. 이때 사용할 수 있는 *test* 로는 다음이 있다.

num1 op num2 *num1*과 *num2*의 비교이다. 이때 사용할 수 있는 *op*는 <, > 및 =이 있다.

`\equal` `\equal`{*str*$_1$}{*str*$_2$} 로 사용하고 *str*$_1$과 *str*$_2$가 같은지 비교한다.

`\lengthtest` `\lengthtest`{*leng*$_1$ *op* *leng*$_2$}로 사용하고 이때 *len*$_1$과 *len*$_2$는 비교할 두 길이이며(예 `\pakskip`) 사용할 수 있는 *op* 는 `<`, `>`, `=` 이 있다.

`\isodd` `\isodd{`*num*`}`으로 사용하며 *num*이 홀수이면 참, 짝수이면 거짓이다.

`\boolean` `\boolean{`*name*`}`는 *name*의 값을 준다. 이때 *name*은 이미 boolean(참 또는 거짓의 값을 갖는 변수) 이어야 한다.

`\newboolean{`*name*`}`

은 *name*을 boolean으로 만들고

`\setboolean{`*name* `}{`*bool* `}`

은 *name*의 값을 *bool*로 정해 주는데 *bool*은 `true` 또는 `false` 의 값을 줄 수 있다. Boolean 연산에는 `\and`, `\or`, `\not`이 사용되고 연산의 순서를 정해 주는 괄호는 `\(` 와 `\)` 이다.

`\whiledo` 는 `\whiledo{`*test*`}{`*body*`}`로 사용하고 *test*의 값이 참이면 *body*를 하고 거짓이면 아무것도 하지 않는다.

18.19. hyperref 패키지

`hyperref` 패키지는 웹 브라우저에서 흔히 보는 것과 같이 LaTeX 문서 내에서 링크를 만들고 링크를 클릭하면 정해진 위치로 페이지가 이동하는 기능을 제공한다. 이 기능은 주로 PDF 형식의 출력에서 많이 사용되며, 이 패키지를 사용하면 기본적으로

① `\chaper`, `\section`, `\subsection` 등의 명령으로 만든 장과 절, 소절, 소소절 등과 `\tableofcontents`로 만들어진 차례,

② `figure` 및 `table` 환경으로 만들어진 그림 및 표와 `\listoffigures`와 `\listoftables` 명령으로 만들어진 그림 차례 및 표 차례,

③ `\label`과 `\ref` 또는 `\pageref`로 연결된 인용(수식 등),

④ `bibliography` 환경으로 만들어진 참고문헌과 `\cite` 명령으로 만들어진 인용,

⑤ `\footnote` 명령으로 만들어진 각주,

⑥ `\newtheorem` 환경으로 만들어진 정리

등에 대해서 자동으로 링크가 만들어지며 `hyperref` 패키지가 추가 제공하는 명령으로

① 문서 내의 다른 위치에 표시를 하고 이 위치로 이동할 수 있는 링크 만들기

② 문서 밖의 다른 위치를 표시하고 이 위치로 이동할 수 있는 링크 만들기

가 지원된다. Adobe의 Acrobat PDF viewer 에서는 기본값으로 이들의 링크는 빨간색의 테두리를 가지게 된다. 이 테두리는 인쇄할 때는 나타나지 않는다(아래의 `colorlinks` 옵션 참고). `hyperref` 패키지는 다른 패키지와 마찬가지로

```
\usepackage[options]{hyperref}
```

를 *preamble*에 입력함으로써 사용할 수 있으며, `beamer`와 같은 클래스에서는 기본적으로 이 패키지를 사용하므로 `\usepackage`하지 않아도 된다. 이 옵션은 `\hypersetup` 명령을 전처리부(*preamble*)에

```
\hypersetup{options}
```

로 설정하여도 된다.

사용할 수 있는 *options*의 일부는 다음과 같다.

`colorlinks` 링크를 색으로 표시할지 설정한다. 기본값은 링크는 따른 색을 가지지 않으며 PDF viewer에 따라 링크에 빨간색 사각형이 만들어지거나 아무 표시가 없기도 한다. `colorlinks` 옵션을 사용하면 링크에 아래의 링크에 따른 기본 색을 사용한다. 아래에서 설명하는 링크의 색을 바꾸면 바꾼 색이 적용된다. `colorlinks`가 설정된 경우는 인쇄본에서도 색이 반영된다. 예를 들어

```
\usepackage[colorlinks,citecolor=yellow]{hyperref}
```

로 옵션을 설정하면 참고문헌 인용만 노란색으로 사용하고 나머지 링크는 아래의 기본값을 사용한다.

`linkcolor` 현재 문서 내부의 링크에서 사용할 때의 색을 설정한다. 기본값은 `red`이다.

`anchorcolor` 링크가 연결된 부분(target, anchor)의 색을 설정한다. 기본값은 `black`이다.

`citecolor` 참고문헌이 인용될 때의 색을 설정하며 기본값은 `green`이다.

`filecolor` 로컬 파일이 링크될 때의 색을 설정하며 기본값은 `cyan`이다.

`menucolor` Acrobat PDF viewer의 메뉴 항목의 링크에서 사용되는 색을 설정하며 기본값은 `red`이다.

그림 18.5: 차례의 모양

`runcolor` 외부의 실행파일이 연결될 때 사용하는 색으로 기본값은 `filecolor`와 같은 값이다.

`urlcolor` URL로 인터넷 연결이 설정된 경우의 색을 설정하며 기본값은 magenta이다.

`allcolors` 모든 링크에 대한 색을 하나로 사용하고자 할 때 설정하는 색이다.

18.19.1 기본 LaTeX 명령에 의해 자동으로 지원되는 기능

`hyperref` 패키지는 `\usepackage`만 하더라도 기본 LaTeX 환경에서 다음과 같은 내용이 지원된다.

차례, 표 차례, 그림 차례 및 색인

`\tableofcontents`, `\listoftables` 및 `\listoffigures` 및 `\makeindex` 명령으로 만들어지는 차례, 표 차례, 그림 차례 및 색인에는 자동으로 링크가 만들어지며 차례의 목록이나 색인의 페이지 수를 클릭하면 해당 위치로 이동한다(그림 18.5 참고).

참고문헌의 인용

`\cite` 명령을 사용하여 참고문헌을 인용한 경우 아래와 같이

결과는 [심송용(1996)]과 [심송용(2005)]를 참고하자.

```
결과는 \cite{s1}과 \cite{s2}를 참고하자.
```

링크가 만들어지고 이 링크를 클릭하면 해당되는 참고문헌이 있는 위치로 이동한다. 위의 경우 참고문헌의 정의는 다음과 같다.

```
\bibitem[심송용(1996)]{s1} 심송용(1996) \LaTeX 으로  쓴
           \LaTeX\ 안내, 경문사, 서울.
\bibitem[심송용(2005)]{s2} 심송용(2005) 통계그래픽스, 교우사,
           서울.
```

수식과 각주

수식에서 \label 명령을 사용하고 이를 \ref 명령으로 인용하면 다음과 같은 형태로 만들어진다.

$$f(x) = \frac{1}{\sqrt{2\pi}} \exp\Big\{-\frac{x^2}{2}\Big\} \tag{1.1}$$

식의 인용 결과는 식 (1.1)과 같이 만들어진다.[1]

이 그림은

```
\begin{equation}\label{eq:eq1}
f(x) = \frac{1}{\sqrt{2\pi}} \exp\Big\{-\frac{x^2}{2}\Big\}
\end{equation}
식의 인용 결과는 식 (\ref{eq:eq1})과 같이 만들어진다.%
\footnote{이와 같은 ...
```

의 결과이다.

표, 그림 및 정리 등

표, 그림 및 정리 등도 \label에 준 곳의 링크를 \ref 명령으로 인용할 때 hyperref 패키지는 다음과 같이 링크를 만든다.

표나 그림의 인용은 표 2.1 또는 그림 2.1으로, 정리의 인용은 정리 1으로 한다.

위는 다음의 결과이다.

```
표나 그림의 인용은 표 \ref{tab:ex1} 또는 그림 \ref{fig:ex1}으로,
정리의 인용은 정리 \ref{th:ex1}으로 한다.
```

의 결과이다. 이 경우 table, figure 및 \newtheorem으로 만든 표, 그림 및 정리에 해당 \label인 tab:ex1, fig:ex1 및 th:ex1이 있어야 한다.

페이지 및 절, 장 등

페이지, 절, 장 등도 `\label`에 준 곳의 링크를 `\pageref` 또는 `\ref` 명령으로 인용할 때 `hyperref` 패키지는 다음과 같이 링크를 만든다.

8 면의 1절을 인용해보자

위는 다음의 결과이다.

```
\pageref{ss:tables} 면의 \ref{ss:tables}절을 인용해보자
```

18.19.2 hyperref 패키지의 명령 등

`hyperref` 패키지는 앞에서 본 기본 LaTeX 명령 외에 추가로 지원하는 기능도 많다. 이들 기능의 일부는 다음과 같다.

`\href` 명령의 사용법은

```
\href{URL}{text}
```

이며 이 명령으로 LaTeX 문서에 *text*가 만들어지며 이 *text*를 클릭하면 주어진 *URL*로 링크된다.[12] 예를 들어

```
\href{http://jupiter.hallym.ac.kr}{심교수 홈피}
```

으로 사용하면 문서에 '심교수 홈피'라는 문자열만 만들어지고 이 문자열을 클릭하면 주어진 주소 `http://jupiter.hallym.ac.kr`로 연결된다. 이 경우 인터넷 주소이므로 기본 웹 브라우저가 열리면서 위의 주소가 열린다.[13]

로컬 파일의 URL은

```
\href{file:///E:/htex/book/images/hallymdol.jpg}{파일열기}
```

과 같이 URL을 사용한다. 이 경우 열 파일은 `hallymdol.jpg`이며 이 파일은 `E` 드라이브의 경로 `htex` $\Longrightarrow$ `book` $\Longrightarrow$ `images`에 위치한 파일이다.

URL에 대한 자세한 것은

---

[12] URL은 Uniform Resource Locator의 약자로 인터넷을 포함하여 컴퓨터상의 자원의 주소를 표시하는 양식을 말한다. 요즘은 더 넓은 의미의 URI라고 하는 경우가 많다.

[13] 보안 문제로 이 페이지를 열지 확인하는 경우가 많다.

http://www.iana.org/assignments/uri-schemes/uri-schemes.xhtml

를 참고하기로 한다.

\url 명령은

```
\url{URL}
```

로 사용하며 \href 명령에서 *URL*과 *text*에 같은 값 *URL*을 사용한 것과 같은 결과를 얻는다. 예를 들어

```
\url{http://jupiter.hallym.ac.kr}
```

은 문서에 http://jupiter.hallym.ac.kr라는 링크가 만들어지며 이 링크를 클릭하면 http://jupiter.hallym.ac.kr에 접속하기 위해 브라우저가 열린다. 이 경우 로컬 파일에 대한 경로를 주는 방법은 \href 명령을 참고하기로 한다.

\hyperdef 명령 명령은 문서 내의 특정한 위치에 이름을 주는 것으로

```
\hyperdef{category}{name}{text}
```

로 사용한다 이 명령은 LaTeX 명령의 \label 명령과 유사한 기능을 하는 것으로 문서 내의 특정한 위치를 이름이 *category.name*으로 표시하는 것이다. 이때 필요하면 *text*를 줄 수 있는데 *text*에 준 문자열은 LaTeX 출력에 나타난다. *text*는 생략할 수 있다. \hyperdef에서 표시한 위치는 뒤에서 소개할 \hyperref 명령에 의해 만들어진 링크를 클릭하면 해당 위치로 이동한다.

\hyperref 명령은

```
\hyperref{URL}{category}{name}{text}
```

로 사용하며 *text*가 LaTeX 문서에 만들어지며 이를 클릭하면 *URL*에 주어진 주소의(주로 파일)의 *category.name*을 찾아 이동한다. 따라서 실질적인 URI는

```
URL#category.name
```

이며 이 경우 만일 *URL*이 HTML 문서라면 이 문서 내의 HTML 태그 중 ID가 category.name인 태그가 있거나

```
<A NAME=caterory.name>
```

인 태그가 있어서 이 태그가 위치한 곳으로 이동한다. 주어진 *category.name*인 ID 또는 <A> 태그가 없으면 문서의 가장 위로 간다.

만일 *URL*의 특정한 위치가 아닌 가장 위로 가고 싶으면 *category*와 *name*은

```
\hyperref{http://jupiter.hallym.ac.kr}{}{}{심교수 홈피}
```

과 같이 생략하여야 하며 빈 {}를 사용한다.[14]

\hyperref 명령은 같은 문서 내의 다른 곳으로 이동하는 목적으로 사용할 수도 있다. 이때는 *URL*을 생략하고 다음과 같이

```
\hyperref{}{category}{name}{클릭}
```

과 같이 사용하며 이 경우 만들어진 문자열 '클릭'을 클릭하면 같은 문서 내에서 이름이 category.name인 곳으로 이동한다. 문서 내에서 이름을 주는 명령은 앞에서 본 \hyperdef 명령이다.

\nolinkurl 명령은 링크 없이 URL 주소만 LaTeX 문서에 나타내고자 할 때 사용한다. 사용법은

```
\nolinkurl{URL}
```

이며 *URL*만 LaTeX 문서에 출력되고 링크되는 기능은 없다.

\hyperbaseurl 명령은 \url 명령 등을 사용하여 전체 URL을 항상 사용하기 불편하면 미리 기본 주소를 설정하고 나머지 주소만 입력한다. 이 명령은 *preamble*에 위치하여야 효력이 있다. 사용법은

```
\hyperbaseurl{URL}
```

이다. 만일

```
\hyperbaseurl{http://jupiter.hallym.ac.kr/}
```

이 선언되어 있고 \url{menu.html} 명령이 있으면 클릭할 경우 base url을 포함한 다음의 주소

[14] 이를 생략한다면 \href 명령을 사용하는 것이 더 간단하다.

http://jupiter.hallym.ac.kr/menu.html

로 이동한다.

\hyperimage 는 출력이 HTML로 만들어지는 경우에 사용할 수 있으며 사용법은

```
\hyperimage{URL}{text}
```

이다. 이 경우 이 명령이 위치한 곳에 *URL*의 그림이 들어가며 *text*는 출력되지 않는다. 이는 HTML의 <IMG> 태그의

```
<IMG SRC=URL ALT="그림">
```

과 같이 URL의 그림을 정상으로 보일 수 있으면 그림을 보여주고 그렇지 않으면 ALT에 주어진 문자열 보여주는 것과 같은 기능이다.

\hypertarget, \hyperlink 명령은 \hypertarget으로 만들어진(\label 명령의 역할) 곳으로 이동하고자 할 때 \hyperlink 명령을 사용한다. 사용법은

```
\hypertarget{name}{text} 와
\hyperlink{name}{text}
```

이며 \hyperlink의 *text*를 클릭하면 \hypertaget 중 *name*인 곳으로 이동한다. \hypertarget에서 *text*는 필요 없는 경우 생략할 수 있다.

18.19.3 \autoref와 \pageautoref 명령

18.19.1절의 그림들에서 보는 것처럼 hyperref에서 기본적으로 적용되는 링크는 숫자에만 적용된다. 즉, '표 2.1'을 인용할 때 '표 2.1' 전체가 아닌 '2.1'에만 링크가 만들어진다. 이를 해결할 수 있는 방법으로 hyperref 패키지는 \autoref 명령과 \pageautoref 명령을 제공한다. 이 두 명령을 사용한 경우와 그렇지 않은 경우를 비교해 보면 다음과 같다.

10면의 그림 2.1의 인용과 page 10의 Figure 2.1의 인용

이 그림은 다음 명령의 결과이다.

```
\pageref{fig:ex1}면의 그림 \ref{fig:ex1}의 인용과
\autopageref{fig:ex1}의 \autoref{fig:ex1}의 인용
```

표 18.3: \autoref와 \pageautoref에서 사용하는 명령

명령	출력
\figureautorefname	Figure
\tableautorefname	Table
\partautorefname	Part
\appendixautorefname	Appendix
\equationautorefname	Equation
\Itemautorefname	item
\chapterautorefname	chapter
\sectionautorefname	section
\subsectionautorefname	subsection
\subsubsectionautorefname	subsubsection
\paragraphautorefname	paragraph
footnote—	footnote
\AMSautorefname	Equation
\theoremautorefname	Theorem
\pageautorefname	page

이 그림에서 보는 것과 같이 \autoref와 \autopageref 명령을 사용하면 더 나은 형태의 링크가 만들어진다. 한 가지 문제는 이들이 영문 버전이라는 것이다. hyperref 패키지가 \autoref나 \autopageref 명령에서 링크를 만들 때 사용하는 명령이 따로 존재하며 이들은 표 18.3에 있는 것과 같다. 따라서 이들을 \renewcommand 명령을 사용하여 한글로 바꾸면 된다.

이 표의 명령들을 한글에 맞게 바꾸어 주면 다음과 같이

식 1.1과 표 2.1의 인용

원하는 결과를 얻으며 이는

```
\renewcommand{\equationautorefname}{식}
\renewcommand{\tableautorefname}{표}
\autoref{eq:eq1}과 \autoref{tab:ex1}의 인용
```

의 결과이다. 다만 문제는 영어와 한글의 어순 때문에 이와 같이 바꾸는 것만으로 모두 해결되지는 않는다는 것이다. 예를 들어 \chapterautorefname 명령을

```
\renewcommand{\chapterautorefname}{장}
```

으로 바꾸면 영어의 'chapter 1'이 '장 1'로만 바뀌지 '제1장'으로는 바뀌지 않는다는 것이다. 이 문제는 `hyperref` 패키지의 내부를 찾아서 수정해야만 해결된다.

18.20. animate 패키지

`animate` 패키지는 LaTeX 안에서 애니메이션을 만들 수 있는 기능을 제공하는 패키지로 크게 두 방법을 제공한다. 하나는 미리 준비된 여러 장의 그림 파일을 정해진 순서에 따라 하나씩의 프레임으로 사용하여 애니메이션을 하는 방법이고 또 하나는 각 프레임마다 사용자가 지정한 LaTeX 명령을 수행하는 방법이다.

`animate` 패키지는 컴파일 과정에서 필요한 정보를 임시 파일로 저장하고 이를 다시 읽어 들이는 경우가 종종 있으므로 반드시 두 번 이상 컴파일하는 것이 권장된다.

`animate` 패키지의 최종 출력을 PDF로 얻을 때 TeXWorks의 PDF viewer나 웹 브라우저의 PDF viewer는 `animate` 패키지의 기능을 제대로 지원하지 못하는 경우가 많으므로 PDF 전용 viewer를 사용하는 것이 좋다. Adobe Acrobat PDF viewer는 `animate` 패키지의 기능을 지원한다. 이 패키지는 여느 패키지와 마찬가지로

`\usepackage[`*options*`]{animate}`

를 전처리부에 입력함으로써 사용할 수 있으며 *options*에는

`autoplay` 페이지가 보일 때 플레이 버튼을 누르지 않아도 자동으로 실행하도록 설정한다.

`autopause` 페이지가 보이지 않을 때(스크롤 등으로 다른 페이지로 이동) 자동으로 정지한다.

`autoresume` 정지된 페이지가 다시 나타날 때 애니메이션을 자동으로 다시 시작한다.

`loop` (처음 → 끝)을 무한 반복한다.

`palindrome` 무한 반복하는데 (처음 → 끝 → 처음)을 무한 반복한다.

`controls` 플레이, 정지 등의 버튼을 보여준다().

`scale=`*factor* 그림의 확대 또는 축소의 비율을 정한다. 1보다 큰 숫자는 확대, 1보다 작으면 축소이다.

`buttonsize=`*size* 버튼의 크기를 설정한다. 예를 들면 `12pt`로 설정하며 이는 버튼의 높이를 `12pt`로 설정한다.

`type=`*file_ext* 사용할 그림의 확장자를 설정한다. 따로 설정하지 않으면 18.20.1절의 확장자를 찾는다.

`poster=first|last|none|`*num* 애니메이션이 활성화되지 않았거나 인쇄를 하는 경우 어느 프레임을 보여주거나 인쇄할지 설정한다. 각각 순서대로 첫 프레임, 마지막 프레임, 아무것도 보이지 않기 및 *num* 번째 프레임을 설정한다. *num*은 항상 0부터 시작하므로 다섯 번째 프레임이면 4이다.

이들 옵션은 `\usepackage`에서 선언하지 않고 뒤에 소개할 `\animategraphics` 명령이나 `animateline` 환경에서 따로 설정할 수 있다.

18.20.1 그림이 하나의 프레임이 되는 방법

각 프레임에 해당하는 그림을 미리 준비하고 이를 순서에 따라 보여 주는 방법이다. 이때 파일의 이름은 `imgfile0.jpg`, `imgfile1.jpg`, ..., `imgfile5.jpg`와 같이 파일 이름은 연번으로 확장자는 같은 확장자를 사용하는 것이 가정된다. 이 방법을 사용하려면 `\animategraphics` 명령을 다음

```
\animategraphics[options]{frame_rate}{file_basename}
                                    {first}{last}
```

과 같이 사용한다. 여기서

options 앞의 473면의 패키지 옵션을 사용할 수 있으며 `graphicx` 패키지를 사용할 경우 추가로

`trim=` *left bottom right top* 그림의 왼쪽, 아래쪽 오른쪽 및 위쪽의 잘라낼 부분 길이를 설정한다.

`bb=` *llx lly urx ury* 그림의 일부분만을 가져올 경우에 가져올 부분의 그림 영역의 왼쪽 아래(ll: lower left)의 x, y 좌표 및 오른쪽 위(upper right)의 x, y 좌표이며 단위는 `pt`(point)이다.

`timeline=`*file_name* 프레임의 순서 및 겹치기(overlay) 등을 설정하는 파일로 *file_name*을 사용하여 이 파일에 설정된 대로 애니메이션을 한다. `timeline` 설정은 18.20.3절을 참고하기로 한다.

를 사용할 수 있으며 이들 옵션은 11.1절을 참고하기로 한다.

frame_rate 초당 몇 프레임을 보일 것인지 자연수를 설정한다.

file_basename 연속되는 파일 이름에서 숫자 부분을 제외한 파일 이름. 즉, 사용할 파일이 imgfile0.jpg, imgfile1.jpg, ..., imgfile5.jpg 라면 imgfile을 사용한다.

first 파일 이름에서 연번에 해당하는 첫 번째 파일 이름의 숫자 부분으로 위의 경우라면 0이다.

last 파일 이름에서 연번에 해당하는 마지막 파일 이름의 숫자 부분으로 위의 경우라면 5이다. 만일 *last*의 값이 *first*보다 작으면 역순으로 그림을 보여주게 된다. *first*와 *last*는 생략될 수 있으며 이 값이 생략된 경우 n개의 그림이 있을 때 각각의 기본값은 0 및 $(n-1)$이다. 또한 여러 장의 그림이 포함된 파일의 경우(PDF, Encapsulated Postscript 등) 한 페이지를 하나의 프레임으로 사용한다. 예를 들어

```
\animategraphics{12}{myfile}{}{}
```

를 사용하면 myfile.pdf를 한 페이지 씩 프레임으로 사용하여 애니메이션을 하게 된다.

파일의 확장자는 *options*의 type에 설정할 수도 있으나 animate 패키지는 기본적으로 지원되는 파일의 확장자를 찾게 되며 지원되는 파일의 확장자(형식)은 .png, .pdf, .jpg, .mps, .jpeg, .jbig2, .jb2, .PNG, .PDF, .JPG, .JPEG, .JBIG2, .JB2 및 .eps 이다. 예를 들어

```
\animategraphics{12}{frame_}{3}{50}
```

의 경우 frame_3 부터 frame_50 까지의 48개의 파일을 초당 12개의 프레임으로 보여준다. 이 경우 플레이 시간은 4초이다. 그림 18.6은 다음 명령의 결과이다. 이 명령은

```
\animategraphics[controls, loop, scale=.8]
      {4}{../images/testbmr}{00}{03}
```

testbmr00.jpg부터 testbmr03.jpg까지 네 개의 파일을 무한 루프(loop 옵션)로 보여주여 controls에 의해 컨트롤 부분을 생성한다. 여기서 사용한 네 개의 그림은 그림 13.13에서 확인할 수 있다.

18.20.2 LaTeX 명령으로 프레임을 구성

각 프레임을 LaTeX 명령으로 구성하기 위해 animateinline 환경을 사용하며 사용법은

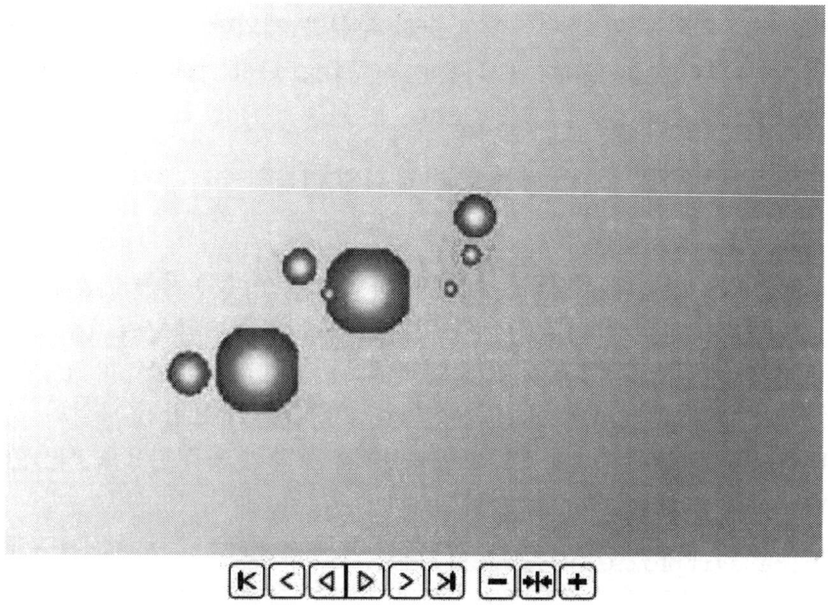

그림 18.6: 이미지 파일을 사용한 애니메이션

```
\begin{animateinline}[options]{frame_rate}
 첫 화면을 위한 LaTeX 명령들
   \newframe[frame_rate] LaTeX 명령들
   \newframe*[frame_rate] LaTeX 명령들
   \newframe
   \multiframe{number_of_frames}{[variables]}{
  variables의 값을 사용한 LaTeX 명령들 }
\end{animateinline}
```

이다. 여기서 첫 화면을 위한 LaTeX 명령 다음의 `\newframe` 또는 `\newframe*` 명령이 나오기 전까지 한 프레임을 구성한다. *가 붙은 것은 해당 프레임에서 일시 정지되며 사용자가 다시 플레이하면 계속하여 플레이된다. `\multiframe` 명령은 여러 개의 프레임을 한 번에 정의하기 위해 사용된다.

`animateinline` 환경에서 사용할 수 있은 옵션이나 변수 설정은 다음과 같다.

options 앞의 473면의 패키지 옵션을 사용할 수 있으며 추가로

`timeline=`*file_name* 프레임의 순서 및 겹치기(overlay) 등을 설정하는 파일로 *file_name*을 사용하여 이 파일에 설정된 대로 애니메이션을 한다.

begin 애니메이션을 시작할 때 사용할 LaTeX 명령들

end 애니메이션을 끝낼 때 사용할 명령들을 설정한다. 예를 들어

```
\begin{animateinline[controls,
  begin={\begin{tikzpicture}[very thick]},
  end={\end{tikzpicture}}]
```

로 옵션인 설정된 경우 애니메이션이 시작할 때와 끝낼 때 각각 \begin{tikzpicture}[very thick] 과 \end{tikzpicture} 명령을 삽입하게 된다. 이 경우 매 프레임에 tikz 패키지를 사용한 명령이 들어갈 것을 예상할 수 있다.

를 사용할 수 있다.

frame_rate 초당 몇 프레임을 보여 줄지 설정한다.

number_of_frames \multiframe 에 포함된 프레임의 수를 설정한다.

variables \multiframe에서 각각의 프레임을 만들 때 사용하는 변수의 이름과 값을 설정한다. 설정 방법은

var_name=init_value+increment

이다. 예를 들어

```
\multiframe{5}{idiameter=6+3}
          {\put(30,30){\circle{\idiameter}}}
```

이면 \idiameter라는 변수의 값이(변수 이름 설정에는 \가 없지만 명령에서 사용하는 여기엔 \ 있음에 주의) 1에서 시작하여 3씩 증가한다. 프레임의 수는 5로 설정되어 있으므로 6, 9, . . . , 15까지의 값을 사용한다. 변수 이름은 사용하기 위한 규칙이 있는데 정수는 i 또는 I로 시작하여야 하고, 실수는 n, N, r 또는 R로 시작하여야 하며 LaTeX 길이나 차원인 경우 d 또는 D로 시작한다. 그래서 위의 예도 diameter 대신 idiameter를 사용하였다. 변수가 두 개 이상인 경우는

var_name1=init_value1+increment1,
var_name2=init_value2+increment2

와 같이 ,를 사용하여 각각의 변수에 대해서 초깃값과 증분을 설정한다.

먼저 \newframe 명령의 사용 예를 보면

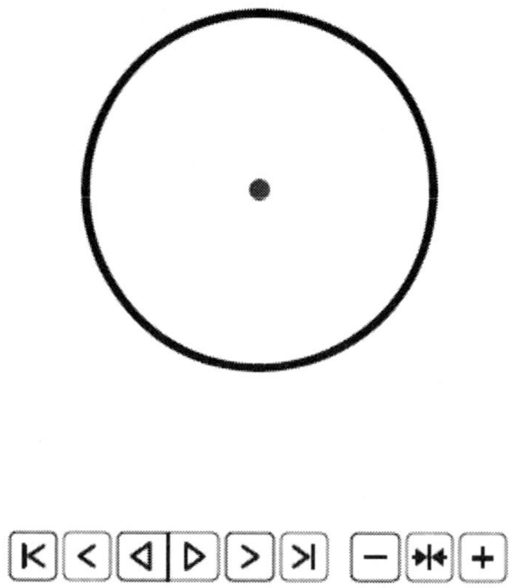

그림 18.7: animateinline 명령에 의한 애니메이션

```
\newcommand{\mycenterpoint}
               {\put(30,30){\textcolor{red}{\circle*{2}}}}
\begin{animateinline}[controls,autoplay,scale=4,palindrome,
   buttonsize=20pt,
   begin={\setlength{\unitlength}{1pt}\begin{picture}(60,60)
          \thicklines},
   end={\end{picture}}]{4}
\mycenterpoint
\newframe\put(30,30){\circle{5}}\mycenterpoint
\newframe\put(30,30){\circle{10}}\mycenterpoint
\newframe\put(30,30){\circle{15}}\mycenterpoint
\newframe\put(30,30){\circle{20}}\mycenterpoint
\newframe\put(30,30){\circle{25}}\mycenterpoint
\newframe\put(30,30){\circle{30}}\mycenterpoint
\end{animateinline}
```

를 사용하여 그림 18.7을 얻었다. 이 그림은 지름이 다른 동심원이 움직이는 애니메이션이며 그림에는 제15장의 명령이 사용되었다.

이 명령에서 먼저 \renewcommand 명령으로 계속 사용할 점(\circle*)를 정의하였다. animateinline 환경의 옵션에 의해 자동으로 시작하며, 끝에 도달하면 역순으로 처음으로 돌아오고 다시 끝으로 무한 반복을 한다(palindrome). buttonsize를 설정하여 기본보다 조금 더 큰 버튼을 사용하였다. 여기서 각 프레임마다 mycenterpoint를 \put하여 동심원의 중심은 항상 보이게 하였다. 이 부분이 없으면 첫 프레임만 빨간색 중심이 보이고 나머지 프레임은 보이지 않는다.

이 애니메이션이 시작할 때는 begin에서 설정한 대로 단위 길이를 설정하고(\setlength), picture 환경을 가로 세로의 길이 60pt인 사각형에서 시작한다. 아래의 모든 명령이 끝나면 end에서 설정한 대로 picture 환경을 닫는다.

만일 \multiframe 명령을 사용한다면 다음

```
\mycenterpoint
\multiframe{5}{idiameter=5+5}
          {\put(30,30){ \circle{\idiameter}\mycenterpoint }}
```

과 같이 여러 개의 \newframe 명령을 줄여서 사용하여 앞의 명령을 줄일 수 있다.

18.20.3 timeline의 설정

animate 패키지는 개별 프레임의 플레이 순서나 투명도(transparency)를 설정하는 옵션으로 timeline을 설정할 수 있음을 앞에서 보았다. 각 프레임에 대한 설정을 모두 하여야 하므로 이 설정은 내용이 아주 길 수 있기 때문에 설정 내용을 텍스트 파일에 저장하고 이 내용을 읽어오는 방식으로 사용한다. timeline의 설정은 한 줄이 한 프레임에 해당하며 개별 설정은 :으로 분리하며 주석은 %이다. 각 프레임에 대한 설정은

[*]:[*frame_rate*]:[*transparencies*][:*JavaScript*]

이며

* 는 해당 프레임을 \newframe*로 생각하여 pause 한다.

frame_rate 해당 프레임의 초당 프레임 수를 설정한다.

transparencies 겹쳐서 보여줄 프레임을 설정한다. 설정방법은

*ID*x*number_of_frames*

이며 *ID* 번째 프레임을 이후 *number_of_frames*번의 프레임의 배경으로 하도록 설정하는 것이다. 즉, ID 번째 프레임은 *number_of_frames* 번까지 계속 겹쳐 보인다. 문자 c를 사용하면 이전의 모든 겹치기가 초기화된다. 두 개 이상의 설정은 ,를 사용한다. 예를 들어 ::c,5x0,6 설정은 이전의 모든 설정은 초기화하고 5번 프레임을 이후 모든 프레임에 겹쳐 보이며 현재 사용할 프레임은 6번 프레임이다.

따라서 해당 프레임에는 5번과 6번 프레임이 겹쳐 보인다. *number_of_frames*의 특수한 값으로 0을 사용하면 이후의 모든 프레임이라는 의미가 된다. 예를 들어 0x0은 0번 프레임(첫 번째 프레임)은 이후 모든 프레임에서 겹쳐 보인다.

JavaScript `animate` 패키지는 일부 JavaScript의 기능을 제공하는데 자세한 것은 패키지의 매뉴얼을 참고하기로 한다.

다음은 `timeline`을 사용한 보기의 전체 파일이다.

```
\documentclass{article}
\usepackage{kotex}
\usepackage{animate}
\usepackage{color}

\begin{filecontents}{timeline2.txt}
::0x0 % 초깃값은 모두 겹침
::1
::2
::3
::4
::5
*::6 % 중간에 pause
\end{filecontents}

\begin{document}

\begin{figure}[t]
\begin{center}
\newcommand{\mycenterpoint}
                {\put(30,30){\textcolor{red}{\circle*{2}}}}
\begin{animateinline}[controls, autoplay,
 scale=4.0, palindrome, timeline=timeline2.txt,
 buttonsize=20pt,
 begin={\setlength{\unitlength}{1pt}\begin{picture}(60,60)%
        \thicklines},
 end={\end{picture}}]{4}
\mycenterpoint
\newframe\put(30,30){\circle{5}}
\newframe\put(30,30){\circle{10}}
\newframe\put(30,30){\circle{15}}
```

```
\newframe\put(30,30){\circle{20}}
\newframe\put(30,30){\circle{25}}
\newframe\put(30,30){\circle{30}}
\end{animateinline}
\end{center}
\caption{기본 newframe 애니메이션 보기 w/ timeline }
\end{figure}
\end{document}
```

이 보기에서 전처리부의 filecontents 환경은 주어진 내용을 파일로 쓰는 기능을 하며 이 명령은 반드시 전처리부에 와야 한다.[15] 이 명령에 의해 주어진 이름의 파일 timeline2.txt이 만들어진다.

\begin{document} 이후에 사용한 anumateinline 환경의 옵션에서 이 파일을 timeline 옵션에 설정하였는데 timeline2.txt 파일의 첫 번째 줄에 의해 첫 프레임은 이후 모든 프레임에서 겹쳐 보이기 설정되어 동심원의 중심이 항상 보이기 되며 6번 프레임의 설정에 따라 palindrome 설정이 있더라도 중간에 pause가 생성되어 사용자의 응답을 기다리게 된다.

18.20.4 tikz 패키지의 그림을 사용할 때

PGF/TikZ는 그림 영역의 크기를 자동으로 잡아주어 animateinline 환경에서 사용하면 원래 설정된 크기가 이 환경의 크기에 비례하게 바뀌어 각 프레임에 설정된 크기가 반영되지 않는 문제가 생길 수 있다. 예를 들어 반지름이 1인 원을 0번 프레임에, 반지름이 2인 원을 1번 프레임에 그리면 두 원은 같은 크기로 보인다.

이를 해결하기 위해서 그림을 그릴 때 use as bounding box 옵션을 사용하거나 \useasboundingbox 명령을 사용하여 각 프레임에서 사용할 그림 영역의 크기를 고정하여야 한다. 이 설정은 매 프레임에서 필요하므로 begin에 설정할 수 있다. 이 두 설정에 대해서는 16.2.10절을 참고하기로 한다.

그림 18.8은 다음 명령

```
\begin{animateinline} 그림 18.8
  [controls, autoplay, scale=2.0, palindrome,
   buttonsize=25pt, poster=last,
   begin={\begin{tikzpicture}
          \draw[use as bounding box, fill=gray]
             (0,0) rectangle (3,3);},
```

[15] 8.8절 참고.

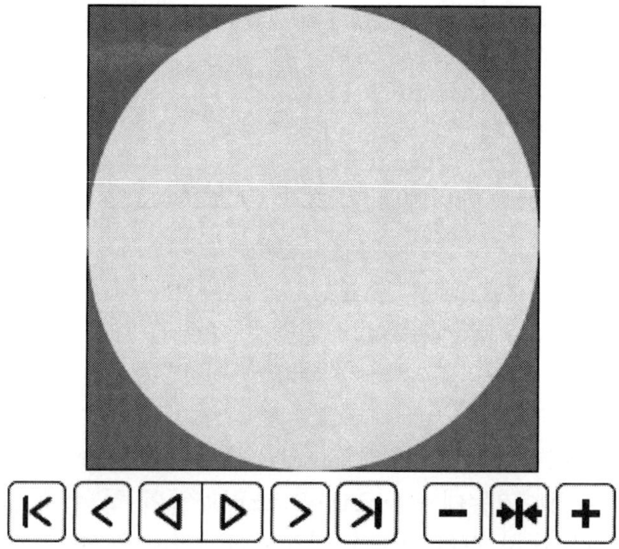

그림 18.8: tikz 패키를 사용한 보기

```
7   end={\end{tikzpicture}}]{2}
8 \fill[red] (1.5,1.5) circle (0.2cm);
9 \newframe\fill[green] (1.5,1.5) circle (.5cm);
10 \newframe\fill[blue] (1.5,1.5) circle (1cm);
11 \newframe\fill[yellow] (1.5,1.5) circle (1.5cm);
12 \end{animateinline}
```

으로 만들었으며 여기서 5–6번 줄에서 그림 영역의 크기를 모든 tikzpicture에서 같은 위치를 사용하도록 설정하였다.

18.21. fancyvrb 패키지

verbatim 환경의 다양한 형태의 확장을 지원하는 fancyvrb 패키지는 Verbatim 환경을 포함한 몇 개의 환경과 여러 가지 명령을 지원한다.

fancyvrb 패키지는 먼저 \verb 또는 \verb* 명령 다음의 첫 문자를 대신하고 \verb 및 \verb*를 생략할 수 있는 기능을 제공한다. 이 기능은 \DefineShortVerb 명령이 시작할 때부터 \UndefineShortVerb 명령이 나올 때까지 효력이 있으며 사용법은

\DefineShortVerb{*char*} 과 \UndefineShortVerb{*char*}

이다. 이 명령의 결과는 이 두 명령 사이의 모든 *char*과 *char* 사이의 입력은 \verb를 사용한 것과 같다. 또한 \verb 및 \verb*와 같은 기능을 하는 \Verb 및 \Verb*를 제공한다 예를 들어
We can simply write _verbatim_ and ␣verbatim␣ materials using a single _delimiter_ like a. 이젠 효과가 없다 $|a| = \pm a$.
는

```
\DefineShortVerb{\|}
We can simply write \Verb+_verbatim_+ and \Verb*| verbatim |
materials using a single |_delimiter_|  like |a|.
\UndefineShortVerb{\|}
이젠 효과가 없다 $|a| = \pm a$.
```

의 결과이며 여기서 보는 것과 |_delimiter_|가 실제 \verb|_delimiter_|를 사용한 효과를 가진다.

fancyvrb가 제공하는 Verbatim과 Verbatim* 환경의 사용법은

```
\begin{Verbatim}[options]
입력대로 출력할 내용
\end{Verbatim}
```

이며 *가 있는 것은 빈칸을 ␣로 표시하는 것만 다르다. 주의할 점은 현재 버전에서는 \end{Verbatim} 과 같은 줄에 추가 명령을 사용하면 에러가 발생하므로 \end{Verbatim} 과 같은 줄엔 추가로 명령을 넣지 않도록 한다. *options*에는

commentchar=*char* Verbatim 환경 내에서도 주석으로 처리할 부분을 설정할 수 있는데 이때 사용할 문자를 설정한다.

gobble=*num* 왼쪽으로 들여 쓸 문자의 개수를 *num*에 설정한다.

formatcom=*cmds* 입력대로 출력할 내용의 형식–예를 들어 글자색–을 정한다.

fontfamily=*font* Verbatim 환경 내에서 사용할 글꼴 묶음(family)을 설정한다.

fontsize=*cmd* 글꼴의 크기로 \small 등으로 설정한다.

fontshape=*shape* 글꼴의 모양을 설정한다. it는 이탤릭, sl은 slanted이다. 지금까지의 설정을 한 번 적용해보면

rst verbatim line. *두 번째 줄*
번째 줄

가 만들어지며 이는

```
\begin{Verbatim}[commentchar=%, gobble=2,
  formatcom=\color{red}, fontfamily=helvetical,
  fontsize=\large, fontshape=it]
First verbatim line. % 주석처리도 됩니다.
두 번째 줄
세 번째 줄
\end{Verbatim}
```

의 결과이다. 이 경우 gobble에 의해 왼쪽의 두 글자에 해당하는 부분이 보이지 않고 있으며 주석으로 %가 사용되었으므로 줄 바꾸기도 없어서 두 줄의 출력만 만들어졌음에 유의하자. 또 fontfamily에 설정된 helvetical은 운영체계에 있는 폰트로 시스템 폰트를 사용할 수 있는 XeLaTeX 등으로 컴파일할 때만 적용할 수 있다. 다른 TeX 엔진은 이 폰트가 설치되지 않을 경우 기본 폰트를 사용한다.

`frame=leftline|topline|bottomline|lines|single` 는 Verbatim 환경 등으로 만든 내용의 왼쪽, 위쪽, 아래쪽, 아래 및 위쪽, 상하좌우의 프레임을 만든다(순서대로). none이 기본값이며 프레임이 만들어지지 않는다.

`framesep=`*length* length 만큼 상자 내부에 들여 쓴다.

`rulecolor=`*colorcmd* 프레임의 테두리 색을 설정한다. *colorcmd*는 LaTeX이 이해하는 명령을 사용하여야 하므로 graphicx나 xcolor 등의 패키지가 필요할 수 있다. 색의 설정은 17.1.1절 및 17.2절 등을 참고하기로 한다. none을 설정하면 기본값을 갖는다.

`fillcolor=`*colorcmd* framesep로 만든 경계 부분에 적용할 색을 설정한다. 설정 방법은 rulecolor와 같다. 위의 옵션들을 적용해서 만들어 보자.

```
색을 사용하려면
xcolor 패키지가 필요
```

위의 결과는

```
\begin{Verbatim}[frame=single, framesep=10pt,
 rulecolor=\color{red}, fillcolor=\color{green!30}]
색을 사용하려면
```

```
xcolor 패키지가 필요
\end{Verbatim}
```

으로 frame의 값이 single이라 사각형 테두리가 만들어졌으며 framesep 값에 의해 내부의 공간이 추가로 만들어졌음을 설정된 색으로 확인할 수 있다.

label=*text*|cmd Verbatim 환경으로 만든 부분에 제목을 붙인다. 제목은 아래, 위 및 모두에 붙일 수 있다. 또한 제목을 LaTeX 명령으로 줄 수도 있다. 또한 위쪽 제목과 아래쪽 제목을 다르게 할 경우

```
\label={[시작할 때의 제목] 끝날 때의 제목}
```

으로 설정한다.

labelposition=all|topline|bottomeline|none 이름을 붙인다. 이름의 *text*로 직접 주거나 LaTeX 명령을 *cmd*에 사용할 수도 있다.

numbers=none|left|right Verbatim 환경으로 만든 내용에 번호를 붙이되(none은 붙이지 않음, 기본값) 왼쪽에 붙일지 오른쪽에 붙일지 설정한다.

numbersep=*length* 번호와 내용 사이에 얼마 만큼 띄울지 설정한다. 다음의 보기를 보면

```
―――――――――― 여기서 시작 ――――――――――
시작과 끝에
생긴 모양을 유심히 보아주기 바람
줄 번호가 오른쪽에...
―――――――――― [끝] ――――――――――
```

는

```
\begin{Verbatim}[label={[여기서 시작] \fbox{끝}},
  labelposition=all, numbers=right, frame=lines]
시작과 끝에
생긴 모양을 유심히 보아주기 바람
줄 번호가 오른쪽에...
\end{Verbatim}
```

의 결과로 줄의 번호가 오른쪽에 생성되고 시작과 끝에 설정한 표시가 만들어졌음을 알 수 있다.

`firstnumber=auto|last|`*integer* 첫 번호를 얼마로 할지 설정한다. `auto`는 1번부터 시작이며, *integer* 값을 주면 주어진 값에서 시작한다. `last`는 이전의 `Verbatim`의 마지막 번호에 이어서 번호를 붙인다.

`stepnumber=`*num* *num* 만큼 띄어서 번호를 붙인다. 만약 시작 번호가 1이고 `stepnumber`가 2로 설정되면 2, 4, 6, ... 번째 줄에만 번호를 붙인다.

`numberblanklines=true|false` 비어 있는 줄에도 번호를 붙일지 설정한다. 기본값은 `true`이다.

`baselinestretch=`*num* `Verbatim` 환경 안에서 적용할 `\baselinestretch` 값을 설정한다.

`commandchars=`*char_1char_1char_3* 는 `Verbatim` 환경 내에서 사용할 LaTeX 명령이 시작할 문자, 매개변수 값이 시작할 문자, 끝날 문자 순서로 세 개의 문자를 설정한다. 이 설정이 되면 설정에 따라 `Verbatim` 환경 내부에서 명령문도 사용할 수 있다. 이 세 문자는 대개 `\\`(\), `\{`({), `\}`(})이다. 예를 들어

```
% This is a comment
First verbatim line.
Second verbatim line.
Third verbatim line.
```

는

```
\begin{Verbatim}[commandchars=\\\{\}]
\textit{% This is a comment}
First verbatim line.
\fbox{Second} verbatim line.
\textcolor{red}{Third} verbatim line.
\end{Verbatim}
```

으로 만들었다. 여기서 `\textit`, `\fbox`, `\textcolor` 명령은 모두 적용되었음을 알 수 있다. 여기서 주의할 점은 `\`, `{`, `}` 이 세 가지는 이 경우 직접 사용하지 못하며 `\\`, `\{`, `\}`로 사용하여야 한다. 필요한 경우 `\` 대신에 다른 문자, 예를 들어 `+`를 사용해야 한다면

```
\begin{Verbatim}[commandchars=+\{\}]
First verbatim line. \
+fbox{Second} verbatim line.
\end{Verbatim}
```

로

```
First verbatim line. \
Second verbatim line.
```

를 얻으며 이 경우에는 +가 명령의 시작을 알리는 부호이므로 +fbox가 \fbox의 기능을 하였음을 확인할 수 있다.

\RecustomVerbatimEnvironment 명령은 각각의 Verbatim 환경에서 같은 내용의 옵션을 매번 설정하지 않고 모든 fancyvrb 패키지가 제공하는 다른 입력대로 출력 명령에도 적용된다. Verbatim 환경에서 같은 옵션을 설정하기 위해 사용한다. 한 번 설정되면 이후의 모든 Verbatim 환경에 설정된 옵션이 적용된다. 사용법은 fancyvrb 패키지가 제공하는 다른 입력대로 출력 명령에도 적용된다.

```
\RecustomVerbatimEnvironment{options}
```

이며 *options*에는 위의 Verbatim 환경에서 설정할 수 있는 옵션을 모두 사용할 수 있다.

\fvset 명령은 Verbatim 환경뿐 아니라 fancyvrb 패키지가 제공하는 다른 입력대로 출력 명령에도 적용되며 사용법은

```
\fvset{options}
```

이다. *options*에는 앞에서 본 Verbatim 환경에서 사용하는 옵션을 설정할 수 있다.

\VerbatimFootnotes 명령은

```
\VerbatimFootnotes
```

로 선언하면 footnote 명령에서 \verb 명령을 사용할 수 없는 문제를 해결한다.[16] 아래의 각주는

```
\VerbatimFootnotes
\footnote{\verb|\footnote| 명령 내부에 \verb|\verb|
  명령을 사용하지 못하는 문제는 해결된다.}
```

명령으로 만들었다. \VerbatimInput 명령은 외부의 텍스트 파일을 읽어들여 이를 Verbatim 환경으로 넣는 명령이다. 이 명령은

```
\VerbatimInput[options]{file}
```

[16]\footnote 명령 내부에 \verb 명령을 사용하지 못하는 문제는 해결된다.

으로 사용하며 *options*에는 앞의 `Verbatim` 환경의 옵션을 사용하며 *file*에는 읽을 파일의 이름을 설정한다.

```
\VerbatimInput[frame=single, numbers=left, numbersep=6pt]
            {timeline2.txt}
```

의 결과는

```
%% LaTeX2e file 'timeline2.txt'
%% generated by the 'filecontents' environment
%% from source 'testanimate1' on 2016/02/22.
%%
::0x0 % file: timeline2.txt, every frame
::1 %
::2
::3
::4
::5
*::6
```

이다. 여기서 사용한 파일 `timeline2.txt`는 18.19절에서 사용한 파일이다. 이 기능은 18.12절의 `\verbfile` 명령이나 `\listing` 명령과 유사한 기능을 한다.

18.22. 멀티미디어–media9 패키지

`media9` 패키지는 플래시 플레이어(flash player)를 사용하여 음악파일(MP3) 및 동영상 MP4를 PDF 파일에 임베드(embed)하여 PDF 파일에서 이들을 플레이할 수 있도록 한다. 이 패키지는 동영상 파일을 물리적으로 LaTeX 출력인 PDF 파일에 임베드한다. 이는 13.14절의 `multimedia` 패키지가 동영상이나 음성 파일을 별도의 파일로 유지하는 것과 차이가 있다. 따라서 임베드할 파일의 용량이 큰 경우 컴파일도 오래 걸릴 수 있을 뿐 아니라 결과물인 PDF 파일의 용량도 커진다.

멀티미디어를 임베드하려면 `\includemedia` 명령을 사용하며 이 명령은

```
\includemedia[options]{text}{SWFfile}
```

로 사용하며 *text*에는 해당 멀티미디어가 플레이되지 않고 있을 때 보여 줄 문자열을 설정한다. 아무것도 주지 않으면 동영상은 첫 화면이, 오디오는 오디오 파일 정보가 보여진다. *SWFfile*에는 해당 미디어를 임베드할 플래시 파일을 설정한다. 사용자가

따로 사용할 파일이 없을 경우 media9 패키지에 포함된 VPlayer.swf(동영상) 또는 APlayer.swf(오디오)로 설정한다. *options*에는 해당 미디어를 임베드할 때 사용할 옵션을 설정하며 여기에 설정할 수 있는 값의 일부는 다음과 같다.

width=*len* 임베드할 멀티미디어의 폭을 정한다.

height=*len* 임베드할 멀티미디어의 높이를 정한다.

label=*text* *text*에 준 이름을 붙인다. 이렇게 이름을 붙인 경우 뒤에서 플레이 버튼 등의 컨트롤 버튼을 추가할 수 있다. label이 설정된 경우 두 번 이상 컴파일하여야 주소가 제대로 연결되어 동작된다.

addresouce=*file* 임베드할 파일의 이름 *file*을 설정한다.

activate=onclick|pageopen|pagevisible 임베드된 멀티미디어의 활성화를 어떻게 할지 설정한다. 각각 클릭할 때, 파일을 열 때, 해당 페이지가 보일 때 활성화된다. 활성화되기 전에 플레이 등의 컨트롤이 안 되는 점에 유의하여야 한다.

deactivate=onclick|pageclose|pageinvisible 비활성화할 방법을 알려준다. 순서대로 클릭할 때, 파일을 닫을 때 및 해당 페이지에서 다른 페이지로 이동하였을 때로 설정된다.

playbutton=fancy|plain|none 화면에 겹치는 플레이 버튼의 모양을 설정한다.

noplaybutton 플레이 버튼을 만들지 않는다.

windowed=false|[*width*x*height*][@*position*] 새창으로 만들지 설정한다. 창을 만들 경우 창의 폭과 높이를 *width*와 *height*에 설정하며 *pos*는 창의 위치를 설정하며 설정할 수 있는 값은 tl, cl, bl, bc, br, cr, tr, tc 또는 cc 중의 하나로 앞의 문자는 top, center, bottom의 의미로 상하의 위치를 의미하고 두 번째 문자는 좌우의 위치로 left, center, right를 의미한다.

flashvars=*key_1=value_1* & *key_2=value_2* & ⋯ 플래시 플레이어가 사용할 옵션을 *key_i=value_i*로 설정하며 두 개 이상일 경우 &로 구분한다. 플래시 플레이어 옵션은

source=*file* 미디어 파일을 설정한다. 로컬 파일뿐 아니라 http와 ftp 프로토콜을 사용할 수 있다.

autoPlay=true|false 자동으로 플레이를 시작할지 설정한다.

`autoRewind=true|false` 미디어의 끝에 도달하면 처음으로 갈지 설정한다.

`hideBar=true|false` 오디오 `APlayer.swf`만 해당되며 어느 정도 진행되었는지 보여주는 표시를 숨길지 설정한다.

`volume=`*num* 소리의 크기를 설정한다. 0–1 사이의 값으로 설정한다.

`balance=`*num* −1에서 1 사이의 값을 설정하며 좌우 밸런스를 설정한다(오디오 `APlayer.swf`만 해당).

등이 있다.

미디어를 사용자가 컨트롤할 수 있도록 버튼을 만들 수 있다. 이 버튼을 만들기 위한 명령은 `\mediabutton` 명령이며 사용법은

`\mediabutton[`*options*`]{`*button text* 또는 *graphic* `}`

이며 *button text*는 버튼에 사용할 문자열을, *graphic*에는 버튼에 사용할 그래픽(이미지 파일 등)을 설정한다. *options*에는

`overface=`*text* 또는 *graphic* 마우스가 해당 버튼 위에 올라왔을 때 보여 줄 내용을 설정한다(Java/Script 사용자: onMouseOver 이벤트 처리임).

`downface=`*text* 또는 *graphic* 마우스로 해당 버튼을 클릭하였을 때 보여 줄 내용을 설정한다.

`tooltip=`*text* 툴팁에 사용할 문자열을 설정한다. 툴팁이란 마우스가 특정 위치에서 머물면 메시지 상자를 만들어 주는 것을 말한다.

`mediacommand=`*label*`:`*command* `[(`*arg1*`) (`*arg2*`)` ⋯ `]` 미디어를 컨트롤할 방법을 설정한다. 사용할 수 있는 *command* 중 일부는 표 18.4와 같다.

`media9` 패키지는 여러 장의 이미지 파일에 대한 슬라이드 쇼[17] 및 3D 동영상 구현이 가능하므로 이런 기능은 패키지 매뉴얼을 참고하기로 한다.

그림 18.9는 다음의 명령

```
\begin{center}
\includemedia[label=testmp4, width=9.6cm,
  height=5.4cm, activate=pagevisible,
  deactivate=pageinvisible, playbutton=fancy,
```

[17]슬라이드 쇼는 18.20절의 `animate` 패키지로도 구현 가능하다.

표 18.4: 미디어의 컨트롤을 위한 명령

command	매개변수	기능
`play`	숫자	미디어를 플레이한다. 옵션인 숫자가 주어지면 주어진 초부터 시작한다.
`pause`	숫자	일시정지한다. 옵션인 숫자가 주어지면 주어진 시간(초)에서 일시정지한다.
`playPause`		한 번 누를 때마다 플레이/일시정지를 교대로 한다.
`rewind`		미디어의 처음으로 간다.
`volume`	숫자 $[0, 1]$	볼륨을 설정한다.
`balance`	숫자 $[-1, 1]$	오디오의 좌우 밸런스를 설정한다.

그림 18.9: 비디오 파일을 임베드한 결과

```
   addresource=gardenofgods.MP4,
   flashvars={source=gardenofgods.MP4}]
  {}{VPlayer.swf}
\\
\mediabutton[mediacommand=testmp4:play,
     overface=\color{blue}{\fbox{Play}},
     downface=\color{red}{\fbox{Play}}]
  {\fbox{Play}}
\mediabutton[mediacommand=testmp4:pause,
```

그림 18.10: 오디오 파일을 임베드한 결과

```
    overface=\color{blue}{\fbox{Pause}},
    downface=\color{red}{\fbox{Pause}}]
  {\fbox{Pause}}
\mediabutton[mediacommand=testmp4:rewind,
    overface=\color{blue}{\fbox{Rewind}},
    downface=\color{red}{\fbox{Rewind}},
    tooltip={Reset!!}]
  {\fbox{Rewind}}
\end{center}
```

으로 작성되었으며 이 동영상은 페이지가 보이면 활성화되고 `label`이 `testmp4`이므로 이를 컨트롤하기 위한 `\mediabutton` 명령의 `midiacommand` 옵션에 이 이름을 사용하여 버튼의 동작을 설정하였다. 세 개의 버튼에 의해 각각 플레이, 일시정지 및 리와인드가 가능하다. 이 버튼이 정상적으로 동작하려면 두 번 이상의 컴파일이 필요하다.

다음은 오디오 소스를 임베드한 예이다.

```
\begin{center}
\mediabutton[mediacommand=testmp3:pause]{\fbox{Stop}}
%
\includemedia[label=testmp3, width=0.8\textwidth, height=15pt,
  activate=pageopen, deactivate=pageclose,
  addresource=JoursenFrance.mp3,
  flashvars={source=JoursenFrance.mp3& autoPlay=true}
           %& hideBar=true}
]{}{APlayer.swf}
%
\mediabutton[mediacommand=testmp3:play]{\fbox{Go!}}
\end{center}
```

위의 결과인 그림 18.10은 여기서 보는 것처럼 버튼이 먼저 설정되어도 `label`만 맞으면 문제가 없다. 중간에 보이는 가로 바가 현재 어디까지 플레이하였는지 보여주는 상태바이다. 주석처리 된 `hideBar`를 사용하면 이 바가 보이지 않는다.

18.23. R-언어에서 LaTeX 출력 만들기

R-언어는 무료 프로그램으로 최초에는 통계학자들을 중심으로 사용하였으나 요즘은 많은 분야에서 사용하고 있다. 이 프로그램은 https://www.r-project.org/ 가 홈페이지이며 CTAN처럼 CRAN에서 R-언어 관련된 많은 응용프로그램이나 문서들을 받을 수 있다. 보고서 등을 작성할 때 중간 계산 과정은 R-언어로, 보고서는 LaTeX으로 작성하는 경우가 많은데 이 경우 R의 출력을 바로 LaTeX 출력으로 얻는다면 표를 만드는 과정에 & 나 \hline 등을 일일이 넣는 수고를 줄일 수 있다. R-언어에서 LaTeX 출력을 만들어 주는 여러 패키지 중 Hmisc 패키지를 간략하게 소개한다.[18]

① R-언어에서 Hmisc 패키지를 설치한다. '패키지들' 메뉴에서 클릭 몇 번으로 설치된다.

② > library(Hmisc) 명령으로 이 패키지를 부른다.[19]

③ R-언어에서 LaTeX 명령으로 변환할 객체(object)를 매개변수로 사용하여

```
> latex(object, file=file_name, table.env=T|F, longtable=T|F,
      caption=, caption.lot=, caption.loc=, na.blank=T|F,
      label=, ···
```

명령을 실행한다. 여기서

object 표로 만들 R 객체의 이름을 설정한다. 주로 data.frame 또는 matrix 객체이다.

file_name *object*를 LaTeX으로 변환한 결과를 저장할 파일 이름을 설정한다. 이때 파일의 확장자 .tex은 붙이지 않으며, LaTeX과 마찬가지로 경로 구분은 / 로 한다. 파일 이름을 생략하면 R-언어의 임시파일 저장 폴더에 저장한다.

table.env=T|F 만든 표를 table 환경 속에 넣을지 설정한다. 기본값은 T이다.

longtable LaTeX의 longtable 패키지(10.8절)를 쓸지 설정한다.

caption=, caption.lot= 에는 각각 표의 제목(\caption 명령)에 사용할 문자열 및 표 차례에 사용할 문자열을 설정한다.

caption.loc= 'bottom' 또는 'top'으로 설정하며 제목이 표의 아래 또는 위로 가도록 설정한다.

---

[18] 여기서 패키지는 LaTeX 패키지가 아니고 R 패키지이므로 R에서 패키지를 설치하여야 한다.

[19] LaTeX의 \usepackage에 해당하는 명령임.

`na.blank=T|F` R-언어의 결측치 `NA`를 빈칸으로 만들지 설정한다.

`label=`*text* LaTeX의 `\label` 명령에 사용할 문자열을 설정하여 나중에 `\ref`할 수 있게 설정한다.

④ 이제 필요한 옵션을 사용하여 R-언어에서 `latex` 함수를 부르면

㉮ `file`에 설정된 이름으로 LaTeX 파일이 저장되고

㉯ LaTeX 컴파일을 실행하여 출력을 보여준다. TeXLive 사용자는 여기서 경고 메시지가 뜰 수 있는데 R-언어의 기본 설정이 LaTeX 컴파일 결과를 MiKTeX 기준의 `yap`을 사용하도록 설정되어 있기 때문이다(아래의 `xdvicmd` 옵션 참고).

R의 `Hmisc` 패키지의 `latex` 함수 설정으로 `options` 함수에 추가 설정이 가능한 값으로

`latexcmd=` R의 `latex` 함수로 만든 `.tex` 파일을 컴파일할 엔진을 설정한다. 기본값은 `'latex'`이며 `pdflatex`, `xelatex` 등으로 바꾸면 바로 PDF 출력을 얻는다.

`xdvicmd=` 얻을 출력을 보여 줄 프로그램을 설정한다. 기본값은 MiKTeX 기준의 `yap`이며 TeXLive 사용자는 `dviout`으로 바꾸어 주면 경고 메시지도 없어지고 출력도 확인할 수 있다.

`dviExtension=` 위에서 `latexcmd`의 출력에 대한 확장자를 설정한다. 만일 `latexcmd`가 `'latex'`이면 출력이 `'.dvi'`(기본값), `pdflatex` 또는 `xelatex` 등인 경우 출력이 PDF이므로 `'.pdf'`로 확장자를 설정한다.

`dvipscmd=` `.dvi` 파일에서 PS로 변환할 명령을 설정하며 기본값은 `dvips`이다.

R의 내장 자료 `iris`를 LaTeX 으로 만드려면 다음의 예

```
> library(Hmisc)
> options(latexcmd='pdflatex', dviExtension='pdf',
    file='d:/htex/book/utf-8/R-LatexTab.tex',  xdvicmd="psv")
> latex(iris)
```

를 사용할 수 있다. 여기서 `psv`는 TeXLive 배포판에 포함된 EPS/PDF 파일의 뷰어이다.

제19장

LaTeX의 한글화

LaTeX을 사용할 때 \chapter 명령을 이용하면 지금 이 면에서 보는 것처럼 "**제 19 장**" 이나 영문이라면 "**Chapter 19.**"이 자동으로 출력되는데 이는 LaTeX의 레거시 클래스 (article, report 등)에서 정해져 있기 때문이다. 이와 같이 사용자가 입력하지 않더라도 생기는 것은 \tableofcontents 명령에 의한 "목차"나 "차례" 또는 "**Contents**" 등 여러 가지가 있다. 이러한 것은 영문 스타일 파일을 조금만 수정하면 한글에 쉽게 적용될 수 있다. 이 장에서는 report.cls 파일의 report 클래스를 예로 하여 한글화에 대해 알아보기로 한다.

19.1. 서론

중간중간에서 그 장의 내용에 따라 한글을 사용할 경우에 대해 설명하였으므로 이 장에서는 클래스(스타일) 파일을 수정하여 한글에 적합시키는 문제에 대해 알아보자. 이 책은 LaTeX의 report 클래스를 한글화하고 또 heading 등을 저자의 취향에 맞게 고친 것이다. 영문용 클래스(스타일)를 한글화하는 것은 생각보다 간단한데 예로 Leslie Lamport의 1994년 report.cls 파일의 일부를 보면 다음과 같다.

```
\def\contentsname{Contents}
\def\listfigurename{List of Figures}
\def\listtablename{List of Tables}
\def\bibname{Bibliography}
\def\indexname{Index}
\def\figurename{Figure}
\def\tablename{Table}
\def\chaptername{Chapter}
\def\appendixname{Appendix}
```

```
\def\partname{Part}
\def\abstractname{Abstract}
```

여기서 `\def` 명령은 plainTEX명령인데 LATEX의 `\newcommand`와[1] 같은 역할을 한다. 영문 LATEX에서 차례를 만들면 "**Contents**"가 출력되는데 이는 위의 첫 줄에서

`\def\contentsname{Contents}`

로 정하였기 때문이다. 위의 각 이름의 역할은 다음에 설명되어 있다.

✓ `\contentsname` 차례 또는 목차를 만들 때의 이름.

✓ `\appendixname` `\appendix` 명령 이후의 `\chaptername`을 정해 준다.

✓ `\chaptername` 각 장의 이름. 영문에서 `\chapter` 명령은 자동으로 "Chapter"를 만들어 준다.

✓ `\figurename` `figure` 환경을 사용할 때 그림 제목에 "Figure"를 붙여 준다.

✓ `\bibname` `thebibliography` 환경이나 참고문헌 데이터 베이스를 만들 때 참고문헌의 이름을 "Bibliography"로 정해준다.

✓ `\tablename` `table` 환경을 사용할 때 그림 제목에 "Table"을 붙여준다.

✓ `\abstractname` 요약문을 만들 때 "Abstract"가 나오는데 이를 정하여 준다.

✓ `\partname` `\part` 명령어를 사용할 때 "Part" 등으로 그 이름을 정한다.

✓ `\indexname` 찾아보기 또는 색인을 만들 때 그 이름을 정해 준다.

`report`나 `book` 클래스(스타일)를 이용하여 영어로 학위 논문을 쓸 때 참고문헌이

Bibliography

가 아닌

References

로 하고 싶을 때 어떻게 하면 되는지 묻는 경우가 있는데 위의

```
\def\bibname{Bibliography}
```

때문이다. 여기서 `\def\bibname{Bibliography}` 대신에

[1] 제9장 참조.

```
\def\bibname{Refererences}
```

를 주면

References

가 출력된다. 이와 같은 사실을 염두에 둔다면 다음과 같이

```
\def\contentsname{차 례}
\def\listfigurename{그림 차례}
\def\listtablename{표 차례}
\def\bibname{참고문헌}
\def\refname{참고문헌}
\def\indexname{찾아보기}
\def\figurename{그림}
\def\tablename{표}
\def\chaptername{Chapter}
\def\appendixname{부록}
\def\partname{Part}
\def\abstractname{Abstract}
```

로 바꿔주면 영문으로 준 이름들이 모두 한글로 바뀌게 된다. [2] 이때 원래의 클래스 파일을 그냥 두고 개인 패키지를 만들어도 된다. 즉,

```
\renewcommand{\contentsname}{차 례}
\renewcommand{\listfigurename}{그림 차례}
\renewcommand{\listtablename}{표 차례}
\renewcommand{\bibname}{참고문헌}
\renewcommand{\refname}{참고문헌}
\renewcommand{\indexname}{찾아보기}
\renewcommand{\figurename}{그림}
\renewcommand{\tablename}{표}
\renewcommand{\appendixname}{부록}
```

을 mystyle.sty 에 저장하고 \usepackage{mystyle}이라고 하면 위의 이름이 원하는 대로 바뀐다.

위에서처럼 \renewcommand를 이용하는 경우의 장점 중의 하나는 영문 보고서의 국문 초록 등에 유용하다는 것이다. 영문으로 모든 것을 작성한 후에

---

[2]\def 명령은 기존에 같은 이름의 명령이 있더라도 덮어쓴다. 이 점에서 \newcommand나 \renewcommand와는 차이가 있는 명령이다. 이 명령은 plainTEX 명령이다.

```
\renewcommand{\abstractname}{국문초록}
\begin{abstract}
      .
      .
\end{abstract}
```

의 결과는 "국문초록"이 될 것이다. 이는 한글 보고서의 영문 abstract 작성에도 그대로 적용할 수 있다.

> 주의: 이렇게 바꾸었을 경우 이 파일의 이름을 `report.cls` 또는 `report.sty`로 그대로 두면 안 된다. 모든 사람이 조금씩 내용을 바꾸고 이름을 그대로 남겨 둔다면 얼마 가지 않아서 `report.cls`나 `report.sty`는 처음과는 완전히 다른 내용이 될 것이기 때문이다.

위에서 `\chaptername`과 `\partname` 그리고 `\abstractname`은 그대로 두었는데 이는 영문과 한글의 장(chapter)을 부르는 방법의 차이와 한글 논문에서의 영문초록에서는 "**Abstract**"라고 할 수도 있기 때문에 그렇게 하였다.

19.2. 색인

색인에서 사용하는 명령 중의 하나가 `\see` 명령이다. 이 명령은 색인에서 어떤 항목을 찾았을 때 다른 항목을 참조하도록 지정하는 명령이다. `\see` 명령에 대한 한글화는 제14장을 참고하기로 한다.

19.3. 장의 이름을 바꾸어 보자

위와 같이 바꾸어서 해결되지 않는 부분이 있는데 그것은 우리말과 영어의 어법 차이에서 기인하는 것이다. 영문에서는 "Chapter 1"이라 하지만 우리는 "제 1 장"이라 하기 때문에 단순히 `\chaptername` 만 바꾸면 "제 1 장"이 출력되어야 할 곳에 "장 1"이 생기기 때문이다. 이는 `\part`에서도 마찬가지일 것이다. LaTeX의 `report` 클래스에서 각 장의 첫 면을 만들어 주는 것은 `report.cls` 클래스에서 다시 부르는 `size10.clo`, `siz11.clo` 또는 `size12.clo`이고 `book` 클래스에서는 `bk10.clo`, `bk11.clo`, `bk12.clo`인데 이들 `.clo` 파일의 중간에 다음과 같이 각 장의 머리부분을 출력하게 하는 명령이 있다. 여기서 `10`, `11`, `12`는 글자 크기이다. 즉, 만일 `12pt`를 선택하면 `size12.clo`나 `bk12.clo`를 이용하고 `11pt`를 선택하면 `size11.clo`나 `bk11.clo`를 이용하며 글자 크기를 정하지 않으면 `size10.clo`나 `bk10.clo`를 이용한다.

```
\def\@makechapterhead#1{%
  \vspace*{50\p@}%
  {\parindent \z@ \raggedright
    \ifnum \c@secnumdepth >\m@ne
      \huge\bfseries \@chapapp{} \thechapter
      \par
      \vskip 20\p@ \fi
    \Huge \bfseries
    #1\par
    \nobreak
    \vskip 40\p@
  }}
```

이 중에서

```
\Huge\bfseries \@chapapp{} \thechapter
```

가

Chapter 1

을 만드는데[3] 이를

```
\Huge\bfseries 제 \thechapter\space 장
```

으로 바꾸어 주면 이 책에서와 같이

제 1 장

이 된다. 이와 같은 작업은 heading을 만들어 주는 다음 부분에도 해 주어야 한다. 아래에 주어진 `report.sty` 또는 `report.cls` 파일의 내용은

`\pagestyle{headings}`

명령에 의해 만들어지는 heading을 만들게 하는 명령이다.

```
\def\ps@headings{\let\@mkboth\markboth
 \def\@oddfoot{}\def\@evenfoot{}%      No feet.
 \def\@evenhead{\rm \thepage\hfil \sl \leftmark}
 \def\@oddhead{{\sl \rightmark}\hfil \rm\thepage}
```

[3]이는 `report.sty`에는 `\bf` 대신에 `\bfseries` 임.

```
 \def\chaptermark##1{\markboth {\uppercase{\ifnum
          \c@secnumdepth >\m@ne
      \@chapapp\ \thechapter. \ \fi ##1}}{}}%
 \def\sectionmark##1{\markright {\uppercase{\ifnum
          \c@secnumdepth >\z@
   \thesection. \ \fi ##1}}}}
\else
\def\ps@headings{\let\@mkboth\markboth
\def\@oddfoot{}\def\@evenfoot{}%     No feet.
\def\@oddhead{{\sl \rightmark}\hfil \rm\thepage}
\def\chaptermark##1{\markright {\uppercase{\ifnum
     \c@secnumdepth >\m@ne
  \@chapapp\ \thechapter. \ \fi ##1}}}}
\fi
```

이 중에서

`\@chapapp\ \thechapter. \ \fi ##1}}{}}%`

가 heading에

CHAPTER 1. 이 장의 HEADING 500

를 만들어 주는데 이 부분을

```
제 \ \thechapter 장. \ \fi ##1}}{}}%
```

로 고치면 heading 의 *CHAPTER 1.* 부분이

제 1 장. 이 장의 HEADING 500

으로 만들어진다(사각형 제외).

19.4. 날짜

`\today` 명령은 영문 날짜를 만들어 주는데 이 절에서는 이를 한글화하여 보자. `\today` 의 정의는 다음과 같은데

```
\def\today{\ifcase\month\or
  January\or February\or March\or April\or May\or June\or
  July\or August\or September\or October\or November\or
  December\fi
  \space\number\day, \number\month}
```

이를 지우거나 다음과 같이 %로 무효화하고

```
%\def\today{\ifcase\month\or
%  January\or February\or March\or April\or May\or June\or
%  July\or August\or September\or October\or November\or
%  December\fi
% \space\number\day, \number\year}
```

그 자리에

```
\def\today{\number\year 년 \number\month 월 \number\day 일}
```

을 넣게 되면 \today 명령으로 "2016년 11월 30일"이 출력된다. 참고로 단기도 쉽게 계산할 수 있는데 7.6절에 두 가지 방법에 대해 살펴보았으니 참고하자.

19.5. \renewcommand 이용

앞서 설명한 방법들은 모두 스타일 파일을 수정하는 방법이므로 복잡하다고 느끼는 분들이 있을 것이다. 이 경우에는 필요한 부분만 \renewcommand 를 이용하여 바꿀 수 있다. 즉, 스타일 파일을 바꾸지 않고 다음과 같이

```
\renewcommand{\contentsname}{차 례}
\renewcommand{\listfigurename}{그림 차례}
\renewcommand{\listtablename}{표 차례}
\renewcommand{\bibname}{참고문헌}
\renewcommand{\refname}{참고문헌}
\renewcommand{\indexname}{찾아보기}
\renewcommand{\figurename}{그림}
\renewcommand{\tablename}{표}
\renewcommand{\appendixname}{부록}
```

*preamble*에 선언하면 참고문헌 이름, 목차 등이 한글로 인쇄된다.

이러한 \renewcommand 명령의 이용은 여러 가지로 응용할 수 있다. 어떤 학술지는 **Refernces**가 중앙에 나타나길 원하는데 이러한 경우 다음과 같이

```
\renewcommand{\refname}{\centerline{\refname}}
```

선언하면

참고문헌

대신에

참고문헌

이 출력된다.

제20장

TEXLive 설치, 인코딩, TEX 엔진, 시스템 글꼴

여기서는 TEXLive 설치, TEX 엔진의 선택, 한글 인코딩 변환, 시스템 글꼴 사용하기 등의 문제에 대해서 알아 보기로 하자.

20.1. TEXLive 설치

한국텍학회(The Korean TeX Society)는 텍 기반 한글 식자 패키지인 ko.TeX과 윈도에서 표준 한글 텍 환경을 제공하는 ko.TEXLive 개발 및 보급을 하고 있다. 현재 배포되는 TEXLive의 최신판은 TEXLive 2015이며 세 개의 운영체제

- ✓ Microsoft Windows용 설치 방법
- ✓ Mac OS X용 설치 방법
- ✓ Linux용 설치 방법

에 대하여 설치 방법 및 설치프로그램을 제공하고 있다. 여기에서는 세 개의 운영체제 중 윈도우에서 설치 방법을 알아보기로 한다.

20.1.1 인터넷 설치

필요한 파일을 인터넷에서 내려받으며 설치하는 과정으로 인터넷의 속도에 따라 걸리는 시간이 다르며 전체 설치를 할 경우 최소 20-30분 정도 소요된다. 인터넷 설치는 다음 순서를 따른다.

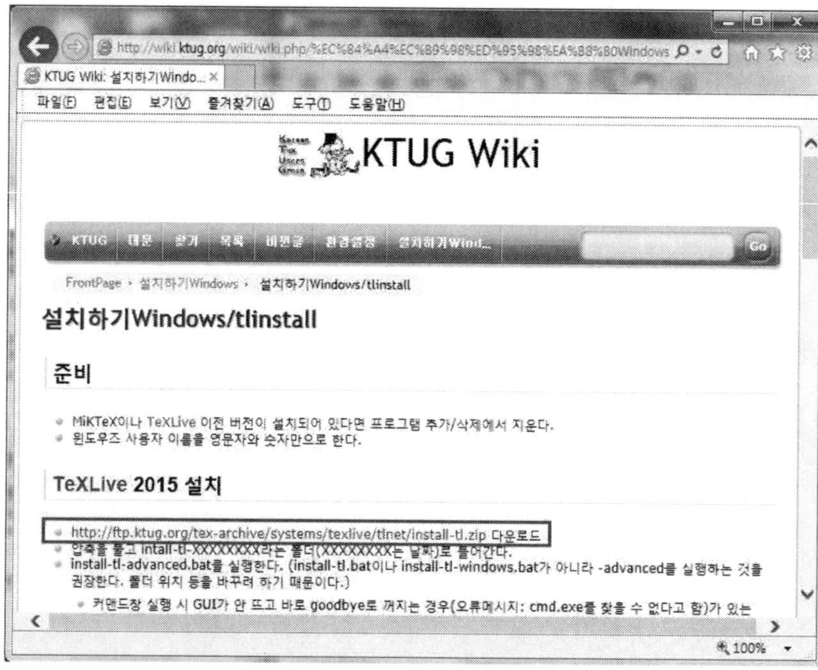

그림 20.1: TEXLive 설치 페이지

1 한국 TEX 사용자 그룹(Korean Tex User Group; KTUG) 홈페이지

`http://www.ktug.org`

에 접속한다. 이 사이트에서 내려받기 → Microsoft Windows용 설치 방법 → TeXLive 2015 설치 windows에 설치하기 순서로 메뉴를 클릭한다(그림 20.1).

2 그림 20.1의

```
http://ftp.ktug.org/tex-archive/systems/texlive/tlnet/
 install-tl.zip
```

을 클릭하여 압축 파일을 내려받는다.[1]

3 내려받은 `zip` 파일의 압축을 풀어 생성된 `intall-tl-xxxxxxxx`라는 폴더(`xxxxxxxx`는 날짜)로 들어간다.

[1]이 명령은 빈칸 없이 한 줄이다. 편집 목적상 줄을 바꾸었다.

4 이 폴더에 있는 `install-tl-advanced.bat`를 마우스 오른쪽 버튼을 클릭하여 '관리자 권한으로 실행'한다. 만일 20.1.2절의 ISO 설치를 하는 경우이면 ISO 파일에 같은 이름의 파일이 있으며 이 파일에 대해 같은 같은 작업을 한다. 이때

- ✓ 그림 20.2의 설치 화면이 뜨지 않고 바로 goodbye로 꺼지는 경우(오류 메시지: `cmd.exe`를 찾을 수 없다고 함)가 있는데, 이 경우 `cmd.exe` 파일의 경로가 잡혀 있지 않아서 발생하는 오류이므로 내 컴퓨터 ⟹ 마우스 오른쪽 버튼 속성 → 고급 시스템 속성 ⟹ 환경 변수의 시스템 변수 'Path'에 `C:\Windows\system32;` 를 추가하고 다시 `install-tl-advanced.bat`를 마우스 오른쪽 버튼을 클릭하여 '관리자 권한으로 실행'한다.

5 이때 만들어진 설치 화면인 그림 20.2의 ①과 같이 Selected scheme이 scheme-full이 기본 선택되어 있는데 필요하면 원하는 것을 선택한다. 시간이 오래 걸리더라도 scheme-full 설치하는 것이 나중에 빠진 것을 추가 설치하는 번거로움을 피할 수 있다.

6 Directory Setup 부분의 TEXDIR가 그림 20.2의 ②와 같이
`c:\texlive\2015`
로 되어 있는 것을 `c:\usr\texlive\2015`로 수정한다다.[2] 이렇게 `usr`을 추가하면 이 그림의 아래쪽의 경로도 자동으로 `usr`이 추가된다.

7 Install TeXLive 버튼을 누르고 기다린다(그림의 ③). 참고로

- ✓ 이 방법은 인터넷을 통해 설치하는 것이므로 네트워크 사정에 따라 중간에 간간이 접속에 실패한 것 같은 메시지가 나오지만 대부분 별 문제가 아니다. 혹시 치명적인 오류가 발생하여 중단되었다면 처음부터 다시 한다.
- ✓ 인터넷으로 내려받으면서 설치하는 것이 귀찮다면 Winodows 8 또는 10 사용자는 20.1.2절의 ISO 설치도 생각해 볼 수 있다.

8 여기까지는 TEXLive의 설치이며 실제로는 TUG(TEX User Group)의 사이트에서 설치한 것이다. 이제 한글 글꼴 등을 위한 koTEX Live를 추가로 설치를 한다. 추가 설치 과정은 다음과 같다.

---

[2] 이는 KTUG의 권장 사항이며 바꾸지 않아도 특별한 문제가 생기지는 않는다. 이렇게 바꾸고자 할 때 `usr`이라는 이름의 폴더는 미리 만들어져 있어야 한다. 2015는 연도를 나타내는 숫자이므로 다른 연도에는 이 숫자만 다를 가능성이 높다.

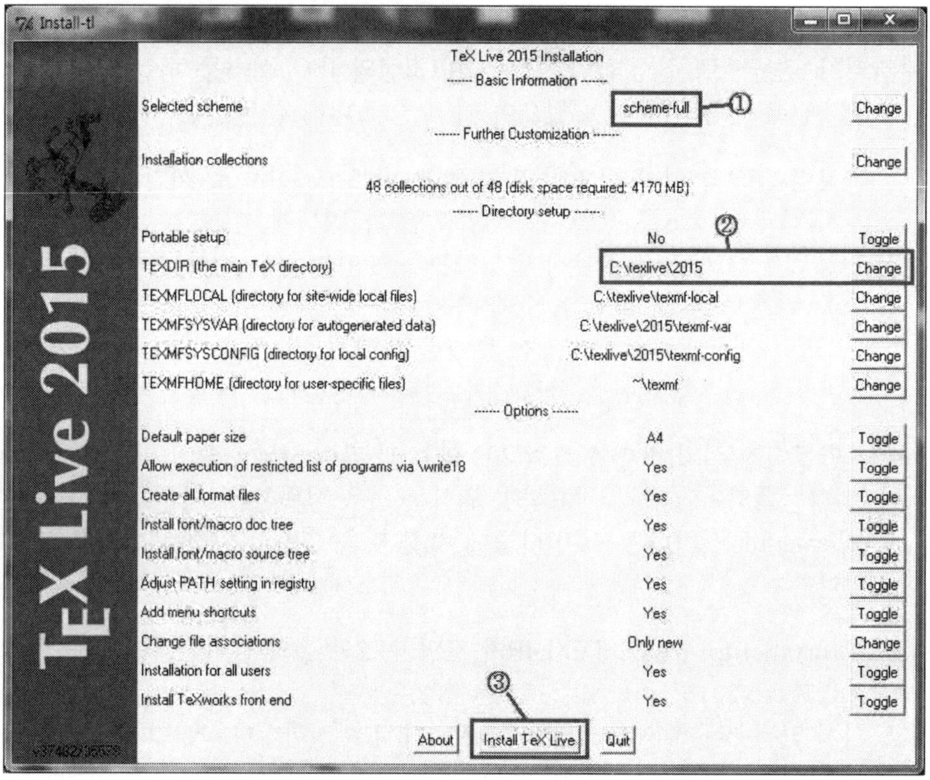

그림 20.2: TEXLive installation GUI

9 커맨드 창을 열거나 명령어 실행창을 열어(+ r 으로 만들 수 있음) 아래의 명령을 순서대로 실행한다.[3]

```
> tlmgr repository add ^
  http://ftp.ktug.org/KTUG/texlive/tlnet ktug
> tlmgr pinning add ktug *
> tlmgr install ktugbin
> tlmgr install texworks-config
> tlmgr install nanumttf hcr-lvt
```

10 이제 설치가 끝났으며 정상적으로 프로그램이 실행되는지 알아보기 위해 간단한 TEX 파일로 컴파일을 해 본다.

[3]> 표시는 프롬프트이므로 직접 써 넣는 것이 아니며 첫 줄과 둘째 줄은 한 줄로 명령하는 것이 좋지만 편집 목적상 두 줄로 명령하였다. ^는 명령이 다음 줄로 연결된다는 표시이다.

설치가 완료 되었으면 다음을 참고하자.

✓ TeXLive 2015을 설치하면 TeX 편집기 TeXWorks가 설치된다. TeXWorks의 기본 인코딩 방식은 UTF-8이므로 최초 TeXLive를 설치하고 이전에 사용하던 LaTeX 파일을 컴파일을 하면 초반부터 에러가 나거나, 한글만 보이지 않거나 깨져 보이는 경우가 발생할 수 있다. 이는 한글의 인코딩이 달라서 발생할 수 있는 문제이다. TeXWorks는 다양한 인코딩에 대해서 변환을 지원하므로 적절한 인코딩을 사용하면 이 문제를 해결할 수 있다.

✓ TeXWorks에서 현재 문자 인코딩 방식은 **편집** → **환경설정** → **편집기** → **인코딩** 또는 상태표시줄에서 마우스를 사용하여 확인과 변경을 할 수 있다. 만일 한글이 깨져 보이는 경우, 문자 인코딩 방식이 UTF-8이었다면 EUC-kr로 EUC-kr이었다면 UTF-8로 변경하면 한글이 올바르게 보인다. 인코딩 변경에 대한 다른 방법을 포함하여 자세한 것은 20.3절을 참고하기로 한다.

✓ koTeXLive 2015에서 한글 관련 프로그램이 설치 및 설정되면 kotex 패키지의 사용이 가능하다. 이 패키지는 문자 인코딩 방식에 따라 적절한 옵션을 사용해야 한다. 다음은 문자 인코딩 방식과 한글 서식에 따른 kotex 패키지의 옵션이다.

☞ `\usepackage{kotex}`: UTF-8인 경우

☞ `\usepackage[hangul]{kotex}`: UTF-8이고 한글 서식을 추가한 경우

☞ `\usepackage[euc]{kotex}`: EUC-kr인 경우

☞ `\usepackage[euc,hangul]{kotex}`: EUC-kr이고 한글 서식을 추가한 경우

✓ EUC-kr 문자 코딩 방식을 사용하려면 `kotex-euc` 패키지가 필요하다. 이 패키지는 koTeXLive 설치 시 기본으로 설치되지 않았기 때문에 추가로 설치를 해야 한다. 추가 설치 시에는 커맨드 창이나 명령어 입력창 (+ r 으로 만들 수 있음) 다음과 같이

```
> tlmgr install kotex-euc ktug
```

명령하면 된다. 여기서 `kotex-euc`는 패키지 이름이며 ktug는 TeX 패키지 저장소 (repository) 이름이다. `ktug`의 위치는 앞의 설치과정에서

```
> tlmgr repository add ^
http://ftp.ktug.org/KTUG/texlive/tlnet ktug
```

명령에 의해 이미 정의되었다.

20.1.2 ISO 설치 방법

앞에서 설명한 설치 방법은 필요할 파일을 매번 인터넷에 접속하여 가져와 설치하는 방법이다. TEXLive는 이 방식 외에 ISO 파일을 사용하여 설치할 수 있는 방법도 제공한다. ISO 파일이란 필요한 파일들을 마치 CD나 DVD에 저장되어 있는 것과 같은 형태로 많은 파일을 묶어 하나의 파일로 만든 것을 말한다(확장자 .iso).

Windows 7까지는 ISO 파일은 마우스 오른쪽 버튼을 사용하여 CD/DVD로 굽는 것이 기본 기능이었으나 윈도우 8 및 10은 ISO 파일을 가상 드라이브로 마치 DVD 드라이브에 접속한 것처럼 파일을 직접 열고 필요한 파일을 실행할 수 있다. 따라서 ISO 파일을 내려받은 후 윈도우 7 사용자는 내려받은 파일을 DVD로 굽는 과정을 거치야 한다. ISO 파일의 설치는 다음의 순서를 따른다.

1 먼저 ISO 파일을 내려받는다. 이 파일은

   `https://www.tug.org/texlive/acquire-iso.html`

   에서 공식버전을 얻을 수 있으며 KTUG에서 내려받기 링크를 따라가서 ISO 설치를 선택하여도 된다. 이 파일의 용량은 대략 2.7GB 정도이다. 파일 이름은 `texlive.iso` 또는 `texliveyyyy-yyyymmdd.iso`이다. 여기서 `yyyy`, `mm` 및 `dd`는 연도, 월 및 날짜이다.

2 내려받은 ISO 파일은 윈도우 8 이후 버전에서는 그림 20.3의 왼쪽 그림과 같은 아이콘이 생성된다.

3 이 아이콘을 더블 클릭하여 들어가면 오른쪽 그림과 같이 파일들이 보이는데 `install-tl-advanced.bat`에 마우스 오른쪽을 클릭하여 "관리자 권한으로 실행"을 선택한다.

4 관리자 권한으로 실행하고 나면 그림 20.2와 같은 설치 화면이 나타나며 이후 과정은 인터넷 설치 과정과 같다.

20.2. 컴파일 엔진 선택

그림 20.4에는 현재의 LATEX 파일로 어떤 작업을 할지 선택할 수 있는 메뉴가 있다. 이들 중 일부는 컴파일 엔진의 선택이며 일부는 색인이나 참고문헌 데이터 베이스 불러오기 등의 기능이다. 기본 선택은 `XeLaTeX`으로 되어 있다. 일반적으로 많이 사용하는 것은 `pdfLaTeX`, `XeLaTeX` 등이며 출력이 PDF 형식으로 만들어진다. 오래 전부터 LATEX을

그림 20.3: ISO 파일을 사용한 TEXLive 설치

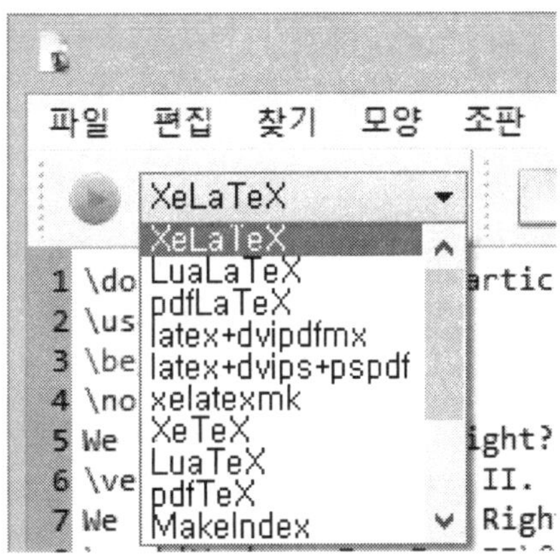

그림 20.4: TEXWorks 편집기에서 **bibtex** 실행

사용해왔던 사람은 `latex`으로 컴파일하는 습관이 있는 경우가 많은데 이 경우 `latex`으로 컴파일만 하여 `dvi` 파일만 만드는 메뉴는 현재 없으며 `latex`으로 컴파일한 후 PDF 출력을 얻거나 PS(PostScript) 출력을 얻는 항목은 그림에서 각각 `latex+dvipdfmx` 및 `latex+dvips+pspdf` 항목이다. 필요한 경우 사용자가 원하는 항목을 만들 수도 있으며 이는 TEX Works 편집기에서 '편집' ⟹ '환경설정' ⟹ '문서처리' 탭에서 필요한 메뉴 항목을 추가/삭제 등을 선택하여 할 수 있다.

이들 명령은 윈도우의 커맨드 창에서 직접 입력하여도 된다. LATEX 파일이 `mytex.tex`이면

```
% [pdf|xe]latex mytex.tex
```

로 한다. `latex`으로 컴파일한 경우 `dvips`, `ps2pdf` 프로그램을 실행하면 각각 PostScipt,

PostScript에서 PDF 형식의 출력을 얻는다.

참고로 XƎLATEX은 LATEX이 글자체를 독립적인 글꼴을 사용하는 것에서 탈피하여 시스템을 글자체를 사용하고자 하는 LATEX 엔진이다.

LATEX 에서 특정한 종류의 그림을 불러들이거나 시스템의 글꼴을 사용하거나 하는 등의 기능을 처리하는 것외에 기본적인 기능은 이들 엔진이 모두 하기 때문에 컴파일 엔진의 선택은 특별한 기능이 필요 없을 때는 편한 것을 선택하면 된다. 다만 자동으로 만들어지는 차례의 모양 등이 마음에 들지 않으면 다른 엔진으로 컴파일해 보는 것도 방법이다.[4]

20.3. 한글 입력 및 인코딩

한글을 저장하는 방식은 여러 가지가 있다. 이전에는 EUC-kr(Extended Unix Code-Korea) 방식을 주로 사용하였으나 World Wide Web 표준인 UTF-8(Universal Coded Character Set + Transformation Format 8-bit)이 표준으로 가는 추세이다.

koTEX의 한글 인코딩은 2012년까지는 EUC-kr을 지원하였으나 2013년 버전 이후로는 UTF-8만 지원한다. 2013년 이후의 koTEX에 포함된 LATEX 컴파일러는 별도의 옵션과 추가 설치 없이는(20.1.1면의 `kotex` 옵션 참고) EUC-kr로 코딩된 이전 버전의 한글을 인식하지 못하므로 2012년 이전 버전에서 컴파일되는 파일도 2013년 이후 버전으로는 컴파일이 되지 않고 처음 한글이 나오는 위치에서 에러를 발생한다. 이를 해결하기 위해서는 EUC-kr과 UTF-8 사이의 상호 변환이 필요한데 이 변환을 지원하는 몇 가지 방법에 대해서 알아보자.

20.3.1 TEXWorks 편집기 내에서 변환

koTEX에서 제공하는 기본 편집기에서 다양한 인코딩을 지원하므로 편집기 안에서 인코딩을 변환할 수 있다. 그림 20.5의 동그라미 친 부분이 현재의 인코딩이며[5] 이 부분을 클릭하면 그림 20.6과 같이 많은 인코딩이 지원된다.[6] 또한 현재의 인코딩에서 선택한 인코딩으로 변경할 수 있다. 이 그림에서 UTF-8을 선택한 후 '선택한 인코딩을 써서 다시 읽기'를 클릭하여 인코딩을 변경한다. 이때

✓ '선택한 인코딩을 써서 다시 읽기'를 클릭하지 않으면 이전 인코딩에서 선택한 인코딩으로 변환이 되지 않음에 유의하고

---

[4]차례 등의 차이는 띄어쓰기의 양 정도이다.

[5]이 화면에서 System은 현재 OS에서 기본으로 사용하는 인코딩이며 윈도우의 경우 8.1, 10까지는 EUC-kr로 확인됨.

[6]그림에서는 일부 인코딩만 보이게 하였음.

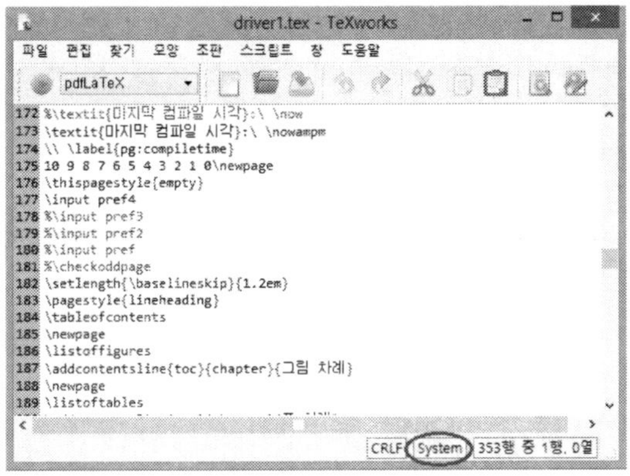

그림 20.5: koTEX 편집창에서 코딩 변경 1

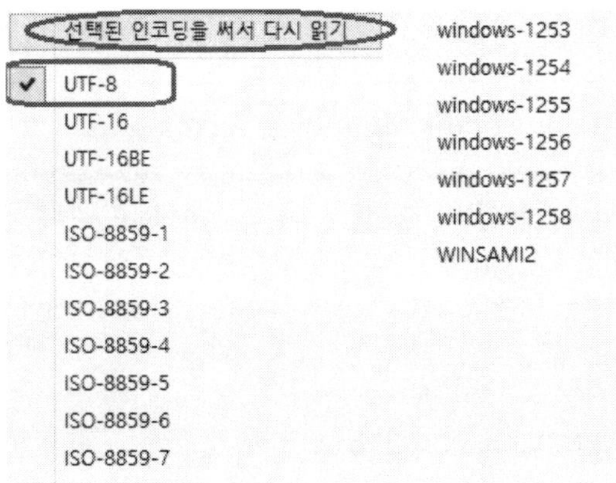

그림 20.6: koTEX 편집창에서 코딩 변경 2

✓ '선택한 인코딩을 써서 다시 읽기'를 클릭한 후 한글부분이 정상적으로 보이지 않고 깨진 글자가 보이면 선택한 인코딩이 적절한 인코딩이 아니므로 다른 인코딩을 선택해야 한다.

20.3.2 iconv 프로그램

LATEX으로 편집할 내용이 많은 경우 `\input`이나 `\include` 명령으로 한 작업에서 여러 개의 `.tex` 파일을 사용하는 경우나, 이전의 EUC-kr 인코딩으로 작업한 파일을 각 파일마다 TEXWorks 편집기를 열어서 변경하는 것이 번거로운 일일 수 있다.

여기서는 커맨드 창에서 명령문으로 편하게 인코딩 변환을 하는 방법을 알아보자.

`iconv` 프로그램은 GNU 프로젝트의 하나인 `libiconv` 안의 실행 프로그램이며 이 프로그램을 사용하여 서로 다른 인코딩으로 변환할 수 있다. 이 프로그램의 공식 사이트는

`http://www.gnu.org/software/libiconv/`

이며 이 사이트에서 프로그램의 소스를 포함하여 모두 내려받을 수 있으나 주로 Unix/Linux 사용자를 위한 설명으로 구성되어 있다. 일반 윈도우 사용자는

`http://gnuwin32.sourceforge.net/packages/libiconv.htm`

에서 윈도우용 자동 설치 실행 파일을 내려받아 설치하는 것이 편리하다. 프로그램이 설치되면 실행 파일 `iconv.exe`가 사용 가능하며 이 프로그램의 사용방법은

```
iconv [options] -f from -t to inuputfile
```

이며 만일 출력을 파일로 저장하려면

```
iconv [options] -f from -t to < inuputfile > outputfile
```

으로 부등호(화살표의 의미임)를 사용하면 된다. *from*에는 기존의 인코딩을 *to*는 새로운 인코딩 형식을 설정하며 *inputfile*에는 *from* 형식으로 인코딩 입력 파일을, *outputfile*에는 *to* 형식의 인코딩으로 변환한 출력 파일의 이름을 설정한다. GNUwin32 사이트의 `libiconv` 패키지의 실행 파일 `iconv.exe`의 설치 경로는

`C:\Program Files (x86)\GnuWin32\bin`

이다. 일반적으로 이전의 EUC-kr 인코딩으로 만들어진 `test.tex` 파일을 UTF-8로 코딩을 변환하여 `testutf8.tex`으로 저장하려면

```
> iconv -f euc-kr -t utf-8 < test.tex > testutf8.tex
```

의 명령으로 코딩을 변환하면 된다. 만일 `iconv`가 설치된 곳의 경로가 설정되어 있지 않으면 '내 PC' → 마우스 오른쪽 버튼 → '속성' → '고급시스템 설정' → '고급' 탭 → '환경변수 버튼' → PATH 선택 후 '편집' 버튼 클릭으로 만들어진 그림 20.7과 같이 마지막 부분에

`;C:\Program Files (x86)\GnuWin32\bin`

를 추가한다. 이때 `;`가 반드시 있어야 한다.

Iconv가 지원하는 코딩은 한글의 경우 EUC-KR, CP949, ISO-2022-KR, JOHAB이며 유니코드는 UTF-8, UCS-2, UCS-2BE, UCS-2LE, UCS-4, UCS-4BE, UCS-4LE,

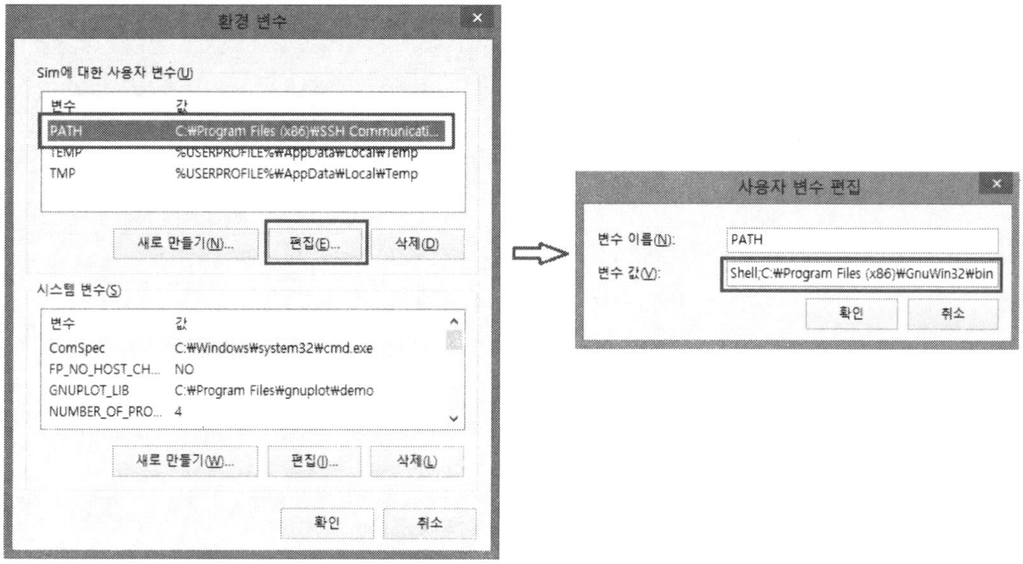

그림 20.7: 윈도우에서 경로 설정

UTF-16, UTF-16BE, UTF-16LE, UTF-32, UTF-32BE, UTF-32LE, UTF-7, C99, JAVA 등이다. 지원되는 모든 코딩형식은 `libiconv` 홈페이지에 소개되어 있으며

```
> iconv -l
```

로도 확인할 수 있다.

20.3.3 vi, vim 및 gvim 사용자

Unix 계열의 OS 사용자 등에서 많이 사용하는 `vi`, `vim` 및 윈도우용 `gvim` 등에서 인코딩은 `set encoding=` 명령으로 바꿀 수 있다. 예를 들어 UTF-8로 인코딩된 파일을 열었을 때 글자가 모두 깨져 보인다면 `vi` 안에서

```
:set encoding=utf-8
```

을 명령하면 정상적으로 글자가 보인다. 또한 이 설정이 된 상태에서 파일을 저장하면 저장한 파일의 인코딩은 UTF-8이 된다.

`vi` 등에서 항상 특정한 인코딩을 사용하고자 하면 `.vimrc` 파일(unix 계열) 이나 `_vimrc` 파일(윈도우)을 수정하여 인코딩을 특정한 인코딩으로 설정할 수 있다. 윈도우의 경우 이 설정 파일의 경로는

그림 20.8: 윈도우의 메모장에서 코딩 변경

```
C:\Program Files (x86)\Vim
```

이며[7] 이 파일의 첫 부분에

```
set encoding=utf-8
set fileencoding=utf-8
language messages ko_kr.utf-8
```

의 세 줄을 추가하면 된다. 이 파일의 수정은 관리자 권한이 필요하다. 첫 번째 설정은 파일의 내용을 볼 때 사용할 인코딩을, 두 번째 설정은 파일 저장 시 사용할 인코딩을, 세 번째 설정은 `vi` 편집기 메시지를 출력할 때 사용할 인코딩에 대한 설정이다.

> 참고: 인코딩 변환을 서로 다른 운영체계에서 만든 파일을 다루다 보면 각 줄의 마지막에 `^M`이 만들어지는 경우가 있다. 이를 간단하게 해결하는 방법 중의 하나가 `vi` 안에서 `:set ff=unix`로 설정하고 저장하는 방법이다.

20.3.4 메모장(notepad) 사용자

윈도우에 내장된 메모장 프로그램은 UTF-8인지 EUC-kr인지 자동으로 인식하여 두 파일 형식 모두를 정상적으로 처리한다. 이 두 코딩 형식을 변환하려면 '파일' → '다른 이름으로 저장'을 선택한 후 그림 20.8과 같이 변환하고자 하는 인코딩을 선택한 후 저장하면 된다. EUC-kr은 이 그림에서 ANSI로 표시되어 있다.

20.3.5 일괄 변환

EUC-kr 과 UTF-8 형식 사이의 일괄변환 프로그램으로 인터넷에서 검색하여 얻을 수 있는 `redutf8.exe`가 있으며 이 프로그램은 이 두 가지 형식만 지원하며 특정 폴더에

---

[7]이 경로는 64bit 윈도우 사용자의 경우이며 32bit 윈도우 사용자의 경우 경로 이름에서 ␣(x86)이 없으며 추후 64bit Gvim이 보급되면 이 경우에도 ␣(x86)이 없을 것이다.

있는 파일을 한꺼번에 변환하고자 할 때 유용하다. 다만 기존의 파일을 덮어쓰기 때문에 기존 파일을 백업한 후에 변환하는 것을 권장한다.

UTFCast Express도 일괄변환할 수 있는데 UEC-kr, UTF-8뿐 아니라 더 많은 형식을 지원한다. UTFCast Professional은 상용으로 구매하여야 한다. 이 둘은 모두 인터넷에서 검색하면 금방 찾을 수 있다.

또한 iconv 사용자인 경우에는 dir, ls 등의 명령으로 .tex 파일의 목록만 파일을 받아서 이 파일을 iconv 명령이 들어간 배치 파일(.bat)로 만들거나 chmod로 실행 파일을 만든 후 이 배치/실행 파일을 실행한다. 이 방법은 저자가 이전 파일들의 인코딩을 변경한 방법이기도 하다.

20.4. 글꼴과 fontspec 패키지

XƎLATEX 등 일부 LATEX 엔진에서는 시스템(윈도우 사용자의 경우 윈도우 운영체계)에 설치된 글꼴을 사용할 수 있다. 이 경우 fontspec 패키지를 사용하는 것이 필수이다시피 하며 kotex 패키지를 함께 사용하지 않는다.[8] 시스템에 설치된 글꼴은 윈도우의 경우

C:\Windows\Fonts

에 있으며 이 폴더에 설치된 글꼴 파일 중 XƎLATEX에서 사용할 수 있는 글꼴의 목록을 얻으려면 명령어 창에서

```
% fc-list :outline -f "%{family}\n"
```

명령을 사용할 수 있다. 대개 운영체계에서 사용하는 글꼴을 포함하여 설치된 워드 프로세서(MS Word, 한컴 오피스 등) 등의 응용 프로그램이 설치한 글꼴이 많기 때문에 이 목록을 파일로 받는 것이 좋다(위의 명령 뒤에 > *file*을 추가하면 *file*에 저장한다). 시스템 글꼴을 사용할 때 다음 두 가지를 유의하여야 한다.

✓ 운영체계나 워드 프로세서 등이 설치한 글꼴은 설치가 되어 있더라도 LATEX 같은 다른 프로그램에서 사용하는 것은 저작권 계약에 대한 침해가 될 수 있으므로 시스템에 설치된 글꼴이라도 사용할 때는 반드시 저작권 계약을 확인하여야 한다. 현재 무료로 글꼴을 제공하는 것들이 있는데 이들은 20.4.1절, 20.4.2절에서 소개하기로 한다.

[8] kotex 패키지를 함께 사용하여도 에러가 나지는 않지만 현재로는 글꼴에 대한 설정이 되지 않음.

✓ kotex 등 LaTeX 글꼴에 대한 정의가 포함된 패키지를 함께 사용하지 않으므로 띄어쓰기 등에서 문제가 있을 수 있다. B.9절의 파일로 한글을 추가하여 컴파일해 보면 오른쪽의 줄 맞춤이 제대로 되지 않음을 알 수 있다.

XeLaTeX, LuaLaTeX 등에서 시스템의 글꼴을 편하게 사용하려면 fontspec 패키지가 필요하며 이 패키지에서 많은 기능을 제공하지만 사용자 입장에서는 네 개 내지 다섯 개의 명령이 최소한으로 필요하다. 이들 명령은

```
\setmainfont{font_name}[font_features]
\setsansfont{font_name}[font_features]
\setmonofont{font_name}[font_features]
\fontspec{font_name}[font_features]
\newfontfamilycmd{font_name}[font_features]
```

로 사용하며 순서대로

① 특별한 글꼴 선택이 없을 때나 \normalfont 명령이 선언되었을 때 사용하는 글꼴의 설정

② \sffamily 명령에서 사용할 글꼴

③ \ttfamily 명령이 선언되었을 때 사용하는 글꼴

④ 중간에 글꼴을 바꿀 때

⑤ 새로운 글꼴을 정의할 때

에 사용하는 명령들이다. \setsansfont나 \setmonofont 로 사용할 글꼴이 정의되지 않으면 \sffamily 명령이나 \ttfamily 명령에 의한 출력은 만들어지지 않는다.

*font_name*에는 사용할 글꼴의 이름을 설정하며 여기서 준 글꼴의 이름은 시스템에 설치되어 있어야 한다. 글꼴의 이름 대신 글꼴 파일 이름을 설정할 수도 있다. 예를 들어 네이버에서 무료로 배포하는 표 20.2의 나눔명조체의 경우 *font_name*에 **나눔명조**(한글 글꼴 이름), NanumMyeongjo.ttf(파일 이름), NanumMyeongjo(영문 글꼴 이름) 중 어느 것도 사용할 수 있으며 결과는 같다.

*font_features*에 해당 글꼴에서의 설정을 추가로 하게 되며 이들 중 일부는 다음과 같다.

BoldFont=*font_name* 굵게 하기 (\bfseries)가 선언되었을 때 사용할 글꼴을 설정한다. *font_name*의 설정은 위와 마찬가지로 글꼴 파일 이름 또는 글꼴 이름을

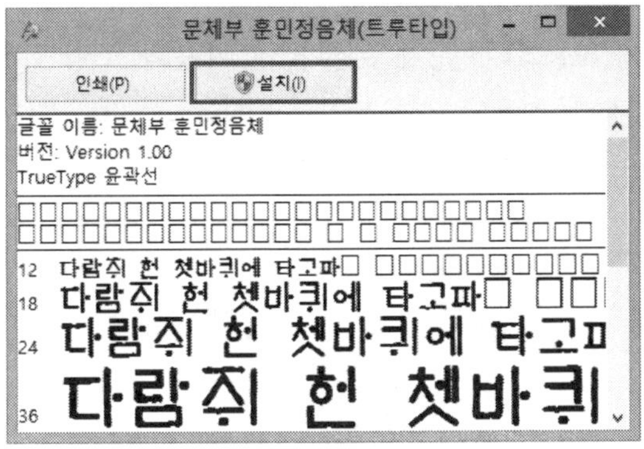

그림 20.9: 글꼴의 설치

준다.[9]

`ItalicFont=`*font_name* 이탤릭체(`\itshape`)가 선언되었을 때 사용할 글꼴을 설정한다.

`BoldItalicFont=`*font_name* 굵은 이탤릭에서 사용할 글꼴을 설정한다.

`SlantedFont=`*font_name* `\slshape`에서 사용할 *font_name*을 설정한다.

`extension=`*.ext* *font_name*에 글꼴 파일 이름으로 설정할 때 글꼴 파일 이름의 확장자를 설정한다. 확장자가 선언되어 있으면 이 확장자는 위의 설정에서 파일 이름을 사용할 때 확장자는 생략한다.

`\newfontfamily`는 글꼴에 대한 새로운 명령을 만드는 명령으로 예를 들어

```
\newfontfamily\hunfamily{문체부 훈민정음체}%
{\hunfamily 훈민정음체를 만들어 봅니다}
```

를 사용하면 **훈민정음체를 만들어 봅니다**를 만든다.

20.4.1 문화체육부 개발 글꼴

세종대왕기념사업회 부설 기관으로 운영되는 공익 기구인 한국글꼴개발원에서 배포하는 글꼴은

`http://sejongkorea.org/`

[9]`BoldFont`, `ItalicFont`, `BoldItalicFont`가 설정되지 않으면 `\bfseries`, `\itshape` 명령에 따른 글꼴의 변화가 생기지 않는다.

표 20.1: 문체부 글꼴의 이름과 모양

폰트 이름과 모양
문체부 쓰기 정체, MSugiJeong
문체부 돋음체, MDotum
문체부 바탕체, MBatang
문체부 제목 돋음체, MJemokGothic
문체부 쓰기 흘림체, MSugiHeulim
문체부 제목 바탕체, MJemokBatang
문체부 궁체 흘림체, MGungHeulim
문체부 궁체 정자체, MGungJeong
문체부 훈민정음체, MHunmin

표 20.2: 네이버의 나눔 글꼴의 이름과 모양

글자체 이름과 모양
NanumMyeongjo,나눔명조
NanumMyeongjoExtraBold,나눔명조
NanumMyeongjo YetHangul,나눔명조 옛한글
NanumGothic,나눔고딕
NanumGothicExtraBold,나눔고딕 ExtraBold
NanumGothic Light,나눔고딕 Light
NanumBarunpen,나눔바른펜
NanumBarunpen,나눔바른펜,NanumBarunpen Bold
Nanum Brush Script,나눔손글씨 붓
Nanum Pen Script,나눔손글씨 펜
NanumBarunGothic,나눔바른고딕
NanumBarunGothic Light,나눔바른고딕 Light
NanumBarunGothic UltraLight,나눔바른고딕 UltraLight
NanumBarunGothic YetHangul,나눔바른고딕 옛한글
NanumSquare,나눔스퀘어
NanumSquare Bold,나눔스퀘어 Bold

에서 내려받을 수 있다. 이 글꼴은 훈민정음체, 쓰기 정체, 궁서 정자체, 쓰기 흘림체, 제목 바탕제, 제목 돋움체, 궁서 흘림체, 돋움체 한글, 바탕체 한글 등이다. 설치는 그림 20.9에서 '설치' 버튼을 클릭하면 된다. 설치 후 컴퓨터를 재부팅하는 것을 권장한다. 문체부 글꼴의 모양은 표 20.1와 같다. 문체부 글꼴은 한글만 제공되며 영문이 없다는 점에 유의하여야 한다.

20.4.2 나눔 글꼴

나눔 글꼴은 네이버에서 무료로 제공하는 글꼴로서

http://hangeul.naver.com

에서 내려받을 수 있으며 현재 나눔스퀘어, 나눔바른펜, 가는 나눔바른고딕, 나눔바른고딕, 나눔글꼴에코, 나눔손글씨, 나눔고딕, 나눔명조 등의 9개의 글꼴이 제공된다. 이들 글꼴의 이름과 모양은 표 20.2과 같다.

글꼴의 설치는 이 사이트에서 윈도우용과 맥용이 제공되며 압축 실행 파일로 제공되어 실행만 하면 설치는 끝난다. 설치 후 윈도우를 재부팅하는 것이 권장된다.

참고로 이 책은 XƎLATEX으로 컴파일하지 않았으므로 이 절의 내용 중 시스템 글꼴이 필요한 부분은 다른 파일로 만들고 이를 XƎLATEX으로 컴파일한 후 화면을 붙여 넣은 것이 포함되어 있다. 이 절의 표 등을 만들기 위한 소스는 B.9절에 소개하였다.

부록

부록 A
A.1 LaTeX에러 메시지 522
A.2 에러 메시지 리스트 524
A.3 패키지 정보 525
부록 B
B.1 입력과 출력 예 1 528
B.2 입력과 출력 예 2 531
B.3 입력과 출력 예 3 537
B.4 입력과 출력 예 4 540
B.5 입력과 출력 예 5 542
B.6 입력과 출력 예 6 546
B.7 입력과 출력 예 7 551
B.8 입력과 출력 예 8 554
B.9 입력과 출력 예 9 558
부록 C LaTeX의 글자체 561

부록 A

에러 메시지

A.1. LaTeX 에러

다음은 \end{equation}의 철자가 틀린 경우에 나온 LaTeX 에러 메시지이다.

```
LaTeX error.  See LaTeX manual for explanation.
              Type  H <return>  for immediate help.
! \begin{equation} ended by \end{equotion}.
\@latexerr ...diate help.}\errmessage {#1}

\@checkend ...urrenvir \else \@badend {#1}
                                            \fi
\end ...me end#1\endcsname \@checkend {#1}
                           \expandafter \endgroup \if@...
l.27 \end{equation}

?
```

여기서의 핵심은

```
! \begin{equation} ended by \end{equotion}.
```

인데 이 메시지는 \begin으로 시작한 어떤 환경이 \end로 끝내지 않은 경우에 나온다. 마지막의

```
l.27 \end{equotion}
```

는 입력 파일 27번째 줄의 \end{equotion}이 잘못되었을 가능성이 가장 크다는 의미이다. 여기서 ?에는 몇 가지의 입력 가능한 명령이 있는데

x x를 입력하는 것은 LaTeX의 실행을 중단하라는 것이다. 이 에러가 나오기 전까지의 출력은 만들어진다.

e e는 편집기(editor)를 부르라는 뜻이다.

Enter 키 자판의 Enter를 입력하면 LaTeX은 이 에러를 무시하고 계속 진행하는데 때로는 이 방법도 도움이 된다.

H H를 입력하면

```
Your command was ignored.
Type I <command> <return> to replace it with another...
or  <return>  to continue without it.
?
```

여기서 ignore된 command란 조금 전의 H가 아니고 \end{equotion} 이니 착오 없길 바란다. 여기서 ?에 I \end{equation}를 입력하면 된다. 그런데 그런 후에도 다음과 같은 메시지가 나오는데

```
! Extra \endgroup.
<recently read> \endgroup

\end ...\endgroup \if@endpe \@doendpe \fi
                        \if@ignore \global \@ignore...
l.27 \end{equotion}

?
```

이 에러 메시지는 LaTeX이 아닌 plainTeX의 에러 메시지이다. 여기서는 Enter 키만 누르면 된다.

> 주의: 여기서 LaTeX이 \end{equotion}을 \end{equation}으로 바꾸었다고 해도 입력 파일 자체는 변하지 않았기 때문에 고쳐 주는 것이 좋다. 필자는 에러에서 주로 e 를 입력하여 바로 편집기로 가서 고친다.

> 참고 : 위의 방법은 LaTeX환경이 여러 번 사용되지 않았을 때는 의도한 대로 작용하지만 환경이 겹친(nested) 경우에는(예 : Theorem 안의 equation) 의도한 대로 되지 않는 경우가 있다.

I 위에서 본 것처럼 에러가 발생한 줄의 명령을 대신할 명령을 입력한다.

A.2. LaTeX 에러 메시지 리스트

이 절에서는 자주 만나는 LaTeX 에러 메시지에 대해 알아보자.

`! . . . undefined`

\renewcommand나 \renewenvironment에 정의된 명령이나 환경은 이미 정의된 것이라야 하는데 그렇지 않을 경우.

`! Bad \line or \verctor argument`

\line이나 \vector의 첫 번째 변수는 각을 나타내는데 이것이 잘못된 경우. 제15장을 참고할 것.

`! Bad use of \\.`

\\ 는 줄을 바꿀 때 사용하는데 이를 두 번 이상 반복하였거나 문단이 바뀌는 위치에서 사용한 경우.

`! Can be used only in preamble`

\documentclass, \makeindex, \nofiles, \includeonly 등의 명령은 전처리부 (\begin{document} 이전)에 나와야 하는 명령인데 이 명령이 후에 나온 경우.

`! Command name ... already used`

\newcommand \newtheorem \newlength \newcounter 등에서 정의한 것이 이미 정하여진 경우. \renewcommand 이용.

`! Counter too large`

번호기 중의 영문 알파벳이 26보다 크거나 한글 번호기 \hangula 또는 \hangulb 가 각각 14 또는 12보다 큰 경우.

`! Environment ... undefined`

\begin{뭐}와 \end{뭐}에서 정의된 "뭐"가 정의되지 않았다는 메시지로 주로 오타로 인해 생긴다.

`! Float(s) lost`

figure나 table 환경이 minipage나 \marginpar 또는 \footnote 등에서 사용된 경우.

`! Missing \begin{document}`

\begin{document} 명령이 빠졌거나 *preamble*에 올 수 없는 명령이나 텍스트의 일부가 \begin{document} 전에 있는 경우.

`! Illegal character in arrar arg`

tabular나 array의 열을 나타내 주는 부분에 들어갈 수 없는 문자열이 있는 경우.

`! Too deeply nested`

list enumerate 등이 너무 많이 겹친 경우. itemize, description 등은 네 번까지이다.

`! Too many unprocessed floats`

이는 한 면에 너무 많은 \marginpar가 있거나 아니면 출력되지 않은 table 및 figure 등의 유동체가 너무 많다는 것이다(제10장 참조). 이때는 중간중간에 \clearpage를 주어서 그동안 출력되지 못한 유동체를 출력시키면 된다.

`! Lonely \item--perhaps a missing list environment`

이는 itemize, list 등의 \begin 없이 \item이 먼저 나왔다는 뜻이다.

`! No such counter`

는 번호기에 사용된 번호기가 정의되어 있지 않은 경우이다. 철자를 확인하고 맞다면 \newcounter 명령으로 번호기를 정의하여야 한다.

`! No theorem environment '...' defined`

정리 등의 환경에서는 그 번호를 다른 정리 등의 환경에 따라서 붙일 수 있는데 그 환경이 정의되지 않았다는 뜻이다. 즉

```
\newtheorem{theorem}[axiom]{Theorem}
```

에서 axiom이 정의되지 않았을 경우이다.

이와 같이 에러 메시지는 다양하며 에러가 발생하였을 때 적절하게 수정할 수 있어야 LaTeX을 효율적으로 사용할 수 있다.

A.3. 패키지 정보

이 책의 출력을 얻기 위해 직접 사용한 패키지와 라이브러리의 이름은 다음과 같다. 사용한 패키지가 불러들이는 패키지와 Font Definition, LaTeX 기본 클래스 파일 등은 이 목록에 포함하지 않았다. 이 책에서 설명된 letter, beamer, newfloat, draftwatermark, slide, seminar, tocloft, makeidx, showidx 등의 많은 클래스 또는 패키지는 동시에 구현되지 않으므로 별도의 컴파일을 사용하였다.

사용 버전은 TEX Live 2015 버전에 포함된 버전이다.

```
\usepackage{syshan,subfigure,latexsym,emlines2,float,alltt,
          comment,tikz,slashbox, misc}
\usepackage{graphicx}
\usepackage{boxit}
\usepackage{epsfig}
\usepackage{latexcad}
\usepackage{fancyhdr}
\usepackage{epic}
\usepackage{eepic}
\usepackage{longtable}
\usepackage{wrapfig}
\usepackage{subeqnarray}
\usepackage{fancybox}
\usepackage{amscd, amssymb,amsfonts}
\usepackage{amsmath, amsxtra, amsbsy}
\usepackage[normalem]{ulem}
\usepackage{rotating}
\usepackage{colortbl}
\usepackage{psfrag}
\usepackage{colordvi}
\usepackage{textcomp}
\usepackage{hyperref}
\hypersetup{pdfborder={0 0 0}}
\usepackage{animate}
\usetikzlibrary{plotmarks, arrows.meta, matrix, patterns,
  snakes, trees, intersections, calc, shapes.callouts,
  shapes.misc, shadows, shadings, shapes.geometric,
  shapes.symbols, shapes.arrows}
\usepackage{sidecap}
\usepackage{tcolorbox}
\tcbuselibrary{skins}
\usepackage{multirow}
```

```
\usepackage{xcolor}
\usepackage{fancyvrb}
\usepackage{floatflt}
\usepackage{metalogo}
\usepackage{pifont}
\usepackage{fix-cm}
\usepackage{diagbox}
```

부록 B

LATEX 예제들

여기에는 여러 가지 출력의 입력 파일과 그 출력이 수록되어 있다. 이 파일들은 출판사 홈페이지에서 내려받을 수 있으므로 각 파일을 개인 PC로 복사하여 사용할 수 있다. 이때 필요한 그림 파일 등이 있을 경우 함께 내려받아야 한다.

B.1. 첫 번째 출력–temp1.tex

```
\documentclass[11pt]{article}
\usepackage{kotex}
\pagestyle{headings}
\newtheorem{theorem}{Theorem}
\newtheorem{example}{보기}
\begin{document}
%\setcounter{page}{681}
\title{\LaTeX\ 사용 예}
\author{심 송 용 \thanks{한림대학교.}}
\maketitle
\thispagestyle{empty}
\begin{abstract}
이 예는 간단한 확률 이론을 요약하였다. 가법법칙과 승법법칙을 정리하고
보기를 사용하여 그 응용에 대해 알아보자.  \ref{ss:add}절에서는
가법정리를, \ref{ss:bayes}절에서는 Bayes 정리를 소개한다.
\end{abstract}
\emph{Keywords}: Template; Test; Article style.
\vfill
\tableofcontents
\newpage
\section{가법 \label{ss:add}}
이 절에서는 확률의 두 사상의 합 사상의 확률에 대해 알아보자.
\begin{theorem}
```

```
표본공간 $\cal S$의 부분 집합 $A$와 $B$에 대해 $A$와 $B$의 합사상의
확률은 다음과 같이 계산된다.
\begin{equation} \label{eq:add}
\Pr[A \cup B] = \Pr[A] + \Pr[B] - \Pr[A\cap B]
\end{equation}
식~(\ref{eq:add})에서 $A\cap B = \emptyset$이면
$\Pr[A \cup B] = \Pr[A] + \Pr[B]$이다. 이는 확률의 정의에 부합한다.
(Feller \cite{f1} 참조)
\end{theorem}
\section{조건부 확률과 Bayes 정리 \label{ss:bayes}}
사상 $B$가 일어났다는 조건하에서 사상 $A$의 확률은
$$ \Pr[A|B] = \frac{\Pr[A\cap B]}{\Pr[B]} $$
로 정의한다.
\begin{example}
실제 수를 이용한 예를 만들자.
\end{example}
Bayes 정리는 $A_1, A_2, \ldots, A_n$이 표본공간의 분할일 때
\begin{eqnarray}
\Pr[A_k|B] &=& \frac{\Pr[A_k\cap B]}{\Pr[B]} \\
            &= & \frac{\Pr[B|A_k]\Pr[A_k]}
               {\displaystyle\sum_{j=1}^n\Pr[B|A_j]\Pr[A_j]}
\end{eqnarray}
로 주어진다.
\begin{thebibliography}{99}
\addcontentsline{toc}{section}{참고문헌}
\bibitem{f1} Feller, W. (1966) \textit{An Introduction to
 Probability Theory and Its Applications}, vol \textbf{2},
 Wiley, New York, NY.
\end{thebibliography}
\end{document}
```

LaTeX 사용 예

심 송 용 *

February 28, 2016

Abstract

이 예는 간단한 확률 이론을 요약하였다. 가법법칙과 승법법칙을 정리하고 보기를 사용하여 그 응용에 대해 알아보자. 1 절에서는 가법정리 2 절에서는 Bayes 정리를 소개한다.

Keywords: Template; Test; Article style.

Contents

1 가법 **2**

2 조건부 확률과 Bayes 정리 **2**

1 가법

이 절에서는 확률의 두 사상의 합 사상의 확률에 대해 알아보자.

Theorem 1 *표본공간 S의 부분 집합 A와 B에 대해 A와 B의 합사상의 확률은 다음과 같이 계산된다.*

$$\Pr[A \cup B] = \Pr[A] + \Pr[B] - \Pr[A \cap B] \tag{1}$$

식 (1)에서 $A \cap B = \emptyset$이면 $\Pr[A \cup B] = \Pr[A] + \Pr[B]$이다. 이는 확률의 정의에 부합한다. (Feller [1] 참조)

2 조건부 확률과 Bayes 정리

사상 B가 일어났다는 조건하에서 사상 A의 확률은

$$\Pr[A|B] = \frac{\Pr[A \cap B]}{\Pr[B]}$$

로 정의한다.

보기 1 *실제 수를 이용한 예를 만들자.*

Bayes 정리는 $A_1, A_2, \ldots, A_n$이 표본공간의 분할일 때

$$\begin{aligned} \Pr[A_k|B] &= \frac{\Pr[A_k \cap B]}{\Pr[B]} & (2) \\ &= \frac{\Pr[B|A_k]\Pr[A_k]}{\sum_{j=1}^{n} \Pr[B|A_j]\Pr[A_j]} & (3) \end{aligned}$$

로 주어진다.

References

[1] Feller, W. (1966) *An Introduction to Probability Theory and Its Applications*, vol **2**, Wiley, New York, NY.

B.2. report 클래스–temp2.tex

이 절에는 report 스타일을 이용한 장 가르기, 목차 만들기, 참고문헌 및 그 인용, 식과 절 등의 인용을 위한 LaTeX의 입력 파일과 그 입력을 사용할 때의 출력이 주어졌다. 또한 syshan.sty에 정의되어 있는 lineheading 을 사용하였다.

```
\documentclass[12pt,leqno]{report}
\usepackage[hangul]{kotex}
\newtheorem{theorem}{정리}[chapter]
\newtheorem{defn}{정의}[chapter]
\newtheorem{example}{보기}[chapter]
\newcommand{\dis}{\displaystyle}
\begin{document}
%\pagestyle{lineheading}  %% syshan 패키지의 명령임
\title{두 번째 TEMPLATE}
\author{저자}
\maketitle
%\setcounter{page}{689}
\tableofcontents
\chapter{기술통계}
이 장에서는 모집단의 성질에 대해 간단히 알아보는 기술통계량(Descriptive
Statistics)에 대해 알아보기로 하자.
\section{평균 \label{ss:mean}}
평균에는 흔히 평균이라고 말하는 산술평균 외에 기하평균과
조화평균\footnote{조화평균의 설명은 Feller \cite{f1} 참조.}이 있다.
\begin{enumerate}
\item 산술평균: $x_1,x_2,\cdots, x_n$의 산술평균은 $\bar{x}$로
나타내고 그 값은
\begin{equation}
\bar{x} = \frac{x_i\mbox{들의 합}}{x_i \mbox{의 개수}}
        = \frac{\sum_{i=1}^n x_i}{n}
\end{equation}
로 계산한다.
\item 기하평균: $x_1,x_2,\cdots, x_n$의 기하평균은 $G$로 나타내고
그 값은
\begin{equation}
G =\sqrt[n]{x_i\mbox{들의 곱}}=\sqrt[n]{\prod_{i=1}^n x_i}
\end{equation}
로 계산한다.
\end{enumerate}
\section{중앙값 \label{ss:median}}
중앙값 (Median)은 관측치를 순서대로 나열하였을 때 중앙에 위치하는 값을
말한다.  $n$ 개의 관측치  $x_1,x_2,\cdots, x_n$의 중앙값 $M$은
\begin{equation}
M = \left\{ \begin{array}{ll}
```

```
    {\dis \frac{n+1}{2} }\mbox{번째 관측치} & n \mbox{이 홀수} \\
    n \mbox{번째와} (n+1) \mbox{번째의 평균} & n \mbox{ 짝수}
\end{array} \right.
\end{equation}
\section{분산}
제\ref{ss:mean}절과 \ref{ss:median}절의 평균과 중앙값 등은 모집단의
중심위치에 대한 측도이다. 이 절에서는 산포의 측도인 분산에 대해 알아보자.
\begin{defn}[분산]  \label{def:var}
$x_1,x_1,\cdots,x_n$의 분산은 $Var(x)$로 나타내고
$$ Var(x) = \frac{\sum_{i=1}^n (x_i-\bar{x})^2}{n-1} $$
으로 계산한다.
\end{defn}
\pageref{def:var}면의 정의 \ref{def:var}의 양의 제곱근을
``표준편차''라 한다.
\begin{quote}
{\bf 참고}: 분산의 정의 \ref{def:var} 에서 분모를 $n$ 을 쓰기도
하지만 여러 가지 통계적 성질을 고려할 때 $n-1$이 더 합리적이다.
(Hogg and Craig \cite{h1} 참고) $n \to \infty$ 이면 두 계산의 차이는
없어진다.
\end{quote}
\section{공분산}
쌍으로 이루어진  두 관측치 $(x_1, y_1), (x_2,y_2), \cdots, (x_n,y_n)$의
공분산은 $Cov(x,y)$로 나타내고 그 계산은
\begin{eqnarray}
Cov(x,y) & = & \frac{\sum_{i=1}^n (x_i-\bar{x})(y_i-\bar{x})}{n-1} \\
  \nonumber
         & = & \frac{\dis \sum_{i=1}^n x_iy_i- n\bar{x}\bar{y}}{n-1}
\end{eqnarray}
으로 한다. 위 두 식에서 $\sum$의 모양이 어떻게 달라졌는지와
첫 번째 식은 번호가 있고 두 번째 식은 번호가 없음을 유의하기 바란다.
\chapter{두 번째 장}
\texttt{report} 스타일에서는 장이 바뀌면 새 면에서 시작한다.
\verb+\chapter+라고하면 장의 수는 자동적으로 1 증가하며 그에 따르는 절의
수는 장의 번호바뀜에 따라 다시 1부터 시작된다.
\section{표}
이 절에서는 \texttt{table} 환경과 \texttt{tabular} 환경으로 표를 만들어
보자.  표~\ref{tab:ex}는 보기를 위해 만든 임의의 표인데 \texttt{center}
환경을 사용하였다.
\begin{table}[h]
\begin{center}
\begin{tabular}{lccc} \hline
Primary & \multicolumn{3}{c}{Secondary} \\ \cline{2-4}
        & Yes     & No           & Total \\ \hline
Yes     & $\pi^2$ & $\pi(1-\pi)$ & $\pi$ \\
No      &   --    & $1-\pi$      & $1-\pi$  \\ \hline
```

```
\end{tabular}
\end{center}
\caption{예를 위한 표 \label{tab:ex}}
\end{table}
\section{\LaTeX 의 박스}
이 절에는 박스의 예인 세 가지 \verb+\fbox+, \verb+\parbox+ 및
\texttt{minipage} 환경의 출력을 포함하였다.\\
\noindent
\fbox{\parbox{.45\textwidth}{
이 박스에는 테두리가 있다는데 이는
\texttt{\symbol{92}fbox} 를 이용한 것이다.}} \hfill
\fbox{
\begin{minipage}{.47\textwidth}
\begin{theorem} $p$와 $q$가 임의의 명제라 하면
\renewcommand{\theenumi}{(\Alph{enumi})}
\begin{enumerate}
\item $p \Rightarrow p \vee q$.
\item $(p \vee q)\wedge \sim p \Rightarrow q$.
\end{enumerate}
이 성립한다.
\end{theorem}
\end{minipage}}
\begin{thebibliography}{99}
\addcontentsline{toc}{chapter}{참고문헌}
\bibitem{f1} Feller, W. (1966) \textit{An Introduction to
  Probability Theory and Its Applications}, vol \textbf{2}, Wiley,
  New York, NY.
\bibitem{h1} Hogg, R. V. and Craig, A. T. \textit{Introduction to
  Mathematical Statistics}, 4th edition, MacMillan, New York, NY.
\end{thebibliography}
\end{document}
```

두 번째 TEMPLATE

저자

2016년 4월 6일

제 1 장

기술통계

이 장에서는 모집단의 성질에 대해 간단히 알아보는 기술통계량(Descriptive Statistics)에 대해 알아보기로 하자.

제 1 절 평균

평균에는 흔히 평균이라고 말하는 산술평균 외에 기하평균과 조화평균[1]이 있다.

1. 산술평균: $x_1, x_2, \cdots, x_n$의 산술평균은 $\bar{x}$로 나타내고 그 값은

   $$\bar{x} = \frac{x_i\text{들의 합}}{x_i\text{의 개수}} = \frac{\sum_{i=1}^{n} x_i}{n} \tag{1.1}$$

   로 계산한다.

2. 기하평균: $x_1, x_2, \cdots, x_n$의 기하평균은 G로 나타내고 그 값은

   $$G = \sqrt[n]{x_i\text{들의 곱}} = \sqrt[n]{\prod_{i=1}^{n} x_i} \tag{1.2}$$

   로 계산한다.

[1] 조화평균의 설명은 Feller [1] 참조.

2

제 2 절 중앙값

중앙값 (Median)은 관측치를 순서대로 나열하였을 때 중앙에 위치하는 값을 말한다. n 개의 관측치 $x_1, x_2, \cdots, x_n$의 중앙값 M은

$$M = \begin{cases} \frac{n+1}{2}\text{번째 관측치} & n\text{이 홀수} \\ n\text{번째와}(n+1)\text{번째의 평균} & n \text{ 짝수} \end{cases} \tag{1.3}$$

제 3 절 분산

제1절과 2절의 평균과 중앙값 등은 모집단의 중심위치에 대한 측도이다. 이 절에서는 산포의 측도인 분산에 대해 알아보자.

정의 1.1 (분산) *$x_1, x_1, \cdots, x_n$의 분산은 $Var(x)$로 나타내고*

$$Var(x) = \frac{\sum_{i=1}^{n}(x_i - \bar{x})^2}{n-1}$$

으로 계산한다.

3면의 정의 1.1의 양의 제곱근을 "표준편차"라 한다.

> **참고**: 분산의 정의 1.1 에서 분모를 n 을 쓰기도 하지만 여러 가지 통계적 성질을 고려할 때 $n-1$이 더 합리적이다. (Hogg and Craig [2] 참고) $n \to \infty$ 이면 두 계산의 차이는 없어진다.

제 4 절 공분산

쌍으로 이루어진 두 관측치 $(x_1, y_1), (x_2, y_2), \cdots, (x_n, y_n)$의 공분산은 $Cov(x, y)$로 나타내고 그 계산은

$$\begin{aligned} Cov(x, y) &= \frac{\sum_{i=1}^{n}(x_i - \bar{x})(y_i - \bar{x})}{n-1} \\ &= \frac{\sum_{i=1}^{n} x_i y_i - n\bar{x}\bar{y}}{n-1} \end{aligned} \tag{1.4}$$

3

으로 한다. 위 두 식에서 $\sum$의 모양이 어떻게 달라졌는지와 첫 번째 식은 번호가 있고 두 번째 식은 번호가 없음을 유의하기 바란다.

4

제 2 장

두 번째 장

report 스타일에서는 장이 바뀌면 새 면에서 시작한다. \chapter라고하면 장의 수는 자동적으로 1 증가하며 그에 따르는 절의 수는 장의 번호바뀜에 따라 다시 1부터 시작된다.

제 1 절 표

이 절에서는 table 환경과 tabular 환경으로 표를 만들어 보자. 표 2.1는 보기를 위해 만든 임의의 표인데 center 환경을 사용하였다.

Primary	Secondary		
	Yes	No	Total
Yes	π^2	$\pi(1-\pi)$	π
No	–	$1-\pi$	$1-\pi$

표 2.1: 예를 위한 표

5

제 2 절 LaTeX의 박스

이 절에는 박스의 예인 세 가지 \fbox, \parbox 및 minipage 환경의 출력을 포함하였다.

이 박스에는 테두리가 있다는데 이는 \fbox 를 이용한 것이다.

정리 2.1 *p와 q가 임의의 명제라 하면*

(A). $p \Rightarrow p \vee q$.

(B). $(p \vee q) \wedge \sim p \Rightarrow q$.

이 성립한다.

6

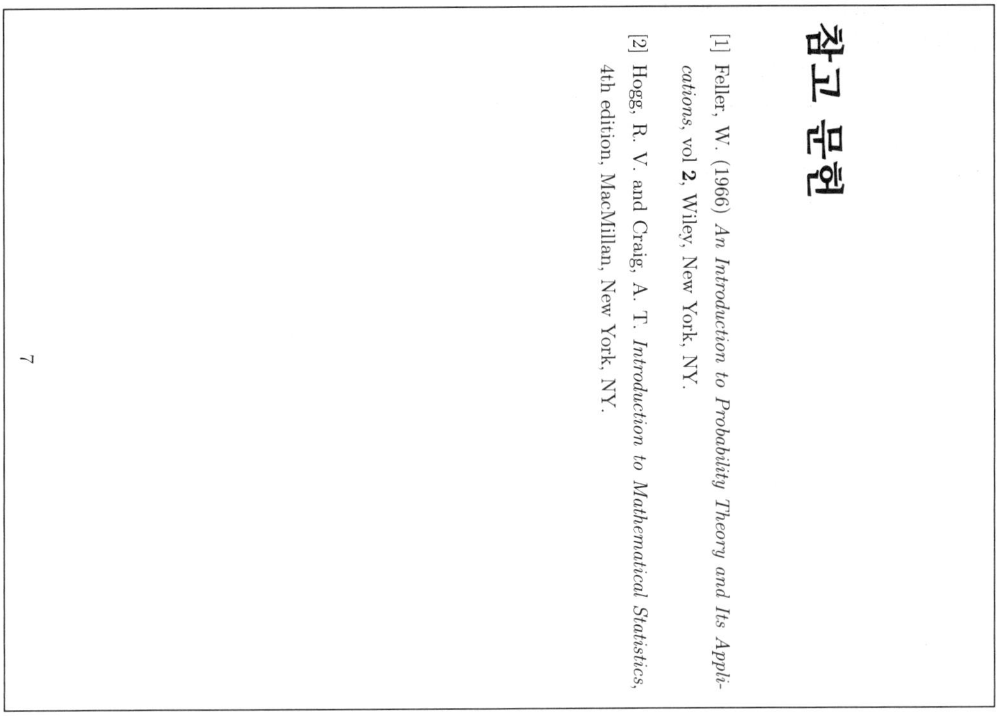

참고 문헌

[1] Feller, W. (1966) *An Introduction to Probability Theory and Its Applications*, vol **2**, Wiley, New York, NY.

[2] Hogg, R. V. and Craig, A. T. *Introduction to Mathematical Statistics*, 4th edition, MacMillan, New York, NY.

7

B.3. graphicx와 xcolor 패키지 이용—temp3.tex

이 절에는 LaTeX 2_ε에서 지원하는 `graphicx` 와 `xcolor` 및 `fancyheadings` 패키지를 이용한 예를 담았다. 또한 이 패키지가 `pdflatex`과 호환이 부족하여 `latex` → `dvips` → `ps2pdf` 순서로 PDF로 변환하기를 권장한다.

```
\documentclass[11pt]{article}
\usepackage[dvips]{xcolor,graphicx}
\usepackage{kotex}
\usepackage{fancyhdr}
\lfoot{}
\cfoot{}
\rfoot{\today}
\lhead{예 3}
\chead{\thepage}
\rhead{예 3}

\begin{document}
%\setlength{\headrulewidth}{1pt}
%\setlength{\footrulewidth}{2pt}
```

```
\graphicspath{{../images/}}
\pagestyle{fancy}
\title{세 번째 보기}
\author{심송용\thanks{초판과 저자가 바뀌었음.}}
\maketitle
%\setcounter{page}{698}
\section{축소 확대 및 회전}
\begin{center}
 \fbox{\scalebox{2}{ABCD}} 는 \fbox{ABCD} 보다 두 배 확대되었고
 \fbox{\scalebox{.5}{가나다}} 는 가나다의 반 크기이다. 배율을 달리하면
 \fbox{\scalebox{.75}[2]{길쭉한}} 글자체로도 만들 수 있다.
\end{center}
\verb|\resizebox| 명령의 예.
\begin{center}
 \resizebox{5cm}{.4cm}{HERE}
 \resizebox{3cm}{!}{HERE}
\end{center}
회전의 예.
\begin{center}
\fbox{\LARGE 회전} \rotatebox{30}{\fbox{\LARGE 회전}}
\rotatebox{60}{\fbox{\LARGE 회전}} \rotatebox{180}{\fbox{\LARGE 회전}}
\rotatebox{90}{\fbox{\LARGE 회전}} \rotatebox{270}{\fbox{\LARGE 회전}}
\end{center}
대칭의 예
\begin{center}
\fbox{\reflectbox{\Large 대칭}} 는 \fbox{\Large 대칭}의 좌우가 바뀐
 모양이다.\\
\fbox{\reflectbox{\Large ABCD}} 는 \fbox{\Large ABCD}의 좌우가 바뀐
 모양이다.
\end{center}
\begin{figure}[t]
\caption{ \texttt{\symbol{92}includegraphics} 명령으로 부른 그림
 \label{fig:texgr}}
 \centering\includegraphics[scale=0.5]{../images/moraine.eps}
\end{figure}
\begin{figure}[h]
 \caption{\texttt{graphicx} 패키지를 이용한 그림 \label{fig:texgr2}}
 \centering \includegraphics*[420pt,0pt][600pt,92pt]
  {../images/moraine.eps}
\end{figure}
\section{색조정 -- \lowercase{\texttt{xcolor}} 패키지 \label{ss:xcolor}}
\begin{center}
 \textcolor{red}{\LARGE 붉은색}, \textcolor{green}{\LARGE 녹색} 및
 \textcolor{blue}{\LARGE 파란색}은 3 원색이다.
\end{center}
```

```
\begin{center}
 \colorbox{yellow}{\LARGE 노란색}
 \colorbox{cyan}{\LARGE CYAN}
 \colorbox{green}{\LARGE GREEN}
\end{center}
\begin{center}
 \fcolorbox{green}{yellow}{\LARGE 노란색}
 \fcolorbox{red}{cyan}{\LARGE CYAN}
 \fcolorbox{yellow}{green}{\LARGE GREEN}
\end{center}
\end{document}
```

세 번째 보기

심송용*

March 5, 2016

1 축소 확대 및 회전

ABCD 는 ABCD 보다 두 배 확대되었고 가나다 는 가나다의 반 크기이다. 배율을 달리하면 길쭉한 글자체로도 만들 수 있다.

\resizebox 명령의 예.

HERE HERE

회전의 예.

회전 회전 회전 회전 회전 회전

대칭의 예

대칭 는 대칭의 좌우가 바뀐 모양이다.

ABCD 는 ABCD의 좌우가 바뀐 모양이다.

*초판과 저자가 바뀌었음.

1

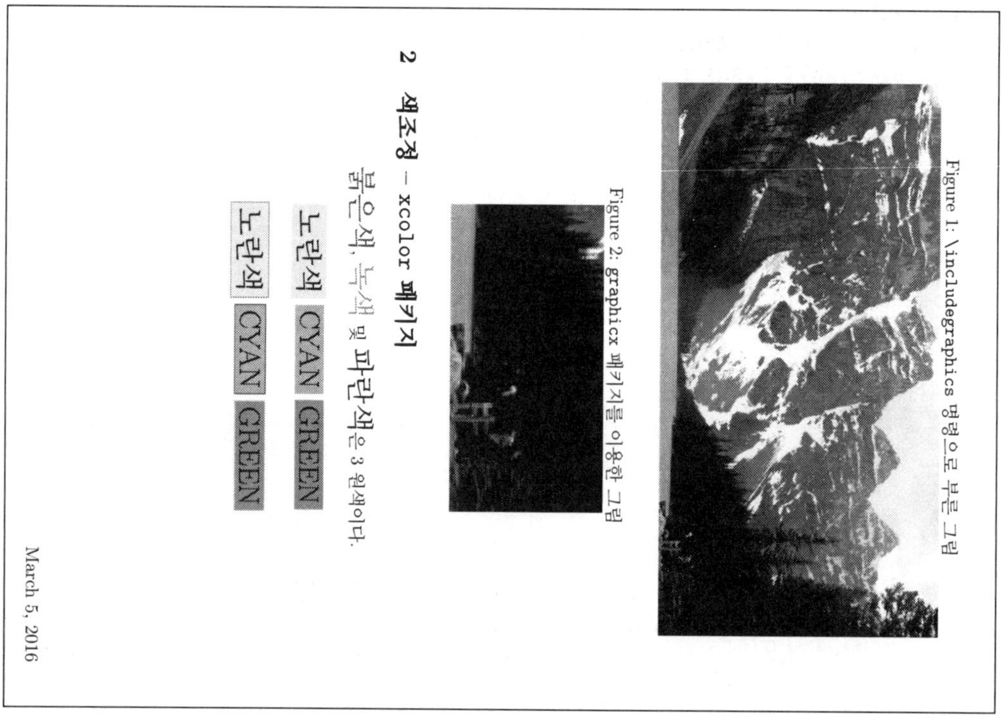

B.4. 네 번째 보기–temp4.tex

이 보기는 showframe 패키지를 사용하여 페이지 테두리를 만들었다. 또한 syshan 패키지의 기능을 사용하였다. 만일 syshan 패키지가 없다면 habstract와 henumerate가 동작되지 않는다. syshan 패키지 없이 컴파일하려면 이 두 환경에서 첫 글자 h를 삭제한 후 사용해 본다.

```
\documentclass[11pt,twocolumn]{article}
%\documentclass[11pt]{article}
\usepackage{showframe}
\usepackage[english]{syshan}
\usepackage{dotseqn}
\usepackage{subeqnarray}

\begin{document}
\title{몇 가지 패키지의 출력 결과}
\author{심송용}
\maketitle
%\setcounter{page}{703}
\begin{habstract}
```

```
이 예에서는 몇 가지 패키지의 사용 결과를 수록하였다. 이렇게 따로 예를
만든 이유는 여기서 사용한 패키지의 일부는 출력의 전체에 영향을 주기 때문에
이를 피하기 위해서이다.
\end{habstract}
\begin{abstract}
In this article, we listed a few examples of \LaTeX\ packages.
The reason why we do this way is that some packages affect the whole
output of \LaTeX.
\end{abstract}
\renewcommand{\labelhenumi}{\ojaso{henumi}}
\begin{henumerate}
\item \texttt{twocolumn}으로 만든 출력은 지금과 같이 두 줄의 출력을
      만든다.
\item \texttt{habstract} 와 \texttt{abstract}가 공존한다. 이는
\texttt{syshan} 패키지의 \texttt{english} 옵션을 사용할 때 가능하다.
\item \texttt{pageframe} 패키지를 사용하여 지금 보는 것처럼 면의
프레임을 출력하였다.
\item \texttt{dotseqn} 패키지의 사용 결과는 다음에 보는
  식~(\ref{eq:1})부터 식~(\ref{eq:3})처럼 수식이 왼쪽으로 정렬되고
  점이 만들어진다.  먼저 \texttt{equation} 환경의 결과이다.
\begin{equation}\label{eq:1}
S^2=\hat{\sigma}^2\frac{\sum_{i=1}^n (X_i-\bar{X})^2}{n-1}
\end{equation}
\texttt{eqnarray} 환경의 사용 결과도 마찬가지이다.
\begin{eqnarray}
f(x) & = & \lim_{n\rightarrow\infty} \sum_{i=1}^n \mathcal{F}(X_i)
                  \label{eq:2}\\
      & \stackrel{d}{\longrightarrow}&
                       \frac{Y}{Z} \mbox{ where } Z \neq 0\label{eq:3}
\end{eqnarray}
\item 하지만 \texttt{subeqnarray}에는 \texttt{dotseqn}의 사용 결과가
미치지 못한다. 다음은 \texttt{subeqnarray} 환경의 사용 결과이다.
\begin{subeqnarray}
f(x) & = & \lim_{n\rightarrow\infty} \sum_{i=1}^n \mathcal{F}(X_i) \\
      & \stackrel{d}{\longrightarrow}& \frac{Y}{Z} \mbox{ where }
                                             Z \neq 0
\end{subeqnarray}
\end{henumerate}
\end{document}
```

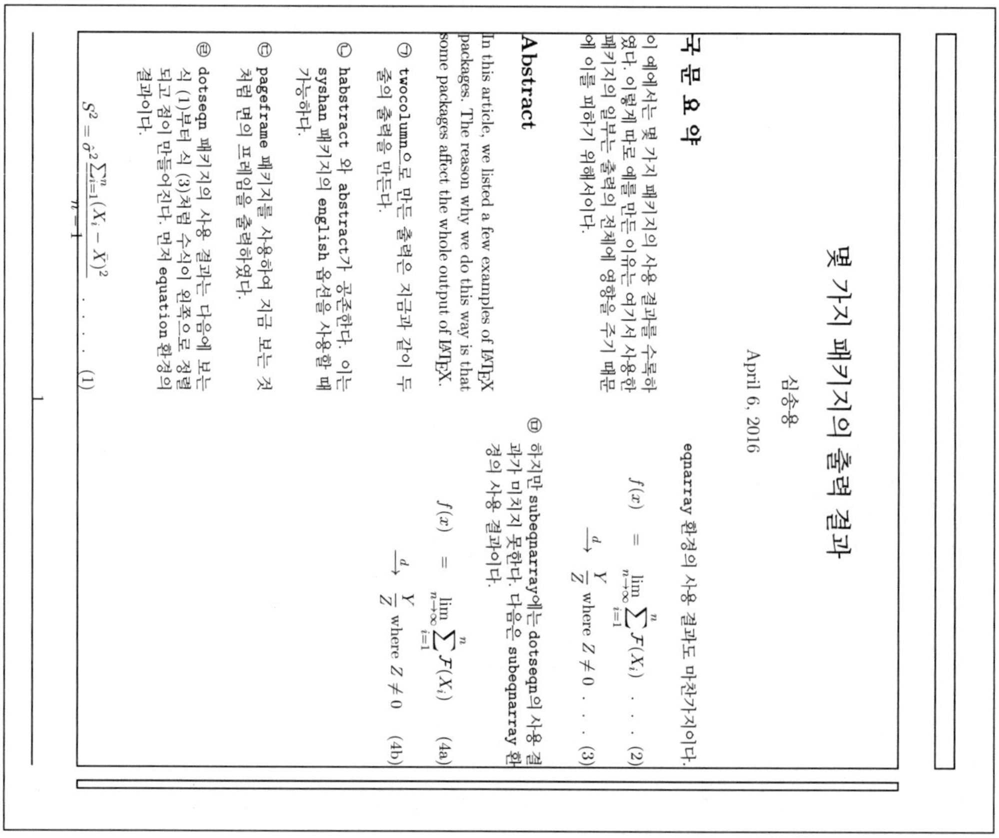

몇 가지 패키지의 출력 결과

심송용

April 6, 2016

국 문 요 약

이 예에서는 몇 가지 패키지의 사용 결과를 수록하였다. 이렇게 따로 예를 만든 이유는 여기서 사용한 패키지의 일부는 출력의 전체에 영향을 주기 때문에 이를 피하기 위해서이다.

Abstract

In this article, we listed a few examples of LaTeX packages. The reason why we do this way is that some packages affect the whole output of LaTeX.

㉠ `twocolumn`으로 만든 출력은 지금과 같이 두 줄의 출력을 만든다.

㉡ `habstract` 와 `abstract`가 공존한다. 이는 `syshan` 패키지의 `english` 옵션을 사용할 때 가능하다.

㉢ `pageframe` 패키지를 사용하여 지금 보는 것처럼 면의 프레임을 출력하였다.

㉣ `dotseqn` 패키지의 사용 결과는 다음에 보는 식 (1)부터 식 (3)처럼 수식이 왼쪽으로 정렬되고 점이 만들어진다. 먼저 `equation` 환경의 결과이다.

$$S^2 = \hat{\sigma}^2 \frac{\sum_{i=1}^{n}(X_i - \bar{X})^2}{n-1} \quad . \; . \; . \; . \quad (1)$$

`eqnarray` 환경의 사용 결과도 마찬가지이다.

$$f(x) = \lim_{n\to\infty} \sum_{i=1}^{n} \mathcal{F}(X_i) \quad . \; . \; . \quad (2)$$

$$\xrightarrow{d} \frac{Y}{Z} \text{ where } Z \neq 0 \quad . \; . \; . \quad (3)$$

㉤ 하지만 `subeqnarray`에는 `dotseqn`의 사용 결과가 미치지 못한다. 다음은 `subeqnarray` 환경의 사용 결과이다.

$$f(x) = \lim_{n\to\infty} \sum_{i=1}^{n} \mathcal{F}(X_i) \qquad (4a)$$

$$\xrightarrow{d} \frac{Y}{Z} \text{ where } Z \neq 0 \qquad (4b)$$

1

B.5. colordvi 패키지의 사용 예–temp5.tex

이 절에서는 `colordvi` 패키지를 사용하였으며, `pdflatex`과 호환이 부족하여 `latex` → `dvips` → `ps2pdf` 순서로 PDF로 변환하거나 `xelatex`으로 컴파일하여야 한다.

```
\documentclass[12pt]{article}
\usepackage{colordvi}
\usepackage{kotex}
\begin{document}
%\setcounter{page}{708}
\textBlue\background{Yellow}
참고: 이 보기에서 소개하는 표 \ref{tab:colordvi2}에 나온 색상은
흑백인쇄에서 보일 수 있도록 색을 변형하였습니다. 즉, \LaTeX\ 소스
파일에서 사용한 각종 색상은 흑백인쇄에서는 너무 흐리기 때문에 어느
정도까지만 흐린 색으로 표를 만들었습니다. 원래의 원색표는 서문에
소개한 인터넷 사이트에서 확인할 수 있습니다.
```

```
이 보기는 \texttt{colordvi}의 사용예입니다. 이 면의 바탕은 회색이나
흰색으로 나오더라도 이는 노란색을 흑백으로 바꾸고 또 이를 복사한
과정에서 생긴 것입니다. 특별히 바꾸지 않은 경우의 글자의 색은 모두
푸른색으로 만들었습니다.
\begin{table}
\caption{Color Table of \texttt{colordvi} \label{tab:colordvi2}}
\begin{center}
\begin{tabular}{lll}
\Apricot{Apricot} & \Aquamarine{Aquamarine} &
                                         \Bittersweet{Bittersweet} \\
\Black{Black} & \BlueViolet{BlueGreen} & \BlueGreen{BlueGreen} \\
\BrickRed{BrickRed} & \Brown{Brown} & \BurntOrange{BurntOrange} \\
\CarnationPink{CarnationPink} & \CadetBlue{CadetBlue} &
                                   \CornflowerBlue{CornflowerBlue} \\
\Cerulean{Cerulean} & \Cyan{Cyan} & \Dandelion {Dandelion} \\
\DarkOrchid {DarkOrchid} & \Emerald {Emerald} &
                                       \ForestGreen {ForestGreen} \\
\Fuchsia {Fuchsia} & \Goldenrod {Goldenrod} & \Gray {Gray} \\
\Green {Green} & \GreenYellow {GreenYellow} &
                                     \JungleGreen {JungleGreen} \\
\Lavender {Lavender} & \LimeGreen {LimeGreen} &
                                            \Magenta {Magenta} \\
\Mahogany {Mahogany} & \Maroon {Maroon} & \Melon {Melon} \\
\MidnightBlue {MidnightBlue} & \Mulberry {Mulberry} &
                                          \NavyBlue {NavyBlue} \\
\OliveGreen {OliveGreen} & \Orange {Orange} &
                                        \OrangeRed {OrangeRed} \\
\Orchid {Orchid} & \Peach {Peach} & \Periwinkle {Periwinkle} \\
\PineGreen {PineGreen} & \Plum {Plum} &
                                \ProcessBlue {ProcessBlue} \\
\Purple {Purple} & \RawSienna {RawSienna} & \Red{Red} \\
\RedOrange{RedOrange} & \RedViolet{RedViolet} &
                                        \Rhodamine {Rhodamine} \\
\RoyalBlue {RoyalBlue} & \RoyalPurple {RoyalPurple} &
                                       \RubineRed {RubineRed} \\
\Salmon {Salmon} & \SeaGreen {SeaGreen} & \Sepia {Sepia} \\
\SkyBlue {SkyBlue} & \SpringGreen {SpringGreen} & \Tan {Tan} \\
\TealBlue {TealBlue} & \Thistle {Thistle} &
                                        \Turquoise {Turquoise} \\
\Violet {Violet} & \VioletRed {VioletRed} &
                             \WildStrawberry {WildStrawberry} \\
\Black {Yellow} & \YellowGreen {YellowGreen}&
                                 \YellowOrange {YellowOrange} \\
\White{White}  &  &
\end{tabular}
```

```
\end{center}
\end{table}
표~\ref{tab:colordvi2} 에서 노란색은 노란 바탕에 묻히기 때문에 검정색으로
만들었습니다.
\newpage
We can also make exact color as we wish;
\Color{.05 .7 .89 0}{This is a hand-made color} of
5\% Cyan, 70\% Magenta, 89\% Yellow and 0\% of Black.
\background{White}
On this page we renewed the backgound to White.
\textBlack
지금부터는 글자의 색이 검어집니다.
\textGreen
이제는 글자의 색이 Green으로 바뀝니다. 특정 부분의 색은
\Brown{Brown}으로 바꿀 수 있습니다.

\textOrange
아래의 수식을 포함하여 지금부터는 Orange 색입니다. 수식에서
``for''의 색은 Tan입니다.
\begin{equation}
f(x) = \frac{\Gamma(\alpha+\beta)}{\Gamma(\beta)\Gamma(\beta)}
x^{\alpha-1}(1-x)^{\beta-1} \Tan{\mbox{ for }} 0 <x< 1
\end{equation}
\end{document}
```

Table 1: Color Table of colordvi

Apricot	Aquamarine	Bittersweet
Black	BlueGreen	BlueGreen
BrickRed	Brown	BurntOrange
CarnationPink	CadetBlue	CornflowerBlue
Cerulean	Cyan	Dandelion
DarkOrchid	Emerald	ForestGreen
Fuchsia	[illegible]	Gray
Green	[illegible]	JungleGreen
Lavender	LimeGreen	Magenta
Mahogany	Maroon	Melon
MidnightBlue	Mulberry	NavyBlue
OliveGreen	Orange	OrangeRed
Orchid	Peach	Periwinkle
PineGreen	Plum	ProcessBlue
Purple	RawSienna	Red
RedOrange	RedViolet	Rhodamine
RoyalBlue	RoyalPurple	RubineRed
Salmon	SeaGreen	Sepia
SkyBlue	SpringGreen	Tan
TealBlue	Thistle	Turquoise
Violet	VioletRed	WildStrawberry
Yellow	YellowGreen	YellowOrange
White		

참고: 이 보기에서 소개하는 표 1에 나온 색상은 흑백인쇄에서 보일 수 있도록 색을 변형하였습니다. 즉, LaTeX 소스 파일에서 사용한 각종 색상은 흑백인쇄에서는 너무 흐리기 때문에 어느 정도까지만 흐린 색으로 표를 만들었습니다. 원래의 원색표는 서문에 소개한 인터넷 사이트에서 확인할 수 있습니다.

이 보기는 colordvi의 사용예입니다. 이 면의 바탕은 회색이나 흰색으로 나오더라도 이는 노란색을 흑백으로 바꾸고 또 이를 복사한 과정에서 생긴 것입니다. 특별히 바꾸지 않은 경우의 글자의 색은 모두 푸른색으로 만들었습니다. 표 1 에서 노란색은 노란 바탕에 묻히기 때문에 검정색으로 만들었습니다.

1

We can also make exact color as we wish; This is a hand-made color of 5% Cyan, 70% Magenta, 89% Yellow and 0% of Black. On this page we renewed the backgound to White. 지금부터는 글자의 색이 검어집니다. 이제는 글자의 색이 Green으로 바뀝니다. 특정 부분의 색은 Brown으로 바꿀 수 있습니다.

아래의 수식을 포함하여 지금부터는 Orange 색입니다. 수식에서 "for"의 색은 Tan입니다.

$$f(x) = \frac{\Gamma(\alpha+\beta)}{\Gamma(\beta)\Gamma(\beta)} x^{\alpha-1}(1-x)^{\beta-1} \text{ for } 0 < x < 1 \tag{1}$$

2

B.6. 여섯 번째 출력–temp6a.tex

다음은 LaTeX의 \label, \ref, \pageref 명령과 hyperref 패키지에 있는 명령으로 하이퍼링크 기능이 추가된 PDF 파일을 만드는 것이다. 이 파일은 pdflatex이나 xelatex으로 컴파일하고, 출력은 하이퍼링크를 지원하는 PDF viewer로 보아야 링크가 지원된다. 안에서 그림 파일을 불러들이는데

```
\documentclass[11pt]{article}
\usepackage[hangul]{kotex}
%\usepackage{syshan}
\usepackage{graphicx}
\usepackage[colorlinks, citecolor=magenta, linkcolor=blue,
          filecolor=red, urlcolor=red]{hyperref}
\usepackage{graphicx}
\makeindex
\title{Hyperref 연습}
\author{저자 이름}
\setcounter{tocdepth}{2}

\begin{document}
%\pdfbookmark{Title}{tit}
\maketitle
\noindent
\hyperdef{cat}{toc}{}클릭해서 왔지?
\hyperref{}{cat}{name2}{\underline{원위치로}}
\tableofcontents

\newtheorem{theorem}{정리}

\section{차례의 모양\label{ss:first1}}
차례에서 각 부, 장, 절이 어떻게 표시되는지 확인하자. 이와 같은 표시는
Adobe PDF viewer에서 표현되는 기본 방식이며 다른 viewer에는 빨간색의
사각형이 만들어지지 않을 수 있으나 hypertext 기능은 작동된다. 이
사각형은 인쇄할 때 나타나지 않는다. 마지막의 찾아보기도
마찬가지이다.\index{hypertext}

\section{기본 인용\label{ss:basics}}
\begin{itemize}
\item 참고문헌 인용한 결과는 \cite{s1}과 \cite{s2}를 참고하자.
\item 절은 \ref{ss:first11}절에는 인용의 대상을 만들었다.
\item 페이지는: \pageref{ss:urls}면의 \ref{ss:urls}절에는
   url을 사용한 링크를 만든다.
\item 수식의 인용은 결과는 식 (\ref{eq:eq1})과 같이 만들어진다.%
  \footnote{이와 같은 확률밀도함수를 갖는 분포를 표준정규분포라고
 한다. 각주는 이와 같이 표시된다.}
```

```
\item 표를 인용하면 뒤의 표 \ref{tab:ex1} 또는 \autoref{tab:ex1}\과
  같이 보인다. 표를 다시 인용해보면
\renewcommand{\tableautorefname}{표}%
\autoref{tab:ex1}\과 같이 보인다.
\renewcommand{\figureautorefname}{그림}%
\item 그림도 그림 \ref{fig:ex1} 과 \autoref{fig:ex1}\으로 인용해보면
  뭔가 달라졌다.
\end{itemize}

\section{식과 각주의 인용\label{ss:first11}}
이 절에서는 인용할 것들을 만든다. 먼저 수식하나 만들고
\begin{equation}\label{eq:eq1}
f(x) = \frac{1}{\sqrt{2\pi}} \exp\Big\{-\frac{x^2}{2}\Big\}
\end{equation}
다음은 표를 만든다.
\begin{table}[h]
\caption{예제의 표\label{tab:ex1}}
\begin{center}
\begin{tabular}{l|rr} \hline
     & 찬성 &  반대 \\ \hline
여자 & 50   &  50  \\
남자 & 40   &  60 \\ \hline
\end{tabular}
\end{center}
\end{table}
표를 만든 후에 그림도 하나 만들어 보자.
\begin{figure}[th]
\centerline{
\includegraphics[width=1.8in]{../images/sunrise.eps}
\includegraphics[width=1.8in, angle=-30]{../images/sunrise.eps}
}
\caption{그림의 보기\label{fig:ex1}}
\end{figure}
정리도 인용할 수 있으니 하나 만들어 본다.
\begin{theorem} \label{th:ex1}
피타고라스 정리:\index{피타고라스 정리}
\begin{equation}\label{eq:eq2}
a^2 + b^2 = c^2
\end{equation}
이다. 이 정리는 뒤에서 인용된다.
\end{theorem}

\noindent\hyperdef{cat}{name2}{요기로 돌아와요}
\hyperref{}{cat}{toc}{\underline{이동하려면 클릭}}
\section{URL에 의한 인용\label{ss:urls}}\index{URL}
```

```
\begin{itemize}
\item \verb|\href| 명령: \href{http://jupiter.hallym.ac.kr}
   {심교수 홈피}과 같이 하거나
\item \verb|\url| 명령: \url{http://jupiter.hallym.ac.kr}로 한다.
\item 로컬 파일은 \href{file:///D:/htex/book/images/hallymdol.jpg}
      {파일열기 클릭}
\item \url{file:///D:/htex/book/images/hallymdol.jpg} 또는
\item \verb|\hyperref| 명령: \hyperref{http://jupiter.hallym.ac.kr}
      {}{}{심교수 홈피} 또는
\item \hyperref{file:///D:/htex/book/images/hallymdol.jpg}
     {}{}{파일열기 클릭}
\end{itemize}

\begin{thebibliography}{99}
\addcontentsline{toc}{section}{참고문헌}
 \bibitem{s1} 심송용(1996) \LaTeX 으로  쓴
             \LaTeX\ 안내, 경문사, 서울.
 \bibitem{s2} 심송용(2005) 통계그래픽스, 교우사, 서울.
\end{thebibliography}
\hyperref{}{cat}{toc}{차례로}
\addcontentsline{toc}{section}{\indexname}
\input{temp6a.ind}
%\printindex
\end{document}
```

Hyperref 연습

저자 이름

2016년 3월 5일

클릭해서 왔지? 원위치로

차 례

제 1 절 차례의 모양 1

제 2 절 기본 인용 2

제 3 절 식과 각주의 인용 2

제 4 절 URL에 의한 인용 3

참고문헌 4

찾아보기 4

제 1 절 차례의 모양

차례에서 각 부, 장, 절이 어떻게 표시되는지 확인하자. 이와 같은 표시는 Adobe PDF viewer에서 표현되는 기본 방식이며 다른 viewer에는 빨간색의 사각형이 만들어지지 않을 수 있으나 hypertext 기능은 작동된다. 이 사각형은 인쇄할 때 나타나지 않는다. 마지막의 찾아보기도 마찬가지이다.

1

제 2 절 기본 인용

- 참고문헌 인용한 결과는 [1]과 [2]를 참고하자.
- 절은 3절에는 인용의 대상을 만들었다.
- 페이지는: 3면의 4절에는 url을 사용한 링크를 만든다.
- 수식의 인용은 결과는 식 (1)과 같이 만들어진다.[1]
- 표를 인용하면 뒤의 표 1 또는 Table 1과 같이 보인다. 표를 다시 인용해 보면 표 1와 같이 보인다.
- 그림도 그림 1 과 그림 1으로 인용해보면 뭔가 달라졌다.

제 3 절 식과 각주의 인용

이 절에서는 인용할 것들을 만든다. 먼저 수식하나 만들고

$$f(x) = \frac{1}{\sqrt{2\pi}} \exp\left\{ -\frac{x^2}{2} \right\} \tag{1}$$

다음은 표를 만든다. 표를 만든 후에 그림도 하나 만들어 보자. 정리도 인용할

표 1: 예제의 표

	찬성	반대
여자	50	50
남자	40	60

수 있으니 하나 만들어 본다.

정리 1 *피타고라스 정리:*

$$a^2 + b^2 = c^2 \tag{2}$$

이다. 이 정리는 뒤에서 인용된다.

[1]이와 같은 확률밀도함수를 갖는 분포를 표준정규분포라고 한다. 각주는 이와 같이 표시된다.

2

그림 1: 그림의 보기

요기로 돌아와요 이동하려면 클릭

제 4 절 URL에 의한 인용

- **\href 명령**: 심교수 홈피과 같이 하거나
- **\url 명령**: `http://jupiter.hallym.ac.kr`로 한다.
- 로컬 파일은 파일열기 클릭
- `file:///D:/htex/book/images/hallymdol.jpg` 또는
- **\hyperref 명령**: 심교수 홈피 또는
- 파일열기 클릭

3

참고 문헌

[1] 심송용(1996) LaTeX으로 쓴 LaTeX 안내, 경문사, 서울.

[2] 심송용(2005) 통계그래픽스, 교우사, 서울.

차례로

4

찾아보기

hypertext, 1

URL, 3

피타고라스 정리, 2

5

B.7. 일곱 번째 출력–temp7a.tex

이 절에서는 animate 패키지를 사용하여 애니메이션을 만든 예를 담아 보았다. 그림 파일이 필요하므로 이 파일이 정확한 위치에 있는지 확인하여야 한다. 또한 TEXWorks에 포함된 PDF viewer는 애니메이션이 지원되지 않으므로 Adobe viewer 등 애니메이션이 지원되는 뷰어로 출력 PDF를 열어야 한다. pdflate 등으로 두 번 이상 컴파일해야 애니메이션이 된다.

```
\documentclass[11pt]{article}
\usepackage{kotex}
\usepackage{animate}
\usepackage{tikz}

\begin{filecontents}{timeline2.txt}
::0x0 % file: timeline2.txt, every frame
::1 %
::2
::3
::4
::5
```

```
*::6
\end{filecontents}

\begin{document}
\begin{itemize}
\item 이미지 파일 애니메이션
\begin{center}
\animategraphics[controls, loop, scale=.5]
      {4}{../images/testbmr}{00}{03}
\end{center}

\item \verb|\newframe|을 이용한 애니메이션
\begin{center}
\newcommand{\mycenterpoint}
                  {\put(30,30){\textcolor{red}{\circle*{2}}}}
\begin{animateinline}[controls, autoplay, scale=4.0, palindrome,
 %timeline=timeline2.txt,
 buttonsize=20pt,
 begin={\setlength{\unitlength}{1pt}\begin{picture}(60,60)%
       \thicklines},
 end={\end{picture}}]{4}
\mycenterpoint
\newframe\put(30,30){\circle{5}}\mycenterpoint
\newframe\put(30,30){\circle{10}}\mycenterpoint
\newframe\put(30,30){\circle{15}}\mycenterpoint
\newframe\put(30,30){\circle{20}}\mycenterpoint
\newframe\put(30,30){\circle{25}}\mycenterpoint
\newframe\put(30,30){\circle{30}}\mycenterpoint
\end{animateinline}
\end{center}

\clearpage
\item \verb|\multiframe|을 이용한 애니메이션

\begin{center}
\newcommand{\mycenterpoint}
    {\put(30,30){\textcolor{red}{\circle*{2}}}}
\begin{animateinline}[controls, autoplay, scale=4.0, palindrome,
   buttonsize=20pt,
   begin={\setlength{\unitlength}{1pt}\begin{picture}(60,60)%
         \thicklines},
   end={\end{picture}}]{4}
\mycenterpoint
\multiframe{5}{idiameter=5+5}{\put(30,30)
                               {\circle{\idiameter}\mycenterpoint}}
```

```
\end{animateinline}
\end{center}

\item \texttt{tikz} 패키지를 이용한 애니메이션

\begin{center}
\begin{animateinline}[controls, autoplay, scale=2.0,
   palindrome, buttonsize=25pt, poster=last,
   begin={\begin{tikzpicture}
         \draw[use as bounding box, fill=gray]
            (0,0) rectangle (3,3);},
   end={\end{tikzpicture}}]{2}
\fill[red] (1.5,1.5) circle (0.2cm);
\newframe\fill[green] (1.5,1.5) circle (.5cm);
\newframe\fill[blue] (1.5,1.5) circle (1cm);
\newframe\fill[yellow] (1.5,1.5) circle (1.5cm);
\end{animateinline}
\end{center}
\end{itemize}
\end{document}
```

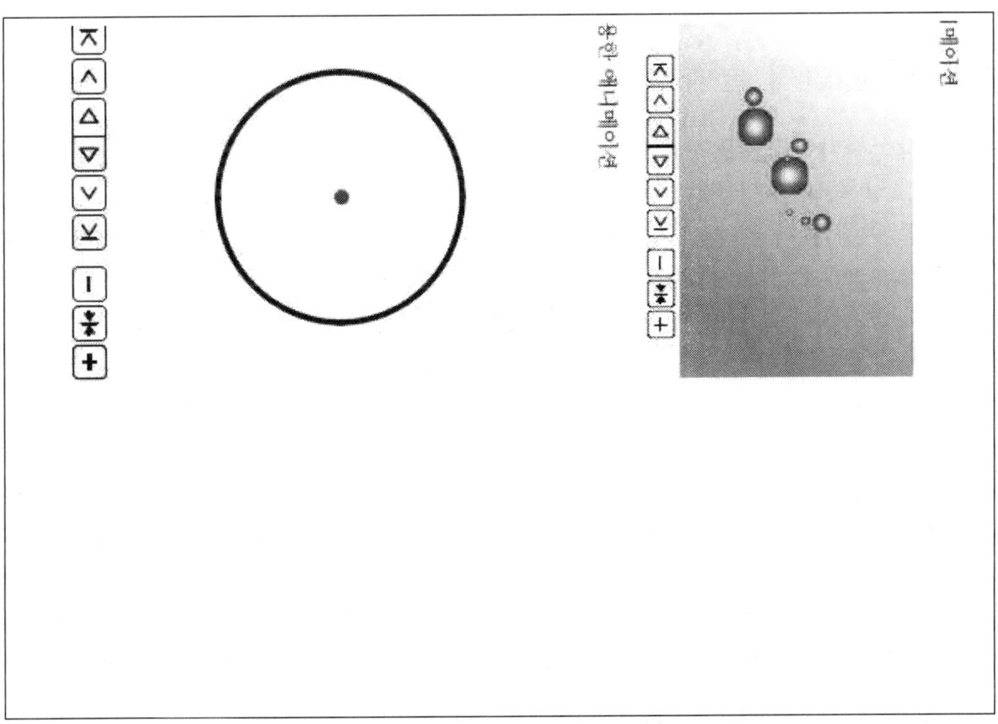

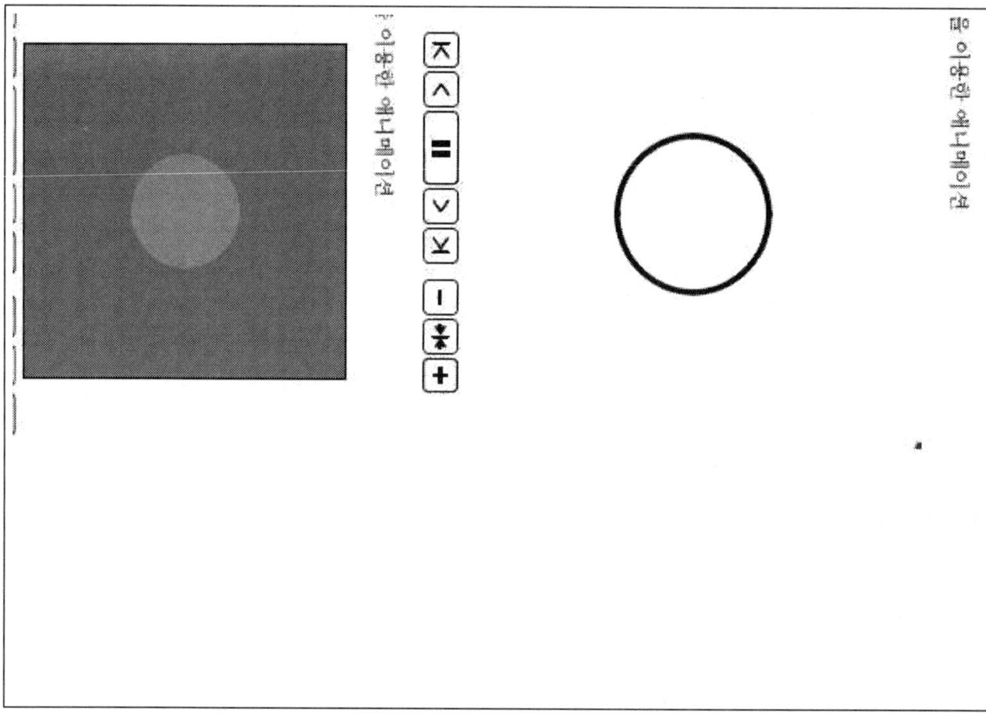

B.8. 여덟 번째 출력–temp8a.tex

문서를 작성하다 보면 표지를 만들 필요가 생긴다. 이때 tikz 패키지를 사용하면 좀 더 나은 모양을 쓸 수 있다. 이때 tikz의 overlay와 remember picture 옵션을 사용하여 그림 위에 덮어쓸 수 있게 하고 lipsum 패키지는 \lipsum이라는 명령이 들어간 자리에 임의의 텍스트로 문서를 채우는 기능을 하는 패키지로 주로 패키지 개발자들이 패키지 테스트용으로 사용한다. 임의의 텍스트의 양은 A4 기준 약 1.5페이지이며 이 텍스트의 양을 설정하는 명령이 \setlipsumdefault 명령으로 양을 조금 줄였다. 이 소스는 syshan 패키지를 사용하고 있는데 이 패키지가 없으면 \dankitoday를 \today로 바꾼 후 kotex을 사용하여도 된다.

이 보기의 두 번째 표지 그림은 제목 등 모든 내용을 tikz 패키지를 사용하여 그린 것이다. 첫 번째 tikzpicture에선 제목 등이 들어갈 좌표만 표시하고 두 번째 tikzpicture에서 제목 등의 내용을 삽입하였다.

이 보기는 페이지의 위치를 기억하기 위해 두 번 이상 컴파일해야 테두리가 원하는 위치에 설정된다. 이 파일은 xelatex이나 pdflatex으로 컴파일하는 것이 권장된다.

```
\documentclass[11pt]{article}
```

```
\usepackage{syshan}
\usepackage{tikz}
\usepackage{lipsum}
\usetikzlibrary{calc,shapes.callouts}
\setlipsumdefault{1-3}

\begin{document}

\begin{titlepage}
\begin{center}
\begin{tikzpicture}[overlay,remember picture]
  \draw[blue, fill=yellow, line width=2mm, rounded corners]
     ($ (current page.south west) + (1cm,1cm) $)
     rectangle
     ($ (current page.north east) + (-1cm,-1cm) $);
  \draw[blue, fill=white, line width=1mm]
     ($ (current page.north west) + (2cm,-2cm) $)
     rectangle
     ($ (current page.south east) + (-2cm,2cm) $);
\end{tikzpicture}
\null
\vfill
    \Huge 제목 \vskip 2cm
    \LARGE 저자\footnote{소속기관}\vskip 5cm
    \large\dankitoday
\vfill
\phantom{A}
\end{center}
\end{titlepage}

\section{서론}
여기에서 문서의 내용이 작성됩니다. 여기서 사용한 lipsum
패키지는 임의의 글자로 문서를  채우는 기능을 하는 패키지로
주로 패키지 개발자들이 패키지 테스트용으로 사용합니다.

\lipsum

\begin{titlepage}
\begin{tikzpicture}[overlay,remember picture]
  \coordinate (title) at (150mm, 230mm);
  \coordinate (date) at (150mm, 150mm);
  \coordinate (author) at (150mm, 100mm);
  \draw[blue, fill=yellow, line width=2mm, rounded corners]
      ($ (current page.south west) + (1cm,1cm) $)
      rectangle
```

```
        ($ (current page.north east) + (-1cm,-1cm) $);
    \draw[blue, fill=white, line width=1mm]
        ($ (current page.north west) + (2cm,-2cm) $)
        rectangle
        ($ (current page.south east) + (-2cm,2cm) $);
\end{tikzpicture}

\begin{tikzpicture}[remember picture]
\node[scale=5, remember picture, fill=cyan] at (title)
    {제목이 들어감 };
\node[scale=2, remember picture] at (date) {\today};
\node[scale=3, remember picture] at (author) {저자들};
\node[cloud callout, shading=ball, color=white,
        above left=12mm] at (author) (cld) {ㅎㅎ};
\end{tikzpicture}
\end{titlepage}

\end{document}
```

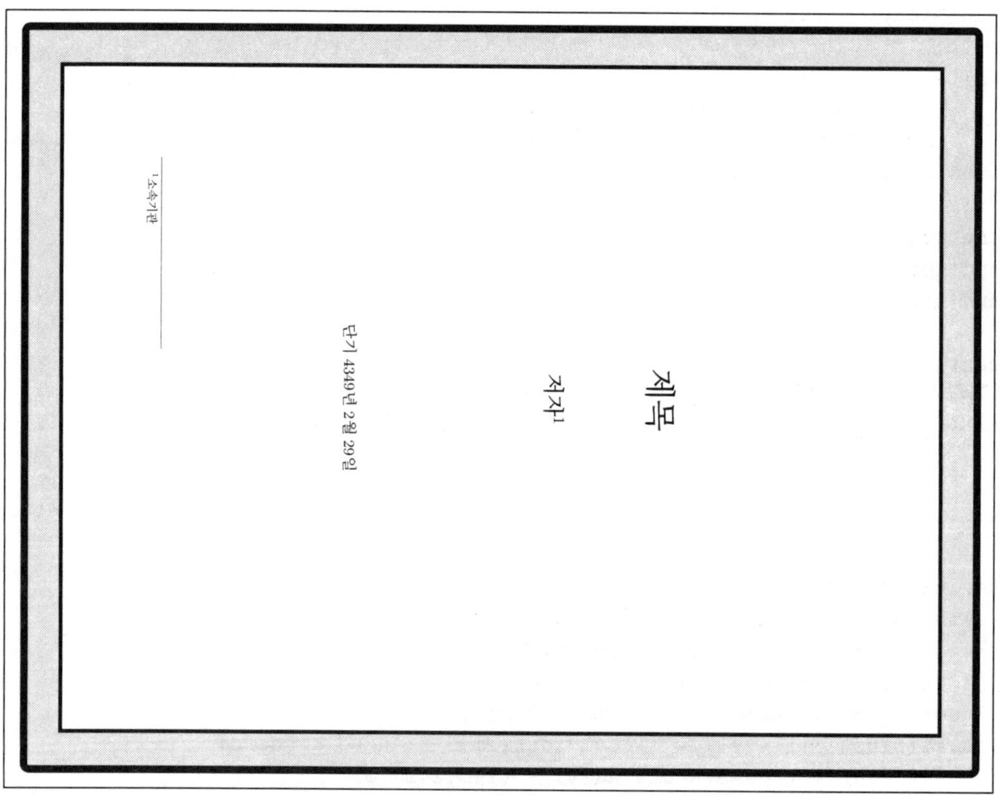

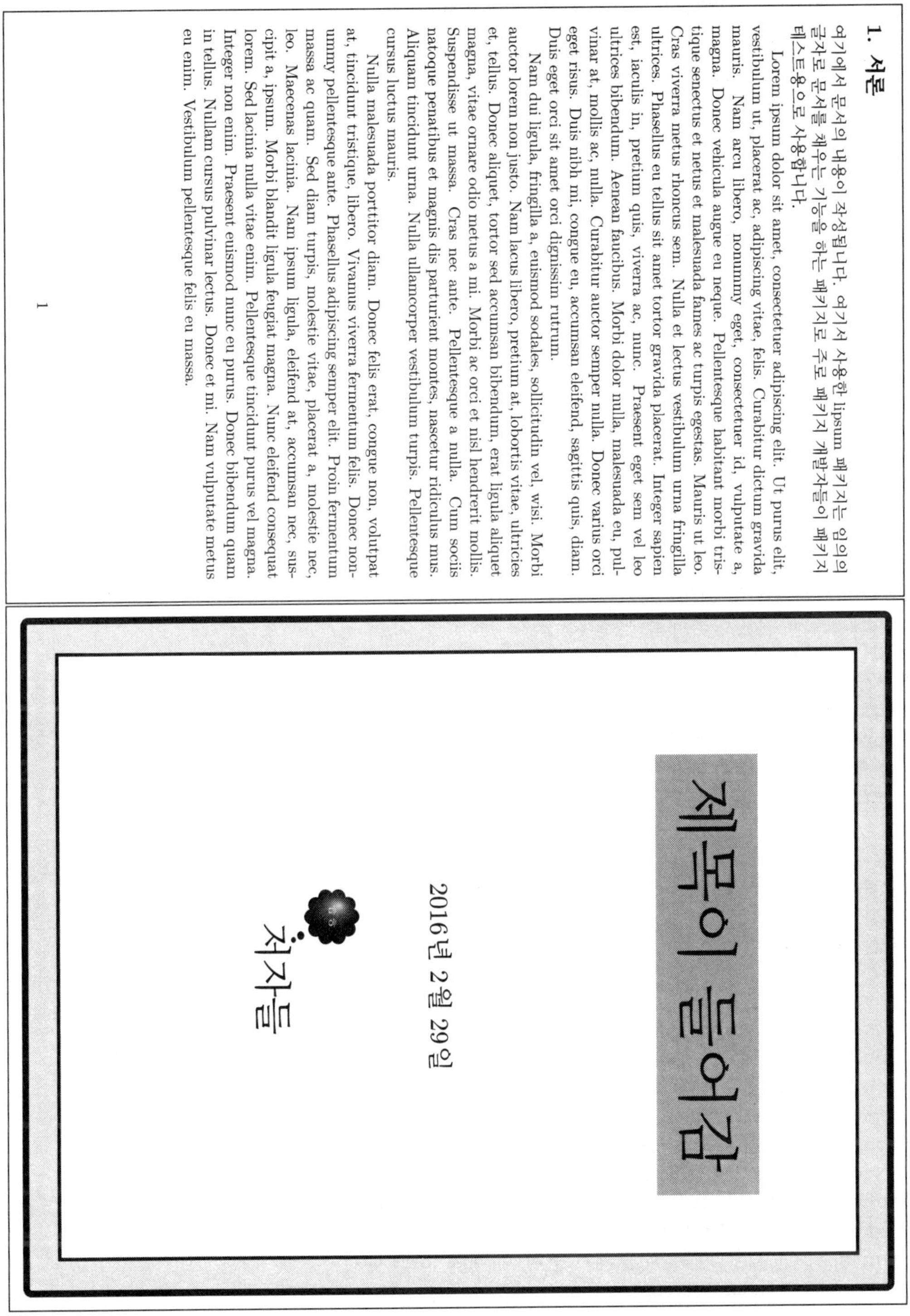

1. 서론

여기에서 문서의 내용이 작성됩니다. 여기서 사용한 lipsum 패키지는 임의의 글자로 문서를 채우는 기능을 하는 패키지로 주로 패키지 개발자들이 패키지 테스트용으로 사용합니다.

Lorem ipsum dolor sit amet, consectetuer adipiscing elit. Ut purus elit, vestibulum ut, placerat ac, adipiscing vitae, felis. Curabitur dictum gravida mauris. Nam arcu libero, nonummy eget, consectetuer id, vulputate a, magna. Donec vehicula augue eu neque. Pellentesque habitant morbi tristique senectus et netus et malesuada fames ac turpis egestas. Mauris ut leo. Cras viverra metus rhoncus sem. Nulla et lectus vestibulum urna fringilla ultrices. Phasellus eu tellus sit amet tortor gravida placerat. Integer sapien est, iaculis in, pretium quis, viverra ac, nunc. Praesent eget sem vel leo ultrices bibendum. Aenean faucibus. Morbi dolor nulla, malesuada eu, pulvinar at, mollis ac, nulla. Curabitur auctor semper nulla. Donec varius orci eget risus. Duis nibh mi, congue eu, accumsan eleifend, sagittis quis, diam. Duis eget orci sit amet orci dignissim rutrum.

Nam dui ligula, fringilla a, euismod sodales, sollicitudin vel, wisi. Morbi auctor lorem non justo. Nam lacus libero, pretium at, lobortis vitae, ultricies et, tellus. Donec aliquet, tortor sed accumsan bibendum, erat ligula aliquet magna, vitae ornare odio metus a mi. Morbi ac orci et nisl hendrerit mollis. Suspendisse ut massa. Cras nec ante. Pellentesque a nulla. Cum sociis natoque penatibus et magnis dis parturient montes, nascetur ridiculus mus. Aliquam tincidunt urna. Nulla ullamcorper vestibulum turpis. Pellentesque cursus luctus mauris.

Nulla malesuada porttitor diam. Donec felis erat, congue non, volutpat at, tincidunt tristique, libero. Vivamus viverra fermentum felis. Donec nonummy pellentesque ante. Phasellus adipiscing semper elit. Proin fermentum massa ac quam. Sed diam turpis, molestie vitae, placerat a, molestie nec, leo. Maecenas lacinia. Nam ipsum ligula, eleifend at, accumsan nec, suscipit a, ipsum. Morbi blandit ligula feugiat magna. Nunc eleifend consequat lorem. Sed lacinia nulla vitae enim. Pellentesque tincidunt purus vel magna. Integer non enim. Praesent euismod nunc eu purus. Donec bibendum quam in tellus. Nullam cursus pulvinar lectus. Donec et mi. Nam vulputate metus eu enim. Vestibulum pellentesque felis eu massa.

1

제목이 들어감

2016년 2월 29일

저자들

B.9. 아홉 번째 출력–temp9b.tex

이 절에서는 20.4절에서 소개한 시스템 글꼴을 사용하는 보기를 담았다. 따라서 이 절의 내용이 정상적으로 실행되려면

① 20.4절에서 말한 글자체가 설치되고

② XƎLaTeX으로 컴파일하여야 한다.

```
\documentclass[11pt]{article}
\usepackage{fontspec}
\usepackage{metalogo}
\begin{document}

\defaultfontfeatures{Ligatures=TeX}
\setmainfont{나눔명조}          % 기본 글자체
\setmonofont{NanumBarunGothic}  % \texttt 에서의 글자체

\verb|\newfontfamily|는 글꼴에 대한 새로운 명령을 만드는 명령으로 예를 들어
\begin{verbatim}
\newfontfamily\hunfamily{문체부 훈민정음체}%
{\hunfamily 훈민정음체를 만들어 봅니다}
\end{verbatim}
를 사용하면
\newfontfamily\hunfamily{문체부 훈민정음체}%
{\hunfamily 훈민정음체를 만들어 봅니다}를 만든다.
지금 보고 있는 글자체가 기본 글자체 '나눔명조'이며
\texttt{verbatim} 안의 글자체는 \texttt{NanumBarunGothic}
이다.
\begin{table}[t]
\caption{문체부 글꼴의 이름과 모양\label{tab:mcfont}}
\begin{center}
\begin{tabular}{l} \hline
폰트 이름과 모양  \\ \hline\hline
{\fontspec{문체부 쓰기 정체} 문체부 쓰기 정체},
   \texttt{MSugiJeong}\\
{\fontspec{MDotum} 문체부 돋음체}, \texttt{MDotum}\\
{\fontspec{문체부 바탕체} 문체부 바탕체},
   \texttt{MBatang} \\
{\fontspec{문체부 제목 돋음체} 문체부 제목 돋음체},
   \texttt{MJemokGothic} \\
{\fontspec{문체부 쓰기 흘림체} 문체부 쓰기 흘림체},
   \texttt{MSugiHeulim} \\
{\fontspec{문체부 제목 바탕체} 문체부 제목 바탕체},
   \texttt{MJemokBatang} \\
```

```
{\fontspec{문체부 궁체 흘림체} 문체부 궁체 흘림체},
   \texttt{MGungHeulim} \\
{\fontspec{문체부 궁체 정자체} 문체부 궁체 정자체},
   \texttt{MGungJeong} \\
{\fontspec{문체부 훈민정음체} 문체부 훈민정음체},
   \texttt{MHunmin} \\ \hline
\end{tabular}
\end{center}
\end{table}

\begin{table}[t]
\caption{네이버의 나눔 글꼴의 이름과 모양\label{tab:nanumfont}}
\begin{center}
\begin{tabular}{l} \hline
글자체 이름과 모양 \\ \hline \hline
 {\fontspec{나눔명조} NanumMyeongjo,나눔명조} \\
 {\fontspec{NanumMyeongjoExtraBold}
   NanumMyeongjoExtraBold,나눔명조} \\
 {\fontspec{NanumMyeongjo YetHangul}
   NanumMyeongjo YetHangul,나눔명조 옛한글} \\  \hline
 {\fontspec{나눔고딕} NanumGothic,나눔고딕} \\
 {\fontspec{NanumGothicExtraBold}
   NanumGothicExtraBold,나눔고딕 ExtraBold} \\
 {\fontspec{NanumGothic Light}
   NanumGothic Light,나눔고딕 Light} \\ \hline
 {\fontspec{NanumBarunpen} NanumBarunpen,나눔바른펜} \\
 {\fontspec{NanumBarunpen Bold}
   NanumBarunpen,나눔바른펜,NanumBarunpen Bold}\\ \hline
 {\fontspec{Nanum Brush Script}
   Nanum Brush Script,나눔손글씨 붓} \\  \hline
 {\fontspec{Nanum Pen Script}
   Nanum Pen Script,나눔손글씨 펜} \\ \hline
 {\fontspec{나눔바른고딕}
   NanumBarunGothic,나눔바른고딕} \\
 {\fontspec{나눔바른고딕 Light}
   NanumBarunGothic Light,나눔바른고딕 Light}\\
 {\fontspec{나눔바른고딕 UltraLight}
   NanumBarunGothic UltraLight,나눔바른고딕 UltraLight} \\
 {\fontspec{나눔바른고딕 옛한글}
   NanumBarunGothic YetHangul,나눔바른고딕 옛한글}\\ \hline
 {\fontspec{NanumSquare} NanumSquare,나눔스퀘어} \\
 {\fontspec{NanumSquare Bold}
    NanumSquare Bold,나눔스퀘어 Bold} \\  \hline
\end{tabular}
\end{center}
```

```
\end{table}
\end{document}
```

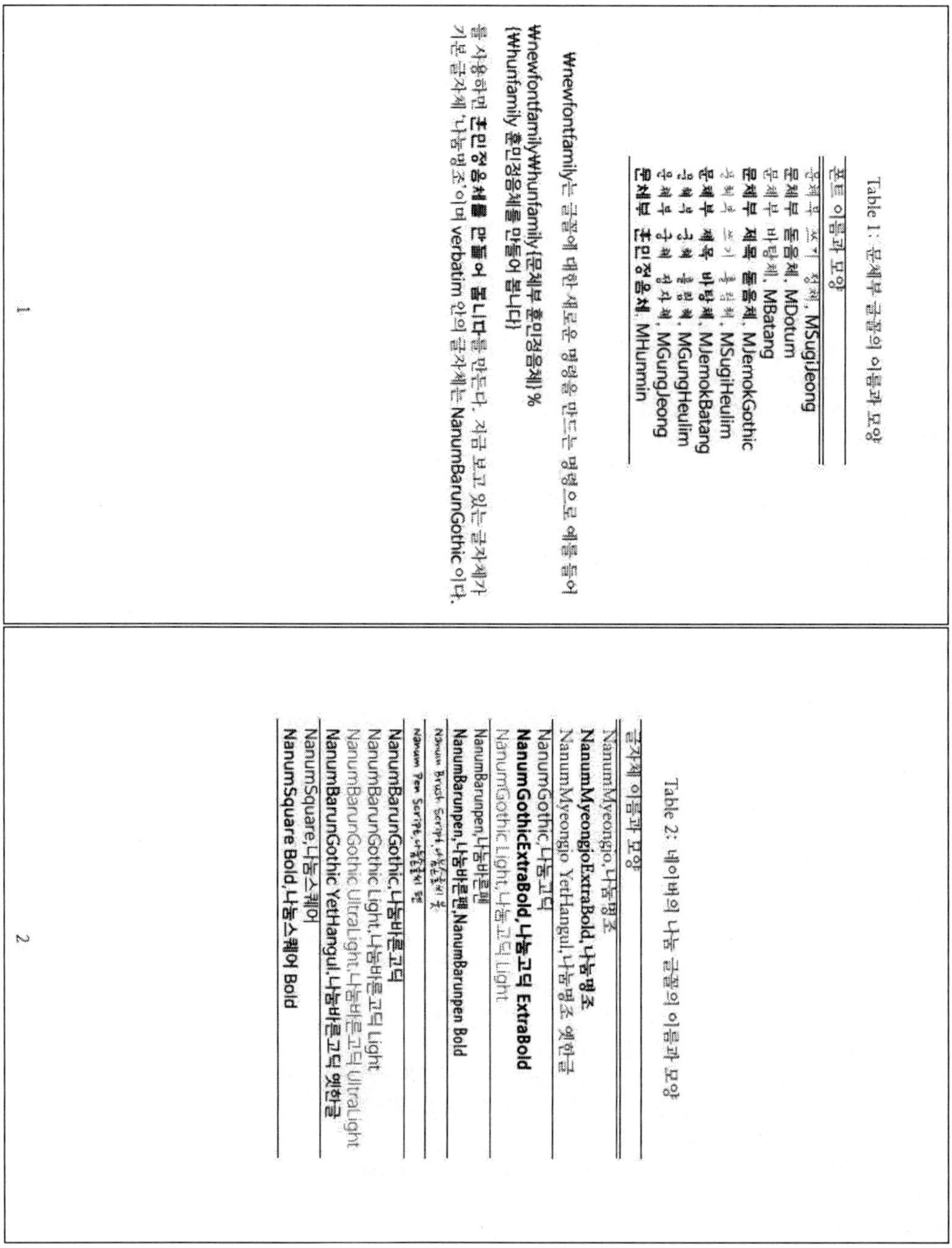

Table 1: 문체부 글꼴의 이름과 모양

폰트 이름과 모양
문체부 쓰기 정체, MSugiJeong
문체부 돋음체, MDotum
문체부 바탕체, MBatang
문체부 제목 돋음체, MJemokGothic
문체부 쓰기 흘림체, MSugiHeulim
문체부 제목 바탕체, MJemokBatang
문체부 궁체 흘림체, MGungHeulim
문체부 궁체 정자체, MGungJeong
문체부 훈민정음체, MHunmin

₩newfontfamily는 글꼴에 대한 새로운 명령을 만드는 명령으로 예를 들어

₩newfontfamily₩hunfamily{문체부 훈민정음체}%
{₩hunfamily 훈민정음체를 만들어 봅니다}

를 사용하면 **훈민정음체를 만들어 봅니다**를 만든다. 지금 보고 있는 글자체가 기본 글자체 '나눔명조'이며 verbatim 안의 글자체는 NanumBarunGothic 이다.

1

Table 2: 네이버의 나눔 글꼴의 이름과 모양

글자체 이름과 모양
NanumMyeongjo,나눔명조
NanumMyeongjoExtraBold,나눔명조
NanumMyeongjo YetHangul,나눔명조 옛한글
NanumGothic,나눔고딕
NanumGothicExtraBold,나눔고딕 ExtraBold
NanumGothic Light,나눔고딕 Light
NanumBarunpen,나눔바른펜
NanumBarunpen,나눔바른펜,NanumBarunpen Bold
Nanum Brush Script,나눔손글씨 붓
Nanum Pen Script,나눔손글씨 펜
NanumBarunGothic,나눔바른고딕
NanumBarunGothic Light,나눔바른고딕 Light
NanumBarunGothic UltraLight,나눔바른고딕 UltraLight
NanumBarunGothic YetHangul,나눔바른고딕 옛한글
NanumSquare,나눔스퀘어
NanumSquare Bold,나눔스퀘어 Bold

2

부록 C

LaTeX의 글자체

표 C.1: `cmsy10(\mathcal)` 글자체의 symbol

Γ 0	Δ 1	Θ 2	Λ 3	Ξ 4	Π 5	Σ 6	ϒ 7
Φ 8	Ψ 9	Ω 10	ﬀ 11	ﬁ 12	ﬂ 13	ﬃ 14	ﬄ 15
ı 16	ȷ 17	` 18	´ 19	ˇ 20	˘ 21	¯ 22	˚ 23
¸ 24	ß 25	æ 26	œ 27	ø 28	Æ 29	Œ 30	Ø 31
32	! 33	" 34	# 35	$ 36	% 37	& 38	' 39
(40	) 41	$*$ 42	$+$ 43	, 44	$-$ 45	. 46	/ 47
$\prime$ 48	∞ 49	$\in$ 50	$\ni$ 51	$\bigtriangleup$ 52	$\bigtriangledown$ 53	$\not$ 54	$\mapstochar$ 55
$\forall$ 56	$\exists$ 57	: 58	; 59	$<$ 60	$=$ 61	$>$ 62	? 63
@ 64	$\mathcal{A}$ 65	$\mathcal{B}$ 66	$\mathcal{C}$ 67	$\mathcal{D}$ 68	$\mathcal{E}$ 69	$\mathcal{F}$ 70	$\mathcal{G}$ 71
$\mathcal{H}$ 72	$\mathcal{I}$ 73	$\mathcal{J}$ 74	$\mathcal{K}$ 75	$\mathcal{L}$ 76	$\mathcal{M}$ 77	$\mathcal{N}$ 78	$\mathcal{O}$ 79
$\mathcal{P}$ 80	$\mathcal{Q}$ 81	$\mathcal{R}$ 82	$\mathcal{S}$ 83	$\mathcal{T}$ 84	$\mathcal{U}$ 85	$\mathcal{V}$ 86	$\mathcal{W}$ 87
$\mathcal{X}$ 88	$\mathcal{Y}$ 89	$\mathcal{Z}$ 90	[91	\ 92	] 93	ˆ 94	_ 95
' 96	$\dashv$ 97	$\lfloor$ 98	$\rfloor$ 99	$\lceil$ 100	$\rceil$ 101	{ 102	} 103
$\langle$ 104	$\rangle$ 105	$\vert$ 106	$\Vert$ 107	$\updownarrow$ 108	$\Updownarrow$ 109	$\backslash$ 110	$\wr$ 111
$\surd$ 112	$\amalg$ 113	∇ 114	$\smallint$ 115	$\sqcup$ 116	$\sqcap$ 117	$\sqsubseteq$ 118	$\sqsupseteq$ 119
§ 120	† 121	‡ 122	– 123	| 124	˝ 125	˜ 126	¨ 127

표 C.2: cmr10 (\mdseries\upshape\rmfamily; 보통 \textnormal)

Γ 0	Δ 1	Θ 2	Λ 3	Ξ 4	Π 5	Σ 6	Υ 7
Φ 8	Ψ 9	Ω 10	ff 11	fi 12	fl 13	ffi 14	ffl 15
ı 16	ȷ 17	` 18	´ 19	ˇ 20	˘ 21	¯ 22	˚ 23
¸ 24	ß 25	æ 26	œ 27	ø 28	Æ 29	Œ 30	Ø 31
- 32	! 33	” 34	# 35	$ 36	% 37	& 38	’ 39
(40	) 41	* 42	+ 43	, 44	- 45	. 46	/ 47
0 48	1 49	2 50	3 51	4 52	5 53	6 54	7 55
8 56	9 57	: 58	; 59	¡ 60	= 61	¿ 62	? 63
@ 64	A 65	B 66	C 67	D 68	E 69	F 70	G 71
H 72	I 73	J 74	K 75	L 76	M 77	N 78	O 79
P 80	Q 81	R 82	S 83	T 84	U 85	V 86	W 87
X 88	Y 89	Z 90	[91	“ 92	] 93	ˆ 94	˙ 95
‘ 96	a 97	b 98	c 99	d 100	e 101	f 102	g 103
h 104	i 105	j 106	k 107	l 108	m 109	n 110	o 111
p 112	q 113	r 114	s 115	t 116	u 117	v 118	w 119
x 120	y 121	z 122	– 123	— 124	˝ 125	˜ 126	¨ 127

표 C.3: cmtt10(\upshape\mdseries\ttfamily; 보통 \texttt)

Γ 0	Δ 1	Θ 2	Λ 3	Ξ 4	Π 5	Σ 6	Υ 7
Φ 8	Ψ 9	Ω 10	↑ 11	↓ 12	' 13	¡ 14	¿ 15
ı 16	ȷ 17	` 18	´ 19	ˇ 20	˘ 21	¯ 22	˚ 23
¸ 24	ß 25	æ 26	œ 27	ø 28	Æ 29	Œ 30	Ø 31
␣ 32	! 33	" 34	# 35	$ 36	% 37	& 38	' 39
(40	) 41	* 42	+ 43	, 44	- 45	. 46	/ 47
0 48	1 49	2 50	3 51	4 52	5 53	6 54	7 55
8 56	9 57	: 58	; 59	< 60	= 61	> 62	? 63
@ 64	A 65	B 66	C 67	D 68	E 69	F 70	G 71
H 72	I 73	J 74	K 75	L 76	M 77	N 78	O 79
P 80	Q 81	R 82	S 83	T 84	U 85	V 86	W 87
X 88	Y 89	Z 90	[91	\ 92	] 93	^ 94	_ 95
‘ 96	a 97	b 98	c 99	d 100	e 101	f 102	g 103
h 104	i 105	j 106	k 107	l 108	m 109	n 110	o 111
p 112	q 113	r 114	s 115	t 116	u 117	v 118	w 119
x 120	y 121	z 122	{ 123	| 124	} 125	~ 126	¨ 127

표 C.4: cmti10 (\mdseries\itshape\rmfamily; 보통 \textit)

Γ 0	Δ 1	Θ 2	Λ 3	Ξ 4	Π 5	Σ 6	Υ 7
Φ 8	Ψ 9	Ω 10	ff 11	fi 12	fl 13	ffi 14	ffl 15
ı 16	ȷ 17	` 18	´ 19	ˇ 20	˘ 21	¯ 22	˚ 23
¸ 24	ß 25	æ 26	œ 27	ø 28	Æ 29	Œ 30	Ø 31
˗ 32	! 33	” 34	# 35	£ 36	% 37	& 38	’ 39
(40	) 41	* 42	+ 43	, 44	- 45	. 46	/ 47
0 48	1 49	2 50	3 51	4 52	5 53	6 54	7 55
8 56	9 57	: 58	; 59	¡ 60	= 61	¿ 62	? 63
@ 64	A 65	B 66	C 67	D 68	E 69	F 70	G 71
H 72	I 73	J 74	K 75	L 76	M 77	N 78	O 79
P 80	Q 81	R 82	S 83	T 84	U 85	V 86	W 87
X 88	Y 89	Z 90	[91	“ 92	] 93	ˆ 94	˙ 95
‘ 96	a 97	b 98	c 99	d 100	e 101	f 102	g 103
h 104	i 105	j 106	k 107	l 108	m 109	n 110	o 111
p 112	q 113	r 114	s 115	t 116	u 117	v 118	w 119
x 120	y 121	z 122	– 123	— 124	˝ 125	˜ 126	¨ 127

표 C.5: cmcsc10 (\mdseries\scshape\rmfamily; 보통 \textsc)

Γ 0	Δ 1	Θ 2	Λ 3	Ξ 4	Π 5	Σ 6	Υ 7
Φ 8	Ψ 9	Ω 10	↑ 11	↓ 12	' 13	¡ 14	¿ 15
I 16	J 17	` 18	´ 19	ˇ 20	˘ 21	¯ 22	˚ 23
¸ 24	SS 25	Æ 26	Œ 27	Ø 28	Æ 29	Œ 30	Ø 31
˗ 32	! 33	” 34	# 35	$ 36	% 37	& 38	’ 39
(40	) 41	* 42	+ 43	, 44	- 45	. 46	/ 47
0 48	1 49	2 50	3 51	4 52	5 53	6 54	7 55
8 56	9 57	: 58	; 59	< 60	= 61	> 62	? 63
@ 64	A 65	B 66	C 67	D 68	E 69	F 70	G 71
H 72	I 73	J 74	K 75	L 76	M 77	N 78	O 79
P 80	Q 81	R 82	S 83	T 84	U 85	V 86	W 87
X 88	Y 89	Z 90	[91	“ 92	] 93	ˆ 94	˙ 95
‘ 96	A 97	B 98	C 99	D 100	E 101	F 102	G 103
H 104	I 105	J 106	K 107	L 108	M 109	N 110	O 111
P 112	Q 113	R 114	S 115	T 116	U 117	V 118	W 119
X 120	Y 121	Z 122	– 123	— 124	˝ 125	˜ 126	¨ 127

표 C.6: cmmi10 (\mathit) 글자체의 symbol

Γ 0	Δ 1	Θ 2	Λ 3	Ξ 4	Π 5	Σ 6	Υ 7
Φ 8	Ψ 9	Ω 10	ﬀ 11	ﬁ 12	ﬂ 13	ﬃ 14	ﬄ 15
ı 16	ȷ 17	` 18	´ 19	ˇ 20	˘ 21	¯ 22	˚ 23
¸ 24	ß 25	æ 26	œ 27	ø 28	Æ 29	Œ 30	Ø 31
32	! 33	” 34	# 35	$ 36	% 37	& 38	’ 39
(40	) 41	∗ 42	+ 43	, 44	− 45	. 46	/ 47
0 48	1 49	2 50	3 51	4 52	5 53	6 54	7 55
8 56	9 57	: 58	; 59	< 60	= 61	> 62	? 63
@ 64	A 65	B 66	C 67	D 68	E 69	F 70	G 71
H 72	I 73	J 74	K 75	L 76	M 77	N 78	O 79
P 80	Q 81	R 82	S 83	T 84	U 85	V 86	W 87
X 88	Y 89	Z 90	[91	\ 92	] 93	ˆ 94	˙ 95
‘ 96	a 97	b 98	c 99	d 100	e 101	f 102	g 103
h 104	i 105	j 106	k 107	l 108	m 109	n 110	o 111
p 112	q 113	r 114	s 115	t 116	u 117	v 118	w 119
x 120	y 121	z 122	– 123	— 124	˝ 125	˜ 126	¨ 127

표 C.7: cmtex10 글자체의 symbol

· 0	↓ 1	α 2	β 3	∧ 4	¬ 5	∈ 6	π 7
λ 8	γ 9	δ 10	↑ 11	± 12	⊕ 13	∞ 14	∂ 15
⊂ 16	⊃ 17	∩ 18	∪ 19	∀ 20	∃ 21	⊗ 22	⇆ 23
← 24	→ 25	≠ 26	◇ 27	≤ 28	≥ 29	≡ 30	∨ 31
32	! 33	" 34	# 35	$ 36	% 37	& 38	' 39
(40	) 41	* 42	+ 43	, 44	- 45	. 46	/ 47
0 48	1 49	2 50	3 51	4 52	5 53	6 54	7 55
8 56	9 57	: 58	; 59	< 60	= 61	> 62	? 63
@ 64	A 65	B 66	C 67	D 68	E 69	F 70	G 71
H 72	I 73	J 74	K 75	L 76	M 77	N 78	O 79
P 80	Q 81	R 82	S 83	T 84	U 85	V 86	W 87
X 88	Y 89	Z 90	[91	\ 92	] 93	^ 94	_ 95
` 96	a 97	b 98	c 99	d 100	e 101	f 102	g 103
h 104	i 105	j 106	k 107	l 108	m 109	n 110	o 111
p 112	q 113	r 114	s 115	t 116	u 117	v 118	w 119
x 120	y 121	z 122	{ 123	| 124	} 125	~ 126	∫ 127

표 C.8: manfnt 글자체의 symbol

0	1	2	3	4	5
A 6	A 7	A 8	A 9	A 10	A 11
A 12	A 13	A 14	A 15	A 16	17
18	19	20	21	22	23
24	S 25	O 26	I 27	28	29
30	31	32	33	34	35
36	37	38	39	M 40	E 41
T 42	A 43	F 44	O 45	N 46	M 47
E 48	T 49	A 50	F 51	O 52	N 53
▲ 54	▼ 55	M 56	E 57	T 58	A 59
F 60	O 61	N 62	63	64	A 65
M 66	E 67	T 68	E 69	F 70	A 71
F 72	O 73	N 74	75	76	M 77
N 78	O 79	. 80	81	* 82	83
T 84	85	86	87	88	89
90	91	M 92	E 93	T 94	A 95
96	97	98	99	100	F 101
O 102	N 103	M 104	E 105	T 106	A 107
F 108	O 109	N 110	M 111	E 112	T 113
A 114	F 115	O 116	N 117	118	119
▶ 120	121	122	123	124	125
126	127				

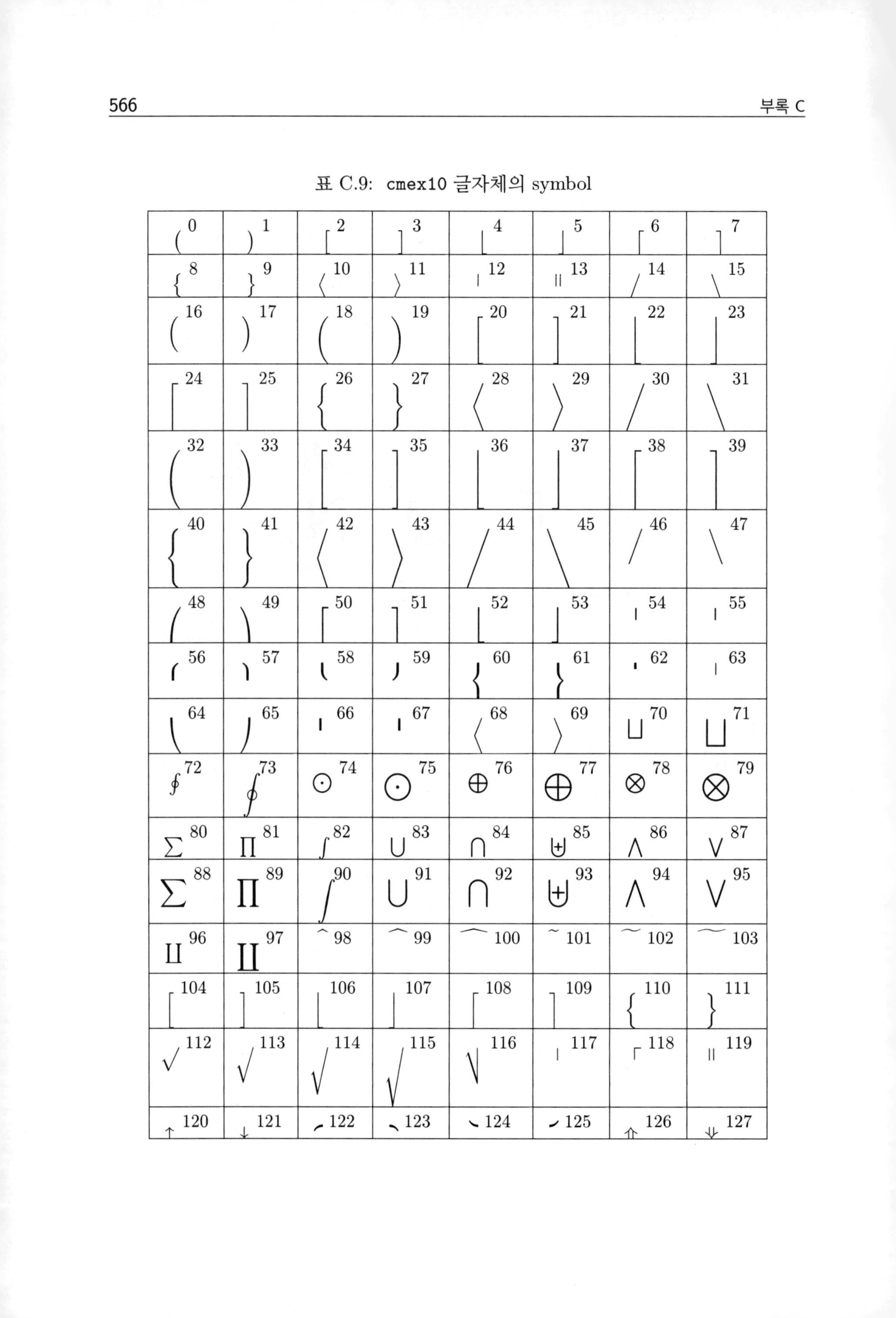

표 C.9: `cmex10` 글자체의 symbol

0	1	2	3	4	5	6	7
8	9	10	11	12	13	14	15
16	17	18	19	20	21	22	23
24	25	26	27	28	29	30	31
32	33	34	35	36	37	38	39
40	41	42	43	44	45	46	47
48	49	50	51	52	53	54	55
56	57	58	59	60	61	62	63
64	65	66	67	68	69	70	71
72	73	74	75	76	77	78	79
80	81	82	83	84	85	86	87
88	89	90	91	92	93	94	95
96	97	98	99	100	101	102	103
104	105	106	107	108	109	110	111
112	113	114	115	116	117	118	119
120	121	122	123	124	125	126	127

표 C.10: `pifont` 패키지를 사용할 때 얻을 수 있는 특수문자: 32번과 같이 비어 있거나 표에 숫자가 없은 번호는 해당 문자가 없는 경우임.

32	✁ 33	✂ 34	✃ 35	✄ 36	☎ 37	✆ 38
✇ 39	✈ 40	✉ 41	☛ 42	☞ 43	✌ 44	✍ 45
✎ 46	✏ 47	✐ 48	✑ 49	✒ 50	✓ 51	✔ 52
✕ 53	✖ 54	✗ 55	✘ 56	✙ 57	✚ 58	✛ 59
✜ 60	✝ 61	✞ 62	✟ 63	✠ 64	✡ 65	✢ 66
✣ 67	✤ 68	✥ 69	✦ 70	✧ 71	★ 72	✩ 73
✪ 74	✫ 75	✬ 76	✭ 77	✮ 78	✯ 79	✰ 80
✱ 81	✲ 82	✳ 83	✴ 84	✵ 85	✶ 86	✷ 87
✸ 88	✹ 89	✺ 90	✻ 91	✼ 92	✽ 93	✾ 94
✿ 95	❀ 96	❁ 97	❂ 98	❃ 99	❄ 100	❅ 101
❆ 102	❇ 103	❈ 104	❉ 105	❊ 106	❋ 107	● 108
❍ 109	■ 110	❏ 111	❐ 112	❑ 113	❒ 114	▲ 115
▼ 116	◆ 117	❖ 118	◗ 119	❘ 120	❙ 121	❚ 122
❛ 123	❜ 124	❝ 125	❞ 126	❡ 161	❢ 162	❣ 163
❤ 164	❥ 165	❦ 166	❧ 167	♣ 168	♦ 169	♥ 170
♠ 171	① 172	② 173	③ 174	④ 175	⑤ 176	⑥ 177
⑦ 178	⑧ 179	⑨ 180	⑩ 181	❶ 182	❷ 183	❸ 184
❹ 185	❺ 186	❻ 187	❼ 188	❽ 189	❾ 190	❿ 191
➀ 192	➁ 193	➂ 194	➃ 195	➄ 196	➅ 197	➆ 198
➇ 199	➈ 200	➉ 201	➊ 202	➋ 203	➌ 204	➍ 205
➎ 206	➏ 207	➐ 208	➑ 209	➒ 210	➓ 211	➔ 212
→ 213	↔ 214	↕ 215	➘ 216	➙ 217	➚ 218	➛ 219
➜ 220	➝ 221	➞ 222	➟ 223	➠ 224	➡ 225	➢ 226
➣ 227	➤ 228	➥ 229	➦ 230	➧ 231	➨ 232	➩ 233
➪ 234	➫ 235	➬ 236	➭ 237	➮ 238	➯ 239	240
➱ 241	➲ 242	➳ 243	➴ 244	➵ 245	➶ 246	➷ 247
➸ 248	➹ 249	➺ 250	➻ 251	➼ 252	➽ 253	➾ 254

`pifont` 패키지를 사용하면 PostScript 글꼴의 특수문자를 `\ding` 명령으로 불러올 수 있다. 즉, `\ding{41}`은 ✉ 을 만든다. 번호와 문자는 표 C.10과 같다.

참고문헌

[1] (CRAN) `https://cran.r-project.org/mirrors.html`, The Comprehensive R Archive Network.

[2] (CTAN) `https://www.ctan.org/` The Comprehensive TEX Archive Network,

[3] R Core Team (2016). R: A language and environment for statistical computing. R Foundation for Statistical Computing, Vienna, Austria. URL http://www.R-project.org/.

[4] TEX Live, `https://www.tug.org/texlive/`

[5] KTUG: `http://www.ktug.org/`

[6] 심송용, 강희모 (2009) 아름다운 수식문서 작성 프로그램 LATEX I. 기초편, 서울.

[7] 심송용, 강희모 (2009) 아름다운 수식문서 작성 프로그램 LATEX II. 활용편, 서울.

[8] 심송용(1996) LATEX으로 쓴 LATEX 안내, 경문사, 서울.

[9] 심송용(2005) 통계그래픽스, 교우사, 서울.

[10] 심송용, 강희모(2009) 아름다운 수식문서 작성 프로그램 LATEX 기초편, 교우사, 서울.

[11] 심송용, 강희모(2009) 아름다운 수식문서 작성 프로그램 LATEX 활용편, 교우사, 서울.

[12] American Mathematical Society (1995) *AMSLATEX version 1.2 User's Guide.*

[13] Lamport, L (1986) LATEX *User's Guide & Reference Manual* Addison-Wesley, Reading, MA.

[14] Lamport, L (1994) LATEX *User's Guide & Reference Manual Updated for LATEX 2ε*, Addison-Wesley, Reading, MA.

[15] Goossens M., Mittelbach F., Samarin A. (1994) *The LaTeX Companion Book*, Addison-Wesley, Reading, MA.

[16] Kopka, H. and Daly, P. W. (1993) *A Guide to LaTeX* Addison Wesley Publishing, Reading, MA.

[17] Kopka, H. and Daly, P. W. (2004) *A Guide to LaTeX 2ε*, 4/e, Addison Wesley Publishing, Reading, MA.

[18] Knuth, D. E. (1984) *The TeX book*, Computers and Typesetting, Vol **A**, Addison Welsley, Reading MA.

[19] Mittelbach, F. and Goossens, M. (2004) *The LaTeX Companion – Tools and Techniques for Computer Typesetting*, 2/e, Addison Welsley, Reading MA.

[20] Spivak, M.D. (1986) *The Joy of TeX*, American Mathematical Society, Providence, RI.

찾아보기

(, 464
), 464
--- (—), 19
., 409
..., 401
:, 370, 410
TEXLive, 503
' (′), 72
' ('), 18
*
  array, 85
  tabular 환경, 176
  tikz, 409
++
  tikz, 405
+
  tikz, 405, 409
--
  (–), 19
  tikz, 365
->>|, 331
->>, 331
->|, 331
->, 331
-Latex, 331
-Stealth, 331
-|, 365
-{Classical TikZ Rightarrow}, 331
-
  (-), 19
  pdfpages 패키지, 207
  tikz, 409
  색깔 정의, 427
<->, 331
<<->>, 331
>-, 331
_ 첨자, 72
{, 24
|(:색인, 315
|):색인, 315
|-, 365
|<->|, 331
|<<->>|, 331
|
  tabular 환경에서, 176
  색인, 314
}, 24
` ('), 18
`` ("), 18
!', 25
!
  \resizebox 명령에서, 429
  tabular 환경에서, 176
  tikz 패키지, 410
  xcolor 패키지, 426, 427
  색인, 314
  유동체에서, 172
$$, 80
$ 수학 모드, 71
%, 24
&
  array 에서, 84
  media9 패키지, 489
  tabular 환경, 175, 176

'' ("), 18
?‘, 25
@<<<, 119
@AAA, 119
@VVV, 119
@
  array에서, 85
  media9 패키지, 489
  tabular 환경에서, 176
  명령문, 137, 437
  색인, 314
\', 25
  tabbing 환경, 181
\(수학 모드, 71
\) 수학 모드, 71
\+, 181
\,, 25, 80, 118
  따옴표에서, 18
\-, 20, 181
  하이픈, 20
\., 25
\/, 24
  \emph 에서, 24
\:, 80, 118
\;, 80, 118
\=, 25
  tabbing 환경, 181
\[, 80
_, 21
\~, 25
\␣, 21, 80
\!, 80, 118
\#, 21
\$, 21
\%, 21
\&, 21
\<, 181
\>, 181
\@, 21
*, 17, 61
\\, 16
  array에서, 84
  tabbing 환경, 181
  tabular 환경, 177
\^, 25
\], 80
\‘
  tabbing 환경, 182
\a', 182
\a=, 182
\a‘, 182
^ 지수, 72
10pt, 32
11pt, 32
12pt, 32

a4 패키지, 167
a4paper, 32
a5paper, 32
\AA (Å), 25
\aa (å), 25
abs, 373
abstract, 36
\abstractname, 496
\Acute, 114
\addcontentsline, 149, 150
\address, 51
\addtime, 307
\addtocounter, 134
\addtolength, 56
Adobe Palatino, 120
Adobe Palatino 글꼴, 45
\advance (plainTEX), 138
\AE (Æ), 25
\ae (æ), 25
affine transformation, 384
\aleph (ℵ), 79
\alert, 259, 268
align, 107
alignat 환경, 107
aligned 환경, 108
alignedat 환경, 109

alltt 패키지, 34
alltt 환경, 48
Alph 면수의 형식, 38
\Alph, 135
\alph, 135
alph 면수의 형식, 38
\alpha (α), 72, 73, 184
\alt, 257
\amalg ($\amalg$), 76, 185
\ampm, 138, 458
\AMSautorefname, 472
amsbsy, 90
amscd 패키지, 119
amsfonts, 100
amsfonts 패키지, 100
amsmath 패키지, 34, 101
amstex 패키지, 34
\and, 35
\and boolean 연산, 464
\angle ($\angle$), 79, 104
animate 패키지, 35, 473
\animategraphics, 474
animateinline 환경, 475
\appendix, 139
\appendixautorefname, 472
\appendixname, 496
\approx ($\approx$), 77, 185
\approxeq ($\approxeq$), 102
\Apricot, 433
\Aquamarine, 433
\arabic, 135
arabic 면수의 형식, 38
arc, 370, 371
\arcos, 79
\arg, 79
array, 84, 95, 174
\arraycolsep, 179
\arrayrulecolor, 191
\arrayrulewidth, 179
\arraystretch, 180
arrow box, 398
arrows.meta 라이브러리, 331
\arsin, 79
\artan, 79
article 클래스, 81
\ast ($\ast$), 76, 124, 184
\asymp ($\asymp$), 77, 185
\atop, 94
\atopwithdelims, 95
\author, 35, 251
\autoref, 471
.aux 파일, 29, 242

\b, 25
b5paper, 32
babel 패키지, 34
\backepsilon ($\backepsilon$), 102
\background, 432
\backprime ($\backprime$), 104
\backsim ($\backsim$), 102
\backsimeq ($\backsimeq$), 102
\backslash ($\backslash$), 79, 83
ball color, 350
\Bar, 114
\bar, 84
barray 기본LaTeX은 아님, 168
\barwedge ($\barwedge$), 104
\baselineskip, 58
\baselinestretch, 58
\Bbb AMSTeX, 100
\Bbbk ($\Bbbk$), 104
.bbl 파일, 30, 242
Bcenter, 459
Bdescription, 460
\beamergotobutton, 291
\beamerreturnbutton, 291
\beamersetaveragebackground, 303
\beamerskipbutton, 291
\beamertemplateshadingbackground, 303
\because ($\because$), 102
Benumerate, 460
Beqnarray, 460

Beqnarray*, 460
\beta (β), 73, 184
\beth ($\beth$), 100, 186
\between ($\between$), 102
Bézier 곡선, 326, 368
\bf, 42, 90
Bflushleft, 459
Bflushright, 459
\bfseries, 39
.bib 파일, 30, 239, 240
\bibindent, 33
\bibitem, 145
\bibliography, 242, 245
\bibliographystyle, 242
    abbrv, 242
    alpha, 242
    plain, 242
    unsrt, 242
\bibsname, 496
\Big, 98
\big, 98
\bigcap ($\bigcap$), 82
\bigcirc ($\bigcirc$), 76, 185
\bigcup ($\bigcup$), 82
\Bigg, 98
\bigg, 98
\Bigl, 98
\bigl, 98
\bigodot ($\bigodot$), 82
\bigoplus ($\bigoplus$), 82
\bigotimes ($\bigotimes$), 82
\Bigr, 98
\bigr, 98
\bigskip, 62
\bigskipamount, 62
\bigsqcup ($\bigsqcup$), 82
\bigstar ($\bigstar$), 104
\bigtriangledown ($\bigtriangledown$), 76, 185
\bigtriangleup ($\bigtriangleup$), 76, 185
\biguplus ($\biguplus$), 82
\bigvee ($\bigvee$), 82
\bigwedge ($\bigwedge$), 82
\binom, 115
Bitemize, 460
\Bittersweet, 433
\Black, 433
\blacklozenge ($\blacklozenge$), 104
\blackphone (☎), 458
\blacksquare ($\blacksquare$), 104
\blacktriangle ($\blacktriangle$), 104
\blacktriangledown ($\blacktriangledown$), 104
\blacktriangleleft ($\blacktriangleleft$), 102
\blacktriangleright ($\blacktriangleright$), 102
block, 263
\Blue, 433
\BlueGreen, 433
\BlueViolet, 433
\bm, 90, 456
bmatrix 환경, 113
\bmod, 78, 117
body, 37
\boldmath, 90, 168
\boldsymbol, 90
book 클래스, 81, 134
bookman 패키지, 45
Bookman 글꼴, 45
\boolean, 464
\bordermatrix, 96
\bot ($\bot$), 79
bottom color, 349
\bottomnumber, 173
\bowtie ($\bowtie$), 77, 185
\Box ($\Box$), 79
boxed 환경, 115
\boxminus ($\boxminus$), 104
\boxtimes ($\boxtimes$), 104
\brace, 95
\brack, 95
\Breve, 114
\breve, 84
\BrickRed, 433
bricks, 353

\Brown, 433
\bullet (•), 76, 124, 184
\Bumpeq (≎), 102
\bumpeq (≏), 102
\BurntOrange, 433

\c, 25
\CadetBlue, 433
\cal, 75, 90
\Cap (⋒), 104
\cap (∩), 76, 184
\caption, 152, 172, 187
\CarnationPink, 433
\case, 97
cases 환경, 110
\cc, 51
CD 환경, 119
\cdot (·), 124
\cdot, 74
\cdots (⋯), 74
ceil, 373
\cellcolor, 190
center 환경, 49
\centerdot (.), 104
\centering, 50
\centerline, 49
\Cerulean, 433
\cfoot, 444
\cfrac, 116
\chapter, 152, 495
chapter, 132
\chapterautorefname, 472
\chaptername, 496
\char, 315
\char 명령, 22
\chead, 444
\Check, 114
\check, 84
checkerboard, 353
checkerboard light gray, 354
\checkmark (✓), 100, 186
\chi (χ), 73, 184
child, 378
\choose, 94
\circ (∘), 76, 184
\circeq (≗), 102
\circle, 321
circle, 370
\circle*, 321
\circlearrowleft (↺), 101
\circlearrowright (↻), 101
\circledast (⊛), 104
\circledcirc (⊚), 104
\circleddash (⊝), 104
\circledR (®), 100, 186
\circledS (Ⓢ), 104
circular sector, 396
\citeauthor, 246
\cite, 145
\citealp, 246
\citealt, 245
\citeauthor*, 246
\citep, 245
\citep*, 246
\citet, 245
\citet*, 246
\citeyear, 246
class, 31 클래스 참조
\clearpage, 18, 153
\cline, 177
\clip, 355
clock, 307
\closebrack (〕), 458
\closedblinequal (》), 458
\closeinequal (〉), 458
\closing, 51
cloud, 396
.cls 파일, 28
\clubsuit (♣), 79, 124
cm, 384
cmyk 색깔 모델, 422
\Color, 432

\color, 425
color 패키지, 426
\colorbox, 424
\definecolor, 422
\fcolorbox, 425
\textcolor, 424
color wheel, 350
\colorbox, 424
colordvi 패키지, 432
colortbl 패키지, 189, 283
\colsep, 33
\colseprule, 33
column, 282
\columncolor, 189
columns, 282
comment 패키지, 461
\company (㈜), 458
\complement (∁), 104
\cong (≅), 77, 185
\contentsname, 496
\coordinate, 406
\cornersize, 459
\CornflowerBlue, 433
correct forbidden sign, 398
\cos, 79
cos, 373
\cosh, 79
\cot, 79
counter, 131
\cr, 96
\crossdots (※), 458
crosshatch, 353
crosshatch dots, 353
crosshatch dots gray, 354
crosshatch dots light steel blue, 354
\csc, 79
\Cup (⋓), 104
\cup (∪), 76, 184
\curlyeqprec (⋞), 102
\curlyeqsucc (⋟), 102
\curlyvee (⋎), 104
\curlywedge (⋏), 104
\curvearrowleft (↶), 101
\curvearrowright (↷), 101
\Cyan, 433
cyan, 424
cycle, 364
cylinder, 396

\d, 25
\dagger (†), 76, 185
\daleth (ℸ), 100, 186
\Dandelion, 433
\dankitoday, 457
\dankitoday, 137
\DarkOrchid, 433
dart, 396
dash dot, 336
dash pattern, 336
\dashbox, 320
dashed, 336
\dashleftarrow (⇠), 101
\dashrightarrow (⇢), 101
\dashv (⊣), 77, 185
\date, 251
\dbinom, 115
\dblflaotpagefraction, 174
\dblfloatsep, 174
\dblleftlfloor (』), 458
\dblrightrceil (『), 458
\dbltextfloatsep, 174
\dbltopfraction, 174
\ddagger (‡), 76, 185
\ddddot, 114
\dddot, 114
\Ddot, 114
\ddot, 84, 114
\ddots (⋱), 74
\DeclareFloatingEnvironment, 442
\def, 70, 138, 163, 496, 497
\definecolor, 422
\DefineShortVerb, 482

\deg, 79
\degree (°), 458
\Delta (Δ), 73, 184
\delta (δ), 73, 184
delta angle, 370
densely dash dot, 336
densely dash dot dot, 336
densely dashed, 336
densely dotted, 336
description, 125, 169, 259
\descriptionlabel, 126
\det, 79
\dfrac, 115
char92diagbox, 462
\diagdown (╲), 104
\diagup (╱), 104
\Diamond (◇), 79
\diamond (⋄), 76, 185
diamond, 397
\diamondsuit (♢), 79
\digamma (ϝ), 100, 186
\dim, 79
\ding, 567
displaymath, 80
\displaystyle, 81, 91
\div (÷), 76
\divide, 138
\dlim (표준 LaTeX 아님), 170
.doc 파일, 438
docstrip, 438
\documentclass, 31
\documentstyle, 137
domain, 372
\Dot, 114
\dot, 84
\dotemph, 24
\doteq (≐), 77, 185
\doteqdot (≑), 102
\dotfill, 63
\dotplus (∔), 104
dots, 353
\dotsb, 111
\dotsc, 111
dotseqn 패키지, 99
\dotsi, 111
\dotsm, 111
\dotso, 111
dotted, 336
double arrow, 398
\doublebarwedge (⩞), 104
\doublebox, 459
\doublerulesepcolor, 191
\doublerulesep, 179
\Downarrow (⇓), 78, 83
\downarrow (↓), 78, 83, 95
\downdownarrows (⇊), 101
\downharpoonleft (⇃), 101
\downharpoonright (⇂), 101
draft, 32
draftwatermark 패키지, 440
\draw, 337
\dsum (표준 LaTeX 아님), 170
.dtx 파일, 29, 438
.dvi 파일, 29, 243
\div (÷), 184
dviout, 197, 494

\ell (ℓ), 79
ellipse, 370, 397
\else, 138, 163
\em, 167
em 길이 단위, 55
\Emerald, 433
\emph, 24, 40, 166
empty, 37
\emptyset (∅), 79
\encl, 51
end angle, 370
\endfirsthead, 187
\endfoot, 187
\endhead, 187
\endlastfoot, 187

\enlargethispage, 18
\enlargethispage*, 18
\ensuremath, 162
enumerate, 126, 169, 259
  번호, 126
  번호바꾸기, 136
  인용, 144
enumiii, 127
enumiv, 127
enumi, 127
enumii, 127
\epsilon (ϵ), 73, 184
epstopdf, 223
\eqcirc ($\eqcirc$), 102
eqnarray, 87
  인용, 144
\eqref, 106, 143
\eqslantgtr ($\eqslantgtr$), 102
\eqslantless ($\eqslantless$), 102
\equal, 464
equation, 86
  인용, 143
equation*, 87
\equationautorefname, 472
\equiv ($\equiv$), 77, 185
\eta (η), 73, 184
\eth ($\eth$), 104
EUC-kr, 507, 510
\euro (€), 458
\evensidemargin, 56
every circle, 370
every node, 341, 382
example, 169
executivepaper, 32
\exists ($\exists$), 79
\exp, 79
exp, 373

fancyvrb 패키지, 482
factorial, 373
\fallingdotseq ($\fallingdotseq$), 102
fancybox 패키지, 459
fancyhdr
  \cfoot, 444
  \chead, 444
  \lfoot, 444
  \lhead, 444
  \rfoot, 444
  \rhead, 444
fancyhdr 면 스타일, 444
fancyheadings 면 스타일, 444
\fancyplain 명령, 446
fancyplain 페이지 스타일, 445
fanvrb 패키지, 48
\fbox, 65, 67
\fcolorbox, 425
\femalemark (♀), 458
\fi, 138, 163
figure, 171
  인용, 143
figure*, 172
\figureautorefname, 472
\figurename, 496
filecontents, 157
filecontents*, 157
\fill, 55, 347
\filldraw, 348
final, 32
\fingerleft (☜), 458
\fingerright (☞), 124, 458
\Finv ($\Finv$), 104
fivepointed stars, 353
fix-cm 패키지, 44
\flat ($\flat$), 79
fleqn, 33, 81
floatfig 패키지, 213
floatflt 패키지, 213
floating body, 171
floatingfigure, 213
floatingtable, 214
\floatpagefraction, 174
\floatsep, 174

floor, 373
\fltitem, 214
\flushleft환경, 49
\flushright환경, 49
\fnsymbol, 135, 137
\fontsize, 43
\fontspec, 516
fontspec 패키지, 516
\footnotemark, 26
footer, 37, 444
\footnote, 25
    longtable 패키지, 186, 188
    minipage, 67
\footnotemark, 26
\footrulewidth, 445
\forall ($\forall$), 79
forbidden sign, 398
\foreach, 400, 450
\ForestGreen, 433
\frac, 75, 115
fragile, 26, 322
\frak $\mathcal{AMS}$TEX, 100
\frame, 322
frame, 251
\framebox, 65, 320
\frown ($\frown$), 77, 185
\Fuchsia, 433
fullpage 패키지, 446
\fvset, 487

\Game ($\Game$), 104
\Gamma (Γ), 73, 184
\gamma (γ), 73, 184
\gana, 127
gathered 환경, 108
\gcd, 79
GeoGebra, 232, 420
\geometry, 447
geometry 패키지, 56, 446
\geq ($\geq$), 77, 185
\geqq ($\geqq$), 102
\geqslant ($\geqslant$), 102
\gets ($\gets$), 78
\ggg ($\ggg$), 102
\gimel ($\gimel$), 100, 186
.glo 파일, 30
\gnapprox ($\gnapprox$), 103
\gneq ($\gneq$), 103
\gneqq ($\gneqq$), 103
\gnsim ($\gnsim$), 103
Gnuplot, 226, 420
gnuplot-lua-tikz 패키지, 420
\Goldenrod, 433
graphics 패키지, 34, 428
    \includegraphics, 198, 203
    \reflectbox, 431
    \resizebox, 429
    \rotatebox, 430, 431
    \scalebox, 428
GraphicsMagick, 221
\graphicspath, 207
graphicx 패키지, 198, 206, 537
    \includegraphics*, 198
\Grave, 114
\Gray, 433
gray 색깔 모델, 423
\Green, 433
\GreenYellow, 433
grid, 353, 375
\gtrapprox ($\gtrapprox$), 102
\gtrdot ($\gtrdot$), 102
\gtreqless ($\gtreqless$), 102
\gtreqqless ($\gtreqqless$), 102
\gtrless ($\gtrless$), 102
\gtrsim ($\gtrsim$), 102
\gvertneqq ($\gvertneqq$), 103
gvim, 513

\H, 25
habstract 환경, 456
\hangl, 70
hangul 패키지, 456

\hangula, 457
\hangulabstractname, 456
\hangulb, 457
\Hat, 114
\hat, 83, 84
\hbar ($\hbar$), 79, 104
\hdotsfor, 112, 113
header, 37, 444
headerfooter 패키지, 444
headings
  한글화, 500
headings, 37
\headrulewidth, 445
\heartsuit ($\heartsuit$), 79
help lines, 376
helvet 패키지, 45
henumerate, 457
henumi, 457
henumii, 457
henumiii, 457
henumiv, 457
\hfill, 62
\Hfootnoteautorefname, 472
\HLaTeX, 458
\hline, 175, 177
Hmisc 패키지(R-언어), 493
\hom, 79
\hookleftarrow ($\hookleftarrow$), 78
\hookrightarrow ($\hookrightarrow$), 78
horizontal lines, 353
horizontal lines dark blue, 354
horizontal lines dark gray, 354
horizontal lines gray, 354
horizontal lines light blue, 354
horizontal lines light gray, 354
\hour, 138
\href, 288, 468
\hrulefill, 63
\hslash ($\hslash$), 104
\hspace, 59, 167
HTML 색깔 모델, 428
\Huge, 41
\huge, 41
\hyperbaseurl, 470
\hyperdef, 469
\hyperimage, 471
\hyperlink, 290, 471
\hyperlinkdocumentend, 293
\hyperlinkdocumentstart, 293
\hyperlinkframeend, 292
\hyperlinkframeendprev, 293
\hyperlinkframestart, 292
\hyperlinkframestartnext, 292
\hyperlinkmovie, 301
\hyperlinkmute, 296
\hyperlinkprev, 292
\hyperlinkslidenext, 292
\hyperlinksound, 296
\hyperref, 469
hyperref 패키지, 30, 288, 289, 464
\hypersetup, 465
\hypertarget, 290, 471
\hyphenation, 19

\i ($\imath$), 25
iconv, 511
\idotsint ($\int\cdots\int$), 117
.idx 파일, 30, 312
\ifmmode, 163
\ifnum, 138
ifthen 패키지, 35, 463
  \boolean, 464
  \equal, 464
  \ifthenelse, 463
  \isodd, 464
  \lengthtest, 464
  \newboolean, 464
  \setboolean, 464
  \whiledo, 464
\ifthenelse, 463
\iiiint ($\iiiint$), 117
\iiint ($\iiint$), 117

\iint ($\iint$), 117
.ilg 파일, 30, 312
\Im ($\Im$), 79
\imath ($\imath$), 79, 83
\include, 30, 153
\includegraphics, 198–203, 414
\includegraphics*, 203
\includegraphics<>, 280
\includeonly, 153
\includepdf, 207
.ind 파일, 30, 312
\index, 311
\indexname, 496
\inf, 79
\infty (∞), 79
inner color, 349
\input, 30, 153
.ins 파일, 28, 438
\insertgotosymbol, 291
\insertreturnsymbol, 291
\insertskipsymbol, 291
\institute, 251
\int ($\int$), 82, 117
\intercal ($\intercal$), 104
intersections 라이브러리, 361, 362
\intertext, 110
\intexsep, 174
\invisible, 257
\iota (ι), 73, 184
ISO 파일, 508
\isodd, 464
isosceles triangle, 395
\it, 42
\Itemautorefname, 472
\itemindent, 130
itemize, 123, 169, 259
\itemsep, 130
\itshape, 39

\j (ȷ), 25
\jaso, 127
\jmath ($\jmath$), 79, 83
\Join ($\Join$), 77, 185
\JungleGreen, 433

\kappa (κ), 73, 184
\ker, 79
\kern, 69
\kill, 181, 187
kite, 395
kotex 패키지, 24, 507
kotex-euc, 507
\ksmark (Ⓚ), 458

\L (Ł), 25
\l (ł), 25
\label, 88, 142
\labelhenumi, 457
\labelitemi, 124
\labelitemii, 124
\labelitemiii, 124
\labelitemiv, 124
\labelsep, 130
\labelwidth, 130
\Lambda (Λ), 73, 184
\land ($\land$), 79
landscape, 32
landscape, seminar 패키지, 308
\langle ($\langle$), 83
\LARGE, 41
\Large, 41
\large, 41
LaTeX, 23
latex, 198
LaTeX 2_ε, 23
latexmk, 154
latexsym 패키지, 35, 76
\Lavender, 433
\lceil ($\lceil$), 83
\ldots (...), 74
\leadsto ($\leadsto$), 78
\leavevmode, 326
\left, 82, 97, 98

left color, 349
\leftarpoondown ($\leftharpoondown$), 78
\leftarpoonup ($\leftharpoonup$), 78
\Leftarrow ($\Leftarrow$), 78, 101
\leftarrow ($\leftarrow$), 78
\leftarrowtail ($\leftarrowtail$), 101
lefteqn, 88
\leftleftarrows ($\leftleftarrows$), 101
\leftlfloor ($\lrcorner$), 458
\leftmargin, 130
\Leftrightarrow ($\Leftrightarrow$), 78
\leftrightarrow ($\leftrightarrow$), 78
\leftrightarrows ($\leftrightarrows$), 101
\leftrightharpoons ($\leftrightharpoons$), 101
\leftrightsquigarrow ($\leftrightsquigarrow$), 101
\leftroot, 115
\leftthreetimes ($\leftthreetimes$), 104
legalpaper, 32
length
    cm, 55
    ex, 55
    in, 55
    mm, 55
    pc, 55
    pt, 55
    rigid, 55
    rubber, 55
\lengthtest, 464
\leq ($\leq$), 77, 185
leqno, 33
\leqq ($\leqq$), 101
\leqslant ($\leqslant$), 102
\lessapprox ($\lessapprox$), 102
\lessdot ($\lessdot$), 102
\lesseqgtr ($\lesseqgtr$), 102
\lesseqqgtr ($\lesseqqgtr$), 102
\lessgtr ($\lessgtr$), 102
\lesssim ($\lesssim$), 102
letterpaper, 32
\lfloor ($\lfloor$), 83
\lfoot, 444
\lfseries, 39
\lg, 79
\lhd ($\lhd$), 76, 185
\lhead, 444
\lhook (ᶜ), 79
libiconv, 512
ligature, 64
\lim, 79
\lim (lim), 77
\LimeGreen, 433
\liminf, 79
\limits, 93
\limsup, 79
\line, 324
line width, 336
\linebreak, 17
lineheading, 457
\linespread, 59
lipsum 패키지, 554
list, 128, 169
\listfiles, 155
\listing, 455
\listoffigures, 150
\listoftables, 150
\listparindent, 130
\ll ($\ll$), 77, 185
\llcorner ($\llcorner$), 100, 186
\lll ($\lll$), 102
\ln, 79
ln, 373
\lnapprox ($\lnapprox$), 103
\lneq ($\lneq$), 103
\lneqq ($\lneqq$), 103
\lnsim ($\lnsim$), 103
.lof 파일, 29, 150
.log 파일, 29, 148
\log, 79
log10, 373
log2, 373
\Longleftarrow ($\Longleftarrow$), 78
\longleftarrow ($\longleftarrow$), 78

\Longleftrightarrow ($\Longleftrightarrow$), 78
\longleftrightarrow ($\longleftrightarrow$), 78
\longmapsto ($\longmapsto$), 78
\Longrightarrow ($\Longrightarrow$), 78
\longrightarrow ($\longrightarrow$), 78
\longtable 패키지, 186
\loop, 324
\looparrowleft ($\looparrowleft$), 101
\looparrowright ($\looparrowright$), 101
loosely dash dot, 336
loosely dash dot dot, 336
loosely dashed, 336
.lot 파일, 29, 150
\lower, 70
\lowercase, 46
\lozenge ($\lozenge$), 104
LR 박스, 64
\lrcorner ($\lrcorner$), 100, 186
\Lsh ($\Lsh$), 101
\LTchuncksize, 187
\ltimes ($\ltimes$), 104
\LTleft, 187
\LTright, 188
.ltx 파일, 30
\lvertneqq ($\lvertneqq$), 103

^M, 514
\Magenta, 433
magnetic tape, 397
magnifying glass, 396
\Mahogany, 433
\makeatletter, 437
\makeatother, 437
\makebox, 64
makeidx 패키지, 35, 318
\makeindex, 311
makeindex, 312
\maketitle, 36
\malemark (♂), 458
\maltese ($\maltese$), 100, 186
manfnt, 22
\mapsto ($\mapsto$), 78
marginpar, 68
\marginparpush, 68
\marginparwidth, 68
mark, 374
\markboth, 38
\markright, 38
\Maroon, 433
math 환경, 71
\mathbb, 121
\mathbb AMSTeX, 100
\mathbf, 89, 121
\mathbold, 90, 121
\mathcal, 75, 89, 121
\mathfrak AMSTeX, 100
\mathindent, 33, 100
\mathit, 73, 89
\mathnormal, 121
\mathop, 93
mathpazo 패키지, 45, 120
mathptmx 패키지, 45
\mathrm, 89, 121
\mathsf, 89
\mathstrut, 74
\mathtt, 89
\matrix, 390
matrix 환경, 112
matrix 라이브러리, 390
\max, 79
max, 373
\mbox, 64, 89
\mdegree, 162
\mdseries, 39
\measuredangle ($\measuredangle$), 104
\medskip, 62
\medskipamount, 62
\medspace, 118
\Melon, 433
\mho ($\mho$), 79, 104
\mid ($|$), 77, 185
middle color, 350

\MidnightBlue, 433
\min, 79
min, 373
minipage, 67, 167, 208
\minute, 138
\mit, 73
mktexlsr.exe, 437
\mod, 117
mod, 373
\models (⊨), 77, 185
\movie, 298
\mp (∓), 76, 184
\mspace, 118
\mu (μ), 72, 73, 184
\Mulberry, 433
\multicolumn, 177
\multiframe, 476
\multimap (⊸), 101
multimedia 패키지, 293
\multiply, 138
\multiput, 324
multirow 패키지, 182
multline 환경, 105
myfbox, 168, 457
myfbox 표준 LaTeX아님, 167
myheadings, 37

\nabla (∇), 79
name intersections, 361
name path, 360, 362
natbib 패키지, 245
\natural (♮), 79
\NavyBlue, 433
\ncong (≇), 103
\nearrow (↗), 78
\negmedspace, 118
\negthickspace, 118
\negthinspace, 118
\neq (≠), 77, 79, 185
New Century Schoolbook 글꼴, 45
\newboolean, 464
newcent 패키지, 45
\newcommand, 159, 524
LaTeX 2_ε, 161
\newcounter, 136, 137, 524
\newenvironment, 169
newfloat 패키지, 442
\newfontfamily, 516
\newframe, 476
\newlength, 56, 524
\newline, 16
\newlistof, 443
\newpage, 17
\newpagestyle, 309
\newsavebox, 70, 322, 423
\newtcolorbox, 451
\newtheorem, 164, 524
\nexists (∄), 104
\ngeq (≱), 103
\ngeqq ($\ngeqq$), 103
\ngeqslant ($\ngeqslant$), 103
\ngtr (≯), 103
\ni (∋), 77, 185
\nLeftarrow (⇍), 101
\nleftarrow (↚), 101
\nLeftrightarrow (⇎), 101
\nleftrightarrow (↮), 101
\nleq (≰), 103
\nleqq ($\nleqq$), 103
\nleqslant ($\nleqslant$), 103
\nless (≮), 103
\nmid (∤), 103
\node, 341
node, 378
\nofiles, 29
\noindent, 16
\nolimits, 93
\nolinkurl, 470
\nonumber, 88
\nopagecolor, 426
\normalem, 453
\normalfont, 46

\normalmarginpar, 68
\normalsize, 42
\normalsize, 41
north east lines, 353
north west lines, 353
\nocite, 241
\not, 76
\not boolean 연산, 464
note 환경, 307
\nocite, 245
notepad, 514
\now, 138, 458
\nowampm, 138, 458
\nparallel ($\nparallel$), 103
\nprec ($\nprec$), 103
\npreceq ($\npreceq$), 103
\nRightarrow ($\nRightarrow$), 101
\nrightarrow ($\nrightarrow$), 101
\nshortmid ($\nshortmid$), 103
\nshortparallel ($\nshortparallel$), 103
\nsim ($\nsim$), 103
\nsubseteq ($\nsubseteq$), 103
\nsucc ($\nsucc$), 103
\nsucceq ($\nsucceq$), 103
\nsupseteq ($\nsupseteq$), 103
\nsupseteqq ($\nsupseteqq$), 103
\ntriangleleft ($\ntriangleleft$), 103
\ntrianglelefteq ($\ntrianglelefteq$), 103
\ntriangleright ($\ntriangleright$), 103
\ntrianglerighteq ($\ntrianglerighteq$), 103
\nu (ν), 73, 184
\null, 63
\numberline, 149
\nVDash ($\nVDash$), 103
\nvDash ($\nvDash$), 103
\nvdash ($\nvdash$), 103
\nwarrow ($\nwarrow$), 78

\O (Ø), 25
\o (ø), 25
\oddsidemargin, 56
\odot ($\odot$), 76, 185
\OE (Œ), 25
\oe (œ), 25
\ogana, 127
\oint ($\oint$), 82
\ojaso, 127
\OliveGreen, 433
\Omega (Ω), 73, 184
\omega (ω), 73, 184
\onecolumn 명령, 33
onecolumn, 33
oneside, 33
\only, 256
only marks, 374
onlynotes, 308
onlyslides, 308
\onslide, 254
\onum, 127
\opaqueness, 267
openany, 33
openbib, 33
\openbrack (〔), 458
\opendblinequal (《), 458
\openinequal (〈), 458
\opening, 51
openright, 33
\oplus ($\oplus$), 76, 185
\or boolean 연산, 464
\Orange, 433
\OrangeRed, 433
\Orchid, 433
\oslash ($\oslash$), 76, 185
\otimes ($\otimes$), 76, 185
.out 파일, 30
outer color, 349
\oval, 322
\Ovalbox, 459
\ovalbox, 459
\over, 97
\overbrace, 85
ovelay, 387

overlay, 333, 554
overlay 환경, 306
\overleftarrow, 113
\overleftrightarrow, 113
\overline, 85
\overrightarrow, 113
\overset, 116

\P (¶), 79
p, tabular에서, 176
page style
    empty, 37
    fancyplain, 445
    fancy, 444
    headings, 37
    myheadings, 37
    plain, 37
\pageautoref, 471
\pageautorefname, 472
\pagecolor, 425
\pagenumbering, 38
    Alph, 38
    Roman, 38
    alph, 38
    arabic, 38
    roman, 38
\pageref, 142
\pagestyle, 499
\paperheight, 56
\paperwidth, 56
\par, 15
parabola, 376
paragraph, 132
\paragraphautorefname, 472
\parallel (‖), 77, 185
\parbox, 66
\parindent, 15, 16
\parsep, 129
\parskip, 16
\part, 152
part, 132
\partautorefname, 472
\partial (∂), 79
\partname, 496
\partopsep, 129
\path, 358
\pattern, 352
patterns 라이브러리, 352
\pause, 253
PDF
    pdflatex 명령, 14
    Beamer, 249
pdflatex, 14, 198, 206, 223
pdfpage 패키지, 207
pdftops, 223
\Peach, 433
\Periwinkle, 433
\permil (‰), 458
\perp ($\perp$), 77, 185
\pgana, 127
pgf 패키지, 329
pgffor 패키지, 400
\phantom, 95
\Phi (Φ), 72, 73, 184
\Pi (Π), 73, 184
\pi (π), 72, 73, 184
pi, 373
pict2e 패키지, 35
picture, 319
    \circle*, 321
    \circle, 321
    \dashbox, 320
    \framebox, 320
    \frame, 322
    \line, 324
    \multiput, 324
    \newsavebox, 70, 322
    \oval, 322
    \put, 320
    \qbezier, 326
    \savebox, 70, 322
    \shortstack, 321

\thicklines, 326
\thinlines, 326
\unitlength, 319
\usebox, 70, 322
\vector, 324
pifont 패키지, 567
\PineGreen, 433
\pitchfork (⋔), 102
\pjaso, 127
plain, 37
plot, 372
plotmarks, 375
\Plum, 433
\pm (±), 76, 184
\pmatrix, 95
pmatrix 환경, 112
\pmb, 90, 112, 454
\pmod, 78, 117
\pnum, 127
\pod, 117
\poptabs, 182
portrait, seminar 패키지, 308
PostScript, 198–203
LaTeX 명령 넣기, 223
pow, 373
\Pr (Pr), 79
preamble, 28
\prec (≺), 77, 185
\precapprox (⪷), 102
\preccurlyeq (≼), 102
\preceq (⪯), 77, 185
\precnapprox (⪹), 103
\precnsim (⋨), 103
\precsim (≾), 102
\prime (′), 79
\printindex, 30, 318
\ProcessBlue, 433
\prod (∏), 82
\protect, 26, 151
\providecolor, 423
\providecommand, 162
\propto (∝), 77, 185
ps2pdf, 223
\psfrag, 223
psfrag 패키지, 223
\Psi (Ψ), 73, 184
\psi (ψ), 73, 184
psv, 494
\Purple, 433
\pushtabs, 182
\put, 320

\qbezier, 326
\qquad, 55, 78, 118
\quad, 55, 78, 118
quotation 환경, 48
quote 환경, 48

R-언어, 209, 223, 493
\raggedleft, 50
\raggedright, 50
\raisebox, 69, 70
\rangle (⟩), 83
\RawSienna, 433
\rceil (⌉), 83
\Re (ℜ), 79
rectangle, 372
\RecustomVerbatimEnvironment, 487
\Red, 433
red, 424
\RedOrange, 433
redutf8.exe, 514
\RedViolet, 433
\ref, 88, 142
\reflectbox, 431
regular polygon, 395
remember picture, 333, 387
\renewcommand, 135, 170
\renewenvironment, 170
\repeat, 324
report 클래스, 81, 134
reset cm, 384
\resizebox, 429

\reversemarginpar, 68
\rfloor (⌋), 83
\rfoot, 444
rgb 색깔 모델, 422
\rhd (⊳), 76, 185
\rhead, 444
\Rhodamine, 433
\rhook (˒), 79
\right, 82, 97, 98
right color, 349
\rightarpoondown (⇁), 78
\rightarpoonup (⇀), 78
\Rightarrow (⇒), 78
\rightarrow (→), 78
\rightarrowtail (↣), 101
\rightlefhtarpoons (⇌), 78
\rightleftharpoons (⇌), 101
\rightmargin, 130
\rightrceil (⌜), 458
\rightrightarrows (⇉), 101
\rightsquigarrow (⇝), 101
\rightthreetimes (⋌), 104
\risingdotseq (≓), 102
\rm, 42, 89
\rmfamily, 39
robust, 26
Roman 면수의 형식, 38
\roman, 135
roman 면수의 형식, 38
rotate, 219, 384
rotate around, 384
\rotatebox, 430, 431
rotating 패키지, 218
round, 373
\rowcolor, 190
\rowcolors, 192
\rownum, 193
\RoyalBlue, 433
\RoyalPurple, 433
\Rsh (↱), 101
\rtimes (⋊), 104
\RubineRed, 433
\rule, 69, 320

\S (§), 79
\Salmon, 433
\samepage, 17
\sauna (♨), 458
\savebox, 70, 322, 423
Sb 환경, 105
Sbox, 461
\sc, 42
\scalebox, 428
SCfigure, 194
SCfigure*, 194
scope 환경, 335
\scriptscriptstyle, 91
\scriptsize, 41
\scriptstyle, 91
\scshape, 39
SCtable, 194
SCtable*, 194
\SeaGreen, 433
\searrow (↘), 78
\sec, 79
\section, 152
section, 132
sectional unit, 131
\sectionautorefname, 472
\see, 315, 498
\selectfont, 43
semicircle, 397
seminar 클래스, 308
semithick, 336
\Sepia, 433
\setbeamercolor, 303
\setbeamercovered, 266
\setboolean, 464
\setcounter, 134
\setlength, 56, 100, 445
\setlipsumdefault, 554
\setlongtables, 187

\setmainfont, 516
\setminus ($\setminus$), 76, 185
\setmonofont, 516
\setsansfont, 516
setspace 패키지, 173
\settime, 307
\settowidth, 56
\SetWatermarkAngle, 440
\SetWatermarkColor, 440
\SetWatermarkFontSize, 441
\SetWatermarkHorCenter, 441
\SetWatermarkLightness, 441
\SetWatermarkScale, 441
\SetWatermarkText, 441
\SetWatermarkVerCenter, 441
\sf, 42
\sffamily, 39
\shade, 349
\shadedraw, 351
shadings 라이브러리, 350
\shadowbox, 459
shadows, 387
shapes.callouts, 386
shapes.geometric, 394
shapes.misc, 399
shapes.arrows, 398
shapes.symbols, 396
\sharp ($\sharp$), 79
shell-escape, 198, 206, 223
\shortmid ($\shortmid$), 102
\shortparallel ($\shortparallel$), 102
\shortstack, 230, 321
\shoveleft, 105
\shoveright, 105
showframe 패키지, 458
\showhyphens, 20
\showrowcolor, 193
sidecap 패키지, 194
\sideset, 116
sidewayfigure, 219
sideways, 219
sidewaytable, 219
\Sigma (Σ), 72, 73, 184
\sigma (σ), 73, 184
signal, 397
\signature, 51
\sim ($\sim$), 77, 185
\simeq ($\simeq$), 77, 185
\sin, 79
sin, 373
single arrow, 398
\sinh, 79
sixpointed stars, 353
\SkyBlue, 433
\slabel, 99
slide 환경, 305
slide* 환경, 309
\slideframe, 310
\slidepagestyle, 310
slides 클래스, 304
\slshape, 39
\small, 41
\smallfrown ($\smallfrown$), 102
\smallint ($\smallint$), 82
smallmatrix, 112
\smallsetminus ($\smallsetminus$), 104
\smallskip, 62
\smallskipamount, 62
\smallsmile ($\smallsmile$), 102
\smash, 117
\smile ($\smile$), 77, 185
snakes 라이브러리, 367
solid, 336
\sound, 293
\sout, 453
Sp 환경, 105
\space, 324
\spadesuit ($\spadesuit$), 79
\special, 197
\sphericalangle ($\sphericalangle$), 104
split 환경, 106
\SpringGreen, 433

spy 라이브러리, 358
\sqcap ($\sqcap$), 76, 184
\sqcup ($\sqcup$), 76, 184
\sqrt ($\sqrt{}$), 72, 73
sqrt, 373
\sqsubset ($\sqsubset$), 77, 102, 185
\sqsubseteq ($\sqsubseteq$), 77, 185
\sqsupset ($\sqsupset$), 77, 102, 185
\sqsupseteq ($\sqsupseteq$), 77, 185
\square ($\square$), 104
\ss (ß), 25
\stackrel, 90
\star ($\star$), 76, 184
star, 395
starburst, 396
start angle, 370
step, 376
\strut, 66
.sty 파일, 28
subeqnarray 패키지, 98
subeqnarray 환경, 98
subeqnarray* 환경, 98
\subfigure 명령, 211
subfigure 번호기, 211
subfigure 패키지, 211
subparagraph, 132
\subsection, 152
subsection, 132
\subsectionautorefname, 472
\Subset ($\Subset$), 102
\subset ($\subset$), 77, 185
\subseteq ($\subseteq$), 77, 185
\subseteqq ($\subseteqq$), 102
\subsetneq ($\subsetneq$), 103
\subsetneqq ($\subsetneqq$), 103
\substack 명령, 103
\subsubsection, 152
subsubsection, 132
\subsubsectionautorefname, 472
\subtitle, 251
\succ ($\succ$), 77, 185
\succapprox ($\succapprox$), 102
\succcurlyeq ($\succcurlyeq$), 102
\succeq ($\succeq$), 77, 185
\succnapprox ($\succnapprox$), 103
\succnsim ($\succnsim$), 103
\succsim ($\succsim$), 102
\sum ($\sum$), 82
\sup, 79
supertab 패키지, 184
\suppressfloats, 172
\Supset ($\Supset$), 102
\supset ($\supset$), 77, 185
\supseteq ($\supseteq$), 77, 185
\supseteqq ($\supseteqq$), 102
\supsetneq ($\supsetneq$), 103
\supsetneqq ($\supsetneqq$), 103
\surd ($\surd$), 79
\swarrow ($\swarrow$), 78
\symbol, 22, 315
syshan 패키지, 456

\t, 25
tabbing 환경, 180
\tabcolsep, 179, 190
table, 171
    인용, 143
table*, 172
\tableautorefname, 472
\tableofcontents, 148, 495
\tablesname, 496
tabular, 167, 175
tabular*, 175
\Tan, 433
\tan, 79
tan, 373
\tanh, 79
tape, 397
\tau (τ), 73, 184
\tbinom, 115
\tcblower, 450
\tcbset, 450

\tcbsetforeverylayer, 450
\tcbuselibrary, 452
tcolorbox 패키지, 448
tcolorbox 환경, 448
\tcolorboxenvironment, 452
\TealBlue, 433
\temporal, 258
TeX 만들기, 70
TeX, 23
.tex 파일, 28
texdoc, 438
texify, 154
\text, 110
\textasteriskcentered (∗), 124
\textbf, 40
\textbullet (•), 124
\text*Color*, 432
\textcolor, 424
\textendash (–), 124
\textfloatsep, 174
\textfraction, 174
\textit, 40
\textmd, 40
\textnormal, 40, 46
\textperiodcentered (·), 124
\textrm, 40
\textsc, 40
\textsf, 40
\textsl, 40
\textstyle, 91
\texttt, 40
\textup, 40
\textwidth, 167
TeXWorks, 507
\tfrac, 115
\thanks, 36
\thechapter, 132
theorem
  글꼴, 166
  머리글, 165
  번호, 164
  테두리 친, 167
\theoremautorefname, 472
\thepage, 132
\therefore (∴), 102
\TheSbox, 461
\thesection, 132
\thesubfigure, 211
\Theta (Θ), 73, 184
\theta (θ), 73, 184
thick, 336
\thickapprox (≈), 102
\thickleftparenthesis (【), 458
\thicklines, 326
\thickrightparenthesis (】), 458
\thicksim (∼), 102
\thickspace, 118
thin, 336
\thinlines, 326
\thinspace, 118
\thispagestyle, 38
\Thistle, 433
\tikz, 329
tikz 패키지, 35, 329
TikzEdt, 329
tikzpicture, 329
\tikzset, 335, 413
\tikzstyle, 340, 412
\Tilde, 114
\tilde, 83, 84
  인용의, 143
\time, 138
\timeofday, 454
\times (×), 76, 184
times 패키지, 45
Times Roman 글꼴, 45
\tiny, 41
\title, 35, 251
\titlepage, 251
titlepage, 36
tlmgr-gui.exe, 435
to, 364

.toc 파일, 29, 148
tocloft 패키지, 442
\today, 23, 63, 454, 500
\top (⊤), 79
top color, 349
\topfraction, 174
\topmargin, 51
\dbltopnumber, 174
\topnumber, 173
\topsep, 128
\totalnumber, 174
trapezium, 395
tree diagram, 378
trees 라이브러리, 383
\triangle (△), 79
\triangledown (▽), 104
\triangleleft (◁), 76, 185
\trianglelefteq (⊴), 102
\triangleq (≜), 102
\triangleright (▷), 76, 185
\trianglerighteq (⊵), 102
\tt, 42
\ttfamily, 39
turn, 219
\Turquoise, 433
\twocolumn 명령, 33
twocolumn, 33
\twoheadleftarrow (↞), 101
\twoheadrightarrow (↠), 101
twoside, 33
\tyepin, 51
\typeout, 51

\u, 25
\ulcorner (⌜), 100, 186
ulem 패키지, 453
\uline, 453
ultra thick, 336
ultra thin, 336
\unboldmath, 90
\uncover, 257
\UndefineShortVerb, 482
\underbrace, 85
\underleftarrow, 113
\underleftrightarrow, 113
\underline, 23, 85
\underrightarrow, 113
\underset, 116
\unitlength, 319
\unlhd (⊴), 76, 185
\unrhd (⊵), 76, 185
\Uparrow (⇑), 78, 83
\uparrow (↑), 78, 83, 95
\Updownarrow (⇕), 78, 83
\updownarrow (↕), 78, 83
\upharpoonleft (↿), 101
\upharpoonright (↾), 101
\uplus (⊎), 76, 184
\uppercase, 46
\uproot, 115
\upshape, 39
\Upsilon (Υ), 73, 184
\upsilon (υ), 73, 184
\upuparrows (⇈), 101
\urcorner (⌝), 100, 186
\url, 469
use as bounding box, 364, 481
\useasboundingbox, 364, 481
\usebox, 70, 322, 423
\usecolortheme, 268, 278
\usefonttheme, 279
\useinnertheme, 279
\useoutertheme, 280
\usepackage, 28, 137
\usetheme, 251, 268
\usetikzlibrary, 330, 352
\useunder, 453
UTF-8, 507, 510
UTFCast Express, 515
\uuline, 453
\uwave, 453

\v, 25

\value, 137
\varDelta ($\varDelta$), 118
\varepsilon (ε), 73
\varGamma ($\varGamma$), 118
\varinjlim ($\varinjlim$), 117
\varkappa ($\varkappa$), 100, 186
\varLambda ($\varLambda$), 118
\varliminf ($\varliminf$), 117
\varlimsup ($\varlimsup$), 117
\varnothing ($\varnothing$), 104
\varPhi ($\varPhi$), 118
\varphi (φ), 73, 184
\varpi (ϖ), 73, 184
\varprojlim ($\varprojlim$), 117
\varpropto ($\varpropto$), 102
\varPsi ($\varPsi$), 118
\varrho (ϱ), 73, 184
\varSigma ($\varSigma$), 118
\varsigma (ς), 73, 184
\varsubsetneq ($\varsubsetneq$), 103
\varsubsetneqq ($\varsubsetneqq$), 103
\varsupsetneq ($\varsupsetneq$), 103
\varsupsetneqq ($\varsupsetneqq$), 103
\varTheta (ϑ), 118
\vartheta (ϑ), 73, 184
\vartriangle ($\vartriangle$), 104
\vartriangleleft ($\vartriangleleft$), 102
\vartriangleright ($\vartriangleright$), 102
\varUpsilon ($\varUpsilon$), 118
\varXi ($\varXi$), 118
\Vdash ($\Vdash$), 102
\vDash ($\vDash$), 102
\vdash ($\vdash$), 77, 185
\vdots ($\vdots$), 74
\Vec, 114
\vec, 84
\vector, 324, 325
\vee ($\vee$), 76, 185
\veebar ($\veebar$), 104
\Verb, 483
\verb, 46, 48, 321
\Verb*, 483
\verb*, 46, 48
Verbatim, 483
verbatim, 46, 454
  beamer 클래스, 252
verbatim*, 46
\VerbatimFootnotes, 487
\VerbatimInput, 487
\verbfile, 454
verbose, wrapfig 의 옵션, 216
vertical lines, 353
very thick, 336
very thin, 336
\vfill, 62
vi, 513
vim, 513
\Violet, 433
\VioletRed, 433
\visible, 256
\vline, 177
Vmatrix 환경, 113
vmatrix 환경, 113
\vskip, 61
\vspace, 59
\vspace*, 60
\Vvdash ($\Vvdash$), 102

wave 색깔 모델, 427
\wedge ($\wedge$), 76, 185
\whiledo, 464
\White, 433
\whitephone (☏), 458
\widehat, 83
\widetilde, 83
\WildStrawberry, 433
\won (₩), 458
\wp ($\wp$), 79
\wr ($\wr$), 76, 185
wrapfig 패키지, 216
wrapfigure 환경, 216
\wrapoverhang, 216

wraptable 환경, 216

xalignat 환경, 109
xcolor 패키지, 34, 192, 252, 426, 537
xelatex, 198, 206
\Xi (Ξ), 73, 184
\xleftarrow, 114
\xout, 453
\xrightarrow, 114
xstep, 376
xxalignat 환경, 109

yap, 494
\Yellow, 433
yellow, 424
\YellowGreen, 433
\YellowOrange, 433
\yen (¥), 458
ystep, 376

\zeta (ζ), 73, 184

\가, 146
가는 나눔바른고딕, 518
각주, 25
공간 조정
  \,, 80
  \:, 80
  \;, 80
  \␣, 80
  \!, 80
\과, 146
궁서 정자체, 518
궁서 흘림체, 518
그리스 문자, 72
그림
  tikz, 329
  Bézier 곡선, 326
  clip하기, 202
  GeoGebra, 232
  Gnuplot, 226
    한글, 229
  \includegraphics, 198–203
  picture 환경, 319
  나란히 놓기, 208
  대시 박스, 320
  변환, 221
  오벌, 322
  원, 321
  프레임 박스, 320
그림 차례, 150
글꼴
  \Bbb (AMSTEX), 100
  \bfseries, 39
  \bf, 90
  \bm, 456
  \boldmath, 90
  \cal, 75
  \emph, 40, 166
  \frack (AMSTEX), 100
  \itshape, 39
  \lfseries, 39
  math italic, 77
  \mathbb (AMSTEX), 100
  \mathbf, 89
  \mathbold, 90
  \mathcal, 75, 89
  \mathfrak (AMSTEX), 100
  \mathit, 73, 89
  \mathrm, 89
  \mathsf, 89
  \mathtt, 89
  \mdseries, 39
  \mit, 73
  \pmb, 90, 112, 454
  \rmfamily, 39
  \roman, 166
  \scshape, 39
  \sffamily, 39
  \slshape, 39
  \textbf, 40
  \textit, 40
  \textmd, 40

\textnormal, 40
\textrm, 40
\textsc, 40
\textsf, 40
\textsl, 40
\texttt, 40
\textup, 40
\ttfamily, 39
\upshape, 39
Adobe Palatino, 45, 120
Bookman, 45
Computer modern, 44
Helvetica, 45
New Century Schoolbook, 45
Times Roman, 45
가는 나눔바른고딕, 518
궁서 정자체, 518
궁서 흘림체, 518
나눔고딕, 518
나눔글꼴, 518
나눔글꼴에코, 518
나눔명조, 518
나눔바른고딕, 518
나눔바른펜, 518
나눔손글씨, 518
나눔스퀘어, 518
돋움체 한글, 518
문화체육부, 517
바탕체 한글, 518
수학, 89
쓰기 정체, 518
쓰기 흘림체, 518
임의의 크기, 43
제목 돋움체, 518
제목 바탕제, 518
크기, 42
훈민정음체, 518
길이, 55 length 참조

나눔 글꼴, 518
나눔고딕, 518
나눔글꼴에코, 518
나눔명조, 518
나눔바른고딕, 518
나눔바른펜, 518
나눔손글씨, 518
나눔스퀘어, 518
\는, 146
단기 연호, 137
돋움체 한글, 518
드러냄표, 24
들여쓰기, 15
디스플레이 스타일, 81
따옴표, 18
\라, 146
라이브러리, 330
arrows.meta, 331
calc, 409
intersections, 361, 362
matrix, 390
patterns, 352
plotmarks, 375
shadings, 350
shadows, 387
shapes.arrows, 398
shapes.callouts, 386
shapes.geometric, 394
shapes.misc, 399
shapes.symbols, 396
skins, 452
snakes, 367
spy, 358
trees, 383
\로, 146
\를, 146
메모장, 514
명령, 27
문자
그리스, 72
칼리그래픽, 75
문화체육부 글꼴, 517
바탕체 한글, 518

방점, 24
번호
    enumerate, 127, 132
    theorem, 164
    각주, 25, 136
    절, 장 등, 132
    참고문헌, 144
    페이지, 132
    표와 그림, 173
번호 바꾸기, 211
    enumerate, 136
    page, 135
번호기, 131, 457
    footnotemark, 26
    footnote, 26
    만들기, 136
번호기 형식, 127, 135, 457
    \Alph, 135
    \alph, 135
    \fnsymbol, 135

색깔 모델, 421, 427, 428
선언, 27
수형도, 378
순열, 161
스타일, 28 패키지 참조
    참고문헌, 242
    텍스트 및 디스플레이, 81
쓰기 정체, 518
쓰기 흘림체, 518
에러, 3
    \\, 524
    itemize 등, 525
    \label의, 147
    \line, \vector, 524
    \newcommand, 160
    \newenvironment, 166
    preamble, 524
    \ref 의, 147
    tabular 등에서, 525
    Theorem 등, 525
    번호기, 524, 525
    유동체, 524, 525
    환경, 524
연산자
    관계, 76
    수학, 76
\와, 146
\으로, 146
\은, 146
\을, 146
\이, 146
\이라, 146
인쇄 용지
    설정, 446
인쇄용지, 32
    규격, 32
인용
    enumerate, 144
    eqnarray, 144
    equation, 143
    table, figure, 143
    절, 장 등, 143
    참고문헌, 144
인코딩, 510
전처리부, 28
제목 돋움체, 518
제목 바탕제, 518
조사 처리, 146
조합, 161
조합 기호, 94
중복조합, 161
차례 만들기, 148
참고문헌
    번호, 144
    인용, 144
축소
    graphics 패키지, 200, 428
    tikz, 333
축약
    명령의, 159
칼리그래픽 문자, 75

클래스, 28
- amsart, 32
- amsbook, 32
- article, 31, 81
- beamer, 249
- book, 31, 81
- letter, 32
- report, 31, 81
- seminar, 308
- slides, 31, 304
- 옵션, 32

텍스트 스타일, 81

파일
- .aux, 29, 242
- .bbl, 30, 242
- .bib, 30, 239, 240
- .cls, 28
- .doc, 438
- .dtx, 29, 438
- .dvi, 29, 243
- .glo, 30
- .idx, 30, 312
- .ilg, 30, 312
- .ind, 30, 312
- .ins, 28, 438
- .lof, 29, 150
- .log, 29, 148
- .lot, 29, 150
- .ltx, 30
- .out, 30
- .sty, 28
- .tex, 28
- .toc, 29, 148
- ISO, 508

패키지, 28, 34, 435
- a4, 167
- alltt, 34
- amsbsy, 90
- amscd, 119
- amsfonts, 100
- amsmath, 34, 101
- amstex, 34
- animate, 35, 473
- babel, 34
- bookman, 45
- colordvi, 432
- colortbl, 189, 283
- color, 34, 426
- comment, 461
- diagbox, 462
- dotseqn, 99
- draftwatermark, 440
- fancybox, 459
- fancyhdr, 444
- fancyheadings, 444
- fancyvrb, 48, 482
- fix-cm, 44
- fixmath, 90
- fleqn, 81
- floatfig, 213
- floatflt, 213
- fontspec, 516
- fullpage, 446
- geometry, 56, 446
- graphics, 34, 428
- graphicx, 198, 537
- headerfooter, 444
- helvet, 45
- Hmisc(R-언어), 493
- hyperref, 30, 288, 289, 464
- ifthen, 35, 463
- kotex-euc, 507
- kotex, 24, 507
- latexsym, 35, 76
- leqno, 81
- lipsum, 554
- longtable, 186
- makeidx, 35, 318
- mathpazo, 45, 120
- mathptmx, 45
- multimedia, 293
- multirow, 182

natbib, 245
newcent, 45
newfloat, 442
pageframe, 459
pgffor, 400
pgf, 329
pict2e, 35
pifont, 567
psfrag, 223
rotating, 218
setspace, 173
sidecap, 194
slashbox, 462
subeqnarray, 98
subfigure, 211
supertab, 184
syshan, 456
tcolorbox, 448
tikz, 35, 329
times, 45
tocloft, 442
ulem, 453
wrapfig, 216
xcolor, 192, 252, 426, 537
수동 업데이트, 439
수동설치, 435
업데이트, 435
자동설치, 435
페이지 스타일
empty, 37
fancyplain, 445
fancy, 444
headings, 37
myheadings, 37
plain, 37
표 차례, 150
하이픈, 19
한글, 495–502
psfrag 패키지, 225
Gnuplot, 229
수학 모드 내에서의, 92
인코딩, 510
확대
graphics 패키지, 200, 428
tikz, 333
환경, 27
Verbatim, 483
scope, 335
tikzpicture, 329
회전
graphics 패키지, 200, 428
rotating 패키지, 219
tikz, 384
훈민정음체, 518

심 송 용

· 서울대학교 계산통계학과 졸업
· 서울대학교 계산통계학과 석사
· University of Wisconsin-Madison Ph.D.
· 한림대학교 통계학과 재직중

최 효 근

· 서울대학교 의학과 졸업
· 서울대학교 이비인후과 석사
· 서울대학교 이비인후과 박사과정
· 한림대학교 의과대학 재직중

LATEX 바이블 학술문서작성프로그램

2017년 1월 5일 초판 인쇄
2022년 11월 25일 초판 3쇄 발행

저 자 / 심송용 최효근
발행자 / 오판근
발행처 / 교우사

주 소 / 서울특별시 동대문구 약령시로 8 교우빌딩 2층
전 화 / 925-2861~2, 편집부 / 925-2825
팩 스 / 925-2860
E-mail / kyowoo@kyowoo.co.kr
http://www.kyowoo.co.kr

등록 / 1994. 3. 24 제6-0256호

ISBN 979-11-251-0163-5 (93000)

값 45,000원